U0941034

2003
中国建材市场年鉴

中国建材工业经济研究会物流暨市场专业委员会 编

协办单位

北京金隅集团有限责任公司
天津环渤海家居购物中心
上海好饰家建材园艺超市有限公司
东方家园
西安现代大明宫家居城
居然之家家居广场
中国红星家具集团
安居乐园家居建材广场
万家丽家居建材广场
振亮投资集团
富森·美家居现代装饰材料物流中心
上海好美家装潢建材有限公司
安徽红旗建材批发市场
郑州市市场发展局

中国建材工业出版社

图书在版编目（CIP）数据

2003中国建材市场年鉴／中国建材工业经济研究会物流暨市场专业委员会编. －北京：中国建材工业出版社，2004.3
ISBN 7-80159-423-1

Ⅰ.2… Ⅱ.中… Ⅲ.建筑材料工业－中国－2003－年鉴 Ⅳ.F426.9-54

中国版本图书馆CIP数据核字（2004）第015702号

2003中国建材市场年鉴
中国建材工业经济研究会物流暨市场专业委员会 编

出版社：中国建材工业出版社
地　址：北京市西城区车公庄大街6号
邮　编：100044
经　销：全国各地新华书店
印　刷：北京北方印刷厂
开　本：889mm × 1194mm　1/16
印　张：38.5
插　页：56
字　数：720千字
版　次：2004年3月第1版
印　次：2004年3月第1次
印　数：1-5000册
书　号：ISBN 7-80159-423-1/TU·200
定　价：280.00元（精）
京海工商广临字2003016号

本书如出现印装质量问题，由我社发行部负责调换。联系电话：（010）68345931

以特色和质量赢得读者，

推动建材流通现代化。

张人为

二〇〇三年五月

编 辑 说 明

一、《2003中国建材市场年鉴》由中国建材工业经济研究会物流暨市场专委会主编。中国建材工业协会和中国建材工业经济研究会对编纂我国首部建材流通业的大型年鉴给予了大力支持。张人为会长亲笔为《2003中国建材市场年鉴》题词，为《2003中国建材市场年鉴》的编纂工作指明了方向，给全体采编人员以极大的鼓舞和勉励。东方家园、天津环渤海、上海好饰家、北京居然之家、北京金隅集团等14家全国闻名的大型建材市场和生产企业作为协办单位对《2003中国建材市场年鉴》得以顺利出版发行做出了较大贡献。

二、《2003中国建材市场年鉴》是我国第一部全面、系统反映中国建材装饰材料市场改革和发展状况的百科型年鉴。全书72万余字，650余幅图表，100余张彩页，收录了110余篇领导、专家、学者、市场总裁的讲话和文章。

三、许多相关的全国性行业协会主要领导同志亲笔为《2003中国建材市场年鉴》撰写文章，提供资料，使《2003中国建材市场年鉴》更具权威性和代表性。一些省市地方建材行业管理机构、建材协会也对我们的工作给予了关注和支持。

四、《2003中国建材市场年鉴》收录了2003年与建材装饰材料有关的大量统计数据。这些数据来源于国家统计局、国家发展和改革委员会、建设部住宅产业化促进中心、国家工商总局信息中心、中国建材工业协会信息部、中国物流信息中心、中国轻工业联合会等部门。数据翔实可靠，为各级领导决策提供了可靠依据。

五、为了压缩篇幅，我们不得不把已经收集整理出来的700余项国家重点工程项目（22万字）大部分删掉，仅摘要刊登了103项。同样，近一万条的建材网址也仅仅收录了5000余条。

六、由于篇幅巨大，资料繁复，时间紧迫，加之编辑人员少，疏漏和错误之处在所难免。敬请各位专家、领导、同仁不吝斧正。

编 者

2004.3.18

石湾置业陶瓷批发市场

佛山市石湾置业陶瓷批发市场位于素有“南国陶都”之称的广东省佛山市石湾镇，始建于1991年，经过十多年的不断发展壮大，成为全国最具规模的陶瓷专业批发市场之一。目前市场总占地面积23万平方米，总建筑面积11万平方米，其中商铺面积5万平方米，仓储面积6万平方米，有300多户商家进场经营。主要经营建筑陶瓷和水暖洁具，产品云集国内外众多著名品牌，销售辐射全国乃至海外。历年来，在各级政府的大力支持下，市场经营稳定，交易秩序良好，多次荣获国家、省、市“文明市场”称号。

绿色产品已经成为21世纪的环保理念和战略。石湾置业陶瓷批发市场已于2003年9月份通过ISO 14001环境管理体系的认证，并通过“全国绿色建材市场”及“全国规范化管理市场”验收。目前，市场正竭力帮助经营户产品立足置业，打造强势品牌，实行全面广告策划，进行阶段性宣传造势，为进驻市场的品牌进行软性宣传推广。

为保障经营户的顺利经营，市场物业管理处提供全天候和全方位的物业管理服务；为保障维护消费者权益，专门设立12315消费者投诉电话；为了保持市场流通快捷和方便顾客，在广东乃至全国首家实施市场24小时提货服务。市场拥有良好的治安环境，保安24小时值班巡逻。同时市场协助客户办理工商登记、运输等手续。前店后仓的市场布局，集仓储、物流、批发、展示于一体，以批发现货为主，以超大型货仓式经营模式为您提供更实惠的多元化服务。

“荟萃中华建陶，演绎永恒风采”——石湾置业陶瓷批发市场欢迎您的到来。

全国绿色建材市场
石湾置业陶瓷批发市场
中国建材工业经济研究会
二00三年九月

全国规范化管理市场
石湾置业陶瓷批发市场
中国建材工业经济研究会
二00三年九月

置业陶瓷批发市场
综合服务楼

文明经商 诚信待客

中国建筑材料工业协会

CHINA BUILDING MATERIALS INDUSTRY ASSOCIATION

改革开放改变了中国。社会主义市场经济体制的建立，给协会的生存和发展提供了广阔的天地，协会正在成为连接政府和企业的桥梁与纽带。

中国建筑材料工业协会是由我国建材行业的企业、社会团体和个人自愿组成的一个跨地区、跨部门的全国性社团组织，是民政部和国务院国有资产监督管理委员会直接管理的综合性行业协会。

我会的主要任务是：依照协会章程，坚持以服务为宗旨，积极维护企业合法权益，加强行业自律，维护市场公平竞争秩序；大力发展先进生产力，推进科技进步和结构优化；加强国际合作，增进友好往来；协助政府实施行业管理，促进行业和企业健康发展。

中国建筑材料工业协会会长　张人为

地　址：北京市海淀区三里河路11号
电　话：010-88376336
邮政编码：100831
网　址：www.bm.cei.gov.cn
www.cbminfo.com
电子信箱：msc@cbminfo.com
msc@bm.cei.gov.cn

办公室　Administrative Office:
010-88376336 68314360

秘书处　Secretariat:
010-88376339 68354293
010-68332658 (Fax)

行业工作部　Sector Working Department:
010-88376347
010-68312729 (Fax)

国际合作部　International Cooperation Department:
010-88376355
010-88361471

外事办公室　Foreign Affairs Office:
010-88376334 68312191 (Fax)

市场展贸部　Market & Exhibition Department:
010-88376330 68309313

主要业务范围

（一）传达和贯彻党和国家的有关方针、政策，围绕建材行业与企业在改革发展中的重大问题调查研究，提出有关经济政策和立法方面的意见和建议。

（二）反映会员要求，协调会员关系，组织制定行规行约，协调同行业价格争议，规范企业行为，建立行业自律机制，以维护企业合法权益。

（三）为企业提供及时、准确的信息、技术、管理咨询、人才资源开发等多方面、多层次的服务。

（四）加强与国外同行业之间的联系，开展对外经济技术交流与合作，参与协调经济纠纷。组织国内外展销会、展览会，帮助企业开拓市场。

（五）接受政府有关部门的授权或委托，参与制定行业规划、制定修订国家标准和行业标准等有关工作。

（六）接受国有资产监督管理委员会委托，对代管协会实施管理。

（七）管理直属事业单位，负责直属事业单位人事管理和党建、思想政治工作，以及财务、资产管理的监督，审批工作人员临时出国等其他事项。

（八）承担政府部门委托的其他任务。

信息部 Information Department: 010-88376353 010-68311583 (Fax)

标准质量部 Standard & Quality Control Department: 010-88376340 010-68342126 (Fax)

科技部 Science & Technology Department: 010-88376345

财务资产部 Financial & Assets Department: 010-88376356 010-68308921 (Fax)

人事部 Personnel Department: 010-88376342 68310302

培训部 Personnel Training Department: 010-88376350 010-68311580 (Fax)

党委办公室 Party Committee Office: 010-88376343 68313049

科教委员会 Science & Education Committee: 010-88376473 010-68353001 (Fax)

INTRODUCTION

BBMG 北京金隅集团

BBMG GROUP COMPANY LIMITED

北京金隅集团有限责任公司（原北京建材集团）是集“工业产品生产、房地产开发、建筑施工及现代服务业”于一体的大型综合性企业集团，是国家520户重点企业之一。集团拥有子公司近百家，其中与外商合资企业43家。集团公司资产总额102.5亿元，年营业额60亿元。

北京金隅集团主要从事工业制造、房地产、大型物业、建筑装饰设计施工、商贸（含进出口）等业务。其中：工业制造主要包括高标号水泥、人造板及其深加工产品、高档卫生陶瓷、中高档家具、高档内外墙涂料等五大核心业务，同时生产钢制散热器、矿棉吸声板、玻璃纤维、彩色钢板、加气混凝土等近20种新型建材产品。集团公司以先进的生产技术和设备，完善的科研设计机构、雄厚的专业技术力量，在全国建材行业居领先地位。

北京金隅集团充分利用整体优势，在“统一规划、统一开发、统一承包、统一营销战略、统一管理国有资产”的原则下，通过加大科技投入和技术改造力度，加快产品结构升级，提高产品技术含量，并积极向高科技产业领域进军，以进一步增强集团整体实力。

到二十一世纪初的5～8年内，集团营业额将突破100亿元，既而进入全国特大型企业行列，从而实现将北京金隅集团建成全国一流的具有世界建材先进水平的大型现代化企业集团的目标。

地址：北京西城区宣武门西大街甲129号（金隅大厦）

Add:N0.129A,Xuanwumen Xidajie,Xicheng District,Biejing,P R China(Jin Yu Mansion)

电话：010-66416688 Tel:86-10-66416688 **传真：**010-66412086 Fax:86-10-66412086

邮编：100031 P.c.:100031

北京金隅集团
金隅大厦

工 业 INDUSTRY

BBMG 北京金隅集团
BBMG GROUP COMPANY LIMITED

高标号水泥厂

北京东陶有限公司

主要生产优质高标号低碱水泥，中密度纤维板及其深加工产品，中高档卫生陶瓷，中高档家具，高档钢制散热器，玻璃纤维，矿棉吸声板，加气混凝土，纳米涂料等新型建材产品。其中高标号优质水泥年产可达350万吨，中密度纤维板可达20万立方米，高档卫生陶瓷可达2 000万件。集团为人民大会堂、北京饭店、地铁、长城饭店、彩电中心、国贸大厦、亚运村、首都机场、东方广场等重点工程及全国各省市几百项重点工程提供了大量优质建材产品，产品销往全国29个省市，出口40多个国家和地区。

金鼎涂料产品

纳美涂料产品

房地产业

REAL ESTATE

BBMG 北京金隅集团

BBMG GROUP COMPANY LIMITED

北京金隅集团房地产项目——朝阳新城

在开发建设中坚持“经济效益、社会效益和环境效益”同步发展的原则，从联建合作开发逐步发展壮大到独立开发近百万平方米的大型现代化住宅区15个，以及大型公建项目6个。同时在建欣苑、建东苑及双惠等小区已为北京市提供了近40万平方米的经济适用住房。

北京金隅集团房地产项目——腾达大厦

’2004全国建材商品展销会

NATIONAL BUILDING MATERIALS COMMODITIES FAIR OF CHINA

2004年10月16日-19日　中国·天津展览中心

Oct.16th-19th,2004 Tianjin exhibition center

地址：天津市河西区解放南路473号 邮编：300221

电话：（022）88230850　88230839

传真：（022）88230330

全国建材商品展销会

环渤海展览业公司承办，历经22载，连续12届在天津召开，全国建材行业的例会

规模大、规格高、参展厂商较多、较具权威性和代表性的“天津会”

支持单位：
国家商务部
国家建设部
天津市人民政府

主办单位：
国家建设部住宅产业化促进中心
中国物流与采购联合会
中国建材市场协会
天津市建设管理委员会

协办单位：
中国建材大市场联盟
天津市商业联合会

承办单位：
天津市环渤海展览业有限公司

展会简介：

全国建材商品展销会已经在天津成功举办了十二届。展位数量、成交额逐年攀升，参展客商已由国内走向了国际，成为具有博展内涵的行业盛会。经过20年的不断积累，奠定了它在国内建材行业规格较高、规模较大、影响面较广的行业盛会的牢固地位，是国家有关部委及国内外建材厂商广泛认同的品牌会。展会十几年来为国内外建材厂商拓展市场搭建了功能强大的平台，推出了许多知名品牌。

面对“成品房时代”的到来，2003年展会本着满足天津海河改造工程的需要，服务于全国房地产建设开发的目的，由国家建设部住宅产业化促进中心、天津市建委组织全国大型房地产开发商和天津市工程项目单位入会洽谈、采购。使本届展会在具有建材新产品、新技术展示、交易、推广功能的同时，增加了沟通房地产、建材流通商的直供渠道的功能，为建材生产商提供一种集中展示、交易的平台，最终达到衔接产需、提升自己、扩大销售、开拓市场的目的。市场机遇难得，商业良机易逝。您的成功是我们永远不变的追求！

全国建材商品展销会将以全新的视点展示会展群雄的展会风采。欢迎全国各界朋友入会洽谈和采购。

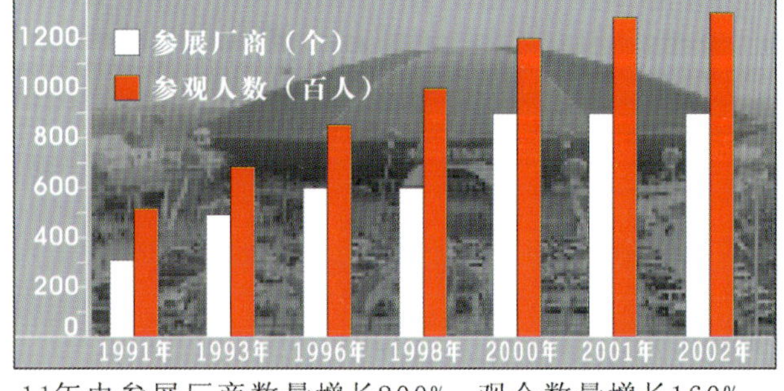

11年内参展厂商数量增长200%，观众数量增长160%

打造独有功能 比需求给予更多

环渤海总裁：李庆云

中央政治局委员天津市市委书记张立昌副市长夏宝龙视察环渤海市场

环渤海建材中心批发市场率先通过 ISO 9002国际质量体系认证

天津市市长李盛霖参观建材商品展销会

天津市副市长王德惠视察环渤海市场

定制加工 国际石材加工中心

服务海河开发 百强石材入驻 延伸流通上游 集文化与品种展示为一体的“石材博物馆”

- 总建筑面积2万余平方米，品种齐全，引进意大利生产流水线——仿型机、红外线桥切机及360度旋转刀头的水刀等生产加工设备，日加工量可达10 000立方米。
- 经营西班牙米黄、埃及爵士白、挪威红、英国棕等众多进口石材以及云南白海棠、新疆天山红、广东海浪花等国内品牌在内的七大类3 000多个品种的石材产品。
- 成为天津乃至华北地区品种较全，档次较高，规模较大的国际石材加工配送基地。

物流配送 建材物流配送中心

配合海河综合开发 加速物流业发展 以库为基点 以用户需求为基础 向终端消费者及终端市场辐射

- 规范的建材领域现代物流配送体系，覆盖天津各地区市场网络及终端市场。
- 市内惟一大型建材市场与第三方物流企业合作成功并正式投入运营的项目。
- 将建材运输、仓储、装卸、加工、配送、信息服务等环节整体整合并进行一体化经营。
- 优化资源配置，提高经济运行质量。

国家重点联系市场
国内贸易局

全国创建文明行业工作
先进单位
中央精神文明建设指导委员会
一九九九年九月

全国争创百城万店无假货
示范市场
国内贸易局

国家重点联系市场
国家经贸委

环渤海国际经贸大厦

品味生活质量

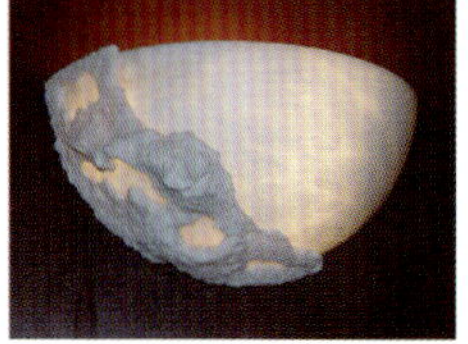

家居名品购物中心

RESIDENTIAL EXCELLENCE SHOPPING CENTER

行业地标 环渤海国际经贸大厦

进口建材 瓷砖 卫浴 装饰 橱柜 家具 灯具 家居装饰设计中心 多功能国际会议中心

- 集购物、办公、会议于一体，倡导家居购物一站式服务，汇集国内外知名品牌建材、家具、饰品，代表建筑装饰行业最新发展趋势。
- 八——十二层环渤海装饰设计中心、新兴企业创业中心，优惠的政策支持、设施齐备的写字间、迅速快捷的网络信息，服务商家、消费者。
- 与国际相接轨，创市场新业态，做行业媒介，树文化理念，在名优产品与市场品牌的互促中，成为天津市乃至全国的家居名品展示中心、家居文化传播中心、建材行情报价中心、家居装饰设计中心、建材物流配送中心和新兴企业创业中心。

环渤海总裁：李庆云

中央政治局委员天津市市委书记张立昌
副市长夏宝龙视察环渤海市场

环渤海建材中心批发市场率先通过
ISO 9002国际质量体系认证

天津市市长李盛霖参观建材商品展销会

定制加工 国际石材加工中心

服务海河开发 百强石材入驻 延伸流通上游 集文化与品种展示为一体的“石材博物馆”

- 总建筑面积2万余平方米，品种齐全，引进意大利生产流水线——仿型机、红外线桥切机及360度旋转刀头的水刀等生产加工设备，日加工量可达10 000立方米。
- 经营西班牙米黄、埃及爵士白、挪威红、英国棕等众多进口石材以及云南白海棠、新疆天山红、广东海浪花等国内品牌在内的七大类3 000多个品种的石材产品。
- 成为天津乃至华北地区品种较全，档次较高，规模较大的国际石材加工配送基地。

天津市副市长王德惠视察环渤海市场

物流配送 建材物流配送中心

配合海河综合开发 加速物流业发展 以库为基点 以用户需求为基础 向终端消费者及终端市场辐射

- 规范的建材领域现代物流配送体系，覆盖天津各地区市场网络及终端市场。
- 市内惟一大型建材市场与第三方物流企业合作成功并正式投入运营的项目。
- 将建材运输、仓储、装卸、加工、配送、信息服务等环节整体整合并进行一体化经营。
- 优化资源配置，提高经济运行质量。

国家重点联系市场
国内贸易局

全国创建文明行业工作
先进单位
中央精神文明建设指导委员会
一九九九年九月

全国争创百城万店无假货
示范市场
国内贸易局

国家重点联系市场
国家经贸委

环渤海国际经贸大厦

品味生活质量

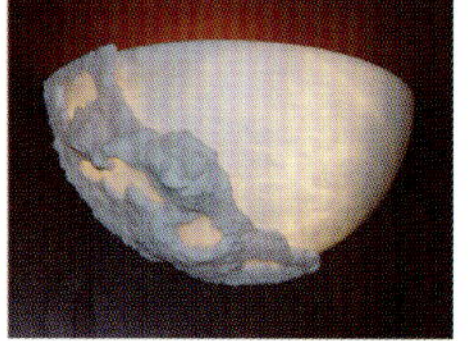

家居名品
购物中心

RESIDENTIAL EXCELLENCE SHOPPING CENTER

行业地标 环渤海国际经贸大厦

进口建材 瓷砖 卫浴 装饰 橱柜 家具 灯具 家居装饰设计中心 多功能国际会议中心

- 集购物、办公、会议于一体，倡导家居购物一站式服务,汇集国内外知名品牌建材、家具、饰品，代表建筑装饰行业最新发展趋势。
- 八——十二层环渤海装饰设计中心、新兴企业创业中心，优惠的政策支持、设施齐备的写字间、迅速快捷的网络信息，服务商家、消费者。
- 与国际相接轨，创市场新业态，做行业媒介，树文化理念，在名优产品与市场品牌的互促中，成为天津市乃至全国的家居名品展示中心、家居文化传播中心、建材行情报价中心、家居装饰设计中心、建材物流配送中心和新兴企业创业中心。

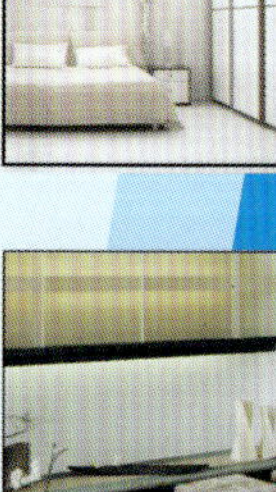

正如它的英文名字——House&Garden，上海好饰家建材园艺超市有限公司一直在寻求一条能把住宅和花园完美结合起来的途径。好饰家在开张伊始，就斥巨资在商场四周开发了大型绿地，种植了大量名贵花木，让顾客在购物的同时，能享受到清新的空气和芬芳的花香，放松因装修而疲惫的心情。此外，好饰家在商品结构中，有意导入了园艺产品及工艺装饰品两大类，让顾客能把自己的家布置成一个绿意盎然的美丽天地。这种好饰家的家居理念，使好饰家一跃成为装潢零售业中的翘楚。

商圈——地理规模优势

好饰家总店座落于上海徐汇区漕溪路198号，毗邻上海徐家汇繁华商圈。公司成立五年来，已发展了3家门店，分别位于上海市商业繁华地段和卫星城区，地理位置优越。

好饰家总店面积五万余平方米，主要经营建材、家具、布艺、家电、园艺、艺术品、灯具、石材、宠物及宠物用品等，并提供代购材料、装潢设计、施工等一条龙服务，共有商户655家。同时，她吸引了众多国内外知名的品牌，为消费者提供充足的选购空间。其中，有超过1 000个的国内的建材品牌已经登陆好饰家；超过100个品牌的国外建材，超过60个品牌及个人的艺术商品，有超过100个品牌的家具、沙发产品进驻；灯具广场同时也是沪上最大的灯具交易市场。经销千余个国内外知名品牌。好饰家自1998年11月8日开业至今，已接待了数百万人次的顾客，年销售额逾10亿元。

技术——管理体系优势

好饰家倡导服务与管理相结合，充分体现“顾客满意”和“持续改进”。

好饰家的成功很大程度上依赖于其严格的管理和规范的服务。好饰家一直以“诚信天下，顾客至上”作为企业宗旨。顾客的需要是企业所有工作的中心。为了树立好饰家的“诚信”形象，企业从多方面努力，包括建立并执行有效的产品检验制度、商户管理制度、售后服务处理规范等，为消费者营造了一个舒心、称心、

增强竞争优势，创建美好家园

——上海好饰家建材园艺超市有限公司

放心的购物环境。为进一步完善管理体系，好饰家还于今年年初实施ISO 9001-2000质量管理体系，与国际接轨，真正实现“顾客满意”和“持续改进”。

好饰家在不断发展的同时也看到，步入21世纪后，大量建材零售市场如雨后春笋，行业无序竞争愈演愈烈，很多建材商场面临着生与死的抉择。为此，好饰家在充分分析国际、国内形势，把握自身优势的基础上，果断制定了未来发展战略：

1. **通过差异化竞争战略，塑造个性化企业形象；**
2. **通过规模优先的推展战略，进一步巩固和扩大规模优势，实施战略联盟策略；**
3. **通过技术领先的提升战略，降低企业成本，提高企业效率；**
4. **通过人才的培养战略，加强企业实力，增强竞争优势；**
5. **通过多渠道的增利战略，发挥资源优势，创造新的利润来源。**

经过几年的努力，好饰家已得到了政府职能部门的认可：她曾获得国家建材局授予的“全国规范化市场”、“全国绿色建材市场试点单位”荣誉称号，上海市物价局授予的“物价计量信得过金牌单位”称号，上海市工商行政管理局授予的“重合同守信用单位”称号，上海市商业委员会授予的“上海商业优质服务先进集体”称号，上海市家具行业协会授予的“三星级规范商店”以及上海市消费者协会授予的“上海市保护消费者权益先进集体”称号，并通过了ISO 9001国际质量管理体系的认证。最重要的是，好饰家在广大消费者、商户和供应商中间树立了良好的形象，获得多方好评，这已成为好饰家成长发展的动力。好饰家将秉承过去的优良传统，开拓创新，持续发展，不断增强竞争优势，为消费者提供舒心的购物环境，贴心的售前、售中、售后服务和放心的商品质量，为广大供应商和商户提供良好的经营环境和无限的商机。

好饰家
HOUSE & GARDEN

家庭装潢的购物天堂
美标 American Standard
HCG
地址：上海市徐汇区漕溪路 198 号
邮编：200000
电话：021-64864433
传真：021-64387158
http://www.haoshijia.com.cn

率先开创

建材超市

家居超市

家具广场

家装市场

四位一体
全新商业模式

东方家园概述

◆东方家园是东方集团股份有限公司（沪市A股：600811）投资创办的所属企业，是东方集团继金融保险业、港口交通业和地产建设业等投资领域之外的又一支柱型产业。

◆作为“物流”主体，东方家园的创建，使东方集团在整体产业链条上真正实现了产业互动、区域互补的互联网络式的发展战略，确保了东方集团核心产业中资金流、物流、信息流三位一体的良性循环和高速运转。

◆东方家园在全球建材家居连锁业态中首创四位一体的“互动式”全新经营模式，创造性地将建材、家居、家具、家装四种业态有机地结合在一起，为消费者提供最方便、最优质的服务。

◆目前，东方家园已在全国范围内开设了多家大型建材家居连锁超市，并且分别在全国各重点区域成立了各大区域中心，已初步形成了覆盖全国的连锁经营网络。

◆东方家园电子商务网成功地实现了东方家园与供应商之间、东方家园与集团采购单位之间、东方家园与消费者之间的网上互动和电子化交易处理，逐步确立了自己在中国建材家居领域电子商务先行者的地位。

◆东方家园的发展目标是：在全国范围内构建规模最大的中国大型主导型现代建材家居连锁商业流通网络体系和电子商务网络体系。

ORIENT HOME 东方家园

业态特点

◆统一采购、统一经营

区别于中国传统“摊位制”建材家居市场的经营，直接进货，减少中间环节。

◆天天平价、一站购齐

以连锁化经营的优势执行低价政策，让利于消费者，因此每一件商品都承诺天天平价；5万余种商品，可以使消费者在这里“一站购齐”。

◆明码标价、货真价实

店内全部商品都明码标价，承诺保真；同时精心选择了上千家国内外知名企业作为供应商，琳琅满目的商品均来自国内外知名的正规厂家。

特色服务

◆退货保证

在东方家园多买、错买的商品，可在60天内带上相关凭证前来办理退、换货手续。

◆特殊定单

安排大批量商品或特殊规格商品的订货服务，同时预约提货及上门安装。

◆送货上门

只要顾客需要，东方家园随时提供送货服务。

◆免费调漆

东方家园提供多达2 000多种的免费调漆服务。

◆代客加工

东方家园设有专门的加工车间，可根据顾客要求现场加工。

◆家装课堂

培养消费者自己动手的能力，体验布置家居的乐趣。

◆工具租赁与维修

提供各种电动工具的有偿出租和保修、维修服务。

◆顾客休息区

提供顾客休息的舒适场所，竭尽全力提供便捷服务，创造舒适购物环境。

◆自由存包

实行自由存包制度，并在家园入口处设置存包柜，供需要存包的顾客使用。

◆免费停车

提供大型免费停车场。

◆结款方式多样

提供现金、支票、银行卡等多种结款方式。

◆金融贷款服务

提供中国银行装修信贷服务。

建材超市

东方家园建材超市经营木质板材、建筑材料、墙地材料、油漆涂料、五金工具、管件电器、电工电料、园艺饰品、灯饰灯具、厨卫洁具10大品类商品。

各类环保板材

众多国内外著名品牌涂料展示

丰富多彩的瓷砖展示

家居超市

温馨的园艺饰品

东方家园家居超市主要经营门厅家具、客厅家具、餐厅家具、办公家具、卧室家具、浴室家具、儿童用品、纺织用品、床上用品、厨房用品、装饰用品及园艺产品等,为您营造温馨家居。

丰富的家居用品

家具广场

东方家园家具广场主要经营中外名牌精品家具，汇集欧式古典家具、现代板式家具、新古典家具、布艺系列、沙发系列、玻璃餐台、红木家具等多个套系，从不同角度最大限度地满足您追求美好生活品质的愿望。

各式家具展示

家装市场

东方家园的家装市场有众多优秀家装公司云集，为您提供从装修设计、选材、施工、售后服务等一条龙式服务。同时，还为您提供了装修贷款、家装质量保险、工程监理等全方位的配套服务。

设计装饰公司

东方家园全国各店地址电话：

北京丽泽店
地址：北京丰台区西三环丽泽桥西南角
电话：(010) 83666611

北京西三旗店
地址：北京海淀区西三旗环岛南300米路西
电话：(010)82711166（总机转）

北京大屯店
地址：北京朝阳区慧忠北里105号c段
电话：(010) 64862101\03\05\07

北京八角店
地址：北京石景山区西五环阜石路168号
电话：(010)68862886

北京十八里店
地址：北京朝阳区南四环十八里店南桥西北角
电话：(010)87698103

沈阳保工店
地址：沈阳市铁西区保工北街9号
电话：(024) 25865288

沈阳德增店
地址：沈阳市大东区德增街28号
电话：(024) 28551555

沈阳明华店
地址：沈阳市黄姑区黄河北大街84号
电话：(024) 86501155

大连金三角店
地址：大连市甘井子区金三角广场15号
电话：(0411)6605598 6609829

哈尔滨红旗店
地址：哈尔滨市南岗区红旗大街254号
电话：(0451)82364646

成都红牌楼店
地址：四川省成都市二环路南四段
电话：(028) 85081998

青岛四方店
地址：青岛四方区重庆南路120号
电话：(0532)5667111（总机转）

济南七贤店
地址：济南市市中区济微路92 号
电话：(0531)7191158 7191159

合肥明珠店
地址：安徽省合肥经济开发区合安路
电话：(0551) 3816286

东方家园免费客服电话：
800-810-6777

东方家园网址：
www.orienthome.com.cn

现代大明宫家居城

DAMINGGONG MODERN HOUSE DECORATION CITY

INTRODUCTION

中国·西安，神奇神圣神秘，令人向往的地方。十三朝古都，物华天宝，人杰地灵，中国西部大开发的桥头堡。如今，在这个古老而又年轻的城市的北郊，一座中国国内建材家居业单体建筑面积最大的项目——西安现代大明宫家居城已建设完成。

西安现代大明宫家居城位于西安市太华北路与北二环立交桥交汇的西北角，占地350亩，建筑面积30万m2，是西安市政府2003年前十名重点项目，由未央区政府和西安大明宫建材实业有限责任公司联合打造，总投资10亿元人民币。

西安现代大明宫家居城，2003年一期工程投资3亿元人民币，建筑面积15万m2，框架结构，主体三层，内设20部扶梯、2部观光梯、5部客、货梯。其中一层主营陶瓷产品、墙地砖、灯饰、电工电料、石材、板材；二层主营木地板、门窗、装饰五金、地毯、壁纸、水暖器材、橱柜及配套电器、洁具、油漆涂料、铁艺、吊顶材料；三层主营精品家具、红木家具、办公家具、布艺、床上用品、家饰工艺品。西安现代大明宫家居城主要功能区有：中央广场观光区、经营展示区、装饰装修区、综合服务区、仓储配送区、商务中心、会展中心、休闲娱乐区和35 000平方米的大型建材交易区，并提供2000个泊车车位的停车场。已于2003年12月28日建成开业的西安现代大明宫家居城，是中国西部最大的建材家居商品集散地和展示批发基地。

西安现代大明宫家居城，实行“商场化管理，市场化经营”、“五统一、一站式”管理服务模式，热忱欢迎海外知名品牌厂商入驻，舒心经营，开心收益。西安现代大明宫家居城，中外投资者首选的财富平台！

有朋自远方来不亦乐乎！

西安现代大明宫家居城，以一流的经营环境，一流的服务标准，诚邀海内外朋友投资合作，携手双赢，共创美好未来！

席有良，男，汉族，42岁，大专学历，经济师、工程师职称。现任西安大明宫建材实业有限责任公司董事长。1993年创建的大明宫建材市场，年交易额10亿元，利税逐年增长。2002年被评为中国企业经营AAA级单位。

主要社会职务：陕西省工商联、西安市工商联常委、陕西省第九届政协委员、西安市人大代表、陕西省青年企业家协会副会长、西安市市场协会副会长、西安市建材协会副会长、陕西省劳动模范、西安市劳动模范。

西安大明宫建材实业有限责任公司董事长 席有良

DAMINGGONG

现代大明宫家居城

DAMINGGONG MODERN HOUSE DECORATION CITY

西安大明宫现代家居有限责任公司
网址：www.daminggong.com.cn
地址：西安市太华北路 218 号
邮编：710016
电话：029-88116666 88119999
传真：029-88119905

先行赔付 全额退款

家居设计和装饰、
销售为一体，市
物中心。现有北
4年中开业）四个
戓家居建材行业中

尚 还是居然之家

北四环店

北四环店：北京市朝阳区北四环东路65号
邮　　编：100101
电　　话：010-84639988

金源店
蓝靛厂桥
中关
远大路
苏州桥
紫竹桥
板井路
西外大街
五环
四环
三环
六里桥
莱户营南路
京石高速公路
京开高速公路
玉泉营店

十里河店

十里河店：北京市朝阳区十八里店大羊坊路106号
邮　　编：100021
电　　话：010-67305322

北四环店

首都机场路

惠新东桥

惠新东街

四元桥

三元桥

CBD

十里河桥

大羊坊路

小武基路

十八里店桥

京津塘高速公路

十里河店

玉泉营店

玉泉营店：北京市丰台区南三环西路58号
邮　　编：100070
电　　话：010-63750126

世纪金源店：北京市海淀区远大路
邮　　编：100089
电　　话：010-88465281

免费服务热线：800-810-3333　　800-810-3233

红星家具集团董事长　车建新

红星企业文化

车建新董事长向“江苏光彩世纪林·红星美凯龙园(500亩)”捐赠100万元

车建新董事长接受英国《卫报》记者采访

红星经营理念　顾客是立业之本；创新是发展之魂

红星价值观　勤劳和诚实；有先付出精神；以提高经营管理水平为第一财富

红星社会文化价值观　正义、节制、勇敢、智慧

红星品牌　大卖场的价格，大商场的服务。中国家居市场第一品牌

红星精神　一丝不苟，视信誉为生命；勤奋务实，视今天为落后

红星信条　不怕做不到，只怕想不到；不怕没能力，就怕不投入

红星纪律　团队合作，严于克己，绝对服从

红星自律　不该说的话，坚决不说；不该做的事，坚决不做；从小事做起，从现在做起

红星敬业　干一行，爱一行，钻一行，超越自我，对本职工作有高度责任感

红星远景　2008年建成40家连锁市场，成为国际化的企业集团

红星终极观　与红星共存亡，以红星作为终生归属

红星效率　快速反应，行动从第一秒开始。今天事今天一定要做完，追求卓越，明天一定比今天进步5‰

红星学习　每天学习，团队学习，习大于学，提倡成果分享

红星经营方针　公司围绕市场转，市场围绕顾客转

红星质量方针　诚信经营，品质第一

红星合作观念　下道工序也是顾客

红星服务方针　以顾客满意为准则，顾客永远是对的

红星工作作风　能做好千万件小事必能做大事

红星管理　反复抓，抓反复，抓重点，抓落实(重点)

红星工作准则　有兴趣，有耐心，有危机感；万事求根；善于发现问题，提合理化建议；重在执行落实，杜绝有头无尾；把知识变成能力，把能力变为效益

红星管理目标　人人事事都有最终责任感，人人事事处处讲究经济效益

红星管理特色　市场化经营，商场化管理

红星管理措施　遇困难应学会多走一步，多问一句，先想一点，大胆设想，科学论证，迅速付诸行动，达到最佳效果

红星员工素质　自信、热忱、正确审美，明辨是非；不断调整心态，摆正位置，归因于内，切忌归因于外，切忌用自己长处比较别人短处；提高工作素质和形象气质

红星人事方针　高素质，高负荷，高节奏，高责任，高待遇，有多大能耐就提供多大舞台

红星领导力　正派，公正，无私

红星领导班子运作　适时补位，到位不越位，补台不拆台

红星安全总纲　安全第一，隐患险于明火，防范胜于救灾，没有安全就没有一切

北京红星美凯龙国际家具建材广场

济南红星美凯龙国际家具广场

青岛红星美凯龙国际家具广场（台东路店 福州路店）

长春红星美凯龙国际家具广场

沈阳红星美凯龙国际家具广场

红星光辉历程

实行个体产品经营模式

1986 年 11 月　借资 600 元制作第一套家具，创办手工作坊

1988 年 5 月　率先走出手工作坊(青龙木器厂)，创办常州大成家具门市部

红星世界家居工厂直销中心（常州）

实行自产自销的经营模式

1991 年 1 月　创办常州第一家家具专营店—红星家具城

1992 年 12 月　走出常州开办外地连锁店—无锡红星家具城

1992 年 12 月　南京红星家具城开业

1993 年 3 月　原青龙木器厂扩建变更为常州红星家具厂

1994 年 4 月　常州建材家具批发中心开业

1994 年 4 月　扬州红星家具城开业

1994 年 8 月　创办省内第一家家具集团—常州红星家具集团

实行集团化的品牌生产与经营模式

1996 年，升格为国家级家具集团—中国红星家具集团

1997 年 1 月　扬州红星家具城扩建为 3 万平方米的市场

1997 年 7 月　南京红星家具城扩建为 5 万平方米的市场

1997 年 9 月　无锡红星家具城新世纪家具城扩建为 3 万平方米的市场

1999 年 12 月　常州红星家具装饰城扩建为 5 万平方米的市场

1999 年 8 月　连云港红星家具城开业，经营面积 2 万平方米

1999 年 12 月　南京红星国际家具装饰城扩建为 8 万平方米的市场

实行全国市场连锁的经营模式

2000 年 1 月　常州红星二期—美凯龙国际家电电脑装饰城开业

2000 年 10 月　上海红星美凯龙家具装饰城开业，总规模 50 万平方米，首期 12 万平方米

2001 年 3 月　无锡红星美凯龙国际家具装饰城批发大市场成立，总占地 1 000 亩，首期 10 万平方米

2001 年 10 月　徐州红星美凯龙家具批发大市场开业，首期 5 万平方米

2002 年 11 月　北京红星美凯龙国际家具建材广场开业，首期 10 万平方米

2003 年 6 月　长沙红星美凯龙国际家具广场开业，规模 1.1 万平方米

2003 年 7 月　上海红星美凯龙国际家具广场(梅陇店)开业，规模 1.7 万平方米

2003 年 8 月　南昌红星美凯龙国际家具广场开业，规模 1.2 万平方米

2003 年 9 月　长春红星美凯龙国际家具广场开业，规模 1.8 万平方米

2003 年 9 月　济南红星美凯龙国际家具广场开业，规模 1.2 万平方米

2003 年 9 月　青岛红星美凯龙国际家具广场(福州路店)开业，规模 2 万平方米

2003 年 9 月　青岛红星美凯龙国际家具广场(台东路店)开业，规模 1.2 万平方米

2003 年 10 月　天津红星美凯龙家居广场(河西店)开业，规模 10 万平方米

2003 年 11 月　天津红星美凯龙国际家居广场(红桥店)开业，规模 8 万平方米

2003 年 11 月　红星世界家居工厂直销中心(常州)开业，规模 10 万平方米

2003 年 11 月　南京红星美凯龙国际家具广场(新街口店)开业，规模 1.5 万平方米

2003 年 12 月　天津红星美凯龙国际家居广场(和平店)开业，规模 2 万平方米

2003 年 12 月　沈阳红星美凯龙国际家居广场开业，规模 1.5 万平方米

上海红星美凯龙国际家具广场（梅陇店）

安居乐 湖南省安居乐置业发展有限公司

为顾客创造价值 为员工创造机会 为社会创造财富

企业简介

安居乐企业成立于2000年9月28日，是全国首家民营建材超市，也是中南地区目前唯一的建材超市连锁企业。安居乐的前身为拥有十余年建材经营经验的湖南省银天装饰建材有限公司，发展至今已有安居乐建材超市高桥店、安居乐园家居建材广场长沙店、安居乐园建材超市新景店，总经营面积达6万平方米，是中南地区规模较大、产品较齐、购物环境优秀的建材超市。

怀着“为顾客创造价值，为员工创造机会，为社会创造财富”的强大责任感，安居乐企业始终致力于开拓创新，打造家居建材航母。一直以来潜心研究先进的管理经验，凭借十几年建材厂商合作基础，组建了一个庞大的采购、销售网络，成功地开辟了民族建材行业的成功之道；采取了一系列服务措施，引进大量质优价平的商品服务于百姓；安置了大量下岗、失业人员，为政府排忧解难；不断寻求新的经营模式，总结经验，加速发展，为民族企业争光。

安居乐企业的社会责任感与快速发展的产业群得到了以省委杨正午书记等各级领导的高度肯定与支持，并且获得了广大消费者的青睐、社会各界的一致好评，先后获得了“消费者信得过单位”、“湖南省民营企业500强”、“全国绿色建材试点单位”、“国税免检单位”、“价格、计量信得过单位”、“青年文明号”、“文明标兵单位”等一系列殊荣。

在今后更多的日子里，安居乐企业将再接再厉、再创佳绩回报社会各界的关注与支持。

——安居乐为您营造梦想的

领跑者。

居室文化的缔创者
诚信经营的领跑者

地址：湖南省长沙市二环路（海关对面）窑岭军供站院内二楼　电话：0731-4740354　传真：0731-4740399
网址：www.anjulecn.com

安居乐园 建材超市 湘潭店

安居乐园建材超市湘潭店是安居乐企业发展壮大后，基于人们对高品位生活的追求，与国内外优秀家居建材厂商全力合作，精心打造的一个品位高、产品齐、服务优、信誉好、环境美的专业化建材超市。本店经营面积2万平方米，是目前全省最大的专业建材超市，除秉承母店所有的经营理念与服务举措外，在产品丰富上大有改善，目前已经营家居建材近3万种。

七大优势

- 品种齐全 一站购齐
- 品牌荟萃 商贾云集
- 货源充足 质优价廉
- 豪华装修 环境优雅
- 服务完善 轻松消费
- 绿色装修 一生平安
- 等价支出 超值回报

▲ 安居乐园建材超市店内实景

湖南省安居乐置业发展有限公司

本店地址：湖南省湘潭市韶山东路(三桥西)安居乐广场

电话：0732-2526668　　传真：0732-2526669

万家丽家居建材广场

湖南省政协委员
长沙市人大代表
万家丽董事长兼总经理　黄志明

万家丽家居建材广场系长沙市志发实业有限公司投资，通过国家、省、市批建的全国大型招商制市场，占地面积19 310平方米。营业面积57 000平方米。志发实业有限公司自有土地150余亩，总资产近5亿元，市场经营布局为五层，每层11 800平方米。

一楼为湖南省内最大的陶瓷城，有国内外著名品牌陶瓷180余家；

二楼为精品洁具城、木地板城，汇集了国内外著名品牌洁具120余家，木地板68家；

三楼湖南门业第一城，主要经营实木门、衣柜门、移动门、防盗门、塑钢门、铝合金门窗共有知名品牌112家，精品橱柜、厨卫电器城所经营的均为该行业内的名牌商品共计98家，涂料五金、布艺城知名品牌48家，云集众多品牌涂料及五金锁具。

四楼中南灯饰第一城，全部经营灯具、灯饰、照明、电工系列，各类灯饰花色上万种；

五楼为精品家具城，云集国内外家具行业顶尖品牌精品98家。

市场另有休闲中心、餐厅、银行、十六台电动扶梯、两台人货电梯、两台观光电梯配套服务设施，形成一个集娱乐休闲、一站式购物于一体的大而专、专而全的室内商业运行体系，设8 000平方米停车场，配套有6万多平方米的仓储物流中心。

万家丽作为全国首批绿色环保试点市场，全力推广“绿色营销”，对市场内所有经营品牌资格进行了严格规定，凡无ISO认证及绿色环保认证的商品坚决拒绝进场经营，2003年一年间万家丽市场成交额达10.5亿元，居长沙各大专业建材市场之首，是消费者家庭购物以及装饰公司、工程公司采购的首选市场。

地址：中国湖南长沙市万家丽大道68号（原火星大道）
邮编：410001
网址：www.tsscw.com
电话：0731-4785188 4681700
传真：0731-4785111

NTRODUCTION

一个商潮中最坚固的停泊地

万家丽家居建材广场

万家丽家居建材广场

卖场一角

一楼：全国大型室内陶瓷城

二楼：洁具、木地板城

三楼：湖南门业第一城、橱柜橱卫电器城

油漆、五金、布艺城

四楼：中南灯饰第一城

五楼：精品家具城

卖场一角

800 平方米的休闲大厅，五星级的购物环境。

卖场一角

诚邀国内外装修材料品牌制造商、代理商加盟

NTRODUCTION

中南地区最具影响力的建材家居主题广场，年销售额超20亿元。

第三届中国建材市场高峰论坛代表参观万家丽家居建材广场

地址：中国湖南长沙市万家丽大道68号（原火星大道）
邮编：410001
网址：www.tsscw.com
电话：0731-4785188 4681700
传真：0731-4785111

振亮投资集团

打造建材商业航母

北京西南，房山区美景遍地，既有可与桂林山水媲美的“小桂林”十渡风景区，又有洞中奇景圣境石花洞、银狐洞、仙栖洞。北京人遗址也在房山境内。更值得一提的是，房山区物华天宝、矿藏丰富。房山区长阳镇历史悠久，已扬名数百年，从元朝定都北京后，就成为北京西南五省的必经之路，被人们称为小卢沟桥的“老石桥”遗址就在长阳村。就在老石桥的旁边孕育出了一颗闪亮的新星——北京亮华国际建材商业商务区。

这个占地面积4 000亩的仓储物流园区，南至京良公路，西临京广铁路线，北通京石高速干线，东连小清河和107国道辅干线，地处丰台、大兴、房山三区交汇处，的确是路潞之喉，真正的金三角黄金地段。不仅交通方便，而且环境幽雅。永定河水冲击而成的宽广平坦的土地为北京振亮投资集团的领导提供了施展才华和智慧的舞台。

北京亮华国际建材商业商务区分为三期建设，规划五年建成，主要经营建材、陶瓷、洁具、五金、木业、石材等。建成后的铁路直达市场仓储区。市场又分为建材销售区、国际建材精品展示区、会展商务区、商业娱乐服务区、主题公园、教学园区、专业配套市场区、配套住宅区、电子商务区、拍卖中心等，配套设施齐全。

房山区物产丰富，煤储量在北京18个区县中数一数二，石灰产量长年供应京、津、冀等地，汉白玉大理石早已名扬海内外，青石板等石材远销澳大利亚、美国等地。也是水泥、砖瓦等建筑材料主要生产地。公司领导正是看中了这些，经过再三考虑，下决心建设一个原产地的大批发、大物流的市场，为各地货物进出北京，提供一个物流仓储的场地。

建材商业商务区的一期工程占地400亩，准备2004年3月15日正式开工，由于准备充足，一边施工一边招商，力争6月15日竣工，7月15日开业，整个4 000亩地计划5年建设完成，到时候将是每年4个亿的税源，而且可以使农村富余劳动力向二、三产转移，将是一个大的就业亮点。这个商业商务区不仅能带动周边更多产业的发展，还将拉动地方经济的增长。

INTRODUCTION

北京亮华(国际)建材商业商务区

小 清 河 路

北京振亮投资集团

（北京亮华国际商业管理有限公司）

振亮投资集团

INTRODUCTION

富森·美家居
FUSEN-NOBLE HOUSE
现代装饰材料物流中心
业态：仓储式、一站式购物的现代装饰材料物流中心
功能：集交易、信息、金融、仓储、运输、文化、办公、餐饮、休闲于一体
总占地面积：68万平方米
首期开发面积：58万平方米
建筑密度：43%
容积率：45%
绿化率：20%
交易区：8个
展示中心：2.8万平方米
广场：8000平方米富森广场
主道路：宽24米
内循环通道：宽21米
其它通道：宽15米
停车场：8个
停车位：2000个
地址(ADD)：中国·四川成都市三环路川陕立交桥处
电话(TEL)：86－28－83517788 83518068
传真(FAX)：86－28－83517766
网址(HTTP)：WWW.FSMJJ.COM

富森·美家居
FUSEN-NOBLE HOUSE
现代装饰材料物流中心
地址(ADD)：中国·四川成都市三环路川陕立交桥处
电话(TEL)：86－28－83517788 83518068
传真(FAX)：86－28－83517766
网址(HTTP)：WWW.FSMJJ.COM
新湖装饰材料有限公司欢迎各位光临
联兴铝制天花
浴
83551519

富森·美家居
FUSEN-NOBLE HOUSE
现代装饰材料物流中心
地址(ADD)：中国·四川成都市三环路川陕立交桥处
电话(TEL)：86－28－83517788 83518068
传真(FAX)：86－28－83517766
网址(HTTP)：WWW.FSMJJ.COM

Hom mart 好美家

总经理 王家生

好美家装潢建材有限公司成立于1998年，是一家全国性专业连锁超市公司，隶属于中国大型商业集团——百联集团，也是中国第一家引进欧式风格的装潢建材连锁超市，由国内首家A、B股同时上市的商业上市企业——上海友谊集团股份的限公司（A股600827，B股900923）控股投资的。

公司主要经营装潢建材和家居用品，经营品种规格达45 000余种，并提供居室装潢设计、导购选料、施工蓝理和维护保养等一条龙家装工程服务。

公司到2003年底已拥有专业连锁超市20家，家装工程2家，网点遍及全国9个城市，经营面积达30万平方米以上，实现销售额达16亿元。1998年至今，连续三届荣获上海市文明单位称号，市综合治理先进集体，中国建筑五金行业优秀企业，2001年上海销售额亿元以上连锁商业公司排名第十位、2002年中国连锁百强排外第51名……

五年来，公司全体同仁不畏强手，积极学习，苦练内功，扬长避短，勇于竞争。创立了“好美家”良好的企业品牌；显出了好美家装潢建材专业连锁经营体系雏形：也形成了好美家可持续发展的能力和空间。

面对中国加入WTO，大批国际装潢建材零售巨头将纷纷涌入中国，抢占市场。公司将加快发展步伐，把目光瞄准全国，先后组建了全国五大区域，全面推进实施全国拓展连锁战略。

“好美家”不仅仅是公司的名称，它代表着装潢建材的专业服务品牌，更体现了企业的经营理念和价值观，修理业的发展远景和企业文化。

好美家与您共同创造美好的家！

地址：上海市沪闵路7388号（南方商城大酒店12楼）邮编：201102
电话：021-64123888-31200 传真：021-64128432 E-mail:homemart@online.sh.cn

好美家

一个中国制造的装潢建材企业品牌

发展篇

1998年9月，上海虹口区曲阳商务中心东首，好美家第一家超市——曲阳店在此开业，与众不同的门面设计，显示出了家的轮廓和概念，象征环保绿色建材的翠绿，别具一格，强烈吸引着人们的目光，好美家首次将创造美好的家的经营理念带给了消费者。

好美家的成立是对商业零售业传统业态的一次新的变革和尝试，是一次全新的探索。曲阳店当年立项，当年建设，当年开业，当年盈利的骄人业绩，给了好美家人更坚定的信念和无穷的动力，为今后的发展奠定了坚实的基础。

面对中国加入WTO，公司加快了发展步伐，把目光瞄准全国。2002年2月1日，上海好美家装潢建材有限公司更名为好美家装潢建材有限公司，华北、华南、华中、华东四大区域总部的成立，标志着公司全国拓展战略的全面实施。

今天的好美家已是一家全国性的装潢建材专业连锁超市公司，并且由国内首家A、B股同时上市的商业上市企业——上海友谊集团股份有限公司（A股600827，B股900923）投资控股。公司主要经营装潢建材和家居用品，经营品种规格达45 000

余种，并提供居室装潢设计、导购选料、施工监理和维护保养等一条龙家装工程服务。

走过五年的发展历程，一个本土化装潢建材超市品牌初创成功，并且“好美家”的名声渐响，在消费者心目中已经成为了一个与美化家居不能分开的超市品牌。门店从1家到20家；从上海到遍布北京、武汉、广州、深圳、成都、宁波、青岛、合肥等大中型城市，经营业面积从5 000平方米到30万平方米；销售额从2 800万元到16亿元……吴邦国、黄菊、吴仪、李岚清、徐匡迪等领导人都曾亲临好美家视察关怀。辛勤的劳动，换来的是丰硕的成果。荣誉接踵而来，连续三届荣获上海市文明单位称号，市综合治理先进单位，中国建筑五金行业优秀企业，2001年上海销售额亿元以上连锁商业公司排名第十位、2002年中国连锁百强排名第54名……

经营篇

在五年的创业路上，好美家人依靠着“艰苦奋斗、不断学习，开拓创新”的精神，克服了重重困难，学习外来文化，吸取外来精华，促进了企业的发展，使企业在激烈的市场竞争中立于不败之地。

以零售为主的好美家，犹如它所经营的超市形式一样，敞开博大的胸怀，迎接着四方的来客。

当走进好美家的任何一家连锁超市，顾客都能够选购到质量相同的卫生洁具、油漆涂料、墙地砖、地板、门窗型材、五金工具、家居用品、园艺、电工电料、厨房设备等大类商品；享受到同样的优质服务：油漆调色、定制加工、免费送货、免费停车、无理由退货、工具出租、团购、家庭装潢设计施工、知识讲座、学习手册、年中无休。

当走进好美家的任何一家连锁超市里，顾客所享受到的是同样真诚、热情的接待，因为在好美家的员工中有全国劳模、五一奖章的获得者乐振平，有上海市劳模、服务品牌、职业道德标兵王红兵，更有集体服务品牌“光明热线小组”，以及家电咨询小组，还有锁具、洁具、管道等小组在不断地涌现。劳模们的自身行动就是对企业诚信服务的最好诠释。

好美家将服务质量提升到了更新、更高的层次和境界。

这是好美家无形的广告，这是诚信经商的最佳注释和演绎，这也是艰苦创业的成果，这更是

连锁的魅力，进入好美家的商品有严格质量把关，给顾客以放心；营业员的服务有劳模的亲自传授技艺，使顾客称心。好美家不仅是企业的连锁，而且是服务的连锁，"光明热线"的铃声不断，劳模上门服务的事例不断。

好美家有着底蕴深厚的公司文化，"好美家"三个字不仅仅是公司的名称，它代表着装潢建材的专业服务品牌，更是体现了一种经营理念和价值观，一种发展远景，一种公司文化，"与您共创美好的家"，即是经营理念的核心。

"创造美好的家"，创造的是顾客之家。

顾客即是好美家的生存之本。"为顾客服务是我们的宗旨，有困难来好美家，只要办得到，我们决不推辞"。这是好美家员工心声。它虽不是响彻耳边，却是发自肺腑。

顾客创造美好的家的愿望在不断地提升，为好美家提供了宽阔持久的发展空间。好美家通过关注、帮助、服务顾客，思顾客所思，急顾客所急，解顾客之难，成顾客之好，真正成为顾客认同的家。

为了体现家的便捷，好美家发挥国企品牌的综合优势，实现建材家具组合营销，全新的海派家居"销品茂"连锁经营模式，创造了真正意义上的"一站式"销售，也昭示着公司由装潢建材流通领域正向组合业态转轨。人性化的购物氛围让消费者尽享宾至如归的感觉，亲身体验好美家"全面关怀"的贴心服务。

"创造美好的家"，创造的是员工之家。

因为好美家有家的温馨，才会引来无数凤凰栖息枝头。员工是好美家的重要资源。好美家有着海纳百川的胸怀，更有筑巢引凤的气魄，为每个有志者提供了施展技艺的舞台，为社会提供了更多的就业机会。

"创造美好的家"，创造的是供应商之家。

好美家发展至今，也刻意在为供应商创造良好的条件，货款网上支付已经成为现实，网上对帐也即将启动，家人即可享受到e时代的便捷。

五年来，公司全体同仁不畏强手，积极学习，苦练内功，扬长避短，勇于竞争。五年的发展创立了"好美家"良好的企业品牌；初显好美家装潢建材专业连锁经营体系雏形；也形成了好美家可持续发展的能力和空间。好美家在不断的探索，不断的完善，不断的超越之中，并且在用诗人般的激情演绎着本土化装潢建材超市连锁的魅力。

安徽国邦置业集团

概况：

安徽国邦置业集团成立于1999年，下属四大市场和三家分公司：安徽红旗建材批发市场、合肥瑶海摩托车市场、合肥红旗美家居装饰广场、安徽红旗石材市场、红旗物业、国邦置业、国邦实业，是一家颇具规模的现代化股份制企业。集团员工300人，专科以上学历占45%，具有现代企业管理高素质职工队伍。

荣誉：

安徽省农行"AAA级信用企业"、合肥市"优秀企业"、安徽省"民营百强企业"、安徽省"明星企业"、中国建材市场"全国诚信建材市场"、中国建材研究理事单位。

贡献：

集团年交易额28亿元、年上交利税6.5亿元、带动交通储运等相关企业发展、解决就业人口1.6万人。

安徽红旗建材批发市场

占地15万平方米，经营面积13万平方米，经营厂商800户。经营范围：建筑材料、装饰装修材料、磁砖、卫浴、灯具、窗帘、木地板、板材、五金、防盗门、油漆涂料、水暖给排水管材管件等十大类、4万余种产品，是安徽省规模最大的建材专业市场。

安徽红旗产业园

占地规划面积1 500亩，总投资约10亿元，经营面积50万m2，经营范围有建材大型展销交易，大型仓储、配送中心，运输物流大型货场，无污染加工区，综合服务区，智能化办公区等。

地址： 合肥市合裕路 939 号
电话： (0551)4535555
传真： (0551)4525222
邮编： 230011

西安大明宫现代家居有限责任公司
网址： www.daminggong.com.cn
地址： 西安市太华北路 218 号
邮编： 710016
电话： 029-88116666 88119999
传真： 029-88119905

地址： 北京市房山区昊天北大街 38 号
邮编： 102445
电话： 010-80356111 51135188
传真： 010-51135077

东方家园免费客服电话：
800-810-6777
东方家园网址：
www.orienthome.com.cn

地址： 沈阳市大东区东望街 23 号
（东北陶瓷城对面）
电话： (024)88201825
传真： (024)88201661

地址： 江苏省南通市外环北路 5 号
邮编： 226005
电话： 0513-5548091 0513-5552572
传真： 0513-5548091
E-mail.jsjcw@jsjcw.org
jsjcw@jsjcw.net
网址： http://www.jsjcw.org
http://www.jsjcw.net

地址： 杭州市古墩路 879 号（温州村）
电话： (0571)88959886
http://www.hwv.com.cn

嘉瓯家居装饰商贸城
地址： 嘉兴市秀洲新城秀园路
电话： 0573-2711828
传真： 0573-2711828

东莞市名都家居广场
地址： 东莞市莅厚街国际展览中心正对面
电话： (0769)8630300 8630338

地址： 西宁市祁连路 48 号
邮编： 810003
电话： 0971-8457888 8455038
传真： 0971-6109018
http://www.st-creation.com.cn

地址： 湖北省襄樊市前进路 245 号
邮编： 441003
电话： (0710)3220216 3464346
http://www.xfeb.com/qyfc/wood
E-mail:xfznbcsc@public.xf.hb.cn

中南建材装饰大世界
地址： 安徽省铜陵市七坝路 18 号
邮编： 244000
电话： 0562-2869559
传真： 0562-2869559
http://www.znjc.net

地址： 山西省太原市滨河西路北端 369 号
邮编： 030027
电话： 0351-6289410
传真： 0351-6262905

湖南省安居乐置业发展有限公司
地址： 湖南省长沙市二环路（海关对面）
窑岭军供站院内二楼
网址： www.anjulecn.com
电话： 0731-4740354
传真： 0731-4740399

海泰尔装饰材料超级购物中心
地址： 江苏省泰州市泰高路 98 号
电话： (0523)6818188 6818988

总部地址： 常州市北环路 32 号
邮编： 213017
网址： www.chinaredstar.com
电话： 0519-5308888 5318888
传真： 0519-5319088

成都富森·美家居置业有限公司
四川成都市三环路川陕立交桥处　电话：028-83517788 83518068
传真：028-83517766　http://www.fsmjj.com

BBMG 北京金隅集团
BBMG GROUP COMPANY LIMITED

地址：北京西城区宣武门西大街甲129号（金隅大厦）邮编：100031
电话：010-66416688　传真：010-66412086

地址：上海市徐汇区漕溪路198号　邮编：200000
电话：021-64864433　传真：021-64387158

环渤海
品味生活质量

地址：天津市河西区解放南路473号　邮编：300221
电话：022-88230850 88230839　传真：022-88230330

地址：广东省佛山市禅城区.石湾.镇中路沙岗段　邮编：528031
电话：0757-82276933　传真：(0757) 82276933
http://www.fszytc.com　E-mail:zhiye@fszytc.com

闽南建材第一市场
THE FIRST MARKET OF BUILNG MATERIALS OF SOUTHERN FUJIAN

地址:福建省南安市水头镇　邮编:362342
电话:0595-6992899　传真:0595-6993344
Emai:6993344@china.com　http://www.chinabmp.net

万家丽家居建材广场

地址：中国湖南长沙市万家丽大道68号（原火星大道）　邮编：410001
电话：0731-4785188 4681700 传真：0731-4785111
网址：www.tsscw.com

YINCHENG
湖南益阳市银城大市场

地址：益阳市朝阳东路口
电话：0737-6502786　传真：0737-6500620

常州长江自由贸易中心

地址:常州新区黄山路555号　邮编:213033
电话:0519-5109977　传真:0519-5105978
Emai:cjtrade@public.cz.js.cn

好美家Homemart

地址：上海市沪闵路7388号（南方商城大酒店12楼）邮编：201102
电话：021-64120634　传真：021-64128432
E-mail:homemart@online.sh.cn

广州越秀水泥集团有限公司

集团公司总部地址：广州市西湾路148号金羊大厦5楼
公司电话：020-86507447　传真：020--86530990
集团公司销售部地址：广州市西湾路148号金羊大厦5楼509A
销售热线：020-86507924　传真：020--86530992

荆门洪源装饰建材市场

荆门洪源装饰建材市场
地址：湖北省荆门市月亮湖路1号　邮编：448000
电话：0724-2332407 2332570　传真：0724-2360253

地址：山东省济宁市解放路102号　邮编：272013
电话：(0537)2355493/2311291/2932003/2932009
网址：www.jnzs888.com.cn　E-mail: jnzs@163.net

大钟寺家居广场
地址：北京市海淀区三环西路23号　网址：www.lanjing-lijia.com
电话：010-82116969

地址:昆明市官渡、二环南路关上段（昆交会东北边）　邮编:650200
电话:0871-3556013

地址：沈阳市苏家屯区雪松东路104-1号　邮编：100102
电话：服务热线024-89150666，公司总机024-89150888

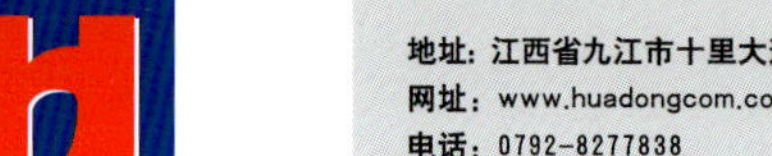

地址：江西省九江市十里大道827号
网址：www.huadongcom.com
电话：0792-8277838
传真：0792-8277805
邮编：332005

云南百集龙实业（集团）公司
地址：昆明市西山区明波苏家村
电话：(0871) 8171086

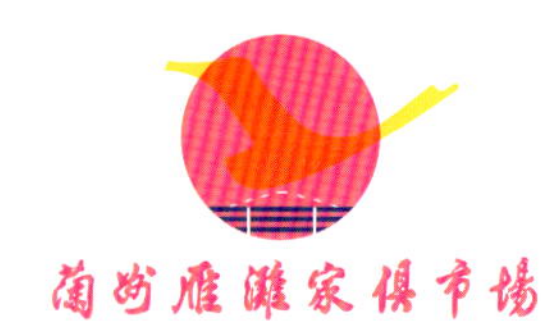

地址：甘肃省兰州市滩尖子2号
网址：http://www.yantan.com
电子邮件：yantan@yantan.com
电话：0931-8501069
传真：0931-8501065
邮编：730000

深圳市金城建材装饰材料批发市场
地址：深圳市横岗镇大康路口
电话：0755-8863222
传真：0755-8613388
邮编：518115

地址：福建省宁德市东桥区商贸街13号
电话：0593-2931318 2931116
传真：0593-2931038 2931036
邮编：352100

地址：山东日照黄海二路19号
网址：www.rztongfa.com
电话：(0633) 3315888 8335888
3961802 13066060808

长春中东天宝股份有限公司
地址：长春市远达大街8号
网址：www.tbsj.com
电话：0431-4722222
传真：0431-4743581
邮编：130032

登发装饰家具基地
地址：河西区大沽南路与解放南路交口
电话：28259951
登发装饰城
地址：河东区中环线东兴立交桥西侧
电话：24312255

地址：中国上海宜山路407号
邮编：200030
总机：(021) 64690299
传真：(021) 64693331 64693338

深圳市新福装饰材料市场
地址:广东省深圳市宝安区创业二路69区
邮编:518000
电话:0755-7865528
传真:0755-7864488
Emai:hmylzx@163.com
http://www.szxinfu.com

高桥建材市场
地址：湖南长沙市二环路杨家山立交桥西南角
电话：0731-4727055 4736231
传真：0731-4739850
邮编：410001

重庆光能装饰材料批发市场
地址：重庆沙坪坝区大马路45号
邮编：400038
电话：023-5230119
传真： 023-65240165
HHp// :www.cq-guangneng .com
E-mail :cqguangneng@ 163 .com

成都西南建材中心
地址：成都市二环路北三段72-291号
电话：028-83335320
邮编：610081

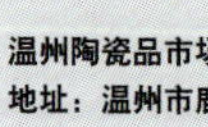

温州陶瓷品市场
地址：温州市鹿城路0号、169号
电话：0577-88706665
传真：0577-88730962

地址：湖南长沙市高桥建材市场附一栋（长沙海关斜对面）
免费咨询热线：800-8786636
订购热线：0731-4714085

厦门家庭装修市场
厦门市吕岭路2号阿里山大厦七楼
邮编：361009
电话：0592-5556558
传真：0592-5556228

浙江南浔建材市场

地址：浙江省湖州市南浔镇泰安路401号 招商
电话：0572-2632000 传真：0572-2632555
http://www.materinfo.com

免费服务热线：800-810-3333 800-810-3233

宁波住宅产品市场开发有限公司

地址：浙江省宁波市江南路598号 邮编：315040
电话：0574-87901176 传真：0574-87901284
Emai:zhglb@nbjiancai.com http://www.nbjiancai.com

地址：山西运城市禹都经济开发区
电话：0359-8961800 8961801

沈阳金龙装璜材料城

地址：沈阳市皇姑区长江南街168号 邮政编码：110031
联系电话：024-22983410 22983588
电子信箱：jinlonggongsi@126.dom

山东莱州刚磊石材集团有限公司

地址：中国山东莱州市夏邱镇驻地 邮编：261433
电话：0535-2363115 传真：0535-2362888
网址：www.glstone.com

福建华洲集团有限公司
FUJIAN HUAZHOU GROUP CO.,LTD

地址：中国福建省泉州大桥南华洲商贸城 邮编：362000
总机：(0595) 2923777 2923547 传真：(0595) 2921066
网址：www.fjhuazhou.com

旺德府装饰建材
Decorative & Building Material

地址：湖南省长沙市三湘南湖大市场建材城A栋 邮编：410001
电话：0731-2280178 2296562 2280530 传真：0731-2280178-8070

中国建材工业经济研究会简介

理事长 刘赋捷

中国建材工业经济研究会（原名中国建材工业技术经济与管理现代化研究会）是于一九八0年经原国家建材部批准成立，由我国建材行业内从事工程技术、技术经济研究、企业管理的专家、学者自愿结成的群众性学术团体，归属建材部、中国科协领导。

一九九二年社团组织重新登记后，经民政部批准为国家级社团组织，具有社会法人资格。

研究会活动的宗旨是：认真贯彻党和国家的方针、政策、法律、法规，提高行业的技术、经济、管理水平，促进我国建材工业发展，成为连接政府与企业的桥梁和纽带。

研究会的主要任务是：积极开展调查、研究；结合建材行业实际，组织、引导、与行业发展有关的重大经济、技术经济、现代化管理等问题的学术研究；协助政府，提供有关信息、决策依据，反映企业呼声与要求；为企业提供事业发展、经济决策、商务计划、现代管理、提高绩效、规范市场等方面的咨询服务；帮助企业培养经济研究、企业管理、市场开发、生产技术、信息建设等人才；利用现代技术，办好各种媒体及网络，促进交流，共同发展。

建会二十几年来，坚持为国家、行业、企业服务，研究会参预过行业发展战略研究，承担过国家交给的专题研究，为制定行业发展规划、计划献计献策；为地区、企业、有形建材市场提供咨询服务；组织研讨会、交流会数十次；撰写论文几百篇，评选优秀论文百余篇；编写书籍、论文集、教材几千万字；培训各方面人才几千人次；出有本会会刊《建材发展导向》，为行业、企业发展做出重要贡献。

在新的形势下，研究会正按照市场经济规律，加强对市场、国企改革、民企发展等重大经济问题研究；按照党的十六大，十六届三中全会精神开展学术研究；工作重心正向为企业、市场服务方向转移，努力为建材行业发展做出新贡献。

研究会领导成员为：

理 事 长：刘赋捷

副理事长：苏拱嵋　蒋　蓁　张　毅　葛铁铭　谢镇江
　　　　　姚季鑫　曹田平　陈惠南　牛建新

秘 书 长：蒋　蓁

研究会下设八个专业委员会：

水泥专业委员会；
玻璃纤维与玻璃钢专业委员会；
规划预测专业委员会；
生产信息专业委员会；
新型建筑材料专业委员会；
非金属矿产与加工专业委员会；
物流暨市场专业委员会；
网络与电子商务专业委员会；

共有会员单位300余家

地址：北京市西直门内北顺城街11号　电话：010-62273636（f）62252108　邮编：100035

高级顾问

编委会主任

编委会副主任

张佰恒:中国建筑玻璃与加工玻璃协会秘书长
丁卫东:中国建筑卫生陶瓷协会会长
朱光前:中国木材流通协会会长
贾清文:中国家具协会会长
任长青:中国建筑装修装饰材料协会秘书长
张　湛:中国非金属矿工业协会副会长
张文波:中国石材协会常务副会长
陈　健:中国防水材料协会会长
吕　琴:中国玻璃钢协会秘书长
魏从九:中国水泥制品业协会秘书长
许彦明:中国砖瓦工业协会秘书长
胡小媛:中国绝热隔音材料协会秘书长
张福祥:中国玻纤工业协会秘书长
方　芳:中国建材机械工业协会会长
于小兰:中国建材数量经济监理学会秘书长
陈秀芝:中国物流信息中心处长
马振珠:国家建筑材料测试中心主任
王旭东:天津市建材行管办主任
陈德强:福建省建材行管办主任
马宏义:青海省建材行管办主任
曲长文:吉林省建材行管办副主任
冯　刚:湖南省建材行管办处长

朱希斌:北京市建筑装饰协会会长
张宗兴:北京市建材行业协会秘书长
梁维浩:上海市建材协会副会长
邱书华:天津市建材行业协会副会长
国　杰:北京市市长协会副会长
秦永远:湖南省建材协会会长
王爱贞:河南省建材协会会长
廖乃成:山东省建材协会会长
张有余:浙江省建材协会会长
张庆玉:黑龙江省建材协会会长
郝学征:甘肃省建材工业协会会长
林　海:湖北建材行业协会副会长
陈　环:广东省建材协会秘书长
丁楠生:安徽省建材协会副会长
周镜明:广州市建材行业协会秘书长

高级顾问

张人为:中国建筑材料工业协会会长
蒋明麟:国务院参事室副主任
张宏伟:中国工商联副主席　东方集团董事局主席
牛建国:国家发展和改革委员会经济运行局副局长
向　欣:商务部副司长
沈建忠:国家建设部住宅与房地产业司副司长
任兴洲:国务院发展研究中心市场研究所副所长　研究员
丁俊发:中国物流与采购联合会常务副会长
张春生:国家发展和改革委员会副司长　博士
程　红:北京市商务局副局长　市场专家　博士
张维迎:北京大学校长助理　光华管理学院院长　博导
黄国雄:中国人民大学教授　博导　资深流通专家
王之泰:北京物资学院教授　资深物流专家
于淑华:中国商业经济研究中心副主任　研究员
谢镇江:中国建材报社社长　总编
许进禄:中国年鉴研究会秘书长
刘赋捷:中国建材工业经济研究会理事长　教授级高工
顾耀华:中国建材工业经济研究会顾问　高级工程师
宋志平:中国建材集团董事长　总经理
谭仲明:中国非金属矿工业集团总经理
张　毅:北京金隅集团总经理
杜金满:郑州市市场发展局局长
李宗范:长沙市芙蓉区政协主席

编委会主任

于景泉:中国建材工业经济研究会物流暨市场专委会常务理事长

编委会副主任

吕桂新:国家发展和改革委员会经济运行局处长
胡剑萍:商务部市场体系建设司处长
张蜀东:商务部市场体系建设司处长
翟美清:国家统计局副处长
孟国强:中国物流与采购联合会副秘书长
孙铁石:中国建材工业协会副秘书长
于胜华:中国建材工业经济研究会物流暨市场专委会副理事长　副教授
曾学敏:中国水泥协会副会长　秘书长

张佰恒:中国建筑玻璃与加工玻璃协会秘书长
丁卫东:中国建筑卫生陶瓷协会会长
朱光前:中国木材流通协会会长
贾清文:中国家具协会会长
任长青:中国建筑装修装饰材料协会秘书长
张　湛:中国非金属矿工业协会副会长
张文波:中国石材协会常务副会长
陈　健:中国防水材料协会会长
吕　琴:中国玻璃钢协会秘书长
魏从九:中国水泥制品业协会秘书长
许彦明:中国砖瓦工业协会秘书长
胡小媛:中国绝热隔音材料协会秘书长
张福祥:中国玻纤工业协会秘书长
方　芳:中国建材机械工业协会会长
于小兰:中国建材数量经济监理学会秘书长
陈秀芝:中国物流信息中心处长
马振珠:国家建筑材料测试中心主任
王旭东:天津市建材行管办主任
陈德强:福建省建材行管办主任
马宏义:青海省建材行管办主任
曲长文:吉林省建材行管办副主任
冯　刚:湖南省建材行管办处长

朱希斌:北京市建筑装饰协会会长
张宗兴:北京市建材行业协会秘书长
梁维浩:上海市建材协会副会长
邱书华:天津市建材行业协会副会长
国　杰:北京市市长协会副会长
秦永远:湖南省建材协会会长
王爱贞:河南省建材协会会长
廖乃成:山东省建材协会会长
张有余:浙江省建材协会会长
张庆玉:黑龙江省建材协会会长
郝学征:甘肃省建材工业协会会长
林　海:湖北建材行业协会副会长
陈　环:广东省建材协会秘书长
丁楠生:安徽省建材协会副会长
周镜明:广州市建材行业协会秘书长

马健能:深圳市建材协会秘书长

汪林朋:北京居然之家总经理
车建新:红星家具集团董事长
李庆云:天津环渤海建材中心批发市场总经理
巴根那:北京东方家园常务副总裁
丁国樑:上海好饰家总经理
席有良:西安大明宫董事长
王家生:上海好美家装潢建材超市总经理
黄志明:长沙万家丽建材大市场董事长
刘　兵:成都富森·美家居置业有限公司董事长
宋振亮:北京振亮投资集团董事长
周海军:长沙安居乐董事长
李家俊:安徽红旗建材批发市场总经理
藤　伟:沈阳金龙装饰城总经理

主　编

于胜华

常务副主编

周龙峰

副主编

周建人:中国建材报装饰市场版主任
王虹航:中国建材报新闻中心副主任　主任编辑
郑纪文:北京建材行业协会市场部主任
申　萌:中国建设报装饰专刊主编

目 录

政策法规

领导讲话

大事记

基础数据

市场分析与预测

市场研究

总裁论坛

拟在建工程项目

建材网址

政策法规

ZHENG CE FA GUI

编辑:孙　楠

国务院关于整顿和规范市场经济秩序的决定
国发[2001]11号

二〇〇一年四月二十七日

各省、自治区、直辖市人民政府,国务院各部委、各直属机构:

建立规范的市场经济秩序,既是保证当前经济正常运行的迫切需要,又是完善社会主义市场经济体制的重要举措。为了进一步深化改革、扩大对外开放,营造国民经济持续快速健康发展的良好环境,根据当前我国市场经济秩序的现状,国务院决定,在全国范围内开展整顿和规范市场经济秩序的工作。

一、充分认识整顿和规范市场经济秩序的重要意义

(一)良好的市场经济秩序,是建立社会主义市场经济体制的客观要求。近年来,全国开展了打击走私、偷税、骗税、骗汇和制售假冒伪劣商品等违法犯罪活动的专项斗争,取得了明显成效,对促进社会主义市场经济的健康发展,发挥了重要作用。

(二)市场经济秩序混乱的问题必须引起高度重视。由于复杂的经济、社会和思想原因,当前一些领域中市场经济秩序仍然相当混乱,主要表现在:假冒伪劣产品充斥市场,偷税、骗税、骗汇和走私活动屡禁不止,商业欺诈、逃废债务现象日益严重,财务失真、违反财经纪律的行为比较普遍,工程建设领域招投标弄虚作假、工程质量低劣的问题相当突出,文化市场混乱问题群众反映强烈,生产经营中的重大特大安全事故时有发生。这些问题触目惊心,不仅严重影响国民经济健康运行,给国家、企业和人民群众利益造成重大损害,而且造成投资环境恶化,社会道德水准下降,败坏国家信誉和改革开放的形象。大力整顿和规范市场经济秩序,已经成为当务之急。

(三)整顿和规范市场经济秩序具有重要意义。今后五年,是我国完善社会主义市场经济体制和扩大对外开放的重要时期。建立良好的市场经济秩序,既是重大的经济问题,也是严肃的政治问题;既是提高国民经济整体素质和竞争力的必然选择,也是进一步扩大对外开放的必要条件;既是巩固我国现代化建设成果的重大举措,也是全面推进社会文明进步的内在要求。各地区、各部门必须从贯彻落实江泽民总书记"三个代表"重要思想的高度,站在国家安危、民族兴衰和现代化事业成败的高度,充分认识整顿和规范市场经济秩序的重要性、紧迫性和艰巨性,坚持不懈地抓好这项工作。

二、整顿和规范市场经济秩序的主要内容和当前工作重点

(四)今后五年的主要任务。整顿和规范市场经济秩序是一项涉及面广、十分复杂的工作。必须坚持深化改革与加强法制并举的指导思想,标本兼治,边整边改,着力治本。针对市场经济秩序方面存在的问题,"十五"时期整顿和规范市场经济秩序的主要内容包括以下几个方面:

1. 打击制售假冒伪劣商品、偷税、骗税、骗汇、走私、制贩假币等违法犯罪活动。继续查处制假售假同

题突出的重点商品、重点市场、重点地区和大案要案。打击伪造、倒卖、虚开增值税专用发票进行涉税犯罪活动的专业化作案团伙。取缔非法买卖外汇。严防走私回潮。

2. 整顿建筑市场。查处在工程建设中规避招标和招投标中的弄虚作假，转包、违法分包和无证、越级承包工程，以及违反法定建设程序及不执行强制性技术标准、偷工减料、以次充好等行为。

3. 整顿和规范金融秩序。查处银行、证券、保险机构的违法违规经营活动。取缔非法金融机构和非法变相从事金融业务的活动。打击和制止金融欺诈、操纵证券市场和内幕交易、恶意逃废债务等行为。

4. 严肃财经纪律。加强对财政资金、重大投资项目、重点专项资金、国有金融机构和国有企业资产质量的审计。查处私设“小金库”、账外经营、截留、坐支、挪用国家资金等违反财经法纪行为。打击伪造各种票据、会计凭证、会计账簿和提供虚假财务会计报告等违法行为。

5. 规范中介机构的行为，实行中介机构市场准入制度。整顿经济鉴证服务市场。严肃查处中介机构出具虚假资信证明、虚假评估、虚假鉴证等不法行为，对严重违法违规的中介机构和人员实行禁入制度。

6. 推进文化和旅游市场整顿。开展“扫黄打非”斗争，打击侵权盗版、制贩非法出版物等违法犯罪活动。加强对电子游戏、歌舞娱乐经营场所的监管。查处非法经营的各类“网吧”。整顿文物市场。规范旅游业经营秩序。

7. 打破地区封锁和部门、行业垄断。查处行政机关、事业单位、垄断性行业和公用企业妨碍公平竞争，阻挠外地产品或工程建设类服务进入本地市场的行为，以及其他各种限制企业竞争的做法。

8. 强化安全生产管理和安全监察。抓紧重点行业的安全整顿，加强对事故隐患及危险源的综合治理。对不符合基本安全生产条件或整改无效的企业和经营单位，坚决予以关闭。

（五）当前的工作重点。在全面整顿和规范市场经济秩序的基础上，根据每个时期的不同特点，分别确定各阶段整治的重点。当前，要紧紧抓住直接关系广大群众切身利益、群众反映强烈、社会危害严重的几个突出问题，主要包括：以食品、药品、农资、棉花以及拼装汽车等为重点，打击制售假冒伪劣商品的行为；以查处规避招标、假招标和转包为重点，整顿和规范建筑市场；以查处偷税、骗税、非法减免税为重点，强化税收征管；以查处地区封锁和部门、行业垄断为重点，打击地方保护主义；以清理压缩音像集中经营场所，查处非法经营的“网吧”、“游戏机房”为重点，整顿文化市场。

经过全国范围内的集中整顿和打击，争取用一年左右的时间，使严重破坏市场经济秩序违法犯罪活动蔓延的势头得到明显遏制；后果严重、影响恶劣的大案要案得到揭露和处理；触犯刑律的犯罪分子移送司法机关得到严厉惩处；有关法律、法规得到进一步完善；执法队伍和执法力度得到加强；群众对市场经济秩序的满意程度明显提高，整顿和规范市场经济秩序的工作取得阶段性的成果。

三、加大打击力度，严惩破坏市场经济秩序的违法犯罪活动

（六）加大打击违法犯罪活动的力度。依法严惩破坏市场经济秩序的违法犯罪行为，是整顿和规范市场经济秩序的重要措施。行政主管部门与执法部门要加强协调配合，始终保持严打的高压态势。行政执法部门在查处违法行为中发现的犯罪线索，必须及时通报并依法移送公安部门及其他有关部门，坚决制止一些地方和部门存在的瞒案不报、以罚代管、以罚代刑现象，造成严重后果的要严肃追究责任。依法加大对破坏市场经济秩序行为的处罚力度，让违法犯罪者为其行为付出巨大代价，切实起到震慑作用。

（七）严惩各种违法犯罪分子。集中力量侦破一批涉及面广、数额巨大、影响恶劣、严重破坏市场经济秩序的大案要案，依法严惩一批违法犯罪的首恶分子和惯犯。对国家机关中与犯罪分子相互勾结，包庇、纵容违法犯罪活动的人员，要一查到底，绝不姑息。违纪的必须严肃处理，触犯刑律的必须依法追究刑事责任。

（八）建立健全举报奖励制度。各地区、各部门要建立通畅的渠道，认真受理群众和企业的举报、投诉，制定并完善举报奖励办法，筹措奖励经费，对举报有功人员予以重奖，并采取有效的保护措施。

四、深化改革，转变政府职能

（九）进一步理顺政府部门职能，明确分工。规范市场经济秩序，首先要规范政府行为。各级政府都要与各类生产经营活动和中介机构彻底脱钩，把培育市场体系、监督市场运行、维护公平竞争、调整经济结构、推进营销方式改革、创造良好的经济运行环境，作为自己的重要责任。政府部门之间要明确职责分工，避免因职能交叉造成管理上的重复或疏漏，影响市场经济秩序。

（十）切实减少行政性审批。加快清理政府审批事项，大幅度减少行政性审批，主要发挥市场在资源配置中的基础性作用。对没有法律、法规依据，或可以用市场机制代替的行政审批，坚决予以废止。依法需要保留的行政性审批，要程序公开，手续简便，除法定规费外，一律不准收费。按照审批权力与责任挂钩的原则，建立行政审批责任追究制度。

（十一）打破地方封锁和行业垄断。彻底清理并废除各地区、各部门制定的带有地方封锁和行业垄断内容的规章。禁止任何单位或个人违反法律、行政法规，以任何形式阻挠、干预外地产品或工程建设类等服务进入本地市场，或者对阻挠、干预外地产品或工程建设类等服务进入本地市场的行为纵容、包庇，限制公平竞争。进一步加快垄断行业的改革和重组，推进政企分开，强化竞争机制，推行现代化服务方式，实现规模经营。

五、健全市场法律法规，严格执法

（十二）完善市场法律法规体系。根据整顿和规范市场经济秩序的需要，清理不符合市场经济要求的法律法规，按照立法的法定程序适时提出制定、修订有关法律的建议，制定、修订行政法规。加强现有法律法规的宣传教育，在全社会树立政府部门必须依法行政、企业和公民必须守法经营的观念。

（十三）坚决纠正执法不严、违法不究的现象。依法行政、有法必依、严格执法是政府的重要职责，对扰乱市场经济秩序行为不予制止是政府的失职。加强行政执法与刑事执法的衔接，建立信息共享、沟通便捷、防范有力、查处及时的打击经济犯罪的协作机制，对破坏市场经济秩序构成犯罪行为的，及时移送司法机关处理。

（十四）加强行政执法机构和执法队伍建设。进一步改善执法机构装备，加强执法系统基础设施建设。严格执行行政性收费和罚没收入"收支两条线"的规定，坚决纠正各种形式的收支挂钩现象。同时，要增加财政投入，保证办案经费需要。加强执法队伍建设，努力提高执法人员的业务素质和执法水平，提高工作效率，从严惩治并清除执法队伍中的腐败分子。

六、完善市场监督机制，加大监管力度

（十五）加快建设"金关"、"金税"、"金卡"、"金盾"工程等信息网络监管系统。以信息技术为手段，强化市场监督管理。已经建成的电子监管系统要尽快实现全国联网，并加快相关部门之间的网络互联，实现监管信息交流和共享，充分发挥高新技术在整顿和规范市场经济秩序中的作用。信息网络监管手段建设进展迟缓的部门和单位，可视情节轻重追究主管领导的责任；故意设置障碍严重影响市场监管的，要撤销其领导职务。

（十六）建立健全以行业自律、新闻监督、群众参与为主要内容的社会监督体系。充分发挥商会、行业协会等组织的作用，教育、监督、约束企业自觉遵守法律法规。进一步加强电视、广播、报刊、网络等媒体的舆论监督，加大对大案要案的披露和对查处工作的宣传报道力度，扶正压邪，形成整顿和规范市场经济秩序的浓厚舆论氛围。提高全民质量意识和安全意识，人人自觉抵制假冒伪劣商品，制止违反安全规程的行

为，维护自身合法权益。社会中介机构作为维护市场经济秩序的重要力量，要进一步发挥其服务、沟通、公证、监督的功能。

七、加强思想道德教育，建立健全社会信用制度

（十七）把依法治国和以德治国结合起来。在全社会进行诚实守信的思想道德教育，努力建立适应社会主义市场经济发展的思想道德体系，使全体人民自觉遵守市场经济秩序，形成良好的道德风尚，带动和促进社会风气的进一步好转。

（十八）建立健全符合市场经济体制要求的社会信用制度。缺乏信用不仅造成经济关系的扭曲，社会交易成本增加，而且败坏社会风气，已经成为当前影响我国经济健康运行的一个突出问题。因此，要逐步建立企业经济档案制度和个人信用体系，防止商业欺诈、恶意拖欠及逃废债务等不法行为的发生。

八、加强领导，分工负责

（十九）建立"全国统一领导，地方政府负责，部门指导协调，各方联合行动"的工作格局。

1. 成立全国整顿和规范市场经济秩序领导小组，并设立办公室（设在国家经贸委）。领导小组的主要任务是统一领导全国整顿和规范市场经济秩序的工作，指导、部署和协调各项专项整治行动；定期检查各地区、各部门的工作进展情况，及时向国务院报告整顿和规范市场经济秩序中的重大事项。

2. 实行省长（主席、市长）负责制，由省（区、市）政府组织领导本地区的整顿和规范市场经济秩序工作。各地区也要确定本地的整顿工作重点，进行具体部署并加强监督检查。对整顿工作不力，市场经济秩序混乱而又长期得不到有效治理的地区，要依法、依纪追究当地政府主要负责人和有关负责人的责任，构成犯罪的要依法追究刑事责任。

3. 国务院各部门要按照职责分工，对主管领域市场经济秩序的整顿和规范工作，切实负起责任。对列入全国重点整顿范围的问题，要按照国务院的统一部署，深入开展专项整治；没有列入全国重点整治范围的，也要确定整顿和规范的具体内容，提出标本兼治的措施。各部门要尽快提出同本决定配套的法规和政策协助搞好对各级政府公务员的培训，并指导地方政府抓好在全国有影响的大案要案的查处工作。要严肃执法，边整边改，转变职能，建章立制，完善法律法规，不断巩固整顿和规范市场经济秩序的成果。

4. 各行政主管部门和执法部门，在整顿和规范市场经济秩序工作中，要相互支持，密切合作，加强协调，形成合力。在查处跨地区的违法活动时，地区、部门之间要联合行动，相互配合。各部门在工作中要从大局出发，力戒政出多门、互相推诿扯皮。

整顿和规范市场经济秩序，是一项时间紧、任务重、涉及面广、政策性强的工作，各地区、各部门要按照国务院的统一部署，结合实际确定工作重点，提出时间和进度要求，严格依法进行整顿，维护企业的正常生产经营活动。在规范中整顿，在整顿中规范，通过整顿和规范使市场经济秩序得到根本好转，为经济和社会发展创造良好环境。

国家质量监督检验检疫总局
国家发展和改革委员会
公安部
监察部
建设部
商务部
国家工商行政管理总局
国家环境保护总局
国家电力监管委员会
文件

国质检执联[2003]256号

关于开展建材市场专项整治工作的通知

各省、自治区、直辖市质量技术监督、发展改革、公安、监察、建设、商务(经贸)、工商、环保厅(局、委):

近几年来,随着国家实施扩大内需、增加出口、深化改革、加快经济结构调整等宏观经济政策,尤其是基本建设规模的大幅增长,我国建材工业的生产规模和产业结构有了很大提升。但在建材工业的发展过程中也暴露出一些比较突出的问题:一些地区生产、销售假冒伪劣建材违法行为十分猖獗;部分中小企业生产质量低劣的建筑材料,以低价位、高回扣和各种不正当手段参与竞争;有的企业拒不执行国家强制性标准,非法生产、销售危害人身安全健康和污染环境的建筑装饰材料和国家明令淘汰的建筑材料;有的将假冒伪劣建筑材料用于工程建设,造成工程的质量隐患,危害公众的人身安全和健康。为此国务院决定将整顿和规范建材市场秩序列入2003年专项整治。根据全国整顿和规范市场经济秩序领导小组第一次会议的部署,现就有关问题通知如下:

一、整治重点

(一)以关系人身财产安全、建筑工程结构安全、环境保护的建筑用钢材、水泥、严格控制有毒有害物质限量的装饰材料(主要是涂料、胶黏剂、人造板、木器家具、壁纸与地毯等)、建筑用低压电器和电线电缆等产品为整治的重点产品。

(二)以生产假冒伪劣建材相对集中的地方为重点区域,尤其突出长期未得到有效整治的区域性生产"地条钢"及其制品、涂料、人造板及电线电缆等假冒伪劣建材相对集中的区域为整治的重点区域。

(三)以辐射面广、经销假冒伪劣问题突出的建材市场、城乡结合部或城市新建小区周边自发形成的装饰装修材料市场为整治的重点市场。

(四)以对使用建材、装饰装修材料质量监管力度相对薄弱的城乡结合部和小城镇建设工地为建材市场整治的重点工地。

二、工作目标

通过专项整治,使区域性质量问题突出和生产销售假冒伪劣建筑材料违法犯罪活动屡禁不止的状况得到明显扭转;建材批发交易活动中的不规范行为和各种欺诈行为得到有效整治;市场监管制度进一步完善、加强,市场环境得到进一步净化,质量纠纷和用户投诉明显减少;对城乡结合部和小城镇建筑工程结构安全监管措施得到有效落实,初步建立防范假冒伪劣建材和装饰装修材料进入建设工地的机制。在建材市场专项整治工作取得阶段性成果的基础上,加强法制、制度建设,使其逐步纳入法制化、规范化的轨道。

三、主要任务

(一)严厉查处建材生产、销售中的违法犯罪行为。查处生产、销售不符合保障人体健康和人身、财产安全的国家标准、行业标准的产品,生产、销售国家明令淘汰的产品,掺杂、掺假,以假充真,以次充好,以不合格产品冒充合格产品,假冒或仿冒他人产品商标、名称、包装、装潢,伪造或冒用他人厂名、厂址等侵权行为,以及利用广告或其他手段对产品质量做虚假宣传等欺诈行为。

(二)大力整治区域性建材生产经营违法活动。对建材生产经营违法活动突出的和相对集中的区域,在加大执法力度的同时,区别不同情况开展集中整治。一是取缔一批无证无照、不具备产品质量保证条件或使用国家淘汰生产工艺生产建材和生产假冒伪劣及国家明令淘汰产品的企业及窝点;二是关停并转一批违反国家产业政策及污染物排放不能稳定达标的企业;三是帮促一批具有合法资格但产品质量不稳定的企业。各地要结合本地的实际确定一批重点整治的区域。当前要把区域性生产“地条钢”及其制品、劣质水泥、劣质电线电缆、劣质涂料和劣质人造板等作为区域整治的重中之重。

(三)认真整顿治理假冒伪劣问题突出的建材市场。各地要确定一批重点市场,加大执法检查和监督抽查力度。对销售假冒伪劣建材问题严重、屡查屡犯的违法经营者,要依法吊销其营业执照;对屡禁不止的销售假冒伪劣产品、欺诈消费者的市场和经销者责令停业整顿,并予曝光;对市场周边地区涉嫌生产、加工、储存假冒伪劣建材的企业和窝点进行严格检查,堵源截流,端窝挖点,确保假冒伪劣建材不流入市场。

(四)查处建设工地和装饰装修中的违法违规行为。建材市场专项整治要与建筑市场的整顿规范紧密结合,重点查处:一是建筑工地不按照国家法律法规规定,采购和使用不合格的建筑材料、建筑构配件和设备的行为;二是未按照国家强制性标准和见证取样规定,对进入建筑工地的建筑材料、建筑构配件和设备进行现场验收和复验的行为;三是未经监理工程师签字,擅自使用或者安装建筑材料、建筑构配件和设备的行为;四是使用有害物质超过限量装饰装修材料的行为。各地要结合本地实际,确定一批重点整治的建筑工地。

四、主要措施

(一)落实专项整治工作责任制。一是落实各级政府专项整治工作责任制,重点是落实县级政府质量工作和打假工作责任制;二是落实各执法部门行政执法责任制,尤其是对重点区域、重点市场、重点建筑工地整治和大案要案的查处工作,要按行政区划明确职责,责任到人,省市督办,落实奖惩;三是把落实责任追究作为落实责任制的关键,对生产、销售假冒伪劣建材猖獗,损害人身安全健康、危害环境后果严重,地方政府和有关部门不顾国家和全局利益,对专项整治工作漠不关心,整治不力,甚至搞地方保护主义,袒护、包庇制假、售假违法行为,限期内不能扭转局面的,要依照党风廉政责任制和有关法纪追究当地政

府领导及有关部门领导和责任人的责任。

（二）狠抓大案要案的查处。以查处大案要案为突破口，推进建材市场专项整治工作的全面开展。各省、自治区、直辖市要采取挂牌督办形式，确定一批大案要案挂牌督办。要继续贯彻“对案情没有搞清的不放过、假冒伪劣商品的源头和流向没有查明的不放过、制假售假责任者没有依法处理的不放过、该移送司法机关没有移送的不放过、支持或参与制假售假的机关工作人员没有受到追究的不放过”等“五不放过”的原则，采取挂牌督办形式，确定一批大案要案进行挂牌督办，以利于加大案件查办力度，严惩一批制售假冒伪劣的违法分子。

（三）强化监管手段，建立长效管理机制。加大建材产品质量国家监督抽查工作力度，不合格产品不得出厂销售，监督抽查的结果向社会公布；对装饰装修材料等产品要实行强制检验不合格不得进入市场；加强对建材产品实施生产许可证、3C认证、执行装饰装修材料10项国家强制性标准等情况的监督检查；对不符合国家有关规定的企业实行关停并转措施；对发现有过违法违规行为的企业进行重点监控，建立严重违法企业“黑名单”。充分发挥产品质量检验机构的作用，加强建材市场商品质量强制检验、计量检定、质量咨询、技术服务等工作。

（四）广泛发动社会各方面的力量参与专项整治。一是进一步落实财政部、国家工商总局、国家质检总局制定的《举报制售假冒伪劣产品违法犯罪活动有功人员奖励办法》，广泛发动群众举报生产、销售和建筑工地使用假冒伪劣建材违法活动；二是加强与名优建材产品生产企业联手打假工作，提高打假工作的有效性；三是充分发挥建材行业协会、装饰装修行业协会的作用，促进行业自律，提高质量管理水平。

（五）加大舆论宣传力度。对专项整治工作采取电视、广播、报纸和网络等媒体多层面地宣传整治情况。一是及时曝光查处的违法案件，尤其是大案要案要跟踪报道；二是公告建材产品质量抽查信息，引导消费；三是对整治工作阶段性进展情况进行综合分析性报道。

五、组织领导

（一）成立专项整治工作协调机构。按照：“全国统一领导，地方政府负责，部门指导协调，各方联合行动”的要求，在全国整规办统一协调下，国家质检总局牵头组织建材市场专项整治工作，会同国家发展和改革委员会、商务部、建设部、公安部、监察部、国家工商总局、国家环保总局、国家电力监管委员会成立全国建材市场秩序专项整治部际协调小组。组长由国家质检总局分管领导担任，成员由有关各部门相关司（局）级领导组成。协调小组下设办公室，由国家质检总局执法督察司承担日常工作。各省、自治区、直辖市也要成立相应的专项整治协调机构，负责协调本地建材市场专项整治各项工作的落实。

（二）职责分工

1. 质检部门统一协调建材市场专项整治工作，并依法查处建材质量等违法行为和会同相关部门开展区域性质量整治工作，严格小钢铁、小水泥等生产许可证的发放管理。

2. 发展和改革部门会同相关部门主要负责关停并转违反国家产业政策的小钢铁、小水泥等建材企业，取缔生产“地条钢”企业，监督各部门执行国家产业政策的情况。

3. 商务部门主要负责会同相关部门协调推进建材市场法制建设及健全建材市场准入制度等工作。

4. 公安部门主要负责查处制售假冒伪劣建材刑事案件和拒绝、阻碍依法执行职务的违法犯罪活动。

5. 监察部门主要负责对政府及有关部门工作人员行政行为尤其是执法行为的监察。

6. 建设部门主要负责处建筑工地和装饰装修中，违法违规采购和使用不合格建筑材料问题。

7. 工商部门主要负责开展流通领域建材商品质量的监督抽查，查处市场经销假冒伪劣建材违法行为、广告违法行为、无照经营及各种不正当竞争行为等，对违法情节严重的生产、经销企业吊销营业执照。

8. 环保部门主要负责查处违反环保法规，无证、超证排污和超标排污的违法行为，并负责吊销违法生产企业的排污许可证。

9. 电力监管部门主要负责依法查处给专门生产“地条钢”及其制品、落后小立窑水泥等假冒伪劣建材的企业提供电力支持的电力企业，对这类企业，电力部门不得供电。

六、工作安排

8 月底以前，各地完成建立整治工作协调机构，摸清本地建材市场的基本情况，确定重点整治的重点地区、重点市场、重点建筑工地，制定出专项整治方案报国家质检总局；9 月至 12 月底，全面开展整治工作；2004 年 1 月至 3 月各地对重点整治的市场、区域和建筑工地整治情况进行检查总结，对重点区域、重点市场和重点建筑工地整治情况进行督查督办； 全国建材市场专项整治部际协调小组成员单位将在 9 月、12 月、2004 年 4 月对各地落实的情况组织督查督办。

七、工作要求

（一）严格执法，依法行政。严格按照法律法规规定的职责权限和程序开展整治工作，对触犯刑律的制假售假分子，要坚决按照国务院《行政执法机关移送涉嫌犯罪案件的规定》（国务院令第 310 号）的要求，移送司法部门追究其刑事责任，坚决纠正以收代罚、以罚代刑、罚过放行的现象，杜绝随意执法、执法扰民的问题。

（二）加强各部门间的协作配合。各部门在专项整治工作中，要在各司其职、各负其责的基础上，加强协作配合，提高工作的整体效能。

（三）标本兼治，着力治本。坚持边整治边规范边完善的原则。一是建立健全企业生产条件、信用体系、产品包装标识、原材料和禁用废旧物资等方面管理制度；二是健全产品的市场准入制度；三是鼓励、引导和推动企业加强质量管理，建立诚实守信重视内部管理，守法经营的自律机制。

（四）建立信息报送制度。各地质检部门要在当地政府的统一领导下，协调好本地建材市场专项整治工作的信息报送工作，按时按要求向国家质检总局报送。一方面，搞好阶段性工作总结报送，从 2003 年 8 月开始到 2004 年 4 月底， 共分 3 次报送阶段性工作情况：2003 年 8 月底前报送专项整治方案及整治的重点区域、重点市场、重点建筑工地；2003 年 12 月底报送整治工作进展情况；2004 年 3 月底，报送整治工作总结。另一方面，重要情况和查获的大案要案要及时报告。

二〇〇三年八月六日

中华人民共和国国务院令

第370号

《无照经营查处取缔办法》已经2002年12月18日国务院第67次常务会议通过，现予公布，自2003年3月起施行。

总 理 朱镕基

二〇〇三年一月六日

无照经营取缔办法

第一条 为了维护社会主义市场经济秩序，促进公平竞争，保护经营者和消费者的合法权益，制定本办法。

第二条 任何单位和个人不得违反法律、法规的规定，从事无照经营。

第三条 对于依照法律、法规规定，须经许可审批的涉及人体健康、公共安全、安全生产、环境保护、自然资源开发利用等的经营活动，许可审批部门必须严格依照法律、法规规定的条件和程序进行许可审批。工商行政管理部门必须凭许可审批部门颁发的许可证或者其他批准文件办理注册登记手续，核发营业执照。

第四条 下列违法行为，由工商行政管理部门依照本办法的规定予以查处：

(一)应当取得而未依法取得许可证或者其他批准文件和营业执照，擅自从事经营活动的无照经营行为；

(二)无须取得许可证或者其他批准文件即可取得营业执照而未依法取得营业执照，擅自从事经营活动的无照经营行为；

(三)已经依法取得许可证或者其他批准文件，但未依法取得营业执照，擅自从事经营活动的无照经营行为；

(四)已经办理注销登记或者被吊销营业执照，以及营业执照有效期届满后未按照规定重新办理登记手续，擅自继续从事经营活动的无照经营行为；

(五)超出核准登记的经营范围、擅自从事应当取得许可证或者其他批准文件方可从事的经营活动的违法经营行为。

前款第(一)项、第(五)项规定的行为，公安、国土资源、建设、文化、卫生、质检、环保、新闻出版、药监、安全生产监督管理等许可审批部门(以下简称许可审批部门)亦应当依照法律、法规赋予的职责予以查处。但是，对当事人的同一个违法行为，不得给予两次以上罚款的行政处罚。

第五条 各级工商行政管理部门应当依法履行职责，及时查处其管辖范围内的无照经营行为。

第六条 对于已经取得营业执照，但未依法取得许可证或者其他批准文件，或者已经取得的许可证或者其他批准文件被吊销、撤销或者有效期届满后未依法重新办理许可审批手续，擅自从事相关经营活动，法律、法规规定应当撤销注册登记或者吊销营业执照的，工商行政管理部门应当撤销注册登记或者吊销营业执照。

第七条 许可审批部门在营业执照有效期内依法吊销、撤销许可证或者其他批准文件，或者许可证、其他批准文件有效期届满的，应当在吊销、撤销许可证、其他批准文件或者许可证、其他批准文件有效期届满后5个工作日内通知工商行政管理部门，由工商行政管理部门撤销注册登记或者吊销营业执照，或者责令当事人依法办理变更登记。

第八条 工商行政管理部门依法查处无照经营行为，实行查处与引导相结合、处罚与教育相结合，对于下岗失业人员或者经营条件、经营范围、经营项目符合法律、法规规定的，应当督促、引导其依法办理相应手续，合法经营。

第九条 县级以上工商行政管理部门对涉嫌无照经营行为进行查处取缔时，可以行使下列职权：

(一)责令停止相关经营活动；

(二)向与无照经营行为有关的单位和个人调查、了解有关情况；

(三)进入无照经营场所实施现场检查；

(四)查阅、复制、查封、扣押与无照经营行为有关的合同、票据、账簿以及其他资料；

(五)查封、扣押专门用于从事无照经营活动的工具、设备、原材料、产品(商品)等财物；

(六)查封有证据表明危害人体健康、存在重大安全隐患、威胁公共安全、破坏环境资源的无照经营场所。

第十条 工商行政管理部门依照本办法第九条的规定实施查封、扣押，必须经县级以上工商行政管理部门主要负责人批准。

工商行政管理部门的执法人员实施查封、扣押，应当向当事人出示执法证件，并当场交付查封、扣押决定书和查封、扣押财物及资料清单。

在交通不便地区或者不及时实施查封、扣押可能影响案件查处的，可以先行实施查封、扣押，并应当在24小时内补办查封、扣押决定书，送达当事人。

第十一条 工商行政管理部门实施查封、扣押的期限不得超过15日；案件情况复杂的，经县级以上工商行政管理部门主要负责人批准，可以延长15日。

对被查封、扣押的财物，工商行政管理部门应当妥善保管，不得使用或者损毁。被查封、扣押的财物易腐烂、变质的，经县级以上工商行政管理部门主要负责人批准，工商行政管理部门可以在留存证据后先行拍卖或者变卖。

第十二条 工商行政管理部门应当在查封、扣押期间作出处理决定。工商行政管理部门逾期未作出处理决定的，视为解除查封、扣押。

对于经调查核实没有违法行为或者不再需要查封、扣押的，工商行政管理部门在作出处理决定后应当立即解除查封、扣押。被查封、扣押的易腐烂、变质的财物根据本办法第十一条第二款的规定，已经先行拍卖或者变卖的，应当返还拍卖或者变卖所得的全部价款。

依照本办法规定，被查封、扣押的财物应当予以没收的，依法没收。

第十三条 工商行政管理部门违反本办法的规定使用或者损毁被查封、扣押的财物，造成当事人经济损失的，应当承担赔偿责任。

第十四条 对于无照经营行为，由工商行政管理部门依法予以取缔，没收违法所得；触犯刑律的，依照刑法关于非法经营罪、重大责任事故罪、重大劳动安全事故罪、危险物品肇事罪或者其他罪的规定，依法追究刑事责任；尚不够刑事处罚的，并处2万元以下的罚款；无照经营行为规模较大、社会危害严重的，并处2万元以上20万元以下的罚款；无照经营行为危害人体健康、存在重大安全隐患、威胁公共安全、破坏环境资源的，没收专门用于从事无照经营的工具、设备、原材料、产品(商品)等财物，并处5万元以上50万元以下的罚款。

对无照经营行为的处罚，法律、法规另有规定的，从其规定。

第十五条 知道或者应当知道属于本办法规定的无照经营行为而为其提供生产经营场所、运输、保

管、仓储等条件的，由工商行政管理部门责令立即停止违法行为，没收违法所得，并处2万元以下的罚款；为危害人体健康、存在重大安全隐患、威胁公共安全、破坏环境资源的无照经营行为提供生产经营场所、运输、保管、仓储等条件的，并处5万元以上50万元以下的罚款。

第十六条 当事人擅自动用、调换、转移、损毁被查封、扣押财物的，由工商行政管理部门责令改正，处被动用、调换、转移、损毁财物价值5%以上20%以下的罚款；拒不改正的，处被动用、调换、转移、损毁财物价值1万元以上3万元以下的罚款。

第十七条 许可审批部门查处本办法第四条第一款第(一)项、第(五)项规定的违法行为，应当依照相关法律、法规的规定处罚；相关法律、法规对违法行为的处罚没有规定的，许可审批部门应当依照本办法第十四条、第十五条、第十六条的规定处罚。

第十八条 拒绝、阻碍工商行政管理部门依法查处无照经营行为，构成违反治安管理行为的，由公安机关依照《中华人民共和国治安管理处罚条例》的规定予以处罚；构成犯罪的，依法追究刑事责任。

第十九条 工商行政管理部门、许可审批部门及其工作人员滥用职权、玩忽职守、徇私舞弊，未依照法律、法规的规定核发营业执照、许可证或者其他批准文件，未依照法律、法规的规定吊销营业执照、撤销注册登记、许可证或者其他批准文件，未依照本办法规定的职责和程序查处无照经营行为，或者发现无照经营行为不予查处，或者支持、包庇、纵容无照经营行为，触犯刑律的，对直接负责的主管人员和其他直接责任人员依照刑法关于受贿罪、滥用职权罪、玩忽职守罪或者其他罪的规定，依法追究刑事责任；尚不够刑事处罚的，依法给予降级、撤职直至开除的行政处分。

第二十条 任何单位和个人有权向工商行政管理部门举报无照经营行为，工商行政管理部门一经接到举报，应当立即调查核实，并依法查处。工商行政管理部门应当为举报人保密，并按照国家有关规定给予奖励。

第二十一条 农民在集贸市场或者地方人民政府指定区域内销售自产的农副产品，不属于本办法规定的无照经营行为。

第二十二条 本办法自2003年3月1日起施行。

室内装饰装修材料有害物质限量十个国家强制性标准(摘要)

国家质量监督检验检疫总局

(自2002年7月1日起施行)

一、内装饰装修材料溶剂型木器涂料中有害物质限量

本标准适用于室内装饰装修用溶剂型木器涂料,其他树脂类型和其他用途的室内装饰装修用溶剂型涂料可参照使用。

项目		限量值		
		硝基漆类	聚氨酯漆类	醇酸漆类
挥发性有机化合物(VOC)[a](g/L)		≤750	光泽(60°)≥80,600 光泽(60°)<80,700	≤550
苯[b](%)		≤0.5		
甲苯和二甲苯总和[b](%)		≤45	≤40	≤10
游离甲苯二异氰酸酯(TDI)[c](%)		—	≤0.7	—
重金属(限色漆)(mg/kg)	可溶性铅	≤90		
	可溶性镉	≤75		
	可溶性铬	≤60		
	可溶性汞	≤60		

[a] 按产品规定的配比和稀释比例混合后测定。如稀释剂的使用量为某一范围时,应按照推荐的最大稀释量稀释后进行测定。

[b] 如产品规定了稀释比例或产品由双组分或多组分组成时,应分别测定稀释剂和各组分中的含量,再按产品规定的配比计算混合后涂料中的总量。如稀释剂的使用量为某一范围时,应按照推荐的最大稀释量进行计算。

[c] 如聚氨酯漆类规定了稀释比例或由双组分或多组分组成时,应先测定固化剂(含甲苯二异氰酸酯预聚物)中的含量,再按产品规定的配比计算混合后涂料中的含量。如稀释剂的使用量为某一范围时,应按照推荐的最小稀释量进行计算。

本标准不适于水性木器涂料。

包装标志

产品包装标志除应符合 GB/T 9750—1998 的规定外，按本标准检验合格的产品可在包装标志上明示。

对于由双组分或多组分配套组成的涂料，包装标志上应明确各组分配比。对于施工时需要稀释的涂料，包装标志上应明确稀释比例。

安全涂装及防护

涂装时应保证室内通风良好，并远离火源。

涂装方式尽量采用刷涂。

涂装时施工人员应穿戴好必要的防护用品。

涂装完成后继续保持室内空气流通。

涂装后的房间在使用前应空置一段时间。

二、室内装饰装修材料内墙涂料中有害物质限量

本标准规定了室内装饰装修用墙面涂料中对人体有害物质容许限值的技术要求、试验方法、检验规则、包装标志、安全漆装及防护等内容。

本标准适用于室内装饰装修用水性墙面涂料。

有害物质限量要求

项目		限量值
挥发性有机化合物（VOC）（g/L）		≤200
游离甲醛（g/kg）		≤0.1
重金属（mg/kg）	可溶性铅	≤90
	可溶性镉	≤75
	可溶性铬	≤60
	可溶性汞	≤60

本标准不适用于以有机物作为溶剂的内墙涂料。

包装标志

产品包装标志除应符合 GB/T 9750—1998 的规定外，按本标准合格的产品可在包装标志上明示。

安装涂装及防护

涂装时应保证室内通风良好。

涂装方式尽量采用刷涂。

涂装时施工人员应穿戴好必要的防护用品。

涂装完成后继续保持室内空气流通。

入住前保证涂装后的房间空置一段时间。

三、室内装饰装修材料胶粘剂中有害物质限量

本标准规定了室内建筑装饰装修用胶粘剂中有害物质限量及其试验方法。

本标准适用于室内建筑装饰装修用胶粘剂。

溶剂型胶粘剂中有害物质限量值

项目		指标		
		橡胶胶粘剂	聚氨酯类胶粘剂	其他胶粘剂
游离甲醇(g/kg)	≤	0.5	—	—
苯[1](g/kg)	≤	5		
甲苯+二甲苯(g/kg)	≤	200		
甲苯二异氰酸酯(g/kg)	≤	—	10	—
总挥发性有机物(g/L)	≤	750		

注:1)苯不能作为溶剂使用,作为杂质其最高含量不得大于表的规定。

水基型胶粘剂中有害物质限量值

项目		指标				
		缩甲醛类胶粘剂	聚乙酸乙烯酯胶粘剂	橡胶类胶粘剂	聚氨酯类胶粘剂	其他胶粘剂
游离甲醇(g/kg)	≤	1	1	1	—	1
苯(g/kg)	≤	0.2				
甲苯+二甲苯(g/kg)	≤	10				
总挥发性有机物(g/L)	≤	50				

用于室内装饰装修材料的胶粘剂产品,必须在包装上标明本标准规定的有害物质名称及其含量。

四、室内装饰装修材料人造板及其制品中甲醛释放限量

本标准规定了室内装饰装修用人造板及其制品(包括地板、墙板等)中甲醛释放量的指标值、试验方法和检验规则。

本标准适用于释放甲醛的室内装饰装修用各类人造板及其制品。

人造板及其制品中甲醛释放量试验方法及限量值

产品名称	试验方法	限量值	使用范围	限量标志[b]
中密度纤维板、高密度纤维板、刨花板、定向刨花板等	穿孔萃取法	≤90mg/100g	可直接用于室内	E_1
		≤30mg/100	必须饰面处理后可允许用于室内	E_2
胶合板、装饰单板贴面胶合板、细木工板等	干燥器法	≤1.5mg/L	可直接用于室内	E_1
		≤5.0mg/L	必须饰面处理后可允许用于室内	E_2
饰面人造板(包括浸渍纸层压木质地板、实木复合地板、竹地板、浸渍胶膜纸饰面人造板等)	气候箱法[a]	≤0.12mg/m³	可直接用于室内	E_1
	干燥器法	≤1.5mg/L		

[a] 仲裁时采用气候箱法。

[b] E_1 为可直接用于室内的人造板;E_2 为必须饰面处理后允许用于室内的人造板。

五、室内装饰装修材料木家具中有害物质限量

本标准适用于室内使用的各类木家具产品。

术语和定义

本标准采用下列术语和定义。

甲醛释放量

家具的人造板试件通过 BG/T 17657—1999 中 4.12 规定的 24h 干燥器法试验测得的甲醛释放量。

可溶性重金属含量

家具表面色漆涂层中通过 GB/T 9758—1988 中规定的试验方法测得的可溶性铅、镉、铬、汞重金属的含量。

有害物质限量要求

项　目		限量值
甲醛释放量（mg/L）		≤1.5
重金属含量(限色漆)(mg/kg)	可溶性铅	≤90
	可溶性镉	≤75
	可溶性铬	≤60
	可溶性汞	≤60

六、室内装饰装修材料聚氯乙烯卷材地板中有害物质限量

本标准适用于以聚氯乙烯树脂为主要原料并加入适当助剂，用涂敷、压延、复合工艺生产的发泡或不发泡的、有基材或无基材的聚氯乙烯卷材地板（以下简称为卷材地板），也适用于聚氯乙烯复合铺炕革、聚氯乙烯车用地板。

要求

氯乙烯单体限量

卷材地板聚氯乙烯层中氯乙烯单体含量应不大于 5 mg/kg。

可溶性重金属限量

卷材地板中不得使用铅盐助剂；作为杂质，卷材地板中可溶性铅含量应不大于 20 mg/m^2。卷材地板中可溶性镉含量应不大于 20 mg/m^2。

挥发物的限量（单位：g/m^2）

发泡类卷材地板中挥发物的限量		非发泡类卷材地板中挥发物的限量	
玻璃纤维基材	其他基材	玻璃纤维基材	其他基材
≤75	≤35	≤40	≤10

七、混凝土外加剂中释放氨的限量

本标准规定了混凝土外加剂中释放氨的限量。

本标准适用于各类具有室内使用功能的建筑用、能释放氨的混凝土外加剂，不适用于桥梁、公路及其他室外工程用混凝土外加剂。

要求：混凝土外加剂中释放氨的量≤0.10%（质量分数）。

八、室内装饰装修材料壁纸中有害物质限量

本标准规定了壁纸中的重金属（或其他）元素、氯乙烯单体及甲醛三种有害物质的限量、试验方法和检验规则。

本标准主要适用于以纸为基材的壁纸。主要以纸为基材，通过胶黏剂贴于墙面或天花板上的装饰材料，不包括墙毡及其他类似的墙挂。

壁纸中的有害物质限量值（单位：mg/kg）

有害物质名称		限量值
重金属（或其他）元素	钡	≤1 000
	镉	≤25
	铬	≤60
	铅	≤90
	砷	≤8
	汞	≤20
	硒	≤165
	锑	≤20
氯乙烯单体		≤1.0
甲醛		≤120

九、室内装饰装修材料地毯中有害物质释放限量

地毯有害物质释放限量［单位：$mg/(m^2 \cdot h)$］

序 号	有害物质测试项目	限 量	
		A 级	B 级
1	总挥发性有机化合物（TVOC）	≤0.500	≤0.600
2	甲醛（Formaldehyde）	≤0.050	≤0.050
3	苯乙烯(Styrene)	≤0.400	≤0.500
4	4- 苯基环己烯（4-Phenylcyclohexene）	≤0.050	≤0.050

地毯衬垫有害物质释放限量［单位：$mg/(m^2 \cdot h)$］

序 号	有害物质测试项目	限 量	
		A 级	B 级
1	总挥发性有机化合物（TVOC）	≤1.000	≤1.200
2	甲醛（Formaldehyde）	≤0.050	≤0.050
3	丁基羟基甲苯 BHT-butylatedhydroxytoluene	≤0.030	≤0.030
4	4- 苯基环己烯（4-Phenylcyclohexene）	≤0.050	≤0.050

地毯胶黏剂有害物质释放限量［单位：$mg/(m^2 \cdot h)$］

序 号	有害物质测试项目	限 量	
		A 级	B 级
1	总挥发性有机化合物（TVOC）	≤10.000	≤12.000
2	甲醛（Formaldehyde）	≤0.050	≤0.050
3	2- 乙基已醇（2-ethy1-1-hexanol）	≤3.000	≤3.500

A级为环保型产品,B级为有害物质释放限量合格产品。

在产品标签上,应标识产品有害物质释放量的级别。

十、建筑材料放射性核素限量

本标准规定了建筑材料中天然放射性核素镭-226、钍-232、钾-40放射性比活度的限量和试验方法。

本标准适用于建造各类建筑物所使用的无机非金属类建筑材料,包括掺工业废渣的建筑材料。

建筑材料

本标准中建筑材料是指:用于建造各类建筑物所使用的无机非金属类材料。

本标准将建筑材料分为:建筑主体材料和装修材料。

建筑主体材料

用于建造建筑物主体工程所使用的建筑材料。包括:水泥与水泥制品、砖、瓦、混凝土、混凝土预制构件、砌块、墙体保温材料、工业废渣、掺工业废渣的建筑材料及各种新型墙体材料等。

装修材料

用于建筑物室内、外饰面用的建筑材料。包括:花岗石、建筑陶瓷、石膏制品、吊顶材料、粉刷材料及其他新型饰面材料等。

建筑主体材料放射性核素限量

当建筑主体材料中天然放射性核素镭-226、钍-232、钾-40的放射性比活度同时满足IRa≤1.0和Ir≤1.0时,其产销与使用范围不受限制。

对于空心率大于25%的建筑主体材料,其天然放射性核素镭-226、钍-232、钾-40的放射性比活度同时满足IRa≤1.0和Ir≤1.3时,其产销与使用范围不受限制。

装修材料放射性核素限量

本标准根据装修材料放射性水平大小划分为以下三类:

A类装修材料

装修材料中天然放射性核素镭-226、钍-232、钾-40的放射性比活度同时满足IRa≤1.0和Ir≤1.3要求的为A类装修材料。A类装修材料产销与使用范围不受限制。

B类装修材料

不满足A类装修材料要求但同时满足IRa≤1.3和Ir≤1.9要求的为B类装修材料。B类装修材料不可用于I类民用建筑的内饰面,但可用于I类民用建筑的外饰面及其他一切建筑物的内、外饰面。

C类装修材料

不满足A、B类装修材料要求但满足Ir≤2.8要求的为C类装修材料。C类装修材料只可用于建筑物的外饰面及室外其他用途。

Ir>2.8的花岗石只可用于碑石、海堤、桥墩等人类很少涉及到的地方。

其他要求

使用废渣生产建筑材料产品时,其产品放射性水平应满足本标准要求。

当企业生产更换原料来源或配比时,必须预先进行放射性核素比活度检验,以保证产品满足本标准要求。

花岗石矿床勘查时,必须用本标准中规定的装修材料分类控制值对花岗石矿床进行放射性水平的预评价。装修材料生产企业按照本标准要求,在其产品包装或说明书中注明其放射性水平类别。

各企业进行产品销售时,应持具有资质的检测机构出具的,符合本标准规定的天然放射性核素检验报告。

在天然放射性较高地区,单纯利用当地原材料生产的建筑材料产品,只要其放射性比活度不大于当地地表土壤中相应天然放射性核素平均本底水平的，可限在本地区使用。

以上标准由中华人民共和国国家质量监督检验检疫总局发布。

自2002年1月1日起，生产企业生产的产品应执行该国家标准，过渡期6个月；自2002年7月1日起，市场上停止销售不符合该国家标准的产品。

关于印发《关于加强建筑工程室内环境质量管理的若干意见》的通知

建办质[2002]17号

各省、自治区建设厅，直辖市建委，国务院有关部门建设司：

为了更好地贯彻执行国家标准《民用建筑工程室内环境污染控制规范》，加强对建设工程勘察、设计、施工、验收阶段的管理，我部制定了《关于加强建筑工程室内环境质量管理的若干意见》，现印发给你们，请各地结合实际，贯彻执行。

中华人民共和国建设部办公厅

二〇〇二年三月一日

关于加强建筑工程室内环境质量管理的若干意见

为了预防和控制新建、扩建、改建的民用建筑工程室内环境污染，建设部制定了《民用建筑工程室内环境污染控制规范》（以下简称《规范》），对建筑工程室内氡、甲醛、苯、氨、总挥发性有机化合物（TVOC）含量的控制指标作了规定。这是我国第一部控制室内环境污染的工程建设强制性标准，将从颁布之日起施行。现就贯彻执行《规范》和加强建筑工程室内环境质量管理提出以下意见。

一、提高对建筑工程室内环境污染严重性和控制室内环境污染紧迫性的认识

近年来由于建筑工程环境污染日益严重，已引起社会各界的关注。有关部门制定的建筑和装修材料的环境指标，以及《规划》的颁布实施，基本形成了控制建筑工程室内环境污染的技术标准体系。各地建设行政主管部门要把控制室内环境污染作为确保建筑工程质量和居民身体健康的一项重要工作，抓实抓好。

二、在勘察设计和施工过程中严格执行《规范》

各地要组织工程建设有关单位学习《规范》，对有关人员进行室内环境污染与控制知识的培训。勘察设计单位要在工程勘察和室内通风、装饰装修设计中充分考虑室内环境污染控制。施工单位和监理单位

要做好材料进场检验工作，凡无出厂环境指标检验报告或者放射性指标、有害物质含量指标超标的产品不得使用在工程上。积极引导和鼓励勘察、设计、施工企业贯彻 ISO 14000 环境管理体系认证，不断改进施工工艺，开展洁净生产。

三、建立民用建筑工程室内环境竣工验收检测制度

建筑工程竣工时，建设单位要按照《规范》要求对室内环境质量检查验收，委托经考核认可的检测机构对建筑工程室内氡、甲醛、苯、氨、总挥发性有机化合物（TVOC）的含量指标进行检测。建筑工程室内有害物质含量指标不符合《规范》规定的，不得投入使用。

从事建筑工程室内环境质量检测的机构要经过有关部门认证后，方可从事建筑工程室内环境质量检测。

四、加强对建筑工程室内环境质量的监督管理

各级工程质量监督机构应将建筑工程室内环境质量作为工程质量监督的重要内容之一。在工程质量监督机构报送给工程竣工验收备案机关的工程质量监督报告中，应包括对建筑工程室内环境质量监督的结论性意见。备案机关发现建筑工程室内环境质量不符合规范规定的，不得同意备案。对于施工单位不按照设计图纸和强制性标准施工，或者使用国家明令淘汰的建筑材料的，使用没有出厂检验报告的建筑材料，不按规定对有关建筑材料进行有害物质含量指标复验的，要根据《建设工程质量管理条例》第六十四条、第六十五条规定对现任单位进行处罚。对于建设单位在竣工验收时不对室内有害物质含量进行检查，或检查不合格擅自投入使用的，要根据《建设工程质量管理条例》第五十八条规定对现任单位进行处罚。

抄送：各省、自治区、直辖市建委（建设厅）

关于禁止使用不符合国家强制性标准的室内装饰装修材料的通知

中国室内装饰协会

各省、自治区、直辖市、计划单列市室内装饰协会、室内装饰行业管理办公室，有关会员单位：

室内装饰工程避免造成室内污染，已经成为广大消费者关注的一个热点问题，也是室内装饰设计施工企业和装饰材料与用品生产经营企业肩负的重大责任。中国室内装饰协会对此十分重视，专门成立了室内环境监测中心和绿色家居环境技术工作站，并且面向社会做了大量宣传咨询服务工作，今年工作的重点之一就是要在全行业大力推广符合环保标准的“绿色材料”，从源头上杜绝对室内环境的污染。

2001 年 12 月 10 日，国家质量监督检验检疫总局发布了室内装饰装修材料有害物质限量 10 项强制性国家标准，包括：

1. 人造板及其制品中甲醛释放限量（GB 18580—2001）；
2. 溶剂型木器涂料中有害物质限量（GB 18581—2001）；
3. 内墙涂料中有害物质限量（GB 18582—2001）；

4. 胶黏剂中有害物质限量（GB 18583—2001）；
5. 木家具中有害物质限量（GB 18584—2001）；
6. 壁纸中有害物质限量（GB 18585—2001）；
7. 聚氯乙烯卷材地板中有害物质限量（GB 18586—2001）；
8. 地毯、地毯衬垫及地毯胶黏剂有害物质释放限量（GB 18587—2001）；
9. 混凝土外加剂中释放氨的限量（GB 18588—2001）；
10. 建筑材料放射性核素限量（GB 6566—2001）。

这 10 项强制性国家标准从 2002 年 1 月 1 日起实施；2002 年 7 月 1 日起正式执行。届时，市场上将停止销售不符合这 10 项标准的产品。因此，今年推广“绿色材料”首先就要严格执行这 10 项强制性国家标准。

为此，需要在政府有关部门和新闻媒体支持下，做好以下几项工作：

一、通过各种媒体加强宣传，做好咨询服务工作，使室内装饰设计施工企业、装饰材料与用品生产经营企业以及广大消费者都知道这 10 项强制性国家标准。

二、从 2002 年 7 月 1 日起，室内装饰设计施工企业在室内装饰工程中，严禁使用不符合 10 项强制性国家标准的装饰装修材料。如有违犯，将承担由此引起的一切后果。

三、中国室内装饰协会将加强行业自律，并协助政府有关部门加强市场监管。本协会的团体会员和个人会员均不得生产、经营、展览、推介不符合 10 项强制性国家标准的装饰装修材料。

四、为适应市场需要，中国室内装饰协会将会同地方协会及有关单位，进一步加强对装饰装修材料的检测和扶优限劣工作，广泛开展宣传推广“绿色材料”、“绿色企业”、“绿色建材城”等活动。

五、中国室内装饰协会定于 2002 年 9 月在北京举办的“全国第五届室内装饰展览会（家居集成精品展）”和“2002 中国装饰产业论坛”，将重点宣传与展示符合环保标准的“绿色材料”，大力倡导“绿色消费”与“科学消费”。

以上各项工作，希望各地方协会和单位给予合作与支持。

抄报：国家经贸委、中国轻工业联合会

中国室内装饰协会
二〇〇二年四月八日

住宅室内装饰装修管理办法

中华人民共和国建设部令

第 110 号

《住宅室内装饰装修管理办法》已于 2002 年 2 月 26 日经第 53 次部常务会议讨论通过，现予发布，自 2002 年 5 月 1 日起施行。

部 长 汪光焘
二〇〇二年三月五日

第一章 总 则

第一条 为加强住宅室内装饰装修管理，保证装饰装修工程质量和安全，维护公共安全和公众利益，根据有关法律、法规，制定本办法。

第二条 在城市从事住宅室内装饰装修活动,实施对住宅室内装饰装修活动的监督管理,应当遵守本办法。

本办法所称住宅室内装饰装修,是指住宅竣工验收合格后,业主或者住宅使用人(以下简称装修人)对住宅室内进行装饰装修的建筑活动。

第三条 住宅室内装饰装修应当保证工程质量和安全,符合工程建设强制性标准。

第四条 国务院建设行政主管部门负责全国住宅室内装饰装修活动的管理工作。

省、自治区人民政府建设行政主管部门负责本行政区域内的住宅室内装饰装修活动的管理工作。

直辖市、市、县人民政府房地产行政主管部门负责本行政区域内的住宅室内装饰装修活动的管理工作。

第二章　一般规定

第五条 住宅室内装饰装修活动,禁止下列行为:

(一)未经原设计单位或者具有相应资质等级的设计单位提出设计方案,变动建筑主体和承重结构;

(二)将没有防水要求的房间或者阳台改为卫生间、厨房间;

(三)扩大承重墙上原有的门窗尺寸,拆除连接阳台的砖、混凝土墙体;

(四)损坏房屋原有节能设施,降低节能效果;

(五)其他影响建筑结构和使用安全的行为。

本办法所称建筑主体,是指建筑实体的结构构造,包括屋盖、楼盖、梁、柱、支撑、墙体、连接接点和基础等。

本办法所称承重结构,是指直接将本身自重与各种外加作用力系统地传递给基础地基的主要结构构件和其连接接点,包括承重墙体、立杆、柱、框架柱、支墩、楼板、梁、屋架、悬索等。

第六条 装修人从事住宅室内装饰装修活动,未经批准,不得有下列行为:

(一)搭建建筑物、构筑物;

(二)改变住宅外立面,在非承重外墙上开门、窗;

(三)拆改供暖管道和设施;

(四)拆改燃气管道和设施。

本条所列第(一)项、第(二)项行为,应当经城市规划行政主管部门批准;第(三)项行为,应当经供暖管理单位批准;第(四)项行为应当经燃气管理单位批准。

第七条 住宅室内装饰装修超过设计标准或者规范增加楼面荷载的,应当经原设计单位或者具有相应资质等级的设计单位提出设计方案。

第八条 改动卫生间、厨房间防水层的,应当按照防水标准制订施工方案,并做闭水试验。

第九条 装修人经原设计单位或者具有相应资质等级的设计单位提出设计方案变动建筑主体和承重结构的,或者装修活动涉及本办法第六条、第七条、第八条内容的,必须委托具有相应资质的装饰装修企业承担。

第十条 装饰装修企业必须按照工程建设强制性标准和其他技术标准施工,不得偷工减料,确保装饰装修工程质量。

第十一条 装饰装修企业从事住宅室内装饰装修活动,应当遵守施工安全操作规程,按照规定采取必要的安全防护和消防措施,不得擅自动用明火和进行焊接作业,保证作业人员和周围住房及财产的安全。

第十二条 装修人和装饰装修企业从事住宅室内装饰装修活动,不得侵占公共空间,不得损害公共部位和设施。

第三章　开工申报与监督

第十三条 装修人在住宅室内装饰装修工程开工前,应当向物业管理企业或者房屋管理机构(以下简称物业管理单位）申报登记。

非业主的住宅使用人对住宅室内进行装饰装修，应当取得业主的书面同意。

第十四条 申报登记应当提交下列材料：

（一）房屋所有权证（或者证明其合法权益的有效凭证）；

（二）申请人身份证件；

（三）装饰装修方案；

（四）变动建筑主体或者承重结构的，需提交原设计单位或者具有相应资质等级的设计单位提出的设计方案；

（五）涉及本办法第六条行为的，需提交有关部门的批准文件，涉及本办法第七条、第八条行为的，需提交设计方案或者施工方案；

（六）委托装饰装修企业施工的，需提供该企业相关资质证书的复印件。

非业主的住宅使用人，还需提供业主同意装饰装修的书面证明。

第十五条 物业管理单位应当将住宅室内装饰装修工程的禁止行为和注意事项告知装修人和装修人委托的装饰装修企业。

装修人对住宅进行装饰装修前，应当告知邻里。

第十六条 装修人，或者装修人和装饰装修企业，应当与物业管理单位签订住宅室内装饰装修管理服务协议。

住宅室内装饰装修管理服务协议应当包括下列内容：

（一）装饰装修工程的实施内容；

（二）装饰装修工程的实施期限；

（三）允许施工的时间；

（四）废弃物的清运与处置；

（五）住宅外立面设施及防盗窗的安装要求；

（六）禁止行为和注意事项；

（七）管理服务费用；

（八）违约责任；

（九）其他需要约定的事项。

第十七条 物业管理单位应当按照住宅室内装饰装修管理服务协议实施管理，发现装修人或者装饰装修企业有本办法第五条行为的，或者未经有关部门批准实施本办法第六条所列行为的，或者有违反本办法第七条、第八条、第九条规定行为的，应当立即制止；已造成事实后果或者拒不改正的，应当及时报告有关部门依法处理。对装修人或者装饰装修企业违反住宅室内装饰装修管理服务协议的，追究违约责任。

第十八条 有关部门接到物业管理单位关于装修人或者装饰装修企业有违反本办法行为的报告后，应当及时到现场检查核实，依法处理。

第十九条 禁止物业管理单位向装修人指派装饰装修企业或者强行推销装饰装修材料。

第二十条 装修人不得拒绝和阻碍物业管理单位依据住宅室内装饰装修管理服务协议的约定，对住宅室内装饰装修活动的监督检查。

第二十一条 任何单位和个人对住宅室内装饰装修中出现的影响公众利益的质量事故、质量缺陷以及其他影响周围住户正常生活的行为，都有权检举、控告、投诉。

第四章 委托与承接

第二十二条 承接住宅室内装饰装修工程的装饰装修企业，必须经建设行政主管部门资质审查，取得相应的建筑业企业资质证书，并在其资质等级许可的范围内承揽工程。

第二十三条　装修人委托企业承接其装饰装修工程的，应当选择具有相应资质等级的装饰装修企业。

第二十四条　装修人与装饰装修企业应当签订住宅室内装饰装修书面合同，明确双方的权利和义务。

住宅室内装饰装修合同应当包括下列主要内容：

（一）委托人和被委托人的姓名或者单位名称、住所地址、联系电话；

（二）住宅室内装饰装修的房屋间数、建筑面积，装饰装修的项目、方式、规格、质量要求以及质量验收方式；

（三）装饰装修工程的开工、竣工时间；

（四）装饰装修工程保修的内容、期限；

（五）装饰装修工程价格，计价和支付方式、时间；

（六）合同变更和解除的条件；

（七）违约责任及解决纠纷的途径；

（八）合同的生效时间；

（九）双方认为需要明确的其他条款。

第二十五条　住宅室内装饰装修工程发生纠纷的，可以协商或者调解解决。不愿协商、调解或者协商、调解不成的，可以依法申请仲裁或者向人民法院起诉。

第五章　室内环境质量

第二十六条　装饰装修企业从事住宅室内装饰装修活动，应当严格遵守规定的装饰装修施工时间，降低施工噪音，减少环境污染。

第二十七条　住宅室内装饰装修过程中所形成的各种固体、可燃液体等废物，应当按照规定的位置、方式和时间堆放和清运。严禁违反规定将各种固体、可燃液体等废物堆放于住宅垃圾道、楼道或者其他地方。

第二十八条　住宅室内装饰装修工程使用的材料和设备必须符合国家标准，有质量检验合格证明和有中文标识的产品名称、规格、型号、生产厂厂名、厂址等。禁止使用国家明令淘汰的建筑装饰装修材料和设备。

第二十九条　装修人委托企业对住宅室内进行装饰装修的，装饰装修工程竣工后，空气质量应当符合国家有关标准。装修人可以委托有资格的检测单位对空气质量进行检测。检测不合格的，装饰装修企业应当返工，并由责任人承担相应损失。

第六章　竣工验收与保修

第三十条　住宅室内装饰装修工程竣工后，装修人应当按照工程设计合同约定和相应的质量标准进行验收。验收合格后，装饰装修企业应当出具住宅室内装饰装修质量保修书。

物业管理单位应当按照装饰装修管理服务协议进行现场检查，对违反法律、法规和装饰装修管理服务协议的，应当要求装修人和装饰装修企业纠正，并将检查记录存档。

第三十一条　住宅室内装饰装修工程竣工后，装饰装修企业负责采购装饰装修材料及设备的，应当向业主提交说明书、保修单和环保说明书。

第三十二条　在正常使用条件下，住宅室内装饰装修工程的最低保修期限为二年，有防水要求的厨房、卫生间和外墙面的防渗漏为五年。保修期自住宅室内装饰装修工程竣工验收合格之日起计算。

第七章　法律责任

第三十三条　因住宅室内装饰装修活动造成相邻住宅的管道堵塞、渗漏水、停水停电、物品毁坏等，装修人应当负责修复和赔偿;属于装饰装修企业责任的,装修人可以向装饰装修企业追偿。

装修人擅自拆改供暖、燃气管道和设施造成损失的,由装修人负责赔偿。

第三十四条 装修人因住宅室内装饰装修活动侵占公共空间,对公共部位和设施造成损害的,由城市房地产行政主管部门责令改正,造成损失的,依法承担赔偿责任。

第三十五条 装修人未申报登记进行住宅室内装饰装修活动的,由城市房地产行政主管部门责令改正,处5百元以上1千元以下的罚款。

第三十六条 装修人违反本办法规定,将住宅室内装饰装修工程委托给不具有相应资质等级企业的,由城市房地产行政主管部门责令改正,处5百元以上1千元以下的罚款。

第三十七条 装饰装修企业自行采购或者向装修人推荐使用不符合国家标准的装饰装修材料,造成空气污染超标的,由城市房地产行政主管部门责令改正,造成损失的,依法承担赔偿责任。

第三十八条 住宅室内装饰装修活动有下列行为之一的,由城市房地产行政主管部门责令改正,并处罚款:

(一)将没有防水要求的房间或者阳台改为卫生间、厨房间的,或者拆除连接阳台的砖、混凝土墙体的,对装修人处5百元以上1千元以下的罚款,对装饰装修企业处1千元以上1万元以下的罚款;

(二)损坏房屋原有节能设施或者降低节能效果的,对装饰装修企业处1千元以上5千元以下的罚款;

(三)擅自拆改供暖、燃气管道和设施的,对装修人处5百元以上1千元以下的罚款;

(四)未经原设计单位或者具有相应资质等级的设计单位提出设计方案,擅自超过设计标准或者规范增加楼面荷载的,对装修人处5百元以上1千元以下的罚款,对装饰装修企业处1千元以上1万元以下的罚款。

第三十九条 未经城市规划行政主管部门批准,在住宅室内装饰装修活动中搭建建筑物、构筑物的,或者擅自改变住宅外立面、在非承重外墙上开门、窗的,由城市规划行政主管部门按照《城市规划法》及相关法规的规定处罚。

第四十条 装修人或者装饰装修企业违反《建设工程质量管理条例》的,由建设行政主管部门按照有关规定处罚。

第四十一条 装饰装修企业违反国家有关安全生产规定和安全生产技术规程,不按照规定采取必要的安全防护和消防措施,擅自动用明火作业和进行焊接作业的,或者对建筑安全事故隐患不采取措施予以消除的,由建设行政主管部门责令改正,并处1千元以上1万元以下的罚款;情节严重的,责令停业整顿,并处1万元以上3万元以下的罚款;造成重大安全事故的,降低资质等级或者吊销资质证书。

第四十二条 物业管理单位发现装修人或者装饰装修企业有违反本办法规定的行为不及时向有关部门报告的,由房地产行政主管部门给予警告,可处装饰装修管理服务协议约定的装饰装修管理服务费2至3倍的罚款。

第四十三条 有关部门的工作人员接到物业管理单位对装修人或者装饰装修企业违法行为的报告后,未及时处理,玩忽职守的,依法给予行政处分。

第八章 附则

第四十四条 工程投资额在30万元以下或者建筑面积在300m²以下,可以不申请办理施工许可证的非住宅装饰装修活动参照本办法执行。

第四十五条 住宅竣工验收合格前的装饰装修工程管理,按照《建设工程质量管理条例》执行。

第四十六条 省、自治区、直辖市人民政府建设行政主管部门可以依据本办法,制定实施细则。

第四十七条 本办法由国务院建设行政主管部门负责解释。

第四十八条 本办法自2002年5月1日起施行。

住宅工程初装饰竣工验收办法

中华人民共和国建设部

一、为了适应人民生活水平日益提高的需要，便于居民进行家庭装饰，减少浪费，确保住宅工程质量，制订本办法。

二、凡新建的住宅工程，均可按本办法实行初装饰竣工验收评定。对单位自建和急需用的住宅工程，可由建设单位酌定。

三、本办法所称初装饰，是指住宅工程户门以内的部分项目，在施工阶段只完成初步装饰。房屋竣工验收交付使用后，房屋进行再装饰，按城市房屋装饰管理有关规定执行。

四、住宅工程初装饰的项目、做法和技术质量要求（含留给面层装饰的余量及面层装饰的要求），应在设计文件中予以明确，由建设（开发）单位与施工单位通过施工合同确定和实施。

五、住宅工程初装饰的部位和项目：

1. 户门以内的墙面、顶棚的初装饰。

2. 户门以内的楼地面的初装饰，可只完成地面基层（找平层），不做面层。

3. 各种管线设备安装到位，并按规定进行试水、试压和照明线路的绝缘、接地试验。导线截面应满足设计要求。经建设（开发)单位验收后，灯具、水龙头、给水器具、卫生设备等可按合同进行再安装。

4. 户内门窗等油漆工程的防腐底漆应完成，面层可进行再装饰。

5. 厨房、厕浴间的墙、地面的防水措施，应按设计要求一次到位，卫生洁具在设计指定范围内可进行再安装。如有特殊要求，应事先采取措施。

6. 大空间的内部隔断（非承重墙）、壁柜、吊柜等，根据设计说明，可进行再安装。

7. 其他项目，可按合同执行。

六、住宅工程初装饰，应符合以下原则：

1. 初装饰只限在户门以内。全部外檐、公用工程和公用的设备应按设计文件要求全部完成。

2.初装饰项目，必须依据工程设计文件和技术规范、标准施工，不得随意打洞更不允许取消隔墙等。不准影响结构安全、使用功能和节能效果。凡属设计文件未说明的项目，如要进行初装饰的，施工单位应与建设单位协商同意，并取得工程设计单位的设计变更手续，方可实施。

3. 涉及与家庭装饰相关的内部隔断、地面、墙面、门口、门窗等初装饰项目工程设计和施工单位应注意调整标高、尺寸余量。

4. 凡涉及家庭装饰易损坏防水层或易改变电气、燃气线路及影响使用安全的项目在施 工阶段要一次施工到位。如施工单位按设计图纸施工，并经竣工验收达到规定标准的，在再次装饰过程中，由于措施不当，而造成损坏防水层，改变电气、燃气线路及影响使 用安全等质量问题的，原施工单位不再负责。

七、质量标准和检查验收及竣工质量核定、验收时，有什么项目验收什么项目。分项工程不全的，仍按一个分项工程对待。其质量标准按国家《建筑安装工程质量检验评定标准》及有关规定执行。由于初装饰是二次装饰的基础，其标高、坡度、平整度、棱角等质量要求不能降低，观感质量评定的基准分不变，仍按原标准执行。

八、实行初装饰的住宅，开发（建设）单位应积极创造条件，努力做到预销售或预分配，提前征求住户对装饰的要求,然后由物业管理机构,按住户的意见统一进行再装饰。

九、再装饰的工程完工后,均应按国家和当地规定标准,由有关部门组织验收。验收不合格的不得报竣或交付使用。

十、家庭装饰委托的施工队伍,必须是经当地建设行政主管部门核发装饰施工资质证书的。不准委托无证单位承揽家庭装饰业务。

十一、凡实行初装饰的工程,因实行初装饰发生的预算差额部分,由建设(开发)单 位统一划给物业管理机构,然后,由物业管理机构再按相应的面积比例补偿给住户。

十二、本办法由建设部建设监理司负责解释。

十三、本办法自颁布之日起施行。

全国室内装饰行业家庭装饰管理办法

第一条 为了加强室内装饰行业管理,规范家庭装饰活动,维护行业共同利益,保护消费者的合法权益,促进行业健康发展,根据国务院关于建筑装饰业与室内装饰业分工管理的规定(国办通[1992]31 号)和《全国室内装饰行业管理暂行规定》制定本办法。

第二条 家庭装饰是室内装饰业的重要组成部分,是对居民住宅室内空间及相对环境进行装饰装修设计、施工及室内用品配套供应、陈设布置,达到一定技术、艺术效果的服务体系。民住宅包括新建住宅和原有住宅。

第三条 本办法适用于一切从事家庭装饰活动的居民、设计单位、施工企业和个体经营者,以及家庭装饰工程质量、安全等监督管理机构。

第四条 中国轻工总会是全国室内装饰行业主管部门,负责对全国家庭装饰活动的监督管理工作。县级以上地方轻工主管部门或室内装饰行业主管部门,负责本辖区内的家庭装饰活动的监督管理工作。全国性和地区性室内装饰行业协会,协助室内装饰行业主管部门进行家庭装饰活动的管理和服务工作。

第五条 从事家庭装饰活动的设计单位、施工企业,必须持有室内装饰行业主管部门颁发的设计单位、施工企业资质证书。

第六条 从事家庭装饰活动的个体经营者,必须凭有关部门的证明,经过职业培训、考核合格,取得当地室内装饰行业主管部门颁发的资格证书,持证上岗。

第七条 居民应委托具有室内装饰行业主管部门颁发的资质证书或资格证书的设计单位、施工企业或个体经营者进行家庭装饰活动,以防止发生质量和安全事故。

第八条 家庭装饰主管部门应同有关部门合作,开辟家庭设计、施工和材料用品市场,建立方便群众的家庭装饰配套服务体系。

第九条 家庭装饰活动一般应按咨询、设计、选材、预算、合同、施工、保修等程序进行,做到安全、适用、经济,创造优美、舒适、温馨的家居环境。

第十条 家庭装饰主管部门和企业应做好家庭装饰咨询服务工作,给消费者普及有关知识,宣传有关规定,推荐有关产品,介绍有关企业,帮助选择方案,引导健康消费。

第十一条 家庭装饰工程应讲究室内设计艺术。从事家庭装饰活动的设计单位和施工企业,应按不同风格和档次设计多种类型供居民选用。

第十二条 家庭装饰工程必须使用合格的材料的用品。因材料、用品不合格、不适用造成的质量、安全等问题应由负责材料、用品采购的一方承担责任。

第十三条 家庭装饰工程的设计与施工收费，应按有关规定和市场行情，遵循公平合理的原则，由居民和受委托的设计单位、施工企业或个体经营者共同商定。双方协商一致的工程预算书是工程合同的主要组成部分。

第十四条 家庭装饰设计单位、施工企业或个体经营者接受居民委托从事家庭装饰活动，必须按室内装饰行业主管部门和有关部门的规定，与委托方签订合同，共同遵守。

第十五条 家庭装饰设计单位、施工企业必须遵循以下规定：

一、严格执行国家或行业规定的室内装饰工程质量规范。

二、严格执行国家或有关部门关于建筑物安全和防火的规定。严禁破坏房屋承重结构和建筑外观或明显加大荷载，不得使用易燃和危害人体健康的材料，未经批准不得随意拆改燃气、暖气、电气等房屋设备。

三、严格执行国家有关部门关于环境保护的规定。应采取措施控制粉尘、废弃物及噪声，不得妨碍周围居民的正常生活，确保人身安全。

第十六条 承担家庭装饰工程的施工企业或个体经营者违反合同及有关规定，造成工程质量和人身伤亡事故的，应由施工企业或个体经营者承担相应的经济、法律责任。

第十七条 家庭装饰工程实行限期保修制度。在合同规定的保修期内发生因受委托方责任造成的质量问题，由受委托方负责维修，并承担费用。

第十八条 家庭装饰合同纠纷当事人，可向室内装饰行业主管部门或其他有关部门投诉。室内装饰行业主管部门应根据有关规定和双方签订的合同负责进行调解。

第十九条 对在家庭装饰活动中成绩显著、信誉较高的设计单位、施工企业或个体经营者，室内装饰行业主管部门可给予表彰和奖励，并向用户进行推荐。

第二十条 从事家庭装饰活动的设计单位、施工企业或个体经营者有下列行为之一的，由当地室内行业主管部门会同有关部门，按国家和有关部门的规定予以处理。

一、无资质证书或资格证书进行家庭装饰设计、施工。

二、转卖、出让、出借、涂改、复制、伪造资质证书或资格证书。

三、违反本办法第十五条之规定进行家庭装饰设计和施工。

第二十一条 室内装饰行业主管部门的工作人员，应热心为家庭装饰服务，秉公办事。有滥用职权、徇私舞弊、违法乱纪等行为的，应由有关部门给予处理。

第二十二条 各省、自治区、直辖市、计划单列市室内装饰行业主管部门，应根据本办法结合本地区实际情况，会同有关部门制定补充办法和实施细则，报中国轻工总会备案。

第二十三条 本办法由中国轻工总会负责解释。

第二十四条 本办法自发布之日起实施。

家庭居室装饰装修管理试行办法

第一章　总　则

第一条　为了加强家庭居室装饰装修管理，保证家庭居室装饰装修工程质量，维护各方当事人的合法权益，根据有关规定，制定本办法。

第二条　本办法所称家庭居室装饰装修，是指居民为改善自己的居住的房屋进行修饰处理的工程建设活动。

第三条　凡对家庭居室进行装饰装修和承接家庭居室装饰装修的单位及个人，应当遵守本办法。

第四条　房屋所有人、使用人进行家庭居室装饰装修，凡涉及拆改主体结构和明显加大荷载的，必须按照建设部令第46号《建筑装饰装修管理规定》第八条规定的程序办理；进行简易装饰装修（如仅作面层涂料、贴墙纸、铺面砖等）的，应当到房屋产权单位或物业管理单位登记备案。

第五条　国务院建设行政主管部门归口管理全国家庭居室装饰装修的管理。县级以上地方人民政府建设行政主管部门归口管理本行政区域家庭居室装饰装修的管理。

第二章　家庭居室装饰装修市场管理

第六条　凡承接家庭居室装饰装修工程单位，应当持有建设行政主管部门颁发的具有建筑装饰装修工程承包范围的《建筑业企业资质证书》。对于承接家庭居室装饰装修工程的个体装饰装修从业者，应当持所在地乡镇以上人民政府有关主管部门开具的务工证明、本人身份证、暂时居住证，向工程所在地的建设行政主管部门或者其指定的机构登记备案，实行“登记注册、培训考核、技能鉴定、持证上岗”的制度。具体办法由省、自治区、直辖市人民政府建设行政主管部门制订。

第七条　凡没有《建筑业企业资质证书》或者建设行政主管部门发放的个体装饰装修从业者上岗证书的单位和个人，不得承接家庭装饰装修工程。

第八条　从事家庭居室装饰装修的单位和个人应当遵循以下规则：

（一）采用的装饰材料不得以次充好，弄虚作假；

（二）施工应符合有关规范要求不得偷工减料、粗制滥造；

（三）不得野蛮施工，危及建筑物自身的安全；

（四）不得欺行霸市、强迫交易；

（五）不得冒用其他企业名称和商标；

（六）不得损害居民和其他经营者权益；

（七）国家和地方规定的其他规则。

第九条　有条件的城市可以逐步建立家庭居室装饰装修交易市场，为开展家庭居室装饰装修材料营销、装饰承包等活动提供交易场所。建设行政主管部门要加强对家庭居室装饰装修交易市场的管理。家庭居室装饰装修交易市场可以开展信息咨询、投诉质量评估等服务，以满足家庭居室装饰装修消费者和经营者的要求。

第三章　家庭居室装饰装修工程质量管理

第十条　除自行装饰装修外，居民对于家庭居室装饰装修工程应当选择并委托具有《建筑业企业资质证书》的施工单位，或者具有个体装饰从来者上岗证书的个人进行。

第十一条　进行家庭居室装饰装修，不得随意在承重墙上穿洞，拆除连接阳台门窗的墙体，扩大原有门窗尺寸或者另建门窗；不得随意增加楼地面静荷载，在室内砌墙或者超负荷吊顶、安装大型灯具及吊扇；不得任意刨凿顶板，不经穿管直接埋设电线或者改线；不得破坏或者拆改厨房、厕所的地面防水层，以及水、暖、电、煤气等配套设施；不得大量使用易燃装饰材料等。

第十二条　家庭居室装饰装修工程可以委托有关质量监督机构进行监督，并按照规定支付监督费用。

第四章　家庭居室装饰装修合同与价格管理

第十三条　实行委托的家庭居室装饰装修，委托人和被委托人应当遵循诚实、平等、公平、自愿的原则，遵照国家和地方的有关规定，签订家庭居室装饰装修合同。家庭居室装饰装修合同应当包括以下内容：

（一）委托人和被委托人的姓名或者单位名称、住所地址、联系电话、邮政编码，其中个体装饰装修从业者还应当填写本人身份证和个体装饰装修从业者上岗证书的号码；

（二）家庭居室装饰装修的间数、面积，装饰装修的项目、方式、规格、质量要求以及质量验收方式；

（三）装饰装修工程的开工、完工时间；

（四）工程保修的内容、期限；

（五）装饰工程价格及支付的方式、时间；

（六）合同变更和解除的条件；

（七）违约责任及解决纠纷的途径；

（八）合同的生效方式；

（九）双方认为需要明确的其他条款。

第十四条　家庭居室装饰装修工程的价格，根据市场竞争、优质优价的原则，由委托人和被委托人在合同中约定。

第十五条　家庭居室装修纠纷，可以向当地建设行政主管部门或者其指定的机构进行投诉，也可以向当地人民法院提起民事诉讼。

第五章　家庭居室装饰装修作业现场管理

第十六条　家庭居室装饰装修不论是自行进行还是委托他人进行，都应当采取有效措施，减轻或者避免对相邻居民正常生活所造成的影响。

第十七条　承接家庭居室装饰装修工程的单位和个人，应当采取必要的安全防护和消防措施，保障作业人员和相邻居民的安全。

第十八条　家庭居室装饰装修所形成的各种废弃物，应当按照有关部门指定的位置、方式和时间进行堆放及清运。严禁从楼上向地面或由垃圾道、下水道抛弃因装饰装修居室而产生的废物及其他物品。

第十九条　因进行家庭居室装饰装修而造成相邻居民住房的管道堵塞、渗漏水、停电、物品毁坏等，应由家庭居室装饰装修的委托人负责修复和赔偿；如属被委托人的责任，由委托人找被委托人负责修复和赔偿。

第六章　附　则

第二十条　省、自治区、直辖市人民政府建设行政主管部门可以依据本办法，制定实施细则。

第二十一条　本办法自发布之日起试行。

天然石材产品放射防护分类控制标准

JC 518—93

1. 主题内容与使用范围

本标准规定了天然石材产品中放射性镭、钍、钾、比活度的分类控制值和产品检测要求。

本标准适用与天然石材产品的分类,也适用于对石材矿床勘察中放射性水平的预评价。

2. 术语、符号

2-1 天然石材产品

由采掘地表(下)的大理石、花岗岩、石灰岩和板岩等岩石经锯切、抛光等物理方法加工而成的石质建筑材料,包括块料、板料和磨光的饰面板材;不包括用于骨料或人造石料的碎石或石粉。

2-2 岩石 γ 编录

是用 γ 辐射仪在岩石露头上或在山地掘露工程中详细测量 γ 射线强度的一种探矿方法。

2-3 CRa 、CTh、CK、分别为天然石材产品中镭-226、钍、钾-40的放射比活度,单位为 $Bq\cdot kg^{-1}$。

2-4 CeRa 为镭当量浓度。天然石材产品的放射性比活度主要来自镭-226、钍-232、及钾-40,可按其放射性核素含量与室内 γ 照射量率的表达式归一化,用镭当量浓度表示之,单位为 $Bq\cdot kg^{-1}$。本标准定义镭当量浓度 CeRa=CRa+1.35CTh+0.088CK。

3. 分类

天然石材产品根据放射性水平划分为以下三类。

3-1 A 类产品

石质建筑材料中放射性比活度同时满足式(1)和式(2)的为A类产品,其使用范围不受限制。

$CeRa\leq 350\ Bq\cdot kg^{-1}$ ……………………(1)

$C\ Ra\leq 200\ Bq\cdot kg^{-1}$ ……………………(2)

3-2 B 类产品

不符合A类的石质建筑材料而其放射性比活度同时满足式(3)和式(4)的为B类产品,不得用于室内饰面,可用于其他一切建筑物的内、外饰面。

$CeRa\leq 700\ Bq\cdot kg^{-1}$ ……………………(3)

$C\ Ra\leq 250\ Bq\cdot kg^{-1}$ ……………………(4)

3-3 C 类产品

不符合A、B类的石质建筑材料而其放射性比活度满足式(5)的为C类产品,可用于一切建筑物的外饰面。

$CeRa\leq 1\,000\ Bq\cdot kg^{-1}$ ……………………(5)

3-4 放射性比活度大于C类控制值的天然石材,可用于海堤,桥墩及碑石等其他用途。

3-5 不高于当地天然放射性水平的石质建筑材料,可在当地使用,不受本标准限制。

4. 石材矿床勘察中放射性水平的预评价

在地质勘察中,必须用本地标准的分类控制值对石材矿床进行放射性水平的预评价。评价准则见附录A(补充件)。

5. 产品检测(略)

室内空气中二氧化碳卫生标准

GB/T 17094—1997

1. 范围

本标准规定了室内空气中二氧化碳标准值和检验方法。

本标准适用于室内空气的监测和评价,不适用于生产性场所的室内环境。

2. 标准值

室内空气中二氧化碳卫生标准值≤0.10%(2 000mg/m^3)

3. 监测检验方法

本标准的监测检验方法见附录A。

国家技术监督局 1997-11-11 批准

1998-12-01 实施

居室空气中甲醛的卫生标准

GB/T 16127—1996

主题内容与适用范围

本标准规定了居室内空气中甲醛的最高容许浓度。

本标准适用用各类城乡住宅内的空气环境。

引用标准

GB/T 16129 居住区大气中甲醛卫生检验标准方法 AHMT 分光光度法

最高容许浓度

居室内空气中甲醛卫生标准(最高容许浓度)规定为0.08mg/m^3。

监测检验方法

本标准的监测检验方法见GB/T 16129。

附加说明

本标准由中华人民共和国卫生部提出。

本标准由中国预防医学科学院环境卫生监测所、北京医科大学、辽宁省卫生防疫站、山东省卫生防疫站负责起草。

本标准主要起草刘君卓、李长善、钟绵华、谷雪兰、秦钰慧。

本标准由卫生部委托技术归口单位中国预防医学科学院环境卫生监测所负责解释。

国家技术监督局 1995-12-15 批准

1996-07-01 实施

住房内氡浓度控制标准

GB/T 16146—1995

1. 主题内容与适用范围

本标准规定了住房内空气中氡及其子体浓度的控制标准。

本标准适用于公众居住的住房（包括作为住房的地下空间）。

本标准不适用于非居住性的地面建筑和地下建筑。

2. 引用标准

GB 6566　建筑材料放射卫生防护标准。

GB 6763　建筑材料用工业废渣放射性物质限制标准。

GB/T 16147　空气中氡浓度的闪烁瓶测量方法。

EJ/T 605　氡及其子体测量规范。

3. 控制标准

住房内氡及其子体对公众的照射是天然辐射源对公众的附加照射。根据其可控程度，将住房分为已建和新建二类，分别给出相应的氡及其子体浓度的控制标准。

3.1 对已建住房，可考虑采取简单补救行动来控制氡及其子体照射，使住房内的平衡当量氡浓度年平均值不超过 200Bq/m^3。

3.2 对新建住房，应在设计和建筑时加以控制，使住房内的平衡当量氡浓度年平均值不超过 100Bq/m^3。

4. 标准实施

4.1 新建住房的设计和建造以及对已建住房采取简单补救行动时，所选用的建筑材料必须符合 GB 6566、GB 6763 的要求。

4.2 为控制和降低已建住房内氡及其子体对公众的辐射照射而采取的简单补救行动，包括加强通风、住房内表面喷涂、堵塞墙壁的缝隙等简易而有效的降氡措施，而对住房采用破坏性行动（改建、部分拆除）则是需要慎重考虑的补救行动，需用防护最优化来进行指导。

4.3 住房内氡及其子体浓度的测量方法可采用 GB/T 16147 或 EJ/T 605 中规定的方法。

国家技术监督局 1995-12-15 批准
1996-07-01 实施

奥运工程环保指南——绿色建材技术支撑报告

课题建议单位：北京2008年奥运会组委会环境活动部
承担单位：中国建筑材料科学研究院
起始时间：2002年06月
完成时间：2002年11月

绿色建材又称生态建材、环保建材等，是采用清洁生产工艺和技术，不用或少用天然资源和能源，大量使用工农业或城市固态废弃物生产的无毒害、无污染、无放射性，达到使用周期后，可以回收利用，有利于环境保护和人体健康的建筑材料。北京奥运工程建设所使用的建筑材料主要包括以下几大类：水泥及其制品、墙体材料、玻璃及其深加工产品、建筑卫生陶瓷、给排水管材、建筑门窗、防水材料和装饰装修材料等。为满足北京绿色奥运主题和奥运场馆功能的要求，奥运工程所使用的建筑材料首先必须符合国家或行业的相关产品质量标准，其次所用建筑材料及产品必须是有利于环境保护和人体健康，能够回收和再利用，更多地使用先进、具备高新技术含量的新型建筑材料，来满足奥运工程的隔音、保温、节能、防火、防水等要求。奥运工程所使用的建筑材料及生产企业必须满足以下条件：

一、水泥及水泥制品

1. 水泥（特种水泥例外）

企业资质：通过产品质量认证、ISO 9000和14000环境体系认证

生产工艺：回转窑。

产品质量标准：产品符合国家或行业相关的产品质量标准。

GB 175—1999《硅酸盐水泥、普通硅酸盐水泥》。

GB 1344—1999《矿渣硅酸盐水泥、火山灰质硅酸盐水泥及粉煤灰硅酸盐水泥》。

GB 12958—1999《复合硅酸盐水泥》。

GB 13693—1992《道路硅酸盐水泥》。

JC/T 659—1997《低碱度硫铝酸盐水泥》。

JC 714—1996《快硬硫铝酸盐水泥》。

JC/T 436—1991(1996)《膨胀铁铝酸盐水泥》。

GB/T 2015—1991《白色硅酸盐水泥》等。

环保标准：

（1）大气污染物的排放：水泥企业执行GB 4915-1996《水泥厂大气污染物排放标准》，烟尘或粉尘：一类地区烟尘或粉尘排放限值是150mg/m^{3}和0.8kg/t。我国相关标准规定的水泥厂允许粉尘排放浓度高出先进国家1~2倍，因此提供奥运工程用水泥的企业必须严格控制CO_2、SO_X、NO_X等烟尘的排放量。

（2）能耗：执行水泥企业能耗等级定额GB/T 16780。

（3）放射性限量：符合GB 6566。

2. 水泥制品及混凝土

水泥制品包括预制构件、浇注混凝土、预应力混凝土输水管(震动挤压工艺)(GB/T 5695),自应力混凝土输水管(GB 4084),混凝土和钢筋混凝土排水管(GB/T 11836),预应力混凝土空心板(GB 14040),混凝土外加剂(GB 8076、JC 473~ 477),砂浆、混凝土防水剂(JC 474),混凝土膨胀剂(JC 476)等。

质量标准:符合国家或行业相关的产品质量标准。

环保标准

(1)放射性限量:符合 GB 6566。

(2)能耗:执行水泥制品能耗等级定额 JC 710。

(3)碱含量、氯离子符合国家或行业相关的产品标准要求。

(4)混凝土外加剂:GB 18588 提出了混凝土外加剂中释放氨的含量的限定值和检测方法,目前国外并无相关标准。依据 GB 18588 的检测结果显示,混凝土外加剂中释放氨限量合格率较高,可达 95%。不论是萘系的防冻剂,还是氨基磺酸盐系列减水剂或氨基羧酸盐系列的减水剂,只要不以尿素为合成或复配的原料,其释放氨的含量都能小于 0.10%。

混凝土外加剂

指标	GB 18588—2001(质量分数)	奥运标准
释放氨限量	≤0.10%	≤0.10%

二、新型墙体材料

新型墙体材料要适应建筑功能的改善和建筑节能的要求,满足不同建筑结构和不同档次建筑的需要,积极发展利用当地资源,低能耗、低污染、高性能、高强度、多功能、系列化,能够提高施工效率的新型墙体材料产品。以框架结构为主的高层建筑,应积极发展满足建筑功能要求,保温隔热性能优良,轻质高强,便于机械化施工的各类内、外墙板;多层砌筑结构和高框架结构,承重墙体材料应重点发展承重混凝土小型空心砌块和承重利废空心砖;非承重墙体材料应以利废的各类非承重砌块和轻板为主。有煤矿和火力发电厂的地区,应积极发展高强度、高孔洞率、高废渣掺加量、高保温隔热性能的煤矸石烧结空心砖和粉煤灰烧结空心砖、粉煤灰加气混凝土、粉煤灰蒸压砖以及其他利废制品;页岩和灰砂原料丰富的地区,应积极发展烧结页岩和蒸压灰砂制品,使这些产品成为新型墙体材料的主导产品。

(一)产品种类和质量标准

1. 非黏土砖

(1)孔洞率大于 25%非黏土烧结多孔砖和空心砖(符合国标 GB 13544 和 GB 13545 的技术要求)。

(2) 混凝土空心砖和空心砌块(符合国标 GB 13545 的技术要求)。

(3) 烧结页岩砖(符合国标 GB/T 5101 的技术要求)。

2. 建筑砌块

(1)普通混凝土小型空心砌块(符合国标 GB 8239 的技术要求)。

(2)轻集料混凝土小型空心砌块(符合国标 GB 15229 的技术要求)。

(3)蒸压加气混凝土砌块(符合国标 GB/T 11968 的技术要求)。

(4)石膏砌块(符合行标 JC/T 698 的技术要求)。

3. 建筑板材

(1)玻璃纤维增强水泥轻质多孔隔墙条板(简称 GRC 板)(符合行标 JC 666 的技术要求)。

(2)纤维增强硅酸钙板(符合行标 JC/T 564 的技术要求)。

(3)蒸压加气混凝土板(符合国标 GB 15762 的技术要求)。

(4)轻集料混凝土条板(参照行标《住宅内隔墙轻质条板》JC/T 3029 的技术要求)。

（5）钢丝网架水泥夹芯板（符合行标 JC 623 的技术要求）。

（6）石膏墙板（包括纸面石膏板、石膏空心条板）。其中：纸面石膏板（符合国标 GB/T 9775 的技术要求）；石膏空心条板（符合行标 JC/T 829 的技术要求）。

（7）金属面夹芯板（包括金属面聚苯乙烯夹芯板、金属面硬质聚氨酯夹芯板和金属面岩棉、矿渣棉夹芯板）。其中：金属面聚苯乙烯夹芯板（符合行标 JC 689 的技术要求）；金属面硬质聚氨酯夹芯板（符合行标 JC/T 868 的技术要求）；金属面岩棉、矿渣棉夹芯板（符合行标 JC/T 869 的技术要求）。

（8）复合轻质夹芯隔墙板、条板（所用板材为以上所列几种墙板和空心条板、复合板符合建设部《建筑轻质条板、隔墙板施工及验收规程》的技术要求）。

（二）环保要求

（1）固体废弃物的利用：鼓励开发原料中掺工业废渣、农作物秸秆、垃圾、江河（湖、海）淤泥的墙体材料产品。

（2）放射性限量：符合国标 GB 6566 的技术要求。

三、玻璃及其深加工产品

（一）企业资质

通过 ISO 9000 和 14000 体系认证或 3C 认证。

（二）生产工艺

浮法生产工艺。

（三）产品种类

包括建筑门窗玻璃和玻璃幕墙及特种玻璃（钢化玻璃、夹层玻璃、热反射玻璃、中空玻璃、真空玻璃、吸热玻璃、自清洁玻璃、低辐射玻璃、防火玻璃）。《北京市建筑工程安全玻璃使用规定》确定了北京市行政区域内的新建、扩建、改建以及装饰、维修工程中必须设计使用安全玻璃的建筑工程部位。采用玻璃做建筑材料的，应执行《玻璃幕墙工程技术规范》（JG 102）、《建筑玻璃应用技术规程》（JG 113）等相关设计施工标准、规范和本规定。规定中所称安全玻璃，是指符合 GB 9962、GB 9963 标准的夹层玻璃、钢化玻璃，以及符合上述标准加工组合而成的中空玻璃。

质量标准：浮法玻璃（GB 11614）、中空玻璃（GB/T 11944）、钢化玻璃（GB/T 9963）、幕墙用钢化玻璃与半钢化玻璃（GB 17841）、夹层玻璃（GB 9962）、防火玻璃（GB 15763）、热反射玻璃（JC/T 693）、贴膜玻璃（JC 846）等。建筑工程使用玻璃及相关材料必须符合各类产品的国家标准或行业标准。

（四）环保要求

1. 节能：使用热反玻璃、低辐射（LOW-E）热反射玻璃、吸热玻璃等构成的中空玻璃。

玻璃是非金属材料，导热系数 λ 仅为 0.8~ 1.0W/(m·K)，远远低于金属，但由于窗玻厚度一般为 3~6mm，自身热阻 R 非常小，几乎可以忽略不计。对于玻璃面积占 65%~ 75%的窗户传热量十分可观。因此，提高窗用玻璃质量是改善窗户保温性能的重要途径之一。

（1）改变玻璃结构

窗户玻璃由单玻变成双玻（或中空玻璃）和三玻（或两玻加膜），玻璃保温性能会明显提高。

（2）玻璃镀膜

玻璃镀低辐射膜可以大大降低玻璃之间的辐射传热。

实验证明，中空玻璃镀辐射膜（其中一块玻璃镀膜）后，中空玻璃的热工性能明显改善。传热系数 K [W/(m^2·K)]由普通中空玻璃的 3.0~ 3.1W/(m^2·K)降为 1.7~ 2.3W/(m^2·K)；在热箱、冷箱温度分别为 18℃和- 20℃左右试验条件下，里层玻璃内表面温度由 4℃左右上升为 9℃左右。用空气层厚度为 12mm 的低辐射中空玻璃作成铝合金断热窗和PVC塑料窗（单块玻璃镀膜），传热系数K分别降到2.2~2.6W/(m^2·K)，和1.7~2.0W/(m^2·K)，基本上能满足我国北方严寒地区保温要求。

高透型低辐射镀膜玻璃——具有传热系数低和反射远红外热辐射的特点，它可将冬季室内暖气、家用电器和人体发出的热量反射在室内，并降低玻璃的热传导，从而获得极佳的保温效果。这种玻璃还具有较高的太阳能透过率，可使太阳中近红外热辐射进入室内而增加室内的热量，从而有效地降低暖气的能耗，适用于北方寒冷地区。

遮阳型低辐射镀膜玻璃——这种玻璃除具有传热系数低和反射远红外热辐射的特点外，还具有反射太阳中近红外热辐射的特性。这种玻璃只允许太阳光中的可见光进入室内而阻挡其中的热辐射，因而特别适合于南方地区和过渡地区使用。使用这种玻璃后，即使有太阳照射也不会有热感，它既能保证冬季室内的热能不外泄，又可保证阻挡夏季阳光中的热能进入室内。

低辐射镀膜玻璃合成中空玻璃后，与普通单片玻璃相比，夏季可节能60%以上，冬季可节能70%以上，因此使用这种玻璃可有效节省空调或取暖费用。同时，这种玻璃还具有良好的隔音性能，噪音可降低34dB以上。

2. 大气污染物综合排放：执行符合GB 6528《玻璃生产配料车间防尘技术规程》和大气污染物综合排放标准（GB 16297）、GB 9078《工业炉窑大气污染物排放标准》，控制SO_X、NO_X和粉尘排放量。

3. 能耗：执行JC 432《平板玻璃能耗等级定额》和JC 520《石英玻璃电耗等级定额》。

四、建筑卫生陶瓷

（一）企业资质

通过ISO 9000质量管理体系认证。

（二）产品种类

内墙砖、外墙砖、地砖、卫生洁具。

（三）质量标准

GB/T 3810.1~7《陶瓷砖试验方法》，GB/T 4100.1~5《干压陶瓷砖》，GB/T 6952《卫生陶瓷》，GB/T 9195《陶瓷砖和卫生陶瓷分类及术语》。

（四）环保要求

1. 清洁生产：使用湿法或全封闭干法粉料制备工艺，采用天然气、液化石油气、轻柴油等清洁燃料生产。

2. 节能：执行JC 712《建筑卫生陶瓷能耗等级定额》。

3. 节水：陶瓷坐便器一次冲水量：6~ 9 L（其中6L坐便器占50%）；

4. 资源综合利用：提倡使用低质原料或工业废渣（包括废渣、废料、尾矿等）生产的产品。

5. 放射性限量：符合GB 6566中A类装饰装修材料的要求。

五、给排水管材

产品种类及质量要求

给排水管大致可分为无机非金属管、金属管类、塑料管类和复合管等。

1. 金属管：包括镀锌钢管（GB/T 3091），薄壁铜管（GB/T 18033 、JG/T 3031.1~8），薄壁不锈钢管（GB/T 14976）等，强度较大，金属管适宜暗设。

（1）不锈钢管：不锈钢管性能稳定，不锈蚀，不产生二次污染，保证了用水的卫生。抗冲击性强、热传导率相对较低。但不锈钢管的价格目前相对较高。薄壁不锈钢管的连接有焊接、螺纹、封压等方式。

（2）薄壁铜管：具有环保，不易产生二次污染，可承受较高的瞬间水压力。易安装、易连接、耐腐蚀、抗压、防火和耐热、不可渗透、可循环使用，铜能抑制细菌的生长，保持饮用水的清洁卫生，而且有益健康。薄壁铜管的连接主要采用钎焊。薄壁铜管具有较好的机械性和良好的延展性，其管材坚硬、强度高，抗拉强度 >205~ 315 MPa，小管径的生产由拉制而成，壁厚远大于管道工作压力的要求。由于管材的管壁较薄，所用的材料也较少，所以质量较轻；又因其管壁光滑，流动阻力小，有利于节约管材和降低能耗。铜管可以再生，国内每年有 1/3 的铜可再利用。

2. 塑料管道：给水用高密度度聚乙烯（HDPE）管材（GB/T 13663），PP-R 管（GB/T 18742 或 ISO/DIS l5874），PVC-U 管（GB 5836.1、GB 10002.2）等。塑料管道具有重量轻、耐腐蚀、水流阻力小、安装简便迅速、工程造价低等优点，已被国内外广泛使用。但塑料管不耐压、不耐热、不耐火，燃烧时会产生有毒气体，在有高热、高压、近火的条件下难以使用。其强度、线性以及极端地区的温差条件等，都制约了其适用范围。塑料管相对于金属管而言，其线膨胀系数较大，需要考虑管道的伸缩变形；其管道支架的数量较多、支架间距要小，并与热源要有足够的距离。这些在设计和施工中均应引起注意。

《国家化学建材产业"十五"计划和 2010 年发展规划纲要》指出：2010 年我国埋地排水管道中，塑料管的使用量要达到 30%，"十五"期间我国城市排水管网平均每年新增管道长度约 1 万公里，每年新增塑料排水管道 3 000 公里。建设部管道结构委员会已于 2001 年下半年开始制订大口径塑料排水管标准，设计施工技术规范和工程验收方法。随着塑料管原料合成生产以及管材制造设备和生产技术设计理论，施工技术等方面的不断发展和成熟，在市政工程中塑料排水管取代金属管及传统材料制作的排水管将成为必然趋势。塑料埋地排水管连接大多采用熔接方式，密封性能好，无渗漏，寿命长（50 年），应是当前市政工程建设中排水、排污管道的首选。

（1）PP-R 管：为聚丙烯 PP 管改性后的共聚聚丙烯给水管（GB/T 18742 或 ISO/DIS l5874），用于系统的工作压力 <0.6MPa、工作温度 <70℃的场合。PP-R 管的连接方式采用热熔连接或电熔连接。聚丙烯管具有如下特点：卫生无毒，其材料完全由碳、氢元素组成；质量轻，密度为 0.89~ 0.91g/cm^3；耐压、耐腐蚀；管材内壁光滑，阻力小；隔热保温，导热系数低；连接方便可靠、使用寿命长、废料可回收利用。由于管材与管件的材质一致，故 PP-R 管在热熔连接后，能使管材与管件在接口处连为一体，整体性好，不易渗漏。但连接时需要专用工具，连接表面需加热，加热时间过长或承插口插入过度会造成水流堵塞。

此外，PP-R 管的软化温度为 140℃，可以作为热水管，在塑料管中有一定的吸引力，但对于超温、超压场所需有一定的控制要求。

（2）PVC-U 管：PVC-U 管的化学稳定性好、耐腐蚀性强、使用卫生、对水质基本无污染。PVC-U 管的给水温度 <45℃，给水的工作压力 <0.6 MPa。PVC-U 管的连接方式常采用承插粘接或螺纹连接。PVC-U 管还具有导热系数小，不易结露；管材内壁光滑，水流阻力小；材质较轻，加工、运输、安装、维修方便等特点。但其强度较低、耐热性能差、不宜在阳光下曝晒。虽然聚氯乙烯价格较低廉，且对水质的影响很小，但当 PVC-U 管材中加入不恰当的添加剂和其他不洁的残留物后，会从塑料中向管壁迁移，并会不同程度地向水中析出，产生不利的影响。

3. 复合管材

主要包括

（1）塑钢复合管：塑钢复合管是以普通管为外层，内衬聚乙烯管，经复合而成。塑钢管结合了钢管的强度、刚度及塑管的耐腐蚀、无污染、内壁光滑、水阻小等优点。塑钢管具有优越的性能价格比，并能同目前国内用量最大的普通镀锌管直接替换，是目前最容易被消费者接受的管道之一。但其具有对接头的要求较高、应用不广的不足，如衬 PVC 镀锌钢管。衬 PVC 镀锌钢管兼有金属管材强度大、刚性好和塑料管材耐腐蚀的优点，同时也克服了两类材料的缺点。衬 PVC 镀锌钢管采用螺纹连接方式，优点是管件配套多、规格齐全。但是这种复合管材也存在自身的缺点，例如材料用量多，管道内实际使用管径变小；在生产中需要增加复合成型工艺，其价格要比单一管材的价格稍高。此外，如粘合不牢固或环境温度和介质温度变化大时，容易产生离层而导致管材质量下降。

（2）铝塑复合管：铝塑复合管[ASTM F11282《铝塑复合管》、ASTM F1281《交联铝塑复合管》、JG/T 3045《铝塑复合压力管（搭接焊）》]是国家建设部大力推广以取代镀锌管的新型管材之一。这种新型复合管材是由聚乙烯（或交联聚乙烯）—热熔胶—铝—聚乙烯（或交联聚乙烯）5层构成，具有良好的机械性能、抗腐蚀性能、抗老化性能、耐温性能和卫生性能，是具有环保意识的新型绿色建筑材料。

（3）超薄不锈钢塑料复合管：超薄不锈钢塑料复合管选用国际饮食卫生标准许可的304超薄不锈钢，内衬不同耐温材质。它集金属材料表面硬度高、整体刚性好、线膨胀系数小的塑料管耐腐蚀、隔热保温性能好等优点。

（4）塑复铜管材：这是在普通铜管表面覆盖一层高分子合成材料，具有隔热保温效果，并兼备铜管的所有优点。

4. 无机非金属管（见水泥制品）。

环保要求：GB/T 17219《生活饮用水输配水设备及防护材料的安全性评定标准》

六、建筑门窗

包括木制门窗、空腹钢门窗、铝合金门窗、塑料门窗及塑钢门窗。

1. 产品质量：符合国家或行业相关产品的质量标准。

（1）钢制门窗：刚度好，透光性好。但由于金属是热的良导体，其保温、隔热性差。此外，由于型材加工质量影响，特别是空腹钢门窗，其密闭性、美观性都较差。产品质量标准标准执行JG/T 3041《平开、推拉彩色涂层钢板门窗》。

（2）铝合金门窗：美观、轻巧、刚性好、透光效果佳。但其导热系数大，保温隔热性差。从市场应用看，推拉开启式铝合金窗在西北地区占主导地位，原因是美观、经济。平开式铝合金门窗虽然在密封性能上远远优于推拉式。产品质量标准GB/T 4957《铝合金建筑型材》。

（3）塑料门窗：塑料门窗的优点是显而易见的，但其依然存在着同铝合金门窗相似的缺陷。此外，在北方地区寒冷、强紫外线照射下的型材抗变型和褪色等性能依然有待时间的检验，耐候性较差。产品质量标准执行GB/T 88148《门窗框用硬聚氯乙烯（PVC）型材》、JG/T 30174《PVC塑料门》、JG/T 3018《PVC塑料窗》。

从使用的环境、建筑物功能、耐久年限、维护的方便程度、防火、耐热、耐老化、规格大小、适应环境等多方面进行比较，还是铝合金门窗占一定的优势。塑料窗的优势是节能、保温、色泽的选择余地大，价格相对便宜。

北京地区风力较强，紫外线强烈，昼夜温差很大，沙尘侵袭频繁，门窗型材应选择具有良好刚性，满足抗风压变形要求。门窗开启方式也应选择抗风压性能较好的平开式。此外，型材应先具备良好的耐候性、不褪色、不老化，如铝合金、铝塑复合型材等。

2. 节能要求：保温、隔热性：主要取决于门窗型材材质、玻璃和密封结构。

（1）型材材性和断面形式是影响门窗保温性能的重要因素之一。从保温角度，型材断面最好设计为多腔型材。框是门窗的支撑体系，由金属型材、非金属型材和复合型材加工而成。金属与非金属的热工特性差别很大，与型材传热能力密切相关的材料导热系数 λ [W/(m·K)]，铝为203，钢为58，PVC塑料为0.14，木材为0.2~ 0.28，玻璃钢为0.4~ 0.5。导热系数愈大传热能力愈强。

窗框材料的选择：首先要选择热的不良导体，如塑料、玻璃钢等非金属材料。在用金属材料制作窗框时，由于金属是热的良导体，则必须设法切断热桥。PVC塑料异型材国内应用的比较多，大家已经比较了解。所谓的断热冷桥是将铝合金门窗框分成三部分组成复合材料，即外部铝合金框。中间的“断热冷桥”连接部分不仅在结构强度和抗老化性能方面要满足门窗的要求，而且必须是一种好的隔热材料，能够成为冬天室内热量不向外流失，夏天外部的热量不进入室内的屏障。

玻璃的选择：目前国内生产技术发展很快，从普通透明的单片玻璃进展到中空玻璃，进而发展到热反射玻璃，以至发展到低辐射（LOE-E）玻璃。这样，玻璃的热传导K值由单层透明玻璃5.8W/(m²·K)降到3W/(m²·K)以至2.5W/(m²·K)左右。由于低辐射（LOW-E）玻璃的应用，不但K值降低至1.7W/(m²·K)左右，而且遮阳系数 S_c 可达0.25左右，这样就玻璃来说不但能满足北方保温的要求。

（2）设计合理的窗框比。窗框比是窗框表面与窗面积之比。它与窗立面设计、窗框表面面积和窗面积有关。一般为25%~35%，有的超过40%。窗框的感热面和放热面是随窗框比变化而改变。当前，我国门窗的保温性能总体水平与国外有较大差距，北欧和北美国家窗户传热系数K值一般都小于2.0W/(m²·K)，多数小于2.0W/(m²·K)，有的达到1.1~1.2W/(m²·K)。

门窗框扇密封方式的选择：目前，国内市场占主导地位的是推拉式门窗，而国外市场以平开翻转型门窗居多。平开方式下的紧密压贴密封结构应作为华北地区门窗密封方式的基本选择。

七、防水材料

1. 产品种类和质量标准：符合国家或行业相关产品的质量标准。国家规定国家重点工程和小康示范工程、安居工程、住宅试点小区建筑，必须使用国家推广的新型防水材料，逐步限制使用纸胎油毡，如防水卷材有《弹性体改性沥青防水卷材》（GB 18242）（SBS），《塑性体改性沥青防水卷材》（GB 18243）（APP），高分子防水卷材[GB 18173.1~2 如 EPDM、PVC（P 型）]；积极开发 TPO 产品；防水涂料为聚氨酯类（JC/T 500），丙烯酸酯类（JC/T 864），橡胶改性沥青防水涂料（JC/T 852）；弹性密封材料为硅酮（GB/T 14683、GB/T 16776），聚氨酯、丙烯酸酯密封膏；刚性防水材料为《水泥基渗透结晶型防水材料》（GB 18445）等，以及其他防水材料。

2. 环保标准：符合《生活饮用水输配水设备及防护材料的安全性评定标准》（GB/T 17219），《建筑防水涂料中有害物质》国家标准正在制定。

八、装饰装修材料

1. 人造板及其制品

产品质量标准：符合国家或行业相关产品的标准，如刨花板（GB 4899）、中密度纤维板（GB 11718.8）、胶合板（GB 9846.1~12）、热固性树脂装饰层压板（GB 7911.1~13）、实木地板（GB/T 15036.1~5）、浸渍胶膜纸饰面人造板（GB/T 15102）、装饰单板贴面人造板（GB/T 15104）、浸渍纸层压木质地板（GB/T 18102）等。

环保要求：人造板中主要有害物质是游离甲醛，国家强制标准 GB 18580，规定室内装饰装修材料使用并能释放游离甲醛而影响人体健康的人造板产品：既包括素板，也包括直接作为成品使用的人造板材。依据游离甲醛的含量或释放量，将人造板划分为 E_1 和 E_2 两级，其指标已与德国（DIN 68763）和日本（JIS A-5908）先进标准一致，只是未划分出 E_0 级。

据 800 个企业 1 200 个产品检测统计结果，无论是采用穿孔萃取法还是干燥器法或气候箱法，国产各类人造板有害物质合格率（E_1 级）均较低，仅为 50%左右，而甲醛释放量能够达到≤0.5 mg/L 的则更少（15%左右）。为了降低和控制人造板材及其制品的游离甲醛释放量，可通过使用不含甲醛的胶粘剂、使用改进的脲醛树脂胶、改进生产工艺和产品后处理等方法来达到。

目前国内已有 15%左右生产企业能够生产出甲醛释放量≤0.5mg/L 的人造板材。

因此，建议奥运工程中人造板及其制品的甲醛释放量指标采用表 1 中指标，其水平与日本 E_0 级（≤0.5mg/L）相当。

表 1-1 人造板及制品中甲醛限量

产品名称	试验方法	GB 18580—2001	奥运标准
密度板、刨花板类	穿孔萃取法	E_1≤9 mg/100g	≤9mg/100g
		E_2≤30 mg/100g	
胶合板、细木工板等	干燥器法	E_1≤1.5 mg/L	≤0.5 mg/L
		E_2≤5.0 mg/L	
饰面人造板类	气候箱法	E_1≤0.12 mg/m³	≤0.12 g/m³
	干燥器法	E_1≤1.5 mg/L	≤0.5 mg/L

表 1-2 国外人造板甲醛释放量等级规定

等级标号		E_1	E_2	E_3	
穿孔萃取法		≤10 mg/100g	≤30 mg/100g	≤60 mg/100g	德国标准(DIN 68763)
气候仓(ppm)		<0.1	0.1~1.0	1.0~2.3	
等级标号	E_0	E_1	E_2		
干燥器法	≤0.5 mg/L	≤1.5 mg/L	≤5.0 mg/L		日本标准(JIS A-5908)

注:1ppm=1.2mg/m³(气候箱法)

2. 建筑涂料

当前,建筑涂料主要是朝着高性能、环保型、抗菌功能型的方向发展。其中外墙涂料应重点开发适应高层建筑外墙装饰需要,具有高耐候性、高耐沾污性、高保色性和低毒性的高性能外墙涂料。主要包括:(1)水乳型外墙涂料(如苯丙类、纯丙类、硅丙类、聚氨酯类等)。这些涂料不仅具有相当优异的耐候性,同时又具有水性涂料耐沾污的优点,是国际上重点推广研究的涂料品种。(2)交联型丙烯酸系列高弹性乳胶漆。目前着力于提高乳胶漆的耐候性、耐沾污性、抗裂性和高弹性。(3)有机硅丙烯酸树脂外墙涂料。具有优异的耐候性和耐沾污性,耐候性可达 10~15 年,适用于混凝土、钢结构、铝板、塑料等基材表面涂饰保护。(4)有机氟碳树脂涂料,其耐候性可达 15~20 年,可适应超高层建筑、公共建筑以及市政工程装饰防护的更高要求。(5)脂肪族溶剂丙烯酸聚氨酯外墙涂料。21 世纪的建筑涂料,不仅要求有高强度、持久耐候和装饰作用,还应达到环保、安全、净化空气、抗菌、防霉效果,要求必须具备有益于健康的功能。

产品质量标准:合成树脂乳液内墙涂料(GB/T 9756),合成树脂乳液外墙涂料(GB/T 9755),溶剂型外墙涂料(GB/T 9757),复层建筑涂料(GB/T 9779),合成树脂乳液砂壁状建筑涂料(GB/T 9153、JG/T 24)等。

环保要求:溶剂型建筑涂料有害物质限量参照溶剂型木器涂料有害物质限标准,水性建筑涂料执行内墙涂料有害物质的奥运标准。

GB 18582 的制定参考了美国环保局(EPA)《建筑涂料挥发性有机化合物释放国家标准》、欧共体生态标志产品——色漆和清漆生态标准(1999/10/EC)、英国(BS 5665)、德国(DIN EN71)、法国(NF EN71-3)及欧洲经济委员会(EN 71)等发达国家或组织的有关产品标准和检测方法标准。GB 18582 未区分有光、无光涂料,根据 GB 18582 要求,项目组统计了 1 550 个涂料企业生产 2 600 个产品的检验数据表明,内墙涂料有害物质合格率较高,可达 90%左右以上,不合格项主要是游离甲醛,VOC、重金属很少超标,多数样品中(约 80%)VOC 小于 100g/L,有 20%的样品 VOC 小于 50 g/L,游离甲醛小于 0.05 g/kg。

英国涂料联合会 (BCF) 建议在建筑涂料中要逐渐减少溶剂量, 并提出到 2004 年无光内墙涂料 VOC<30g/L,有光内墙涂料 VOC<200g/L,外墙涂料 VOC<50g/L,户外门窗涂料 VOC<250g/L,这与将要执行的欧洲环境标准(2004 年)相一致。可溶性重金属等同采用了英国(BS 5665),德国(DIN EN71),法国(NF EN71-3)及欧洲经济委员会(EN 71)等发达国家或组织儿童玩具标准。甲醛无相应的国外标

准。通过引进先进技术、改进生产工艺，目前国内及国外涂料生产企业已能生产低 VOC 和甲醛的内墙涂料。因此建议内墙涂料的环保标准采用更为严格的技术指标（见表 3 奥运标准）。

表 3-1 内墙涂料中有害物质限量

	美国 EPA 标准(1998)	英国 BCF 标准(2001)
VOC	内外用平光涂料 <250g/L	无光内墙 <60g/L
	内外用非平光涂料 <380g/L	有光内墙 <250g/L

表 3-2 国外建筑涂料中 VOC 限量指标

项 目		GB 18582—2001	奥运标准
挥发性有机化合物（VOC）(g/L)		≤200	≤50
游离甲醛(g/kg)		≤0.1	≤0.10
重金属(mg/kg)	可溶性铅	≤90	≤90
	可溶性镉	≤75	≤75
	可溶性铬	≤60	≤60
	可溶性汞	≤60	≤60

3. 溶剂型涂料

产品质量标准：符合相关产品的国家或行业质量标准，主要包括硝基漆、醇酸漆、聚氨酯漆类以及在此基础上改性的各类产品。如聚酯聚氨酯木器涂料（HG/T 3608）、S01-4 聚氨酯清漆（HG/T 2240）、醇酸清漆（HG 2453）、各色醇酸调合漆（HG/T 2455）、各色醇酸磁漆（HG 2576）、硝基清漆（HG/T 2592）、聚氨酯清漆（分装）（HG 2454）、丙烯酸清漆（HG/T 2593）等。

环保要求：GB 18581 适用于以有机溶剂为溶剂的木器涂料，主要包括硝基漆、醇酸漆、聚氨酯漆类以及在此基础上改性的各类涂料，规定了 VOC、苯、甲苯、二甲苯、TDI 及重金属等有害物质限量指标。该标准的制定参照了美国环保局（EPA）《建筑涂料挥发性有机化合物释放国家标准》（1998 年 9 月）、欧共体生态标志产品——色漆和清漆生态标准（1999/10/EC）、英国（BS 5665）、德国（DIN EN71）、法国（NF EN71-3）及欧洲经济委员会（EN 71）等发达国家或组织的有关产品标准和检测方法标准。

依据 GB 18581 检验结果表明，溶剂型木器涂料合格率较高，可达 90%；不合格项主要为苯、甲苯和二甲苯及 VOC。主要是因为国家近年来对溶剂型涂料中的有害物质加强了管理，国内生产企业已经认识到环保的重要性，纷纷推出各种无苯系列的溶剂型涂料。从技术角度分析，开发生产无苯系列的溶剂型涂料已不是难题。由于溶剂型涂料毒性较大，主要危害对象是现场施工人员，而且逐渐为水性涂料所替代。因此建议奥运工程所使用的溶剂性木器涂料采用更为严格的指标（表 2）。例如 VOC 参考了美国环保局（EPA）《建筑涂料挥发性有机化合物释放国家标准》（1998 年 9 月）、苯参考了欧共体生态标志产品——色漆和清漆生态标准（1999/10/EC）I 类产品指标、可溶性重金属等同采用了英国（BS 5665）、德国（DIN EN71）、法国（NF EN71-3）及欧洲经济委员会（EN 71）等发达国家或组织儿童玩具标准。甲苯、二甲苯、TDI 无相应的国外标准。

4. 胶粘剂

产品质量标准：符合相关产品的国家或行业质量标准。如水溶性聚乙烯醇缩甲醛胶黏剂（JC/T 438）、陶瓷墙地砖胶粘剂（JC/T 547）、壁纸胶粘剂（JC/T 548）、天花板胶粘剂（JC/T 549）、半硬质聚氯乙烯块状塑料地板胶粘剂（JC/T 550）、木地板胶粘剂（JC/T 636）、高分子防水卷材胶粘剂（JC 863）、干挂法石材幕墙用环氧胶粘剂、聚乙酸乙烯酯乳液木材胶粘剂（HG/T 2727）等。

环保要求：国家强制标准 GB 18583 对溶剂型和水基型胶粘剂中的 VOC、苯、甲苯、二甲苯、甲醛及 TDI 分别作了严格限定。检验结果表明，合格率较高约为 80% ~ 90%，不合格项目主要为 VOC、苯及甲醛。目前国外尚无有关胶粘剂有害物质限量标准，只有检测方法标准。国家相关产品标准规定苯不允许作为溶剂使用，在参考了室内用涂料与清漆的欧共体生态标志 I 类标准（1996/13/EC）基础上，要求杂质苯不得大于胶粘剂类型0.2%。

对于溶剂型胶粘剂，其固含量通常在 15~30%之间，太高太低都不利于施工。

表 2 溶剂型木器涂料有害物质限量

项 目		GB 18581—2001			奥运标准		
		硝基漆类	聚氨酯漆类	醇酸漆类	硝基漆类	聚氨酯漆类	醇酸漆类
挥发性有机化合物(VOC)(g/L)		≤750	光泽(60°)≥80，600 光泽(60°)<80，700	≤550	≤600	≤500	≤400
苯(%)		≤0.5			≤0.2		
甲苯和二甲苯总和(%)		≤45	≤40	≤10	≤35	≤30	≤5
游离甲苯二异氰酸酯(TDI)(%)		—	≤0.7	—	—	≤0.3	—
重金属(限色漆)(mg/kg)	铅	≤90			≤90		
	镉	≤75			≤75		
	铬	≤60			≤60		
	汞	≤60			≤60		

5. 木制家具

产品质量标准：符合相关产品的国家或行业产品质量标准

环保要求：许多木制家具由于使用了较多的人造板材，导致甲醛释放量超标，已成为近年来居室装修消费投诉的热点。而重金属超标较为少见。依据 GB 18584 检验数据，建议家具中甲醛释放量限量采用与人造板相同的限量指标：≤0.5mg/L（表 5）。其指标已与欧洲（DIN 68763）和日本（JIS A-5908）标准的 E_0 级一致。

6. 壁纸

产品质量标准：符合相关产品的国家或行业标准。

环保标准：壁纸中有害物质主要为重金属、氯乙烯单体和游离甲醛（表 6）。GB 18585 制定参考了欧洲标准 EN 233《卷筒壁纸）——成品壁纸，乙烯壁纸和塑料壁纸的规范》和 EN 12149《氯乙烯单体和甲醛析出物，重金属及某些其他元素的电离测定》及日本标准 JIS A6921《日本工业标准——壁纸》。

表 4-1 溶剂型胶粘剂（GB 18583-2001）

胶粘剂类型	项目				
	游离甲醛（g/kg）	苯(1)（g/kg）	甲苯 + 二甲苯（g/kg）	甲苯二氰酸酯（g/kg）	总挥发有机物（g/L）
橡胶胶粘剂	≤0.5	≤5	≤200	—	≤750
聚氨酯类胶粘剂	—	≤5	≤200	≤10	≤750
其他胶粘剂	—	≤5	≤200	—	≤750
奥运标准	≤0.2	≤2	≤100	≤5	≤500

表 4-2 水基型胶粘剂（GB 18583—2001）

胶粘剂类型	项 目			
	游离甲醛（g/kg）	苯（g/kg）	甲苯＋二甲苯（g/kg）	总挥发性有机物（g/L）
缩甲醛类胶粘剂	≤1	≤0.2	≤10	≤50
聚乙酸乙烯酯胶粘剂	≤1			
橡胶类胶粘剂	≤1			
聚氨酯类胶粘剂	—			
其它胶粘剂	≤1			
奥运标准	≤0.5	≤0.1	≤5	≤30

表 5 木家具中有害物质限量指标

项 目		GB 18584—2001	奥运标准
甲醛释放量(mg/L)		≤1.5	≤0.5
重金属含量（限色漆）(mg/kg)	可溶性铅	≤90	≤90
	可溶性镉	≤75	≤25
	可溶性铬	≤60	≤60
	可溶性汞	≤60	≤20

依据 GB 18585，检验结果显示，壁纸合格率较高，约为 90%，不合格项目主要为重金属。

根据国内外相关标准，提出比 EN 233 略微严格的有害物质限量指标（表 6），甲醛限量严于 EN 233。

表 6 壁纸中有害物质限量

指标	GB 18585—2001（mg/kg）	奥运标准	EN 233—1999
钡	≤1 000	≤1 000	≤1 000
镉	≤25	≤25	≤25
铬	≤60	≤60	≤60
铅	≤90	≤90	≤90
砷	≤8	≤8	≤8
汞	≤20	≤20	≤20
硒	≤165	≤165	≤165
锑	≤20	≤20	≤20
氯乙烯单体	≤1.0	≤0.2	≤0.2
甲醛	≤120	≤100	≤120

7. 聚氯乙烯卷材地板

产品质量标准：聚氯乙烯卷材地板（GB/T 11982.1~2）。

环保标准：GB 18586 规定聚氯乙烯卷材地板中有害物质主要为重金属、氯乙烯单体和 VOC（表 7）。标准制定过程中参考了欧洲标准 EN 653《弹性地板革——聚氯乙烯发泡地板》和 EN 12149《氯乙烯单体和甲醛析出物，重金属及某些其他元素的电离测定》。依据 GB 18586，检验结果显示，聚氯乙烯卷材地板有害物质合格率较高，约为 90%~ 95%，不合格项目主要为重金属和 VOC。根据现有标准中对氯乙烯单体含量的卫生标准要求≤1.0mg/kg。建议聚氯乙烯卷材地板采用更为严格的环保指标。

表 7　聚氯乙烯卷材地板中有害物质限量

类　型		GB 18586—2001				奥运标准			
氯乙烯单体		≤5mg/kg				≤1mg/kg			
重金属	铅	≤20 mg/m²				≤20 mg/m²			
	镉	≤20 mg/m²				≤20 mg/m²			
挥发物（g/m²）		发泡类		非发泡类		发泡类		非发泡类	
		玻纤基材	其他基材	玻纤基材	其他基材	玻纤基材	其他基材	玻纤基材	其他基材
		≤75	≤35	≤40	≤10	≤60	≤25	≤20	≤5

8. 地毯、地毯衬垫及地毯粘合剂

产品质量标准：符合相关产品的国家或行业质量标准。

环保标准：地毯在纺丝、印染、毯背涂胶和后处理制造工艺中使用的染料、胶粘剂、处理剂、添加剂等可在产品中不可避免地存在一定量的有害物质。国家标准 GB 18587《地毯、地毯衬垫及地毯粘合剂中有害物质限量》，是等效采用了美国标准，达到国际先进水平，但略低于欧洲标准。检验结果显示，能达到国标 A 级指标的约占 50%~60%。欧洲环保地毯协会（GUT）要求更为严格，除检测上述六项外还禁止使用如下物质如能引起致癌的偶氮染料、重金属染料或助剂；须做杀虫剂等沾染物的测试；同时释放的有机化合物中必须没有致癌物质如甲醛等。

因此，地毯、地毯衬垫及地毯粘合剂，建议奥运标准采用国标 A 级指标或采用更为严格的欧洲标准。

9. 建材放射性

国家强制标准 GB 6566 对无机建筑主体材料和无机建筑装饰装修材料中的放射性水平作了详细分类，并限定了使用范围。根据 1993 年以来有关建材放射性的国家监督抽（统）检、国家工商抽检及委托检验约 7 000 个产品测试数据的统计分析，结果显示：装饰装修材料中瓷砖约 95%为 A 类，5 %为 B 类，C 类极少。对于 B、C 类产品，企业可通过调整原料来降低产品的放射性水平；天然石材中花岗岩放射性水平远高于大理岩，目前市场上 A 类花岗岩约为 92%，B 类花岗岩约占 6%，C 类及大于 C 类的花岗岩则小于 3%。因此只要加强监督管理和检测，就可有效地防止高放射性的装饰装修材料进入市场。

GB 6566—2001 标准中限定 B 类建材只能用于 II 类民用建筑如体育场馆等场所。大量检验结果已表明，目前市场中 A 类建材已占 90%以上。因此，建议奥运工程建设所需装饰装修材料必须全部使用放射性水平为 A 类的产品。

表 8-1　地毯有害物质限量对比

有害物质	GB 18587—2001 [mg/(m²·h)]		美国（CRI）[mg/(m²·h)]	欧洲（GUT）mg/m³
测试项目	A 级（环保型）	B 级（限量合格）	≤0.500(0.2)	
总挥发性有机化合物(TVOC)	≤0.500	≤0.600	≤0.050(0.02)	≤0.300
4- 苯基环己烯	≤0.050	≤0.050	≤0.400(0.16)	≤0.02
苯乙烯	≤0.400	≤0.500	≤0.050(0.02)	≤0.005
甲醛	≤0.050	≤0.050	—	—
甲苯	—	—	—	≤0.05
4- 乙烯（基）环己烷	—	—	—	≤0.002
各类芳香烃	—	—		≤0.15

表 8–2 地毯衬垫有害物质限量指标

序号	有害物质测试项目	GB 18587—2001 [mg/(m²·h)]		奥运标准
		A 级（环保型）	B 级（限量合格）	A 级（环保型）
1	总挥发性有机化合物（TVOC）	≤1.000	≤1.200	≤1.000
2	丁基羟基甲苯	≤0.030	≤0.030	≤0.030
3	4- 苯基环己烯	≤0.050	≤0.050	≤0.050
4	甲醛	≤0.050	≤0.050	≤0.050

表 8–3 地毯黏合剂有害物质限量指标

序号	有害物质测试项目	GB 18587—2001 [mg/(m²·h)]		奥运标准
		A 级（环保型）	B 级（限量合格）	A 级（环保型）
1	总挥发性有机化合物（TVOC）	≤10.000	≤12.000	≤10.000
2	2- 乙基己醇	≤3.000	≤3.500	≤3.000
3	甲醛	≤0.050	≤0.050	≤0.050

国家有关室内装饰装修材料中有害物质限量标准的及时出台，为严格公正准确科学地评价建材产品的绿色环保性能指标提供了科学依据。但是，我们也应看到国家标准中涉及的建材产品十分有限，限定使用的有害物质种类较少，限量指标也并没有完全达到国际最高水平。因此对于在现有国家标准之外的有害物质，如果已被国家有关部门或行业列入禁用或限量使用，也必须一同被禁用或限量使用。因此奥运建材选材的环保标准需要在今后的实施执行过程中，根据国家有关标准的完善、制（修）定而变化，不断完善，使之日趋合理，逐步缩小与发达国家的差距。

九、当前亟待解决的问题和保证奥运工程使用绿色建材的措施

表 10 建筑材料放射性核素限量（GB 6566—2001）

材 料	建筑主体材料		装修材料		
镭、钍、钾比活度	空心率 <25%	空心率 >25%	A 类	B 类	C 类
I_{Ra}	≤1.0	≤1.0	≤1.0	≤1.3	——
I_{γ}	≤1.0	≤1.3	≤1.3	≤1.9	≤2.8

1. 尽快建立建全建材的环保评价标准

由于目前国家仅对部分室内装饰装修材料（如人造板、木家具、溶剂型木器涂料、内墙涂料、胶黏剂、壁纸、聚氯乙烯地板革、地毯、混凝土外加剂）提出了有害物质限量要求，而对于奥运工程建设中涉及到的其他建材，如防水材料、防火材料、保温材料、建筑外墙涂料、工业涂料、管材管件等，尚未制定相应的环保标准。因此应尽快开展上述建材的环保和安全健康性能的标准制定工作，以期最大程度地降低给现场施工人员带来的健康损害风险。

2. 尽快建立准确、科学的评价体系

绿色建材不仅仅是从字面上人们所理解的对人和环境无害的材料或产品。对绿色建材的全面理解应该是生态环境材料的概念，即绿色建材应该是对材料和制品的生产全过程，包括原材料的开采、生产加工以及废弃物的回收利用全过程中的能源消耗、环境污染和资源利用进行全面考察评价后达到所要求的评

价指标和材料性能的建筑材料。因此准确、科学的评价体系的建立对于奥运绿色建材的选择至关重要。

我们过去评价检验材料或产品时,往往是从材料或产品的物理性能、功能和环保性等方面,分别检测评价,可能导致片面的检验结果和认识。因此正确评价分析材料或产品特性,应从产品的物理性能和环保性能两方面结合起来,综合检测评价,二者缺一不可。而且准确、全面、科学的评价体系是获得正确结果的关键。

由中国建筑材料科学研究院承担的国家科技部社会公益基金项目《生态环境建材的测试技术和评价体系研究》和《材料(制品)耐久性与环境适应性研究》项目,为如何准确检测评价生态建材和评价材料耐久性、耐候性提供了科学理论依据和准确的评价体系。

3. 成立专门的管理机构监督材料性能的评价和使用

为了严格公正评价建材产品的绿色环保性能指标:

2000 年悉尼奥运工程建设,澳洲政府成立了专门的技术评价机构,出版公布每种材料的技术性能要求和评价指标,审查测试评价报告并通过法律形式来保证实现对绿色的要求。

2004 年雅典奥运工程建设,所使用建筑材料执行德国或欧共体先进产品标准和环境标志产品。

因此,2008 北京奥运工程建设,应该尽快成立绿色建筑工程材料评价委员会和像三峡工程建设一样确定产品质量监督检测机构(该检测机构应该是:国家级的、具有权威性的、非生产关联性的公正的第三方),制定公开透明的操作程序和性能评价标准,严格考核监管程序,把绿色建材在奥运工程中的应用看作是促进用高新技术改造传统建材产业,调整产品结构的契机,大力推进高性能的建筑节能,环保和绿色功能材料的发展,使中国新型建筑材料工业通过奥运工程建设实现可持续发展。

奥运工程环保指南——绿色建材技术要求

课题建议单位:北京 2008 年奥运会组委会环境活动部

承 担 单 位:中国建筑材料科学研究院

起 始 时 间:2002 年 06 月

完 成 时 间:2002 年 11 月

奥运工程建设所使用的建筑材料及提供建筑材料的生产企业必须同时满足以下条件:

一、水泥及水泥制品

1. 水泥

企业资质:获得 ISO 9000 和 ISO 14000 体系认证和产品质量认证。

生产工艺:回转窑。

产品质量标准:产品符合国家或行业相关的质量标准。

GB 175—1999《硅酸盐水泥、普通硅酸盐水泥》。

GB 1344—1999《矿渣硅酸盐水泥、火山灰质硅酸盐水泥及粉煤灰硅酸盐水泥》。

GB 12958—1999《复合硅酸盐水泥》。

GB 13693—1992《道路硅酸盐水泥》。

GB/T 2015—1991《白色硅酸盐水泥》。

JC/T 659—1997《低碱度硫铝酸盐水泥》。

JC 714—1996《快硬硫铝酸盐水泥》。

JC/T 436—1991(1996)《膨胀铁铝酸盐水泥》等。

环保要求:

(1)大气污染物的排放:水泥企业执行《水泥厂大气污染物排放标准》(GB 4915),粉尘排放限值为150mg/m^3 和 0.8kg/t。

(2)能耗:执行《水泥企业能耗等级定额》(GB/T 16780)。

(3)放射性限量:国家强制标准 GB 6566 的要求。

2. 水泥制品及混凝土

产品质量标准:水泥制品包括预制构件、浇注混凝土、预应力混凝土输水管(震动挤压工艺)(GB/T 5695),自应力混凝土输水管(GB 4084),混凝土和钢筋混凝土排水管(GB/T 11836),预应力混凝土空心板(GB 14040),混凝土外加剂(GB 8076、JC 473~ 477),砂浆、混凝土防水剂(JC 474),混凝土膨胀剂(JC 476)等。

环保要求:

(1)混凝土外加剂中释放氨限量:符合 GB 18588 要求。

(2)放射性限量:执行《建材放射性核素限量》(GB 6566)。

(3)能耗:执行《水泥制品能耗等级定额》(JC 710)。

(4)碱含量、氯离子符合国家或行业相关的产品标准要求。

二、新型墙体材料

产品质量标准

1. 非黏土砖:孔洞率大于 25%非黏土烧结多孔砖和空心砖(GB 13544 和 GB 13545)、混凝土空心砖和空心砌块(GB 13545)、烧结页岩砖(GB/T 5101)。

2. 建筑砌块:普通混凝土小型空心砌块(GB 8239)、轻集料混凝土小型空心砌块(GB 15229)、蒸压加气混凝土砌块(GB/T 11968)、石膏砌块(JC/T 698)。粉煤灰小型空心砌块(JC/T 862)、粉煤灰砌块(JC/T 238)。

3. 建筑板材:玻璃纤维增强水泥轻质多孔隔墙条板(简称 GRC 板)(JC 666)、纤维增强硅酸钙板(JC/T 564)、蒸压加气混凝土板(GB 15762)、轻集料混凝土条板(参照 JC/T 3029)、钢丝网架水泥夹芯板(JC 623)、纸面石膏板(GB/T 9775);石膏空心条板(JC/T 829)、金属面夹芯板(包括金属面聚苯乙烯夹芯板(JC 689)、金属面硬质聚氨酯夹芯板(JC/T 868)和金属面岩棉、矿渣棉夹芯板(JC/T 869)、复合轻质夹芯隔墙板、条板(符合建设部《建筑轻质条板、隔墙板施工及验收规程》)。

环保要求:

(1)石棉含量:用代用纤维制造无石棉墙体材料(无石棉)。

(2)综合利用:鼓励使用掺有工业废渣、农作物秸秆、垃圾、江河(湖、海)淤泥的墙体材料产品。

(3)放射性限量:符合《建材放射性核素限量》(GB 6566)要求。

三、玻璃及其深加工产品

企业资质:获得 ISO 9000 和 ISO 14000 体系认证或 3C 认证。

生产工艺:浮法工艺。

产品质量标准:浮法玻璃(GB 11614)、中空玻璃(GB/T 11944)、钢化玻璃(GB/T 9963)、幕墙用钢化玻璃与半钢化玻璃(GB 17841)、夹层玻璃(GB 9962)、防火玻璃(GB 15763)、热反射玻璃(JC/T 693)、贴膜玻璃(JC 846)等。

环保要求:

1. 节能:使用热反射玻璃、低辐射(LOW-E)镀膜玻璃、吸热玻璃构成的中空玻璃。

2. 大气污染物综合排放:执行 GB 6528《玻璃生产配料车间防尘技术规程》和大气污染物综合排放标准(GB 16297)、《工业炉窑大气污染物排放标准》(GB 9078),控制 SO_X、NO_X 和粉尘排放量。

四、建筑卫生陶瓷

企业资质:获得 ISO 9000 管理体系认证。

产品种类:内墙砖、外墙砖、地砖、卫生洁具。

质量标准:《陶瓷砖试验方法》(GB/T 3810.1~7)、《干压陶瓷砖》(GB/T 4100.1~5)、《卫生陶瓷》(GB/T 6952)。

环保要求:

1. 清洁生产:使用湿法或全封闭干法粉料制备工艺,使用天然气、液化石油气、轻柴油等清洁燃料。

2. 节能:执行《建筑卫生陶瓷能耗等级定额》(JC 712)。

3. 节水:陶瓷坐便器一次冲水量:6~ 9 L。

4. 大气污染物综合排放:执行《陶瓷生产防尘技术规程》(GB 13691)和大气污染物综合排放标准(GB 16297)、《工业炉窑大气污染物排放标准》(GB 9078),控制 SO_X、NO_X 和粉尘排放量。

5. 综合利用:鼓励使用低质原料和工业废渣。

6. 放射性限量:符合 GB 6566 的 A 类要求。

五、给排水管材

产品质量:符合相关产品的国际、国家或行业质量标准。如 1. 金属管道:包括镀锌钢管(GB/T 3091)、薄壁铜管(GB/T 18033 、JG/T 3031.1~8)、薄壁不锈钢管(GB/T 14976)等;2. 塑料管道:包括给水用高密度度聚乙烯(HDPE)管材(GB/T 13663)、PP-R 管(GB/T 18742 或 IS0/DIS l5874)、PVC-U 管(GB 5836.1、GB 10002.2)等;3. 复合管材:包括塑钢复合管、铝塑复合管(ASTM F11282、ASTM F1281、CJ/T 108、JG/T 3045)、塑铜复合管材等。

环保要求:符合《生活饮用水输配水设备及防护材料的安全性评定标准》(GB/T 17219)。

六、建筑门窗

产品质量:符合木门窗(建筑木门、木窗 JG/T 122),空腹钢门窗(JG/T 3041),铝合金门窗(GB/T 52371.1~5),塑料门窗(GB/T 8814、JG/T 3017、JG/T 3018)和复合门窗等相关产品的国家或行业质量标准。

环保要求:

节能:使用保温、密封性能好的门窗型材、玻璃和密封结构。

有害物质限量:木门窗符合 GB 18584 规定的有害物质限量要求。

七、防水材料

产品种类和质量标准：使用国家推广的新型防水材料。防水涂料为聚氨酯类（JC/T 500）、丙烯酸酯类（JC/T 864）、橡胶改性沥青防水涂料（JC/T 852）；弹性密封材料为硅酮（GB/T 14683、GB/T 16776）、聚氨酯、丙烯酸酯密封膏；刚性防水材料为《水泥基渗透结晶型防水材料》（GB 18445）等。

环保要求：符合《生活饮用水输配水设备及防护材料的安全性评定标准》（GB/T 17219），《建筑防水涂料中有害物质》国家标准。

八、装饰装修材料

1. 人造板及其制品

产品质量标准：符合相关产品国家标准：刨花板（GB 4899—1985）、中密度纤维板（GB 11718.8）、胶合板（GB 9846.1~12）、热固性树脂装饰层压板（GB 7911.1~ 13）、实木地板（GB/T 15036.1~ 5）、浸渍胶膜纸饰面人造板 （GB/T 15102）、装饰单板贴面人造板 （GB/T 15104）、浸渍纸层压木质地板（GB/T 18102）等。

环保要求：

表 1-1　人造板及制品中甲醛限量

产品名称	试验方法	GB 18580—2001	奥运标准
密度板、刨花板类	穿孔萃取法	E_1≤9 mg/100g	≤9 mg/100g
		E_2≤30 mg/100g	
胶合板、细木工板等	干燥器法	E_1≤1.5 mg/L	≤0.5 mg/L
		E_2≤5.0 mg/L	
饰面人造板类	气候箱法	E_1≤0.12 mg/m^3	≤0.12 mg/m^3
	干燥器法	E_1≤1.5 mg/L	≤0.5 mg/L

表 1-2　国外人造板甲醛释放量等级规定

等级标号	E_0	E_1	E_2	E_3	
穿孔萃取法		≤10 mg/100g	≤30 mg/100g	≤60 mg/100g	德国标准（DIN 68763）
散发值（ppm）		<0.1	0.1~ 1.0	1.0~ 2.3	
等级标号	FC_0	FC_1	FC_2		日本标准（JIS A-5908)
干燥器法	≤0.5 mg/L	≤1.5 mg/L	≤5.0 mg/L		
注：1ppm=1.2mg/m^3（气候箱法）					

2. 建筑涂料

产品质量标准：内墙涂料（GB/T 9756），外墙涂料（GB/T 9755），溶剂型外墙涂料（GB/T 9757），复层建筑涂料（GB/T 9779），合成树脂乳液砂壁状建筑涂料（GB/T 9153、JG/T 24）等。

环保要求：溶剂型建筑涂料有害物质限量执行 GB 18581，水性建筑涂料执行内墙涂料有害物质的奥运标准。

表 2-1　内墙涂料中有害物质限量

检验项目		GB 18582—2001	奥运标准
挥发性有机化合物(VOC) (g/L)		≤200	≤50
游离甲醛(g/kg)		≤0.1	≤0.1
重金属(mg/kg)	可溶性铅	≤90	≤90
	可溶性镉	≤75	≤75
	可溶性铬	≤60	≤60
	可溶性汞	≤60	≤60

3. 溶剂型木器涂料

产品质量标准：符合相关产品的国家或行业质量标准。如聚氨酯木器涂料（HG/T 3608）、S01-4 聚氨酯清漆（HG/T 2240）、醇酸清漆（HG 2453）、各色醇酸调合漆（HG/T 2455）、各色醇酸磁漆（HG 2576）、硝基清漆（HG/T 2592）、聚氨酯清漆（分装）（HG 2454）、丙烯酸清漆（HG/T 2593）等。

环保要求：

表 3　溶剂型木器涂料有害物质限量

检验项目		硝基漆类	聚氨酯漆类	醇酸漆类	硝基漆类	聚氨酯漆类	醇酸漆类
挥发性有机化合物（VOC）（g/L）		≤750	光泽(60°)≥80，600 光泽(60°)<80，700	≤550	≤600	≤500	≤400
苯（%）		≤0.5			≤0.2		
甲苯和二甲苯总和（%）		≤45	≤40	≤10	≤35	≤30	≤5
TDI （%）		—	≤0.7	—	—	≤0.3	—
重金属(限色漆)（mg/kg）	铅	≤90			≤90		
	镉	≤75			≤75		
	铬	≤60			≤60		
	汞	≤60			≤60		

4. 胶粘剂

产品质量标准：符合相关产品的国家或行业质量标准。如水溶性聚乙烯醇缩甲醛胶粘剂[JC/T 438-1991（1996）]、陶瓷墙地砖胶粘剂（JC/T 547）、壁纸胶粘剂（JC/T 548）、天花板胶粘剂（JC/T 549）、半硬质聚氯乙烯块状塑料地板胶粘剂（JC/T 550）、木地板胶粘剂（JC/T 636）、高分子防水卷材胶粘剂（JC 863）、干挂法石材幕墙用环氧胶粘剂、聚乙酸乙烯酯乳液木材胶粘剂（HG/T 2727）等。

环保要求：

表 4-1　溶剂型胶粘剂（GB 18583—2001）

胶粘剂类型	检验项目				
	游离甲醛（g/kg）	苯（1）（g/kg）	甲苯＋二甲苯（g/kg）	甲苯二异氰酸酯（g/kg）	总挥发性有机物（g/L）
橡胶胶粘剂	≤0.5	≤5	≤200	—	≤750
聚氨酯类胶粘剂	—	≤5	≤200	≤10	≤750
其他胶粘剂	—	≤5	≤200	—	≤750
奥运标准	≤0.2	≤2	≤100	≤5	≤500

表 4-2 水基型胶粘剂(GB 18583—2001)

胶粘剂类型	检验项目			
	游离甲醛(g/kg)	苯(1)(g/kg)	甲苯+二甲苯(g/kg)	总挥发性有机物(g/L)
缩甲醛类胶粘剂	≤1	≤0.2	≤10	≤50
聚乙酸乙烯酯胶粘剂	≤1			
橡胶类胶粘剂	≤1			
聚氨酯类胶粘剂	—			
其他胶粘剂	≤1			
奥运标准	≤0.5	≤0.1	≤5	≤30

5. 木制家具

产品质量标准:符合相关产品的国家或行业产品质量标准。

环保要求:

表 5 木家具中有害物质限量指标

检验项目		GB 18584—2001	奥运标准
甲醛释放量(mg/L)		≤1.5	≤0.5
重金属含量(限色漆)(mg/kg)	可溶性铅	≤90	≤90
	可溶性镉	≤75	≤25
	可溶性铬	≤60	≤60
	可溶性汞	≤60	≤20

6. 壁纸

产品质量标准:符合相关产品的国家或行业标准。

环保要求:

表 6 壁纸中有害物质限量

指标	GB 185851(mg/kg)	EN 233(mg/kg)	奥运标准(mg/kg)
钡	≤1 000	≤1 000	≤1 000
镉	≤25	≤25	≤25
铬	≤60	≤60	≤60
铅	≤90	≤90	≤90
砷	≤8	≤8	≤8
汞	≤20	≤20	≤20
硒	≤165	≤165	≤165
锑	≤20	≤20	≤20
氯乙烯单体	≤1.0	≤0.2	≤0.2
甲醛	≤120	≤120	≤100

7. 聚氯乙烯卷材地板

产品质量标准：聚氯乙烯卷材地板（GB/T 11982.1~2）。

环保要求：

表 7 聚氯乙烯卷材地板中有害物质限量

类型		GB 18586—2001				奥运标准			
氯乙烯单体		≤5mg/kg				≤1mg/kg			
重金属	铅	≤20 mg/m^2				≤20 mg/m^2			
	镉	≤20 mg/m^2				≤20 mg/m^2			
挥发物（g/m^2）		发泡类		非发泡类		发泡类		非发泡类	
		玻纤基材	其他基材	玻纤基材	其他基材	玻纤基材	其他基材	玻纤基材	其他基材
		≤75	≤35	≤75	≤35	≤60	≤25	≤20	≤5

8. 地毯、地毯衬垫及地毯粘合剂

产品质量标准：符合国家或行业相关产品的质量标准。

环保标准：地毯使用 GB 18587 A 级（环保型）。

表 8-1 地毯有害物质限量对比

有害物质检验项目	GB 18587—2001 [mg/（m^2·h）]		美国（CRI）[mg/（m^2·h）]（mg/m^3）	欧洲（GUT）（mg/m^3）
	A 级（环保型）	B 级（限量合格）		
总挥发性有机化合物（TVOC）	≤0.500	≤0.600	≤0.500（0.2）	≤0.300
4- 苯基环己烯	≤0.050	≤0.050	≤0.050（0.02）	≤0.02
苯乙烯	≤0.400	≤0.500	≤0.400（0.16）	≤0.005
甲醛	≤0.050	≤0.050	≤0.050（0.02）	—
甲苯	—	—	—	≤0.05
4- 乙烯（基）环己烷	—	—	—	≤0.002
各类芳香烃	—	—	—	≤0.15

表 8-2 地毯衬垫有害物质限量指标

序号	有害物质检验项目	GB 18587—2001 [mg/（m^2·h）]		奥运标准
		A 级（环保型）	B 级（限量合格）	
1	总挥发性有机化合物（TVOC）	≤1.000	≤1.200	≤1.000
2	丁基羟基甲苯	≤0.030	≤0.030	≤0.030
3	4- 苯基环己烯	≤0.050	≤0.050	≤0.050
4	甲醛	≤0.050	≤0.050	≤0.050

表 8-3 地毯黏合剂有害物质限量指标

序号	有害物质检验项目	GB 18587—2001 [mg/（m^2·h）]		奥运标准
		A 级（环保型）	B 级（限量合格）	
1	总挥发性有机化合物（TVOC）	≤10.000	≤12.000	≤10.000
2	2- 乙基已醇	≤3.000	≤3.500	≤3.000
3	甲醛	≤0.050	≤0.050	≤0.050

10. 建材放射性

国家强制标准 GB 6566-2001 对无机建筑主体材料和无机建筑装饰装修材料中的放射性水平作了详细分类,并限定了使用范围。

表 10 建筑材料放射性核素限量(GB 6566—2001)

材料	建筑主体材料		装修材料		
照射指数	空心率 <25%	空心率 >25%	A 类	B 类	C 类
I_{Ra}	≤1.0	≤1.0	≤1.0	≤1.3	—
I_{γ}	≤1.0	≤1.3	≤1.3	≤1.9	≤2.8

因此,奥运工程建设所需装饰装修材料必须全部使用放射性水平为 A 类的要求。

关于印发《建筑安全玻璃管理规定》的通知

发改运行[2003]2116 号

各省、自治区、直辖市及计划单列市、新疆生产建设兵团计委(发展改革委),经贸委(经委),建设厅(建委)、质检局、工商局,各直属检验检疫局:

为加强建筑安全玻璃的生产、流通、使用和安装管理,提高建筑工程质量,特制定了《建筑安全玻璃管理规定》,现印发给你们,请按照执行。

附:建筑安全玻璃管理规定

中华人民共和国国家发展和改革委员会

中华人民共和国建设部

中华人民共和国国家质量监督检验检疫总局

中华人民共和国国家工商行政管理总局

二〇〇三年十二月四日

建筑安全玻璃管理规定

第一条 为加强建筑安全玻璃的生产、流通、使用和安装管理,保障人身和财产安全,规范建筑安全玻璃应用,提高建筑工程质量,依据《中华人民共和国建筑法》、《中华人民共和国产品质量法》,制定《建筑安全玻璃管理规定》(以下简称《规定》)。

第二条 本规定所称安全玻璃,是指符合现行国家标准的钢化玻璃、夹层玻璃及由钢化玻璃或夹层玻璃组合加工而成的其他玻璃制品,如安全中空玻璃等。

单片半钢化玻璃(热增强玻璃)、单片夹丝玻璃不属于安全玻璃。

第三条 国内所有从事建筑安全玻璃生产、进口、销售和建筑物建设、设计、安装、施工、监理单位,应执行本规定要求。

地市级以上（含地市级）城市自本《规定》实施之日起的新建、扩建、改造、装修及维修工程等构筑物，应按本规定要求使用安装安全玻璃。

第四条 国家质检部门和工商行政管理部门分别负责对建筑安全玻璃生产和流通领域的产品质量的监督管理，国家检验检疫机构负责进口安全玻璃检验监督管理，建设行政主管部门负责本地建筑物使用、安装建筑安全玻璃的管理监督工作。中国建筑玻璃与工业玻璃协会应通过引导企业遵守行规行约，实行自律，协助政府有关部门督促企业执行本规定。

第五条 安全玻璃生产企业必须按照国家标准组织生产，所有出厂的安全玻璃产品应达到国家标准的要求。

对进口安全玻璃按照国内同类产品的强制性技术规范实施检验，不合格的不得进口。

建设、施工单位采购用于建筑物的安全玻璃必须具有强制性认证标志且提供证书复印件，对国产安全玻璃提供产品质量合格证，对进口产品提供检验检疫证明。以上资料作为工程技术资料存档，资料不全的产品不得使用。

第六条 建筑物需要以玻璃作为建筑材料的下列部位必须使用安全玻璃：

（一）7层及7层以上建筑物外开窗；

（二）面积大于1.5m^{2}的窗玻璃或玻璃底边离最终装修面小于500mm的落地窗；

（三）幕墙（全玻幕除外）；

（四）倾斜装配窗、各类天棚（含天窗、采光顶）、吊顶；

（五）观光电梯及其外围护；

（六）室内隔断、浴室围护和屏风；

（七）楼梯、阳台、平台走廊的栏板和中庭内拦板；

（八）用于承受行人行走的地面板；

（九）水族馆和游泳池的观察窗、观察孔；

（十）公共建筑物的出入口、门厅等部位；

（十一）易遭受撞击、冲击而造成人体伤害的其他部位。

本款第十一项是指《建筑玻璃应用技术规程》JGJ 113和《玻璃幕墙工程技术规范》JGJ 102所称的部位。

第七条 安全玻璃生产企业应能够独立组织生产，应有完整的工艺装备，有完善的生产、质量管理体系和严格的规章制度；应建立健全质量检验制度、必备的检验设备和质量管理机构。

安全玻璃生产企业应取得国家指定的强制性产品认证机构颁发的强制性产品认证证书，未取得认证的企业生产的建筑安全玻璃不得出厂、销售和在其他经营性活动中使用。

第八条 建筑物按规定应使用安全玻璃的部位，建设单位不得要求设计单位在设计方案中设计非安全玻璃，也不得要求施工单位安装非安全玻璃。

第九条 设计单位应当按照工程建设强制性标准进行设计，在建筑物按规定应使用安全玻璃的部位，应在设计文件中标明。

第十条 施工单位对进入施工现场的安全玻璃，应核查本规定第五条所要求的产品质量证明材料，安装施工过程中，应严格执行有关设计方案和安装技术标准。对建筑施工人员的培训，应包含安全玻璃安装操作的内容。

监理单位应督促施工单位严格按照批准的设计方案进行施工。

第十一条 在本规定第六条第（三）、（四）、（五）项所列部位的安全玻璃安装施工完成后，由建设单位组织设计、施工、监理等有关单位进行中间验收，未经中间验收或验收不合格的，不得进行下一道工序施工。

第十二条 处罚

（一）因安全玻璃本身质量问题造成重大经济损失或人身伤亡事故的，安全玻璃生产企业负相应法律责任，质量监督部门应对其产品质量进行监督检查，对其不符合质量要求的，应按有关规定对其进行处罚，强制性认证机构应按相关规定撤销其认证证书。

按有关规定进行处罚,认证机构应负相关的法律责任。

(二)对违反本规定销售不合格安全玻璃的单位,其销售的产品造成重大经济损失或人身伤亡事故的,销售单位应负相应法律责任。

(三)对违反本规定进口不合格安全玻璃的贸易关系人,其进口产品造成重大损失或人身伤亡事故的,应负相应的法律责任。

(四)对违反本规定的建设、设计、施工、监理单位,由建设行政主管部门按照有关规定,给予相应处罚。对违反规定销售不合格安全玻璃的单位,由工商行政管理部门依法予以查处。

第十三条 本规定由国家发展和改革委员会会同有关部门负责解释。

第十四条 本规定自 2004 年 1 月 1 日起施行。

北京市家庭居室装饰工程质量验收标准

2003-10-01 实施

总 则

1.0.1 为加强北京市家庭居室装饰装修工程质量管理,统一家庭居室装饰装修工程质量验收标准,保证工程质量,制定本标准。

1.0.2 本标准适用于家庭居室装饰装修工程的质量验收。

1.0.3 本标准为推荐性标准,当家庭居室装饰装修工程的设计文件和施工合同的质量要求高于本标准时,双方可进行补充规定或采用其他验收标准。

1.0.4 承接家庭居室装饰装修工程的设计、施工单位应具备相应的资质证书和营业执照,施工管理人员和特殊工种应有相应岗位的资格证书。

1.0.5 家庭居室装饰装修施工中严禁下列行为:

(1)未经原结构设计单位或具有相应资质等级的设计单位的书面同意,而变动建筑主体和承重结构;

(2)未经城市规划行政主管部门批准改变住宅外立面,任意在墙体上开门窗;

(3)任意扩大主体结构上原有门窗洞口,拆除连接阳台的砖、混凝土墙体;其他影响建筑结构和使用安全的行为;

(4)未经供暖管理部门批准拆改供暖管道和设施;

(5)未经燃气管理单位批准拆改燃气管道和设施。

1.0.6 家庭居室装饰装修工程施工除应符合本标准外,尚应符合国家、行业和地方的有关标准、规范的规定。

吊顶工程

2.0.1 本章适用于以轻钢龙骨、铝合金龙骨、木龙骨等为骨架,以石膏板、金属板、矿棉板、木质板和格栅为饰面材料的吊顶工程质量验收。

2.0.2 工程所用材料的品种、规格、质量、颜色图案、固定方法、基层构造应符合设计要求和国家规范、标准的规定。

2.0.3 吊顶龙骨不得扭曲、变形，木质龙骨无树皮及虫眼，并按规定进行防火和防腐处理，吊杆布置合理、顺直，金属吊杆和挂件应进行防锈处理，龙骨安装牢固可靠，四周平顺。

2.0.4 吊顶罩面板与龙骨连接紧密牢固，阴阳角收边方正，起拱正确。

2.0.5 纸面石膏板可用沉头螺钉与龙骨固定，钉帽沉入板面，非防锈螺钉的顶帽应做防锈处理，板缝应进行防裂嵌缝，安装双层板时，上下板缝应错开。

2.0.6 罩面板与墙面、窗帘盒、灯槽交接处应接缝严密，压条顺直、宽窄一致。

2.0.7 吊顶内填充的吸音、保温材料的品种和铺设厚度应符合设计要求，并应有防散落措施。

2.0.8 灯具、电扇等设备的安装必须牢固，重量大于 3 公斤的灯具或电扇以及其他重量较大的设备，严禁安装在龙骨上，应另设吊挂件与结构连接。

2.0.9 玻璃吊顶应采用安全玻璃，搭接宽度和连接方法应符合设计要求。

2.0.10 吊顶饰面板表面应平整、边缘整齐、颜色一致，不得有污染、缺棱、掉角、锤印等缺陷。

门窗工程

3.1 本章适用于木门窗、铝合金门窗、塑料门窗安装工程质量验收。

3.2 木门窗制作与安装

3.2.1 木门窗的木材品种、材质等级、规格、尺寸、框扇的线型应符合设计要求。

3.2.2 木门窗应采用烘干的木材，含水率不宜大于 12%。

3.2.3 木门窗框与砖石砌体、混凝土或抹灰层接触部位以及固定用木砖等均应进行防腐处理。

3.2.4 建筑外门窗安装必须牢固，严禁在砌体上用射钉固定。

3.2.5 木门窗的安装位置、开启方向及连接方式应符合设计要求。

3.2.6 木门窗扇必须安装牢固、开关灵活、关闭严密，无走扇、翘曲现象。

3.2.7 胶合板门，不得有脱胶、刨透表层等现象，上下冒头的透气孔应通畅。

3.2.8 木门窗框与墙体间隙的填嵌材料应符合设计要求，填嵌应饱满。

3.2.9 木门窗表面应洁净，不得有刨痕、锤印。

3.2.10 木门窗的割角拼缝严密平整，框扇裁口顺直，刨面平整。

3.2.11 木门窗披水、盖口条、压缝条、密封条的安装应顺直，与门窗结合应牢固、严密。

3.2.12 木门窗制作安装的允许偏差和检验方法应符合表 3.2.13 的规定。

3.3 铝合金门窗安装

3.3.1 铝合金门窗的品种、类型、规格、尺寸、性能应符合设计要求。

3.3.2 铝合金门窗的型材、壁厚应符合设计要求，所用配件应选用不锈钢或镀锌材质。

3.3.3 门窗安装应横平竖直，与洞口墙体留有一定缝隙，缝隙内不得使用水泥砂浆填塞，应使用具有弹性材料填嵌密实，表面应用密封胶密闭。

3.3.4 铝合金门窗框安装必须牢固，预埋件的数量、位置、埋设方式与框连接方法必须符合设计要求，在砌体上安装门窗严禁用射钉固定，铝合金门窗的开启方向、安装位置、连接方式应符合设计要求。

3.3.5 铝合金门窗扇、必须安装牢固，推拉扇必须有可靠的防脱落措施。门窗扇应开启灵活，关闭严密，无倒翘、无走扇。

3.3.6 铝合金门窗表面应洁净、平整、光滑、色泽一致，无锈蚀、无划痕、无碰伤。

3.3.7 铝合金门窗扇的橡胶密封条应安装完好，不得卷边脱槽。

3.3.8 铝合金门窗安装允许偏差和检验方法应符合表 3.3.8 的规定。

3.4 塑料门窗安装

3.4.1 塑料门窗的品种、类型、规格、尺寸、内衬钢板厚度应符合设计要求。如无要求时，门窗型材应选用多腔式，壁厚不小于 2.2mm，内衬钢板厚度不小于 1.2mm。

3.4.2 塑料门窗框、副框和扇的安装必须牢固，固定片或膨胀螺栓的数量、位置及连接方式应符合设计要求和国家规范。

3.4.3 塑料门窗扇，平开窗应开关灵活，关闭严密，推拉门窗应平移灵活，无阻滞现象，位置正确，关闭时密封条应处于压缩状态。外墙推拉门窗扇必须有防脱落措施。

3.4.4 门窗框与墙体间缝隙不得用水泥砂浆填塞，应采用闭孔弹性保温材料，填嵌密实，表面用密封胶密封。

3.4.5 门窗安装五金配件应先钻孔后用自攻螺钉拧入，不得直接锤击打入。

3.4.6 塑料门窗表面应洁净、光滑、大面应无划痕、碰伤。

3.4.7 玻璃密封条与玻璃及玻璃槽口的接缝应平整，不得卷边脱槽。

3.4.8 塑料门窗安装允许偏差和检验方法应符合表 3.4.8 的规定。

轻质隔墙

4.0.1 本章适用于以轻钢龙骨、木龙骨为骨架，以纸面石膏板、胶合板、水泥板为面板的工程验收。

4.0.2 隔墙工程所用材料的品种、级别、规格和隔声、隔热、阻燃等性能必须符合设计要求和国家有关规范、标准的规定。

4.0.3 轻钢龙骨安装要符合产品的组合要求，安装位置正确、连接牢固无松动。

4.0.4 面板安装必须牢固无脱层、翘曲、折裂、缺棱、掉角。

4.0.5 木质龙骨和木质罩面板在安装前应进行防火处理。

4.0.6 木质罩面板接头位于龙骨中心，明缝或压条宽厚基本一致，与龙骨结合严密。

4.0.7 在轻钢龙骨上固定罩面板应用自攻螺钉，钉头略埋入板内但不得损坏纸面，钉眼处应做防锈处理。

4.0.8 潮湿处安装轻质隔墙应做防潮处理，如设计有要求，可在扫地龙骨下设置用混凝土或砖砌的地枕带，一般地枕带高度为 120mm，宽与隔墙宽度一致。

4.0.9 隔墙内填充材料应干燥、铺设厚度均匀、平整、填充饱满，应有防下坠措施。

4.0.10 罩面板表面应平整、洁净、拼缝严密、压条顺直、不露钉帽。套割电气盒盖位置准确，套割整齐。

4.0.11 轻质隔墙工程允许偏差和检验方法应符合表 4.0.11 的规定。

裱糊工程

5.0.1 本章适用于聚氯乙烯塑料壁纸、复合纸质壁纸、壁布等裱糊工程的质量验收。

5.0.2 壁纸、壁布的品种、质量、颜色、图案应符合设计要求，黏接剂应按壁纸、壁布的品种配套选用。

5.0.3 裱糊的基体应干燥，表面平整。

5.0.4 裱糊前基层处理应符合下列要求：

5.0.4.1 混凝土或抹灰基层含水率不大于 8%，木材基层含水率不大于 12%。

5.0.4.2 新建筑物的混凝土或抹灰基层墙面在刮腻子前宜涂刷封闭底漆。

5.0.4.3 旧墙面必须清除疏松的装饰层并涂刷界面剂。

5.0.4.4 不同材质基层的接缝处应黏贴接缝带。

5.0.5 基层腻子应平整坚实，无粉化、起皮和裂缝。

5.0.6 壁纸墙布必须裱糊牢固，墙面应用整幅裱糊，各幅拼接横平竖直，花纹图案拼接吻合，色泽一致。

5.0.7 表面无气泡、空鼓、裂缝、翘边和斑污。

5.0.8 距墙面 1.5m 处正视不显接缝。

5.0.9 壁纸、墙布与顶角线、挂镜线、门、踢脚板交接处边缘垂直整齐无毛边。

5.0.10 阴阳角垂直方正，阴角处应断开搭接，阳角处包角无接缝。

软包工程

6.0.1 本章适用于室内墙面、门面各类软包工程的质量验收。

6.0.2 软包织物、皮革、人革等面料和填充材料的品种、规格、质量应符合设计要求。防火，防腐处理应符合国家有关规定。

6.0.3 软包工程的衬板、木框的构造应符合设计要求，钉牢固，不得松动。

6.0.4 软包制作尺寸正确，棱角方正，周边平顺，表面平整，填充饱满，松紧适度。

6.0.5 单块软包面料不宜有接缝。织物裁剪时经纬线保持顺直。

6.0.6 软包安装平整，紧贴墙面，色泽一致，接缝严密、无翘边。

6.0.7 软包表面应清洁、无污染，拼缝处花纹吻合、无波纹起伏和皱褶。

6.0.8 软包饰面与压条、盖板，踢脚线，电器盒面板等交接处应交接紧密、无毛边。电器盒开洞处套割尺寸正确边缘整齐，盖板安装与饰面压实，毛边不外露周边无缝隙。

板块铺贴工程

7.0.1 本章适用于墙、地面饰面石材、饰面砖安装工程质量验收。

7.0.2 石材、墙地砖的品种、规格、等级、颜色和图案应符合设计要求。

7.0.3 饰面板块表面不得有划痕，裂纹、风化、缺棱掉角等质量缺陷。不得使用过期结块水泥作胶结材料。

7.0.4 石材、墙地砖施工前应进行规格套方，保证规整，进行选色，减少色差，进行预排，减少使用非整砖，有突出墙地面的物体应按规定用整砖套割，套割吻合边缘齐整。

7.0.5 石材铺设前宜做背涂处理，减少“水渍”、“泛碱”现象发生。

7.0.6 墙地砖铺贴应砂浆饱满、黏贴牢固，墙面单块板边角空鼓不得超过铺贴数量的5%。

7.0.7 表面平整，接缝平直，缝浆饱满，纵横方向无明显错台错位，颜色基本一致、无明显色差，洁净无污积和浆痕。

7.0.8 石材、墙、地砖铺贴质量允许偏差和检验方法应符合表7.0.8。

地板工程

8.1 本章适用于实木地板、实木复合地板、强化复合地板铺装工程质量验收。

8.2 木质地板

8.2.1 木质地板工程用料的品种、规格、等级、颜色和木材含水率应符合设计要求和国家现行标准的规定，含水率如设计无要求时一般不宜大于10%。

8.2.2 铺装前对基层进行防潮处理。

8.2.3 铺设地板基层所用木龙骨、毛地板、垫木安装必须牢固、平直。

8.2.4 木质地板面层与基层铺钉或黏接必须牢固无松动。

8.2.5 当不使用毛地板，直接在龙骨上铺装地板时，主次龙骨间距应根据地板的长宽模数计算，主龙骨间距不得大于300mm，地板接缝在龙骨中线上。

8.2.6 安装第一排地板时应凹槽面向墙、地板与墙面之间留有10mm左右的缝隙，并用踢脚板封盖。

8.2.7 条形木地板的铺设方向可征求用户意见，一般走廊、过道宜顺行走方向铺设，室内房间宜顺光线铺设。

8.3 强化复合地板

8.3.1 基层应平整、牢固、干燥、清洁、无污染，强度符合设计要求。

8.3.2 在楼房底层或平房铺装须做防潮处理。

8.3.3 强化复合地板铺装时，室内温度应遵照产品说明书的规定要求。

8.3.4 地板下面应满铺防潮底垫、铺装平整，接缝处不得叠压，并用胶带固定。

8.3.5 安装第一排地板时应凹槽面向墙，地板与墙面之间留有10mm左右的缝隙。

8.3.6 房间长度或宽度超过8m时需要设置伸缩缝、安装平压条。

8.3.7 木踢脚板采用45°坡口粘接严密，高度、出墙厚度一致，固定钉钉帽不外露。

8.3.8 表面平直，颜色、木纹协调一致，洁净无胶痕。

8.3.9 强化复合地板铺装工程的允许偏差和检验方法应符合表 8.3.9 的规定。

地毯工程

本章适用于各种类型地毯铺装工程的质量验收。

9.0.1 地毯的品种、规格、材质、颜色、胶料及辅料应符合设计的要求。

9.0.2 基层必须平整、光滑、干燥、清洁、无污染。

9.0.3 地毯固定应牢固，毯面撑摊平整、无起鼓、凹陷，无皱褶、翘边，接缝处应拼花对线，拼接严密、图案连续、烫压平整，绒面毛顺光一致，收边合理，表面干净，无油污损伤。

9.0.4 地毯摊铺后应用张紧器撑紧撑平，与倒刺板抓结牢固，四周毛边塞入踢脚板下。

9.0.5 地毯与其他地面交接处应收口合理、顺直，压条牢固，压紧、压实。

细木制品工程

10.0.1 本章适用于窗帘盒、散热器罩、门窗套、木护墙、踢脚板、护栏、木扶手、固定式橱柜、装饰线工程质量验收。

10.0.2 工程所用材料的品种、规格、材质、性能应符合设计要求及国家规范、标准的规定。

10.0.3 材质要求

10.0.3.1 工程制作应用烘干木材、木材含水率不得大于 12%。

10.0.3.2 木材表面不得有死节、裂缝、虫眼。

10.0.4 细木制品安装必须黏钉牢固无松动，衬板与饰面板应黏结密合，不得起层、起鼓。

10.0.5 窗帘盒、窗台板与基体连接严密、棱角方正，同一房屋内的位置标高及两侧伸出窗洞口外的长度应一致。

10.0.6 本护墙表面应平整光洁，棱角方正，线条顺直，颜色一致，不得出现裂缝开胶，与踢脚板连接处无缝隙。

10.0.7 踢脚板：上口平直，接缝严密，出墙厚度一致。

10.0.8 顶角线：挂镜线、腰线等应顺直，紧贴墙面，胶圈收口正确，木线对接宜采用 45°加胶坡接，接头不得有错位离缝现象。

10.0.9 栏杆扶手

10.0.9.1 护栏高度、栏杆间距必须符合设计要求。

10.0.9.2 玻璃护栏栏板应采用厚度不小于 12mm 的安全玻璃。

10.0.9.3 护栏、扶手材质和安装方法应能承受规范允许水平荷载、扶手高度应不小于 0.9m，栏杆高度应不小于 1.05m、栏杆间距不应大于 0.11m

10.0.10 细木制品制作安装工程质量的允许偏差和检验方法应符合表 10.0.10 的规定。

10.0.11 楼梯木栏杆、扶手安装允许偏差和检验方法，应符合表 10.0.11 的规定。

涂饰工程

本章适用于水性涂料、溶剂型涂料、美术涂料类分项工程的质量验收。

11.1 一般规定

11.1.1 涂饰工程所用涂料必须是环保达标的产品，其品种、等级、性能、颜色应符合设计要求和国家现行标准的规定。

11.1.2 涂饰工程的基层处理应符合下列规定：

11.1.2.1 涂饰基层必须具有一定的强度，混凝土或抹灰层面涂刷溶剂型涂料时含水率不得大于 8%，涂刷水性涂料时含水率不得大于 10%，木材基层面的含水率不得大于 12%。

11.1.2.2 旧墙面应清除疏松旧装修层并涂刷界面剂。

11.1.3 基层使用防水腻子的塑性、和易性应满足施工要求。

11.1.4 腻子与基体结合坚实，附着牢固、不起皮、不粉化、不裂纹。

11.2 水性涂料涂饰工程

11.2.1 水性涂料涂饰工程应涂刷均匀、黏结牢固，无漏涂、透底、掉粉、起皮。

11.2.2 喷涂涂膜应厚度均匀、颜色一致、喷点均匀，喷点、喷花的突出点应手感适宜不掉粒，喷涂接茬处无明显接茬痕迹，表面洁净无污染。

11.2.3 涂层与其他装饰物衔接处应吻合，界面应清晰。

11.2.4 施涂薄涂料工程质量应符合 11.2.4 表的规定。

11.2.5 施涂厚涂料工程质量应符合 11.2.5 表的规定。

11.3 溶剂型涂料涂饰工程

11.3.1 溶剂型涂料涂饰工程的细木制品基层表面必须洁净、平整、光滑，无裂缝等缺陷。

11.3.2 表面如出现色差，应修色或拼色使其颜色达到基本一致。

11.3.3 溶剂型涂料涂饰应涂饰均匀，附着牢固，不得漏涂、透底、脱皮、斑迹。

11.3.4 色漆涂料涂饰工程质量应符合 11.3.4 表的规定。

11.3.5 施涂清漆工程质量应符合 11.3.5 表的规定。

11.4 美术涂饰工程

11.4.1 本节适用于套色、滚花、仿真等美术涂饰工程的质量验收。

11.4.2 美术涂饰工程应涂饰均匀，附着牢固，不得漏涂、透底、掉粉、脱皮。

11.4.3 美术涂饰的套色花纹图案应符合设计要求，套色涂饰的图案不得移位纹理和轮廓吻合清晰。

11.4.4 仿花纹涂饰的饰面应符合设计或样板要求。

11.4.5 浮雕涂饰的中层涂料颗粒应分布均匀，滚压厚薄基本一致。

卫生器具及管道安装工程

12.0.1 本章适用于厨房、卫生间的洗涤、洁具等卫生器具的安装工程验收。

12.0.2 卫生器具的品种、规格、外形、颜色应符合设计要求，管材管件洁具等产品质量应符合国家现行标准的规定。

12.0.3 管道安装横平竖直铺设牢固无松动，坡度符合规定要求。嵌入墙体和地面的暗管道应进行防腐处理并用水泥砂浆抹砌保护。

12.0.4 冷热水安装应左热右冷，安装冷热水管平行间距不小于 20mm，当冷热水供水系统采用分水器时应采用半柔性管材连接。

12.0.5 龙头、阀门安装平正，位置正确便于使用和维修。

12.0.6 各种卫生器具与石面、墙面、地面等接触部位均应使用硅铜胶或防水密封条密封，各种陶瓷类器具不得使用水泥砂浆窝嵌。

12.0.7 浴缸排水口应对准落水管口做好密封，不宜使用塑料软管连接。

12.0.8 给水管道与附件、器具连接严密，通水无渗漏。

12.0.9 排水管道应畅通，无倒坡，无堵塞，无渗漏。地漏篦子应略低于地面走水顺畅。

12.0.10 卫生器具安装位置正确、牢固端正，上沿水平，表面光滑无损伤。

防水工程

13.0.1 本章适用于卫生间、厨房的防水工程验收。

13.0.2 防水施工宜用于涂膜防水材料。

13.0.3 防水材料性能应符合国家现行有关标准的规定，并应有产品合格证书。

13.0.4 基层表面应平整，不得有空鼓、起砂、开裂等缺陷。基层含水率应符合防水材料的施工要求。

13.0.5 防水层应从地面延伸到墙面，高出地面 250mm。浴室墙面的防水层高度不得低于 1 800mm。

13.0.6 防水水泥砂浆找平层与基础结合密实，无空鼓，表面平整光洁、无裂缝、起砂，阴阳角做成圆弧形。

13.0.7 涂膜防水层涂刷均匀，厚度满足产品技术规定的要求，一般厚度不少于 1.5mm 不露底。

13.0.8 使用施工接茬应顺流水方向搭接，搭接宽度不小于 100mm，使用两层以上玻纤布上下搭接时应错开幅宽的二分之一。

13.0.9 涂膜表面不起泡、不流淌、平整无凹凸，与管件、洁具地脚、地漏、排水口接缝严密收头圆滑不渗漏。

13.0.10 保护层水泥砂浆厚度、强度必须符合设计要求，操作时严禁破坏防水层，根据设计要求做好地面泛水坡度，排水要畅通、不得有积水倒坡现象。

13.0.11 防水工程完工后，必须做 24 小时蓄水试验。

电气安装工程

14.0.1 本章适用于住宅单相入户配电箱户表后的室内电路布线及电器、灯具安装工程验收。

14.0.2 工程所用电器、电料的规格型号应符合设计要求及国家现行电器产品标准的有关规定。

14.0.3 塑料电线保护管及接线盒必须使用阻燃型产品。

14.0.4 金属电线保护管的管壁、管口及接线盒穿线孔应平滑无毛刺，外形不应有折扁裂缝。

14.0.5 电源配线时所用导线截面积应满足用电设备的最大输出功率。

14.0.6 配电箱户表后应根据室内用电设备的不同功率分别配线供电；大功率家电设备应单独配线和安装插座。

14.0.7 暗线敷设必须配护套管，严禁将导线直接埋入抹灰层内，导线在管内不得有接头和扭结，吊顶内不允许有明露导线。

14.0.8 电源线与通讯线不得穿入同一根线管内。电源线及插座与电视线及插座的水平间距不应小于 500mm。

14.0.9 安装电源插座时，面向插座应符合“左零右相，保护地线在上”的要求，有接地孔插座的接地线应单独敷设，不得与工作零线混同。

14.0.10 连接开关螺口灯具导线时，相线应先接开关，开关引出的相线应接在灯中心的端子上，零线应接在螺纹的端子上。

14.0.11 导线间和导线对地间电阻必须大于 0.5MΩ。

14.0.12 厕浴间应安装防水插座，开关宜安装在门外开启侧的墙体上。

14.0.13 灯具、开关、插座、安装牢固、位置正确，上沿标高一致，面板端正，紧贴墙角、无缝隙，表面洁净。

14.0.14 电气工程安装完工后，应进行 24 小时满负荷运行试验，检验合格后才能验收使用。

14.0.15 工程竣工时应向用户提供电路竣工图，标明导线规格和暗线管走向。

室内环境污染控制

15.0.1 本章适用于家庭居室装饰装修工程中对室内环境污染物氡(222Rn)、甲醛、氨、苯、总挥发性有机物(TVOC)等浓度含量验收。

15.0.2 装饰设计时对室内环境污染物的含量宜进行预先评估。

15.0.3 装饰装修使用的主要材料必须符合建设部与国家质检总局颁布的室内装饰装修材料有害物质限量 10 项强制性的国家标准。

15.0.4 居室装饰工程竣工时对室内环境质量验收应在工程交付使用前进行。

15.0.5 家庭居室装饰装修工程室内环境污染物浓度必须符合表 15.0.7 的规定。

本标准用词说明

一、为便于在执行本标准条文时区别对待，对要求严格程度不同的用词说明如下：

1. 表示很严格，非这样做不可的用词：正面词采用“必须”；反面词采用“严禁”。

2. 表示严格，在正常情况下均应这样做的用词：正面词采用“应”；反面词采用“不应”或“不得”。

3. 表示允许稍有选择，在条件许可时，首先应这样做的用词：正面词采用“宜”反面词采用“不宜”。

4. 表示有选择，在一定条件下可以这样做的，采用“可”。

二、条文中指定应按其他有关规范、标准执行时，写法为：“应符合……的规定”或“应按……执行”。

上海市家庭居室装饰装修管理暂行规定

第一条 为了加强家庭居室装饰装修管理，保证家庭居室装饰装修工程质量，维护各方当事人的合法权益，根据建设部《家庭居室装饰装修管理试行办法》，结合本事实际情况，制定本规定。

第二条 本规定所成家庭居室装饰装修，是指居民为改善自己的居住环境，自行或者委托他人对居住的房屋进行修饰处理的工程建设活动。

第三条 凡对家庭居室进行装饰装修和承接家庭居室装饰装修的，应当遵守本规定。

第四条 上海市建筑业管理办公室（以下简称市建管办）是本是家庭居室装饰装修的主管部门。区、县建设行政管理部门在其职权范围内负责所管辖范围的家庭居室装饰装修的管理，业务上受市建管办领导。

第五条 进行建议装饰装修的，房屋所有人或者是用人应当到房屋所在地的房屋产权单位或者物业管理企业进行登记备案。

第六条 房屋所有人或者使用人进行家庭居室装饰装修，凡涉及拆改主体或者明显加大荷载的，房屋所有人或者使用人按照规定向有关部门办理手续外，并向房屋所在地的房地产行政管理部门提出申请，由房屋安全鉴定单位对装饰装修方案的安全实用性进行审定。审定合格的，由房地产行政管理部门发给《房屋装饰装修核准书》。

房地产行政管理部门应当自受理房屋装饰装修申请之日起 20 日内决定是否予以批准。

第七条 范本使承接家庭居室装饰装修工程的单位，应当持有具有建筑装饰装修工程承包范围的《建筑业企业资质证书》。

凡未依法取得《建筑业企业资质证书》的单位，不得承接家庭居室装饰装修工程。

第八条 未取得《房屋装饰装修核准书》或者超越家庭居室装饰装修方案审定范围私自进行拆、改结构的施工，一经发现由房屋所在地的房屋产权单位或者物业管理企业督促改正；对拒不改正的，应当及时告知区、县建设行政管理部门依法处理。

第九条 申请家庭居室装饰装修工程施工企业资质的单位，应当具备下列条件：

（一）具有独立法人资格；

（二）注册资金不低于 20 万元；

（三）配备相应的工程预决算人员、工程技术人员（包括结构工程技术人员）、设计人员、施工管理人员及固定的施工队伍。

第十条 市建筑装饰协会家庭装饰委员会协助市建设委员会，受理建筑装饰装修工程施工企业资质审批推荐工作。

第十一条 建筑装饰装修施工企业中的从事家庭居室装饰装修人员，应当持有有关部门办法的技能等级证书。凡未取得技能等级证书的，应当到有关部门认可的技能培训点参加统一培训和考核，取得技能等级证书后，方可从事家庭居室装饰装修工作。

第十二条 从事家庭居室装饰装修的，应当遵守以下规定：

（一）采用的装饰材料不得以次充好、弄虚作假；

（二）施工应符合有关规范要求，不得偷工减料、粗制滥造；

（三）不得野蛮施工，危及建筑物自身的安全；

（四）不得欺行霸市、强迫交易；

（五）不得冒用其他企业名称和商标；

（六）不得损害居民和其他经营者权益；

（七）国家和地方规定的其他规则。

第十三条 从事家庭居室装饰装修的单位应当按月填写单项工程汇总表，并报企业注册所在地的区、县建设行政管理部门。

第十四条 区、县建设行政管理部门按照申报单项工程汇总表，会同同级建设工程质量监督管理部门进行工程质量现场抽查，并将抽查结果通知施工单位。

各区、县建设行政管理部门应当根据日常管理工作的实际，对从事家庭居室装饰装修施工单位进行年度考评，年度考评结果作为企业资质升降的依据。

第十五条 市建筑装饰协会家庭装饰委员会协同各区、县建筑市场管理所开展家庭居室装饰装修施工单位创优评优活动。

第十六条 区、县建设行政管理部门可根据实际情况建立家庭居室装饰装修交易市场，为开展家庭居室装饰装修活动的交易及装饰装修材料的营销提供场所。

第十七条 本市家庭居室装饰装修工程的质量标准，应当按照家庭居室装饰装修合同约定的和BJ08-62-97《住宅建筑装饰工程技术规章》，以及市建设委员会制定的其他地方性标准规定的关于家庭居室装饰装修的施工标准、材料标准、验收标准执行。

第十八条 除自行装饰装修外，居民对于家庭居室装饰装修工程应当选择并委托具有《建筑业企业资质证书》的施工单位。

第十九条 因工程质量引发房屋的所有人或者使用人（以下统称委托人）与接受委托的施工单位（以下统称被委托人）双方纠纷的，可向市建筑装饰协会家庭装饰委员会商情调解，也可委托各区、县房屋质量检测站进行技术鉴定，并按照规定支付费用。

第二十条 实行委托的家庭居室装饰装修，委托人和被委托人应当遵循诚实、平等、公平、自愿的原则，遵照国家和地方的有关规定，签订家庭居室装饰装修合同。

家庭居室装饰装修合同应当包括以下内容：

（一）委托人和被委托人的姓名或者单位名称、住所地址、联系电话、邮政编码，其中个体装饰装修从业者还应当填写本人身份证和个体装饰装修从业者上岗证书的号码。

（二）家庭居室装饰装修的间数、面积，装饰装修的项目、方式、规格、质量要求以及质量验收方式；

（三）装饰装修工程的开工、完工时间；

（四）工程保养的内容、期限；

（五）装饰工程价格及支付的方式、时间；

（六）合同变更和解除的条件；

（七）违约责任及解决纠纷的途径；

（八）合同的生效方式；

（九）双方认为需要明确的其他条款。

第二十一条 家庭居室装饰装修工程的价格，根据市场竞争、优质优价的原则，由委托人和被委托人在合同中约定。夜间10时至次日7时之间，不得从事敲、凿、刨、钻等产生噪声的装饰装修活动。

第二十三条 家庭居室装饰装修单位应当采取必要的安全防护和消防措施，保障作业人员和相邻居民的安全。

第二十四条 家庭居室装饰装修所形成的各种废弃物，应当按照有关部门指定的位置、方式和时间进行堆放及清运。严禁从楼上向地面或由垃圾道、下水道抛弃因装饰装修居室而产生的废弃物及其他物品。

第二十五条 因进行家庭居室装饰装修过程中或者装饰装修后使用不当而造成相邻居民住房的管道堵塞、渗漏水、停电、物品毁坏等，应由家庭居室装饰装修的委托人负责修复和赔偿；如属被委托人的责任，由委托人直接追究找被委托人的责任，并由被委托人承担修复和赔偿。

第二十六条 委托人和被委托人之间就家庭居室装饰装修发生纠纷，可以向房屋所在地区、县建设行政管理部门投诉，可以向人民法院提起诉讼，也可以按照合同约定向市仲裁委员会申请仲裁。

第二十七条 对违反本规定的单位和责任人，市建设委员会或者市建管办按照《上海市建筑市场管理条例》和其他有关规定，进行处罚。

第二十八条 个体装饰装修从业者在本市行政区域内从事家庭居室装饰装修活动的，参照执行本规定。

第二十九条 本规定自颁发之日起施行。

领导讲话

LING DAO JIANG HUA

编辑:孙　楠

大力推进流通现代化

吴 仪

(2002年3月)

一、各地在推进流通现代化方面的探索和取得的成绩应充分肯定

发展现代流通方式,在我国时间还不算长,也就是近几年的事。从各地的情况看,在流通现代化建设方面都确实下了不少功夫,进行了一些有益的探索,取得了不少的成绩。不论是从流通业的发展规模、发展速度和流通方式的创新,还是从流通对生产的促进作用和满足人民群众多样化需求等方面,都是不错的,应该给予充分肯定。各地的做法和经验概括起来,有以下几个方面比较突出。

一是不少地方的党委和政府开始高度重视流通工作,并把流通业作为一个重要产业来抓。这是一个很大的变化,也是一个可喜的变化。应该讲,长期以来我们对流通在经济工作中的重要性认识不足,对流通工作也研究得不深不透。这里有主观原因,也有客观原因。然而可喜的是,这种状况近几年已经开始改变,像上海、北京、广东等地,都是党政一把手亲自关心这件事,这种关心不是停留在口头上、认识上,而是采取了许多重大措施。不少省、市政府还明确把流通业作为支柱产业来抓,这是很不简单的事情。

二是一些地区加大了流通企业改革的力度,企业作为发展流通现代化的主体,有了发展现代流通方式的动力和活力。看起来,发展流通现代化比较快的地区,都把流通企业的改革放到了重要位置。如果流通企业不建立现代企业制度,不按照市场经济规律打破地区封锁和行业垄断,进行重组和改革,还是沿用原来的老观念,原来的那一套体制和机制,是不可能搞现代流通的。可以说,如果没有这几年流通企业改革的深化,就不可能在流通现代化建设方面取得今天的成绩。上海市把政府推动和市场化运作结合起来,按照不同业态和产业链来整合,推进兼并联合重组,使商业企业集团从63家减少到40家,单个企业规模扩大,实力明显增强。他们国有中小商业企业的改制面已达到76%。北京也是这样。北京物美商城就是用改革的办法,通过托管以及与传统的国有企业进行成建制合作,实现了连锁经营的迅速发展。就经营方式来说,超级市场和连锁经营等现代流通方式,20世纪90年代才在我国出现,但短短几年得到了快速发展。目前,我国百万人口以上的大城市都有连锁商店,东部和中部大部分中等城市也有不少,广东、江苏、山东一些发达地区的农村,也开始出现连锁超市和便利店。连锁经营的超级市场、便利店、专卖店、仓储或综合商场、餐饮店、照相、洗染、修理、美容美发、旅游等服务业连锁店,以及金属、建材、机械零配件连锁店等,可以说国外有的连锁业态我们基本都有。电子商务也开始起步。这些现代流通方式,已成为我国商品流通产业的重要组成部分。现代流通方式激活了流通企业,流通企业的改革又促进了现代流通方式的发展。这几年,我们的路子就是这么走过来的。

三是商业领域利用外资的步伐在加快,已经成为一些地区带动流通现代化的重要方式。商业领域利用外资,一直在试点。刚开始时人们都有些担忧,现在社会上也有争论,担心外商进入流通领域,会带来外国商品大量进口,挤占我们的市场,冲垮国内流通企业。深圳、上海等地的试点证明,像"沃尔玛"、"麦德龙"这样的大型商业集团引进来后,90%以上都是卖的我们的商品,而且把我们的不少商品纳入他们的全球销售网络,带动了我国产品出口。"沃尔玛"2000年就从我国采购了103亿美元的产品进入全球销售网络。实践也证明,引进外资后,我们的企业不仅没有被冲垮,反而学到了许多先进的营销观念和经营管

理技能，也学会了竞争，而且在竞争中不断发展壮大。联华、华联等一批企业的发展就是很好的实例。这几年凡是商业领域对外开放快的地区，流通现代化建设的步子也比较大。广东省的商业对外开放一直走在全国前列，到2000年商业领域累计利用外资已达25亿美元。一些国际知名商业跨国公司看好中国市场，已纷纷在深圳、上海等地建立国际采购中心。一些地方利用外资改造传统商业，效果也非常好。

四是一些地区和流通企业注重运用现代信息技术，抓住了流通现代化的关键。流通的现代化，关键要看流通业的科技含量如何，科技含量中最重要的就是现代信息技术。信息化是流通现代化的重要依托，也是流通现代化的重要标志。无论是发展连锁经营，还是发展物流配送、电子商务等现代流通方式，都离不开现代信息技术的运用。近年来，上海、广东等地以信息化带动传统商业的改造，推进了现代流通的发展，大中型商场90%以上都建立了时点销售系统（POS），一大批连锁企业建立了管理信息系统（MIS）和电子订货系统（EOS），一些物流企业积极应用EDI、全球卫星定位系统等现代信息技术，推进物流配送中心的建设。过去我们的商业乡土气很浓，经营管理方式落后，这几年通过抓信息化，管理水平提高了，流通费用也下来了，面貌大为改观。

当然，在肯定这几年各地流通现代化建设所取得的成绩的同时，也要看到当前我国流通现代化的总体水平还比较低，一些地区流通现代化应该说只是刚刚起步，不少地区仍存在转变观念、提高认识的问题。要适应社会主义市场经济发展的要求，真正实现传统商业向现代商业的转变，前面的路还很长，还需要继续进行积极的探索。

二、提高对推进流通现代化必要性和紧迫性的认识

推进流通现代化，是党中央、国务院在去年中央经济工作会议上明确提出的一项任务。现阶段提出这一问题，有着重大的现实意义。

（一）推进流通现代化是适应新的市场形势，促进经济良性循环，提高经济运行质量和效益的有效途径

计划经济年代，发放票证、定量供应，市场基本不起作用，也谈不上流通现代化。20世纪80年代到90年代初，随着生产力的不断发展，卖方市场逐步向买方市场转变，流通的作用开始显现。到了20世纪90年代后期，形成买方市场的格局后，流通的地位开始发生根本性变化，流通现代化问题越来越受各方面的关注。从进入新世纪开始，我国进入了全面建设小康社会，加快推进社会主义现代化建设的新阶段，供求关系和市场将会发生更大的变化。根据国家经贸委最近对2002年上半年600种商品市场供求情况的分析预测，86%以上的品种供过于求。新的市场形势给流通工作提出了新的挑战。这个挑战就是如何通过发展连锁经营等现代流通方式，提高流通效率，促进产业结构和产品结构的调整，提高经济运行质量和效益。国内外的实践都证明，现代化的大生产，需要现代化的大流通，只有现代化的大流通，才能带动现代化的大生产，现代化流通对市场经济的促进作用越来越大。没有流通的现代化，就没有真正意义上的社会主义市场经济，国民经济的整体素质和运行效率也就不可能得以提高。

（二）推进流通现代化是引导和促进消费，培育和保护内需的重要措施

近年来我国最终消费占GDP的比重一般都在60%以上，这些消费大多数都是通过流通业来实现的。在城乡居民收入水平、消费水平不断提高，已形成多层次、多样化的消费需求的情况下，只有大力推进流通现代化，才能适应消费结构和消费层次的变化，向老百姓提供价廉物美的商品和一流的服务，引导和扩大消费。如果上海市这几年不搞现代化商业，没有现在已遍布上海城市和郊区的联华超市、华联超市以及"家乐福"、"麦德龙"等，还只是一些传统的商店，怎么可能有现在这样繁荣的市场呢？怎么有能力去开拓市场，满足老百姓不断变化和日益增长的需求呢？从农村市场看，前几年搞开拓农村市场试点，但问题是农民手上没有多少钱去买东西，怎么开拓？江苏苏果超市把大城市的超市通过连锁经营，"克隆"到县城或农村大的集镇，已搞了450家店，其中县乡两级的店有295家。这些店通过"定牌加工"、"公司+农

户”以及利用连锁网络把产品带出去等多种方式，带动当地乡镇企业产品特别是农副产品的加工和销售，推动了农副产品产业化经营，既解决了农民“卖难”问题，又扩大了农民的消费需求，探索出一条通过发展现代流通方式，增加农民收入，开拓农村市场的新路子。这样的探索有新意，发展前景广阔，对开拓农村市场有很大的作用。

（三）推进流通现代化是我国应对加入世贸组织后国际竞争的重要举措

从今年开始，我国既可享受世贸组织成员的权利，但也必须履行世贸组织成员的义务。在加入世贸组织的谈判中，我们对服务贸易是非常重视的。服务贸易包括电信、银行、保险、证券、旅游、分销、运输等。成为世贸组织成员后，我们还有一个过渡期。在这期间，外商投资商业仍然是有条件的。过渡期结束后，我们在流通领域中参与国际合作与竞争的激烈程度要远远大于过去和现在。我们必须打一场时间差的仗，争取在几年内使我们商业流通有一个大的发展，提高竞争能力，特别要提高流通效率，提高企业效益。国家经贸委提供过一组数字：2001年上半年，全国前20家连锁经营企业销售总额比上年同期增长了48.8%，为同期全社会消费品零售额增长率的5倍。一些工商企业发展现代物流后，大幅度降低了成本。上海联华超市与大的供应商联网，部分商品实现了“零库存”。中国石油化工集团公司物资采购网上交易系统运行不到一年，累计成交30多亿元，节约采购资金1.87亿元。这些都说明，加入世贸组织后，更广泛地参与国际合作与竞争，流通现代化是非常重要的手段。

（四）推进流通现代化是整顿和规范市场经济秩序重要的治本之策

去年以来，整顿和规范市场经济秩序工作成效显著，深受人民群众欢迎，但是一些深层次的问题并未从根本上解决。今后要标本兼治，着力治本。实践证明，大力推进流通现代化，推进连锁经营、物流配送等现代流通方式，有利于从源头上减少假冒伪劣商品进入市场，净化流通环境，有利于强化国家税收征管，防止逃税漏税。现在销售假冒伪劣商品的，大多是那些租摊位式的商场、集贸市场和一些“游击队”式的流动商贩。真正大的连锁店或超市是不屑于、也不敢卖假货的，那样做会砸掉自己的牌子，风险很大。据说，有的顾客到“麦德龙”在中国开的大卖场去买东西，买完后要“麦德龙”开发票，明明买的是家电，他非要求在发票上写成“办公用品”，为的是回去好报销。但“麦德龙”表示他们在全球化经营中遵守的就是“诚信”二字，宁可顾客退货，也不会在发票上做假，再加上他们的发票都是电脑自动出的，不可能随意改动。从中可以看出发展现代商业的好处，诚信服务，不卖假货，对消费者有益，还有利于规范和约束经营行为，抵制流通领域的不正之风。

三、推进流通现代化要注意的几个问题

第一，一定要从实际出发，积极稳妥地推进。

流通现代化是市场经济发展到一定阶段的产物，有其内在的规律。各地绝不能一哄而起，更不能简单地认为推进流通现代化就是去盖新大楼、新商场。由于历史的原因，全国各地经济发展不平衡，流通业发展的基础和现状差别较大，在整体思路和具体做法上应该有所区别。上海等地的经验都很好，值得各地学习和借鉴，但一定要从当地实际出发，绝不能照搬照抄。流通现代化的内涵很丰富，包括商业经营理念的现代化、流通管理的现代化、商业人才的现代化、流通基础设施的现代化等等。各地一定要结合本地实际，提出切实可行的目标，认真做好规划，扎扎实实推进。一定要以企业为主体，按市场经济规律办事，政府不能越俎代庖，不能搞行政命令，更不能搞“形象工程”。现在一些地方出现“物流中心”热的苗头，都想把本地建成区域性、全国性甚至国际性的物流中心，这是十分危险的信号，此风不可长。在这个方面如果出现重复建设，不仅造成社会资源的浪费，而且会延误流通现代化的进程。推进流通现代化既要积极又要稳妥，一定要把好事办好，绝不能头脑发热，好心干坏事。特别是财政困难的地方千万不能盲目攀比，一定要从自己的实际出发。

第二，努力培育具有国际竞争力的大型流通集团。

江泽民总书记在去年中央经济工作会议上指出:“培育和发展一批拥有自主知识产权、核心能力强的大公司和企业集团,是应对加入世界贸易组织后国际竞争的重大举措,要抓紧推进。”这个问题在流通业中更为重要,也更为迫切。美国的沃尔玛连锁公司,1999年、2000年都排名全球500强第二位。2001年全球500强中,流通企业有58家,其中34家是美国的。而在我国不仅流通企业,其他行业进入500强的也没几家,这种状况应当改变。目前,美国“沃尔玛”、法国“家乐福”、德国“麦得龙”等全球500强中的大型流通集团,都已进入我国市场。如果我们不能尽快培育出一批具有国际竞争力的大型流通集团,不要说走向世界,就是在家门口都无法适应竞争。这绝不是危言耸听!

前不久,国务院办公厅转发了国家经贸委等8个部门关于发展具有国际竞争力的大型企业集团的指导意见,这些内容对流通企业同样适用。今后发展现代化流通企业集团要坚持两条大的原则:一是在加入世贸组织谈判中分销领域对外承诺的市场准入,首先在国内企业中实行,特别是优先在国内连锁经营企业中实行;二是对不同经济成分的流通企业在政策上一视同仁,实行“国民待遇”。各地都要加强对培育流通领域大公司、大集团工作的指导,特别是要完善这些企业的法人治理结构,率先建立现代企业制度,增强企业创新能力,突出经营主业,提高核心竞争力。要结合流通企业的特点,通过多个企业商品共同采购和配送,转让商号使用权,输出管理等多种方式,密切企业之间的联系,把流通企业的经营规模做大。必须强调的是,一定要克服“宁作鸡头、不作凤尾”的思想,打破地方保护,树立全国一盘棋的思想,以已形成一定规模和优势的企业为龙头,建立跨区域的大型流通企业集团,切忌各地都培育自己本地的“龙头”企业。

第三,抓紧培养熟悉现代流通的高素质人才。

推进流通现代化,关键在于要抓紧培养和造就一支熟悉现代流通的高素质人才队伍。北京物美连锁公司的董事长就是中科院系统科学博士、美国斯坦福大学博士后,在发展连锁经营的思路、模式、措施方面,确实做到了同国际接轨。他们的经验,值得各地借鉴。

高素质的人才队伍,至少要具备以下条件:一是要熟悉现代化流通规则。当前,首先要熟悉世贸组织规则以及我国在加入世贸组织谈判中的承诺。要熟悉国际经济特别是国际商务和法律。原来学经济的,要加强外语学习;原来学外语的,要补充经济知识;经济知识和外语都很好的,要学习法律知识。这样才能适应新形势的需要。二是要熟悉现代流通方式。对连锁经营、物流配送、电子商务的基本原理、运行模式、发展规律等,都应该了如指掌,运用自如,并能够及时掌握全球新型流通方式的发展动向和趋势。三是要熟悉现代流通管理。管理是企业永恒的主题。连锁经营、物流配送、电子商务等现代流通方式的管理与传统流通方式的管理相比,在观念、方式和手段等方面都有很大差别。只有依靠现代管理,才能把现代流通的优势充分发挥出来。四是要熟悉现代流通技术。现代科技特别是现代信息技术,是流通现代化的灵魂和动力。像POS、MIS、EDI等系统,在强化管理、加快周转、降低费用、改善服务等方面都有不可替代的重要作用。

第四,商业领域利用外资要注重提高质量和水平。

加入世贸组织后,我国商业领域的对外开放将不断扩大。要认真总结流通领域对外开放的经验教训,充分利用几年的过渡期完善管理法规,把扩大对外开放和推进我国流通现代化更加紧密地结合起来。利用外资一定要按国家的政策法规办,不能自行其是,违规操作。不仅要讲求数量,更要讲求质量和水平。现在引进的一些商业利用外资项目,小的不少,有的外国企业的名字从来都没听说过,在本国也不怎么样,这种合资合作有什么意义呢?国有商业的改组改造固然需要资金的支持,但我们利用外资更重要的是引进、学习国际上先进的流通观念、流通模式、流通业态、流通管理和流通技术。只有把国际上知名的跨国商业集团引进来,才能学到这些东西。不仅要引进、学习,而且要消化、吸收,并有所创新,这样才能解决起点低的问题,才能实现跨越式发展,赶上世界发展潮流。要注重利用外资加大对传统商业的改造力度,这样既可盘活传统商业,又能把现代商业发展起来,是一举多得的大好事。要加快利用外资发展现代物流,提高我国的现代物流技术,改善物流基础设施。要继续利用进入中国的跨国商业集团的国际营销网络,带动我国产品和设备的出口。

第五,加快建立商业信用体系,开展商业诚信服务。

衡量流通现代化的一个重要标志,就是企业要有很高的商业信用,要遵守职业道德。推进流通现代化需要建立商业信用,商业信用的提高也会促进流通的现代化。要大力推行"黑名单"和"黄牌警告"制度,将那些不讲商业信用的劣迹斑斑的企业记录在案,公开曝光,使他们无处藏身。还要强调一点,就是在杜绝假货进入市场的同时,要下功夫改善服务态度,提高商业零售业的服务水平,经营的商品品种和价格要立足于满足大多数老百姓的消费需求,让老百姓在热情服务中买到价廉物美的商品。这些都是流通现代化的要求。

推进流通现代化是当前流通领域一项非常重要的工作。各地在经济工作中都要把推进流通现代化作为一项重要工作来抓,各有关部门要紧密配合,全力支持这项工作,从政策上、体制上为连锁经营等现代流通方式的发展创造良好的外部环境。我们坚信,经过全国上下方方面面的共同努力,我们完全能够争取用几年的时间,把我国流通业推向一个符合时代发展要求的新水平,为促进国民经济发展做出新的更大的贡献。

与时俱进　开创我国建材流通新局面

——在第二届中国建材市场高峰论坛开幕式上的讲话

中国建筑材料工业协会会长　张人为

(2002年11月)

同志们:

在计划经济时代,普遍存在着重生产轻流通的弊病。在社会主义市场经济条件下,特别在我国加入世贸组织的新形势下,推进流通现代化,对于促进经济良性循环、提高经济运行质量和效益,对于引导消费和培育内需,对于整顿和规范市场经济秩序,都具有重要意义。也是我国流通业应对加入世贸组织、更广泛地参与国际合作与竞争的一个重要举措。

一、建材业应加快发展现代流通方式

中国已处于现代化流通业大发展的前夜。目前,扩大内需已被定为中国经济发展一项长期的基本战略方针。可以毫不夸张地说,没有流通的现代化,就没有真正意义上的社会主义市场经济,国民经济整体素质就难以提高。现代流通将是中国经济下一个世纪的血脉和神经,也是经济驱动的强大动力,其发展可以拉动整个经济的良性循环;同时,推行现代化的流通,也是目前进行的整顿规范市场经济秩序的治本之策和体制保障。

建材和建筑业共同构成了国民经济的支柱产业。当前我国的建材流通方式还很落后,必须奋起直追,加速发展。我们要充分认识推进建材流通现代化的重要意义,大力发展连锁经营、物流配送、网上电子商务等现代建材流通方式,积极稳妥地推进建材流通现代化。

二、我们已经具备了发展现代建材流通业的条件

(一)国民经济的高速发展为我们提供了坚实的基础

改革开放至今20多年中,我国GDP年均增长9.5%,成为世界上增长最快的国家。在世界130多个

国家中，成为世界第六经济大国。城镇居民人均收入由1978年的344元增加到2000年的6 280元，提高了17倍。农村居民人均收入由1978年的134元增加到2000年的2 253元，增加了16倍。

现在全国居民储蓄已超过10万亿元，加上股市中的资金，已经超过了12万亿元人民币。我国居民具有强大的购买力已是不争的事实。城乡居民人均住房面积分别达到9.8平方米和24.4平方米；麦迪逊(Angns Maddison) 1998按购买力评价PPP计算，1987年中国GDP相当于美国的23%，到1995年上升为52%，2000年为60.6%，进而在2015年左右超过美国。新加坡内阁资政李光耀认为，50年后中国经济规模可以达到20万亿美元，大约相当于美国的4/5。

20多年的改革开放和发展，不仅使我国经济发生了重大变化，流通体制改革和流通产业发展也取得了显著成绩，主要表现在：一是商品流通规模不断扩大。2001年全社会消费品零售总额达到37 595亿元，比2000年增长10.1%，是改革开放前1978年的24倍；二是以新型流通方式为代表的商品流通体制改革进展很快，连锁经营、物流配送发展迅速，电子商务也稳步发展。同时，一些新技术、新设备开始应用和推广，如连锁超市中普遍应用的商品条形码、冷藏设备和时点销售系统（POS）、管理信息系统（MIS），物流配送企业的储运保管和分拣设备的自动化、机械化等，这些技术和设施的应用，提高了流通企业的科技含量和现代化水平；三是形成了多种经济成分共同发展的格局。1999年国有及国有控股经济占全社会消费品零售总额的比重为18.2%，集体经济占15.6%，个体经济和私营经济占45.1%，外商投资及港澳台占1.6%；四是市场体系逐步健全，流通规模逐步扩大。2000年，商业网点增加到1 000多万个，从业人员达到4 686万人，流通就业贡献率在非农产业中居第二位；五是流通基础设施建设加快，国家储备粮、储备棉、储备糖库和大型批发市场、物流配送中心等基础设施初具规模。

（二）我国建材工业正在由大变强

今年上半年的建材工业经济运行形势很好。截至2002年6月，建材行业整体实现工业总产值1 744.17亿元，比上年同期增长12.13%，建材工业的规模保持了稳步增长。行业整体盈利，2002年1~6月，建材行业实现利润总额38.88亿元，比上年同期增长11.12%。1~6月，建材产品出口累计达到18.76亿美元，比上年同期增长20.2%；而2001年1~5月，建材产品出口增长率为17.4%。仅建卫陶瓷对外贸易顺差即达到1.76亿美元，占全国外贸顺差的1.31%。

经过建国50多年特别是改革开放20多年来的发展，我国建材工业的主导产品不仅在总量上已连续多年位居世界第一，而且人均年消费指数已接近和高于世界平均水平。按照“由大变强，靠新出强”的建材工业跨世纪发展战略目标和方针、步骤，中国建材工业正朝着成为有国际竞争力的现代制造业目标迈进。

建材工业已经成为国民经济的支柱产业之一，年产值在各个工业行业中居第五位。中国建材工业的崛起，不仅为国内建设事业源源不断地提供了有力支撑，同时也形成了一个重要的产业部门，为千余万人创造了就业机会，为国民经济的发展提供了宝贵的财富积累，为经济建设和社会发展做出了重要贡献。

目前，我国建材工业正面临着一个新的发展阶段。从宏观背景上看，我国经济发展在顺利完成现代化建设第一步和第二步战略目标后，已经开始了全面建设小康社会的新阶段。在这个阶段中，我国城市化和基础设施建设会进一步扩大；社会的消费结构将进一步优化升级，人们的衣食用基本解决以后，住和行的需求特别是对住提出了更高的要求，为建材工业提供了广阔的发展空间。因此，可以说在未来20年甚至更长一段时间内，中国建材工业是朝阳工业的地位毋庸置疑。

（三）我国建材流通业发展迅速

1. 招商制市场正处于一个调整、整合、转型的历史时期

我国招商制建材零售和批发市场发祥于20世纪80年代末，经过90年代的快速发展，现已成为我国建筑装饰材料流通业的主体。当前，经营面积在3 000平方米以上的招商制市场在全国大约有2 500个；这些市场的年经营额在2 000亿元左右，约占全国同期装饰材料市场销售总额的三分之二左右。

经过十多年的快速发展，我国建材市场已经进入了一个调整、整合、转型的历史时期。这种局面的形

成有其深刻的背景。一是国外建材连锁超市大举进军中国市场,为我们带来了全新的理念,全新的销售模式。国外建材零售巨鳄的先进的管理经验,雄厚的资金保证,全球性的采购体系,积极稳妥的战略发展策略,无不对我国的建材零售业形成有力的挑战态势。其二,我国传统的招商制建材市场经过十多年的快速发展,现已经到了需要调整阶段。第三,国务院不断加大对市场的治理整顿和规范化管理的力度。第四,许多在前期掘到了第一桶金的建材零售商们正在积极的寻找新的经营业态,想要把他们的事业推向另一个高峰。第五,现代流通在市场经济中的重要作用日益显现,呼唤建材业加速建设现代流通体系。

2. 建材超市快速发展

1996年12月,家居装饰建材中心——中国第一家仓储式建材超市在天津隆重开业。她标志着我国建材流通业进入了一个新的发展阶段。到目前为止,全国建材超市已经开出了约70几家连锁店。建材超市的先进的经营理念,规范的管理模式,良好的经营环境,完善的售中、售后服务,必将进一步赢得消费者的青睐,得到更加快速发展。

3. 加入WTO后,外资加快了进入我国建材零售市场的步伐

自去年12月11日起,我国已正式成为世贸组织的成员。加入世贸组织意味着国内市场的国际化,也意味着我国流通企业将在更大范围、更深层次上参与经济全球化的进程。根据现行承诺,批发服务、零售服务、佣金代理服务、特许经营和其他分销服务业将在我国加入世贸组织后二至五年内逐步放开。与跨国公司拥有的雄厚资本、丰富经营管理经验、先进管理信息系统和全球采购网络相比,我国的流通业由于长期处于产销分离、批零分离、内外贸分离的状态,存在着巨大的差距,突出表现为经营规模小,组织化程度低,经营业态和商品结构雷同,流通设施和技术手段落后等,使我们面临着严峻地挑战。

百安居和欧倍德两大建材零售巨头进入我国以后,均制定了宏伟的发展规划。现在两家外资超市已在全国开出了13家连锁店。而且不断加快扩张的步伐和变换扩张模式。今年6月底,欧倍德与海尔双方达成协议,决定投资1.8亿欧元组建合资公司——中国欧海家居有限公司。合作双方均有信心实现10年内在我国开出100家连锁店的计划。

洋超市的出现,对我们既是挑战也是机遇,不仅向我们提供了直接竞争的对手,而且树立了学习的样板,带动了建材零售业的快速发展。我相信,处理好两者的关系,是能够有力地推进我们本土建材超市的发展的。

4. 现代建材流通方式开始出现

上海建配龙、湖北蓝星等项目的出现,以及诸如西南建材网、建筑装饰材料交易网等一些积极探索电子商务的建材网站的蓬勃发展,都说明在我国已经出现了连锁经营、电子商务、品牌集合店等现代建材流通方式的萌芽,并将呈现蓬勃发展的态势。他们为我们今后在建材业大力推进现代流通方式提供了宝贵的经验,他们是大胆的先行者。

5. 建材生产企业的营销状况有较大改变

我国市场经济逐步建立之后,生产企业的营销不论从体制、形态、策略上都发生了根本变化。企业营销的改革为企业提供了新的利润增长点,对生产的促进作用是显而易见的。但我们也应该看到,我国建材生产企业的现代营销改革还刚刚开始,还有许多工作要进行。我在首届建材市场高峰论坛上已经提出了这个问题,中国建材工业经济研究会物流暨市场专委会也在着手研究这件事。我希望今后在这个方面也做一些深入的探讨和研究。

三、用现代流通方式改造集贸式招商市场

用现代流通方式改造集贸式招商制建材市场是我们今后一段时间内的工作重点。集贸式招商制市场存在许多难以克服的弊端。是今后国家治理整顿的重点。我们要有步骤有计划的实施对集贸市场的改造,用现代流通方式改造提升这些老市场。

我们认为，首先要从有条件的老市场改造着手，不失为一个谨慎有效的做法。前不久我到河南参加了一个老市场改造的项目论证会。这个市场从实际出发，决心改变现有市场落后的局面，把老市场改造成为一个现代建材物流中心。这给我们一个启发。就是在条件较好，有市场、仓储区、有专用线、有足够的发展空间、有较强的科技队伍的地方，可以尝试把旧市场改建为现代物流基地。

四、大力发展适合中国国情的建材超市

国际建材超市巨头在中国发展迅速，与我国本土建材超市形成了激烈竞争的局面。建材超市有以下一些特点：仓库和卖场合为一体；提供综合性和全方位的让人放心的服务；低成本运营，使商品的售价低于市场平均价，同时保证商品的质量标准；用大型计算机系统管理商品的进销调存，以有效的、准确无误的方式建立和管理连锁经营的超大规模零售市场。

建材超市以其特有的经营理念、经营模式和服务体系在短时间里受到广大消费者的认同和欢迎。我们要认真分析我国居民的消费习惯和不同消费群体之间的差异，努力发展适合中国国情的建材超市。

五、协会应从服务入手，一切为了企业着想

大家都知道，现在的中国建筑材料工业协会是在原国家建材工业局撤销后重新组建的。从政府职能部门到行业协会，不仅仅是职责角色的换位，更需要的是思想观念的更新和思维模式、工作方式方法的转变。服务是协会工作的本质，协会要为行业、为企业、为政府服务。但最大量的、最本质的是为会员企业服务。这是我们协会工作要始终不渝坚持的一个宗旨，是协会各项工作的出发点和落脚点。在推进建材流通业现代化进程的工作中，我们要立足为企业服务，准确的找到服务的切入点，多做调查研究，注意倾听各方面的意见，多为市场提供有预见性、指导性的信息，多为企业提供成功的案例和国内外的资讯，以便收到事半功倍的效果。

我参加了几次中国建材工业经济研究会的活动。感到他们能紧紧围绕为企业服务这个中心，紧密联系实际，抓住为市场服务这个宗旨，不仅经常举办各种研讨会、交流会、论证会，还在全国范围内开展创建规范化管理市场、创建绿色建材市场等活动，取得了较好的效果。

在部分省市连锁经营座谈会上的讲话

商务部副部长　张志刚

（2003年8月）

同志们：

这次部分省市连锁经营座谈会是商务部成立后召开的第一次关于连锁经营的工作会议，是按照十六届二中全会关于流通工作有关决定的要求，就商务部党组关于今后商务工作的初步思路听取大家的意见；继续贯彻去年召开的全国推进流通现代化工作现场会及吴仪副总理的讲话精神，研究如何进一步加快以连锁经营为代表的现代流通方式发展，推动连锁企业做强做大，带动我国流通业在新世纪实现突破性、跨越式的发展。下面，我想借此机会，讲三方面的问题：一是现代流通业在国民经济中的地位和作用问

题；二是新的商务部关于做好内贸工作的初步的总体思路；三是如何加快连锁企业做强做大。

一、实践“三个代表”重要思想，重新认识流通业在国民经济中的地位和作用

我这里提出重新认识流通业在国民经济中的地位和作用，是要强调解决思想认识问题。认识问题不解决，理论上提不高，难以统一思想，难以统一行动，工作就摆不到应有的高度。在这里我必须把这个问题尖锐的提出来。近年来，在中央经济工作会议和中央领导同志的讲话中关于流通问题有一系列重要论述。江泽民同志2002年2月25日在省部级领导干部大会上的重要讲话中指出，是消费通过流通决定生产。李岚清同志曾经指出，流通是现代经济的血脉和神经，是新世纪经济发展的火车头。吴仪副总理在去年的推进流通现代化工作现场会上提出要大力发展连锁经营、物流配送和电子商务。

过去，在计划经济体制下，商品普遍短缺，流通的地位是不高的。流通依赖生产，依附于生产，被作为末端产业来认识。这是由当时的体制和商品供求状况决定的。所以当时的理论提法是“生产决定流通”，这是可以理解的。改革开放以来，人们的认识和观念有了很大变化，20世纪90年代以来，现代流通在党中央和国务院领导下快速发展，已经成为一支生机勃勃的力量。可是在认识上，由于传统思维的惯性和长期计划经济的影响，现在有些地方，流通仍然摆不上应有的位置。马克思在1859年发表的《政治经济学批判》中，在论述社会再生产的四个环节——生产、分配、交换、消费之间的关系的有关段落中，确实提到生产对交换的决定性作用。但在不同时期主要矛盾发生了变化，矛盾的主要方面发生了变化，就不能再简单讲生产决定流通了。

20世纪90年代以来，形势发生了很大变化。一是改革开放格局发生了深刻变化；二是体制环境发生了深刻变化；三是市场供求关系发生了根本变化。这三个变化都对流通的地位和作用产生了重要影响，特别是第三个变化。20世纪90年代中期以来，我们结束了短缺经济，商品85%以上都是供过于求。人民群众对商品的需求由量的要求转向质的要求，特别是SARS以后，对服务提出了更多、更新的要求。美国的GE公司（通用电器）是有名的电器制造商，但在它的收入结构中，只有30%来自商品，而70%来自服务。所以，“消费通过流通决定生产”，流通从末端产业转为先导产业。流通理论要与时俱进，要重新认识流通的地位和作用——这也是实践“三个代表”重要思想的体现。

二、围绕一个大目标，建设五大体系，突出六个重点，努力开创和发展商品流通工作的新局面

党中央、国务院一直非常重视国内商品流通工作。二中全会和十届人大一次会议决定组建商务部，并明确提出“国内贸易对于扩大内需、拉动消费、拓展外贸和促进统一市场的形成，具有十分重要的作用”。党的十六大提出“扩大内需是我国经济发展长期的、基本的立足点”。2002年中央经济工作会议和十届人大一次会议，首次对社会消费品零售总额的增长明确提出2003年要比上年增长9%的要求。这既对流通工作提出了很高的要求，也为流通工作今后的发展指明了方向。现在，我把新的商务部关于做好内贸工作的初步的总体思路通报给大家，也请大家研究和提出意见，成熟后上报国务院。

（一）围绕一个目标，即实现2020年GDP翻两番

党的十六大对新世纪初我国改革开放和现代化建设做出全面部署，提出了全面建设小康社会的奋斗目标，到2020年，我国国内生产总值要比2000年翻两番甚至更多，这意味着国内市场规模也将翻两番或更多，成为位居世界前列的大市场。今后，商品流通工作要紧紧围绕这个目标，在扩大内需、实现内外贸结合方面要有新思路，实现新突破，适应走新型工业化道路的要求，开拓新局面，为全面建设小康社会服务。

（二）建立五大体系，即建立法律、信用、市场、现代流通和监测调控体系

一是建立法律体系。市场经济是法制经济。商务部今后管理经济的主要方式是依法行政，向法律要规则。要弄清完整的流通法律体系应有哪些法规组成。没有的要新立，过时的要废除，已有但不足的要完善，切实做到有法可依。各级流通主管部门要加强立法工作，加快立法步伐，尽快出台或推动出台一批流通行业管理和规范的法规和标准。一些全国性规章短时间出台还不具备条件的，可以先考虑出台地方性法规。在国务院的领导下，力争用五年的时间建立较为完善的商品流通法律体系。

二是建立信用体系，向信用要道德基础。市场经济是法制经济，也是诚信经济。“人无信难立，企无信难兴”。商业信用属道德范畴，以德治国必须加强商业信用体系的建设。商业信用也是企业和个人的经济身份证，是人员和企业的无形资产。建立商业信用体系，是整顿和规范市场经济秩序的重要内容，也是完善市场经济体制的重大举措。要统一规划，制定标准，依法管理。搞好信用工作要充分依靠和发挥各个职能部门和行业组织的作用，整规办要发挥综合协调作用，加强全社会各行业互联互通，经过五年努力，要初步建立起信用体系。这是吴仪同志提出的要求。能完成这个任务，是本届政府的一大功劳。

三是建立市场体系。完善的市场体系对于社会主义市场经济体制的形成具有决定性作用，要建立商品市场与要素市场同步发展，城乡贯通，内外贸一体，批发市场与零售网点，有形市场与无形市场相互促进的统一开放、竞争有序的市场体系。

四是建立现代化流通体系。要充分认识当前消费需求呈现出的多样化、个性化，追求安全、绿色，文化体育、旅游休闲等新特征，大力发展以连锁经营、物流配送、电子商务、刷卡结算等为代表的现代流通方式和服务方式，满足消费倾向从数量型向质量型，进而向服务型延伸的需要。

五是建立市场监控体系。建立应对突发事件的快速反应机制，是市场监控体系的目标之一，要充分利用商务部的信息平台，做好城市生活必需品直报系统、重要生产资料直报系统和重点流通企业直报系统三个系统的建设、维护和运行、分析工作。

（三）突出六个重点，即做好网点规划、开拓农村市场、流通企业改革、培育大企业集团、重点商品监测和完善调控手段

一是做好规划工作。规划是市场经济条件下政府调控经济的重要手段，规划是集体智慧的结晶，是科学决策的结果。按照吴仪副总理关于“当前急需抓紧制定大中城市商业网点规划”的要求，今年内一定要完成直辖市、计划单列市和省会城市商业网点规划工作，制定城市商业网点建设管理法规，加强商业设施基础数据收集和信息采集发布工作。将来条件成熟还要制定农村市场规划。

二是开拓农村市场。农村市场能否有效开拓，直接关系到扩大内需方针的实现，关系社会主义市场体系建设的成败，关系着 9 亿多农民的根本利益。各级商品流通主管部门要结合农村经济发展水平和农村消费需求的特点，在积极创造条件增加农民收入的基础上，通过发展一批大型贸工农一体化的龙头企业，完善和提升农副产品批发市场功能，发展农村流通合作组织，培育农村经纪人队伍，加强农产品市场信息网络建设，大力推行工商联手，积极发展连锁经营等现代流通方式，构建多层次、全方位的新型农村流通网络。

三是不断推进企业改革，建立现代企业制度。体制和机制创新是流通企业做强做大的基础，要紧紧抓住推进流通现代化这个重点，通过现代营销方式和组织形式的应用，引导流通企业加快建立现代企业制度，实行规范的公司制改造，不断提高竞争力。

四是培育大企业集团。我国的流通总量虽然不小，但经营分散、结构雷同的问题很突出。要与跨国商业企业抗争，必须要发展一批大企业，要有重点地选择和支持一批发展势头好、管理机制健全的企业，鼓励其通过资本运营等多种方式实现规模化发展，形成具有自主知识产权、主业突出、核心竞争能力强、管理规范、可持续发展的大型流通企业集团，以适应加入 WTO 后的新形势，带动我国流通产业整体竞争力的提高。

五是做好重点商品的营销和监测工作。随着城乡消费水平的提高，住房、汽车、通讯产品、电脑等信息

产品正逐步成为新的消费热点，各级流通主管部门要认真分析消费需求的新趋势、新特点，改善消费环境，不断拓宽消费领域，培育新的消费热点；对钢铁、化肥、成品油等重要商品的流通体制改革进行深入研究，做好药品、食品等生活必需品的供应，不断创新发展旅游、教育、健身等商品和服务内容。

六是完善监测调控手段。充分运用现代信息技术，建立动态的市场监测、预警机制，提高市场监测、调控的科学性、准确性和有效性，使流通真正成为引导生产、促进消费、保障国民经济健康发展的先导型产业。

三、深化改革，推进开放，大力发展现代流通业

我们在看到现代流通业大力发展的同时，也要看到存在的问题和不足。我认为，当前流通业，主要存在三个突出的问题：

首先是水平低，即科技含量低、管理水平低。近几年来，我国零售企业特别是连锁零售企业处于高速扩张期，许多企业在发展的同时，出现了重速度、轻效益，重扩张，轻管理的现象：一方面，盲目贪大求快，扩张速度超出自身经济实力和管理能力，导致资金周转困难，经营难以为继。从近两年一些大型连锁企业的发展情况看，已经出现在店铺快速增加的同时，店铺平均销售额持续下降的现象。另一方面，在“做大”的同时，忽视“做强”。一些企业不把功夫下在商品经营和管理上，没有形成自己独特的经营技术。企业规模虽大，但效益不佳，发展缺乏后劲。从上市公司的报表来看，企业的利润率非常低。此外，企业经营管理理念落后，统一采购、集中配送比重不高，缺乏完善的、规范化运作的经营管理体制，信息系统建设滞后，管理的科技含量较低等，使国内的连锁企业在与国外企业的竞争中处于劣势。

2001 年末，美国著名的麦肯锡咨询公司提交了一份调查报告，对加入 WTO 后中国经济各领域的影响进行了分析，其中最具轰动性的一个观点是，中国加入世贸组织受冲击最大的将是零售业，在加入世贸组织后 3 到 5 年，零售业 60%~ 80%的市场份额将为外资所占据，这一报告被业界称为“盛世危言”，但却需要引起我们的关注和警惕。

第二是规模小，组织化程度低。据美国统计局公布的数字，2002 年美国社会零售总额为 23 959 亿美元（不包括汽车及配件），占全球第一位，比排名第二到第五位的日本、中国、德国和英国的零售之和还要大。在全球 200 强零售商中，美国企业约占 45%，零售额占零售总额的 53%。从单个企业的规模看，2002 年美国沃尔玛公司以 2 465.25 亿美元（约合 20 412.27 亿元人民币）继续名列美国 500 强榜首。而我国最大的连锁集团上海的华联集团有限公司 2002 年销售额仅为 214.73 亿元人民币，仅相当于沃尔玛销售额的 1%。

第三是东西部发展不平衡。在贯彻上海会议精神上，大部分地区领导重视，措施得力，工作局面很快打开；但也有个别地区重视不够，没有采取有力措施推进现代流通业发展。

连锁经营自 20 世纪 90 年代初在我国出现以来，在国务院领导同志的高度重视和支持下，在各地流通主管部门的正确引导和广大连锁企业的共同努力下，取得了令人鼓舞的成绩，成为零售业、餐饮业和服务业普遍应用的经营方式和组织形式，显示出强大的生命力和发展潜力。据国家统计局统计，到 2002 年底，我国零售业和餐饮业限额以上连锁企业 1 232 家，共有连锁门店 34 551 个，从业人员 82.7 万人，年销售额达到 2 469 亿元。销售过百亿的连锁经营企业已经由 2001 年的 1 家增加到 5 家以上。今年上半年，全国规模最大的华联超市股份有限公司的销售额已近 120 亿元。但是由于我国的连锁经营起步晚，发展时间较短，同发达国家相比，无论从经营规模上，还是行业领域上都存在着明显的差距。按照我国政府的加入 WTO 承诺，到 2004 年底，我国的分销领域将全面开放，面临国际大型零售企业的竞争，国内的连锁企业如何利用有限的时间加快发展壮大、做强做大已成为当务之急。因此，商务部组建以后，部党组就提出要把培育一批具有国际竞争力的大型流通企业作为一项战略任务，争取在 3~ 5 年内使我国流通业的竞争力有一个突破性的改观。

(一)连锁企业做强做大,是实现全面建设小康社会目标的重要保证

国内外的发展经验证明,流通是推动现代经济增长,实现可持续发展的火车头。现代流通是社会再生产过程的血脉和神经,是各种生产要素集结、整合与聚变的载体,是决定经济运行速度、质量和效益的引导性力量。消费通过流通来决定生产,只有现代化的流通方式才能带动现代化的生产。流通业的成熟表现为流通企业的成熟,流通企业的成熟集中表现为大型龙头企业的成熟。

以连锁经营为代表的现代流通业是资金密集型、劳动密集型、技术密集型的产业,它的快速发展可以有力地拉动投资需求、技术进步,吸纳大量劳动力。排名世界500强首位、全球最大的连锁企业沃尔玛公司,在全球拥有100多万名员工,2002年销售额高达2 465亿美元。我国连锁企业虽然规模尚小,但名列前几名的企业员工数量也都超过万名,上缴税金超亿元。以开办一个超市投资3 000万元,安置就业300人,上缴税收200万元的大致标准估算,一个年销售额超千亿元、拥有店铺超过1 000家的特大型流通企业可实现投资300亿元,安置就业30万人,年上缴税金20个亿。由此可见,大型连锁企业广阔的发展空间和客观需求以及由此产生的巨大投资、就业和增加财政收入的经济、社会效益,必将有力地推动国民经济的增长。

(二)连锁企业做强做大,是应对公共性突发事件,保证市场供应、安定人心的必然要求

今年年初以来,"非典"疫情在我国部分地区爆发并蔓延到多数省份,在抗击"非典"的斗争中,一些大型连锁企业坚持"便民、为民、利民"的思想,主动延长社区网点的营业时间,做好卖场的消毒通风工作,积极组织供应居民急需的生活必需品和卫生防疫用品。在部分地区发生抢购风潮时,这些大型连锁企业凭借其网络化的购销体系、规范化的管理体系和高效率的配送体系,借助现代信息技术,根据实际情况和市场需求在极短时间内统一调动人员、设备和商品,形成巨大的应急反应能力,积极配合政府,充分发挥市场的主渠道作用,为保证供应、稳定物价、安定人心发挥了突出作用,受到中央领导同志的好评。吴仪副总理在视察北京物美商业集团时说,首都突然出现的集中购买在短期内得到平抑,表明大型现代流通企业强大的流通组织能力,在贯彻政府指令,保证流通主渠道畅通,稳定市场,安定人心方面发挥了极为关键的作用。

(三)连锁企业做强做大,是应对经济全球化挑战的有效措施

自2001年12月11日起,我国已经正式成为世贸组织的成员。加入世贸组织意味着国内市场的国际化,也意味着我国企业将在更大范围、更深层次上参与经济全球化的进程。面对我国加入WTO后的新形势,分销领域全面开放还有一年多的时间,尽管目前我们经受了初步的考验,但是挑战和考验将更多地发生在今后;特别是与发达国家相比,我国连锁企业还存在许多问题。所以,迅速培育一批大型连锁企业集团,是应对经济全球化挑战的有效措施。

(四)连锁企业做强做大,是整顿和规范市场经济秩序的迫切需要

整顿和规范市场经济秩序事关国家存亡,民族兴衰、现代化建设事业的成败,是我国"十五"时期一项十分重要的任务。整顿和规范市场经济秩序的实践证明,大力发展连锁经营、集中配送等先进的流通组织形式和经营方式,能够将分散的零售商和供货商组织起来,有利于提高流通企业的组织化和规模化程度,实现经营行为规范化、经营作业标准化,从源头上杜绝假冒伪劣商品进入流通领域,是整顿和规范市场经济秩序行之有效的重要治本之策。同时,通过培育一批技术先进、管理严格、行为规范、辐射力强的大型流通集团、流通企业,成为商品市场中的"主渠道",在流通行业中起到示范带头作用,不仅有利于防止假冒伪劣商品进入市场,为更多的消费者提供信得过的商品和服务,也有利于从根本上规范市场经营秩序。

可以说,促进连锁企业做强做大,符合发展先进生产力的要求,符合先进文化的发展方向,符合广大人民群众的根本利益,是贯彻"三个代表"重要思想的具体实践,也是应对经济全球化挑战,保证国民经济持续、快速、健康发展的必然要求。

四、连锁企业做强做大面临的主要任务

面对我国加入世贸组织的新形势，各地流通主管部门和连锁企业要利用有限的保护期，进一步增强使命感与责任感，增强发展的紧迫感，围绕把连锁企业做强做大这一目标，抓住机遇，积极探索，大胆实践，勇于创新。改革要有新突破，开放要有新局面，发展要有新思路，各项工作要有新举措。如果前几年的起步阶段，连锁经营的“散、小、差”等现象尚有情可原的话，我希望通过这次会议，我们能够切实把我国的连锁经营推上一个新台阶，争取利用5~10年的时间，培育出二三家进入世界500强的具有中国特色的连锁企业集团，推动我国的流通业实现突破性、跨越式发展。

（一）从政府角度看，当前应着重在以下几个方面进行推动

一是积极推行大公司、大集团战略。根据国外连锁经营发展的一般规律，在一个城市不可能长期存在十几家甚至几十家经营业态雷同的连锁公司。连锁企业发展的过程是一个在竞争中淘汰、兼并和联合的过程，只有实现了高效率运作和规模经济效益的大型连锁企业，才能在这个过程中发展壮大。商务部组建后提出的一个重要任务就是加快培育一批有自主知识产权、主业突出、核心竞争力强的大型流通企业。目前，我们正在抓紧制定工作方案。各级流通主管部门也要贯彻落实国务院办公厅转发的《关于发展具有国际竞争力的大型企业集团的指导意见》，结合连锁企业实际情况，努力培育一批具有国际竞争力的大型连锁企业集团，使它们成为技术创新、市场开拓和经营能力强、规模经济效益好、具有持续赢利能力和抗风险能力的企业。同时以这些优势企业为龙头，通过资产重组、企业兼并、联合等方式，进行经营资源的优化和重组，推动连锁企业进行战略性的结构调整和改组，兼并规模小、实力弱的企业和网点，减少现有连锁企业数量，扩大优势企业的经营规模。国际经验表明，培育特大型的企业集团，促进资源的优化重组，离不开政府的推动。在这方面，上海市已经率先走了一步，虽然华联集团组建后还面临着相当艰巨的整合过程，但这一步具有很重要的示范意义，希望引起各地流通主管部门的关注和思考。如果每个中心城市能够重点发展二三家大的连锁企业，淘汰一批“散、乱、差”的企业，我国的连锁经营规模将能够上一个新台阶。

二是严格履行我国加入WTO承诺，逐步开放国内市场。从国际经验看，一些分销领域被外国公司控制的国家，原有民族工业品牌很难进入跨国公司的销售网络，由此造成产业利润的重新分配。因此，各级流通主管部门应严格按照我国加入WTO承诺的开放时间表，在加入WTO三年内仍应坚持外商投资分销业的地域、数量、股权和其他限制，不要提前开放，把我国政府通过艰苦谈判争取到的短暂的过渡期，尽可能留给国内的连锁企业发展壮大。

三是加强立法、规划和标准工作，创造公平的竞争环境。从发达国家的经验看，为保证竞争的公平和有序，在取消对外资市场准入的限制后，一般都采取立法、规划或标准等方式进行管理。目前，《商业特许经营管理条例》和《商业连锁经营管理条例》都列入了国务院2003年立法规划，我们正在抓紧研究和制定。原国家经贸委从2002年以来多次发文，要求各大中城市抓紧制定商业网点规划，目前上海、大连等地已经制定完成，西安等城市已经开始对设立商业网点实行听证制度，对规范和调控流通业有序发展起到了有效的作用。今后各地流通主管部门要进一步加强连锁经营发展的总体规划，包括网点布局规划、行业结构规划、物流配送网络规划和信息系统建设规划等，对连锁企业进行必要的引导，避免同一业态过度集中和低水平的重复建设，防止恶性竞争和社会资源的浪费。

四是在资金、政策等方面给予必要的扶持。我国连锁经营发展初期，各地曾出台了一系列优惠政策，对连锁经营的快速发展起到了极大地促进作用。2002年国务院办公厅转发了原国务院体改办和原国家经贸委《关于促进连锁经营发展的若干意见》，这是国务院关于连锁经营的第一个专门性文件，希望各地流通主管部门积极会同有关部门贯彻落实。此外，各地在资金、政策等方面给予一定的扶持也是十分必要的。一是在经营资源上，要向优势企业适当倾斜，将一些适宜于搞连锁经营的房产和土地，通过多种方式重点批租或折价出售给优势企业；二是可以通过资产重组与划拨等多种有效途径，鼓励连锁企业充分利用闲置厂房、物资及批发企业的仓储设施，发展配送中心；三是要重点支持效益好的连锁企业拓宽新的融

资渠道，改变单纯依靠银行贷款和企业自身滚动发展的传统做法，通过增资扩股、发行债券、股票上市等途径募集资金，用于扩大经营规模。

（二）企业所面临的主要任务

连锁企业做强做大，切实推进连锁经营再上新台阶，关键在于企业自身。连锁企业只有牢固树立效率观和效益观，真正在规模化经营、规范化管理和标准化服务上下功夫，不断总结国内外连锁经营成功的经验，汲取失败的教训，才能在竞争中有所作为。

首先，连锁企业做强做大必须实现体制和机制创新。符合现代商业要求的现代企业制度和企业内部运行机制是连锁企业做强做大的基础。连锁企业要按照党的十六大精神要求，以建立现代企业制度为目标，加快企业改革步伐。国有大型连锁企业要实行规范的公司制改革，大胆吸收社会各方面资本，积极发展多元化投资主体。要进一步完善公司法人治理结构，建立起适应市场竞争要求的企业经营机制。要充分发挥资本运作，资源配置、技术创新和市场拓展等优势，把资本运营与商品运营结合起来，走低成本扩张的路子。一方面，可通过资金纽带的连贯建立母子公司体制的直营连锁公司；另一方面，也可通过商品、商号、管理技术的输出，把众多的中小企业连锁起来，发展特许连锁体系。

第二，连锁企业要制定正确的指导思想和发展战略。连锁经营的生命力在于规模效益，然而规模效益的实现，既要以一定的规模为基础，也要靠规范管理来保障。连锁企业要处理好规模化发展和规范化管理的关系，改变重投资、轻管理，重速度、轻效益的倾向。连锁企业要从企业经济实力和实际管理能力出发，以规范化管理为基础，通过联合、兼并、重组等资本运作及特许经营等多种途径，实现有质量、有效益的扩张，反对借非法融资和投机行为进行扩张。

第三，强化规范化管理，实现规模内涵式的扩张。连锁企业要加强总部建设，进一步完善总部功能，使总部充分发挥决策、管理、监督、指导和服务的职能。首先要抓好进货管理，逐步提高统一采购、统一配送的比例。通过应用现代信息技术和科学的管理方法，提高商品的适销率和周转速度，保证商品结构的合理化。其次要按照连锁经营“标准化、专业化”的要求，逐步建立一套完整的作业标准，制定科学的店铺开发程序和完整的经营管理体系，实现制度手册化、运作程序化和作业标准化，变经验管理为科学管理。

第四，培养一支适应连锁经营发展的人才队伍。企业的竞争实际是人才的竞争，如果没有一支高素质的人才队伍，连锁的规范化管理水平很难提高。近几年来，连锁经营管理人才的缺乏和人才结构的不合理已成为制约我国连锁企业发展的瓶颈。连锁企业要通过多种形式引进和培养人才，搞好人才储备，特别是要储备一批既懂现代流通组织形式，又懂金融、法律、外语及资本运营，具有现代经营管理理念的复合型人才。连锁企业要把人员的培训工作纳入企业整体发展规划，做到理论教育与实践培训相结合，基础培训与专业培训相结合，“请进来”与“走出去”相结合，并根据企业实际需要和经济实力，通过多种渠道建立企业的培训基地，使培训工作系统化、制度化、长效化。

（三）充分发挥行业协会的作用

我国的连锁协会是伴随着连锁经营的发展而逐步发展起来的，显示了越来越重要的作用和巨大的活力。今后，推动连锁企业做强做大，必须解决连锁企业发展中面临的各种问题。解决这些问题，协会应该更好地发挥联系政府与连锁企业的桥梁和纽带作用，广泛吸收会员，制定行规行约，进行行业自律，并在此基础上开展行业调查统计、行业发展理论研究、国内外连锁企业的交流和经验推广、从业人员的培训考核等工作。总之，要充分发挥中介组织的沟通、协调和监督作用，为政府制定相关政策，提高连锁企业的经营管理水平做出积极贡献。

同志们，当前全党正在兴起学习贯彻“三个代表”重要思想新高潮，让我们全面准确地领会“三个代表”重要思想的系统性、科学性，牢牢把握解放思想，实事求是、与时俱进这个精髓，开拓进取，扎实工作，努力把连锁经营工作推上一个新台阶，以实际行动为全面建设小康社会贡献力量。

中国批发业向何处去

中国物流与采购联合会副会长　丁俊发

（2003年7月）

一、对目前我国批发业的现状要有一个清醒的估计

目前我国正处于计划经济体制向社会主义市场经济体制的转型期，随着这个转变过程的不断深入，经济领域，包括流通领域的许多深层次矛盾逐步显现，中国批发业向何处去就是一个摆在我们面前必须解决好的紧迫问题。

（一）建立新的批发体系有所推进

计划经济时期我们形成了生活消费品和生产资料的商品批发体系，这个体系以高度集中、计划调拨分配和设立一、二、三级批发站为显著特点。在新中国成立后的相当一段时间，对经济建设的推进与人民生活的保障起到了巨大的作用。但随着商品经济的发展，这种体系不符合社会主义初级阶段的国情，严重束缚了商品生产者和经营者的积极性，也极大地限制了商品流通的发展。传统的商品批发体系迅速瓦解。经过二十多年的改革和发展，对建立新的批发体系进行了积极的探索，在建立多元主体、多种方式、多层结构的批发体系方面有所推进，主要体现在以下两个方面。

第一，批发主体的多元化。改革开放以后，我国放开了企业产品的经营权，特别是加入WTO以后，允许外商进入国内的批发和分销领域。在这种情况下，逐步形成了三大批发业主体。

一是工业企业成为批发主体。改革开放以后，工业企业有了产品的自销权，加上当时仍处于供不应求的卖方市场，所以工业生产企业普遍把一部分产业资本投入商业资本，自营批发，直接获取商业利润。在不少产品领域，工业企业自身成了最大的批发业主体。

二是非公有经济逐步进入批发业，成为批发业务的重要力量。民营经济先进入零售业，在有了一定的资本积累以后逐步进入批发业，在批发业务中，一般先进入日用工业品批发，再进入生产资料批发。有的民营企业年批发钢材已达到上百万吨。目前外资已开始进入批发环节，但数量不大。

三是公有批发企业经过改革、改制，优胜劣汰，仍然是批发业务的一支主力。特别在盐、烟草、成品油、原油、粮油、棉花、化肥、农药、图书、钢材、汽车、煤炭、糖酒等产品领域，显得尤为明显，有些已成为批发代理商与批发经纪人，有些零售企业在发展连锁超市过程中，实行批零结合，也进入了批发领域。

第二，批发载体与批发形式多元化。目前看得比较清楚的是以下四种载体，或叫四种形式。

一是生产企业通过代理商与经纪人以及直销商，用契约方式进行批发。改革开放以来，各级政府虽然积极推动代理制，但由于信用体系不完善，真正的佣金代理发展很慢，批发经纪人也不发达，但生产企业通过契约直接批发给生产企业、批发企业、零售企业则成为一种主要渠道，是一种无形市场的批发方式。

二是通过商品批发交易市场。据国家统计局最新统计，截止到2002年底，商品批发交易市场有8 9043个（其中生产资料市场6 545个，消费品市场82 498个），年成交额34 772亿元（其中生产资料交易额8 796.3亿，消费品交易额25 975.7亿）。在消费品批发交易市场中，2002年农副产品交易额1.3万亿，工业消费品为9 986.6亿。虽然这些批发交易市场大多是批零兼营，但仍是目前中国许多商品特别是农副产品与部分日用工业品的重要批发渠道与批发载体。

三是通过网上批发交易。随着电子商务的发展，网上交易成了许多企业批发的重要形式或主要形式。按电子商务协会发布的“中国电子商务发展分析报告”，2002年企业电子商务交易总额为10 242亿元，其中产品类交易4 890亿，占48%，主要是BtoB的批发交易，如外贸行业2 490亿，电子行业572亿，冶金行业500亿，石化行业400亿，医药行业400亿，煤炭行业300亿，纺织行业119亿等等。

四是通过展销会批发交易。这是会展经济快速发展的推动力。这类展销会涉及到各个层次、各种产品。有综合性的，有专业性的；有全国性的，有地区性的；有外销为主的，有内销为主的。展销会也成了批发交易的重要形式。但目前展销会蜂拥而起，中国除上海、广州以外并没有形成真正的会展中心城市。

（二）批发业存在的问题不容忽视

第一，认识上的误区。如果说目前全国“重生产轻流通”的思想烙印还很深，在流通领域则存在“重零售轻批发”的思想混乱。传统批发体系的瓦解导致了人们对商品流通规律认识上的盲区，有的人提出，在现代市场经济和现代流通方式充分发展的情况下，还有没有批发业存在和发展的必要。有的人提出批发环节是多余的，鼓吹生产商直销零售商。也有的人提出生产企业要向两头延伸，撇开流通部门。这种认识完全否定了消费通过流通决定生产这一规律，否定了批发利润的存在，不承认平均利润率规律的普遍指导意义。企业在实践中，也往往模糊了批零界限，不愿意更多地向批发环节让利，否定流通的专业化、规模化和流通自身所固有的规律性。这种现象，一方面说明大家对市场经济的规律缺乏认识，另一方面说明中国批发业的发展还没有完全走上正道。

第二、批发秩序比较混乱。我国的商品批发领域批发环节过于分散，进货渠道不稳定；经营行为不规范，有时零售价甚至等同或低于批发价；批发交易不仅存在假冒伪劣，而且资金互相拖欠；由于信用体系不健全，使“佣金代理”不能健康发展。

第三、缺少大批发商。除了进出口贸易与生产资料批发交易中有小部分规模较大的批发商以外，各类批发市场中基本没有大批发商。据统计，2002年大城市批发市场的批发商年平均成交114.9万元，中等城市为86.6万元，小城市为67.8万元。由小商贩为主体与支撑的传统批发市场已相对过剩，而依托现代科技、先进管理的大批发商严重不足。批发商“小、散、差、乱”，极大地损害了中国批发业的形象。

第四、批发技术落后。现代商业的批发，无论是连锁经营、现代物流还是电子商务交易都必须以现代化的商品配送中心为基础。这种从生产部门直接采购、通过网络系统和自动补货系统达到销售终端、满足客户要求的方式，信息化和标准化是关键环节。我国商品流通的信息化和标准化虽然有了很大程度的进步，但是在应用现代电子信息技术，如电子数据交换（EDI）、电子付款服务系统（EPS）、宽带综合业务数字网（B-ISDN）、网络定位系统等方面还有很大差距，服务贸易系统的国际采标率和国内的标准化程度也不高，精通现代商业技术的人才也十分缺乏。这些都很难满足我国推进流通现代化、大力发展现代流通方式的要求。

二、加快批发业改革与发展的紧迫性

按照现代商品流通规律，分析研究我国批发业的现状，积极探索如何加快批发业的改革与发展，对于大力推进我国的流通现代化、建立符合现代市场经济制度和世界贸易组织规则的经济秩序具有重要的现实意义。

（一）加快商品批发业的改革与发展是商品流通客观规律的内在要求

在商业发展史上，批发业的出现，正是对商品流通实施规模化、集约化和高效率分销要求的必然结果，是按照平均利润率规律进行的必要的社会专业分工。批发商处于生产与生产，生产与零售市场的中介，直接关系着流通的规模与流通的效率，关系着社会交易成本的水平，关系着市场的广度与深度。因此，就批发产业自身的发展来说，不论采取何种形式，不论如何改革，都是商品流通规律的客观需要，取消或否定批发业的存在，不是商品流通业的进步，而是对商品流通规律的悖反和否定，只能给全社会带来生产和流通秩序的极大混乱。从这个意义上看，批发业问题，仍然是我国商品流通改革与发展的一个十分重要的环节。批发商承担着用市场机制配置资源的重要任务，因此，他的发育程度成了衡量市场组织化程度的重要标志。

（二）加快批发业的改革与发展是全方位、宽领域、多层次对外开放的需要，是加入WTO以后的紧迫任务

2002年，中国进出口贸易已达6 208亿美元，占世界第五位，中国在世界产业结构调整中，将逐步成为世界制造业中心，批发业务将越来越大。中国加入WTO后，除盐和烟草以外，批发服务与佣金代理服务都是开放的，对中国批发业必然形成强大冲击，我国的批发企业只有加快改革步伐，转变传统的商品批发观念，按照现代商品流通规律和商品流通组织形式重新构建商品批发体系，才能不断做强做大，不断增强企业的核心竞争力，以适应我国商品流通格局的新变化，凭借企业实力在批发领域与外商进行平等的贸易竞争。

（三）加快批发业的改革与发展是提高我国经济总体运行质量的需要

2002年，我国社会消费品零售总额为40 911亿元，而同期，全社会生产资料销售总额达到7万亿元，2003年生产资料销售总额有可能突破8.5万亿元，加上进出口批发贸易，目前批发业与零售业总额之比约为3:1，家通过批发这一环节，在全国、全球建立广泛的经济联系。如果批发环节不畅，不能组织起有效的供给和需求，国民经济的整体运行势必受到严重的影响。

（四）加快批发业的改革与发展是流通现代化的需要

发展连锁经营、现代物流、电子商务等现代流通方式是我国推进流通现代化的主要内容。商品的高效配送是这三大流通方式的基础，没有高效率的配送体系，连锁经营、现代物流、电子商务的经营活动就失去了依托。加快我国批发业改革与发展的一个重要思路，就是通过建设商品物流中心、配送中心，优化供应链管理，实现商品的更低成本、更快速度、更高质量的流通，最大限度地满足消费者需求。据了解，目前已经有一部分批发企业和批发市场正在积极进行这方面的探索和实践，这对我国新型流通业态和新型流通方式的发展必将产生促进作用。

三、创新与发展中国批发业的战略思考

（一）充分借鉴国外先进经验

随着经济的高速发展，专业分工日益细化和经济区域化、全球化，发达国家批发业集营销、管理和科技为一体。现代批发业与传统批发业相比，形成了一系列新的特征。

批发业成为市场营销活动中的主角；流通企业批销和生产企业自销占领批发领域，目前发达国家流通企业批销和生产企业自销的比例3:2左右；专职批发商的功能多角化；批发企业趋向大型化、集团化、国际化，20世纪80年代与60年代相比，批发企业的平均规模扩大了一倍。在现代批发业中，系统分析、模型技术、线性规划、价值工程、决策技术、网络分析、库存技术等现代管理方法得到广泛使用。

从美国批发商业的发展模式来看，主要有三种类型：一是专业批发公司，不依附于任何生产企业，拥有对经营商品的所有权，专门从生产者那里批购商品，再分别销售给零售企业。这类批发商占批发商业群体的三分之二以上，居于主导地位。二是制造商的批发机构，专门批发本公司生产的商品。一般在制造商无法找到为其有效推销商品的批发商时，生产部门才建立自己的批发分支机构。三是批发代理商和经纪商，无经营商品的所有权，主要职能是沟通买卖双方，促成买卖双方进行交易，实现商品所有权从卖方向买方的转移，并获得买卖双方为其提供的佣金。

一些跨国公司无论是以生产为主的、服务贸易的、资本投资的，大多涉足批发与零售业。全世界5万多个跨国公司，其公司内部与相互贸易已占世界贸易的三分之二以上。他们利用资金优势、网络优势、服务优势在全世界建立了分销体系，基本可以垄断国际批发市场。

批发业是流通网络的节点和枢纽，对生产和流通的组织作用很大。无论何种方式，批发过程本身都体现了高度的市场化、社会化、规模化和专业化。我国正在大力推进流通现代化，充分借鉴、消化这些成功的经验，对于加快批发业的改革与发展，按照现代流通方式的要求，建立和完善符合我国国情的现代商品批发体系，推进全国统一市场的形成，无疑具有十分重要的作用。

（二）改造、提升传统批发产业

我国的传统批发业集中在原物资、商业、外贸、粮食、供销合作总社五大行业，以及烟草、[illegible]品、油品、黄金白银等专卖行业，其产业规模主要形成于计划体制时期。由于产业组织形式落后，已经远远不能适应现代流通的发展需要。按照推进流通现代化的要求，通过实施有进有退、资产重组、结构调整等措施，改造、提升这些传统的批发企业，充分发挥它们原有的规模、网络、设施、人才等优势，实现产业组织形式和企业营销模式创新，向现代流通方式转型，在市场竞争的环境中优胜劣汰，这是加快我国批发业改革与发展的重要任务。在这方面，不少企业已经进行了多方面的探索和实践。如天津市物资集团，结合自身实际状况，从原有的单纯批发业务向两头延伸，用供应链原理改造自身，以贸易为依托，以代理、配送服务为切入点，发挥大型批发企业的组织优势，创新出一条以产品为纽带，从上游原材料供应、中游物流配送到下游产品销售的供应链管理模式，建立了新型工商和银企合作关系，年销售额 2003 年可以接近 200 亿，已进入全国 500 强之列，为创建现代化的流通企业奠定了良好的基础。

（三）同时推进生产商、批发商、零售商供应链管理模式

英国著名经济学家克里斯多夫曾经讲过这样的话："市场上只有供应链而没有企业"，"真正的竞争不是企业与企业之间的竞争，而是供应链与供应链之间的竞争。"对于这一点，中国的许多企业家并不理解。

什么是供应链，《物流术语》国家标准是这样定义的："供应链，即生产与流通过程中涉及将产品或服务提供给最终用户活动的上游与下游企业所形成的网链结构。""供应链管理，即利用计算机网络技术全面规划供应链中的商流、物流、信息流、资金流等，并进行计划、组织、协调与控制。"美国物流协会 1998 年对物流的最新定义指出："物流是供应链流程的一部分，是为了满足客户要求而对商品、服务及相关信息从原产地到消费地的高效率、高效益的正向和反向流动及储存进行的计划、实施与控制过程。"美国经济学家史蒂文斯（Stevens）认为："通过增值过程和分销渠道控制从供应商的供应商到用户的用户的流就是供应链，他开始于供应的源点，结束于消费的终点。"美国另一位经济学家伊文思（Evens）认为："供应链管理是通过反馈的信息流和反馈的物料流及信息流，将供应商、制造商、分销商、零售商，直到最终用户连成一个整体的模式。"

由于经济的全球化，以及跨国集团的兴起，企业生产产品的"纵向一体化"运作模式逐渐被"横向一体化"模式所代替，围绕一个核心企业的一种或多种产品，形成上游与下游企业的战略联盟，即经济链。上游与下游企业涉及到供应商、生产商与销售商，这些供应商、生产商与销售商可能在国内，也可能在国外。在这些企业之间，商流、物流、信息流、资金流一体化运作。这就是我们讲供应链与供应链管理的基本概念。生产商可以以自己为核心，建立供应链，如海尔集团。批发商与零售商业也可以以自己为核心建立供应链，如香港利丰集团与美国沃尔玛连锁集团。建立自己的供应链与进入别人的供应链都是企业的必然选择。但整个供应链的运行中，往往以批发环节为主导。目前，中国许多企业还满足于孤军奋战，追求一时利益，而不去研究供应链战略与长远利益，这就是中国许多企业与国外成功企业的差距。

（四）积极探索电子商务批发交易

电子商务对传统流通业是一场革命，可以在网上虚拟市场，虚拟银行，实现网上采购与网上结算，通过物流系统送达千家万户。电子商务有 BtoB，BtoC，CtoC 等多种形式，但以 BtoB 即企业对企业的批发网上交易量为最大。有人预测，在未来 10 年，国际贸易额的三分之一将通过互联网进行。电子商务的兴起给我国生产资料与生活资料商品在内的大宗商品批发交易提供了一种崭新的思路和模式。凡是适宜进行大批量批发的商品，通过电子商务，可以有效的延伸交易半径，扩大交易商圈，加速交易过程，降低交易成本。由于我国诚信体系建设还不够完善，银行网上结算系统还在探索，物流配送水平对电子商务交易还有

一定制约。目前，商品批发的网上交易还不普遍，总规模还不大。但是总的来看，通过电子商务进行批发交易，是我国大宗商品流通的发展方向，有着光明的前景。一部分批发市场和企业尝试举办电子交易场所，吸引交易商入场开展现货仓单竞价交易，取得了一定经验。但是要特别注意与期货交易进行严格区别，到目前为止，除国家批准的期货交易所以外，任何部门、任何地方，国务院都严格禁止进行期货交易。国家质检总局最近发布的国家标准《大宗商品电子交易规范》，从技术标准上对现货商品的电子交易与期货交易进行了严格区分，我们在执行中要十分注意这一点。

（五）进一步推进和完善代理制

在管理学中，代理与外包一样都是重要的原理，不仅适用于商品交易，也适用于服务交易。就批发而言，佣金代理是发达国家批发交易的通行作法，它实际上是生产部门将采购与销售物流外包给流通部门的一种方式，是生产部门与流通部门合理的专业化分工。我国政府对代理制试点和推广工作给予了大力支持，钢材、汽车、家电等产品的代理也取得了一定的进展，但大量的是买断代理，佣金代理发展差，主要卡在信用体系上，合同得不到执行，资金互相拖欠，银行惜贷。目前国务院正在大力推进中国信用体系建设，金融市场等要素市场也在积极培育，佣金代理必然成为中国批发业的一种重要形式。

（六）调整、提升与创新批发市场的现代批发组织功能

对于全国近10万个现货批发市场，如何认识，我在多次会议上讲了三个问题，一是中国的商品批发市场生命周期还有多长，二是如何估价批发市场在中国经济发展中的作用，三是现有批发市场如何实现调整、提升与创新。对于第一个问题，我讲过前20年与后20年的观点，即发展了20多年，还有20多年的发展周期。除农副产品批发市场外，工业品批发市场将逐步被无形市场所代替。在中国东部批发市场主要是调整、改造、创新、提升。在中西部还有一定的或较大的发展空间。但所有批发市场都应按党中央与国务院的统一部署，规范与整顿市场经济秩序。至于批发市场在经济体制转轨过程中起到的巨大作用是一个无可否认的事实。这种在社会主义初级阶段前期重要的市场组织形式，在实现资源合理配置、有效组织产需衔接、活跃流通和地方经济、提高商品流通效率、建立价格发现机制、推进商品流通信息化和网络化、带动全国统一大市场的形成、增加就业人口、为中低收入家庭提供适宜的消费场所等方面发挥了十分重要的历史作用。在我国广大城乡地区，批发市场仍然是进行商品批发交易的一种主流形式。据统计2001年9.3万个全国批发市场与集贸市场交易额达3.28万亿，相当于当年社会消费品零售总额的87%。

但由于批发市场推行的是摊位制、包税制等落后的交易与管理方式，市场载体也十分初级，功能不健全，除了容易诱发偷漏税、销售假冒伪劣商品等不规范经营行为之外，还严重制约了市场的现代批发组织功能的发展和提升，不仅导致了零售行为的不规范，也导致了批发行为的不规范。因此，按照中央、国务院整顿和规范经市场经济秩序的要求，在开展集贸市场专项整治工作过程中，通过批发市场业态的改造和提升，进一步发挥和完善批发市场的现代批发组织功能，使其能够按照现代商品流通规律和现代流通方式的要求，有效地组织商品批发与零售的衔接，推进批发业的改革与发展，完善商品批发体系，是我国商品批发市场进行现代化建设的重要任务，也是批发市场继续健康发展的前提和保证。

如何提升批发市场的现代批发组织功能，我认为：

一是突出批发优势。由连锁店、精品店、超市等取代批发市场的零售环节是一个普遍趋势，否则，既不利于商品的专业化经营，也不利于形成商品经营规模。突出批发优势与特色，将成为今后批发市场区别于一般商品集贸市场的重要标志，可以说，市场失去了批发优势，也就失去了业态特点，在现代商品流通体系中，就难以准确定位，最终为其它流通业态所取代。据统计，全国所有批发市场80%左右是批零兼营，以批发为主的约占50%，纯批发业务的市场只占20%左右。这是各类批发市场所面临的共同问题。

二是实现交易方式创新。佣金代理、拍卖、网上交易、配送等都是国外成熟的交易方式，在批发市场上可以得到应用。但不同的商品有不同的批发方式，批发市场的发育程度（初级、中级、高级）也影响着批发方式的应用，而批发市场的发育与当地市场经济的成熟程度有关，所以不可能全国推行一种模式，既要按经济规律办事，又要按当地的实际情况有各自的特色，生命力也可能在市场特色上。

三是实现市场提升。包括市场本身的硬件与软件，也包括市场外部的硬件与软件环境。著名经济学家钟朋荣对我讲，他认为像义乌小商品市场等成功市场的经验，归结为一条，就是一个开明的政府加上一批聪明能干的商人。我希望批发市场的投资主体不要竭泽而渔，而要放水养鱼，变初级市场为高级市场需要投入。这些市场只有通过推进流通现代化，才能使市场的规模化和专业化水平不断提高，核心竞争力才能不断得到增强。

（七）培育大批发商

中国进入二十一世纪新的经济发展时期，批发市场应从重视市场的场所建设转向对现代大批发商、大代理商、大经销商的培育。从外延数量扩张向内涵质量提升发展。我这样讲并不是说中国批发商必须言必称大。任何一个事物都要有一个合理结构，在中国既有产地、销地、集散地批发市场的结构问题，也有综合批发市场、专业批发市场的结构问题，还有大批发商与中小批发商的结构问题，以及批发商的所有制结构问题。随着情况的变化都要逐步作出调整。在诸多结构调整中，我提出培育大批发商问题，这也是我一直提倡的一个问题。我们既要扶植中小批发企业发展，更要重视大批发企业的成长。能成为中国大批发商的可能有三种类型，一是经过改革开放以来的市场优胜劣汰，已逐步壮大的部分国有批发企业，有的已改制，有的已上市，按其规模已进入中国500强；二是外资与中外合资批发企业。对这一点我们要特别关注。目前外资进军的重点是零售业，特别是连锁超市。下一步我认为将大举进入批发业，我们要有思想准备；三是民营批发企业。我认为在5~10年内，必然会出现民营大批发商，他们有自己的优势，发展速度极快。生产企业能否成为大批发商是一个有争议的问题，按核心竞争力原理，生产企业不可能既是制造商又是批发商，但实际运行中是存在的。对于大零售商能否又是大批发商也是一个争议的问题，目前功能延伸使一些概念发生模糊，兼营也是一种形态。不管怎样，我希望加快大批发商的培育并走向世界，中国的批发商一定要在全球经济中占有一席之地，成为重要角色。

（八）建设适应社会主义市场经济需要的中国批发市场体系

1. 以大型批发商为主导。要指出的是这些大批发商必须是多元化的。

2. 以新的营销方式为支撑。比如网上批发交易、佣金代理、供应链战略联盟、加工配送等等。

3. 以有形与无形批发市场为基础。如各类综合与专业批发市场，大宗商品电子交易市场，BtoB网上批发市场等等。

4. 以供应链为连结。在经济运行中，在生产与再生产过程中，批发是一个重要环节，必须进入供应链体系。

5. 以提高流通效率与效益为目的。从生产到消费之间的流通费用，既影响生产成本，也影响到消费者的利益，减少流通环节，降低流通费用，提高流通效率，提升流通服务水准是批发环节共同的目标。

在从计划经济体制向市场经济体制与从粗放式经营向集约化经营的两个转轨过程中，在社会主义市场经济的发育过程中，我认为批发服务是一个十分重要的环节，加强理论研究与加强实践探索都非常重要，目前并没有引起主管部门足够的重视，也没有形成合力。我们有一支理论研究的专家队伍，加上一批勇于实践的企业家，一定能为中国批发业的改革与发展做出贡献。

大力推进物流工作标准化

国家标准化管理委员会副主任　王忠敏

（2002年）

第一，标准化工作已经成为开拓市场，公平竞争的重要手段。在国际贸易中，国外设置的技术壁垒大都是从标准做起的。拿服装业来说，中国经过20多年的发展，已成为全世界服装业的出口大国，纺织品占出口份额的1/5多。20世纪80年代在美国、欧洲和日本，看不到中国的服装，而现在到国外买一件衣服要先看是不是"MADE IN CHINA"。欧洲为了阻止中国产品大举占领其市场（以低价劳动力为优势），提出了生态纺织品标准，看纺织物穿上后对皮肤是否有影响，这是一个很高的技术壁垒。欧洲为了推广其染料，宣传他们的染料当中不会有对人体有害的东西，技术含量很高。按他们的标准，人穿着这样的衣服，健康才不会受到影响。虽然我们并没有实际感受到这种危害的严重性，但他们认为此事很严重，广为宣传，结果造成中国的服装产品因为没有达到这个标准而不合格。还有我们出口的食品也是如此，我们的农业发展很快，日本和韩国的新鲜蔬菜60%是中国提供的，由于我们的价格很便宜，对他们当地农民的冲击非常大。为了保护本国农业和农民的利益，他们提出中国蔬菜农药的残留与重金属的残留远远超过标准，并大造舆论，说我们出口的菜都超标，不能吃，实际上是不是这样呢？恐怕舆论炒作的因素比较大，实际上他们国内的蔬菜也有很多超标的。现在，我们输送到香港的生肉，检查很严格，特别是对瘦肉精含量检查很严。每头猪都要抽尿样，都要化验。我们到罗湖的海关去看他们现场的检验，非常认真。这里每天进口4 000多头猪，每头都要经过检验，搞得非常严格。什么原因？就是保护消费者利益。大家是搞建材的，建材和家具有关，欧洲出了一个家具标准，对家具使用的木材产自哪个森林，该森林是否进行了环境保护，是乱砍乱伐，还是有目的的采伐后种树，都有相应的规定。而在我们这里，家具企业很难关心到这些产地的环境因素，所以这个标准就把我们挡住了，产品就进不去。甚至我们已经运到国外港口的产品，提供不出这些证据就被拒之于国门之外，因为运费的关系，既销不出去，也运不回来，给我们造成了很大的损失。这就是我们国家在加入WTO以后面对的一种新形势，标准化的重要性就在这里。标准已不再是常规下组织生产的手段，而是新的形势下，贸易技术壁垒的一种手段，也是开拓市场的一种技术手段。

第二，标准化工作正在从我国的第二产业向第一产业迅速延伸。现在标准化工作已经从传统的第二产业发展到第一产业。过去中国是一个农业大国、农业穷国。这几年，粮食已不是问题。按照中国的外汇储备情况，即使我们连续十年颗粒无收，也有粮食吃。现在的问题是粮食卖不出去，农民卖不出去粮食或是价格低，就没有收入，无法拉动内需。粮食出口是我们解决农民问题的一个重要战略。粮食要销售到国外，要看是否符合标准。过去我们的农民是一家一户个体经营，什么时候打农药，打什么农药，打农药会有什么影响，他们是不会考虑这些问题的。我们的农民可能有一点知识、技术，家里搞了一个大棚，菜卖到市场后，他们施的那些农药有什么影响和危害，他们不会看到。有点文化的农民，他们自家吃的，开一小片儿地，不用农药，上点农家肥。但没有文化的呢？打了药的菜，自已也吃，中不中毒，他也不知道。这样的粮食、这样的水平，能出口吗？我们出口到日本的大米，以前要检查27个指标，新的标准出台后，日本对我们大米的检测指标已达到107个，有一个不合格他们就不要。我们出口到欧洲的茶叶要检查127个指标。所以农业不推行标准化是不行的。原技术监督局在5年前开始推广农业标准化工作，要求就是"以农业标准化带动产业化"，"以公司加农户"的方式加以贯彻。当时连一些抓农业的同志都不理解，他们既不支持也不反对,认为农业没必要搞什么标准化,现在大家的认识提高了,认识到了不抓标准化,农业照样没有出路。所以党中央和国务院领导总讲这件事,温家宝总理多次批示,农业部也非常积极。标准化工作已经从第二产业延伸到了第一产业,并且在逐步推行。

第三,我国第三产业的标准化工作已经提上日程。标准化工作近些年在第三产业,在服务贸易领域已经起步。但是由于这项工作开始时间不长,很多人都不理解什么是第三产业的标准化。举例来说,与我们每个家庭有关的是住宅的物业管理、居住小区管理的标准化。由于服务的标准不一样,业主都很有意见,那么如何通过标准统一起来,就是第三产业发展中的一个重要问题。还有我们住的四星级、三星级酒店,怎样确定星级,也是个标准问题。我们和国家旅游局共同制定了旅游管理标准,这一点我们在国际上已经走到前面。最近我们到德国去,那里殡葬业的标准已经制定出来了,形成了规范化的服务程序和收费标准。而在我们国家,小孩和死人的钱是最好挣的,人都死了,多收点钱也不会有人计较,造成收费混乱,就是因为没有统一的标准。德国不大,但有380多家殡仪馆和殡仪公司,搞了全国的统一标准化。又比如,我们搞现代物流要达到科学化、规范化、国际化,如果没有一个统一的标准,全国的高效流通能实现吗?现代物流决不仅仅是只为当地或某一个地区服务的,天津环渤海建材市场绝不仅仅只服务于天津市,甚至也不会只局限于国内市场,随着市场的发展,服务的扩大,还会延伸到国外去。外国物流企业已打进国内了,如果没有一个统一的标准,这项工作是做不好的。我只举一个简单的例子,很多物流企业都用托盘,但火车使用的和汽车使用的不统一,公路使用的不能在船上用,船上用的不能在民航上用,由于没有一个统一的标准,结果造成物流资源的很大浪费。我们的包装、货柜、保鲜装置等都应有一个统一的标准。现在物流的领域很广,仅商品的类别就涵盖了从农业到制造业的所有产品。据说日本有大量进口中国鲜花的需求,然而运程过长,保鲜措施难以解决。还有其他一些生鲜产品,如何能在运输过程中保鲜并尽可能缩短运输周期,如何很好地分装,增加出口,促进发展,还存在着一系列问题。没有统一的标准,卸也卸不下来,装也装不上去,商品如何流通啊? 所以标准化工作在服务领域,在现代物流业发展中,已提到日程上来了。

第四,关于物流标准化技术的组织工作。我们很高兴的是,中国物流与采购联合会领导同志非常关心物流标准化工作,多次协调准备组建全国物流标准化技术委员会。物流标准化工作涉及面很宽,包括储运、交通、民航、海运等领域,研究统一的托盘、统一的货柜、统一的运输方式、结算方式,实现电子化,才能真正形成现代意义上的物流。这方面我们希望大家共同参与。对物流标准化,我们必须有紧迫的意识、现代的意识。在社会上,大家常见的ISO9002就是标准化。我们从事物流业务的企业,也要研究这方面工作,把基础工作做好,把基础打牢。去年组建国家质量监督检验检疫总局时,同时成立了国家标准化管理委员会这个机构,加挂国家标准化管理局的牌子,国务院授权管理全国标准化工作,就是为了大力加强这项工作。大家都是总裁,在强化企业标准的同时,要考虑将标准统一到行业的标准,把行业标准上升为国家标准,更要上升到国际标准,提升标准的水平。这样,就能使我们的商品在标准化的前提下,在WTO的原则之内,畅行天下。通过社会各界,也包括在座大家的共同努力,以标准化推动产业化,通过产业化推进我们国家经济的发展。

开展批发市场整治行动
促进我国经济健康发展

商务部部长助理　黄　海

(2003 年)

一、进一步提高认识，统一思想

国务院决定在全国范围内，深入开展集贸市场专项整治行动，这是整顿和规范市场经济秩序的必然要求，也是促进我国经济健康发展和应对加入 WTO 挑战的重要措施。

我们所说的"集贸市场"是一个代名词，包括各种各样的批发市场、专业市场、农贸市场等。由于这些市场都采用集贸市场那种"一对一"、讨价还价的交易方式，所以统称为集贸市场。

改革开放以来，我国集贸市场的发展，对于衔接产需、扩大就业、促进地区经济发展以及促进出口等方面，发挥了一定的积极作用。但是，从全国情况来看，集贸市场中也确实存在着不少问题，有些方面还相当严重。国务院领导同志多次指出，有的集贸市场已经成为了假冒伪劣商品的集散地、逃税漏税的特区、藏污纳垢的庇护所、执法人员进不去的独立王国。这绝不是危言耸听。这种现象如果任其发展下去，必然严重影响正常的市场秩序，打击守法经营的企业，破坏国民经济的健康发展，损害我国的改革开放事业和国际形象。

当前，我国正在全面建立社会主义市场经济体制。由于长期受计划经济体制的影响，"重生产、轻流通"的观念烙印很深。发展社会主义市场经济，搞好流通极为重要，是消费通过流通来决定生产。国内外的经验都证明，小流通只能带动小生产，现代的流通方式才能带动现代化的生产，大规模的流通方式才能带动大规模生产。集贸市场从本质上说是小生产的产物，不适应现代社会化大生产的需要，更不代表着社会主义市场经济体制发展的方向。

各级市场管理部门和市场经营者都要认真学习、努力贯彻《国务院办公厅关于开展集贸市场专项整治行动的通知》精神，进一步提高认识、统一思想，按照国务院的部署，做好集贸市场专项整治工作。

二、各级地方政府要切实负起责任

在去年开始进行的整顿和规范市场经济秩序工作中，国务院确定了"全国统一领导，地方政府负责，部门指导协调，各方联合行动"的指导方针和工作格局。实践证明，如果各级地方政府不切实负起责任，只靠执法部门是无法完成专项整治工作的。

2 月 28 日国务院整顿和规范市场经济秩序电视电话会议结束后，各省区市政府立即对本地专项整治正作进行了部署安排，很快召开了集贸市场专项整治工作会议，要求各地按照全面检查、突出重点、严格监管、完善制度、标本兼治的要求，集中时间、集中力量进行整治。各级政府要在总结前一阶段工作经验的基础上，针对各地工作进展的不同情况，研究部署整治工作，并落实责任。哪个地方集贸市场存在的问题长期不能得到解决，要追究哪个地方政府领导的责任。

在建立地方政府领导责任制的基础上,还要建立地方行政执法部门的责任制。省工商、税务部门要积极行动起来,严肃查处各种违法行为。鉴于大部分秩序混乱的问题出自于县及县以下,更重要的是要让市、县执法部门领导切实负起责任。要充分发挥工商和国税部门省以下垂直领导的体制优势,把责任层层落实到相关执法部门,落实行政执法责任制和责任追究制度,坚决杜绝有法不依、执法不严的现象,做到违法必究。

三、建立集贸市场开办者的商品质量监管责任制度

集贸市场中假冒伪劣商品较多,有人认为都是出租摊位无法管理。实际上,百货商店中也有不少工厂进店经营,也曾经发生过质量问题难于管理的现象。但是,由于目前百货商店全部实行了商品质量先行负责赔偿制度,较好地解决了这一问题。北京"居然之家"建材家居市场实行市场主办者先行赔付制,取得很好效果。

当前,应逐步在全部集贸市场中建立开办者对商品质量先行负责的制度,成为该市场所销售商品质量的第一责任人。市场开办者要在市场中设立专门人员,负责检查场内出租摊位销售商品的质量,发现问题及时通知工商部门查处,同时对消费者反映的商品质量问题予以解决,并对一时不能解决的先行赔付。通过建立这样一种机制,增强市场开办者的责任意识和风险意识,不能只管收租金,其他一概不管。

国务院已经要求各地经贸、工商部门研究制定相关规章,明确集贸市场开办者的义务和责任,并在实践中不断予以完善,如建立市场交易者缴纳商品质量保证金制度、市场经营者和入场商品的准入制度等。如果建立了这项制度,并能够切实追究市场开办者的责任,就可以多设一道防止假冒伪劣商品进入集贸市场的关口,有利于净化市场环境,维护消费者的权益。

四、加强税收征管力度,严肃查处偷税漏税行为

当前集贸市场中突出存在的问题,一个是假冒伪劣商品泛滥,一个是偷税漏税现象严重。根据税务总局2000年普查的数据,全国集贸市场缴纳增值税占销售额的比重,只有0.26%,同法定小额纳税人按销售额4%的税率,相差太远。据义乌"中国小商品城"、绍兴"中国轻纺城"、路桥"中国日用品商城"反映,他们把企业在市场外通过正常贸易成交的数额也计算在内了,经过合理剔除后的市场实际交易额只有原来的三分之一。即使按照这样的比例测算,全国集贸市场的实际税负水平0.65%,仍远远低于法定税率。

再看一下商贸企业一般纳税人的情况。2000年全国商贸企业一般纳税人税负水平为1.4%,浙江省为1.47%。2001年北京百货大楼缴纳增值税占销售收入2.2%,北京燕莎友谊商城占4.2%,上海东方商厦占2.42%,上海联华超市公司在浙江开的三个连锁店占1.83%。一般纳税人的税负水平,明显高于小额纳税人。

为了解决集贸市场税负过低的问题,除了要大力倡导"诚信纳税,依法纳税",不断提高纳税人的依法诚实纳税的自觉性外,要在充分进行调查研究基础上,逐步开展以下几项工作:一是严格按照法律规定,将实际销售额已经符合一般纳税人条件的经营者,全部依法改为一般纳税人管理,纳入税控工程管理。二是对全部小额纳税人重新核定应税销售额和营业额,严格依照4%的法定税率据实征收,不得以任何名义减免。要以信息化手段改进税款核定工作,增强规范性和透明度。三是要坚持查账征收。对集贸市场中的经营户强制建账建证,达到一定经营规模的业户,有计划、分步骤设置会计账簿,如实记载经营事项,如实申报,税务机关查账征收,取消定额纳税。对应建账不建账或建假账的业户,按新税收征管法的规定从高核定征收。四是工商、税务部门要密切配合,切实加强税源监控。开展税务登记户与工商登记户核查,定期交换信息,有条件的地方尽快实现网络互联。银行等金融机构要及时提供开设账户信息,协助收纳税款,依法对纳税人的存款账户实施查、冻、扣措施。五是加强发票管理,强化以票控税。在集贸市场中积极开展发票有奖和发票查询等活动,鼓励消费者向经营者索取发票,促使经营者开发票、开真票、真实

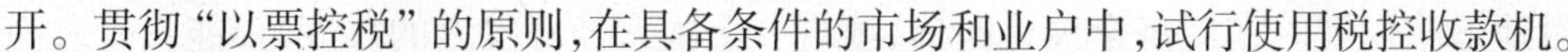

开。贯彻"以票控税"的原则,在具备条件的市场和业户中,试行使用税控收款机。

五、标本兼治,大力推进现代化流通方式

要结合对集贸市场的专项整治,大力推进现代流通方式。各地在这方面已经做出了一些探索,如鼓励名优厂家到集贸市场中开设连锁店和专卖店,把分散的小生产者用共同的品牌组织起来进入市场,建立物流企业向各地配送商品,这些都有利于集贸市场向新的经营方式发展。

有一个现象值得研究:曾在全国轰动一时的温州市乐清柳市低压电器市场、永嘉桥头纽扣市场、妙果寺服装市场等,近年来开始出现萎缩现象。其中很重要的原因是随着经济结构调整步伐的加快,产业集中度和品牌集中度的提高,大流通带动大生产的趋势逐步显现,连锁、代理、配送、电子商务等现代化营销方式和专卖店等新型业态发展很快,使得温州涌现出一批在全国乃至国际有影响的知名品牌。这些企业更多地利用现代化营销方式拓展市场、扩大销售,从而不再把集贸市场作为主要的销售手段。

用国际化视野审视
中国商业流通业的经济安全

中国工商联副主席　中国东方集团董事局主席　张宏伟

现代商业流通业安全问题是关系社会稳定、经济安全乃至国家安全的战略大事,不可掉以轻心。因此,必须把现代商业流通业安全置于可持续发展战略的基础之上。

一、改革开放的宗旨

1. 以开放促进改革,以改革促进发展

20 多年来,中国的改革开放取得了举世瞩目的成就。尤其是加入 WTO 后,中国已经成为一个更加开放、更加国际化的市场,中国在国际上树立起更加改革开放的新形象,改革开放从自我改革到国际参予,所遵循的是世贸组织的国际规则。与此同时,中国的法制化市场体系已经初步形成,正在打破垄断,为不同所有制的企业提供公平、公正的市场准入机会。在这种形势下,中国的市场经济体制越来越趋向于公开、透明、稳定和可预见性。这无疑将增加中外投资者来华投资的信心,使中国继续成为世界上经济发展最快的国家。

2. 在保证安全的情况下实施对外开放

但是,开放并不意味着没有限度地全面放开。中国的开放是有时间表的,是按照世贸组织规则有序、分阶段开放的。我们一是要遵照 WTO 的规则,按照 WTO 规定的保护期逐步完成对外开放的步骤;二是要在此基础上,根据国情,对一些涉及国家经济命脉和经济安全的行业和领域采取适当的保护措施,有条件、有计划、有步骤地开放。只有这样,才能保证中国经济实现健康、持续、稳定地发展。

3. 用国际化的视野来看待我国经济的发展问题

开放是为了促进改革,改革是为了促进发展。一个国家的经济发展,必须用国际化的视角来制定其发

展战略，而不是一味盲目地追求发展。在经济全球化时代，衡量一个国家经济发展的尺度，不能只看表面现象，而是国家经济命脉由谁来掌控，经济主导权在谁手中，经济安全是否得到保障。失去这些，国家经济的发展就达不到健康、持续和稳定。

二、经济全球化的背景

1. 怎样认识经济全球化的核心

经济全球化的核心是全球经济结构的大调整。经济全球化的实质是以发达国家为主导、以跨国公司为主要推动力的全球经济结构大调整。因此，经济全球化对于中国经济的发展是一个新起点。在这种经济结构大调整中，各国经济融合度进一步提高，从而导致各国在国际分工格局中的重新定位。这种变化对中国经济的长远发展必将产生深远的影响。

2. 跨国公司对一个国家的地位与作用

据世界银行统计，全球国民生产总值在每一个国家中的份额与这个国家拥有跨国公司数量是同比例的。因此，一个国家拥有跨国公司的数量和规模，已经成为衡量这个国家经济实力和国际竞争力的重要标志。目前全世界共有 44 000 多家跨国公司，其中 90%左右来自发达国家，约 1%来自中欧和东欧国家，其余部分来自发展中国家。由此可见，在经济全球化进程中，跨国公司的作用举足轻重。正如专家所言：如果说 20 世纪是跨国公司主导的世纪，那么 21 世纪将是跨国公司主宰的世纪。对于中国来说，在现阶段乃至将来，没有什么比培养和建立一批具有国际竞争力的企业和跨国公司更重要的了。

因此，江泽民主席早在谈及加入 WTO 后中国流通企业发展时说："要在加入世贸组织后的新形势下抓住一切机遇，努力形成和发展壮大一批中国式大型企业和跨国公司。这是我们扩大对外开放，增强经济实力和国际竞争力，经受住经济全球化的各种挑战和考验，使我国真正成为经济强国的迫切需要"。吴仪副总理也明确提出："要在 WTO 规则的保护期内培育出我国自己的具有国际竞争力的大型商业流通企业，这是我国经济长足发展的必要保障。"可见，培养更多的具有国际竞争力的中国企业成为主导未来中国经济发展的核心力量，是维护国家经济主权和增强国家经济实力的需要，中国要想在世界经济舞台上获得应有的地位和尊重，就必须拥有大批具有国际竞争力的自己的大型企业和跨国公司。

3. 经济发展水平决定国家实力

在经济全球化的竞争中，国家与国家的竞争实质是经济实力的竞争，经济实力的竞争是企业与企业的竞争。尤其在经济全球化的今天，市场上的经济竞争已经逐渐演化为国家与国家之间的"看不见哨烟"的经济战争，而经济战争的核心就是战略战争。因此，我们必须从全球化的竞争高度，规划我们的竞争力，科学地制定我国经济的发展战略，这是我国经济长远发展的保证。

4. 主导中国经济的应该是中国企业

从世界经济发展的历史不难看出，主导自己国家市场经济主体的都是本国企业。美、日、德以及其它发达国家的跨国公司尽管在资源、管理、人才、技术等方面均实现了全球化配置，但在主导本国经济的竞争中无一例外地拥有着决定性优势。

从全球的经济格局来讲，中国经济多年来持续高速增长的原因，是因为中国有一个巨大的有发展潜力的市场。在这个巨大的市场中，金融、保险、证券、电信、商业流通产业等一些具有战略意义的服务性领域关系到国家经济的安全和命脉，对这些领域的争夺，实际上不是一般的经济利益上的争夺，也不仅仅是中外企业之间利润和效益上的争夺，而完全是对一个国家经济命脉和经济主权的争夺。下面我以现代商业流通业为例，重点谈一下自己的看法。

三、中国现代商业流通业的战略地位

1. 现代商业流通业在国民经济中的战略地位

现代商业流通业是任何一个国家的经济核心与经济命脉。大家都知道,“消费通过流通决定生产,只有现代的流通方式才能带动现代化的生产。”因此,它控制着市场,决定着生产,影响着金融,在国民经济中占有极其重要的战略地位。现代商业流通业的本质特征是通过集中采购,在区域和全球范围内构建整个市场的流通体系;通过控制流通主渠道决定着制造业、影响着广大消费者、主导着消费市场;而且现代商业流通企业又掌控大量现金流的流进流出,进而影响着金融市场的稳定。正因如此,在中国加入 WTO 谈判过程中,流通业与金融业、电信业并列为谈判的三大焦点。

2. 现代商业流通业在全球经济中的重大作用

从经济发展战略角度看,现代商业流通业已经成为全世界财富聚集最快的行业。在世界 500 强排名中商业流通企业占到 10%,在美国 50 强排名中占到 20%;在 2001 年的全球富豪排行榜上,前 10 位中有 6 位来自流通企业。近几年,中国已经出现了年销售额百亿的连锁商业流通企业。据国内经济学者预测,在未来五年内,销售额 1 000 亿的中国企业将率先出现在现代商业流通业。

3. 商业流通业事关国家经济命脉和经济主权

我们要看到:中国商业流通企业正处于竞争的生死边缘,正在与外国巨头进行一场殊死较量。这绝非是简单的市场份额和企业利润之争,而是一场看不见硝烟的经济战争,经济战争的核心是“战略战争”。如果中国企业在流通业失守,中国的经济命脉有可能被外国巨头掌控,中国的经济安全将受到威胁,中国经济会出现“拉美化”倾向,经济主权将在一定程度上丧失。

四、中国现代商业流通业的现状和面临的形势

1. 中外流通企业之间的不公平竞争

在经济全球化的今天,跨国流通企业们在瓜分完发达国家市场后,正把目标转为争夺新兴市场,尤其是瞄准正在逐步开放的中国市场。一旦掌握中国流通领域的主渠道,外国流通企业就能实现其全球战略目标,就将主宰中国这个巨大的市场。从目前看,与外国流通企业几十年建立的综合实力相比,中国流通企业十几年的发展里程所积累的实力一时无法与之抗衡,这种竞争无异于重量级拳手与轻量级拳手之间的不公平比赛。如果得不到社会各界对这一具有战略意义产业的高度重视和大力支持,中国流通企业就不可能发展壮大,更不可能由本国商业流通企业主导本国商业流通的主渠道。这一现象令人深思,催人猛醒。

2. 保护措施迟迟未能出台,流通产业岌岌可危

中央有关领导曾明确指出:“关键的问题是要加速发展我国自己的现代商业和流通业。现在不但有不少人还不认识社会主义市场经济体制下现代商业流通业的重大作用,反而热衷于大肆发展那种带有集市贸易性质的落后的各种各样的‘商厦’、‘商城’。再不猛醒,就难免面临‘全军覆没’的命运”。中央领导的批示高屋建瓴,振聋发聩,遗憾的是至今未见具体措施出台。

由于在短短的保护期内,我国没有制定切实可行的保护措施,政策支持不到位,我国的商业流通企业至今无法形成国际竞争力,得不到较好的发展;而大量外资流通企业通过违规进入,快速扩张,实质上已形成在中国的战略布局。按这样的形势发展,要不了多久,中国流通企业将在外资的大量收购、兼并下全军覆没,中国流通市场的主导权将易手,市场份额将丧失控制权。

3. 外国流通企业违规现象触目惊心

目前,外国大型流通企业推进的速度与深度已经大大超过中国关于 WTO 的承诺。据不完全统计,外国公司已在中国建立 300 余家大型零售企业,其中 80%左右是违规建立。外国流通企业变相违规的形式

多种多样。比如,一些外资企业指使中国企业大量建店以备其将来合法收购、兼并;一些外资企业实行"一夫多妻"制,搞了许多合作伙伴;一些外资企业钻政府法规的空子,搞假合资和假内资;还有一些外资企业寻找国内非零售企业合作,不让中方参与经营管理,使中方法定持有的35%股份的否决权形同虚设。同时,外资企业通过从供应商那里得到大量的折扣和返佣;高薪或者各种手段挖走中国零售企业的优秀人才;实行亏损战略等不公平竞争手段等迫使中国企业逐渐失去竞争力和市场份额。

4. 中国商业流通企业的命运令人担忧

这种不公平的竞争导致的结局将是灾难性的。国际有关咨询机构和中国专家的研究结果表明,按照现在的发展势头,不到5年,中国大中城市的市场格局为:外资大型流通企业将占有市场份额的60%以上,完全掌控中国的流通主渠道和经济命脉;中国大型商业流通企业占有30%的市场份额;中小流通企业占有10%的市场份额,而且,前5位的零售商将都是外国零售企业。

五、外资控制中国商业流通市场的后果

我们各个层面的很多人并未充分认识到,外国流通企业主导中国流通领域的后果是什么?对于外资一旦控制中国流通业,事实上就等于掌握中国经济命脉的严重性,还没有清醒的危机意识和风险意识。

1. 外资垄断中国商业流通主渠道带来的后果

据有关研究机构的"关于建立我国现代商业流通业安全预警系统的建议"报告指出"外资控制流通领域后,将垄断中国流通行业的五条命脉:一是市场垄断;二是人才垄断;三是企业品牌垄断;四是生产企业供货商渠道垄断;五是国内、国际市场通道垄断。

垄断的通行作法是:集中资本先搞第一垄断冲击波,即采取各种办法包括用资本收买地方官员冲垮第一障碍取得通行证;第二步高薪招聘现有国内商业领域的骨干,实现经营本土化的组织保证;第三步是重金购买城市有利黄金地块作为商址,取得经营场所;第四步是靠炒作效应,吸纳中国制造商作为他们的供货商。当四个步骤实现后,中国制造商就被他们牢牢控制在供货网络之内,企业的生死完全被外商控制。这种垄断是外国资本输出发展的最终结果,其垄断的最高形式是导致干涉被垄断国的主权。这种情况已经从巴西、墨西哥、阿根廷等拉美国家的现实事例中得到印证。

我们在这一领域的企业切实感受到:在外商推行本土化管理模式之后,我国大型企业的管理骨干已出现成批量被外商高薪挖走的趋势。一些企业看大势已去,已纷纷准备和外商合作,拱手相送企业品牌和市场。依据这种形势,我们预计,在2005年前,全国副省级以上城市的规模以上流通企业至少有一半将会被外商吞并。2010年前,全国600多个地级城市市场将多数被外商占领。

2. 必须树立清醒的危机防范意识

目前最大的问题是有些人面对危机不以为然,对西方经济理论盲目照搬,天真地相信国际市场规则的公平性,过分夸大加入WTO的优越性。这些人往往为眼前利益所驱动,看不清跨国公司的真面目,忘记了国家和民族未来的经济安全,这是当前最危险的倾向。西方流通业巨头为什么在我国加入WTO5年过渡保护期末满的情况下,能够提前大规模畅行无阻地进入中国市场?其根本原因就是我们已经自行解除了抵御经济入侵的武装。如果这种态势得不到有效控制和扼制的话,任其发展,我们将要付出的代价将是极其沉重的,甚至是整个国家的命运!

所以,如果我们至今还盲目相信国际规则的公平性,过分夸大加入WTO的优越性,只为一已私利、一地小利所驱动而忘却民族大义,那么,我们这个国家势必要付出沉重代价。

六、中国现代商业流通业发展的政策和措施

1. 中国现代商业流通业亟待扶持

目前，一方面外资从战略的高度在我国进行布局，通过违规操作和不正当竞争手段快速占领中国市场，导致中国商业流通企业出现全国覆没的危险势头；另一方面我国对现代商业流通业还没提升到国家经济命脉和经济安全的战略高度来对待，支持力度和扶持政策迟迟不能出台，导致国内企业无法迅速成长壮大，因此，中国的商业流通企业实际上已经到了生死存亡的边缘。

2. 外资违规行为应予以严厉处罚

中国是以发展中国家身份加入WTO组织的，因此争得了有限的对本国企业的保护期。中国有关主管部门要在短短的保护期内，以法律规定的保护条款，尽可能的给中国企业赢得时间，创造均衡竞争的经济环境，这是中国流通企业发展的前提和保证。所以，我们必须要严格地按照加入WTO的自我保护条款，严禁对外国流通企业的超国民待遇，绝不能提前全面开放，更不能允许外资企业违规开店。非党否则，中外企业之间的竞争就没有公平、公正可言。

3. 尽快建立流通市场准入规则

中国商业领域对外资企业的适度开放，目的是让中国商业流通企业学习外国企业先进的经营理念、商业模式和管理经验，促进中国商业流通业的发展，如果开闸放水而淹没自已良田，那是本末倒置。因此，国家应在宏观政策层面，对开放服务贸易持理性态度，有计划的逐步开放，尽快建立和完善有关市场准入规则。

4. 大力扶持本国现代商业流通企业

扶植本国成长性良好的企业，并不等于是保护落后，因为目前双方的量级相差过于悬殊，短期内的扶持是为了中国现代商业流通企业能够更健康、更长久的发展。

我们希望看到的是，在未来几年之内，中国民族零售企业中出现一批具有国际竞争力的大型商业流通企业，在国内市场上占据主导地位，使我国的商业流通企业能够掌控我国的商业流通主渠道，维护我国经济的健康、持续发展。

七、结束语

不久前，张志刚副部长在深圳座谈会上，曾经意味深长地引用了一家法国媒体对法国商业流通业的评论：谁控制了法国的商业流通业，谁就控制了法国经济，谁就拥有了法国，同时，张志刚副部长对中国商业流通业的发展也提出明确要求：在未来五年内，培育出15~20家能够进入世界500强的中国大型现代商业流通企业，主导中国商业流通主渠道。我们衷心希望这一目标能够早日实现，由中国企业主导中国经济，按照以开放促进改革，以改革促进发展的宗旨，推动我国经济健康、持续的发展。

在“第三届中国建材市场高峰论坛”上的讲话

中国建筑材料工业协会秘书长　陈国庆

（2003 年 9 月）

下面，我想就建材市场为什么要进行经营管理创新和怎样进行创新等问题谈些意见，供大家参考。

一、我国建材市场基本状况

1. 今后五年我国建材装饰材料需求还将快速增长

近年来，我国建筑装饰行业的总产值以 20%左右的速度递增，全国家装行业总产值以每年 30%的速度递增。建筑装饰产业的迅速发展有力带动了建筑材料的消费。未来五年，我国装饰建材市场容量空间巨大。到 2005 年，装修建材需求有望突破 6 500 亿元，而成为国民经济中不可忽视的重要增值因素。到 2010 年，建材工业产值预计达到 1 万多亿元，成为国民经济的重要增长点。

从消费结构看，住房以及相关商品是我国消费结构的主要内容之一。目前，在住宅、汽车、旅游、教育以及信息资讯服务五大消费热点中，住宅为首要增长点。

从市场空间看，国内城镇居民住房需求正处于高速增长时期。根据我国住宅发展规划，去年我国住房总面积约 50 亿平方米，装修需求房屋为 9 000 多万套。在此基础上，今后 10 年内，每年竣工住房面积都将超过 2 亿平方米。

从产业关联角度看，装修建材需求量将会快速增长，据有关部门测算，每投入 100 元的住宅投资，可拉动 150 元到 170 元的相关产业需求。

2. 建材市场发展势头不减

近两年来，我国不论是招商制建材市场还是建材超市都有较快发展。

（1）招商制建材市场：有资料显示，大型招商制建材市场仍在快速发展。例如，由北京名流集团投资 2.5 亿元人民币建设的黑龙江省最大的家居、建材专业市场预计今年年底正式营业。新建的名流时尚家居广场位于哈尔滨动力区朝阳镇，建筑面积 18 万平方米。该广场将建 16 个专业市场，经营内容包括家具类、家电类、地板材料类、橱具类等；在广东南海市，名为“家天下”和“好码头”的两家大型装饰材料市场已进入招商阶段。而总面积 10 万平方米的东莞市家居装饰城也已经在东莞市南城区动工；宁夏燕宝建材实业公司决定投资 6.75 亿元，开发建设西部最大的建材市场。该项目规划建设面积 2 450 亩，总建筑面积 79 万平方米，分设 10 大功能区、9 大专业市场，以银川市为中心辐射方圆 300 公里以上区域；利用外资 1 亿美元的合作项目成都富森美家居建材批发市场已经建成开业。该市场占地 1 000 余亩，成为西部地区最大的建材集散地。已经成功的为西藏等地多次举办建材团购交易会活动；西安大明宫，大武汉家居等建材主题购物中心也开始在我国崭露头角；天津环渤海建材中心投资 2 000 多万元建成了环渤海国际石材加工基地。该加工基地总建筑面积近 1 万平方米，轻钢结构，净高 6 米，可容纳 25 台 5 吨龙门吊同时作业。全面引进意大利生产流水线，日产石材可逾 10 000 平方米，同时能承揽各种异型石材深加工项目。

（2）建材超市：2003 年，建材超市扩张的势力更是达到了空前的程度。百安居、东方家园、靓家居、家福特、欧倍德、宜家（大卖场）等均将在今年进入广州。而东莞市的建材超市已出现三足鼎立的局面。先是深圳的“五星居”进入东莞，并响亮地打出了“装饰出一个五星级的家”的概念；紧接着东莞民营企业

"华乐美"强势而高调地宣布:将投资 2.8 亿元,以东莞为轴心,3 年内建成 50 家加盟店,5 年内在珠江三角区地级市开设 20 家连锁店;近一两年,东方家园、好美家、家世界等本土建材超市纷纷登陆北京,国外建材零售大鳄百安居、欧倍德等也已开始在北京开业的前期运作;好美家进军温州,选址市区温州大道汤家桥段,占地 57 亩,建成后用于建材超市使用的营业面积将达 15 000 平方米,以经营建材装潢业为主,兼营其他相关的附带产业;最近一段时间以来,伴随着英国"百安居"、德国的"欧培德"以及北京的"东方家园"、天津的"家世界"等大型建材超市的介入,青岛建材超市也已经成为激烈商战中的热点;荟萃全国玻璃制品的强盛玻璃超市于 7 月在河北省秦皇岛市开业。这是我国第一家集仓储、加工、生产、展示、销售、运输为一体,借鉴发达国家经营模式创办的玻璃流通企业。

3. 我国建材装饰材料市场竞争激烈

现在,我国居民都可以感受到伴随建材市场的快速发展,市场间的竞争也日益激烈。只要我们走进建材市场,促销的热浪便扑面而来。各个市场都使出了浑身解数开展各种类型的促销活动。目前我国建材市场有以下几点特别值得引起注意。一是建材市场无序发展。有资料显示,北京现在百货商场加起来不到 100 家,总营业面积超不过 150 万平方米,而家居建材市场已达 200 余家,营业面积加起来超过 200 多万平方米。从经营面积来看,家居建材已是供过于求,使得一些市场的经营难以为继。但就是面临这种局面,建材市场的营业面积还在发展,仅北京一个城市每年新增营业面积就达到 30 万平方米。二是同质化竞争不断加剧。建材市场的经营项目几乎都是一样的,经营品种不外乎一般的建材、五金制品、涂料油漆、板材、陶瓷、水暖管件、家具、石材、灯饰灯具、卫生洁具等。许多消费者反映,如果不看店牌,走进去看几乎每一家经营的种类、经营格局都一样。北京市在不到一年的时间里已经有 10 多家大中型建材装饰材料市场倒闭或转行,小型建材市场关门歇业的现象更是屡见不鲜。国家工商总局市场司司长张经说,目前对于有形市场的建设问题已经出现混乱,特别是加入 WTO 以后,有人甚至提出,要在北京做到十天开一个大卖场,一天开三个门市部。这在市场经济比较成熟的国家,都是不可想象的。市场经济的发展不能以商场、卖场的多寡为主要标志,关键在于合理规划,科学布局,根据需求来安排。三是经营管理水平相差悬殊。同样的经营品种,差不多的硬件条件,为什么有的市场就兴旺发达,而有的就倒闭关张呢?除掉一些不可比因素,最根本的原因还是在对市场的经营管理上存在较大差异。

经营管理上的差别主要表现在以下几个方面:

(1)产品质量得不到保证

前不久对北京市生产、销售的三大类灯具产品进行了抽检,总体抽样合格率仅为 19%。对 6 个建材市场,30 家经销企业销售的 30 种细木工板进行了抽检,其中合格 16 种,抽样合格率为 53.3%。近日,北京市工商行政管理局委托"国家建筑材料测试中心"对 12 家建材市场中销售的木器涂料、内墙涂料、胶粘剂、石材瓷砖、人造板等 5 类室内装饰装修商品进行了检测,对抽查中 20 多种不合格商品采取了清退出市场的强制措施,并对销售不合格商品的经营者进行了依法处理。北京质监局对市售厨卫软管抽查,结果六成不合格。中国消费者协会日前调查表明:全国建材市场"绿色欺诈"严重,市场上 70%的所谓"绿色建材产品"没有国家抽检报告或正式检测报告。建材产品的质量问题在超市中很少出现,建材超市规范的质量管理体系保证了采购的商品有可靠的质量保证。一些品牌建材市场如北京建材经贸大厦,北京居然之家,天津环渤海,上海好饰家等,也都有严格的质量保证体系,使消费者能买到放心的产品。

(2)服务质量相差悬殊

现在建材市场竞争最激烈的并不是价格而是服务。按最新的理念来解释,消费者在市场买到的绝不仅仅是商品,还有服务。服务已经成为一种特殊的商品随着产品一起进入了流通市场。归根结底,决定一个市场兴衰的还是整体的服务质量。居然之家于三年前在全国率先提出"先行赔付"的承诺,勇敢的承担起市场经营者是市场第一责任人的责任。红星美凯龙于去年 12 月提出了"市场负全责"的承诺。与许多建材市场出了问题经营者和商户互相推诿,无人负责相比,他们的做法显然是在服务理念上处于领先的地位。

(3)缺乏有效的价格管理

大多数招商制建材市场的商品缺乏完善的价格管理体系。特别是管理混乱的批发市场，很少有价格标识。有的市场打出了“全市最低价格，如发现低于我们市场的，差价部分三倍返还”的促销旗帜。但当消费者找到该市场反应某某市场同样产品的销价比你们低时，市场管理人员却说：你必须拿那个市场的售货小票来，我们才能给你返钱。价格混乱，随意性很大，这是建材市场的痼疾之一。

（4）经营理念上的差距

北京居然之家对卖场进行了整体改造，将摊位制、精品店及超市集于一身，形成了现代家居购物中心的全新模式，并提出了“市场商场化”的经营理念；上海好饰家在2000年就提出了“市场化管理，商场化经营”的理念，成为全国第一批规范化管理市场。红星美凯龙提出了“市场负全责”的口号，引起了各地建材市场经营者和专家们的关注，这一举措也深受消费者欢迎。北京城外诚家居建材市场引入文化理念，建起了“京城第一文化大道”大打文化牌；北京建材经贸大厦在硬件建设上和品牌经营上占领高端市场的同时，也为消费者提供最优质的服务。很显然，我国家居建材市场的下一轮竞争将在档次提高以后，进一步进行管理和服务上的竞争。优胜劣汰，强者为王。

我以上所列举的这些都说明了我国一些建材市场在经营管理上尚存在许多问题。特别是一些中小型建材市场管理粗放，经营无方，抱残守缺，缺乏创新。这些问题已经严重的制约着建材市场的规范发展，也是建材市场成为国家治理整顿重点的原因。这也是建材市场为什么要进行经营管理创新的根本原因。

二、关于建材市场经营管理创新讲几点建议

市场要在激烈的竞争中求生存求发展，关键的环节是经营管理创新。没有创新，死水一潭，企业就不可能有活力，就很难逃脱被淘汰的厄运。下面就怎样搞好建材市场的经营管理创新讲几点建议供大家参考。

在面向知识经济时代的后工业社会，竞争的优势主要来源于创新。“创新带来利润”已经成为21世纪企业的经营原则。创新一般涵盖了观念创新、机制创新、经营创新、服务创新和管理创新。

建材市场的经营管理一般可以分为两个层次。首先是基础管理，再就是经营。前者主要体现在招商管理、商户管理、制度规范、约束激励、联系沟通、资源开发、控制系统等方面。后者是要对市场进行经营。主要目的在于兴市，如对市场进行宣传推介，举办各种促销活动，卖场的规划和布置，品牌经营策略等。当前，我国大多数招商制建材市场急需解决的仍然是粗放的管理问题。

1.市场经营管理创新首先要建立健全四个管理体系

国家工商总局市场司司长张经透露，下一步，政府要将市场开办者推到市场监管第一线，然后政府从规范化的角度对其进行监督。国家质量监督检验总局也正在制定治理整顿建材市场的办法。这些都要求我们必须深刻认识、正确对待建材市场的经营管理创新。我们要在实际工作中注意建立健全四个体系。也就是每个建材市场都要建立和完善商品质量管理体系，价格管理体系，服务管理体系，信息管理体系。

商品质量管理是建材市场的命脉。一个市场必须保证全场无假货，售出的商品质量必须有可靠的保证，一旦出现了商品质量问题市场必须能够在最短的时间里给顾客满意的解决。这些都要求有一个健全有效地质量管理体系来维系。在建材超市基本已经通过严格审查供货商的资质解决了这个问题。招商制市场也在加大对商户的管理力度，在招商审查、质量保证金、产品质量问题一票否决等方面建立完善的质量保证体系。

建立价格管理体系是招商制建材市场最急迫的工作。现在仍然有一些建材市场商品无价签，处于“漫天要价，就地还钱”的集贸市场的交易模式。没有科学的规范的价格管理几乎成了低档建材市场的通病。市场经营者在价格管理上表现为睁一只眼闭一只眼，对价格管理这一严肃的事情采取“无为而治”的态度。这是一些市场丧失竞争力的最根本的原因。

建立健全优秀的服务体系。建材超市之所以能在我国得到快速发展，一个很重要的原因是它拥有一套完善的服务体系。在消费者越来越成熟的今天，哪里的服务质量高顾客就会流向哪里，这已是不争的事

实。所以,服务是建材市场创新的核心内容。要想制胜就必须打好服务这张牌。沃尔玛的创始人山姆·沃尔顿曾经说过:“卓越的顾客服务是我们区别于所有其他公司的特色所在。向顾客提供他们需要的东西并且再多一点服务,让他们知道你重视他们。”其实就是这么简单,问题是沃尔玛做到了,而我们许多市场没有做到。这就是差距,就是问题的症结所在。

信息系统是管理体系的重要组成部分。建材市场在建设信息管理系统时,首先要充分重视基础信息管理问题,因为一个企业的信息管理水平好坏,只要看看他的基础信息管理就可以了。市场发展后,商品信息,供应商信息,顾客信息等信息量日趋庞大,所以必须建立一个系统,有效的管理这些基础信息。最终的目的是建立一个多功能的信息管理平台。对建材市场来说,一个高效的信息管理平台必须能够提供以下的功能:(1)对外,信息平台可以提供供应商定单管理,销售管理,库存管理,账务管理等功能,不仅能提高采购、财务的工作效率,也能为供应商提供充分的信息,真正地开展信息共享,达到多赢。(2)对内,信息平台可以进行业务数据交换,发布各类内部信息,进行网上公文审批,内部沟通讨论,做到办公自动化。

2. 要抓好制定建材市场建设和管理标准的工作

现在中国建材工业经济研究会市场委员会正在商务部市场体系建设司的指导下开展制定建材市场建设和管理标准的工作。制定标准是一件意义十分重大的工作。我们要研究制定符合 WTO 要求的行业技术标准,特别是注意借鉴、吸取先进市场经济国家的成熟做法,在“标准”层面上切实提高我国消费者权益保护的“门槛”。没有规矩难以成方圆。长期以来,我国建材市场缺乏有效的调控手段,缺乏统一的管理规范。如果这项工作取得进展,那对全行业的发展都是有重大现实意义的。但是,起草标准又是一件很严肃,很艰苦的工作。也是一项政策性、技术性很强的工作。我们一定要多研究,多调查,多听取专家特别是市场经营者们的意见和建议。要有良好的基础,细致的工作,可靠的数据,强有力的工作班子。缺少这些,想编制好一个标准是很难设想的。希望有关部门,特别是广大市场经营者都来关心这件事情,支持这件工作。

3. 继续深入开展好建材市场“双创建”活动,把建材市场经营管理水平提升到一个新的高度

中国建材工业经济研究会自 2000 年以来,在全国开展了“创建规范化管理建材市场”“创建全国绿色建材市场”活动。全国先后有 30 余家建材市场进入了“规范化管理市场”和“全国绿色建材市场试点单位”行列。在本届论坛上还将为达标的市场授予“全国绿色建材市场”和“规范化管理建材市场”的铜牌和证书。以表彰他们在“双创建”活动中做出的突出成绩。“双创建活动”的广泛开展,有力推进了市场的经营管理水平的提高。达标市场的共同特点是敢于、善于在经营管理上不断创新。实践证明“双创建活动”是推进建材市场经营管理创新的有效手段。今后我们要继续深入将“双创建活动”开展下去,以增强我国建材市场的竞争力,促进市场的健康规范发展。

中国连锁企业做大更需做强

中国连锁协会会长　郭戈平

(2002 年)

进入新世纪,中国连锁商业发展显得异常活跃,特别是国内大型连锁企业跨区域发展战略推出,改变了上世纪中国连锁商业企业步步为营、稳扎稳打的发展模式,2001 年中国连锁商业企业开始迈入快速发展阶段,而近日公布的《2001 年中国连锁企业经营状况分析报告》,也清楚地反映了这一点。该报告显示,连锁经营企业持续保持年增长近 50%的发展速度,远远高于社会消费品零售总额 10%的增长水平。

但是报告同时指出，在关注连锁企业发展速度的同时，企业的绩效也同样不容忽视。大型连锁企业引领行业发展新趋势，十家企业占据百强半壁江山。事实上，2001 年中国连锁经营的飞速发展，在很大程度上是由于大型企业的快速扩张。分析报告数据显示，2001 年连锁百强中前 10 名企业，销售额为 718.4 亿元，占百强销售总额 1 620 亿元的 44%。在百强企业中的 69 家超市企业中，前 10 名的超市企业销售总额为 620 亿元，占百强中超市企业销售总额 1 124 亿元的 55%，这种情况显示出连锁经营在推进行业规模化、促成市场集中度的提高方面所发挥的积极作用。收购、兼并促成快速发展，连锁企业规模的迅速扩大是和企业间联合、兼并与重组是分不开的。2001 年连锁业最有影响的扩张、合并案是：上海华联超市与西单商场合作进入北京市场、北京超市发与天客隆合并组成新的公司、深圳民润收购广州岛内价、珠海新七星。特别是华润集团出资 4.57 亿元收购深圳万佳，开创了大资本进入中国连锁业的新局面。2002 年，企业之间的收购兼并继续延续，今年 7 月，上海联华出资 2.1 亿元收购杭州家友，华润进入江苏苏果，同样显示出连锁企业快速发展的强劲势头。今年 4 月份，中国连锁经营协会在北京举办的企业跨区域合作论坛的火爆场面，都验证了这一点。

多业态发展、充分利用资源、有效占领市场空间，这也是 2001 年连锁企业经营规模迅速提高的主要因素之一。百强中 69 家超市公司，只经营一种业态的企业只有 18 家，其余 51 家企业都采取了多业态的发展策略。如上海联华有标准超市、加强型食品超市、大型综合超市、便利店四种形式，并计划发展折扣店；上海农工商有标准超市、大型综合超市、便利店，并计划发展专业店，上海华联今年也在超市的基础上开出了便利角，成为一种新的复合经营方式。零售巨头沃尔玛也已在中国开出了大型超市、山姆会员店、社区超市。家乐福也与北京签订了发展折扣店的协议。

特许加盟加速扩张，促成连锁企业快速发展的另外一个重要因素是扩张发展的变化，根据统计，在百强企业中，有加盟店的企业达 61 家，加盟门店数占门店总数的 30%，加盟店销售额占 12.6%，2001 年直营店的销售额与 2000 年相比，增长了 41%；而加盟店的销售增长达到了 100%。可以说，加盟店的销售增长拉动了企业的快速发展。

尽管大型连锁企业在经营规模和经营管理上取得了长足的进步，但是在一些反映企业绩效的指标上，需要引起企业的关注。中国连锁经营协会的报告中，对百强企业中的 69 家超市企业和 72 家超市门店的经营绩效进行的重点分析表明：销售额的增长主要来自门店的增多和营业面积的扩大。2001 年 69 家公司销售总额增长 43.6%，而同期，企业的门店数增长了 53%，营业面积增长了 58%，这里没有剔除新开门店的不可比因素。从超市单店情况看，2001 年销售额增长 10.2%，同期营业面积扩大了 4.2%。

人均劳效和平均地效下降。2001 年超市公司人均营业面积增加情况下，年人均劳效和年平均地效却分别下降了 0.9 万元和 0.22 万元。看来，连锁超市企业规模的扩大主要带动因素是营业面积的扩大，而反映企业绩效指标的人均劳效和平均地效出现不同程度的下降，充分说明我国连锁超市的扩张仍处于外延式扩张的状态。

商品品种和交易次数增加、客单价下降。从超市单店的经营状况来看，2001 年地均交易次数由 398 次增加到 420 次，商品品种也从每平方米平均 3.49 个增加到 4.12 个，这表明企业希望通过增加品种和促销等吸引了更多的消费者购物，扩大销售。但从经营结果看，平均的客单价却由 55.1 元下降到 54.8 元，抵消了客流增加带来的效益。这一方面说明市场竞争激烈，顾客分流，商品价格持续走低，另一方面也表明一些企业对提高客单价重视程度不够，或办法不多。实际上，提高客单价的关键不仅是增加商品，新增加的商品是否适销对路，能否促进顾客购买，是企业经营能力的重要体现方面。随着市场的发展，不同零售业态、不同零售企业的市场定位和目标顾客应该越来越明确，这直接关系到企业商品结构的优化和进一步调整。企业平均客单价水平的降低，也表明企业重视进入卖场的客流量，过于依赖简单的让利促销手段，而不是通过改善商品结构，改善企业内部管理，提高企业经营绩效。

大型企业商品周转速度放缓。该报告重点分析的 10 家最大超市连锁公司的数据也表明，10 家最大企业在人均劳效、人均营业面积、平均地效、毛利率、纯利率都高于行业平均水平，充分显示出连锁经营的规模经济效益。但是大型连锁超市的年均商品周转次数为10次，低于百强超市企业的年商品周转13.9的平均水平。这说明企业随着企业规模扩大，企业谈判议价能力提高，但企业的营运能力并没有与规模发展同步。在国际上，沃尔玛、家乐福等大型零售企业的商品周转速度都远远快于国内同行业的水平，这也是他们制胜的重要法宝之一。超市企业倒闭，其爆发点都源于周转不灵。所以大企业的快速发展必须与快速周转同步，这是连锁企业必须关注的重要问题。

此外，对69家超市连锁企业所提供的72家门店数据表明，过去一年，企业在成本控制上开始重视，费用率由7.77%下降为7.61%。数据显示，2001年企业可控费用和不可控费用也略有降低，但是，人工费用下降幅度最大，下降了9.8%，同时人均人工成本从2000年的1.51万元下降为2001年的1.48万元。从某种程度上讲，降低企业经营费用和采购成本是企业降低成本的主要方面，但就人工费用（工资和福利）而言，降低却并不见得是一件好事。看来，对中国的连锁企业来说，在加强企业规模的同时提高企业的绩效，还有很长的路要走。

明确摊位制建材市场的法律关系
促进建材市场的规范和发展

国家工商行政管理总局信息中心副主任　徐晓东

(2003年9月)

中国的建材市场在特定的经济发展环境和经济体制环境下，形成了以有形集中交易的摊位制市场为主的业态模式。这种业态模式适应了中国的经济发展水平和消费习惯，促进了中国建材市场的发展。但同时这种业态也存在着明显的缺陷和带根本性的问题，从而制约着中国建材市场的进一步规范和发展。因此，正确认识摊位制建材市场存在的根本问题，努力寻找建材市场规范管理的治本之策，促进建材市场的进一步规范和发展，是我们亟待研究和解决的一个重要课题。

一、正确认识摊位制建材市场存在的根本问题

摊位制建材市场存在的根本问题是与摊位制市场业态形成的环境和摊位制市场的本质特征密切相关的。这些根本问题可以概括为“一个不规范”、“三个不明确”。

（一）市场的组织形式不规范

目前，我国摊位制建材市场的组织形式主要有以下两大类：

1. 属于政府行为的组织形式

市场经营管理单位是政府部门和事业单位或其成立的专司市场经营管理的机构，这类市场往往是政府（包括市、县、乡镇政府，街道办事处，村委会）、政府部门或事业单位投资开办的。此类市场经营管理单位多以“市场管理委员会”、“市场建设管理局”、“市场开发服务中心”或其下设机构等形式存在。此类“市场”不是真正意义上的市场，有的相当与一个商业集中区。这种市场组织形式带有较强的计划经济色彩，是不规范的、应该逐步取消的组织形式。

2. 属于企业行为的组织形式

具体有四种情况：

（1）市场经营管理单位与市场投资主体属同一企业或实体，大多办理了企业法人营业执照和“市场登记证”，属于有待推广的组织形式。

（2）市场经营管理单位是市场投资主体设立的企业或实体，大多办理了“市场登记证”，有一部分办理了企业法人营业执照或非法人营业执照，也属于有待推广的组织形式。

（3）市场经营管理单位是市场投资主体，承担市场经营管理职能的内设机构，一般只办理了“市场登记证”，属于有待规范的组织形式。

（4）市场经营管理单位是个人承包或租赁经营的实体，其中有的办理了法人或个体营业执照，有的就是市场投资主体指定的市场负责人或临时机构，一般只办理了“市场登记证”，有的连“市场登记证”也没办，是属于清理和待规范的组织形式。

（二）市场经营管理单位的法律地位不明确

建材市场特定的组织形式决定了其法律地位不明确。在我们上述分析的建材市场组织形式中，属于政府行为的组织形式，如以“市场管理委员会”、“市场建设管理局”、“市场开发服务中心”等形式存在的市场经营管理单位，他们的法律地位显然是不明确的。属于企业行为的组织形式中，除进行了企业登记的之外，那些只办理了“市场登记证”的市场其法律地位也是不明确的，如果连市场经营管理机构都没有、“市场登记证”都没办的市场，那就根本谈不上法律地位问题了。特定历史条件下形成的特定的建材市场准入管理办法也造成了其法律地位不明确。为加强对摊位制市场准入行为的监督管理，1996 年国家工商行政管理局颁布了《商品交易市场登记管理办法》。《办法》的实行在当时对摊位制市场管理属于真空的情况下，对规范市场的准入行为是发挥了积极作用的。但是，市场登记从一开始就是游离于市场主体准入法律规范之外的一个特殊的市场主体准入办法。因此，市场登记存在很多问题：

一是市场登记的法律意义不明确。市场登记是属于确认主体经营资格的行为，还是一般的备案行为；是对商品交易市场的场所登记，还是对市场经营管理单位的主体登记等都没有界定。

二是“市场登记证”的法律效力不明确。市场经营管理单位并不因为这种登记而取得法人资格或经营资格，因而也不能以市场的名义签订合同或办理税务登记，只是在当时情况下由政府或有关部门认可而以。由于摊位制建材市场经营管理单位的法律地位不明确，致使市场在经营管理中遇到了很多困难。

（三）市场经营管理单位与进场经营者之间的法律关系不明确

关于市场经营管理单位与进场经营者之间的法律关系，国家有关法规、规章和规范性文件一直没有明确界定过，使其成为了困扰市场经营管理者的根本问题之一。长期以来，很多人包括一些专家学者都认为，市场经营管理单位与进场经营者之间就是一种租赁关系，从而把市场经营管理单位的活动看做仅仅是物业经营管理。我认为这种认识与实际情况是有距离的。因为，市场经营管理单位与进场经营者是存在共同利益的，且不说很多市场经营管理单位在为进场经营者提供摊位和服务的同时，也在对整个市场的经营进行策划和广告宣传，对进场经营者的经营进行指导，承担进场经营者销售商品的统一配送，而有一些市场经营管理单位自己也在搞经营，就是自己不直接从事经营活动的市场也与进场经营者存在共同的利益，因为进场经营者的经营情况直接关系到市场的繁荣和效益。因此，把市场经营管理单位与进场经营者之间的关系界定为“合同型”（松散型）的联营关系是比较符合实际的。这样的界定也符合《民法通则》关于合同型联营的规定。《民法通则》第五十三条对“合同型联营”的规定是“企业之间或企业、事业单位之间联营，按照合同的约定各自独立经营的，它的权利和义务由合同约定，各自承担民事责任。”

（四）市场经营管理单位的法律责任不明确

在摊位制建材市场中存在以下四种责任关系：一是市场经营管理单位对进场经营者某些经营行为所承担的民事连带责任；二是进场经营者对其自身的经营行为所承担的行政责任；三是市场经营管理单位对其自身的经营行为所承担的行政责任；四是市场经营管理单位对整个市场秩序所应承担的行政责任。

在实践中，以上四种责任的前两个基本是明确的，而第三个有很多是不明确的，第四个是根本不明确的。市场经营管理单位对其自身的经营行为所承担的行政责任不明确，是因为市场经营管理单位的法律地位不明确，在市场主体的法律地位不明确的情况下，其法律责任当然无从谈起。市场经营管理单位对整个市场秩序所应承担的行政责任不明确，是因为没有法规的设定。从法律规范来说，行政法律关系的产生必须具有相应的行政法律关系赖以发生的法律依据，即有行政法律规范的存在，在没有法规明确设定市场经营管理单位应对市场秩序负责的情况下，市场经营管理单位当然不可能对市场秩序负责。

二、从治本入手加强摊位制建材市场的规范管理

通过上述分析可以看出，摊位制建材市场存在的组织形式不规范、法律关系不明确的问题，是制约摊位制建材市场进一步规范发展的重要原因。因此，要加强建材市场的规范管理、促进建材市场的进一步规范和发展，就必须从解决摊位制建材市场存在的根本问题入手。

（一）逐步取消摊位制建材市场组织形式的政府行为

市场经济要求政府要退出生产经营领域，包括退出对摊位制市场的经营管理。因此，用现代企业制度改造政府行为的组织形式的建材市场，符合政企分开的要求，符合市场经济发展的趋势。据我们了解，目前采取政府行为组织形式的市场还占很大比例，针对这个问题一些省市已经开始着手进行解决，使原来以政府市场管理委员会形式的市场经营管理单位逐步走上了现代企业之路。去年，新疆自治区人大批准修订了《新疆自治区商品交易市场管理条例》，将市场准入统一纳入了企业登记管理范围。河南、江西、湖北等省市也开始对商品交易市场实行企业登记管理。

（二）尽快实现摊位制建材市场经营管理单位组织形式法定化

1996 年 7 月，国家工商行政管理局颁布了《商品交易市场登记管理办法》，《办法》规定了开办商品交易市场必须进行市场登记，并办理“市场登记证”。《办法》成为全国商品交易市场主体准入的基本依据，在规范商品交易市场主体准入方面发挥了积极作用。但是，1998 年国务院机构改革时，国务院关于国家工商行政管理局新的“三定”方案（国办发[1998]62 号），取消了国家工商行政管理局市场培育建设、全国市场规划布局、开展各类交易市场登记的管理职能。根据以上情况，国家工商行政管理局近年来未再将《商品交易市场登记管理办法》收入现行有效规章规范性文件目录。从了解的情况看，各地在商品交易市场组织形式的管理上差别较大，但总的说趋势是向着取消“市场登记”、实行企业登记方向发展。

市场经营管理单位的法律地位不明确，已成为影响市场进一步规范发展的重要原因。取消市场登记代之以企业登记是明确商品交易市场经营管理单位法律地位的根本办法之一。国家工商总局已要求各地要逐步“将集贸市场准入统一纳入企业登记管理范围”。

（三）着力加强摊位制建材市场法规和规章制度建设

一是通过法规建设明确市场经营管理单位对市场秩序应负的法律责任。为此，国家工商行政管理局于 2000 年即开始着手起草《商品交易市场管理办法》，在去年的集贸市场专项整治中，又对《办法》进行了进一步修改和完善。在加强法规建设的同时，加强商品交易市场规章制度建设，也被各地实践证明是行之有效的办法。国家工商行政管理局市场规范管理司于 2000 年下发的《关于当前商品交易市场规范管理若干问题的意见》（[2000]15 号）中就提出了这个要求。近年来各地在这方面也进行了积极的探索，在明确商品交易市场经营管理单位法律责任方面发挥了积极作用。二是通过建立“商品交易市场进场经营合同示范文本”规范市场经营管理单位与进场经营者之间的签约行为，明确他们之间的法律关系。

做好标准化工作　促进建材市场健康发展

商务部市场体系建设司标准处处长　胡剑萍

(2003年9月)

改革开放以来,我国建材市场发展迅速,目前全国建材批发市场已有5 000多家。对衔接产需、引导消费、满足人民群众生活需要、促进经济发展发挥了积极作用。尤其对安置大量社会闲散人员,解决下岗人员的再就业起到了重要作用。20多年来,建材市场经营管理者不断在经营理念、管理模式、服务体系建设方面探索和创新,努力改善经营环境,提升市场档次,创建消费者放心市场,应该说取得了一定成效。但从总体上来看,仍然存在着市场管理粗放,假冒伪劣产品充斥市场,消费者权益得不到有效保障等问题。加入WTO以后,我国的市场将更加开放,面临欧倍德、百安居、宜家等跨国连锁建材超市纷纷登陆中国市场的状况,如何依据标准化提高市场管理水平和竞争力,提升市场业态,应该是市场经营管理者认真考虑的问题。在此,我谈几点想法,供大家参考。

一、要充分认识标准化工作在建材市场中的作用

(一)做好建材市场标准化工作是整顿和规范市场经济秩序的需要

吴仪副总理指出,"标准是规范市场商品和市场秩序的重要依据,标准化工作是完善我国社会主义市场经济体制的必要条件"。我国建材市场由于法制不完善,标准不健全,管理不到位等因素,市场秩序一直比较混乱,假冒伪劣的建材产品危害人体健康事件时有发生。

2002年2月至2003年3月国务院部署开展了集贸市场专项整治工作,对包括建材市场在内所有以集贸市场交易方式为主的市场进行了专项整治。2003年4月国务院整顿和规范市场经济秩序领导小组召开会议再次布置开展建材市场专项整治工作,2003年8月国家质检总局等9部委联合下发了《关于开展建材市场专项整治工作的通知》,其中将"以辐射面广,经销假冒伪劣问题突出的建材市场,城乡结合部或城市新建小区周边自发形成的装饰装修材料市场列为重点整治对象之一"。

查处假冒伪劣建材产品的主要依据就是产品的质量标准和有害物质限量标准。如果标准的技术支撑作用得不到有效发挥,将使得市场规则与法律法规的技术依据不充分,必然削弱市场管理、监督和处罚的力度和效能,损害公平竞争的市场环境和消费环境,导致市场经济秩序混乱。

(二)做好建材市场标准化工作是保障消费者权益的需要

近几年,随着人们生活水平的提高,居室装修尤其是高档装修的比例越来越高,随之而来,装饰装修材料中有害残留物造成居室空气环境的污染,已成为人们健康的杀手。为保护消费者的健康,2001年国家颁布了《室内装饰装修材料有害物质限量》等10项国家强制性标准。但是,装饰装修材料产品质量目前仍不容乐观。2001年、2002年国家质量监督检验检疫总局对流通领域和生产领域的内墙涂料产品质量进行了国家监督抽查,抽样合格率分别为81%、90%。2003年国家质量监督检验检疫总局再次对内墙涂料产品质量进行了国家监督抽查,共抽查了北京、上海、广东、江苏、河南、四川、湖北、山西、陕西、河北等10省、直辖市的43家企业生产的44种产品,抽样合格率仅为77.3%,其中流通领域抽样合格率只有50%。主要质量问题是游离甲醛超标,耐洗刷性、耐碱性差,对比度低等。建材市场应充分发挥作用,按照国家有关规定,严禁不符合国家产品质量标准和有害物质限量标准的建材产品进入市场销售。

(三)做好建材市场标准化工作是促进建材产业结构调整需要

市场引导产品,市场引导生产。一方面根据市场的需要通过标准的实施限制和淘汰落后产品、技术和装备,鼓励高新技术改造传统产业;另一方面通过利用标准作纽带促进分层次竞争、专业化协作,提高产品质量、工程质量和服务质量,推动可持续发展战略。

二、标准化工作的基础知识和概况

(一)标准化工作的基础知识

标准化是指为了在一定范围内获得最佳秩序,对现实问题或潜在问题制定共同使用和重复使用的条款的活动。标准是指为了在一定范围内获得最佳秩序,经协商一致制定并由公认机构批准,共同使用和重复使用的一种规范性文件。规范性文件是指为各种活动或其结果提供规则、导则或规定特性的文件,它是标准、技术规范、规程和法规等文件的统称。

我国标准分为四级,即国家标准、行业标准、地方标准和企业标准;对需要在全国范围内统一的技术要求,应当制定国家标准;对没有国家标准而又需要在全国某个行业范围内统一的技术要求,可以制定行业标准。行业标准由国务院有关行政主管部门制定,并报国务院标准化行政主管部门备案。

标准按性质可分为强制性和推荐性标准。保障人体健康,人身、财产安全的标准和法律、行政法规规定强制执行的标准是强制性标准,除此以外的标准是推荐性标准。标准制修订程序是由申报单位提出制修订标准申请,标准化主管部门下达标准计划,标准起草单位依据计划提出标准草案,经征求有关方面意见后修改为送审稿,再由标准化技术归口单位组织审查(审查人员应包括生产、使用、经销及科研机构等单位的专家,其中,使用方面的人员不应少于四分之一),形成报批稿,最后,由发布机关批准发布实施。

(二) 标准化工作的基本概况

建国以来,特别是改革开放以来,我国的标准化事业得到迅速发展。截止到2002年底,我国国家标准累计已达20 206项,行业标准34 000项,地方标准10 882项,企业标准86万余项。基本形成了以国家标准为主体,行业标准、地方标准和企业标准相互协调配套的标准体系。目前已有43.5%的国家标准和一批行业标准采用了国际标准和国外先进标准,标准化从传统的工农业产品向高新技术、信息技术、环境保护和管理、产品安全和卫生、服务等领域发展,一批关系国计民生的重要标准不断完善,为国民经济现代化建设提供了有力的技术支撑。但是,受机构改革等因素影响,商品市场流通领域中的管理、经营设施、检验检测的标准严重不足,亟需加快组织制修订。

三、开展建材市场标准化工作,促进建材市场健康发展

(一)制定和推广实施建材市场建设及管理的技术标准

俗话说,没有规矩难以成方圆。市场建设和市场管理缺乏统一、明确的标准,是导致建材市场秩序混乱、低水平重复建设的主要原因之一。为规范建材市场秩序,完善市场准入机制,提高市场管理水平,我部把《招商制建材装饰材料市场开业条件及管理规范》列入行业标准计划,确定由中国建材工业经济研究会物流暨市场专委会承担起草工作。该标准将对建材市场选址、经营设施、经营环境、经营管理等方面提出技术要求。标准颁布实施后,我们将加大标准宣贯力度,现有市场应对照标准找出差距,采取有效措施,改善经营管理和服务质量,创造良好购物环境,达到进一步提升市场档次,促进市场健康发展的目的。

(二)严把建材产品质量和环保准入标准,创建消费者放心市场

随着环保意识不断加强,人们对产品的质量及环保要求越来越高,建材市场所销售的产品是否符合国家环保要求直接影响到市场的形象,对市场可持续发展至关重要。因此,市场管理者应及时了解和掌握

建材产品最新的质量安全、环保标准以及3C认证情况,依据标准把好经营产品准入关,对涉及人身安全健康、环保的产品应要求经销商提供符合国家产品质量标准和环保安全要求检测报告或相关证明,邀请产品质量检验机构定期或不定期到市场进行检查监督,及时将假冒伪劣产品清除市场,从而,创建出一个消费者放心的市场。

现代流通方式与建材流通改革

商务部市场体系建设司处长　张蜀东

(2002年11月)

一、进一步提高对发展现代流通的认识

最近一个时期以来,发展现代流通日益受到重视,流通在我国经济发展中的重要地位和作用逐步被社会各界所认识,推进流通现代化,对于应对我国加入WTO带来的挑战,进一步促进国民经济持续快速健康发展,都具有重要的意义。中央和国务院领导同志对流通工作十分重视,江泽民总书记今年2月在省部级主要领导干部“国际形势与WTO”专题研究班上的重要讲话中就明确指出:“由于长期受计划经济体制的影响,‘重生产、轻流通’的观念烙印很深,这也是影响经济发展的一个重要原因。发展社会主义市场经济,搞好流通极为重要,是消费通过流通来决定生产,只有现代的流通方式才能带动现代化的生产,大规模的流通方式才能带动大规模生产。因此,要大力支持和推动连锁经营、集中配送等现代流通方式,推动经济发展,提高竞争力。”江总书记的讲话深刻阐明了流通在我国经济发展中的重要作用,明确了流通与生产的关系,着重提出了发展连锁经营、集中配送等现代流通方式的要求。

流通的重要作用是在我国改革开放和经济发展过程中日益显现出来的,是我国发展社会主义市场经济体系的必然要求,商品流通业逐步成为国民经济中的先导性行业。从以下几个方面可以看出流通在我国经济发展中处于举足轻重的地位:首先,商品供求关系的根本变化决定了流通业角色的变化。根据中国商业信息中心对600种重要商品的市场需求预测分析,从1998年开始已经不再有供不应求的商品,今年上半年86%的品种供过于求,其余的品种供求平衡。很明显,我国经济已经由过去的资源约束型,转变为市场约束型;由过去的供给约束型,转变为需求约束型。也就是说,市场、需求、消费决定着生产,而只有通过商品流通,不断地把消费者的即期需求和潜在需求转化为消费行为,社会生产才能周而复始地进行。流通产业已经成为市场经济运行的起点,成为启动市场、满足需求、促进生产的助推器。其次,流通业的现代化程度和运行状况决定着生产企业和经济运行的质量和效益。在其他条件相同的情况下,流通速度加快可以减少资金投入数量,即可以用相同的资金创造更多的价值。流通带动生产,小流通带动小生产,大流通带动大生产,现代流通带动现代生产。完全可以这样说,现代流通是社会再生产过程的血脉和神经,是各种生产要素集结、整合与聚变的载体,是决定经济运行速度、质量和效益的引导性力量。

第三,从整个国民经济与社会的发展分析,商品流通业的贡献越来越大。按支出法计算的国内生产总值由最终消费、资本形成、货物和服务净出口三部分组成。最终消费的很大部分,是由商品流通业实现的。近几年来,我国最终消费占GDP的比重一直保持在60%左右,2001年这一比重为60.6%,其中城乡居民消费占最终消费的比重为77.7%。扩大内需不仅要依靠扩大投资需求,更重要的是要扩大消费需求。

第四,从促进社会发展和稳定的角度分析,商品流通业是吸纳剩余劳动力、创造就业的重要产业。据统计,在1978年~2001年期间,商业网点增加到1 000多万个,从业人员达到4 736万人。在国民经济16大行

业中，批发零售贸易餐饮业提供的就业岗位仅次于农林牧渔业和制造业，位列第三。随着产业结构调整和企业改革的深化，制造业中正在转移出大量劳动力，将主要由包括流通业在内的第三产业吸纳。国家经贸委今年1月在上海召开了全国推进流通现代化工作现场会。吴仪国务委员出席会议并作了重要讲话。上海现场会结束后，各地政府高度重视会议精神的传达贯彻工作，组织专门会议学习吴仪国务委员重要讲话和会议精神。一些省市政府相继召开了推进流通现代化的会议，出台了支持发展现代流通的相关政策。从某种角度上说，发展现代流通已经成为我国经济生活中的一个热点，流通业正处在一个前所未有发展时期。

二、当前推进现代流通方式的主要内容

近期我委提出的发展现代流通的主要内容是连锁经营、物流配送和电子商务，希望以此三项重点工作来带动流通业的现代化。目前这几项重点工作日益得到大家的重视，发展势头很好。今年以来我委围绕推进流通现代化主要开展了以下几方面工作：一是加快流通领域立法步伐。《商业特许经营管理条例》送审稿已经完成，目前正在征求各部门意见；二是制定行业发展规划。《全国连锁经营发展“十五”规划》已经起草完成，明确提出了今后几年连锁经营发展的具体目标和工作重点，近期已出台。三是协调制定支持连锁经营发展的政策措施。去年以来，我委与有关部门进行了反复协调，就连锁企业税收、工商管理及经营特殊商品等方面政策取得了一致意见，在此基础上，我委会同国务院体改办起草了《关于加快连锁经营发展的若干意见》，已由国务院办公厅转发。四是建立和培育一批示范企业。目前，我国已经出现门店超千家、年销售额超百亿的上海联华超市有限公司（2001年销售额141亿元，今年上半年销售额达到81亿元，门店1 421个），上海华联超市、上海农工商超市、山东三联商社、北京华联超市、国美电器公司和江苏苏果超市等连锁公司，也一直保持良好的发展势头。我们拟从连锁企业中选择5~10家作为示范企业，鼓励其通过联合重组等多种方式加快发展，形成具有自主知识产权、主业突出、核心能力强、管理规范、可持续发展的大型连锁企业集团。同时，我们已直接联系一批大型连锁经营企业，及时宣传和推广其先进经验，并将其经营业绩定期向社会公告，营造支持连锁经营发展的舆论氛围。最近刚公布过今年上半年的前30名企业的情况，他们的销售规模和连锁店的发展速度都很快，销售额增长约40%，门店增长近60%。五是利用国债资金支持连锁企业进行技术改造。在安排今年的国债技改计划时，我委第一次将流通企业现代化作为专题，支持流通企业发展连锁经营、物流配送和提高信息化水平，目前已初步安排50多个技改项目，预计贴息金额6亿元左右。

当前我国发展流通现代化，既面临很好的发展机遇，又伴随着许多压力和挑战，有许多课题需要认真研究，既需要各方面专家的深入探讨，也需要广大流通企业的积极探索和大胆实践，认真总结经验教训。

三、发展现代流通方式，加快建材流通改革

建材流通是我国商品流通中的重要内容，近年来，建材已经改变了过去计划经济时期把建材仅作为生产资料的认识，家用建材、装饰材料等已经成为居民消费品中的重要组成部分，流通的方式也日益店铺化、超市化。建材的流通在促进我国经济发展和提高人民生活中起着十分重要的作用，因此也更需要加快建材流通的现代化进程，在建材流通中大力推进现代流通方式。

1. 连锁经营

加快建材流通业连锁经营的发展，对于提高流通产业的组织化程度和现代化水平、应对我国加入世界贸易组织的新形势，促进国民经济健康发展，具有重要的作用和意义。连锁经营的优势在于利用工业化大生产的原理，通过大规模的商品统一采购和统一配送，来降低商品的流通成本，增强市场竞争能力。发展连锁经营、统一配送，可以从源头上加强质量检验，杜绝假冒伪劣商品流入市场。近几年我国连锁经营的发展充分显示出了其生命力和巨大优势。超级市场已是我国商业领域的后起之秀，发展势头很好。建材

超市的发展前景也很好，随着国外商业资本不断进入，消费者消费需求层次的提升，建材的超市业态今后还会有较大发展，会对建材批发市场形成较大的挑战。当然由于我国区域经济发展的不均衡，不同的消费群体需求以及现有建材批发市场的不断改进完善，建材超市不会在短期内取代批发市场，但目前看来，建材超市这种业态会逐步在我国大中城市首先发展起来。建材市场应当借鉴建材超市这种业态，注意根据形势发展变化，适时对建材市场进行改造和提升，逐步把建材超市的优点吸收体现在建材市场中来，不管是摊位经营还是自营，都应积极推进建材市场的现代化，发展连锁经营，才能跟上流通业的变化要求。

2. 物流配送

流通领域内的批发企业、仓储企业、连锁经营企业等都有一个发展现代物流配送问题，而针对建材流通来说，由于其商品本身多为笨重、量大商品的特点，为满足用户，方便用户，提高效益，建材发展物流配送更为重要。各类建材市场应当形成完善的物流配送服务体系。建材批发市场作为商品的集散地，对商品的物流配送服务有很大需求。一个健全、兴旺的建材市场应当有相配套的物流配送服务体系，物流配送是批发市场发育、发展的一个重要环节，尤其今后要适应电子商务、互联网的快速发展，市场当面交易的功能可能会弱化，而物流配送功能可能会更加突出。必须要大力强化物流配送服务功能，建立和完善市场的物流配送体系，为市场交易双方提供比较完善的物流配送服务。建材市场发展物流配送功能有两种途径，一是市场本身自己逐步发展物流配送力量，另一种是利用社会力量，借助第三方物流，合理进行整合，形成为市场配套的物流配送服务体系。

3. 电子商务

网上交易要打好基础，稳步发展电子商务。电子商务的发展经过前一阶段的大潮以后现在变得比过去务实了，互联网有很大的优越性，电子商务所具有的范围广、选择强、速度快、成本低的明显优势，应有巨大的发展空间。现在上网人数越来越多，计算机越来越普及，我认为经过一个时期的发展以后，电子商务、网上购物将会逐步成为现实，并会对流通业的交易方式带来革命性的影响，同样也会对现有建材市场产生重大影响。现在一些建材市场开始了这方面的探索，希望大家关注电子商务的发展，注意在建材市场中打好信息化的基础，为电子商务的发展创造条件，做好准备。

4. 加快发展一批国内大型建材流通企业

目前我国建材流通领域发展虽然很快，但除外资建材家居企业外，内资的建材流通企业还多为地方诸侯，缺乏大型的、有实力的、全国性建材流通企业。这与我国建材流通的形势发展要求很不适应，应当加快现代流通方式的发展，通过发展连锁，通过联合、重组，培养一批全国范围的大型建材流通企业。

大力发展现代流通方式
推进建材市场建设上新台阶

商务部市场体系建设司处长　刘德成

(2002年11月)

一、我国建材市场发展面临的机遇和挑战

在我国实施开拓市场、扩大内需的长期经济发展战略，继续施行积极的财政政策和稳健的货币政策的宏观政策环境下，近年来建材市场需求在房地产投资拉动下持续增长，行业景气指数居高不下，显示出

强大的旺盛生命力。随着国民经济的持续健康发展,经济总量将继续扩大,城乡居民的收入水平将继续提高,居民的恩格尔系数持续降低,用于住房的支出持续增长,再加上住房制度改革的进一步深化,建材市场发展面临前所未有的历史性机遇,发展空间大,需求释放周期长,引起了业内的广泛兴趣与极大的关注,成为拉动国民经济持续、快速、健康发展的一个重要增长点和亮点。

但目前我国建材市场发展状况,不适应建材生产及需求的发展要求。突出表现在:一是市场秩序较混乱,商品质量和服务水平有待提高;二是市场组织化程度较低,市场经营主体以个体户为主,连锁经营、特许经营、代理经营、物流配送等现代流通方式刚刚起步,规模太小,规范化程度不够;三是市场功能不健全,多数摊位制市场只具有物业管理功能,而不具有市场应具备的其他各种特别重要的本质性功能;四是市场体系建设中缺乏宏观调控和指导,没有统一规划,没有建设和开业标准、业态标准等技术体系,盲目发展、重复建设现象严重,导致过度竞争和“有场无市”;五是缺乏专门的经营管理人才队伍,理论界对建材市场发展的战略问题、方向性问题研究得也不够深入、不够系统,等等。这些问题的存在,就决定了我国建材市场的整体发展水平不高,不能适应建材行业结构调整和日益增长的消费需求变化需要,也缺乏竞争力。

众所周知,我国已于 2001 年 12 月 11 日正式加入世界贸易组织,按照我国政府的承诺,包括批发、零售、佣金代理、特许经营在内的分销领域将在 3~5 年的过渡期后取消外资进入的地域、数量和股权等限制。这对我国建材市场发展既是机遇,也是挑战。目前,百安居、欧倍德、宜家家居等国外家居建材业巨头已经登陆中国,并在一些大中城市成功开业经营。他们的到来,带来了先进的经营理念、流通技术、管理经验等,给发展中的中国建材市场带来了一些新鲜的“空气”,树立了现代化建材市场发展模式的样板,带动了国内建材市场现代流通方式和经营组织形式的创新与发展。目前,国内的东方家园建材超市、好美佳建材超市等新的建材市场业态也取得了较快发展,深受消费者的欢迎,得到各方面的积极评价和肯定。而对大多数摊位制建材市场来说,却面临着前所未有的挑战和竞争压力。逆水行舟,不进则退。道路只有一条,就是用现代流通方式逐步取代传统落后的流通方式,降低流通成本,提高流通效率和服务的质量与水平,积极探索符合建材行业发展要求和消费需求变化的新型建材流通模式。

二、大力发展现代流通方式,实现建材市场新发展

当前,传统建材市场转型的重点是发展连锁经营、物流配送、电子商务、总代理、总经销等新型流通方式,引进超市、仓储式大卖场、专业店、专卖店等先进流通业态,提高建材流通的组织化、标准化、规范化程度。连锁经营是社会化大生产原理在流通领域的成功运用,自九十年代初在我国起步,现今已发展成为零售业、餐饮业和服务业争相运用的经营方式和组织形式,显示出强大的生命力和发展潜力。2001 年全国限额以上商品批发、零售、餐饮业实行连锁经营的企业已发展到 1 124 家,门店达 21 784 个,实现销售额 2 139.8 亿元,同比增长 37.7%,占同期全国限额以上商品批发、零售、餐饮业销售额的 5.7%。连锁经营也是国外建材市场经营的主要方式,进入我国的外资家居建材企业主要采用这种经营方式。连锁经营具有品牌化、规模化、标准化的显著特色,拥有成功的经营管理理念和技术,实行统一采购、统一配货、统一价格、统一商标标识、统一服务标准等高度集约化经营管理方式,容易培养顾客忠诚,有利于开拓市场并长期占领市场,是现代商业竞争的有力武器,应成为今后我国建材市场发展的重要方向。对于新建建材流通企业来说,要高起点,在有关部门的统一规划指导下,重点发展连锁经营。国内有一定实力的建材连锁经营企业,更要放眼国际市场,不断积累经营经验,完善管理手段,提高技术和服务水平,以资金、管理、技术、品牌、人才等优势,通过兼并、联合、重组、参股、控股以及输出商标商号、转让经营管理技术等多种途径,不局限于直营连锁一种方式,也可以发展自由连锁和加盟连锁,加快发展步伐,逐步实现跨区域、跨所有制、跨行业发展,扩大经营规模,增强市场开拓能力,提高市场占有率,发展成为拥有自主知识产权、主业突出、核心竞争能力强、初步具有国际竞争力的大型建材连锁经营企业和企业集团。发展物流配送,市场潜力巨大。物流是继自然资源、人力资源之后的“第三利润源泉”,是我国企业经营管理的薄弱环

节。据统计，在美国全部生产过程中只有 5 % 的时间用于加工制造，95% 的时间则用于搬运、储存等物流过程，物流费用占国民生产总值的 6%左右；在日本物流费用约占产品总成本的 10%~ 12%；在我国物流费用大约占商品进销差价的 70%，仅在账面上反映的物流费用就占商品总成本的 40%。建材产品生产和流通规模化、标准化、集约化的特点，客观上决定物流配送是适于建材市场发展的一种重要流通组织形式。随着我国建材生产行业管理和技术标准化程度的提高，为实行集中配送提供了更加有力的条件。近年来，一些地区积极发展钢材剪切加工配送、玻璃加工配送、混凝土搅拌加工配送等加工配送服务，建立了卫生陶瓷洁具、陶瓷地砖、建筑石材、装饰板材等集中配送服务的区域性物流中心，专业色彩突出，品种品牌聚集度高，经营规模不断扩大，经济效益显著增长。这种专业化程度较高的物流集中配送服务以及专业物流配送中心的发展，也是国家所积极倡导和鼓励的。一些摊位制建材市场地理位置优越，占地面积大，通过改造提高，完全具有发展物流配送中心，开展集中配送服务的潜力和优势。而一些建材连锁经营企业，则非常有必要根据自身的实力和市场需求状况，采取多种途径和措施建立自己的专门化的配送中心，更好地控制进货渠道，加强货品管理和成本控制。需要特别指出的是物流配送中心或基地建设占地多、投资大、风险高，一定要采取慎重态度，在有关商贸流通、城建、规划、交通、环保等部门的指导下，经过充分论证，科学决策。而不能一哄而起，盲目投资、盲目发展。同时，由于我国物流设施设备总量已经过剩，因此在物流配送中心或基地的建设上要尽量避免铺新摊子，花冤枉钱，关键在于打破行业垄断、地区封锁和部门分割状况，按市场经济规律办事，引入竞争机制，通过资产重组联合和专业化改造，运用现代物流管理理论和技术，重整现有物流资源，提高流通效率，降低流通成本，挖掘新的利润源泉。电子商务是信息技术高度发展，人类社会进入知识经济形态条件下现代流通发展的一个重要方向。当前，电子商务虽然受法律、技术等因素的制约较大，但发展趋势十分明显，特别是企业对企业（B to B）模式发展比较迅猛。目前，美国电子商务的应用领域和规模都远远领先于其他国家，在全球所有电子交易额中，大约有 50%以上都发生在美国。不仅如此，美国还拥有商业网站的 90%，美国的互联网产业的收入去年已经超过 5000 亿美元，互联网在美国发展 17 年所创造的价值，接近于美国汽车工业经过 100 年发展所创造的价值。国内建材行业也已经开始运用这种先进的流通方式，并取得了一些初步的经验。大体上可以从五个方面进行探索。一是建材生产企业通过优化供应 链管理，建立上下游客户间的网上采购，实现传统产业与电子商务的有机结合。二是一些大型批发市场建立专业网络系统，实现有形市场与电子商务相结合，扩大辐射能力。三是探索连锁企业发展电子商务的模式，利用连锁店铺的有形网络和物流资源系统，通过开办网上商店，拓展市场，扩大销售规模。四是物流企业发展电子商务，充分利用信息资源，开展运输、仓储、加工、包装、整理、销售、售后服务等系列化业务。五是专门的 IT 企业开设建材网站，利用信息资源平台，提供有偿信息、咨询以及网上交易、网上结算等增值服务，获取商业利润。这些做法都是值得积极学习借鉴的。

总代理、总经销、特许经营等流通方式以及专卖店、专业店、品牌店等流通业态是与现代经济社会生产高度品牌化、集中化、标准化相适应的先进流通方式和流通组织形式，是广大摊位制建材市场经营主体的主要改造方向。目前，一些建材市场已经开始引进这些先进的流通方式和经营业态，但还不够普遍、不够规范、基础还不牢固，需要进一步增强紧迫感，加大力度，提高采用先进经营方式的经营主体的比例。

有关部门和行业协会要进一步加大宣传引导工作力度，积极建立健全相应的法律、规章、经营规范、发展规划、管理和技术标准等制度体系，加大市场经济秩序整顿规范力度，为建材市场发展创造良好环境。

我们期冀着建材市场广泛发展现代流通方式，只有大力发展现代流通方式，才能提高商品质量，提高服务水平，提高建材流通的组织化程度，提高企业自身的竞争能力和抗御风险能力，推进建材市场建设上新台阶，促进我国建材行业持续健康发展。

大 事 记

DA SHi JI

编辑:崔长年

大事记

1月

★12日 中国建筑材料工业协会在天津市召开第三届理事会第二次会长全体会议。会议由张人为会长主持。副会长邹传胜、孙向远、徐永模、宋志平、谭仲明、郭文叁、孙继刚、王惠文、刘志江、姚燕，秘书长陈国庆出席了会议。

会上，邹传胜副会长汇报了协会关于贯彻十六大精神，推进建材工业走新型工业化道路的研究思路；徐永模副会长汇报了按照十六大提出的“四新”要求，开创协会工作新局面的工作意见；孙向远副会长汇报了协会2002年工作总结和2003年工作安排意见；陈国庆秘书长汇报了协会有关分会的组织情况以及中国建材工业协会GIS设计策划方案。

★15～16日 中国建筑材料工业协会在京召开协会系统工作会议。会议由张人为会长主持。

会上，分别由副会长邹传胜、徐永模、孙向远通报了协会关于《走新型工业化道路，为全面建设小康社会作贡献——对建材工业贯彻十六大精神的思考》、《学习贯彻十六大精神，努力开创协会工作新局面——对今后一个时期协会工作的思考》和《中国建材工业协会2002年工作总结及2003年工作安排》。

张人为会长在总结讲话中强调了做好今年工作的三点要求：一是要按照十六大精神明确建材工业奋斗目标，理清发展思路，抓住重点，抓住关键，有针对性地深入调研，提出对策和建议，引导行业健康发展。二是进一步推进协会工作系统的建设，明确定位，理顺和协调建材协会与代管协会、各协会与直属单位、协会各部门之间的工作关系。切实搞好展览资源、信息资源和认证机构的整合，充分发挥协会的整体优势。三是协会系统工作人员要树立和保持与时俱进、开拓创新的精神状态，要倍加顾全大局，倍加珍视团结，倍加维护稳定，更好地肩负起推进建材行业改革发展和现代化建设的职责。

★16日 中国建筑材料工业协会在京召开首次协会高级顾问会议。

会议由张人为会长主持。张人为会长首先向名誉会长及高级顾问介绍了协会一年来的主要工作、刚刚在天津召开的会长全体会议以及协会系统工作会的情况，对协会今年的重点工作作了通报，请名誉会长、高级顾问为行业和协会工作出谋划策，共同推动建材行业的改革与发展。

高级顾问蒋明麟、杨慎、冯之浚、甘智和，名誉会长王燕谋等先后发言，从不同的侧面，对建材工业今年的经济形势，以及如何贯彻好党的十六大精神，推动建材走新型工业化道路等，提出了许多好的意见和建议。

张人为会长感谢名誉会长、高级顾问对行业以及协会工作提出的很好的意见和建议，感谢他们对协会工作的支持和关心。他要求协会有关部门要积极吸纳大家的意见，更好地推动行业和协会的各项工作。

★6～23日 应美国波特兰水泥协会、墨西哥水泥公司和巴西水泥协会的邀请，中国建筑材料工业协会副会长、中国水泥协会理事长雷前治率建材代表团一行八人于一月中旬对美国、墨西哥、巴西进行了访问考察。

在美期间，雷前治一行访问了美国波特兰水泥协会，与波特兰水泥协会主席JOHNP.GLEASON先生及协会其他负责人进行了友好、深入的交流。

访问墨西哥水泥公司期间，与墨西哥水泥公司的高层管理人员就发展战略、企业管理等双方感兴趣的话题进行了坦率的会谈。

在巴西访问期间，中国建材代表团受到了巴西水泥协会热烈而隆重的欢迎。巴西水泥协会介绍了巴西水泥协会的工作机构、体制和职能，巴西水泥业与混凝土业的现状、面临的问题及发展设想，表达了愿意与我国同行合作的愿望。代表团还访问了巴西第一大水泥公司，世界排名第八位的 VOTORANTIM 集团公司。

2月

★20日 由北京市建设委员会主办、北京市建筑材料行业管理办公室承办的“第六届（北京）建筑门窗、幕墙及设备展示订货会”在北京中国国际展览中心拉开帷幕。

在未来的几年中，以奥运场馆建设、CBD 中央商务圈建设、中关村、上地、亦庄开发区建设为轴心的北京城市建设规模将连续保持在 8 000 万平方米 / 年之上。为了加快北京现代化国际大都市的建设进程，北京市委、市政府提出了“高标准规划城市、高质量建设城市、高效能管理城市、高水平经营城市”的目标。为实现这一目标，确保首都建设工程质量，北京市建设委员会作为全市建设行政主管部门，加大了对建筑材料的管理力度，对涉及安全、节能、环保和易造成工程质量通病的重要建筑材料实行了备案管理和招投标管理。国内外 3 000 余家建材企业已获得了进入北京市场的备案资格。

本次博览会的主题是“推广新型建材、迎接绿色奥运、展示企业形象、宣传企业产品”。博览会为了更好的向广大设计、开发、施工单位和各界用户宣传推广优质建材产品，进一步扩大优质建材的影响，为知名企业和优质产品进入北京建筑市场架起一座加深了解、促进友谊的桥梁。据悉，此次活动至 2 月 23 日结束。

★26日 中国建筑材料工业协会雷前治副会长会见墨西哥水泥公司驻日本代表瑞道夫博士和琼斯先生。外方向中方介绍了墨西哥水泥公司已在日本开展的业务，同时希望能了解中国水泥工业的概况和市场情况，以便考虑如何开展在日本、中国和东亚的业务。雷前治副会长介绍了中国水泥工业在过去两年取得的成绩和存在的问题、未来的发展设想和结构调整的任务。希望外方把握机遇，同时表示中方愿意为进入中国市场发展的外国公司提供帮助。

★26日 针对集贸市场税收征管中存在的问题，国家税务总局 26 日出台三项措施，规范和强化个体税收征管工作。

这三项措施包括：一是抓好漏征漏管户清理工作，及时掌握纳税户的经营变化情况，规范纳税户停业、复业和注销管理。针对集贸市场的特点，积极探索集贸市场分类管理办法，提高管理质量和效益。二是对集贸市场和个体工商户实行重点监控，动态管理。税务总局今年将继续对集贸市场专项整治期间确定的 45 个大、中型集贸市场实行动态管理，同时，各级税务机关也要选取一定数量具有代表性的集贸市场和个体工商大户进行重点管理和重点服务。通过对其经营情况、纳税情况和管理情况的动态了解，分析集贸市场和个体工商户经营发展的一般规律和发展趋势，有针对性地研究进一步完善征收管理的措施。三是普遍采用“参数定税法”，即在综合分析影响个体工商户经营额因素的基础上，科学选取核定定额的参数，合理确定定额调整的系数，科学定额，规范管理。

3月

★1日 由国家质量监督检验检疫局、国家环保总局、卫生部制定的我国第一部《室内空气质量标准》(以下简称《标准》),于2003年3月1日正式实施。《标准》引入室内空气质量概念,明确提出“室内空气应无毒、无害、无异常嗅味”的要求。规定控制的化学性污染物质不仅包括人们熟悉的甲醛、苯、氨、氡等污染物质,还有可吸入颗粒物、二氧化碳、二氧化硫等13项化学性污染物质,同时列出了对人体有害的物理和生物物质。《标准》的出台为室内空气检测提供了统一的、规范的依据。

★2日 由中国木材流通协会主办的“2003年全国30家实木地板企业地板质量、售后服务双承诺联合宣言”活动新闻发布会在北京召开。

★4日 2月23日~3月4日,中国玻璃钢工业技术交流考察团一行12人对台湾进行了访问考察。

考察团拜访了台湾复合材料工业同业公会和台湾强化塑胶协进会,双方协会负责人分别通报了各自地域玻璃钢/复合材料工业的情况,并就两岸玻璃钢/复合材料的发展与共同关心的问题进行了深入的座谈。考察团一行先后访问了台湾美明实业股份有限公司、良机实业股份有限公司、恩良企业股份有限公司、台湾玻璃工业公司、台清华大学化工系、台工业技术研究院材料研究所、上纬企业股份有限公司、威山工业股份有限公司、家美环境工程有限公司和长兴化学工业股份有限公司。在台期间,考察团受到了台湾强化塑胶协进会和企事业单位的热烈而隆重的欢迎。

★10日~12日 中国建材协会国家建材工业职业技能鉴定指导中心在北京召开了首次建材工业国家职业标准制定会议。25位来自建材企业、院校和专业协会的各职业标准主要执笔人参加了会议。劳动和社会保障部国家职业技能鉴定中心标准教材处的负责同志,在会上详细讲解了《国家职业标准制定技术规程》,提出了标准制定过程中应遵循的原则和注意的问题,对已完成初稿的职业标准进行了初审。

首批进入职业标准制定的有:水泥、玻璃、陶瓷、石材、石灰、石膏、玻纤、玻璃钢等。经初审,《石灰焙烧工》和《陶瓷烧成工》两个职业标准,基本符合《技术规程》要求。水泥、玻璃、陶瓷、石膏等专业标准正在制订中。

★12日~15日 由中国国际贸易促进委员会建材行业分会、北京华港展览有限公司、中国石材工业协会共同主办的第十届中国国际石材产品及石材技术装备展览会在北京中国国际展览中心举行。

参加这次展览会的有来自意大利、土耳其、西班牙、印度、巴西、伊朗、希腊、芬兰等国家和台湾地区的参展企业近200家,几乎囊括了年产石材200万吨以上的所有国家和地区。国内参展企业200多家。

中国建材工业协会副会长兼中国国际贸易促进委员会建材行业分会会长雷前治致开幕辞,中国国际贸易促进委员会、北京华港展览有限公司、中国石材工业协会的领导同志以及意大利驻华使馆二秘、意大利大理石机械协会主席、土耳其参赞、希腊参赞、西班牙商务专员、印度使馆二秘、巴西参赞、埃及公使、伊朗参赞和韩国石材工业协会会长等外宾参加了开幕式。

★14日 在国家经贸委召开的2002年度行业协会工作表彰大会上,中国建筑材料工业协会被评为2002年度“先进行业协会”。获得2002年度“先进行业协会”称号的还有中国建筑玻璃与工业玻璃协会、中国水泥制品工业协会和中国摩擦密封材料协会。

★15日 上海市建筑材料行业协会组织开展“羊年3.15大型投诉、选材、咨询”活动,选取好美家陆家咀店、红星美凯龙、百安居杨浦店、同福·易家丽家居广场和建配龙等五家上海知名的建材超市和市场,邀请了建材装潢领域的专家坐堂咨询。

★17日 3月9日~17日,中国摩擦密封材料协会代表团一行9人在理事长贾作起带领下对台湾进行了业务考察和访问。

★17~18日 中国非金属矿工业协会在北京召开第四届五次常务理事扩大会。

会议全面总结了一年来协会的工作进展,深入地讨论了在新的形势下,中国非金属矿工业走新型工业化道路问题,统一了思想,达成共识,形成了“非金属矿业知名企业领导、专家学者对本行业走新型工业化道路的倡议”。

★19~20日 首届中国非金属矿工业科学技术大会在京召开。中国建材工业协会邹传胜副会长到会讲话。科技部、原国家经贸委、国土资源部有关部门的领导出席了会议并讲话。来自全国非金属矿行业的企业家、技术人员、有关设计研究院、高等学校的专家教授，以及欧洲、美国等国外知名企业的代表等300余人参加了大会。

常务副理事长张湛作了题为《迎接非金属矿工业科技发展的春天》的主题报告，国土资源部杨璐副司长、台湾工业技术学院李世阳博士、法国 Imerys 公司 Dan Germiquet 总地质师等 12 位专家，在大会上作了精彩的报告。会议共交流论文 30 篇，同时还举办了非金属矿产品展示会，40 余家企业参加了展示。通过与会代表广泛交流和就彼此关心的专业技术问题进行洽谈，本次会议取得了良好的效果。

★18 日~20 日 中国砖瓦工业协会常务理事扩大会议在天津市召开，来自全国各地的常务理事和有关代表 100 多人参加了会议。

会议由中国砖瓦工业协会会长杨志元主持。会上进行了工作经验和技术交流，召开了专家委员会和装备工作会议。专家们对目前我国烧结制品的发展前景，因地制宜生产各类新型墙体材料的经验和 170 个城市“禁实”工作的开展情况等进行了研讨。装备部的代表，就目前砖瓦机械的现状及出现的低水平重复建设问题，以及如何保护企业利益、进行行业自律，提高产品质量，加大自主开发创新的工作力度等方面进行讨论，形成了一定共识。会上，专家们对《砖瓦工业“十五”发展指导意见》提出了修改和补充意见，并一致通过。对开展砖瓦行业创名牌、打击伪劣产品的活动提出了很好的建设性意见。

★27~28 日 中国建筑玻璃与工业玻璃协会召开中空玻璃专业委员会第四届五次常务委员会工作会议。会议肯定了专业委员会的工作。认真分析了我国中空玻璃加工制造业面临的形势以及外部环境和内部条件，认为专业委员会要认清形势，做好双向服务工作，坚持改革与创新，扎扎实实地开展每一项工作。代表们并就如何完成 2003~2004 年工作计划，开展好有关工作进行了热烈的讨论与研究，提出了可行性的建议。

★下旬 由浙江绍兴富得利木业公司出资编写的“中国实木地板实用指南”上市发行，并在推出半年后再版发行。

4 月

★1 日 建筑及卫生陶瓷被中国名牌战略推进委员会列入 2003 年中国名牌产品评价目录，这是建材行业几年来推进名牌战略工作取得的一项突破性进展。

★1 日 中国建材工业协会国际部、科技部、展贸部接待了日本经济信息咨询顾问有限公司和北京时代和信展览展示有限公司的日本客人。

日方提出愿意在多方面与建材协会合作，例如在展览方面，可组织日本建材中小企业赴我国参展，为我国企业到日本举办展览以及参展提供服务，为在北京举办的“绿色建材展”作日本招展总代理，在中国建材网站建日文版等等，并希望就有关事宜细节进一步进行磋商。

协会有关部门也表达了愿意与日本中小企业合作的愿望，具体合作内容及形式待协会研究后进一步与日方磋商。

★28 日 中国建筑材料工业协会在“政府上网工程”优秀政府网上应用调查活动中被授予政府上网工程优秀单位。

★4 日 新一届全国整顿和规范市场经济秩序领导小组在京召开第一次全体会议，中共中央政治局委员、国务院副总理、全国整顿和规范市场经济秩序领导小组组长吴仪出席会议并讲话，她强调各地区、各部门务必从实践“三个代表”重要思想和执政为民的高度，讲政治，顾大局，进一步提高对整顿和规范市场经济秩序的重要性、长期性、艰巨性的认识，增强责任感和紧迫感，突出工作重点，加大治本力度，继续把整顿和规范市场经济秩序工作引向深入。

国务院副秘书长、全国整顿和规范市场经济秩序领导小组副组长徐绍史主持了会议，并宣布了新一

届全国整顿和规范市场经济秩序领导小组成员名单。会议还讨论了2003年全国整顿和规范市场经济秩序工作要点。

★世界知名的品牌建筑业盛会BATIMAT中国展——“BATIMAT China 2003第十一届中国国际建筑装饰展览会”及其重要组成部分“2003中国国际建筑安全与智能设备展览会”2~5日在上海新国际博览中心隆重举办。

继公安、银行等系统之后，建筑业在近年来对智能系统及安防产品的需求飞速增长。众多的知名厂商都已关注到这个应用市场的巨大潜力，并利用展会适时推出最新的产品与技术。在即将开幕的2003中国国际建筑安全与智能设备展览会上，全球著名的霍尼韦尔公司将推出其新一代的建筑智能化系统，并在展会同期举办其新品发布会。此外，在中国安防市场耕耘数年、世界著名的门禁系统制造商之一“ELID”公司在此次展会上将推出当今世界先进的基于internet网络技术，针对大型安防系统的Matrix V“一卡通”解决方案。

★2~5日 中国建筑卫生陶瓷协会与中国国际科技合作协会合作，在上海国际博览中心成功举办了“第四届国际建筑陶瓷及卫浴科技精品展览会”。展出面积4.5万平方米，600家国内外厂商参加了展览。参观者达4万多人次，TOTO、科勒、乐家、尹奈、和成、惠达、亚细亚、斯米克、东鹏、鹰牌、冠军等著名品牌企业参加了展览。同时还举办了“中国陶瓷卫浴发展论坛”。

★经中国名牌战略推进委员会批准，建筑陶瓷的马可波罗、东鹏、亚细亚、金航、钻石、斯米克、新中源、蒙娜丽莎、鹰牌，卫生陶瓷的四维、惠达等12个品牌被评为中国名牌产品。

★5日 由上海博华展览公司和中国木材流通协会主办的“中国木工机械及地面装饰材料展览会”，在上海成功举办。

★8~10日 中国绝热隔音材料协会在贵阳市召开四届二次理事会，共有五十八个理事单位的代表出席了会议。会议评选出了“2002年绝热隔音材料行业十大新闻人物”。他们分别为行业内的利税大户，技术出口、产品出口大户，在行业技术进步、技术创新、技术转让上有突出贡献及在开拓市场上有突出贡献者。理事会一致同意将轻型复合板专业委员会更名为轻质建筑板材专业委员会等议案，并通过了绝热隔音材料行业自律公约。

★9~11日 中国加气混凝土协会在温州市召开六届三次理事会议。会议讨论通过了加气混凝土通用图集和应用技术规程修订工作的实施方案；对加气混凝土砌块和板材标准的修订工作提出具体意见；就制定《加气混凝土发展纲要》的导向意见，听取了大家的意见。

★18日 日前，国家质检总局公布了2002年第4季度三类建材的质量抽查结果，室内装饰装修用橡胶型胶黏剂(以下简称胶黏剂)合格率为88.2%，陶瓷砖合格率为93.6%，胶合板合格率为82.1%。

本次胶黏剂共抽查了上海、天津、河北、浙江、江苏、广东等6个省市34家企业生产的34种产品，合格品为30种；陶瓷砖产品(包括陶质砖和瓷质砖)的抽查涉及上海、广东、浙江、山东、福建、四川、江苏、江西、河南、河北、重庆等省市，主要对吸水率、断裂指数、抗釉裂性、耐污染性和放射性5项指标进行了检验；胶合板产品质量国家监督抽查是在北京、河北、山东、广东、上海、浙江等6个省市28家企业生产的28种产品中进行的，有23种合格。

抽查中发现，胶粘剂存在的主要质量问题是苯含量超标。陶瓷砖反映出的主要质量问题是断裂指数低。胶合板存在的主要质量问题一是甲醛超标，另一个问题是胶合强度未达标。这三类建材产品共同反映出来的问题是:国有大中型企业产品质量较好，而一些小型企业产品质量难以过关。

★23日 由中国化建公司苏州防水材料研究设计所、国家建筑材料工业标准化研究所、北京卡莱尔防水材料有限公司负责组织有关科研单位、生产企业参加起草的《聚氨酯防水涂料》国家标准，日前在北京通过了由全国轻质与装饰装修建筑材料标准化技术委员会主持的专家审定。参加审定会的专家建议，《聚氨酯防水涂料》国家标准应尽快报国家标准化管理委员会批准、颁布实施，以便在生产与推广使用中发挥积极作用。

★上海市建筑材料行业协会成立投诉监督部，有效地建立起和市场投诉部门的联系，帮助协调、处理市场和消费者间的问题。

5月

★与消费者密切相关的《住宅室内装饰装修管理办法》从5月开始实施。这套管理办法中将禁止五种家装行为，如：未经原设计单位或者具有相应资质等级的设计单位提出设计方案，变动建筑主体和承重结构；将没有防水要求的房间或者阳台改为卫生间、厨房间；扩大承重墙上原有的门窗尺寸，拆除连接阳台的砖、混凝土墙体；损坏房屋原有节能设施，降低节能效果；其他影响建筑结构和使用安全的行为。

★23日　国家质检总局日前出台了进口涂料监管办法，要求进口涂料实行登记备案和专项检测制度，确保符合我国的环保标准和绿色标准。

据国家权威部门调查，80%以上的进口涂料中含有各种有害物质。国家质检总局新出台的监管办法要求，凡要进口涂料的企业必须提前2个月备案，并提供需要进口的涂料产品的相关材料，然后由国家授权的备案机构对其进行专项检测，对于检测不合格者，收货人需将其退运出境或按有关部门的要求进行妥善处理。

6月

★中旬　北京市质量技术监督局抽查了京城6大销售大芯板的重点建材市场中销售的30种大芯板。其结果令人吃惊，抽样合格率仅为53.3%。不合格大芯板的主要问题仍是甲醛释放量超过国家控制标准。

★20日　国家科技部高新司召开了建材、化工、石化、纺织、冶金、有色、机械、轻工等部分制造业协会科技主管领导和部门负责人会议，布置开展“国家中长期科学和技术发展规划战略研究——制造业重大科技需求问题分析研究”工作。中国建材工业协会承担的课题为“建材业科技发展重大战略问题的研究”。重点研究：1.建材业发展的现状与措施；2.国内建材业水平与存在的问题；3.实现全面小康目标对建材业的需求，尤其是重大科技需求，“十一五”期间科技标志性的任务是什么；4.2010年（“十一五”科技发展计划）和2020年（科技发展规划）建材业科技发展战略目标。

7月

★1日　鉴于我国建材市场现状，为了确保奥运工程高水平、高质量地完成，奥组委责成国家建筑材料测试中心起草了“奥运工程环保指南——绿色建材”，它将作为指导工程建设、选供建筑材料的依据或是标准，该项工作要求在2003年底前完成。

★1日　第十届中国国际星级饭店建筑材料博览会将于2003年8月20~23日如期在北京中国国际贸易中心隆重举行，这是战胜SARS后首次大型专业建材展亮相京城。

★1日　《北京市建筑工程安全玻璃使用规定》已由北京市建设委员会、北京市规划委员会发布并正式施行。

该法规对北京市行政区域内建筑工程必须使用安全玻璃的部位做出了详细的规定，对建筑单位、设计单位、施工和验收单位均做出了相应的要求，从而规范了北京市建筑工程中对于大面积采用玻璃作为幕墙、落地窗以及室内隔断等部位安全玻璃的使用。

★10 日 中华人民共和国标准化管理委员会 2003 年第 3 号公告发布，由原国家建筑材料工业标准化研究所、盘锦禹王防水建材集团有限公司负责起草的 GB 18967—2003《改性沥聚乙烯基防水卷材》强制性国家标准，将于 2003 年 10 月 1 日实施。

★上海市建设和管理委员会组织召开整顿和规范上海市建筑和建材市场工作会议，安排部署下半年上海建材市场检查、规范和整顿工作。

★10 日 "全国强化地板企业联盟" 在上海联合发布 "上海公约"，提出要组成联合舰队共同打击市场上的 "五劣板" 和不正当竞争。

8 月

★1 日 上午，中共中央政治局委员、国务院副总理吴仪在北京市代市长王岐山、国务院副秘书长徐绍史、国家工商总局局长王众孚等人陪同下，视察了通州区八里桥农产品中心批发市场、永顺工商所对外服务大厅和北京市工商局 12315 调度指挥中心，现场了解农产品安全工作情况，并观看了食品安全控制系统模拟演示和企业信用信息演示。吴仪强调，北京要进一步总结、提高、完善市场信用体系建设、食品放心工程和市场监管方面的经验，完善信用数据库的建设，不断创新监管方法，提高执法的专业化水平。要推广综合执法经验，加大对城乡结合部的监管力度。吴仪强调把整顿和规范市场经济秩序工作引向深入。

★5 日 2003 年全国钢木门窗行业年会 5~7 日在上海市召开。此次年会将同期举办第二届中国(上海)国际门业展览会。年会将在深入贯彻国家有关建筑行业政策的同时，总结和交流我国钢木门窗行业的技术和管理成果，研讨钢木门窗行业如何抓住机遇，通过产品创新取得进一步发展。

★上旬 由中国木材流通协会地板委员会组织的 "广东、上海企业家南浔联谊会" 成功举办，并在《中国日报》英文版做了相关报道，把南浔——中国未来的地板生产基地，推向了世界。

★15 日 "第一届地板铺设工人上岗证培训班" 在北京开班，经过培训、考核，共有 36 名学员顺利获得了由国家林业总局和劳动部颁发的上岗证。

9 月

★5 日 在中国建材工业协会领导和推动下，建材系统的两大认证机构——中国水泥房建材料质量认证中心和中国建材质量体系认证中心顺利完成合并重组，这标志着建材系统的认证机构从分散型走上专业化、多功能、综合性的发展道路、新组建的国建联信认证公司不仅可以同时实施产品、质量管理体系、环境管理体系、职业健康安全管理体系等多项认证，并正在涉足我国新兴的强制认证领域，将为企业通过一次审核提供多项认证服务。必将促进建材企业全面提高综合管理水平、产品的实物质量、市场竞争能力以及减轻企业负担。

★6 日 为使广大的空心砖和空心砌块生产企业和有关单位及时了解、掌握新标准，更好地贯彻新标准，严格按新标准组织生产，提高生产技术和产品质量，为我国墙材革新和建筑节能工作的服务。9 月 5~6 日中国砖瓦工业协会和墙材革新与建筑节能杂志社在江西省举办了《烧结空心砖和空心砌块》(GB13545—2003)国家新标准宣贯学习班，来自全国各地的 80 名代表参加了学习。

★12~15 日 中国建材工业经济研究会在长沙市召开 "第三届中国建材市场高峰论坛"。国务院参事室副主任蒋明麟、国务院发展研究中心市场研究所副所长任兴州、商务部市场体系建设司、国家工商总局和湖南省、长沙市的有关领导出席会议并作重要讲话。中国建材工业协会张人为会长为论坛发来贺信。来自全国各地的建材市场的总裁及高级管理人员 120 多人出席了本届论坛。

论坛围绕“加强经营管理创新,提高建材市场运行质量”这一中心议题进行了充分研讨。论坛提出了当前我国建材市场经营管理方面存在的问题,以及加强建材市场管理及经营活动的思路;针对不同业态的建材市场如何有效利用经营管理创新提升市场运行质量,增强市场竞争力,交流了经验。论坛总结了几年来开展“双创建”活动的情况,对达标的双创建试点单位颁发了“中国绿色建材市场”和“全国规范化管理市场”的铜牌和证书。与会代表一致赞成在商务部的指导下制定《招商制建材装饰材料市场建设及管理标准》,认为此项标准的制定适应我国建材市场发展的需要,是对我国建材市场健康有序发展的强有力的保证。

★中旬 中国质量万里行推出“质量行——地板企业行”活动。

★16~18 日 中国建材工业协会召开全国省区市建材协会工作座谈会。来自全国 22 个省(区、市)建材协会的 30 多位代表汇聚北京,共同交流研讨协会工作。

黑龙江省建材协会、上海市建材协会、广州市建材协会在会上分别介绍了协会的组织情况、发展历程、遇到的问题,以及取得的成绩和经验。陈国庆秘书长向与会代表通报了中国建材协会重组以来的工作情况。座谈会还邀请了美国大豆协会的驻京代表介绍了美国大豆协会的组织机构、工作情况及发展历程,对与会代表颇有启发。

座谈会期间,代表们参加了第二届北京国际绿色建材展,并到北新建材集团进行了参观考察。

★18~21 日 由中国建筑材料工业协会和中国国际贸易促进委员会主办的“第二届中国(北京)国际绿色建材展览会”在北京中国国际展览中心举行。本届展览会历时四天,据不完全统计,整个展期参观人数达到 3 万人次以上。

★18~23 日 中国建材工业协会与中国建筑卫生陶瓷协会、佛山市人民政府在佛山市中国陶瓷城成功举办了“2003 年中国陶瓷卫浴进出口交易会”,展出面积 5 万平方米,参观人数在 3 万人以上,其中国外客商达 3 千人。

★世界著名建筑陶瓷生产商 R·A·K 在广东省高要市成立哈伊马角(高要)陶瓷公司,首期投资 3000 万美元(总投资 2.5 亿美元),占地 200 亩,日产瓷砖 1.4 万平方米,于 2003 年 9 月底正式投产,这是外国公司第一个在中国建立的独资建筑陶瓷企业。

★28 日 世界 500 强之一、欧洲最大、世界第三的建材连锁超市——英国百安居 28 日在北京开出第一家建材超市金四季店,并称 2004 年还将在北京开 3 家店;德国最大、世界第四的建材连锁超市——欧倍德在北京签下了 3 家店铺的租约,第 4 家店铺项目也进入实质性谈判阶段;法国乐华梅兰也加快了向北方市场进军的步伐;瑞典宜家居在北京的第二家店北京望京店预计在 2005 年初开始营业,并且宣布到 2010 年北京将有 3 到 4 家宜家店。依托先进的管理和全球低廉的采购配送体系,外资连锁建材超市以强有力的方式敲击着中国市场的大门。

10 月

★9 日 中国建材工业协会科教委水泥专家与法国拉法基集团公司单吉利副总裁等外国专家进行了座谈,就外国专家关心的一些问题交换了意见。

★25 日 中国石灰协会在贵阳市召开了五届五次理事会议,四十三个理事单位的代表参加了会议。

★9 月 29 日~10 月 13 日 中国非金属矿工业协会考察团一行十三人,先后对欧洲工业矿物协会(IMA)、世界最大的黏土矿物公司伊莫瑞斯公司(Imerys)、全球最大的碳酸钙生产企业欧米亚公司(Omya)和世界滑石业巨擘鲁兹耐克集团(Luzenac)进行了访问与考察。

★31 日 美国家具生产商合法贸易委员会向美国贸易委员会(ITC)提起了向来自中国的木制卧室家具征收高达 158%的高额倾销关税的决议。

11月

★3~5日 中国砖瓦工业协会在重庆召开了“国际利废、环保新型墙体材料技术市场高层研讨和信息发布会”。来自全国各地建材、砖瓦、新型墙材主管部门、砖瓦(墙材)协会、墙改办、科研设计院所、砖瓦及设备生产企业近300人到会。会议邀请了国内外专家围绕我国加入WTO后的经济形势,全国墙改工作进展及成果,行业经济运行形势分析及预测,中外砖瓦技术、市场发展及产品应用,砖瓦企业生产、工艺技术改造和产品质量、标准等方面进行了专题报告和高层研讨。同时发布了有关新型墙材生产技术信息。美国斯蒂尔公司介绍了硬塑挤出成型产品的生产与应用,展出了有关产品质量、性能、耐久性的建筑图片。日本、澳大利亚推出的环保型无烧结垃圾制砖技术引起广泛关注。此外针对中国砖瓦市场走向、发展趋势及利废、环保产品的生产与应用,专家们提出了很有价值的建议和意见,与会代表反映强烈。

★4~6日 由中国砖瓦工业协会主办的“第十七届全国砖瓦、新型墙体材料设备暨配套产品博览会”在重庆市隆重召开。来自国内外生产砖瓦、新型墙材设备暨配套产品的近80家知名厂商参加了展出。各参展商推出了最新研制的具有一定科技含量的节土、节能、利废、环保、清洁生产等方面的生产技术和砖瓦、新型墙材装备暨配套产品。美国斯蒂尔公司,德国翰德乐公司、拉斯科公司,意大利柏岱斯蒂公司,日本丸红株式会社、高滨株式会社、龟井制陶株式会社,澳大利亚迪普尔公司分别展出了具有国际水平的各类产品,使参观者耳目一新。

★11日 全球最大的涂料企业——荷兰阿克苏诺贝尔公司宣布在中国东莞新建的不粘涂料厂正式开业。主要生产基于碳氟化合物和基于硅化合物的液体涂料,同时也生产某些干性粉末状产品。目前,该公司已在北京、上海、杭州、深圳、宁波和东莞等地建立了6个生产基地。涂料部门在中国已有雇员1 600多人,其中新开业的东莞不粘涂料厂有员工30人。

★11~14日 针对目前北京正处于筹办奥运会的关键时期,奥运场馆、危房改造、重大标志性建筑等在建及筹建工程众多等情况,北京市政府9部门联手成立建材市场专项整治工作协调小组,由市质监局牵头,开展对建材市场的大规模整顿市场秩序行动拉开帷幕。市政府将拨500万元专款支持此次整治行动。

★11~14日 中国绝热隔音材料协会在上海举办“2003年上海国际保温材料工业展览会”。中国建筑材料工业协会副会长孙向远出席了开幕式。共有160余家中外厂商参加。

在展览会期间,还举办了多场技术讲座,来自国外的厂商就绝热材料生产加工设备、纤维成型技术、绝热材料运输成本计算、外墙外保温技术、绝热材料喷涂技术、玻璃棉中空材料使用等多个方面与我国绝热材料科研、生产、应用单位进行了有益的交流。

与展会同期举办的还有“绝热隔音材料轻质建筑板材新产品、新技术国际研讨会”,来自全国各地的近200名绝热隔音材料行业的代表出席了会议。会议共收到国内外论文三十余篇,出版了《绝热隔音材料行业指南》和《绝热隔音材料轻质建筑板材新产品新技术论文集》。

★19日 中国建材机械工业协会第四次会员代表大会暨四届一次理事会会议在上海召开。来自全国建材机械行业的专家、学者、本会理事、常务理事、副会长、会长以及会员代表120余人出席了会议。

国务院参事室副主任蒋明麟、中国建材协会副会长孙向远、中国非金属矿工业(集团)总公司副总经理于国波、中国建材装备总公司总经理方芳、国家发展与改革委员会经济运行局处长高秀英及中国机电产品进出口商会、中国建材工业经济研究会、中小企业开拓资金管理办公室、中国建材报社等有关单位领导到会并作了重要讲话。

中国建材机械工业协会第三届理事会理事长廉级三作了三届理事会工作报告,全面总结了五年来三届理事会的工作情况,并对第四届理事会提出了建议和希望。

大会选举了中国建材机械工业协会第四届理事会理事、常务理事，并选举产生了协会第四届理事会领导成员。

会议认真审议并通过了对中国建材机械工业协会章程的修改、协会财务收支情况报告、会费标准及管理办法，对协会先进工作者、先进会员单位进行了表彰并颁发了证书。

大会选举方芳为第四届理事会会长。

★22~24 日 中国非金属矿工业协会石墨专业委员会第五届会员代表大会在京召开。会上非矿协会就三中全会整顿市场经济秩序的有关精神进行了重点发言；专委会对四届理事会工作及财务收支情况进行了汇报，并对此进行了审议；选举产生了石墨专业委员会第五届领导班子，同时对石墨专委会今后的工作及行业发展方向进行了研讨磋商。

★20~24 日 应香港矿业学会的邀请，砂石协会方源兴会长等一行三人赴香港访问。访问期间，应邀出席了矿业学会（香港分会）03 年度聚会。参观访问了号称香港“石矿大王”的嘉华集团总部和嘉安石矿有限公司安达巨道石矿场，留下了深刻的印象。

★26 日 天津市质监局、市环保局等 10 个部门日前决定，从现在起到 2004 年 3 月 20 日分三个阶段，在全市范围内联合开展建材市场专项整治工作。重点打击四类非法生产经营、危害群众健康、安全，污染环境的建筑装饰材料，以及国家继续生产明令淘汰建筑材料的行为，消除工程质量隐患。

★26~27 日 中国建材协会第三届第三次会长全体会议在杭州西湖国宾馆举行。

会长们听取了协会秘书处所作的 2003 年协会工作情况报告。张人为会长在会上介绍了参加中国工业经济联合会会员大会的有关情况，传达了中央有关领导对协会工作的指示精神。

会议讨论了协会秘书处提出的 2004 年协会工作思考，会议通过了设立栅栏分会、增补不驻会副会长单位、修订分会管理办法以及会费改革意见等四个议案，提交明年召开的理事会会议。

★广东省装饰材料行业协会成立地板专业委员会，并推选出富林地板公司董事长张杰强先生为地板委员会副理事长

★28 日 “全国强化地板企业联盟”在云南丽江召开年终峰会。

12 月

★5 日 天津市从 4 日起，对违法产销、使用不符合控制标准的装修石材市场进行专项整治。本次执法检查将对建筑建材市场内的装修石材放射性指标进行严格监控、检测，并依据新颁布的《中华人民共和国放射性污染防治法》相关规定，对违法产销使用超量放射性石材的责任人给予处罚。因放射性污染造成他人损害的，应依法承担民事责任。

★7~8 日 由中国砖瓦工业协会和国家建材工业墙材质检中心组织召开的 2003 年全国墙体屋面材料及道路广场砖产品质量国家监督抽查、重点企业检查结果分析和总结会议在贵阳市召开。

本次国家监督抽查和重点企业检查工作共检查和抽查了全国 686 家重点墙体屋面材料及道路广场砖生产企业的 726 个产品。抽查结果为：686 家生产企业中有 614 家企业的产品合格，抽样合格率为 91.%，抽查企业合格率为 89.5%，按产品统计：烧结普通砖产品合格率为 76.20%，蒸压灰砂砖产品合格率为 100%；烧结多孔砖产品合格率为 80.3%；烧结空心砖和空心砌块产品合格率为 93.2%；瓦类产品合格率为 86.4%；道路广场砖产品合格率为 100%；普通混凝土空心砌块产品合格率为 100%；轻集料砼空心砌块合格率为 68.6%；隔墙条板产品合格率 78.4%。

★8 日 北京市首次针对建材产品生产及经销企业的“五查”行动在全市范围内正式展开。据悉，“五查”行动将于明年 2 月 20 日结束。“五查”是指查质量意识、查产品实物质量、查质量保证措施、查质量标准和查服务质量。

★9 日 据百安居中国公司近日透露,从今年开始进入其在中国发展的高速扩张阶段。未来几年,百安居在中国的新开店数每年将稳定在十到十五家，预计到 2008 年，百安居在中国的连锁店将达到八十家。

★10 日 日前从 2003 年我国建材行业出口贸易会上了解到，今年我国建筑陶瓷出口形势较之以前有很大进步。由于其性价比优势非常明显,其产品在美洲、亚洲地区有大批消费者,出口总量与 2002 年相比增加了 85.8%。但由于我国陶瓷技术含量和价值含量比较低,2003 年的陶瓷出口仍停留在“低端产品”市场上。不少企业出口看似火红,而实际利润却低得很。

★11 日 日前,中国建筑材料测试中心主任马振珠表示,明年适当时候,国家将对木器漆进行强制认证,即 3C 认证。同时,作为认证的标准,涂料行业 10 项强制标准覆盖产品以及相关原材料强制认证制度将在近期出台。这是我国涂料行业继去年 7 月推出的《室内装饰装修材料有害物质限量》10 项国家强制标准颁布执行后,国家对涂料行业推行的第二次强制认证。 据悉,这次涂料产品的国家强制认证是对先前实施的 10 项国家强制标准的进一步强化,主要包括 3 大内容:一是涂料的生产设备和技术管理;二是技术文件、检验仪器设备;三是产品质量抽查。

★11 日 美国商务部通过了对中国家具反倾销立案,决定对来自中国的木制卧室家具进行反倾销立案调查,这意味着美国已初步认定中国家具有倾销行为。中国家具企业积极应对。8 月起,中国家具企业在东莞成立了“中国家具反倾销专案委员会”,并集资近 200 万美元应诉。而中国商务部则在美国商务部立案当日就立即反应,对这一涉案金额高达近 10 亿美元的事件高度关注,并对美国在申诉方明显不具备申诉资格的情况下仍坚持立案的做法提出坚决反对,并希望美方能改变错误做法,以维护中美经贸关系的正常发展。目前,此案仍在进一步发展中,但中国家具业表现出来的积极和主动,却是中国企业在遭遇反倾销后逐步成熟的表现。

★11 日 日前，我国首次针对服务领域推出的绿色技术标准 “装饰装修行业 ISO 14025 国际标准(Ⅲ型)环境声明导则”出台。

★12 日 广东嘉宝莉化工有限公司近期在人民大会堂召开的“嘉宝莉企业战略发展研讨暨产品质量检测结果信息发布会”上透露,嘉宝莉将从 2004 年开始每年为 1 000 名贫困地区的学生提供就学机会。

会上,国家权威检测机构——国家建材测试中心主任马振珠公布了嘉宝莉健康型哑光清产品完全达到国家标准。嘉宝莉集团总裁仇启明先生在大会上就嘉宝莉涂料品牌首次“叫板”涂料洋品牌以及未来 10 年的发展计划向领导和媒体朋友作了介绍,并在会上向大家公布了从 2004 年起拨专款设立的嘉宝莉“民族团结”助学计划,资助“少、边、农”学童。首批受助的将都是少数民族小学升初中一年级的学生,受助名额为 1 000 名,以后每年增加 1 000 名额。这个活动将一直伴随着嘉宝莉的发展持续下去。

★16 日 统计显示，我国涂料产量 2002 年超过 200 万吨，今年前三季度已达 157 万吨，同比增长 10.33 %。其中,建筑涂料产量达 46.36 万吨,同比增长 14.64%。受西部大开发、奥运场馆建设、上海世博建设等重点工程拉动,涂料行业今后仍将保持较高增长速度。

专家预计,2003~ 2005 年全球涂料需求量将以平均每年 3.7%的速度增加。作为发展中国家,中国每年将以 6.6%的速度增长,高于世界平均增长速度,2005 年将达 300 万吨。中国涂料行业发展空间仍然很大。

★23 日 我国加入世贸组织后,伴随我国外贸进出口形式的日趋活跃,我国各类装修建材产品也纷纷走出国门,飘洋过海,在不少国家占有了市场份额。近年来,我国生产的建筑装修用的各类木材制品、石材、塑料、地板、五金、橱卫设备、隔板吊顶材料、墙壁纸、陶瓷以及地毯等产品,尤其是在住宅装修热方兴未艾的东欧诸国颇有市场。我国出口到东欧国家的家装建材已占有这些国家近 1/3 的市场份额。伴随着我国与东欧各国贸易的不断发展,我国装修建材在这一地区的市场前景十分看好。

★24 日 为了保证建筑工程的质量,促进建筑防水卷材行业的规范发展,提高行业总体质量水平,国家质检总局对建筑防水卷材产品质量进行了国家监督抽查。本次抽查涉及北京、天津、江苏、河南、山东、广东、重庆7个省、直辖市29家企业生产的29种产品，合格22种，产品抽样合格率为75.9%。其中SBS卷材抽查了24种，合格18种，抽样合格率为75.0 %；APP卷材抽查了5种，合格4种，抽样合格率为80.0%。抽查结果表明，虽然本次抽查合格率比以往有所提高，但也存在着不少质量问题。

★为了维护消费者的利益，加强对内墙涂料产品质量的监督，促进产品质量的提高，国家质检总局对内墙涂料产品质量进行了国家监督抽查。共抽查了北京、天津、上海、浙江、江苏、广东6个省、直辖市47家企业生产的47种产品，合格36种，产品抽样合格率为76.6%。抽查结果表明，部分小型企业产品质量管理存在问题。此次抽查不合格的11家企业中，有10家年产量在600吨以下。这些企业少则几人，多则十几人，厂房和设备简陋，技术力量薄弱，人员素质偏低，不熟悉产品标准，不具备检验手段，更谈不上质量控制，生产带有相当的盲目性。

★27日　国内家居建材市场享有较高知名度的爱家集团的"金四店"将正式运营，意图在2004年的家居建材行业内一展拳脚。新店的地址选在家居建材产业链最为密集的西四环四季青商圈。与前期营业的爱家家居西四环店相辉应，形成拳头合拢之势。

★28日　西安现代大明宫家居广场隆重开业。这是我国目前最大的、设施最完善的摊位制建材家居单体店。

★31日　加入世贸组织后，英国百安居、德国欧倍德等知名国际建材商相继入驻我国。经过前期酝酿后，目前这些洋建材在我国市场的大举扩张计划也纷纷出炉。进入我国建材零售行业的首家外资企业百安居，经过4年发展，目前已陆续在上海、苏州、昆明、深圳、杭州、北京等地开设了建材超市。有关报告显示，到2010年，我国的建材工业产值预计达到1万亿元人民币。业内人士表示，面对巨大的市场，国际建材巨头的中国之战才刚刚开始。

★31日　日前，中国石材工业协会秘书长张文波透露，2003年，我国石材行业的产量预计为1.9亿平方米，略高于2002年的1.8亿平方米。出口贸易额13亿美元，和去年同比增长了13%，高于8%左右的世界增长水平，另外，我国今年进口约为5亿美元，略高于去年的4.6亿美元。我国现为仅次于意大利的世界第二大石材贸易国；2003年国内石材消费约为1亿平方米，为世界第一大石材消费国。

★为了更好地为政府，为行业和企业提供准确的行业政息，提高我国陶瓷在国内外市场的竞争力，增强我国陶瓷企业对市场的判断力，建立完美的陶瓷市场分级体系，中国建筑卫生陶瓷协会与有关单位合作，从今年底组建"中国陶瓷指数"，中国陶瓷指数分产品设立，数价格指数和综合指数等组成。中国陶瓷指数建成后，将定期发布，将成为中国陶瓷生产状况和市场态势变化的晴雨表。可以定性、定量分析推动和制约行业发展的内在因素。可以客观、全面的、动态地评价中国陶瓷行业的发展态势。

★"中国上海建材及室内装饰展览会"开幕，此建材展会已成为建材厂商拓展上海和长江三角地区市场的重要流通窗口。

★上海市建筑材料行业协会组织召开了"好饰家杯"装饰建材流行趋势研讨会，与会专家和学者对2004年及今后装饰建材的发展方向提出观点，作出预测。

★上海市商业委员会多次组织的上海市场标准的调研，并根据2002年上海市政府第127号令《上海市商品交易市场管理办法》，制订了"上海市工业消费品交易市场设置条件"。上海市建筑材料行业协会根据"上海市工业消费品交易市场设置条件"制定了"上海建材市场设置条件"。

★据中国家具协会消息：2003年我国家具出口为73.33亿美元，比2002年增长35.40%。其中木家具出口为28.39亿美元；金属家具出口为9.82亿美元；塑料家具出口为1.22亿美元；其他家具出口为29.99亿美元；床垫家具出口为4 694.7万美元；家具零件出口为3.45亿美元。

★国家强制性标准《家具使用说明》将于近日正式颁布实施。家具生产企业今后必须在销售家具产品时向消费者明确告知家具产品中甲醛、苯等有毒成分的含量。

《使用说明》中明确规定，要对家具所用材料、涂料实际含有的有毒物质或放射性等控制指标给予说明，这意味着今后家具经销商和生产商在出售产品时必须标明甲醛等有害物质的确切含量，而且必须通过包装、标牌、标签、说明书等形式向消费者告知。如不标明甲醛含量,或明示的甲醛含量不真实,将受到严厉处罚。

这一标准主要是针对目前家具产品中有害物质的残留量和排放问题十分突出,而现行的家具标准中还没有限量规定和技术要求而制定的。一些家具厂家使用的不合格人造板材胶粘剂中含有的大量游离甲醛以及沙发、床垫等家具使用的油漆和胶黏剂中苯的含量较高给家庭环境和人的身体健康造成污染。这一标准的出台可以使消费者在购买家具时有据可依,一旦发生纠纷也将有证可查。

★从塑料管道协会2003年第三次全国PVC市场研讨会和在上海召开的第三届PVC制品市场研讨会上获悉,PVC生产企业生产正常、产销平衡,但PVC主要原料电石、VCM供应依然紧张,价格进一步上升。具体表现为,型材加工行业开工率趋降;管材加工行业产销平衡,利润率持续下降;薄膜加工行业市场竞争日趋激烈,效益明显降低;片材加工行业产销平稳;电缆粒料加工行业开工正常。反倾销终裁使市场形势日趋明朗。

2004年1月

★9日 美国国际贸易委员会作出裁决,认定中国对美出口木制卧室家具存在“倾销”行为,初步裁定对中国家具征收440%的高关税。美国商务部将就此作进一步调查,预计将于5月上旬作出初步裁定。这是迄今为止美国针对中国产品最大的反倾销案,涉及产品价值逾10亿美元。

美国30余家生产木制卧室家具的企业去年早些时候向美国国际贸易委员会和美国商务部提出的起诉称,中国向美国出口的同类家具没有遵照公平贸易原则及世界贸易组织规定的原则,中国家具企业低于成本销售,属倾销行为。这些企业的厂址绝大多数在广东省东莞市,其他涉案企业主要分布在福建、浙江、山东、黑龙江、辽宁等省区。产品几乎包括所有的木制卧室家具:木制床、床头板、床头柜、梳妆台、衣柜、贮物柜、大型衣橱、书架和写字台等。2004年1月10日,美国国际贸易委员会的6个委员以6票对0票,通过了对中国向美国倾销卧室家具的裁决。目前,美国商务部也开始对中国家具进行全面调查,并在今年上半年内作出初裁,同时,最终确定对中国家具征收关税的具体比例。

★8日 北京家具行业协会五届四次会员大会于2004年1月8日在北京会议中心隆重召开。出席会议的领导有中国家具协会贾清文理事长、曹赢超副理事长兼秘书长、张冰冰、朱长岭副秘书长、北京工业经济联合会端木玉林常务副会长、北京市社会团体办公室王杰处长、侯庆权处长、北京家具行业协会唐澄名誉会长、北京市建材行业协会张宗兴秘书长,到会代表300余人。

会议由北京家具行业协会副会长、北京伊力诺依史晓燕董事长主持,大会听取了北京家具行业协会于秀苏副会长兼秘书长做的2003年度工作总结、2004年度工作计划的报告;听取了协会办公室主任就目前开展的“守信企业公示”活动的工作情况的汇报和北京市木材家具质量监督检验站罗站长就目前开展的“落实整顿规范建材市场秩序”工作安排的汇报。企业代表在会上做了经验介绍。

会上中国家具协会贾清文理事长、北京工业经济联合会端木玉林常务副会长、北京市社会团体办公室王杰处长、北京家具行业协会唐澄名誉会长做了重要讲话,他们在祝贺大会胜利召开的同时,高度评价了协会所做的工作。最后北京家具行业协会周维明会长做总结性发言。

★从建设部获悉,为保证建筑工程质量,打击假冒伪劣建材产品,建设部、国家质检总局、国家发改委、国家工商局、公安部等九部委日前联合下发了《关于开展建材市场专项整治的通知》,通知要求在全国范围内对建材市场进行整理检查。建设部的一位官员说,联合行动将到2004年4月份结束,这是迄今为止建材市场中规模最大的一次联合整治行动。

建设部门在这次联合整治行动中主要负责查处建筑工地和装修装饰中违法违规采购和使用不合格建筑材料的问题。建设主管部门将设专人负责这次整治行动。建设部有关人士表示,通过加大对采购和使用假冒伪劣产品的查处力度,力争从根源上杜绝假冒伪劣建材的生产和销售。无论任何单位,只要采用了不合格建材，都将受到严厉惩处。目前，大规模的联合整治行动已迅速在全国各地展开。

据建设部消息，在此次专项整治行动中，建筑型材的质量问题比较突出。目前我国的PVC型材中，假冒伪劣产品数量较多。主要表现为：部分企业以“钙塑产品”冒充PVC型材混迹于市场。这种“钙塑产品”在制造过程中碳酸钙的添加量严重超出国家标准，工艺不合格，产品质量性能低劣，应用后给建筑造成严重的事故隐患，但是因其价格较低，依旧有“市场”。

★为表彰先进，激励广大技术人员和专利工作者以更加饱满的热情和创新精神投身于专利事业，国家人事部和国家知识产权局日前决定授予北新集团等80个单位“全国专利系统先进集体”荣誉称号；授予韩修智等30名同志“全国专利系统先进工作者”光荣称号。

北新建材集团是参加此次评选活动的惟一一家建材企业。早在5年前，北新集团技术中心就成立了知识产权办公室。几年来，集团领导对知识产权工作的关怀和支持，极大地激发了广大技术人员和专利工作者的创新热情，通过技术中心知识产权办公室的协调管理，截至2003年12月30日，北新集团共申报专利368件，授权专利304件，已连续几年位居北京市企业专利申请量前5名。北新集团现已建立了一整套专利管理规章制度，在2004年第一批全国专利试点企业验收中，北新集团的专利制度建设、专利产权管理、专利信息利用等受到了专家的一致好评。

★2003年，建材工业保持了较快发展，经济运行质量明显改善，经济效益较快增长，行业增长景气指数和效益指数都有较大的增长。中国产业增长景气指数显示，2003年建材工业景气指数全年都在景气区间运行，始终保持了上升的态势，只是在个别月份略有所调整。从建材工业的二级子行业的运行情况来看，行业运行表现不尽相同，其中，水泥制造业、玻璃制品业和耐火材料制品业保持上升的态势，而陶瓷制品业则一直在低位运行，景气水平低于上年同期水平，2003年建材工业的效益指数整体上保持平稳，全年呈“V”字型变化，年末与年初相比，效益景气指数变化不大。

中国产业增长预测模型显示，2004年建材工业行业景气指数将出现调整，从2003年年末的高位调整到2004年年初的140点左右，并在之后的大部分时间里处于调整期，在第二季度将达到年度最高点，之后行业景气将出现一定的回调，效益景气指数也将随之波动。预计，2004年上半年建材工业将实现销售收入超过2 180亿元，略高于上年水平，实现利润近23亿元，同比增长5%左右；下半年建材工业实现销售收入超过4 900亿元，与2003年基本持平，实现利润近210亿元，同比增长3%左右。

在各个子行业中，水泥制造业由于受固定投资增长和国家“关小上大”等结构调整政策持续发挥作用的影响，仍将保持良好的增长势态，但增长速度将会放缓；玻璃制品业将会延续复苏趋势。

★由中国建筑科学研究院负责起草的，国家质量监督检验检疫总局发布的预拌混凝土新标准GB/T 14902-2003《预拌混凝土》已于去年底全面实施，它代替了GB/T 14902-1994《预拌混凝土》。

★国家建筑材料测试中心起草的《奥运工程环保指南——绿色建材》已于2003年底出台，作为奥运工程建材标准。该标准是鉴于我国建材市场现状，为确保奥运工程高水平、高质量地完成，奥组委责成国家建筑材料测试中心起草的，它目前已成为指导工程建设选供建筑材料的依据和标准。

★国家质检总局、国家认证认可监督管理委员会近日联合发布公告，决定对溶剂型木器涂料、瓷砖、混凝土防冻液等装饰装修产品实施强制认证。

据了解，全国生产这三大类装饰装修产品的企业共有2 000多家。从明年8月1日起，被列入目录内的装饰装修产品，未获得强制性产品认证证书、产品上未加印或加贴强制性认证标志的，将不得出厂、销售、进口或在其他经营活动中使用。

基础数据

JI CHU SHU JU

编辑:崔长年

2003年生产资料主要经济指标

2003年生产资料主要宏观经济指标

2003年12月

指标名称	单位	当年累计	比去年同期增长(%)
一、工业生产值			
工业总产值(90价格)	亿元	128 306.14	25.8
其中:轻工业	亿元	49 979.34	22.2
重工业	亿元	78 326.78	28.2
工业产品销售率	%	98.06	0.1
工业增加值(现价)	亿元	41 045.00	17.0
其中:轻工业	亿元	14 653.00	14.6
重工业	亿元	26 392.00	18.6
其中:国有及国有控股企业	亿元	19 408.00	14.3
其中:集体企业	亿元	2 787.00	11.5
股份合作企业	亿元	918.00	13.9
股份制企业	亿元	16 878.00	18.3
外商及港澳台投资企业	亿元	11 174.00	20.0
二、固定资产投资			
固定资产投资总额	亿元	42 643.42	28.4
其中:基本建设	亿元	22 728.95	28.7
更新改造	亿元	8 443.94	25.1
房地产开发投资	亿元	10 106.12	29.7
三、商业			
社会消费品零售总额	亿元	45 842.00	9.1
其中:市	亿元	29 777.30	10.3
县及县以下	亿元	16 064.70	6.8
社会生产资料销售总额	亿元	8.7	19.5
四、外贸、外汇			
出口商品总值(海关统计)	亿美元	4 383.74	34.6
其中:一般贸易	亿美元	1 820.35	33.7
进口商品总值(海关统计)	亿美元	4 128.36	39.9
其中:一般贸易	亿美元	1 877	45.4
本期末国家外汇储备	亿美元	4 033.00	40.8
外商直接投资合同金额	亿美元	1 150.70	39.0
外商直接投资实际使用金额	亿美元	535.05	1.4

注:1.工业增加值增长速度,社会生产资料销售总额增长速度均按可比价格计算。

2.固定资产投资总额不含城乡集体、个人投资。

3.基本建设和更新改造投资中不包括城乡集体和个人投资。

2003年生产资料主要宏观经济指标

2003年12月

续表

指标名称	单位	当年累计	比去年同期增长(%)
五、财政收支			
财政收入	亿元		
财政支出	亿元		
收支相抵盈(+)亏(-)	亿元		
六、物价			
全国居民消费价格总指数	%	101.2	1.2
36个大中城市居民消费价格指数	%	100.7	0.7
生产资料价格总指数	%	108.1	8.1
指标名称	**单位**	**累计**	**同比增长(%)**
七、金融货币			
金融机构各项存款增加额	亿元	37 188.44	21.0
其中:国家银行	亿元	21 212.00	18.7
其中:城乡居民储蓄存款	亿元	16 631.9	19.2
金融机构各项贷款增加额	亿元	27 651.67	
其中:国家银行	亿元	15 107.86	
其中:短期贷款	亿元	9 496.33	
中长期贷款	亿元	14 203.36	
货币净回笼(-)净投放(+)额	亿元	2 467.96	
现金流通量(M0)	亿元		14.3
狭义货币(M1)	亿元		18.7
广义货币(M2)	亿元		19.6

注:1.财政收入不含债务收入,财政支出不含债务还本(付息)支出。
2.全国居民消费价格指数,36个大中城市居民消费价格指数从2001年1月起改为以2000年平均价格为基期的定基指数。
3.自2002年1月起,"金融货币"项中,全部金融机构包含对外资银行的统计。
4.从2002年1月起,消费价格指数改为以上年同期为100。

生产资料2003年主要物资资源情况表

名称	单位	生产		进口		出口		新增资源		净增资源	
		累计	同比(%)	累计	同比(%)	累计	同比(%)	数量	同比(%)	数量	同比(%)
一、能源类											
原煤	万吨	132 670	18.0	1 076	-0.5	9 388	12.0	133 746	17.8	124 358	18.3
焦炭	万吨	13 879	20.8			1 472	8.5	13 879	20.8	12 407	22.4
原油	万吨	16 932	1.5	9 112	31.3	813	6.1	26 044	10.3	25 231	10.4
成品油	万吨	16 555	10.2	2 824	38.8	1 382	29.4	19 379	13.6	17 997	12.5
汽油	万吨	4 770.2	10.4	0.0	0.0	754.0	23.2	4 770	10.4	4 016	8.3
煤油	万吨	855.3	3.6	189	-5.8	187	17.8	1 044	1.8	857	-1.2
柴油	万吨	8 512.9	10.9	85	77.8	224.0	81.1	8 598	11.3	8 374	10.2
二、黑色金属											
生铁	万吨	20 231	19.7	51.3	-20.9	71.0	80.1	20 282	19.5	20 211	19.4

(续表)

名称	单位	生产		进口		出口		新增资源		净增资源	
		累计	同比(%)	累计	同比(%)	累计	同比(%)	数量	同比(%)	数量	同比(%)
废钢	万吨			929	18.3			929	18.3	929	18.3
铁矿石	万吨	26 108	13.8	14 813	32.9			40 921	20.0	40 921	20.0
钢	万吨	22 012	21.2	588	27.7	147	10.3	22 600	21.4	22 453	21.4
钢材	万吨	23 582	21.5	3 717	51.8	696	27.5	27 299	24.9	26 603	24.8
其中:钢铁棒材	万吨			122	19.0	239	64.6	122	19.0	-117	174.1
角钢及型钢	万吨	7 859	23.1	86.0	280.9	27	-28.7	7 945	24.0	7 918	24.3
钢铁板材	万吨	7 824	24.3	3 325	57.0	182	1.5	11 149	32.5	10 967	33.2
管材及空心材	万吨	1 770	22.8	113	-17.7	54	10.8	1 883	19.3	1 829	19.6
钢铁线材	万吨	4 032	12.9	46.56	8.9	40	29.0	4 079	12.9	4 039	12.7
三、有色金属											
铜	万吨	175.55	12.9	156.2	17.4	6.7	-17.5	332	15.0	325.1	15.9
铝	万吨	549.2	25.7	88.1	51.4	124.9	58.7	637	28.7	512.4	23.1
铅	万吨	154.1	20.0	5.8	0.5	45.3	8.4	159.9	19.2	114.6	24.0
锌	万吨	229.8	9.5	31.1	46.7	48.4	-2.4	260.9	12.9	212.4	17.1
锡	吨	100 047	16.0	10 124	26.5	41 220	-3.2	110 171	16.9	68 951	33.4
镍	吨	64 711	14.5	80 779	110.2	10 572	136.6	145 490	53.2	134 918	49.1
铜材	万吨	324.69	25.1	105.6	15.1	23.3	35.7	430.3	22.5	407.0	21.8
铝材	万吨	362.9	25.3	53.1	11.7	27.3	44.8	416.0	23.4	388.7	22.1
氧化铝	万吨	618.8	12.7	561.0	22.6	6.0	166.2	1 180	17.2	1 174	16.9
废铜	万吨			316.2	2.7			316.2	2.7	316.2	2.7
废铝	万吨			65.3	46.1			65.3	46.1	65.3	46.1
四、建材与木材											
水泥	万吨	81 319	16.8	253.8	7.0	533.0	3.3	81 573	16.8	81 040	16.9
平板玻璃	万重箱	25 243	11.1			12 427	9.6	25 243	11.1	12 816	12.6
木材(原木)	万立方米	1 580.5	1.3	2 546	4.6	1.0	-14.2	4 127	3.3	4 126	3.3
锯材	万立方米	220.8	9.7	551.2	2.1	52.3	21.4	772.0	4.2	719.7	3.1
人造板(含胶合板)	万立方米	2 856.0	20.8	80.0	25.4			2 936.0	20.9	2 936.0	20.9
其中:胶合板	万立方米			49.0	39.2						
五、化工与轻工											
硫酸	万吨	3 319.1	13.0	193.9	6.3	0.6	-47.9	3 512.9	12.6	3 512.4	12.6
纯碱	万吨	1 107.5	9.0	30.1	2.6	125.5	9.4	1 137.6	8.8	1 012.1	8.7
烧碱	万吨	939.9	13.8	5.5	-8.9	31.3	-7.4	945.4	13.6	914.1	14.5
化肥	万吨	3 924.6	6.7	499.0	-41.6			4 423.6	-2.4	4 423.6	-2.4
其中:尿素	万吨	1 671.8	4.4	13	-82.9			1 684.8	0.4	1 684.8	0.4

(续表)

名 称	单位	生 产		进 口		出 口		新增资源		净增资源	
		累 计	累计(%)	累 计	累计(%)	累 计	累计(%)	数量	同比(%)	数量	同比(%)
钾肥	万吨	164.5	10.9	656.0	-5.6			820.5	-2.7	820.5	-2.7
农药	万吨	86.3	1.2	2.8	3.6			89.1	1.3	89.1	1.3
对苯二甲酸	万吨			454.2	5.7			454.2	5.7	454.2	5.7
塑料原料	万吨	1 593.8	16.5	1 704.0	7.6	19.3	28.4	3 297.8	11.7	3 278.4	11.6
其中:聚乙烯	万吨			359.2	-21.2	1.3	22.6	359.2	-21.2	357.9	-21.3
聚丙烯	万吨			273.4	12.0	1.2	-5.1	273.4	12.0	272.2	12.1
聚苯乙烯	万吨			358.8	3.0	5.4	24.9	358.8	3.0	353.4	2.7
ABS树脂	万吨			179.0	9.3	2.1	9.0	179.0	9.3	176.8	9.3
聚氯乙烯	万吨			229.2	1.8	4.5	19.7	229.2	1.8	224.7	1.5
塑料制品	万吨	1 650.5	16.7	35.4	16.2	548.3	19.2	1 685.9	16.7	1 137.7	15.5
天然橡胶	万吨	56.0	7.7	120.0	25.8	0.2	68.2	176.0	19.4	175.8	19.4
合成橡胶	万吨	127.22	12.2	100.6	9.9	7.6	-8.9	227.8	11.2	220.2	12.0
轮胎	万吨	18 785.5	16.4	309.3	-0.4	15 779	17.8	19 095	16.1	3 315.8	8.6
纸及纸板	万吨	4 116.9	15.8	636.0	0.4	114.0	54.8	4 752.9	13.4	4 638.9	12.7
聚酯	万吨	415.26	13.5	123.32	23.2			538.6	15.6	538.6	15.6
六、汽车与机电											
汽车	万辆	449.65	33.3	17.23	35.3	13.3	206.7	466.9	33.4	453.5	31.2
其中:载货汽车	万辆	115.67	4.3	0.98	46.0			115.8	4.3	115.8	4.3
公路客车	万辆	104.09	15.9	1.54	1.8			104.4	15.9	104.4	15.9
轿车	万辆	206.9	80.7	10.30	46.5	0.28	194.3	217.2	78.7	216.9	78.6
摩托车	万辆	1 429.4	19.3			896.3	160.7	1 429.4	19.3	533.1	-37.6
金属加工机床	万台			12.57	2.3	623.0	12.1	12.6	2.3	-610	12.4
船舶	艘			1247	10.0	70 674	40.2	1247	10.0	-69 427	40.9
电线电缆	万吨			31.3	-1.1	84.8	22.9	31.3	-1.1	-53.6	43.2
缝纫机	万架	796.7	9.0	25.5	-8.4	227.0	2.6	822.2	8.4	595.2	10.7
空调	万台	4 812.5	47.4	25.2	102.5			4 837.7	47.6	4 837.9	47.6
彩电	万台	7 089.4	29.6	96.5	552.9	3 268.0	70.4	7 185.9	31.0	3 917.9	9.8
复印机	万台	254.32	24.2	9.4	-16.5	98.7	-26.0	263.7	22.1	165.0	99.7

注:新增资源=本期生产+本期进口　净增资源=本期生产+本期进口—本期出口

以上数据根据国家统计局工业统计快报及海关统计月报资料整理。空白部分主要是工业统计与海关统计指标有差异或数据不全造成的。

2003年生产资料主要商品进口情况

商品名称	单 位	进 口 量	进口金额(万美元)	同比进口量(%)
水泥	万吨	253.77	6 437.6	7
原油	万吨	9 112.39	1 980 873.4	31.3
煤炭	万吨	1 102.63	36 922.9	-2.1
硫酸	万吨	193.85	4 343.6	6.3
固体烧碱	吨	14 172.48	500.0	-16.1
液体烧碱	吨	90 515.73	974.2	-7.6

(续表)

商品名称	单位	进口量	进口金额(万美元)	同比进口量(%)
纯碱	万吨	30.13	3 140.5	2.6
初级形状的塑料	万吨	1 396.15	1 077 662.2	5
聚乙烯	万吨	359.17	239 889.3	-21.2
聚丙烯	万吨	273.42	202 352.8	12
聚苯乙烯	万吨	156.41	131 125.1	-3.9
ABS 树脂	万吨	178.96	188 191.6	9.3
聚氯乙烯	万吨	175.96	112 239.9	3.4
轮胎	万条	309.29	9 944.0	-0.4
原木	立方米	25 455 467	244 730.8	4.6
锯材	立方米	5 598 084	119 879.6	2.1
胶合板	立方米	797 848	35 512.4	25.4
生铁及精铁	万吨	51.30	7 684.3	-20.9
钢材	万吨	3 716.85	1 991 580.7	51.8
其中:钢铁棒材	万吨	122.01	64 582.4	19
角钢及型钢	万吨	86.10	29 638.3	280.9
钢铁板材	万吨	3 324.94	1 742 172.6	57
钢铁线材	万吨	46.56	34 049.4	8.9
无缝管	万吨	47.46	57 897.4	-8.3
钢铁管配件	吨	23 340	16 401.5	8.2
铜及铜合金	万吨	156.22	281 847.0	17.4
铜材	万吨	105.58	278 338.8	15.1
铝及铝合金	万吨	88.07	122 710.1	51.4
铝材	万吨	53.15	149 088.5	11.7
未锻轧的铅	吨	58 177	2 816.8	0.5
锌及锌合金	万吨	31.05	29 897.8	46.7
锡及锡合金	吨	10 124	4 209.2	26.5
镍及镍合金	吨	80 779	63 862.7	110.2
金属加工机床	万台	12.57	413 088.0	2.3
汽车(包括底盘)	辆	172 339	520 989.6	35.3
其中:小轿车	辆	103 017	308 251.8	46.5
天然橡胶	吨	1 202 930	115 489.3	25.8
合成橡胶	吨	1 005 725	115 191.0	9.9
成品油	万吨	2 823.59	586 118.2	38.8
车用汽油和航空汽油	吨	13.34	3.0	-75.8
航空煤油	万吨	188.44	53 297.9	-2.4
灯用煤油	吨	10 458	314.4	-87.2
其他煤油馏分	万吨	20.78	8 501.0	56.3
轻柴油	万吨	84.85	22 255.1	77.8
5~7 号燃料油	万吨	2 231.98	403 890.3	58.2
其他柴油及其他燃料	万吨	146.46	28 623.9	-38.6

2003年生产资料主要商品出口情况

商品名称	单位	出口量	出口金额(万美元)	同比出口量(%)
水泥	万吨	533.21	17 157.75	3.3
原油	万吨	813.33	166 121.73	6.1
煤炭	万吨	9 390.70	275 206.94	11.9
硫酸	吨	5 533.06	38.49	-47.9
固体烧碱	万吨	26.50	5 213.06	12
液体烧碱	吨	106 875	1 136.95	-24.7
纯碱	万吨	125.54	13 996.54	9.4
初级形状的塑料	万吨	19.32	19 639.23	28.4
聚乙烯	吨	13 088	981.52	22.6
聚丙烯	吨	11 886	1 207.82	-5.1
聚苯乙烯	吨	53 827	4 831.79	24.9
ABS树脂	吨	21 417	2 469.86	9
聚氯乙烯	吨	22 826	1 445.39	35.2
轮胎	万条	15 779	160 781.89	17.8
原木	立方米	9 397	288.73	-14.2
锯材	立方米	543 126	23 670.54	21.1
胶合板	立方米	2 040 537	49 553.41	13.8
生铁及精铁	万吨	71.47	12 560.38	80.1
钢材	万吨	695.57	310 496.42	27.5
其中:钢铁棒材	万吨	239.19	69 093.02	64.6
角钢及型钢	万吨	27.29	9 554.32	-28.7
钢铁板材	万吨	182.19	74 350.36	1.5
钢铁线材	万吨	40.12	19 755.81	29
无缝管	万吨	56.08	35 035.35	35.8
钢铁管配件	万吨	54.31	51 770.48	10.8
铜及铜合金	吨	67 082.8	11 870.42	-17.5
铜材	万吨	23.29	69 022.25	35.7
铝及铝合金	万吨	124.92	179 257.22	58.7
铝材	万吨	27.33	66 773.99	44.8
未锻轧的铅	万吨	45.33	23 488.45	8.4
锌及锌合金	万吨	48.42	39 658.03	-2.4
锡及锡合金	吨	41 220	18 041.13	-3.2
镍及镍合金	吨	10 572	9 097.82	136.6
金属加工机床	万台	623.28	37 909.82	12.2
汽车(包括底盘)	辆	133 372	41 764.63	206.7
其中:小轿车	辆	2 849	3 085.64	194.3
天然橡胶	吨	1 789.61	157.13	68.2
合成橡胶	吨	75 741.55	8 657.90	-8.9
成品油	万吨	1 382.39	372 066.38	29.4

(续表)

商品名称	单位	出口量	出口金额(万美元)	同比出口量(%)
车用汽油和航空汽油	万吨	754.24	204 500.82	23.2
航空煤油	万吨	183.21	55 019.68	21.4
灯用煤油	吨	38 708	1 064.76	-51.1
其他煤油馏分	吨	146 061	4 326.57	34.7
轻柴油	万吨	224	53 376.39	81.1
5~7号燃料油	万吨	55.02	10 536.93	93.6
其他柴油及其他燃料	万吨	19.69	3 796.51	-40

生产资料主要物资进口贸易方式统计

贸易方式	数量单位	累计进口量	累计进口额(美元)	进口平均价(美元/吨)	各贸易方式所占(%)
钢材		37 232 074	19 979 234 360	536.6	100.0
一般贸易	吨	24 275 858	12 803 640 882	527.4	65.2
进料加工贸易	吨	8 779 467	4 950 479 896	563.9	23.6
来料加工装配贸易	吨	2 035 741	1 163 169 832	571.4	5.5
边境小额贸易	吨	787 374	268 943 535	341.6	2.1
保税仓储转口货物	吨	677 610	371 607 363	548.4	1.8
保税仓库进出境货物	吨	619 576	329 022 356	531.0	1.7
外商投资企业进口设备	吨	53 739	88 033 840	1 638.2	0.1
铜(不包括阳极铜)		1 439 458	2 584 548 231	1 795.5	100.0
一般贸易	吨	541 011	979 804 257	1 811.1	37.6
保税仓库进出境货物	吨	389 466	715 435 633	1 837.0	27.1
边境小额贸易	吨	270 553	462 617 802	1 709.9	18.8
进料加工贸易	吨	207 150	367 384 965	1 773.5	14.4
保税仓储转口贸易	吨	25 941	46 314 977	1 785.4	1.8
来料加工装配贸易	吨	5 326	12 949 731	2 431.4	0.4
铜材		1 056 134	2 781 609 002	2 633.8	100.0
进料加工贸易	吨	480 999	1 423 451 916	2 959.4	45.5
来料加工装配贸易	吨	353 161	737 294 498	2 087.7	33.4
边境小额贸易	吨	86 261	153 290 063	1 777.0	8.2
一般贸易	吨	77 995	276 289 493	3 542.4	7.4
保税仓储转口货物	吨	50 607	165 405 643	3 268.4	4.8
保税仓库进出境货物	吨	6 492	20 561 675	3 167.2	0.6
外商投资企业进口设备	吨	572	4 900 551	8 567.4	0.1
铝		880 817	1 227 206 686	1 393.3	100.0
进料加工贸易	吨	508 127	730 413 687	1 437.5	57.7
来料加工装配贸易	吨	189 223	255 455 163	1 350.0	21.5
保税仓库进出境货物	吨	74 006	99 828 740	1 348.9	8.4
边境小额贸易	吨	61 666	66 683 243	1 081.4	7.0

(续表)

贸易方式	数量单位	累计进口量	累计进口额(美元)	进口平均价(美元/吨)	各贸易方式所占(%)
一般贸易	吨	38 203	60 706 207	1 589.0	4.3
保税仓储转口货物	吨	9 386	13 855 254	1 476.2	1.1
铝材		531 519	1 491 012 387	2 805.2	100.0
一般贸易	吨	286 427	724 078 597	2 528.0	53.9
进料加工贸易	吨	160 919	566 697 701	3 521.6	30.3
来料加工装配贸易	吨	74 792	162 941 942	2 178.6	14.1
保税仓储转口货物	吨	6 044	26 711 535	4 419.5	1.1
保税仓库进出境货物	吨	2 129	6 895 891	3 239.0	0.4
外商投资企业进口设备	吨	651	2 385 253	3 664.0	0.1
边境小额贸易	吨	303	667 224	2 202.1	0.1
聚乙烯		3 650 283	2 405 134 327	658.9	100.0
一般贸易	吨	1 817 003	1 144 118 864	629.7	49.8
进料加工贸易	吨	1 015 525	692 435 852	681.9	27.8
来料加工装配贸易	吨	506 912	369 136 461	728.2	13.9
保税仓储转口货物	吨	143 326	91 458 508	638.1	3.9
边境小额贸易	吨	136 924	89 078 699	650.6	3.8
保税仓库进出境货物	吨	30 282	18 675 562	616.7	0.8
聚丙烯		2 734 275	2 024 507 151	740.4	100.0
一般贸易	吨	1 133 777	818 856 940	722.2	41.5
进料加工贸易	吨	795 594	616 469 089	774.9	29.1
来料加工装配贸易	吨	622 832	455 908 552	732.0	22.8
保税仓储转口货物	吨	112 989	84 783 560	750.4	4.1
保税仓库进出境货物	吨	47 435	33 410 450	704.3	1.7
边境小额贸易	吨	21 420	14 745 735	688.4	0.8
天然胶		1 202 963	1 154 770 428	959.9	100.0
进料加工贸易	吨	633 264	623 936 794	985.3	52.6
一般贸易	吨	270 004	242 310 494	897.4	22.4
保税仓储转口货物	吨	206 994	203 832 707	984.7	17.2
保税仓库进出境货物	吨	35 673	34 648 108	971.3	3.0
来料加工装配贸易	吨	34 134	30 609 702	896.8	2.8
边境小额贸易	吨	22 894	19 431 298	848.8	1.9
合成胶		1 005 759	1 151 905 283	1 145.3	100.0
一般贸易	吨	344 850	417 571 430	1 210.9	34.3
进料加工贸易	吨	338 538	404 835 426	1 195.8	33.7
边境小额贸易	吨	149 766	151 182 377	1 009.5	14.9
来料加工装配贸易	吨	141 777	139 492 394	983.9	14.1
保税仓储转口货物	吨	25 865	33 460 590	1 293.7	2.6
保税仓库进出境货物	吨	4 907	5 266 741	1 073.3	0.5

(续表)

贸易方式	数量单位	累计进口量	累计进口额(美元)	进口平均价(美元/吨)	各贸易方式所占(%)
原木		25 455 970	2 447 943 467	96.2	100.0
边境小额贸易	立方米	13 624 557	948 977 112	69.7	53.5
一般贸易	立方米	11 242 023	1 416 604 389	126.0	44.2
进料加工贸易	立方米	420 101	53 519 594	127.4	1.7
来料加工装配贸易	立方米	129 572	20 575 156	158.8	0.5
保税仓库进出境货物	立方米	35 701	7 313 397	204.9	0.1
锯材		5 511 947	1 190 627 309	216.0	100.0
一般贸易	立方米	2 461 894	567 875 344	230.7	44.7
进料加工贸易	立方米	1 441 132	346 841 085	240.7	26.1
来料加工装配贸易	立方米	874 697	180 269 872	206.1	15.9
边境小额贸易	立方米	729 521	94 473 447	129.5	13.2
保税仓储转口货物	立方米	3 619	858 319	237.2	0.1
胶合板		797 782	354 955 285	444.9	100.0
进料加工贸易	立方米	601 351	286 015 371	475.6	75.4
来料加工装配贸易	立方米	124 802	39 245 421	314.5	15.6
一般贸易	立方米	68 814	28 365 296	412.2	8.6
保税仓储转口货物	立方米	2 448	1 171 389	478.5	0.3

(以上数据由中国物流信息中心提供)

1977~ 2002 年房地产开发及住宅建设相关统计资料

(1977~ 2002年国内生产总值、全社会固定资产投资、房地产开发投资、住宅建设投资、住宅竣工面积、人均居住面积统计表)

单位:亿元、万平方米

年份	国内生产总值 GDP		全社会固定资产投资					
			合计	增长(%)	其中房地产开发投资			
		增长(%)			合计	增长(%)	商品住宅投资	增长(%)
1977	3 201.90							
1978	3 624.10	11.70						
1979	4 038.20	7.60						
1980	4 517.80	7.80	910.90					
1981	4 862.40	5.20	961.00	5.50				
1982	5 294.70	9.10	1 230.40	28.03				
1983	5 934.50	10.90	1 430.10	16.23				
1984	7 171.00	15.20	1 832.90	28.17				
1985	8 964.40	13.50	2 543.20	38.75				
1986	10 202.20	8.80	3 120.60	22.70	100.96			
1987	11 962.50	11.60	3 791.70	21.51	149.88	48.45		
1988	14 928.30	11.30	4 753.80	25.37	257.23	71.62		
1989	16 909.20	4.10	4 410.40	-7.22	272.65	5.99		
1990	18 547.90	3.80	4 517.00	2.42	253.25	-7.12		
1991	21 617.80	9.20	5 594.50	23.85	336.16	32.74		
1992	26 638.10	14.20	8 080.10	44.43	731.20	117.52		
1993	34 634.40	13.50	13 072.30	61.78	1 937.51	164.98		
1994	46 759.40	12.60	17 042.10	30.37	2 554.08	31.82		
1995	58 478.10	10.50	20 019.30	17.47	3 149.02	23.29	1 753.10	
1996	67 884.60	9.60	22 913.55	14.46	3 216.44	2.14	1 699.17	-3.08
1997	74 462.60	8.80	24 941.11	8.85	3 178.37	-1.18	1 539.38	-9.40
1998	78 345.20	7.80	28 406.17	13.89	3 614.23	13.71	2 081.56	35.22
1999	82 067.50	7.10	29 854.71	5.10	4 103.20	13.53	2 638.48	26.75
2000	89 468.10	8.00	32 917.73	10.26	4 984.05	21.47	3 311.98	25.53
2001	97 314.80	7.50	37 213.49	13.05	6 344.11	27.29	4 216.68	27.32
2002	102 397.90	8.00	43 201.60	16.09	7 736.40	21.95	5 267.35	24.92

注:1.增长为2001年年报中国内生产总值指数一栏中所有数据减100所求。

2.2002年数据为统计公报和《2003中国统计摘要》数据。

3.2002年人均建筑面积为22.79平方米。

（续表一）

全社会固定资产投资 其中住宅建设投资						住宅竣工面积		
城乡合计	增长(%)	城镇	增长(%)	农村	增长(%)	城乡合计	增长(%)	城镇
						13 800.00		3 800.00
						46 500.00	236.96	6 500.00
						59 200.00	27.31	9 200.00
295.75		149.23		146.52		69 444.00	17.30	11 661.00
357.11	20.75	190.91	27.93	166.20	13.43	71 459.00	2.90	13 830.00
416.10	16.52	193.75	1.49	222.35	33.78	86 540.00	21.10	14 090.00
465.61	11.90	208.19	7.45	257.42	15.77	75 820.00	-12.39	14 718.00
641.63	37.80	314.81	51.21	326.82	26.96	90 972.00	19.98	18 790.00
777.81	21.22	375.57	19.30	402.24	23.08	120 516.00	32.48	22 152.00
944.20	21.39	440.35	17.25	503.85	25.26	110 641.00	-8.19	22 257.00
1 187.12	25.73	578.77	31.43	608.35	20.74	108 418.00	-2.01	23 950.00
1 194.69	0.64	531.41	-8.18	663.28	9.03	87 267.00	-19.51	19 708.00
1 164.48	-2.53	498.34	-6.22	666.14	0.43	86 425.00	-0.96	17 318.00
1 417.41	21.72	640.83	28.59	776.58	16.58	94 685.00	9.56	19 240.00
1 716.91	21.13	1 013.54	58.16	703.37	-9.43	85 880.00	-9.30	24 003.00
2 725.75	58.76	1 904.09	87.87	821.66	16.82	78 965.00	-8.05	30 832.00
3 806.36	39.64	2 704.22	42.02	1 102.14	34.14	97 510.00	23.49	35 676.00
4 736.69	24.44	3 278.19	21.22	1 458.50	32.33	107 433.00	10.18	37 489.00
5 198.54	9.75	3 326.22	1.47	1 872.32	28.37	122 204.48	13.75	39 450.48
5 370.68	3.31	3 319.67	-0.20	2 051.01	9.54	121 100.96	-0.90	40 550.16
6 393.81	19.05	4 310.81	29.86	2 083.00	1.56	127 571.61	5.34	47 616.87
7 058.78	10.40	5 050.88	17.17	2 007.90	-3.61	139 305.93	9.20	55 868.93
7 594.14	7.58	5 435.28	7.61	2 158.86	7.52	134 528.83	-3.43	54 859.85
8 339.00	9.81	6 262.00	15.21	2 077.10	-3.79	130 419.64	-3.05	57 476.50
9 407.10	12.81	6 320.31	0.93	3 086.79	48.61	131 000.00	0.44	57 000.00

（续表二）

住宅竣工面积			农村居民家庭恩格尔系数(%)	城镇居民家庭恩格尔系数(%)	城镇居民家庭人均可支配收入（元）		人均居住面积（平方米）	
增长(%)	农村	增长(%)			城镇	增长(%)	城市	农村
	10 000.00		67.70	57.50	343.40		3.6	8.1
71.05	40 000.00	300.00	64.00		405.00	7.10	3.7	8.4
41.54	50 000.00	25.00	61.80	56.90	477.60	7.10	3.9	9.4
26.75	57 783.00	15.57	59.90	56.70	500.40	7.10	4.1	10.2
18.60	57 629.00	-0.27	60.70	58.60	535.30	7.10	4.4	10.7
1.88	72 450.00	25.72	59.40	59.20	564.60	7.10	4.6	11.6
4.46	61 102.00	-15.66	59.20	58.00	652.10	7.10	4.9	13.6
27.67	72 182.00	18.13	57.80	53.30	739.10	7.10	5.2	14.7
17.89	98 364.00	36.27	56.40	52.40	900.90	7.10	6.0	15.3
0.47	88 384.00	-10.15	55.80	53.50	1 002.10	2.20	6.1	16.0
7.61	84 468.00	-4.43	54.00	51.40	1 180.20	-2.40	6.3	16.6
-17.71	67 559.00	-20.02	54.80	54.50	1 373.90	7.10	6.6	17.2
-12.13	69 107.00	2.29	58.80	54.20	1 510.20	8.50	6.7	17.8
11.10	75 445.00	9.17	57.60	53.80	1 700.60	7.10	6.9	18.5
24.76	61 877.00	-17.98	57.60	53.00	2 026.60	9.70	7.1	18.9
28.45	48 133.00	-22.21	58.10	50.30	2 577.40	9.50	7.5	20.7
15.71	61 834.00	28.46	58.90	50.00	3 496.20	8.50	7.8	20.2
5.08	69 944.00	13.12	58.60	50.10	4 283.00	4.90	8.1	21.0
5.23	82 754.00	18.31	56.30	48.80	4 838.90	3.80	8.5	21.7
2.79	80 550.80	-2.66	55.10	46.60	5 160.30	3.40	8.8	22.5
17.43	79 954.74	-0.74	53.40	44.70	5 425.10	5.80	9.3	23.3
17.33	83 437.00	4.36	52.60	42.10	5 854.00	9.30	9.8	24.2
-1.81	79 668.98	-4.52	49.10	39.40	6 280.00	6.40	10.3	24.8
4.77	72 942.00	-8.44	47.70	38.20	6 859.60	8.50	10.4	25.7
-0.83	74 000.00	1.45	46.20	37.70	7 702.80	13.40	11.4	26.5

（以上数据由建设部住宅产业促进中心提供）

2003年建筑材料工业主要经济指标

2003年建筑材料工业主要经济指标

金额单位:亿元

指 标 名 称	计算单位	本年累计	去年累计	增长率(%)
企业单位数	个	14 185	13 495	5.11
其中:亏损企业数	个	2 629	2 956	-11.06
企业亏损面	%	18.53	21.90	-
工业总产值(当年价格)	亿元	4 852.96	3 848.97	26.08
工业总产值(1990年不变价格)	亿元	4 300.48	3 436.39	25.15
工业增加值	亿元	1 435.02	1 134.29	26.51
工业销售产值	亿元	4 718.73	3 727.23	26.60
工业产品销售率	%	97.23	96.84	-
出口交货值	亿元	256.33	202.42	26.63
新产品产值	亿元	120.80	102.48	17.88
产品销售收入	亿元	4 504.74	3 538.61	27.30
其中:产品销售成本	亿元	3 702.31	2 929.73	26.37
产品销售费用	亿元	183.46	155.42	18.04
产品销售税金及附加	亿元	39.04	31.18	25.21
管理费用	亿元	267.27	243.56	9.73
财务费用	亿元	89.57	81.16	10.36
其中:利息支出	亿元	78.82	72.84	8.21
利润总额	亿元	258.31	133.65	93.27
亏损企业亏损额	亿元	45.86	57.57	-20.34
成本费用利润率	%	6.09	3.92	-
应交增值税	亿元	214.44	170.49	25.78
税金总额	亿元	253.48	201.67	25.69
工业资金利税率	%	9.75	7.22	-
流动资产平均余额	亿元	2 507.39	2 164.51	15.84
流动资产周转率	次	1.80	1.63	-
应收账款净额	亿元	691.71	622.45	11.13
产成品	亿元	362.58	342.51	5.86
产成品存货可供销售天数	天	35	42	-16.67
固定资产净值平均余额	亿元	2 741.89	2 479.11	10.60
资产总计	亿元	6 489.70	5 639.99	15.07
负债总计	亿元	3 923.58	3 451.32	13.68
资产负债率	%	60.46	61.19	-
全部从业人员平均人数	万人	318.48	313.17	1.70
工业增加值全员劳动生产率	元/人	45 058	362 200	24.40

2003年建筑材料工业主要经济指标

金额单位:亿元

行　业	产品销售收入		利润总额		税金总额	
	本期累计	去年同期	本期累计	去年同期	本期累计	去年同期
总　计	141 185	13 495	2 629	2 956	1 435.02	1 143.29
按行业分别:						
建筑材料及非金属矿采选业	1 399	1 318	140	159	99.23	78.44
石灰石、石膏开采	278	271	29	39	20.24	16.96
建筑装饰用石开采	353	325	25	25	26.09	19.70
黏土及其他土砂石开采	412	385	38	38	27.26	21.79
石棉、云母矿采选	39	38	3	5	2.76	2.39
石墨、滑石采选	68	68	12	14	8.38	6.30
宝石、玉石开采	6	6	2	2	0.52	0.47
其他非金属矿采选	243	225	31	36	14.61	11.42
建筑材料及非金属矿制品业	12 786	12 177	2 489	2 797	1 335.59	1 055.69
水泥制造	4 813	4 696	1 252	1 513	589.12	480.63
石灰和石膏制造	142	135	16	19	7.84	6.42
水泥制品制造	1 330	1 234	262	242	122.54	94.73
混凝土结构构件制造	413	383	54	61	36.91	26.10
石棉水泥制品制造	91	88	21	23	7.66	6.13
轻质建筑材料制造	270	249	44	44	23.47	17.65
其他水泥制品制造	51	47	12	11	6.81	4.51
黏土砖瓦及建筑砌块制造	1 394	1 338	169	190	58.75	46.86
建筑陶筑制品制造	829	760	129	146	124.27	92.35
建筑用石加工	838	783	81	76	61.09	47.15
防水建筑材料制造	209	192	32	33	24.81	18.82
隔热和隔音材料制造	158	150	19	15	10.85	8.54
其他建筑材料制造	161	150	23	25	11.86	10.29
平板玻璃制造	214	208	44	60	57.62	45.39
技术玻璃制品制造	187	169	30	30	26.91	20.18
玻璃纤维及制品制造	270	232	45	43	27.50	21.17
玻璃纤维增强塑料制品制造	240	227	28	27	22.38	16.89
卫生陶瓷制品制造	307	296	50	48	48.20	38.38
石棉制品制造	94	92	18	19	5.17	4.29
云母制品制造	37	37	4	4	2.32	1.97
其他非金属矿物制品制造	737	712	156	168	57.75	45.12
在总计数据以外的相关行业						
建筑材料生产专用机械制造	130	125	33	34	13.8	9.1
涂料制造	1 087	1 035	143	136	-	-
密封用填料及类似品制造	300	292	56	49	-	-
其他橡胶制品制造	320	302	46	40	-	-

(续表)

行　业	产品销售收入		利润总额		税金总额	
	本期累计	去年同期	本期累计	去年同期	本期累计	去年同期
塑料板、管、型材的制造	1 254	1 183	270	235	-	-
日用塑料杂品制造	753	730	102	109	-	-
金属门窗制造	722	684	144	124	-	-
建筑装饰及水暖管道零件制造	523	486	65	59	-	-
非金属船舶制造	36	34	8	9	-	-

2003年建筑材料工业产品产量

指标名称	计算单位	本年累计	增长率(%)	本年累计生产企业个数
主要产品产量				
水泥	万　吨	81 319	15.4	4 996
其中:大中型企业	万　吨	43 426	14.0	868
平板玻璃	万重量箱	25 243	11.1	127
其中:大中型企业	万重量箱	19 381	8.3	53
卫生陶瓷	吨	584 861	18.5	69
釉面砖	万平方米	88 566	24.3	345
墙地砖	万平方米	150 266	32.0	579
玻璃纤维纱	吨	472 945	32.70	98
水泥排水管	吨	3 010 098	14.9	171
水泥压力管	吨	1 537 503	12.8	62
水泥电杆	吨	4 179 546	-11.6	299
水泥预制构件	万立方米	2 014.05	29.0	498
石棉水泥瓦	万平方米	19 451	13.9	62
油毡油纸	万　卷	1 436.67	5.1	61
砖	万　块	6 719 635	6.0	1 226
瓦	万　片	205 441	2.0	147
大理石板材	万平方米	942.10	10.3	103
花岗石板材	万平方米	5 979.83	26.6	349
加气混凝土制品	万立方米	1 376.78	24.5	109

(续表)

指标名称	计算单位	本年累计	增长率(%)	本年累计生产企业个数
石膏板	万平方米	21 474.18	36.8	35
石棉	吨	350 421	28.9	31
石墨	吨	774 741	56.5	56
石棉制品	吨	182 177	12.4	49
水泥设备	吨	252 552	49.8	50
建筑涂料	吨	772 947	17.15	198
塑料板片材	吨	896 450	13.02	251
塑料棒管材	吨	1 898 746	23.11	505
建筑用金属制品	吨	1 736 152	-9.15	325
水泥平均出厂价格				
回转窑:P.0 32.5	元/吨	-	-	-
P. 0 42.5	元/吨	-	-	-
平板玻璃平均出厂价格				
3毫米白色	元/重量箱	-	-	-
5毫米白色	元/重量箱	-	-	-

2003年建筑材料工业进出口商品数量及金额

商品名称	商品数量			商品金额(万美元)	
	数量单位	本年累计	累计增长率(%)	本年累计	累计增长率(%)
建筑材料工业全部出口商品	-	0	0.0	529 795	26.8
主要出口商品					
花岗石荒料	万吨	216	-30.3	3 590	-11.0
萤石	万吨	95	-5.4	11 126	5.5
料石	万吨	25	6.7	3 477	-0.1
卵石及砾石	万吨	664	-8.6	2 876	12.7
砂	万吨	2 145	-50.7	5 239	9.2
钻石	千克	851	0.0	91 252	23.9
宝石	吨	10 072	-0.6	2 207	28.1
钻石和宝石粉末	千克	51 709	20.1	1 213	-24.1
石墨	吨	339 609	5.5	5 352	16.0
滑石	吨	729 956	-0.4	6 990	3.5
高岭土	吨	838 723	18.5	2 742	22.6
蛭石、珍珠岩及绿泥石	吨	835 107	25.8	3 776	22.3
水泥	万吨	495	-2.7	15 963	-0.5
水泥熟料	吨	379 608	324.7	1 195	172.5
水泥构件	万吨	143	5.7	7 858	28.6
石膏制品	吨	130 741	72.0	2 258	55.1
大理石板材	吨	145 143	24.2	5 635	49.7

(续表)

商品名称	商品数量			商品金额(万美元)	
	数量单位	本年累计	累计增长率(%)	本年累计	累计增长率(%)
花岗石板材	万吨	429	24.3	91 409	17.9
花岗石岩石刻	吨	47 982	-13.1	1 845	29.3
平板玻璃	万平米	11 675	8.3	27 089	12.9
初加工玻璃	吨	109 350	71.2	6 626	71.8
窗玻璃	吨	17 227	14.0	4 448	34.6
废碎玻璃	吨	99 088	83.3	2 560	70.6
钢化玻璃	-	0	0.0	6 645	40.3
夹层玻璃	-	0	0.0	12 574	18.6
玻璃纤维纱	吨	159 945	74.1	14 921	64.6
玻璃纤维织物	吨	47 331	52.1	10 654	40.8
卫生陶瓷	万件	1 805	55.7	21 840	53.7
釉面砖	万平米	12 908	58.4	26 286	58.0
墙地砖	万平米	7 739	78.5	25 901	63.4
石棉制品	吨	23 858	41.1	7 326	23.6
建筑材料工业全部进口商品	-	0	0.0	354 744	26.2
主要进口商品					
大理石荒料	万吨	177	43.9	28 711	35.3
花岗石荒料	万吨	154	26.0	27 507	31.6
钻石	千克	2 548	0.0	124 202	24.6
宝石	吨	31 755	62.5	6 171	26.7
石棉	吨	143 476	22.3	2 527	24.5
高岭土	吨	273 922	17.8	5 803	14.0
水泥熟料	万吨	188	5.0	4 257	15.5
大理石板材	吨	30 568	12.3	1 115	49.4
花岗石板材	吨	7 109	-23.5	254	-25.8
平板玻璃	万平米	3 111	9.8	13 820	9.6
钢化玻璃	-	0	0.0	4 616	25.7
玻璃纤维纱	吨	75 929	48.5	9 186	44.0
玻璃纤维织物	吨	71 127	37.9	21 040	52.8
石英玻璃	吨	8 414	-7.2	14 876	-16.9
釉面砖	万平米	133	-8.7	836	4.8
石棉制品	吨	9 061	25.9	16 451	40.9

2003年建材工业固定资产投资完成情况分类表

单位:万元、个

	本年计划投资	本年完成投资	本年新增固定资产	本年资金来源合计	上年末结余资金	施工项目个数	本年投产项目个数
总　计	8 238 050	6 355 085	3 299 421	6 951 495	270 492	2 897	1 220
按经济类型划分:							
国有经济	1 005 256	811 599	484 732	864 785	33 318	338	158
集体经济	174 842	150 336	64 274	153 323	3 680	121	33
私营经济	897 343	740 016	403 967	760 932	4 694	599	265
其他内资	5 005 231	3 781 386	1 947 463	4 185 961	111 337	1 576	669
三资企业	1 155 378	871 748	398 985	986 494	117 463	263	95
按国有控股情况划分:							
国有及国有控股企业	3 243 697	2 477 782	1 407 172	2 665 501	115 075	955	444
非国有及非国有控股企业	4 994 353	3 877 303	1 892 249	4 285 994	155 417	1 942	776
按建设性质划分:							
新建	4 000 789	3 098 560	1 573 694	3 367 730	137 985	1 322	493
扩建	3 013 967	2 305 756	1 139 076	2 552 208	68 018	1 035	446
改建	918 571	775 783	492 792	837 751	62 084	483	260
单纯建造生活设施	18 729	16 186	7 688	18 592	1 267	23	8
迁建	222 924	98 806	35 148	114 137	802	33	13
单纯购置	3 621	3 621	0	3 214	0	1	0
按建设阶段划分:							
筹建	93 810	49 087	260	62 194	472	0	0
本年正式施工	4 232 114	3 092 261	1 521 070	3 482 271	183 168	1 002	371
本年收尾	79 994	65 463	46 431	67 366	11 090	19	.0
全部停缓建	0	0	0	0	0	0	0
单纯购置	6 139	5 733	5733	5 921	0	0	0
其他	3 825 993	3 142 541	1 725 927	3 333 743	75 762	1 876	849
按项目级别划分:							
国家级重点项目	158 273	96 370	108 449	114 173	14 890	10	4
省级重点项目	750 567	531 778	215 804	750 241	19 519	42	13
地(市)级重点项目	881 380	641 451	289 105	723 439	90 063	104	26
其他	6 447 830	5 085 486	2 686 063	5 363 642	146 020	2 741	11 787
按报表种类划分:							
基本建设	2 926 737	2 258 124	1 102 132	2 404 399	139 725	883	237
更新改造	4 246 271	3 219 703	1 747 571	3 612 005	115 882	1 402	632
其他投资	1 065 042	877 258	449 718	935 091	14 885	612	261

2003 年玻璃纤维商品部分出口流向及外销价格行情

出口省市	出口到达国家或地区	数量单位	累计出口数量	金额单位	累计出口金额	金额单位	本年价格
山东省	南非	吨	1 086	万美元	122.65	美元 / 吨	1 129.64
湖北省	德国	吨	467	万美元	92.58	美元 / 吨	1 982.47
上海市	加拿大	吨	361	万美元	79.23	美元 / 吨	2 195.92
北京市	伊朗	吨	277	万美元	64.95	美元 / 吨	2 344.45
重庆市	墨西哥	吨	483	万美元	55.39	美元 / 吨	1 145.96
湖北省	南非	吨	284	万美元	53.14	美元 / 吨	1 871.16
山东省	日本	吨	357	万美元	51.27	美元 / 吨	1 434.50
重庆市	韩国	吨	255	万美元	35.76	美元 / 吨	1 400.77
重庆市	日本	吨	261	万美元	28.82	美元 / 吨	1 103.18
广东省	阿联酋	吨	145	万美元	23.88	美元 / 吨	1 644.79
北京市	台澎金马关税区	吨	119	万美元	23.04	美元 / 吨	1 930.70
福建省	印度	吨	130	万美元	14.28	美元 / 吨	1 100.16
北京市	阿联酋	吨	51	万美元	13.67	美元 / 吨	2 660.85
江苏省	英国	吨	79	万美元	13.60	美元 / 吨	1 726.04
河北省	乌克兰	吨	77	万美元	13.24	美元 / 吨	1 724.23
北京市	沙特阿拉伯	吨	51	万美元	12.39	美元 / 吨	2 430.00
海南省	德国	吨	54	万美元	10.71	美元 / 吨	1 997.57
上海市	意大利	吨	81	万美元	10.03	美元 / 吨	1 236.09
江苏省	日本	吨	59	万美元	9.73	美元 / 吨	1 651.66
重庆市	印度	吨	76	万美元	9.65	美元 / 吨	1 277.30
浙江省	阿根廷	吨	83	万美元	9.51	美元 / 吨	1 151.27
辽宁省	日本	吨	43	万美元	8.49	美元 / 吨	1 979.01
河北省	土耳其	吨	51	万美元	7.39	美元 / 吨	1 439.84
北京市	新加坡	吨	30	万美元	7.27	美元 / 吨	2 461.96
湖北省	印度	吨	57	万美元	7.12	美元 / 吨	1 251.45
山东省	瑞典	吨	74	万美元	7.00	美元 / 吨	952.09

（以上数据由中国建材工业协会信息部提供）

2003年建材相关工业主要经济指标

一、2003年建材相关工业主要经济指标

表1

行 业 名 称	销售收入(万元)		利税总额(万元)	
	全年累计	同比增长(%)	全年累计	同比增长额
家具制造业	6 378 309		433 339	99 016
塑料制品业	28 675 066	24.56	2 074 602	225 334
塑料薄膜制造	4 654 720	21.82	298 516	-356
塑料板、管、型材的制造	4 892 093	22.95	352 991	18 596
日用塑料制造	3 563 764	20.99	201 313	22 600
玻璃、陶瓷制品制造	6 307 428	19.99	580 033	123 687
(1)玻璃制品制造	2 128 232	18.99	169 886	19 101
(2)陶瓷制品制造	4 179 196	23.86	410 147	104 585
金属轻工业产品制造	14 871 767	24.11	1 053 682	238 526
(1)手工具、农园林及日用金属工具制造	1 918 424	26.49	161 211	29 117
(2)金属包装容器制造	1 951 412	15.84	172 880	50 236
(3)建筑、安全用金属制品制造	4 561 333	26.76	373 165	94 024
(4)搪瓷制品制造	447 716	15.69	17 799	4 018
(5)不锈钢及类似日用金属制品制造	5 992 883	24.95	328 627	61 130
家用电力器具及照明器具制造业	31 062 041		1 956 956	265 301
(1)家用电力器具制造	24 546 814	22.30	1 478 093	167 683
家用制冷电器具制造	3 595 945	25.35	158 984	23 719
家用空气调节器制造	11 906 472	20.12	780 675	59 980
(2)非电力家用器具制造	1 158 044	26.68	71 412	23 551
(3)照明器具制造	5 357 183	16.09	407 452	74 067
电光源制造	1 633 567	19.61	147 260	31 969
照明灯具制造	2 609 538	13.51	184 636	35 038
工艺美术品、日用杂品制造业	11 001 885		691 855	94 203
(1)工艺美术品制造	9 214 547	22.77	564 028	53 931
(2)日用杂品制造	1 787 338	29.60	127 827	40 272
建筑装饰业				

表2

行业名称	利润总额(万元)		亏损企业亏损额(万元)	
	全年累计	同比增长额	全年累计	同比增长(%)
家具制造业	276 063	80 017	48 188	0.24
塑料制品业	1 262 165	133 277	227 472	7.70
塑料薄膜制造	192 852	-211	41 160	33.75
塑料板、管、型材的制造	204 475	7 528	55 062	7.51
日用塑料制造	118 801	11 770	17 775	28.61
玻璃、陶瓷制品制造	282 587	78 723	90 111	32.64
(1)玻璃制品制造	62 487	12 084	30 752	19.43
(2)陶瓷制品制造	220 100	66 639	59 360	40.70
金属轻工业产品制造	644 590	194 109	86 785	-19.98
(1)手工具、农园林及日用金属工具制造	98 903	22 102	9 720	24.09
(2)金属包装容器制造	101 834	50 652	16 443	-64.12
(3)建筑、安全用金属制品制造	239 714	72 897	18 208	6.19
(4)搪瓷制品制造	7 469	4 460	8 982	-1.35
(5)不锈钢及类似日用金属制品制造	196 670	43 998	33 432	17.09
家用电力器具及照明器具制造业	1 229 083	227 719	163 733	
(1)家用电力器具制造	915 816	151 308	131 970	2.58
家用制冷电器具制造	76 671	18 527	30 594	50.81
家用空气调节器制造	475 454	48 321	28 407	-7.14
(2)非电力家用器具制造	35 492	18 629	12 858	-41.07
(3)照明器具制造	277 775	57 782	18 906	-33.30
电光源制造	106 220	27 846	6 303	-54.49
照明灯具制造	120 953	21 788	8 135	-4.27
工艺美术品、日用杂品制造业	383 771	62 480	97 450	
(1)工艺美术品制造	300 073	29 558	86 923	140.92
(2)日用杂品制造	83 698	32 922	10 527	-13.66
建筑装饰业				

表 3

行 业 名 称	应收账款净额（万元）		产成品库存（万元）	
	全年累计	同比增长（%）	全年累计	同比增长（%）
家具制造业	781 361	23.96	481 399	14.44
塑料制品业	4 747 558	17.49	2 092 892	10.78
塑料薄膜制造	577 906	14.07	324 387	6.00
塑料板、管、型材的制造	835 871	17.85	523 581	5.36
日用塑料制造	523 578	21.56	208 519	15.81
玻璃、陶瓷制品制造	972 307	14.36	887 530	10.53
（1）玻璃制品制造	360 566	12.55	329 843	14.44
（2）陶瓷制品制造	611 741	15.46	557 687	8.35
金属轻工业产品制造	2 239 568	18.38	1 101 669	11.95
（1）手工具、农园林及日用金属工具制造	284 041	28.09	114 010	8.19
（2）金属包装容器制造	428 379	10.51	156 678	10.00
（3）建筑、安全用金属制品制造	638 309	23.79	327 149	11.16
（4）搪瓷制品制造	52 351	6.81	44 290	-0.23
（5）不锈钢及类似日用金属制品制造	836 489	16.52	459 543	15.59
家用电力器具及照明器具制造业	4 432 225		2 405 883	
（1）家用电力器具制造	3 334 071	22.24	1 935 719	2.25
家用制冷电器具制造	561 046	26.17	436 566	-2.02
家用空气调节器制造	1 259 956	24.33	851 868	3.34
（2）非电力家用器具制造	156 834	12.12	122 092	13.84
（3）照明器具制造	941 321	32.01	348 072	1.44
电光源制造	247 194	21.89	123 812	-5.83
照明灯具制造	466 492	33.88	160 518	5.48
工艺美术品、日用杂品制造业	1 235 511		770 844	
（1）工艺美术品制造	974 885	18.06	635 447	0.96
（2）日用杂品制造	260 626	35.72	135 397	10.89
建筑装饰业				

二、2003年建材相关工业产值完成情况

行业名称	总产值(万元)	增长(%)	产销率(%)
家具制造业	6 143 873	23.70	97.71
塑料制品业	29 362 066	21.06	97.82
塑料薄膜制造	4 807 466	17.59	97.65
塑料板、管、型材的制造	5 041 008	20.66	97.67
日用塑料制造	3 563 132	20.69	98.09
玻璃、陶瓷制品制造	5 940 058	17.53	96.62
(1)玻璃制品制造	2 105 852	17.33	96.90
(2)陶瓷制品制造	3 834 206	17.64	96.46
金属轻工业产品制造	15 375 900	22.88	97.72
(1)手工具、农园林及日用金属工具制造	1 881 621	23.78	97.68
(2)金属包装容器制造	2 236 183	11.38	98.52
(3)建筑、安全用金属制品制造	4 631 108	25.92	97.57
(4)搪瓷制品制造	391 101	14.26	96.50
(5)不锈钢及类似日用金属制品制造	6 235 887	25.60	97.69
家用电力器具及照明器具制造业	41 768 796		
(1)家用电力器具制造	34 122 554	29.15	96.35
家用制冷电器具制造	4 918 966	38.05	91.06
家用空气调节器制造	19 662 739	29.81	96.54
(2)非电力家用器具制造	1 231 802	28.08	97.89
(3)照明器具制造	6 414 440	19.80	97.53
电光源制造	2 238 313	19.76	98.56
照明灯具制造	2 736 879	18.38	96.93
工艺美术品、日用杂品制造业	11 040 078		
(1)工艺美术品制造	9 167 220	19.18	97.87
(2)日用杂品制造	1 872 858	33.51	97.15
建筑装饰业			

三、2003年全国建材相关工业主要产品产量

产品名称	单位	完成产量	增长率（%）
搪瓷制品	吨	125 010	-3.32
日用陶瓷器	万件	962 068.34	9.41
日用玻璃制品	吨	6 855 462	11.28
生活用木制品	千元	8 433 393	3.26
家具	件	171 990 889	24.36
其中：木制家具	件	65 578 955	11.43
金属家具	件	89 209 001	39.76
软体家具	件	8 048 110	13.22
塑料制品	吨	16 504 998	16.72
其中：塑料薄膜	吨	3 269 656	16.01
塑料板片材	吨	896 450	13.02
塑料棒管材	吨	1 898 746	23.11
塑料丝及编织制品	吨	1 841 130	18.94
塑料人造革	吨	551 948	22.39
塑料合成革	吨	327 581	11.74
泡沫塑料	吨	859 475	21.42
塑料包装箱及容器	吨	724 333	14.16
塑料鞋	吨	214 788	5.97
日用塑料制品	吨	1 673 911	11.75
其他塑料制品	吨	4 244 808	16.36
建筑用金属品	吨	1 736 152	-9.15
锁	万把	109 025.85	0.92
燃气用具	台	11 393 733	12.24
其中：燃气热水器	台	3 029 375	20.33
房间空气调节器	台	48 124 983	47.40
排油烟机	台	3 957 849	12.56
电淋浴器	台	2 917 989	39.53
灯泡	万只	680 489.62	22.92
灯具	万只	123 084.93	22.70

四、2003年全国建材相关工业主要产品出口统计

单位:万美元

项 目 名 称	计量单位	数 量	增长(%)	金 额	增长(%)
日用玻璃				107 827.3	20.78
(1)玻璃器皿	吨	3 602.22	21.22	776.3	-6.74
(2)保温瓶	万个	12 821.41	5.50	16 553.0	3.00
(3)玻璃杯	吨	134 064.18	70.68	11 215.6	40.74
(4)其它日用玻璃制品	吨	835 116.19	27.95	79 282.4	23.10
日用陶瓷器	吨	2 360 222.57	13.43	204 427.3	19.37
(1)餐具	吨	1 551 297.57	18.33	101 379.0	22.08
(2)厨房器具	吨	63 126.93	16.36	6 684.3	22.53
(3)陈设艺术瓷	吨	587 875.42	-0.52	62 370.3	5.37
(4)其他陶瓷器	吨	157 922.64	26.80	33 993.7	44.21
日用搪瓷制品	吨	133 447.05	13.47	16 667.7	15.01
(1)铸铁瓷缸	吨	9 837.53	64.05	1 042.0	44.58
(2)其他搪瓷制品	吨	123 609.52	10.75	15 625.7	13.46
灯泡				121 504.6	30.32
(1)白炽灯	万只	662 096.08	10.52	20 448.5	17.70
(2)荧光灯管	万只	190 448.06	46.26	66 283.6	36.38
(3)卤钨灯	万只	114 769.56	33.42	21 908.6	24.70
(4)其他				12 863.8	32.70
木制品及其他天然植物制品				217 822.3	23.00
(1)木制品	吨	1 425 877.16	21.59	197 259.7	24.37
(2)藤制品	吨	448.96	0.01	60.7	-30.87
(3)草制品	吨	96 244.97	0.81	14 371.9	0.32
(4)其他天然植物制品	吨	51 220.92	39.11	6 130.1	50.50
家具				733 283.6	35.40
(1)木家具	万件	10 691.33	20.90	283 868.5	36.21
(2)金属家具	吨	931 979.71	27.62	98 155.5	32.13
(3)塑料家具	吨	86 849.89	54.08	12 188.1	51.33
(4)其他家具	吨	572 364.19	20.06	299 918.6	36.96
(5)床垫	万张	161.22	53.82	4 694.7	38.80
(6)家具零件	吨	291 003.00	18.02	34 458.2	21.14
地毯	万平方米	9 886.33	50.00	63 998.1	14.03
(1)羊毛地毯	万平方米	1 137.30	6.59	24 454.0	0.46
(2)化纤地毯	万平方米	6 745.70	68.06	28 022.1	37.30
(3)其他地毯	万平方米	2 003.34	32.66	11 521.9	1.33
塑料制品	吨	8 792 683.63	22.07	973 996.1	23.16
(1)塑料丝及异型材	吨	16 817.72	154.08	2 402.7	106.35
(2)塑料管材	吨	87 233.36	28.24	14 514.4	43.70

（续表）

项 目 名 称	计量单位	数 量	增长（%）	金 额	增长（%）
（3）塑料板片	吨	464 479.71	27.57	72 886.5	34.49
（4）人造革、合成革	吨	157 394.70	29.84	38 174.8	24.88
（5）塑料铺地制品	吨	282 098.64	25.07	22 657.7	27.39
（6）其他塑料制品	吨	7 784 659.50	21.30	823 569.9	21.61
金属制品				847 153.6	
（1）手工具	吨	565 537.38	20.54	116 458.2	28.23
（2）餐具				71 652.0	23.54
（3）锁	吨	266 301.53	12.47	68 034.9	18.02
（4）不锈钢制品	吨	316 180.21	17.61	111 089.7	21.25
（5）燃气热水器	万台	642.99	32.83	6 532.7	42.16
（6）其他金属制品				473 386.1	31.50
家用电器				1 226 992.1	42.26
（1）洗衣机、干洗机	万台	367.93	62.31	27 688.6	62.56
（2）冷藏冷冻箱	万台	1 038.90	38.83	71 745.4	31.85
（3）电风扇	万台	35 900.22	66.71	133 493.4	30.98
（4）洗碟机	万台	19.53	42.87	2 458.5	53.23
（5）空调器	万台	2 002.80	104.71	259 950.4	82.14
（6）压缩机	万台	518.61	147.89	16 055.0	114.88
（7）其他家用电器				715 600.8	33.18
照明器材				409 475.2	
（1）灯具	吨	2 122 871.31	14.35	377 886.4	20.66
（2）电灯及振流器	万个	15 967.42	21.88	30 973.1	22.22
（3）其他照明器材				615.7	44.67

五、2003年全国建材相关工业主要产品进口统计

单位：万美元

项 目 名 称	计量单位	数 量	增 长（%）	金 额	增长（%）
日用玻璃	吨			85 354.4	16.28
（1）玻璃器皿	吨	1 001.29	26.89	730.0	47.18
（2）保温瓶	万个	289.79	-25.33	286.0	-8.66
（3）玻璃杯	吨	11 641.56	-2.01	1 522.8	19.60
（4）其他日用玻璃制品	吨	598 859.45	18.43	82 815.6	16.11
日用陶瓷器	吨	5 770.60	16.83	5 955.4	61.70
（1）餐具	吨	999.34	13.63	208.2	4.31
（2）厨房器具	吨	379.29	-8.73	63.8	30.47
（3）陈设艺术瓷	吨	210.04	-40.37	108.0	29.96
（4）其他陶瓷器	吨	4 181.94	27.03	5 575.4	66.36
日用搪瓷制品	吨	2 164.87	92.06	314.1	156.41
（1）铸铁瓷缸	吨	2 077.54	84.93	274.5	129.71
（2）其他搪瓷制品	吨	87.32	197.89	39.5	1 174.19

（续表）

项目名称	计量单位	数量	增长（%）	金额	增长（%）
灯泡				29 187.1	34.25
（1）白炽灯	万只	335 888.35	39.38	5 395.2	6.11
（2）荧光灯管	万只	24 073.24	-1.53	8 674.3	8.84
（3）卤钨灯	万只	4 686.78	9.03	3 193.3	48.36
（4）其他				11 924.3	82.50
木制品及其他天然植物制品				3 257.7	31.85
（1）木制品	吨	29 902.76	19.49	3 175.5	33.96
（2）藤制品	吨	3.97	74.89	0.6	-14.29
（3）草制品	吨	185.27	-35.15	19.3	-36.30
（4）其他天然植物制品	吨	107.31	-61.93	62.3	-10.10
家具				19 485.7	37.11
（1）木家具	万件	72.26	69.23	5 165.0	66.67
（2）金属家具	吨	2 690.59	0.53	1 502.1	54.51
（3）塑料家具	吨	3 371.72	20.55	2 466.7	35.90
（4）其他家具	吨	28 883.91	-1.16	7 217.2	23.24
（5）床垫	万张	1.99	17.75	138.2	-5.41
（6）家具零件	吨	22 334.13	4.20	29 996.5	28.98
地毯	万平方米	911.57	-0.03	4 678.5	32.58
（1）羊毛地毯	万平方米	114.01	131.73	386.3	44.25
（2）化纤地毯	万平方米	767.46	-8.63	4 135.3	33.63
（3）其他地毯	万平方米	30.09	32.61	156.9	-5.71
塑料制品	吨	1 640 790.88	1.26	551 617.8	22.04
（1）塑料丝及异型材	吨	11 088.98	-5.49	2 823.7	12.56
（2）塑料管材	吨	31 214.70	16.74	17 696.2	25.90
（3）塑料板片	吨	870 246.78	1.80	242 574.0	29.18
（4）人造革、合成革	吨	118 395.91	-11.88	50 358.6	-2.49
（5）塑料铺地制品	吨	32 663.37	35.56	5 114.0	26.80
（6）其他塑料制品	吨	577 181.14	1.51	233 051.3	21.38
金属制品				93 425.1	
（1）手工具	吨	31 441.90	6.89	14 619.1	25.61
（2）餐具				376.0	48.91
（3）锁	吨	13 847.76	44.39	14 914.5	59.91
（4）不锈钢制品	吨	2 864.92	0.36	1 802.7	32.29
（5）燃气热水器	万台	58.47	35.88	1 147.1	90.61
（6）其他金属制品				60 565.7	26.27
家用电器				197 812.7	33.24
（1）洗衣机、干洗机	万台	7.00	108.33	1 675.6	69.89
（2）冷藏冷冻箱	万台	5.32	100.00	4 737.8	57.70
（3）电风扇	万台	16 357.89	59.21	57 787.6	60.39

（续表）

项目名称	计量单位	数量	增长(%)	金额	增长(%)
(4)洗碟机				807.5	63.40
(5)空调器	万台	1.09	47.30	1 637.5	17.33
(6)压缩机	万台	13.64	38.76	65 865.2	17.59
(7)其他家用电器	万台	1 363.14	12.05	50 901.4	33.02
照明器材				11 907.0	
(1)灯具				8 763.5	15.12
(2)电灯及振流器	吨	15 127.15	-11.19	2 882.9	18.35
(3)其他照明器材	万个	2 174.10	-31.02	260.6	174.89

六、2003年分地区建材相关工业主要产品产量

地区	日用陶瓷(万件)	日用玻璃制品(吨)	家具(件)	塑料制品(吨)	燃气热水器(台)
全国	962 068.34	6 855 462	171 990 889	16 504 998	3 029 375
北京	109.00	19 409	3 237 915	137 035	2 227
天津	178.00	59 607	4 395 065	235 559	6 000
河北	58 361.39	333 848	3 001 618	601 784	
山西	42 599.45	132 454	122 510	52 855	7 035
内蒙古	820.00	100 751	38 081	7 063	
辽宁	334.10	74 645	4 299 370	868 321	1 026
吉林		75 035	83 334	72 813	
黑龙江	291.06	11 852	2 215 118	91 386	
上海		173 033	1 923 865	582 139	372 444
江苏	15 392.04	650 642	4 274 123	2 090 834	460 740
浙江	1 107.80	167 616	30 798 788	3 201 069	126 457
安徽	13 213.00	371817	288 345	522 310	500
福建	47 327.21	112 830	42 245 337	684 826	
江西	44 588.63	38 905	324 196	37 628	1 527
山东	222 559.43	1 781 652	6 421 119	1 018 154	846
河南	25 437.30	345 764	2 413 656	696 984	
湖北	746.00	186 876	1 408 032	375 417	
湖南	136 917.33	67 171	401 888	103 902	45 201
广东	186 595.07	808 362	60 616 173	4 201 059	1 717 087
广西	96 057.49	221 324	150 129	84 115	
海南	84.30		673 098	14 470	
重庆	8 033.00	149 114	212 717	80 933	124 683
四川	39 830.00	753 599	627 755	287 077	163 602
贵州	445.67	46 422	141 906	38 721	
云南	19 018.00	36 868	54 547	121 809	
西藏			3 841		
陕西	228.15	56 916	106 878	22 228	
甘肃	566.11	19 196	95 553	115 436	
青海		2 666	4 227	2 782	
宁夏	878.00	20 685	35 857	9 831	
新疆	350.81	36 402	1 375 848	146 458	

七、2003年分地区建材相关工业主要产品产量

（续表）

地　区	房间空气调节器（台）	排油烟机（台）	电淋浴器（台）	灯泡（万只）	灯具（万只）
全　国	481 24 983	3 957 849	2 917 989	680 489.62	123 084.93
北　京	146 323	13 093	37 080	2 197.00	384.00
天　津	2 418 348		39 071	115.88	121.40
河　北	974			21 515.08	606.44
山　西	6 019			6 483.00	2.85
内蒙古					
辽　宁	778 892		124 322	13 864.20	473.11
吉　林	16 053			2 241.10	
黑龙江					
上　海	2 397 194	15 415	65 819	48 647.38	9 443.02
江　苏	4 329 612	514 206	834 184	126 117.38	4 330.16
浙　江	4 191 297	2 547 557	467 705	114 143.10	30 170.48
安　徽	2 966 665	3 350	55 830	36 273.80	87.94
福　建	25		14 726	10 640.00	3 446.47
江　西				3 937.00	821.00
山　东	4 603 307	51 167	122 873	27 776.59	6 415.39
河　南	223 189			8 409.00	203.80
湖　北	973 234	5 861		83 304.00	1 048.20
湖　南				16 843.00	
广　东	22 774 371	807 142	1 105 309	107 731.73	60 749.52
广　西	1 078	58			309.16
海　南					
重　庆	1 358 098			0.90	1 608.84
四　川	939 369		51 070	37 175.37	2 764.00
贵　州				15 12.06	
云　南					
西　藏					
陕　西	935			11 562.05	
甘　肃					99.15
青　海					
宁　夏					
新　疆					

（以上数据根据中国轻工联合会年报整理）

2003年全国房地产开发情况

一、2003年全国房地产开发投资情况

主要指标	实际完成（亿元）	比去年同期增长（%）	比重（以投资总额为100）	
			本年	去 年
投资完成额	10 106.12	29.7	100.0	100.0
其中:国有单位投资	1 334.04	-2.1	13.2	17.6
商品房建设投资	7 303.99	27.7	72.3	73.8
土地开发投资	713.64	29.6	7.1	7.1
一、按工程用途分:				
住宅	6 782.41	28.6	67.1	68.1
其中:经济适用房	616.86	8.0	6.1	7.4
办公楼	508.64	34.2	5.0	4.9
商业营业用房	1 277.48	37.6	12.6	12.0
其他	1 537.59	32.0	15.2	15.0
二、按构成分:				
建筑工程	6 286.08	30.6	62.2	62.1
安装工程	438.13	26.1	4.3	4.5
设备工器具购置	144.04	3.8	1.4	1.8
其他费用	3 237.87	32.3	32.0	31.6
其中:土地购置费	2 045.59	40.2	20.2	18.8
计划总投资	38 830.22	20.7		
本年计划投资	12 989.93	31.6		
新增固定资产	6 030.46	23.0		

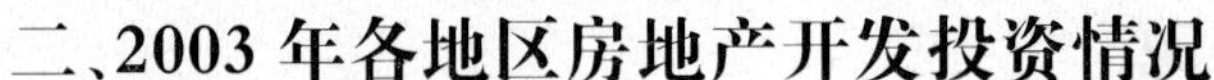

二、2003 年各地区房地产开发投资情况

地区	投资额（亿元）	其中:住宅	比去年同期增长(%)	其中:住宅
全国总计	**10 106.12**	**6782.41**	**29.7**	**28.6**
（一）东部地区	**7 142.58**	**4878.04**	**28.0**	**25.1**
北　京	1 202.48	632.97	21.5	7.9
天　津	211.39	153.29	20.2	26.9
河　北	251.98	167.86	44.0	60.1
辽　宁	486.17	343.27	25.3	24.3
上　海	901.24	676.28	25.1	21.7
江　苏	809.17	596.08	48.6	50.2
浙　江	972.39	708.67	34.2	30.0
福　建	362.07	237.27	45.4	50.4
山　东	579.57	405.80	48.4	42.0
广　东	1 209.92	854.30	8.3	6.5
广　西	120.26	73.09	42.4	43.1
海　南	35.95	29.14	84.4	94.8
（二）中部地区	**1 557.26**	**1 000.04**	**40.2**	**45.2**
山　西	94.88	49.13	41.3	33.1
内蒙古	90.93	51.55	25.5	30.5
吉　林	139.27	95.97	20.4	17.0
黑龙江	163.12	88.59	11.9	14.9
安　徽	240.65	165.62	64.3	85.6
江　西	173.78	106.76	82.2	115.6
河　南	185.56	135.07	34.1	32.4
湖　北	239.04	171.91	33.8	29.8
湖　南	230.03	135.44	52.4	69.1
（三）西部地区	**1 406.28**	**904.33**	**33.0**	**31.6**
重　庆	327.89	177.43	33.3	35.8
四　川	449.33	325.46	30.3	34.3
贵　州	104.06	58.75	34.3	22.7
云　南	112.15	79.68	21.7	18.1
西　藏	1.72	1.37	9.4	48.4
陕　西	188.56	123.69	52.6	43.7
甘　肃	50.80	34.38	34.7	39.1
青　海	22.31	15.46	32.1	62.6
宁　夏	50.91	34.76	64.9	67.7
新　疆	98.54	53.34	14.6	-6.3

三、2003年全国房地产开发投资资金来源

来源种类	到位资金（亿元）	比去年同期增长(%)	比重（%）	
			自年初累计	去年同期
一、自年初累计资金来源合计	15 251.17	36.1		
1. 上年末结余资金	2 122.96	27.8		
2. 本年资金来源小计	13 128.22	37.6	100.0	100.0
（1）国家预算内资金	11.14	-6.0	0.1	0.1
（2）国内贷款	3 125.14	45.4	23.8	22.5
（3）债券	0.34	-86.0		
（4）利用外资	184.45	17.9	1.4	1.6
其中：外商直接投资	114.08	0.1	0.9	1.2
（5）自筹资金	3 758.24	38.1	28.6	28.5
其中：自有资金	2 032.76	35.8	15.5	15.7
（6）其他资金	6 048.91	34.4	46.1	47.2
其中：定金及预收款	5 085.22	38.1	38.7	38.6
二、各项应付款合计	1 610.64	23.7	100.0	100.0
其中：工程款	1 057.17	22.2	65.6	66.4
设备器材款	61.91	1.5	3.8	4.7

四、2003年各地区房地产开发投资资金来源

地　区	本年资金来源小计（亿元）	国内贷款（亿元）	利用外资（亿元）	自筹资金（亿元）	其他资金（亿元）
全国总计	**13 128.22**	**3 125.14**	**184.45**	**3 758.24**	**6 048.91**
（一）东部地区	**9 693.90**	**2 422.92**	**157.71**	**2 481.56**	**4 628.34**
北　京	1 871.39	586.86	33.21	375.85	875.47
天　津	327.58	89.05	4.38	101.27	132.88
河　北	263.07	38.42	2.53	114.71	106.64
辽　宁	558.04	133.29	5.56	227.35	191.51
上　海	1 294.77	282.70	34.14	313.91	664.01
江　苏	1 043.7	264.93	7.66	280.72	490.40
浙　江	1 354.19	385.73	4.73	242.89	720.73
福　建	514.47	99.51	12.05	125.80	275.17
山　东	674.19	134.23	7.46	245.92	286.53
广　东	1 595.93	366.30	43.14	394.25	792.11
广　西	159.01	36.91	2.30	42.19	77.62
海　南	37.55	4.99	0.55	16.73	15.28
（二）中部地区	**1 757.73**	**331.69**	**20.25**	**714.44**	**685.04**
山　西	119.10	28.21	0.10	46.36	44.23
内蒙古	84.16	8.33	0.04	55.61	20.12
吉　林	136.47	17.06	0.00	79.55	39.85
黑龙江	160.36	25.62	0.43	87.58	46.71
安　徽	300.22	56.83	1.50	98.53	142.91
江　西	180.10	32.45	8.53	73.73	65.39
河　南	215.52	39.74	1.12	76.40	98.26
湖　北	308.01	67.31	1.84	99.53	135.15
湖　南	253.77	56.14	6.69	97.15	92.42
（三）西部地区	**1 676.59**	**370.53**	**6.49**	**562.24**	**735.53**
重　庆	422.33	94.95	4.15	137.18	185.95
四　川	538.37	101.88	0.54	179.06	256.90
贵　州	125.07	26.60	0.62	43.79	54.05
云　南	146.46	38.47	0.33	36.50	71.15
西　藏	4.59	0.78		2.84	0.98
陕　西	198.16	56.50	0.44	70.97	68.84
甘　肃	62.23	14.57	0.03	22.50	24.88
青　海	22.06	4.11	0.09	9.44	8.42
宁　夏	52.07	12.46	0.13	17.13	22.34
新　疆	105.24	20.22	0.16	42.83	42.02

五、2003年全国房地产开发面积、销售情况

主要指标	实际完成		比去年同期增减	
	本年累计	去年同期	绝对数	同比(%)
一、土地开发与购置情况				
1. 本年购置土地面积(万平方米)	36 965.03	30 412.32	6 552.71	21.5
2. 完成开发土地面积(万平方米)	20 853.75	17 346.79	3 506.96	20.2
二、商品房建筑、销售面积				
1. 施工面积(万平方米)	116 907.46	92 757.02	24 150.44	26.0
其中:新开工面积	54 319.10	42 259.85	12 059.25	28.5
2. 竣工面积(万平方米)	39 509.75	32 522.78	6 986.97	21.5
3. 销售建筑面积(万平方米)	32 247.24	24 969.27	7 277.97	29.1
三、商品房竣工价值(亿元)	5 237.34	3 902.69	1 334.65	34.2
四、商品房销售额(亿元)	7 670.90	5 721.22	1 949.681	34.1
其中:销售给个人	7 092.78	5 223.32	869.46	35.8

六、2003年各地区房地产开发投资与销售情况

地　区	投资额（亿元）	竣工价值（亿元）	销售额（亿元）	
				销售给个人
全国总计	**10 106.12**	**5 237.34**	**7 670.90**	**7 092.78**
（一）东部地区	**7 142.58**	**3 740.52**	**5 730.25**	**5 299.28**
北　京	1 202.48	467.63	897.96	792.70
天　津	211.39	159.17	202.30	187.82
河　北	251.98	115.96	128.19	115.85
辽　宁	486.17	225.92	338.07	314.02
上　海	901.24	745.24	1 216.34	1 150.79
江　苏	809.17	320.93	593.11	568.91
浙　江	972.39	443.69	713.77	683.58
福　建	362.07	156.24	290.26	267.98
山　东	579.57	260.50	346.05	321.31
广　东	1 209.92	786.26	889.56	785.59
广　西	120.26	40.50	91.67	88.65
海　南	35.95	18.47	22.99	22.07
（二）中部地区	**1 557.26**	**778.93**	**992.93**	**911.11**
山　西	94.88	51.81	54.99	41.46
内蒙古	90.93	53.28	70.32	69.00
吉　林	139.27	64.20	64.69	60.52
黑龙江	163.12	86.31	144.93	133.85
安　徽	240.65	109.40	165.41	156.42
江　西	173.78	68.59	92.86	83.07
河　南	185.56	85.06	118.43	111.26
湖　北	239.04	143.43	161.62	147.27
湖　南	230.03	116.86	119.68	108.25
（三）西部地区	**1 406.28**	**717.89**	**947.72**	**882.38**
重　庆	327.89	157.31	210.07	188.13
四　川	449.33	220.38	330.79	321.14
贵　州	104.06	44.52	53.89	51.06
云　南	112.15	57.61	86.86	77.89
西　藏	1.72	0.00	0.00	0.00
陕　西	188.56	86.46	89.27	82.93
甘　肃	50.8	25.73	27.82	24.40
青　海	22.31	15.25	11.94	9.89
宁　夏	50.91	34.41	43.42	40.16
新　疆	98.54	76.20	93.67	86.79

七、2003年各地区住宅投资、销售情况

地　区	投资额（亿元）	竣工价值（亿元）	销售额（亿元）	
				销售给个人
全国总计	**6 782.41**	**4 086.78**	**6 303.85**	**6 051.94**
（一）东部地区	**4 878.04**	**2 979.95**	**4 818.22**	**4 626.72**
北　京	632.97	349.67	789.16	753.24
天　津	153.29	117.32	177.53	173.54
河　北	167.86	86.57	104.65	94.91
辽　宁	343.27	171.40	277.07	268.04
上　海	676.28	639.31	1 109.86	1 081.33
江　苏	596.08	260.17	474.67	470.26
浙　江	708.67	339.51	541.02	534.26
福　建	237.27	119.48	202.84	193.98
山　东	405.80	214.67	296.88	279.95
广　东	854.30	631.28	749.27	683.14
广　西	73.09	33.53	74.16	73.11
海　南	29.14	17.02	21.10	20.96
（二）中部地区	**1 000.04**	**572.40**	**758.13**	**724.45**
山　西	49.13	33.17	36.17	32.27
内蒙古	51.55	39.40	47.89	47.62
吉　林	95.97	43.58	49.46	47.27
黑龙江	88.59	59.16	107.62	104.79
安　徽	165.62	79.15	121.96	119.40
江　西	106.76	47.14	60.08	58.00
河　南	135.07	70.82	101.25	97.47
湖　北	171.91	121.37	147.35	137.41
湖　南	135.44	78.61	86.36	80.23
（三）西部地区	**904.33**	**534.43**	**727.50**	**700.77**
重　庆	177.43	101.95	149.85	143.06
四　川	325.46	165.93	253.51	250.51
贵　州	58.75	31.86	44.33	43.13
云　南	79.68	49.72	74.32	69.62
西　藏	1.37	0.00	0.00	0.00
陕　西	123.69	71.16	74.22	69.89
甘　肃	34.38	21.05	23.70	21.47
青　海	15.46	12.66	9.64	9.18
宁　夏	34.76	24.92	28.45	28.39
新　疆	53.34	55.20	69.50	65.51

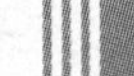

八、2003年各地区办公楼投资、销售情况

地区	投资额（亿元）	竣工价值（亿元）	销售额（亿元）	
				销售给个人
全国总计	**508.64**	**226.47**	**256.11**	**102.94**
（一）东部地区	**392.64**	**170.75**	**196.42**	**77.06**
北 京	142.75	28.56	40.58	4.24
天 津	7.63	13.37	8.90	2.87
河 北	8.51	4.80	2.00	1.44
辽 宁	13.20	9.06	8.70	1.58
上 海	66.67	40.94	43.87	23.64
江 苏	27.64	11.35	25.09	12.54
浙 江	48.13	22.06	22.24	13.13
福 建	10.62	8.28	11.75	4.48
山 东	18.66	8.22	4.72	1.64
广 东	46.36	22.75	24.37	9.06
广 西	1.76	0.95	3.34	2.22
海 南	0.73	0.41	0.85	0.21
（二）中部地区	**53.83**	**26.77**	**28.81**	**10.09**
山 西	5.72	5.05	6.66	0.78
内蒙古	5.52	1.28	1.27	0.36
吉 林	6.01	2.10	2.40	0.77
黑龙江	6.33	3.86	4.43	1.27
安 徽	7.87	3.90	5.05	2.48
江 西	2.21	0.50	0.52	0.20
河 南	5.28	1.80	2.00	0.38
湖 北	8.11	5.21	4.07	1.92
湖 南	6.78	3.06	2.39	1.91
（三）西部地区	**62.17**	**28.95**	**30.88**	**15.78**
重 庆	11.86	7.36	7.93	2.88
四 川	13.74	5.38	4.06	1.64
贵 州	4.82	1.57	0.78	0.31
云 南	3.16	1.25	1.66	0.05
西 藏	0.02			
陕 西	14.61	5.02	6.60	4.82
甘 肃	1.67	0.80	0.61	0.19
青 海	2.16	0.92	0.88	0.11
宁 夏	2.17	1.91	1.96	0.35
新 疆	7.98	4.75	6.41	5.44

九、2003年各地区商业营业用房投资、销售情况

地区	投资额（亿元）	竣工价值（亿元）	销售额（亿元）	
				销售给个人
全国总计	**1 277.48**	**669.87**	**1 007.76**	**856.75**
（一）东部地区	**781.63**	**387.01**	**630.03**	**527.29**
北　京	61.35	25.77	51.78	24.02
天　津	23.62	25.05	12.09	11.22
河　北	34.27	22.34	20.98	19.02
辽　宁	86.42	34.50	47.90	40.46
上　海	67.82	40.46	50.43	35.25
江　苏	109.88	36.89	88.52	82.38
浙　江	144.53	60.30	131.52	118.89
福　建	38.28	18.50	67.85	61.74
山　东	74.62	32.03	42.24	37.72
广　东	121.77	86.63	103.07	83.76
广　西	16.03	3.48	12.63	11.94
海　南	3.05	1.05	1.02	0.89
（二）中部地区	**272.11**	**156.46**	**195.58**	**169.01**
山　西	22.11	12.75	12.09	8.34
内蒙古	25.87	11.93	20.62	20.49
吉　林	30.76	16.36	11.31	10.97
黑龙江	34.39	18.28	30.12	25.94
安　徽	43.93	22.70	36.44	33.49
江　西	29.44	19.93	31.80	24.41
河　南	23.67	10.58	14.32	12.73
湖　北	17.66	12.38	8.93	7.30
湖　南	44.29	31.56	29.94	25.34
（三）西部地区	**223.74**	**126.40**	**182.14**	**160.46**
重　庆	50.82	36.65	49.76	40.44
四　川	78.56	44.68	71.50	67.46
贵　州	15.19	9.83	8.47	7.38
云　南	9.12	4.91	9.62	7.42
西　藏	0.22			
陕　西	24.63	5.46	8.09	8.01
甘　肃	6.78	2.71	3.19	2.44
青　海	2.12	1.63	1.38	0.57
宁　夏	9.69	5.87	12.69	11.19
新　疆	26.61	14.66	17.44	15.55

十、2003年各地区房地产施工、竣工、销售面积

地　区	施工面积(万平方米)		竣工面积(万平方米)	销售额(亿元)	
		新开工面积			销售给个人
全国总计	**116 907.46**	**54 319.10**	**39 509.75**	**32 247.24**	**30 369.85**
(一)东部地区	**74 401.78**	**32 882.27**	**23 810.68**	**19 391.93**	**18 325.55**
北　京	9 070.66	3 433.75	2 593.65	1 895.77	1 780.38
天　津	2 314.43	887.92	911.27	786.50	742.58
河　北	2 988.73	1 508.44	1 062.56	845.03	771.77
辽　宁	5 296.53	2 611.83	2 107.61	1 476.18	1 397.37
上　海	8 267.51	3 134.54	2 491.84	2 376.40	2 288.17
江　苏	8 834.53	5 075.05	3 068.11	2 751.42	2 675.35
浙　江	10 724.90	4 937.27	3 052.83	2 613.96	2 510.75
福　建	4 879.94	1 901.30	1 368.08	1 257.31	1 176.44
山　东	7 102.04	3 883.98	2 458.81	2 000.44	1 850.94
广　东	12 490.09	4 241.85	4 048.07	2 789.94	2 554.72
广　西	1 931.75	1 062.99	543.03	490.67	472.44
海　南	500.67	203.35	104.82	108.31	104.64
(二)中部地区	**21 006.28**	**11 077.91**	**8 144.26**	**6 692.86**	**6 224.96**
山　西	1 245.74	658.17	441.00	328.68	279.03
内蒙古	1 177.08	791.80	618.13	555.73	543.93
吉　林	1 397.45	918.96	542.71	385.44	356.57
黑龙江	1 906.67	1 115.75	874.47	803.22	755.04
安　徽	3 140.10	1 655.56	1 326.21	1 093.27	1 039.07
江　西	2 507.79	1 439.06	871.21	755.07	719.79
河　南	3 306.81	1 489.38	991.32	851.10	787.44
湖　北	3 252.16	1 542.34	1 332.51	1 073.48	964.44
湖　南	3 072.48	1 466.89	1 146.70	846.87	779.65
(三)西部地区	**21 499.40**	**10 358.92**	**7 554.81**	**6 162.45**	**5 819.34**
重　庆	5 297.81	2 108.25	1 678.44	1 318.23	1 216.70
四　川	6 933.08	3 711.62	2 644.38	2 303.71	2 230.41
贵　州	2 140.07	886.79	496.39	434.16	415.23
云　南	1 306.73	679.13	529.50	457.53	422.42
西　藏	19.41	19.41	0.29		
陕　西	2 279.74	947.84	713.78	581.45	536.01
甘　肃	997.85	462.45	260.67	218.63	201.39
青　海	412.38	236.64	156.99	100.34	86.10
宁　夏	754.92	532.55	407.28	232.38	221.41
新　疆	1 357.41	774.24	667.09	516.02	489.67

十一、2003年各地区住宅施工、竣工、销售面积

地　区	施工面积（万平方米）		竣工面积（万平方米）	销售面积（万平方米）	
		新开工面积			销售给个人
全国总计	**91 018.09**	**43 676.44**	**32 200.47**	**28 502.47**	**27 397.82**
（一）东部地区	**58 371.54**	**26 806.70**	**19 588.79**	**17 287.49**	**16 671.11**
北　京	6 352.86	2 503.46	2 080.75	1 771.05	1 720.14
天　津	1 939.35	768.34	750.72	720.89	709.07
河　北	2 468.50	1 284.63	882.75	751.02	688.65
辽　宁	4 135.11	2 111.35	1 712.45	1 299.16	1 254.42
上　海	6 782.09	2 613.19	2 139.99	2 224.47	2 181.91
江　苏	7 204.98	4 242.74	2 572.67	2 402.20	2 380.80
浙　江	8 373.53	3 939.13	2 431.91	2 205.00	2 157.87
福　建	3 786.00	1 571.39	1 079.04	1 072.70	1 028.96
山　东	5 801.92	3 263.79	2 068.72	1 790.05	1 674.02
广　东	9 541.51	3 438.54	3 313.31	2 509.43	2 342.92
广　西	1 568.21	879.81	461.80	438.12	430.47
海　南	417.48	190.33	94.68	103.40	101.88
（二）中部地区	**16 303.70**	**8 687.77**	**6 506.84**	**5 746.32**	**5 463.29**
山　西	916.68	503.23	333.24	274.78	248.86
内蒙古	802.73	546.84	481.79	444.15	442.37
吉　林	1 044.99	728.42	403.47	331.99	312.06
黑龙江	1 316.05	765.47	651.16	661.89	644.65
安　徽	2 401.06	1 298.32	1 039.87	906.35	884.43
江　西	1 959.03	1 113.94	666.50	604.43	591.13
河　南	2 837.45	1 287.38	874.50	784.04	737.55
湖　北	2 730.70	1 340.02	1 178.73	1 015.04	929.63
湖　南	2 295.01	1 104.15	877.58	723.65	672.61
（三）西部地区	**16 342.85**	**8 181.97**	**6 104.84**	**5 468.66**	**5 263.42**
重　庆	3 748.81	1 581.51	1 233.22	1 134.04	1 077.86
四　川	5 501.26	2 953.88	2 172.07	2 044.61	2 004.00
贵　州	1 585.91	716.87	393.50	396.17	383.53
云　南	1 100.68	587.22	456.85	415.96	395.70
西　藏	16.84	16.84	0.22		
陕　西	1 750.94	786.78	620.79	533.40	496.51
甘　肃	800.05	379.80	225.75	202.73	189.70
青　海	309.47	185.35	137.54	88.23	83.34
宁　夏	577.82	419.46	322.88	187.81	187.60
新　疆	951.07	554.26	542.02	465.71	445.18

十二、2003年各地区办公楼施工、竣工、销售面积

地区	施工面积（万平方米）		竣工面积（万平方米）	销售面积（万平方米）	
		新开工面积			销售给个人
全国总计	**5 064.76**	**1 425.06**	**1 050.55**	**596.55**	**254.93**
（一）东部地区	**3 373.11**	**883.89**	**660.61**	**374.54**	**166.68**
北　京	901.31	259.09	93.59	38.12	4.14
天　津	92.02	17.94	41.44	15.72	6.37
河　北	77.39	24.41	25.06	8.04	5.07
辽　宁	168.95	60.44	58.03	25.83	4.69
上　海	417.83	86.10	63.15	45.18	23.93
江　苏	295.03	105.93	73.16	60.60	30.36
浙　江	436.75	158.95	103.05	64.54	41.16
福　建	202.34	22.09	46.18	39.06	18.26
山　东	199.30	54.66	58.93	19.74	7.39
广　东	532.08	75.94	84.73	39.81	17.43
广　西	33.87	17.15	11.21	15.73	7.18
海　南	16.24	1.19	2.08	2.17	0.70
（二）中部地区	**729.51**	**268.77**	**192.24**	**113.88**	**40.82**
山　西	79.94	28.93	26.31	15.08	2.30
内蒙古	48.94	20.82	12.38	9.72	2.72
吉　林	58.48	31.41	15.37	10.09	2.89
黑龙江	78.26	21.87	25.79	14.66	4.41
安　徽	114.06	40.59	36.17	22.83	11.04
江　西	37.90	11.27	5.97	3.59	1.19
河　南	88.42	35.93	18.20	9.63	1.44
湖　北	125.22	32.86	32.02	16.45	6.09
湖　南	98.29	45.09	20.03	11.83	8.74
（三）西部地区	**962.14**	**272.40**	**197.70**	**108.13**	**47.43**
重　庆	229.42	55.91	59.16	32.00	14.68
四　川	157.59	67.06	47.66	22.59	7.58
贵　州	116.01	21.37	13.06	4.09	1.66
云　南	27.00	5.05	7.57	6.43	0.21
西　藏	0.07	0.07	0.07		
陕　西	233.29	48.79	22.92	16.06	10.27
甘　肃	40.59	6.17	4.97	2.57	0.94
青　海	38.54	17.00	5.62	4.14	0.41
宁　夏	32.99	17.67	14.95	7.24	1.09
新　疆	86.64	33.31	21.72	13.01	10.59

十三、2003年各地区商业营业用房施工、竣工、销售面积

地　区	施工面积（万平方米）		竣工面积（万平方米）	销售面积（万平方米）	
		新开工面积			销售给个人
全国总计	**14 564.33**	**6 597.69**	**4 540.83**	**2 695.28**	**2 376.22**
（一）东部地区	**7 906.79**	**3 324.21**	**2 299.37**	**1 389.70**	**1 224.85**
北　京	557.66	226.04	117.54	50.82	27.77
天　津	201.65	62.27	89.43	28.64	26.28
河　北	391.27	173.58	135.51	81.28	73.66
辽　宁	784.42	345.97	259.53	132.26	121.69
上　海	564.04	248.37	163.01	78.05	57.93
江　苏	963.34	529.48	308.11	254.33	236.34
浙　江	1 225.86	529.47	358.87	256.41	236.77
福　建	556.07	192.49	142.45	115.77	103.53
山　东	919.33	465.18	278.78	173.11	154.32
广　东	1 460.36	426.09	395.92	187.67	156.61
广　西	227.97	115.60	42.16	28.86	27.91
海　南	54.82	9.67	8.06	2.50	2.04
（二）中部地区	**3 321.63**	**1 768.39**	**1 221.00**	**763.54**	**671.83**
山　西	223.04	114.15	74.17	37.36	26.48
内蒙古	294.03	197.04	116.66	97.67	94.65
吉　林	258.52	137.95	107.42	38.06	36.32
黑龙江	418.12	264.17	156.19	115.24	98.61
安　徽	542.56	271.94	214.96	148.47	134.75
江　西	445.40	268.48	184.51	141.54	122.02
河　南	337.10	147.50	81.19	51.96	44.40
湖　北	261.44	110.14	82.84	32.36	24.72
湖　南	541.42	257.02	203.06	100.88	89.88
（三）西部地区	**3 335.91**	**1 505.09**	**1 020.46**	**542.04**	**479.54**
重　庆	949.24	312.31	287.05	136.25	113.78
四　川	1 061.92	554.84	379.40	224.41	209.94
贵　州	359.28	121.11	76.85	32.34	29.02
云　南	132.29	70.62	49.19	28.76	22.79
西　藏	2.50	2.50			
陕　西	235.38	93.48	40.25	29.54	28.29
甘　肃	128.70	69.22	22.87	12.63	10.10
青　海	56.83	31.14	13.61	7.22	1.60
宁　夏	120.88	80.14	58.14	35.16	31.31
新　疆	288.89	169.73	93.10	35.73	32.71

十四、2003 年各地区土地开发与购置情况

地　区	土地开发投资（亿元）	土地购置费（亿元）	本年购置土地面积（万平方米）	完成开发土地面积（万平方米）
全国总计	**713.64**	**2 045.59**	**36 965.03**	**20 853.75**
（一）东部地区	**458.15**	**1 525.48**	**20 728.64**	**12 849.63**
北　京	39.54	213.23	1 409.63	1 088.18
天　津	22.71	30.18	1 091.87	745.52
河　北	15.30	38.51	1 019.52	477.87
辽　宁	48.31	102.52	1 650.72	1 037.87
上　海	42.44	173.31	1 469.10	605.51
江　苏	97.23	218.60	3 202.71	1 592.75
浙　江	36.04	336.26	2 980.17	1 598.04
福　建	33.25	72.12	1 437.83	1 019.30
山　东	48.50	105.18	3 592.02	2 024.31
广　东	66.43	209.36	2 173.28	2 215.05
广　西	5.75	21.43	622.62	429.96
海　南	2.66	4.79	79.17	15.27
（二）中部地区	**162.04**	**285.41**	**8 859.61**	**4 928.26**
山　西	8.81	13.85	373.97	156.82
内蒙古	5.06	15.60	530.90	284.30
吉　林	7.72	17.88	358.03	238.94
黑龙江	17.31	26.77	490.89	416.23
安　徽	26.11	55.85	1 607.38	776.52
江　西	11.28	36.80	1 327.89	735.46
河　南	19.76	38.53	1 083.54	564.47
湖　北	35.93	40.48	1 536.44	774.73
湖　南	30.07	39.66	1 550.57	980.79
（三）西部地区	**93.45**	**234.70**	**7 376.78**	**3 075.86**
重　庆	32.48	49.18	1 655.28	838.55
四　川	4.02	85.67	2 019.20	250.92
贵　州	10.83	15.27	689.58	386.93
云　南	15.40	24.78	1 003.39	357.74
西　藏	0.07			71.00
陕　西	17.83	29.81	596.31	393.86
甘　肃	5.30	7.29	262.89	219.04
青　海	1.10	2.99	118.07	108.82
宁　夏	2.24	6.47	295.15	94.80
新　疆	4.18	13.24	736.91	354.20

（以上数据由国家统计局提供）

2002年全国建材工业主要经济指标统计说明

一、统计范围:企业单位、产值、从业人员统计范围为全部国有企业和年产品销售收入在500万元及以上的非国有企业;水泥、平板玻璃产量统计范围为全社会企业;其他产品产量统计范围为全部国有企业和年产品销售收入在500万元及以上的非国有企业。

二、企业规模:分大中型企业和小型企业。大型企业包括特大型、大一型、大二型。中型企业包括中一型、中二型。

三、经济类型和企业登记注册类型:本篇资料中的的经济类型按企业登记注册类型分为国有经济、集体经济、私营经济、其他内资经济、三资企业。

私营经济包括私营独资、私营合伙、私营有限责任公司、私营股份有限公司。

其他内资经济包括股份合作、国有联营、集体联营、国有与集体联营、其他联营、国有独资公司、其他有限责任公司、股份有限公司、其他内资。

三资企业包括与港澳台商合资经营、与港澳台商合作经营、港澳台商独资、港澳台商投资股份有限公司、中外合资经营、中外合作经营、外资企业、外商投资股份有限公司。

国有及国有控股企业指国有企业加国有控股企业。国有控股分国有绝对控股和国有相对控股。

四、工业总产值:是以货币表现的工业企业在一定时期内生产的已出售或可供出售工业产品总量,它反映一定时间内工业生产的总规模和总水平。工业总产值采用"工厂法"计算。工业总产值计算价格目前有两种:1990年不变价格和当年价格。本篇资料中的工业总产值凡未加说明的均指以当年价格计算的工业总产值。

五、工业增加值:是指工业行业在报告期内以货币表现的工业生产活动的最终成果。本篇资料工业增加值以生产法计算。

六、工业增加值全员劳动生产率:指以工业增加值计算的平均每一个就业人员在单位时间的创造的价值量。计算公式为工业增加值除以同一时期全部就业人员平均人数。

七、工业产品销售率:指报告期工业销售产值与同期全部工业总产值之比,是反映工业产品已实现销售的程度。计算公式为工业销售产值除以按当年价格计算的工业总产值。

2002年全国建材工业主要经济指标统计

1. 全行业企业单位数、产值、从业人员和主要产品产量

建材工业完成工业总产值3 934亿元，按可比价格计算比上年增长14.4%。完成工业增加值1 188亿元，比上年增长12.7%。

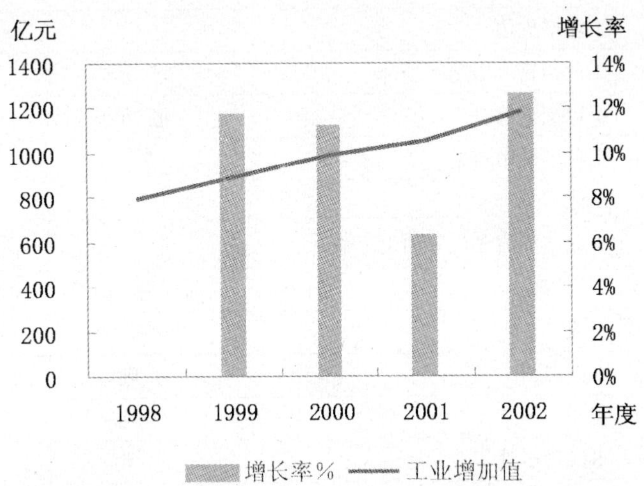

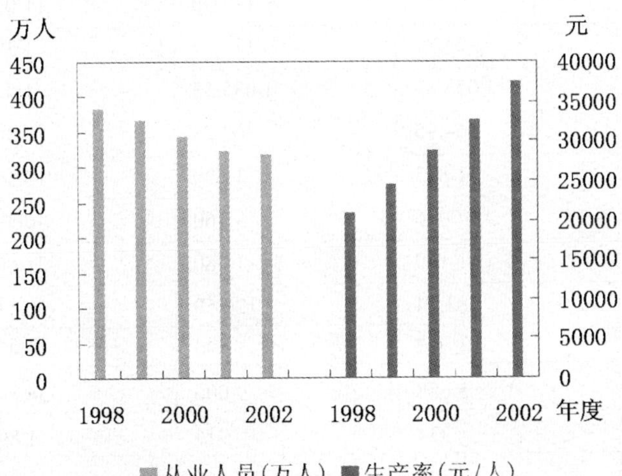

建材工业从业人员317.2万人，比上年减少6.25万人。以工业增加值计算的全年全员劳动生产率为37 457元/人，比上年增加4 864元。

全年工业产品销售率为96.88%，比上年增加0.45个百分点。

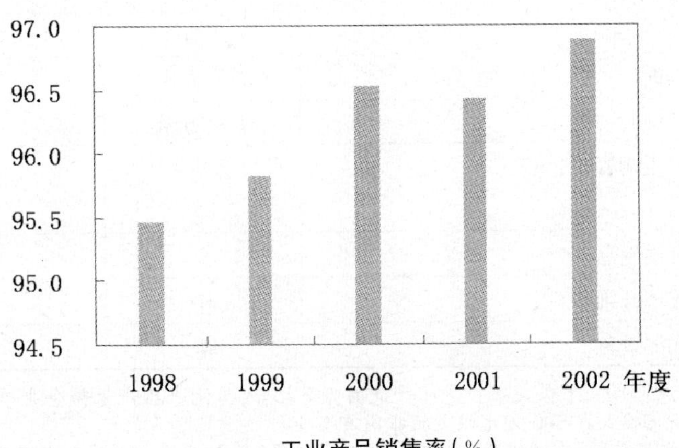

工业产品销售率(%)

全行业企业单位数、产值、从业人员和主要产品产量

指标名称	计量单位	本年	上年	增长率(%)
企业单位数	户	13 557	13 211	—
工业总产值(不变价格)	亿元	3 537.05	3 091.77	14.40
工业总产值(当年价格)	亿元	3 933.68	3 474.79	13.21
工业增加值	亿元	1 188.17	1 054.24	12.70
工业销售产值	亿元	3 810.92	3 350.74	13.73
出口交货值	亿元	238.56	213.93	11.51
工业产品销售率	%	96.88	96.43	—
从业人员	万人	317.20	323.45	—
工业增加值全员劳动生产率	元/人	37 457	32 593	—
石棉	吨	261 862	257 581	1.66
石墨	吨	628 856	435 443	44.42
水泥熟料	万吨	52 515	47 725	10.04
水泥	万吨	72 535	66 104	9.73
水泥排水管	千米	54 320	55 915	-2.85
	万吨	273.87	285.49	-4.07
水泥压力管	千米	12316	11 090	11.05
	万吨	125.81	127.59	-1.39
水泥电杆	万根	1 053.87	1 035.35	1.79
	万吨	464.95	462.73	0.48
水泥预制构件	万立方米	1 813	1 600	13.34
石棉水泥瓦	万平方米	17 936	19 160	-6.39
砖(折标准砖)	万块	1 159	1 480	-21.66
瓦	万片	83.74	120.50	-30.51
大理石板材	万平方米	1 407	1 590	-11.49
花岗石板材	万平方米	5 688	9 006	-36.84
加气混凝土	万立方米	932	915	1.89
石膏板	万平方米	17 332	13 746	26.08
油毡油纸	万卷	1 502	1 951	-23.02
平板玻璃	万重量箱	22 801	20 964	8.76
	万平方米	111 308	103 852	7.18
釉面砖	万平方米	65 191	71 291	-8.56
墙地砖	万平方米	121 662	124 708	-2.44
卫生陶瓷	万件	4 331	4 241	2.11
	吨	485 364	445 690	8.90
石棉制品	吨	160 122	144 543	10.78
玻璃纤维纱	吨	394 532	265 069	48.84
水泥设备	吨	168 834	133 735	26.25

注：水泥、平板玻璃产量统计范围为全社会，其他产品产量和企业单位数、产值、从业人员统计范围为全部国有企业及年产品销售收入在500万元以上的非国有企业。

水泥熟料、平板玻璃(平方米))、卫生陶瓷(件)、水泥排水管和水泥压力管(千米)、水泥电杆(根)的产量为推测数据。下同。

2. 规模以上工业企业规模构成

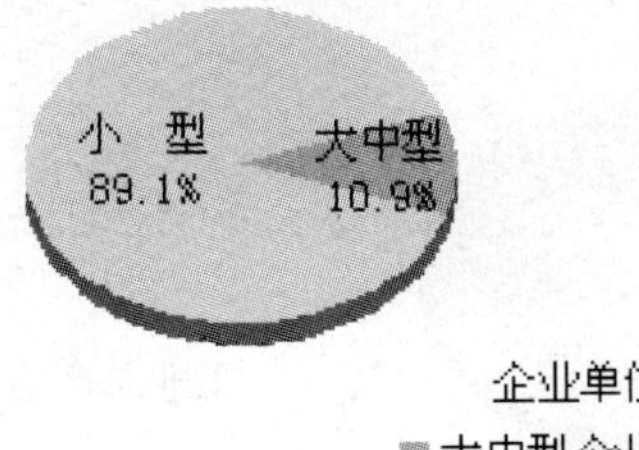

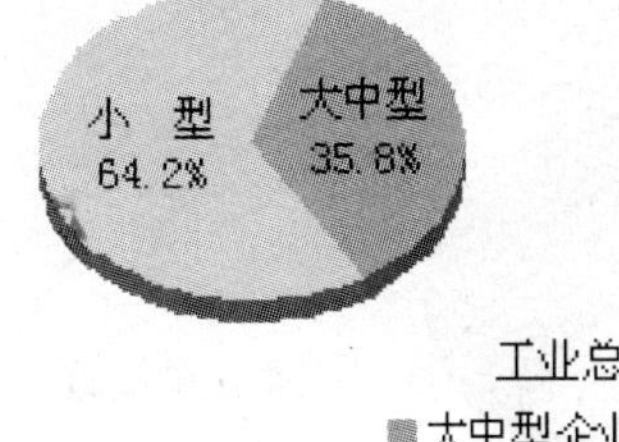

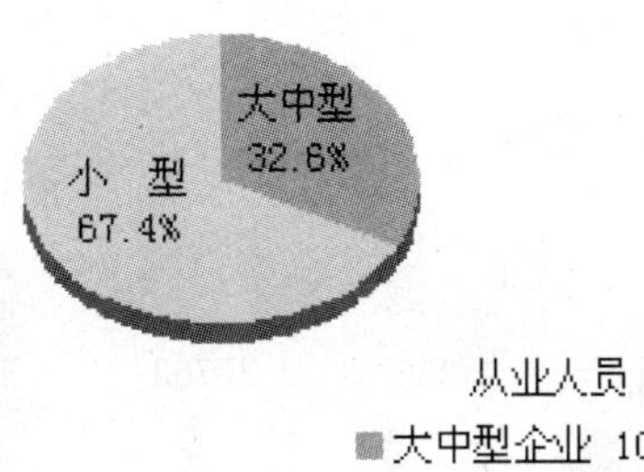

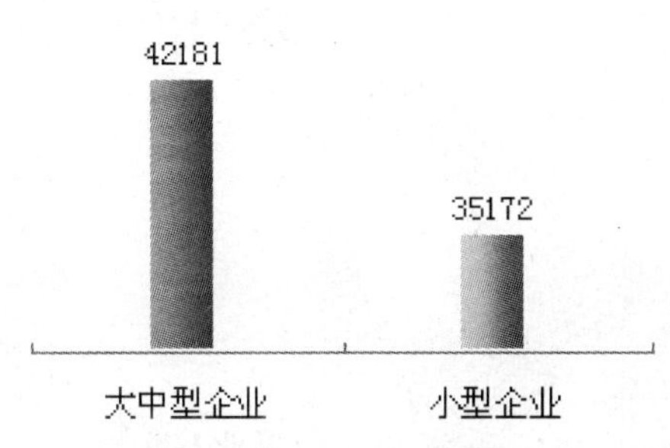

3. 分企业规模企业单位数、产值、从业人员

金额单位:万元

企业规模名称	企业单位数(户)	工业总产值		工业增加值	从业人员(人)	增加值全员劳动生产率(元/人)
		不变价格	当年价格			
总　计	13 557	35 370 499	39 336 836	11 881 683	3 172 045	37 457
按企业规模分列						
大中型企业	1 481	12 468 195	14 075 858	4 362 772	1 034 295	42 181
大型企业	400	6 990 342	7 887 770	2 438 913	479 672	50 845
特大型	4	258 203	245 657	67 718	20 697	32 719
大一型	115	2 797 379	3 358 147	1 118 605	202 082	55 354
大二型	281	3 934 760	4 283 966	1 252 589	256 893	48 759
中型企业	1 081	5 477 853	6 188 088	1 923 860	554 623	34 688
中一型	384	2 322 091	2 543 276	765 866	218 920	34 984
中二型	697	3 155 762	3 644 812	1 157 994	335 703	34 495
小　型	12 076	22 902 305	25 260 978	7 518 910	2 137 750	35 172

4. 规模以上工业经济类型构成

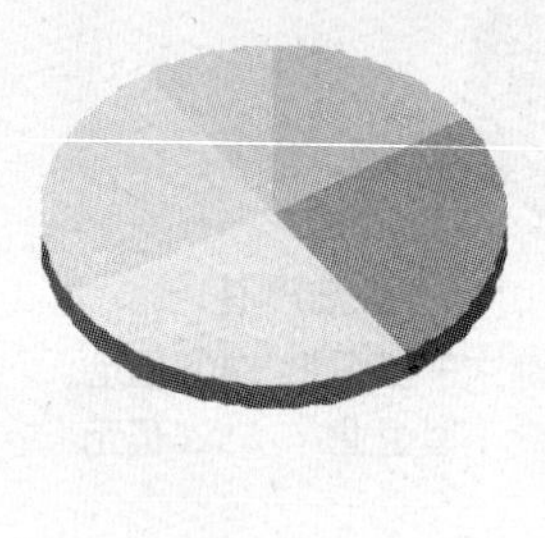

企业单位数

- 国有经济 2 064 户
- 集体经济 3 383 户
- 私营经济 3 648 户
- 其他内资 3 226 户
- 三资企业 1 236 户

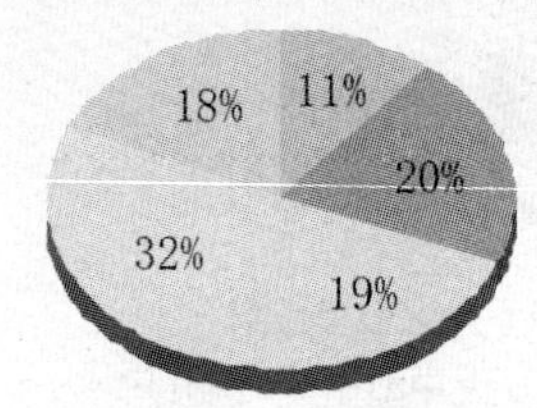

工业总产值

- 国有经济 418 亿元
- 集体经济 804 亿元
- 私营经济 753 亿元
- 其他内资 1 250 亿元
- 三资企业 708 亿元

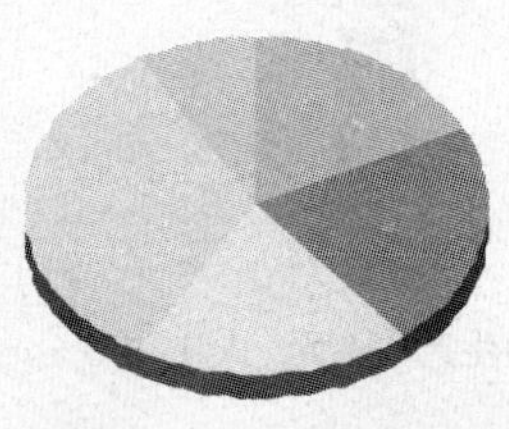

从业人员

- 国有经济 56 万人
- 集体经济 69 万人
- 私营经济 60 万人
- 其他内资 106 万人
- 三资企业 26 万人

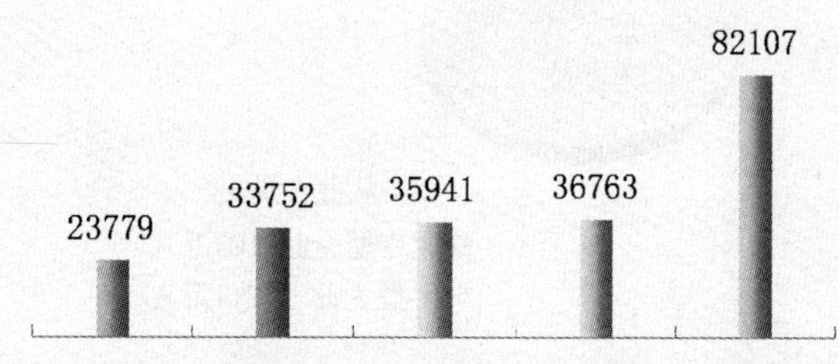

国有经济 集体经济 私营经济 其他内资 三资企业

工业增加值全员劳动生产率(元/人)

企业单位数

- 国有控股 2 913 户
- 非国有控股 10 644 户

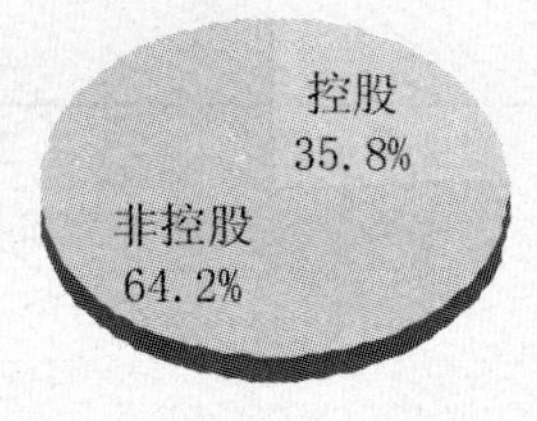

工业总产值

- 国有控股 947 亿元
- 非国有控股 2 986 亿元

从业人员

- 国有控股 100 万人
- 非国有控股 217 万人

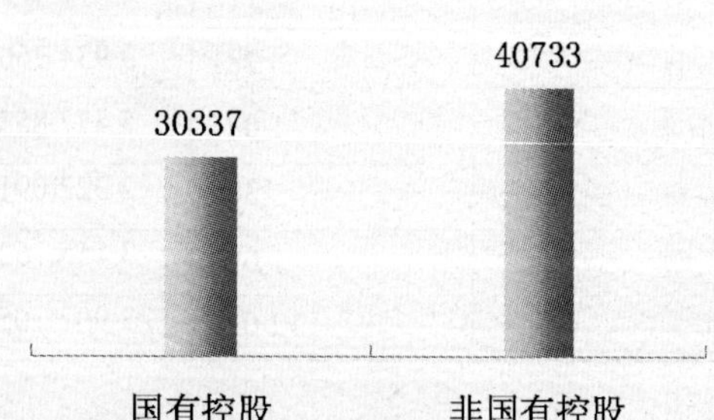

工业增加值全员劳动生产率(元/人)

5. 分经济类型企业单位数、产值、从业人员

金额单位:万元

经济类型 和企业登记注册类型	企业 单位数(户)	工业总产值 不变价格	工业总产值 当年价格	工业 增加值	从业 人员(人)	增加值全员劳动 生产率(元/人)
总计	13 557	35 370 499	39 336 836	11 881 683	3 172 045	37 457
按经济类型分列						
国有经济	2 064	3 454 822	4 183 387	1 323 212	556 465	23 779
集体经济	3 383	7 122 318	8 041 868	2 321 101	687 691	33 752
私营经济	3 648	7 324 088	7 533 720	2 164 764	602 313	35 941
其他内资	3 226	10 889 592	12 501 129	3 900 818	1 061 068	36 763
三资企业	1 236	6 579 679	7 076 731	2 171 788	264 508	82 107
按企业登记注册类型分列						
内资企业	12 321	28 790 820	32 260 105	9 709 894	2 907 537	33 396
国有经济	2 064	3 454 822	4 183 387	1 323 212	556 465	23 779
集体经济	3 383	7 122 318	8 041 868	2 321 101	687 691	33 752
股份合作	749	1 471 637	1 684 453	504 286	157 141	32 091
国有联营	31	80 817	89 401	22 756	4 833	47 084
集体联营	75	168 396	197 964	55 196	13 531	40 792
国有与集体联营	55	133 686	155 393	39 784	9 877	40 279
其他联营	36	61 374	72 301	22 116	6 489	34 082
国有独资公司	73	793 944	855 531	244 135	91 225	26 762
其他有限责任公司	1 677	5 077 835	5 879 409	1 838 191	519 125	35 409
股份有限公司	482	2 994 650	3 469 805	1 147 266	252 257	45 480
私营独资	1 402	2 570 072	2 744 161	773 339	209 976	36 830
私营合伙	396	678 995	679 877	196 289	55 516	35 357
私营有限责任公司	1 660	3 706 900	3 678 770	1 062 573	289 171	36 745
私营股份有限公司	190	368 121	430 911	132 563	47 650	27 820
其他内资	48	107 254	96 874	27 090	6 590	41 107
港澳台合资、合作、独资企业	690	3 216 227	3 332 562	1 015 485	144 946	70 060
与港澳台商合资经营	432	1 985 173	2 060 020	609 586	99 407	61 322
与港澳台商合作经营	75	280 201	291 502	82 372	9 921	83 028
港澳台独资	175	846 637	888 625	282 995	32 372	87 420
港澳台商投资股份有限公司	8	104 215	92 416	40 532	3 246	124 869
外商合资、合作、独资企业	546	3 363 453	3 744 169	1 156 303	119 562	96 712
中外合资经营	363	2 008 556	2 223 695	727 215	77 971	93 267
中外合作经营	52	223 420	252 110	76 927	12 226	62 921
外资企业	122	1 032 042	1 145 522	299 877	25 218	118 914
外商投资股份有限公司	9	99 435	122 842	52 284	4 147	126 076
按国有控股情况分列						
国有控股企业	2 913	7 947 970	9 474 839	3 032 205	999 511	30 337
国有绝对控股	2 710	7 122 762	8 527 413	2 703 999	920 825	29 365
国有相对控股	203	825 209	947 427	328 207	78 686	41 711
非国有控股企业	10 644	27 422 529	29 861 997	8 849 477	2 172 534	40 733

6. 规模以上工业行业构成

建材工业总产值行业构成中采选业占 6.5%,制品业占 93.5%。

主要行业工业总产值(亿元)		比重(%)
水泥制造业	1 569	39.9
建筑、卫生陶瓷制造业	440	11.2
水泥制品业	331	8.4
其他类未包括的非金属矿物制品业	211	5.4
建筑用玻璃制品业	187	4.7
建筑用石加工业	175	4.4
砖瓦制造业	157	4.0
混凝土结构构件制造业	112	2.9
玻璃钢制品业	106	2.7

主要行业企业单位数(户)	
水泥制造业	4 754
砖瓦制造业	1 384
水泥制品业	1 242
建筑、卫生陶瓷制造业	1 061
建筑用石加工业	774
其他类未包括的非金属矿物制品业	652

主要行业从业人员(万人)	
水泥制造业	150.2
砖瓦制造业	27.8
建筑、卫生陶瓷制造业	27.5
水泥制品业	18.6
建筑用玻璃制品业	13.4
其他类未包括的非金属矿物制品业	12.0

7. 分行业企业单位数、产值、从业人员

金额单位:万元

行业名称	企业单位数(户)	工业总产值		工业增加值	从业人员(人)	增加值全员劳动生产率(元/人)
		不变价格	当年价格			
全行业	13 557	35 370 499	39 336 836	11 881 683	3 172 045	37 457
建筑材料及非金属矿采选业	1 305	2 248 703	2 560 898	795 272	227 562	34 947
石灰石开采业	190	370 795	397 946	126 202	36 279	34 786
建筑装饰用石开采业	323	589 437	682 018	213 477	44 793	47 659
其他土砂石开采业	368	574 466	649 982	188 966	51 727	36 531
石棉采选业	35	51 657	60 898	22 320	14 200	15 718
云母采选业	3	2 654	3 018	1 040	381	27 299
石墨采选业	33	72 708	75 497	24 786	9 518	26 041
石膏采选业	79	118 677	151 075	46 171	24 092	19 164
宝石、玉石采选业	7	13 991	19 668	8 112	1 279	63 421
水晶采选业	1	61	80	27	11	24 091
滑石采选业	31	123 902	151 061	44 692	10 560	42 322
其他类未包括的非金属矿采选业	235	330 355	369 656	119 481	34 722	34 411
建筑材料及非金属矿制品业	12 252	33 121 796	36 775 938	11 086 411	2 944 483	37 651
水泥制造业	4 754	12 278 419	15 689 133	4 915 785	1 502 151	32 725
水泥制品业	1 242	2 769 616	3 306 207	977 483	185 932	52 572
混凝土结构构件制造业	423	992 372	1 123 379	299 594	61 564	48 664
石棉水泥制品业	87	176 117	202 388	59 689	18 892	31 595
其他水泥制品业	35	79 200	91 157	27 218	4 757	57 217
砖瓦制造业	1 384	1 351 777	1 566 173	488 029	277 688	17 575
石灰制造业	147	282 087	309 265	88 689	26 196	33 856
建筑用石加工业	774	1 731 207	1 749 415	503 981	98 042	51 405
轻质建筑材料制造业	269	867 381	904 479	258 998	44 207	58 588
防水建筑材料制造业	173	310 581	330 189	95 013	20 469	46 418
隔热保温材料制造业	153	299 998	314 992	88 234	16 404	53 788
其他砖瓦、石灰和轻质建筑材料制造业	148	219 061	253 024	65 749	16 198	40 591
建筑用玻璃制品业	227	1 834 640	1 866 587	505 379	134 101	37 686
工业技术用玻璃制造业	155	623 390	632 887	216 829	28 791	75 311
建筑、卫生陶瓷制造业	1 061	5 452 205	4 395 520	1 368 473	274 630	49 830
石棉制品业	88	153 304	159 249	46 561	15 057	30 923
云母制品业	31	61 761	59 022	17 558	4 684	37 486
玻璃纤维及其制品业	176	631 818	607 162	185 289	53 935	34 354
玻璃钢制品业	254	984 040	1 062 744	318 432	38 605	82 485
其他矿物纤维及其制品业	19	38 784	43 450	9 956	2 208	45 090
其他类未包括的非金属矿物制品业	652	1 984 040	2 109 519	549 471	119 972	45 800
附:建筑材料及其他非金属矿物制品专用设备制造业	174	453 836	475 833	137 838	41 639	33 103

8. 规模以上工业地区构成

建材规模以上工业总产值东部地区占67%，中部和西部地区分别占21.7%、11.3%。有6个省的工业总产值在200亿元以上，占建材规模以上工业总产值的57.7%，其中山东、广东、江苏三省的工业总产值超过400亿元，占建材规模以上工业总产值的38.3%。

9. 各地区企业单位数、产值、从业人员

金额单位：万元

地区名称	企业单位数（户）	工业总产值		工业增加值	从业人员(人)	增加值全员劳动生产率(元/人)
		不变价格	当年价格			
全国总计	13 557	35 370 499	39 336 836	11 881 683	3 172 045	37 457
东部沿海	7 414	24 396 851	26 371 498	7 625 658	1 633 287	46 689
中部地区	3 796	7 064 068	8 536 852	2 755 236	960 837	28 675
西部边远	2 347	3 909 580	4 428 485	1 500 789	577 921	25 969
北　京	306	875 317	1 061 715	377 615	68 265	55 316
天　津	197	327 264	423 957	116 661	27 453	42 495
河　北	817	2 007 577	2 181 516	721 882	208 782	34 576
山　西	252	387 074	472 632	152 559	72 115	21 155
内蒙古	136	234 801	290 043	110 669	34 014	32 536
辽　宁	431	756 027	937 906	266 156	105 258	25 286
吉　林	211	338 012	439 144	162 895	49 437	32 950
黑龙江	221	341 101	464 252	164 806	63 720	25 864
上　海	320	1 281 794	1 458 755	413 381	44 982	91 899
江　苏	1 010	3 917 399	4 359 698	1 118 575	239 067	46 789
浙　江	741	2 624 814	2 954 037	840 495	156 987	53 539
安　徽	341	776 163	918 303	313 029	90 068	34 755
福　建	767	1 743 952	1 603 153	534 568	96 392	55 458
江　西	305	448 726	518 525	170 175	68 344	24 900
山　东	1 047	4 882 639	5 493 914	1 600 925	326 969	48 963
河　南	991	1 986 292	2 523 554	755 435	267 982	28 190
湖　北	754	1 639 181	1 762 156	593 863	167 837	35 383
湖　南	585	912 718	1 148 245	331 804	147 320	22 523
广　东	1 413	5 340 843	5 197 065	1 434 256	273 701	52 402
广　西	322	561 696	596 476	176 449	78 511	22 474
海　南	43	77 530	103 307	24 696	6 920	35 688
重　庆	218	499 970	549 833	186 503	62 632	29 778
四　川	594	1 694 970	1 487 858	512 572	183 893	27 873
贵　州	253	228 817	291 649	79 784	56 270	14 179
云　南	216	304 947	420 473	151 533	53 255	28 454
西　藏	34	14 952	44 871	25 970	4 670	55 611
陕　西	243	345 312	447 451	155 998	71 580	21 793
甘　肃	577	426 611	569 080	170 283	85 115	20 006
青　海	52	59 157	101 992	35 171	14 184	24 796
宁　夏	50	87 123	112 519	41 744	13 801	30 247
新　疆	110	247 721	402 760	141 232	32 521	43 428

10. 水泥制造业企业单位数、产值、从业人员

企业单位数:户　产值单位:亿元　从业人员:万人

分类名称	企业单位数	工业总产值	工业增加值	从业人员
总　计	4 754	1 568.91	491.58	150.22
按经济类型分列				
国有经济	744	222.63	71.51	28.52
集体经济	1 112	266.58	78.77	26.77
私营经济	1 273	282.59	85.89	27.38
其他内资	1 450	667.53	214.83	61.53
三资企业	175	129.58	40.58	6.02
按国有控股情况分列				
国有控股企业	1 138	546.20	179.43	56.51
非国有控股企业	3 616	1 022.71	312.15	93.70
按企业规模分列				
大中型企业	771	744.89	239.23	61.12
小　型	3 983	824.02	252.34	89.09
按主要地区分列				
山　东	306	198.24	58.14	14.80
广　东	432	140.66	37.11	10.19
浙　江	253	138.13	40.17	7.52
江　苏	249	136.88	35.65	9.05
河　北	343	109.95	38.03	10.12

工业总产值
经济类型构成

三资
国有
集体
其他
私营

工业总产值
国有控股构成

国有控股 34.8%
非国有控股 65.2%

工业总产值
国有控股构成

小型 52.5%
大中型 47.5%

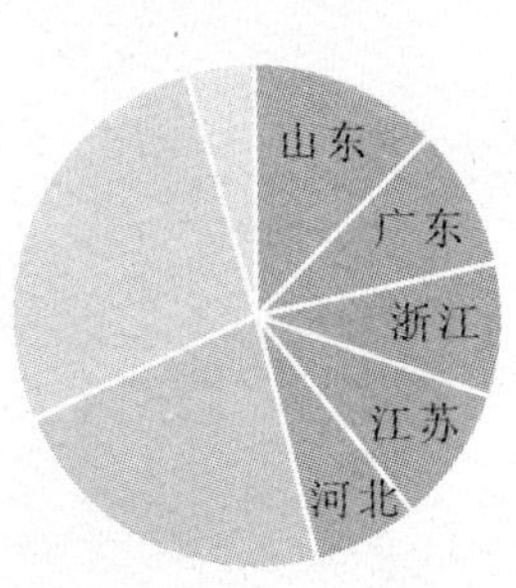

工业总产值100亿元以上
工业总产值50～100亿元
工业总产值20～50亿元
工业总产值20亿元以下

11. 建筑、卫生陶瓷制造业企业单位数、产值、从业人员

企业单位数:户　产值单位:亿元　从业人员:万人

分类名称	企业单位数	工业总产值	工业增加值	从业人员
总　计	1 061	439.55	136.85	27.46
按经济类型分列				
国有经济	59	8.84	2.62	1.60
集体经济	147	79.76	23.35	4.57
私营经济	458	108.37	31.53	8.30
其他内资	204	83.93	27.56	6.59
三资企业	193	158.64	51.77	6.40
按国有控股情况分列				
国有控股企业	96	28.88	9.13	3.38
非国有控股企业	965	410.67	127.71	24.08
按企业规模分列				
大中型企业	138	130.39	42.94	7.45
小　型	923	309.16	93.90	20.01
按主要地区分列				
广　东	304	176.66	48.85	8.70
山　东	134	93.61	30.17	4.27
福　建	167	35.98	12.36	2.05

工业总产值
经济类型构成
国有
集体
三资
私营
其他

工业总产值
国有控股构成
国有控股 6.6%
非国有控股 93.4%

工业总产值
国有控股构成
大中型 29.7%
小型 70.3%

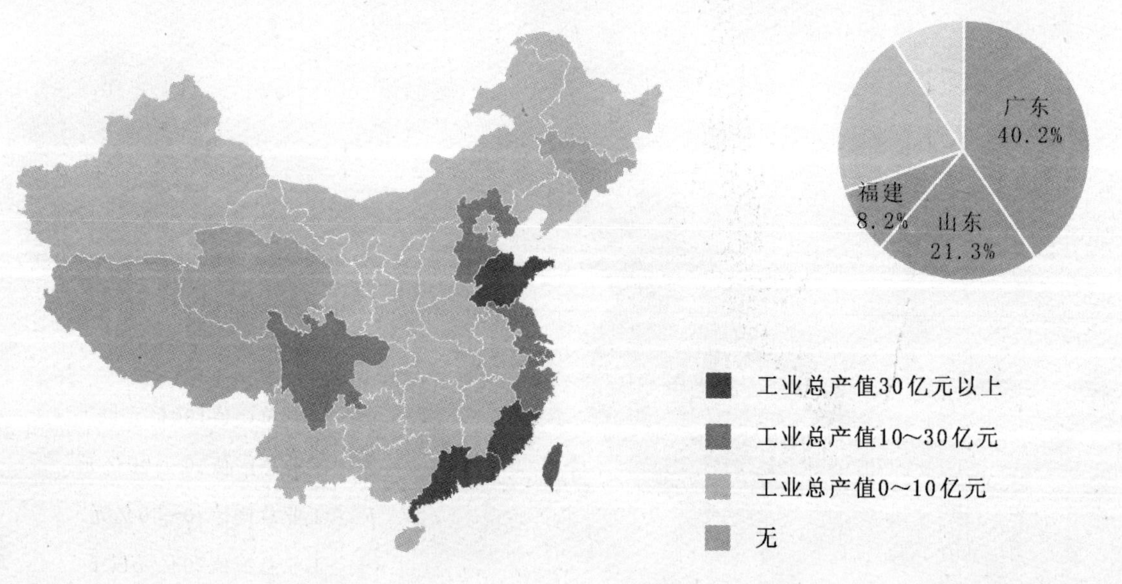

12. 水泥制品业企业单位数、产值、从业人员

企业单位数:户　产值单位:亿元　从业人员:万人

分类名称	企业单位数	工业总产值	工业增加值	从业人员
总　计	1 242	330.62	97.75	18.59
按经济类型分列				
国有经济	273	43.44	14.45	4.93
集体经济	235	47.12	13.16	3.16
私营经济	254	57.86	15.62	2.88
其他内资	312	102.74	30.52	5.74
三资企业	168	79.47	24.00	1.89
按国有控股情况分列				
国有控股企业	386	86.25	26.44	7.15
非国有控股企业	856	244.37	71.31	11.44
按企业规模分列				
大中型企业	136	74.09	23.01	4.64
小　型	1 106	256.53	74.74	13.95
按主要地区分列				
广　东	132	45.39	11.30	1.50
上　海	73	38.12	10.38	0.77
浙　江	86	35.07	9.30	1.29
北　京	71	29.66	10.48	1.49
江　苏	111	29.54	7.68	1.40
山　东	79	24.83	7.05	1.42

工业总产值
经济类型构成
国有
集体
私营
其他
三资

工业总产值
国有控股构成
国有控股
26.1%
非国有控股
73.9%

工业总产值
国有控股构成
大中型
22.4%
小型
77.6%

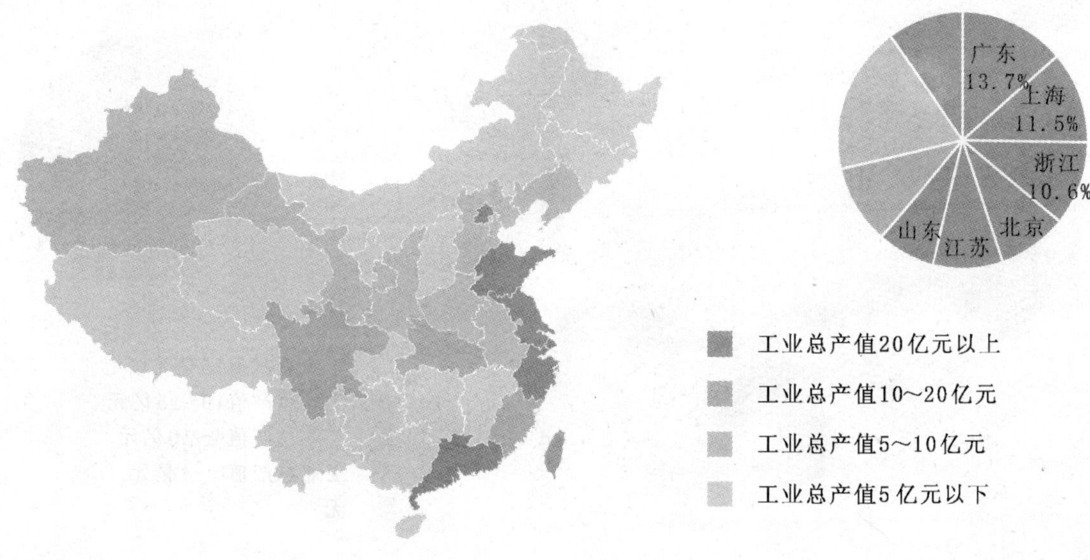

13. 建筑用玻璃制品业企业单位数、产值、从业人员

企业单位数:户　产值单位:亿元　从业人员:万人

分类名称	企业单位数	工业总产值	工业增加值	从业人员
总　计	227	186.66	50.54	13.41
按经济类型分列				
国有经济	23	15.90	2.77	1.13
集体经济	44	14.08	3.54	1.59
私营经济	57	17.45	3.85	1.17
其他内资	54	91.63	23.47	7.64
三资企业	49	47.60	16.90	1.87
按国有控股情况分列				
国有控股企业	51	68.81	15.77	6.29
非国有控股企业	176	117.85	34.77	7.12
按企业规模分列				
大中型企业	73	143.48	38.38	10.37
小　型	154	43.18	12.15	3.04
按主要地区分列				
广　东	33	20.86	6.14	0.83
河　北	37	20.40	4.65	2.12
河　南	19	19.06	3.46	1.81
江　苏	15	18.96	4.94	0.93
山　东	14	18.81	6.80	1.43
浙　江	6	14.53	3.61	0.39
四　川	7	12.32	3.99	0.59
上　海	6	10.45	4.80	0.30

工业总产值经济类型构成

国有　集体　私营　其他　三资

工业总产值国有控股构成

国有控股 36.9%　非国有控股 63.1%

工业总产值国有控股构成

小型 23.1%　大中型 76.9%

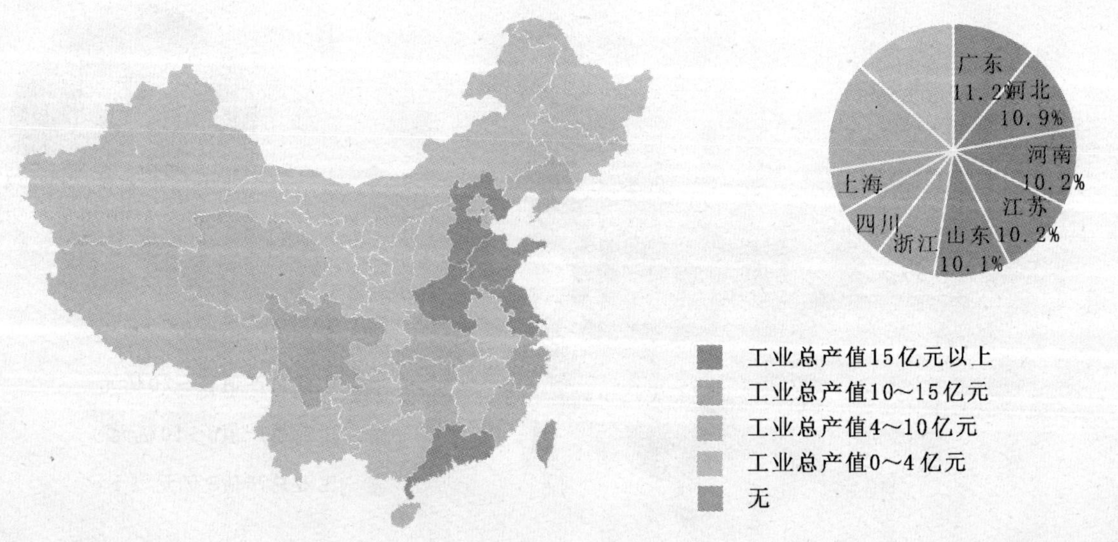

14. 建筑用石加工业企业单位数、产值、从业人员

企业单位数:户　产值单位:亿元　从业人员:万人

分类名称	企业单位数	工业总产值	工业增加值	从业人员
总　计	774	174.94	50.40	9.80
按经济类型分列				
国有经济	55	4.71	1.97	0.42
集体经济	174	58.38	16.38	3.63
私营经济	227	36.74	10.69	1.97
其他内资	110	23.17	7.35	1.61
三资企业	208	51.95	14.00	2.18
按国有控股情况分列				
国有控股企业	70	6.74	2.78	0.58
非国有控股企业	704	168.20	47.62	9.22
按企业规模分列				
大中型企业	37	17.37	4.94	0.87
小　型	737	157.58	45.46	8.93
按主要地区分列				
山　东	88	47.87	12.34	1.71
福　建	266	46.90	14.28	2.66
河　南	72	14.65	4.98	1.12
广　东	61	12.46	3.70	0.60

工业总产值经济类型构成

工业总产值国有控股构成

工业总产值国有控股构成

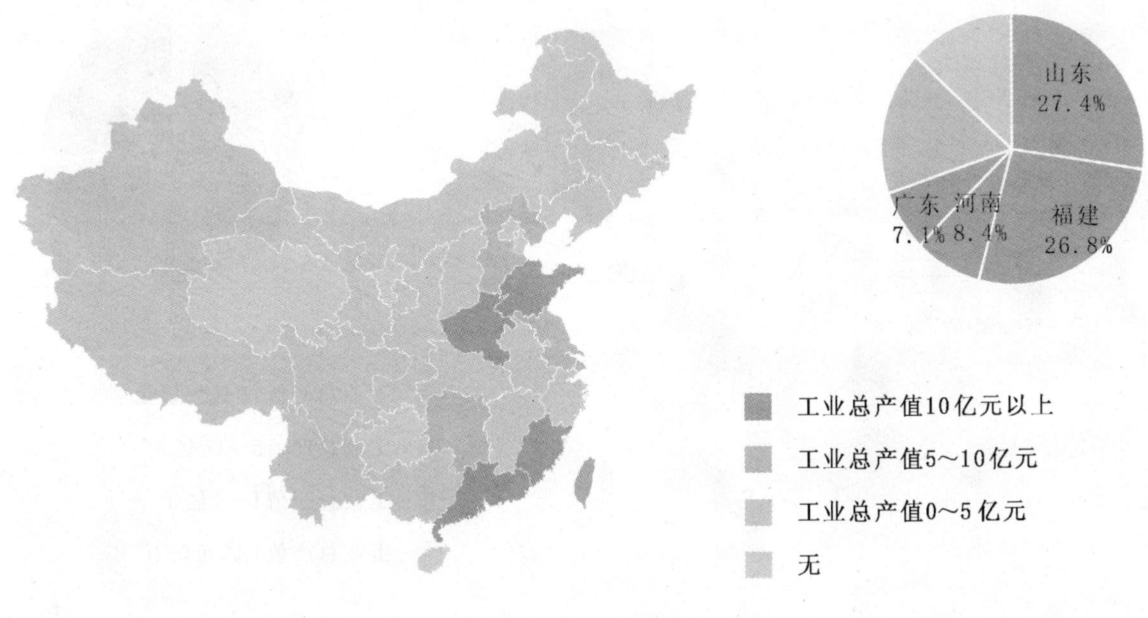

15. 砖瓦制造业企业单位数、产值、从业人员

企业单位数:户　产值单位:亿元　从业人员:万人

分类名称	企业单位数	工业总产值	工业增加值	从业人员
总　计	1 384	156.62	48.80	27.77
按经济类型分列				
国有经济	345	15.23	5.17	6.18
集体经济	530	69.82	21.26	10.44
私营经济	282	38.94	11.84	5.82
其他内资	208	29.60	9.71	5.16
三资企业	19	3.03	0.82	0.18
按国有控股情况分列				
国有控股企业	382	21.17	7.54	7.01
非国有控股企业	1 002	135.45	41.27	20.75
按企业规模分列				
大中型企业	32	6.67	1.96	1.75
小　型	1 352	149.95	46.84	26.02
按主要地区分列				
湖　北	156	21.92	8.22	3.18
江　苏	138	19.57	4.78	2.85
河　南	111	19.53	6.07	4.24
山　东	58	12.60	3.47	1.14
广　东	74	10.94	2.71	0.70

工业总产值经济类型构成

三资
国有
其他
私营
集体

工业总产值国有控股构成

国有控股 13.5%
非国有控股 86.5%

工业总产值国有控股构成

大中型 4.3%
小型 95.7%

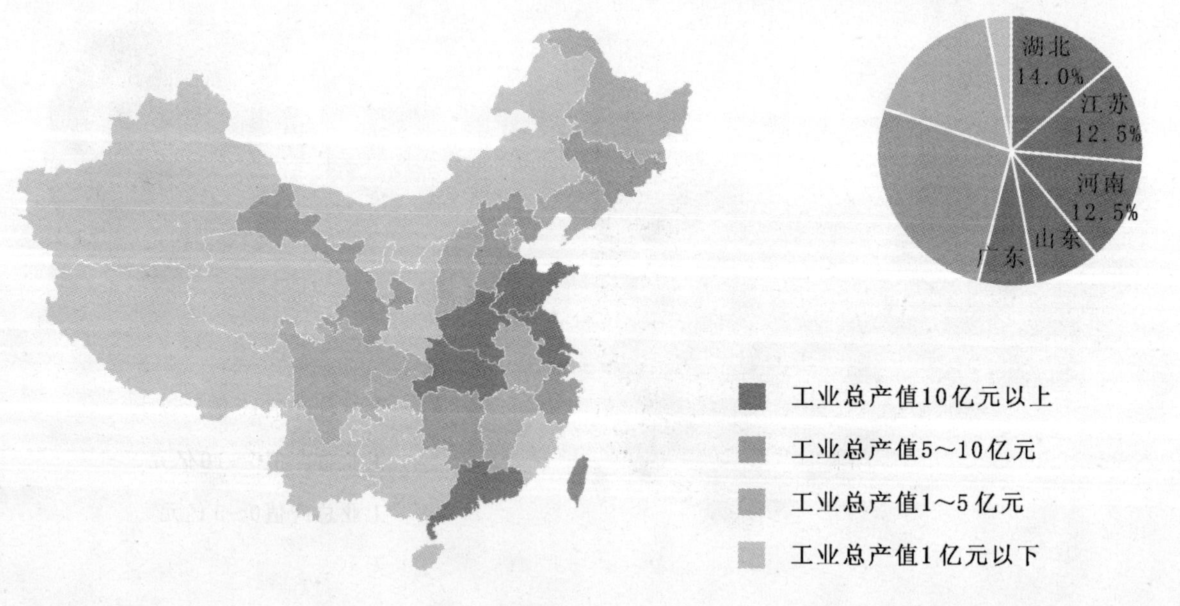

16. 混凝土结构构件制造业企业单位数、产值、从业人员

企业单位数:户　产值单位:亿元　从业人员:万人

分类名称	企业单位数	工业总产值	工业增加值	从业人员
总　计	423	112.34	29.96	6.16
按经济类型分列				
国有经济	73	16.80	4.58	1.09
集体经济	147	27.64	7.93	1.91
私营经济	86	20.42	5.01	1.17
其他内资	92	35.06	9.34	1.49
三资企业	25	12.41	3.10	0.49
按国有控股情况分列				
国有控股企业	104	26.32	7.27	1.60
非国有控股企业	319	86.01	22.69	4.56
按企业规模分列				
大中型企业	27	20.63	4.88	0.98
小　型	396	91.71	25.07	5.18
按主要地区分列				
上　海	40	20.22	4.65	0.74
浙　江	27	15.29	4.75	0.47
江　苏	39	12.36	2.76	0.58
山　东	24	10.99	2.51	0.50
广　东	21	10.41	2.22	0.40

工业总产值经济类型构成

三资 11.0%
国有 15.0%
集体 24.6%
私营 18.2%
其他 31.2%

工业总产值国有控股构成

国有控股 23.4%
非国有控股 76.6%

工业总产值国有控股构成

大中型 18.4%
小型 81.6%

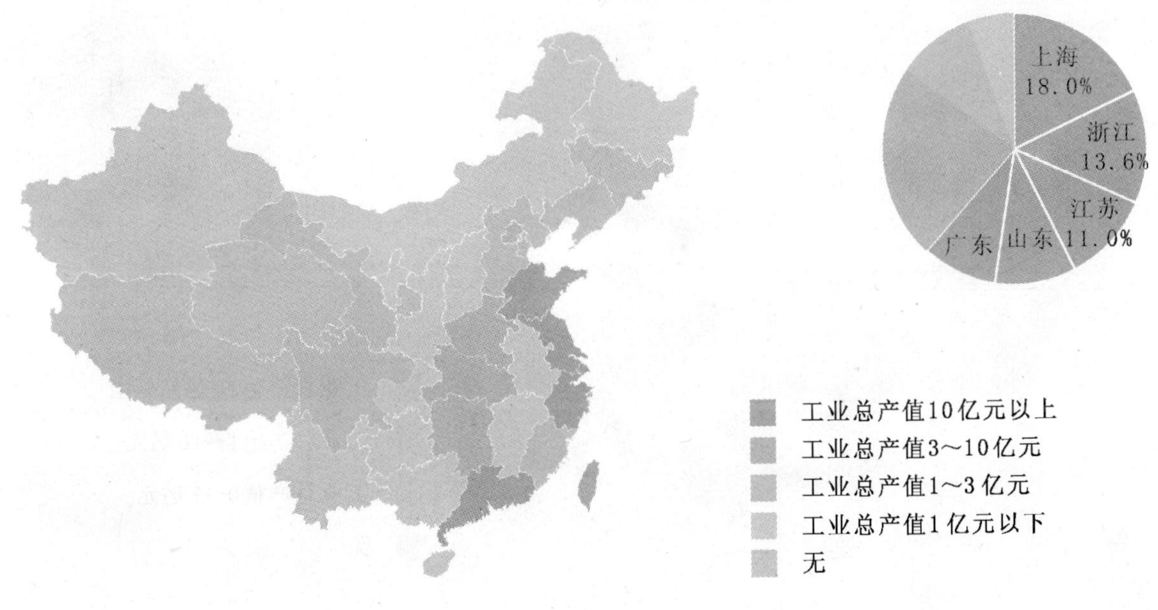

17. 玻璃钢制品业企业单位数、产值、从业人员

企业单位数:户　产值单位:亿元　从业人员:万人

分类名称	企业单位数	工业总产值	工业增加值	从业人员
总　计	254	106.27	31.84	3.86
按经济类型分列				
国有经济	23	27.86	8.21	0.58
集体经济	60	17.94	6.59	0.80
私营经济	62	16.31	4.87	0.75
其他内资	68	26.64	7.35	1.07
三资企业	41	17.52	4.82	0.67
按国有控股情况分列				
国有控股企业	39	32.86	9.93	0.82
非国有控股企业	215	73.42	21.91	3.04
按企业规模分列				
大中型企业	20	41.58	11.32	0.79
小　型	234	64.69	20.52	3.07
按主要地区分列				
浙　江	12	22.86	5.60	0.28
江　苏	52	21.22	4.84	0.71
山　东	33	18.15	5.45	0.59
河　南	47	12.28	4.72	0.63

工业总产值经济类型构成

工业总产值国有控股构成

工业总产值国有控股构成

18. 轻质建筑材料制造业企业单位数、产值、从业人员

企业单位数:户　产值单位:亿元　从业人员:万人

分类名称	企业单位数	工业总产值	工业增加值	从业人员
总　计	269	90.45	25.90	4.42
按经济类型分列				
国有经济	28	4.26	1.27	0.38
集体经济	53	22.85	5.64	1.14
私营经济	79	15.68	3.89	0.91
其他内资	69	25.05	8.13	1.24
三资企业	40	22.61	6.97	0.75
按国有控股情况分列				
国有控股企业	49	19.01	6.28	0.94
非国有控股企业	220	71.43	19.62	3.48
按企业规模分列				
大中型企业	25	23.32	8.19	1.14
小　型	244	67.12	17.71	3.28
按主要地区分列				
山　东	31	18.21	4.26	0.57
广　东	37	17.48	6.02	0.63
北　京	17	13.49	4.41	0.35
江　苏	15	7.99	1.85	0.31
湖　北	36	6.96	2.27	0.51
上　海	17	5.57	1.16	0.11

工业总产值经济类型构成

国有 4.7%
集体 25.3%
私营 17.3%
其他 27.7%
三资 25.0%

工业总产值国有控股构成

国有控股 21.0%
非国有控股 79.0%

工业总产值国有控股构成

大中型 25.8%
小型 74.2%

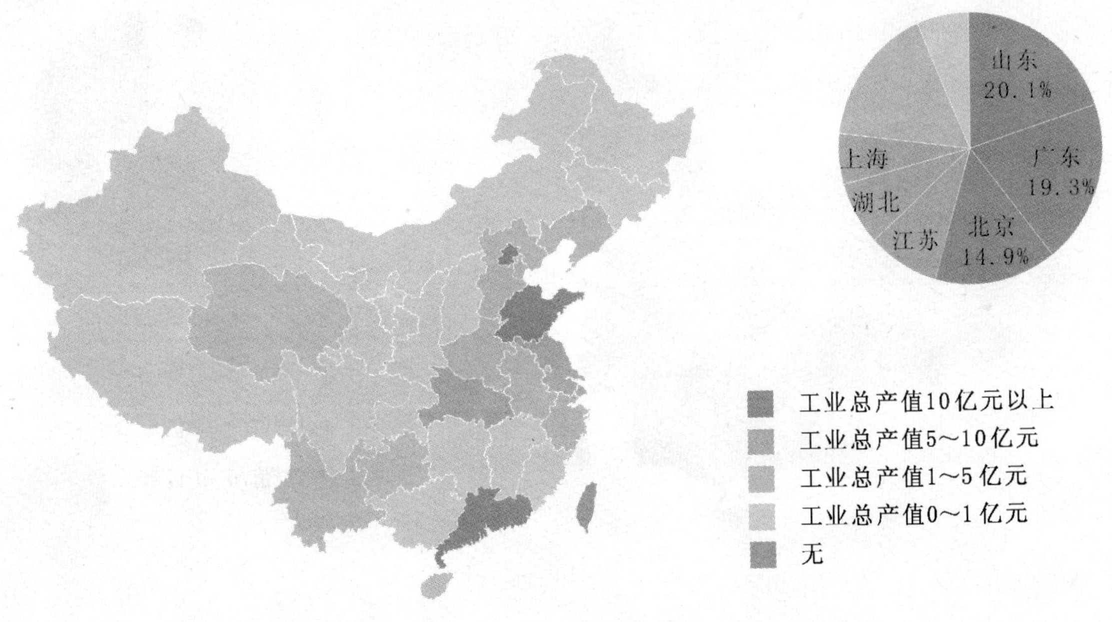

19. 建筑装饰用石开采业企业单位数、产值、从业人员

企业单位数:户 产值单位:亿元 从业人员:万人

分类名称	企业单位数	工业总产值	工业增加值	从业人员
总　计	323	68.20	21.35	4.48
按经济类型分列				
国有经济	46	5.82	2.44	0.73
集体经济	147	34.20	10.09	2.18
私营经济	64	14.40	3.99	0.69
其他内资	49	9.74	3.60	0.71
三资企业	17	4.05	1.24	0.16
按国有控股情况分列				
国有控股企业	56	8.34	3.73	0.85
非国有控股企业	267	59.86	17.62	3.63
按企业规模分列				
大中型企业	9	2.87	0.82	0.21
小　型	314	65.33	20.53	4.27
按主要地区分列				
广　东	65	12.73	3.21	0.48
浙　江	43	10.15	3.33	0.77
山　东	13	8.51	2.32	0.17
江　苏	33	8.27	2.03	0.50
湖　南	18	7.17	2.31	0.46

工业总产值经济类型构成

工业总产值国有控股构成

工业总产值国有控股构成

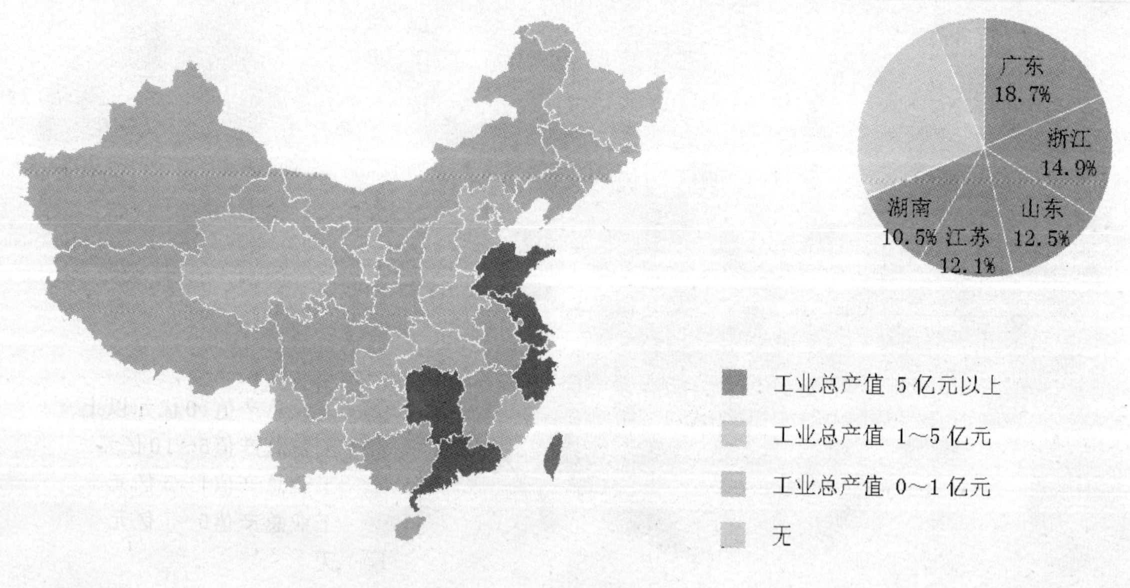

20. 工业技术用玻璃制造业企业单位数、产值、从业人员

企业单位数:户 产值单位:亿元 从业人员:万人

分类名称	企业单位数	工业总产值	工业增加值	从业人员
总 计	155	63.29	21.68	2.88
按经济类型分列				
国有经济	11	1.80	0.46	0.15
集体经济	15	3.40	0.91	0.25
私营经济	48	11.66	3.32	0.71
其他内资	28	9.95	2.46	0.51
三资企业	53	36.48	14.54	1.25
按国有控股情况分列				
国有控股企业	23	7.39	2.31	0.33
非国有控股企业	132	55.90	19.38	2.55
按企业规模分列				
大中型企业	22	29.17	10.64	0.93
小 型	133	34.11	11.04	1.95
按主要地区分列				
广 东	14	9.87	4.72	0.29
江 苏	18	9.14	2.59	0.35
山 东	15	8.98	1.89	0.48
福 建	5	7.70	3.84	0.26
上 海	15	7.65	2.09	0.21
河 北	16	4.30	1.71	0.22
河 南	11	2.77	1.03	0.16

工业总产值
经济类型构成

国有 集体
私营
其他
三资
57.6%

工业总产值
国有控股构成

国有
控股
11.7%
非国有
控股
88.3%

工业总产值
国有控股构成

小型
53.9%
大中型
46.1%

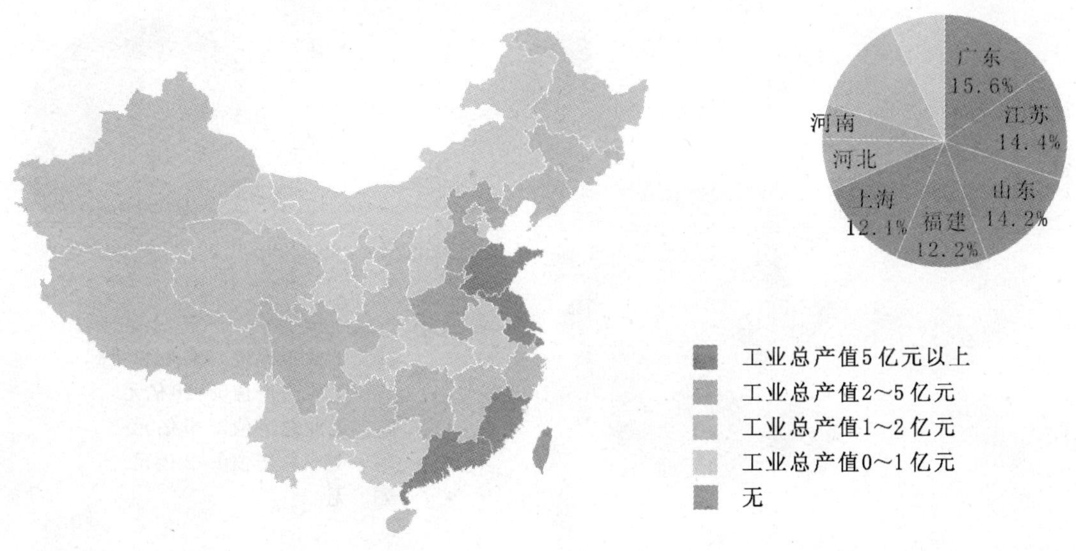

21. 玻璃纤维及其制品业企业单位数、产值、从业人员

企业单位数:户 产值单位:亿元 从业人员:万人

分类名称	企业单位数	工业总产值	工业增加值	从业人员
总　计	176	60.72	18.53	5.39
按经济类型分列				
国有经济	20	5.68	2.11	1.39
集体经济	25	6.66	2.10	0.68
私营经济	59	8.61	2.24	0.82
其他内资	44	21.44	7.23	1.76
三资企业	28	18.32	4.85	0.73
按国有控股情况分列				
国有控股企业	30	16.61	6.07	2.21
非国有控股企业	146	44.11	12.45	3.18
按企业规模分列				
大中型企业	28	31.00	9.81	2.56
小　型	148	29.71	8.72	2.83
按主要地区分列				
江　苏	37	13.53	3.48	0.82
山　东	19	10.42	3.53	0.61
浙　江	13	6.85	2.20	0.42
上　海	9	5.09	0.87	0.31

工业总产值
经济类型构成

国有
集体
私营
其他
35.3%
三资
30.2%

工业总产值
国有控股构成

国有
控股
27.4%
非国有
控股
72.6%

工业总产值
国有控股构成

小型
47.2%
大中型
52.8%

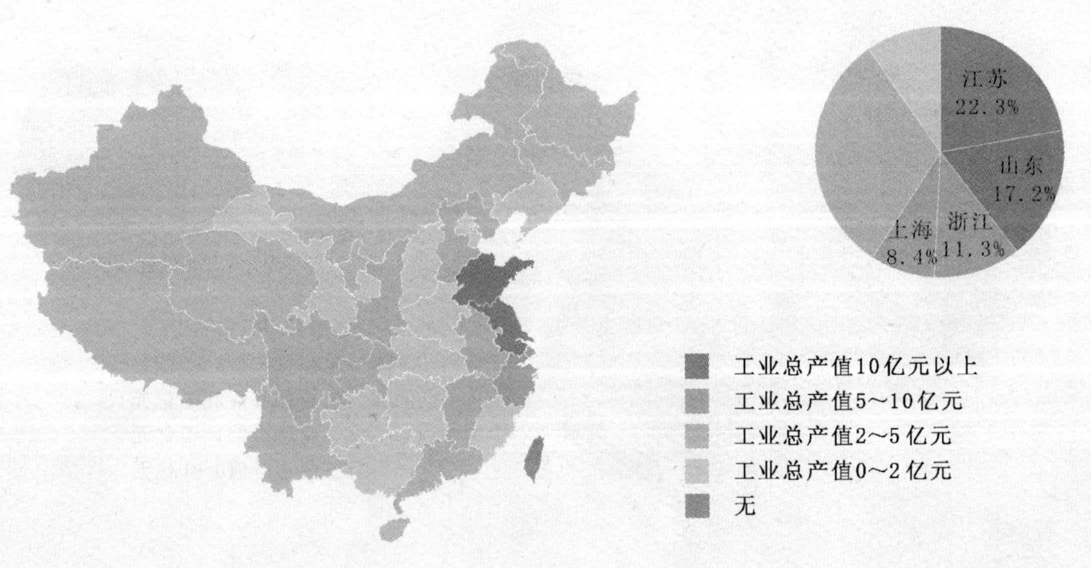

22. 防水建筑材料制造业企业单位数、产值、从业人员

企业单位数:户 产值单位:亿元 从业人员:万人

分类名称	企业单位数	工业总产值	工业增加值	从业人员
总　计	173	33.02	9.50	2.05
按经济类型分列				
国有经济	17	1.42	0.35	0.40
集体经济	28	3.81	1.14	0.28
私营经济	74	14.00	3.96	0.69
其他内资	41	10.21	2.89	0.47
三资企业	13	3.58	1.17	0.20
按国有控股情况分列				
国有控股企业	24	3.14	0.95	0.55
非国有控股企业	149	29.88	8.55	1.50
按企业规模分列				
大中型企业	13	3.70	0.97	0.46
小　型	160	29.32	8.54	1.59
按主要地区分列				
山　东	44	11.03	2.88	0.45
江　苏	13	3.86	0.98	0.17
辽　宁	10	2.23	0.65	0.12
北　京	13	2.22	0.76	0.15

工业总产值经济类型构成

三资国有 10.8%
集体
其他 30.9%
私营 42.4%

工业总产值国有控股构成

国有控股 9.6%
非国有控股 90.4%

工业总产值国有控股构成

大中型 11.0%
小型 89.0%

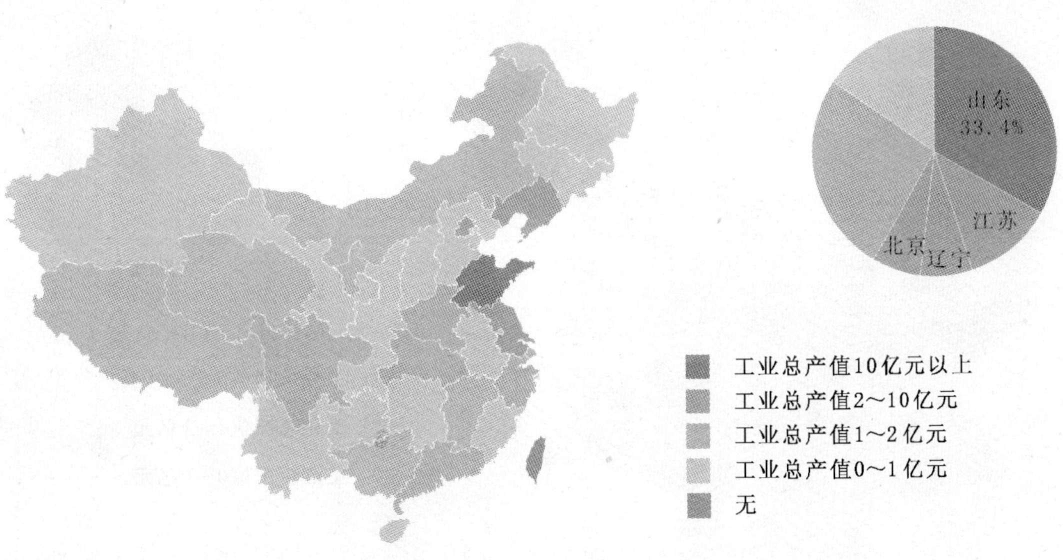

23. 隔热保温材料制造业企业单位数、产值、从业人员

企业单位数:户 产值单位:亿元 从业人员:万人

分类名称	企业单位数	工业总产值	工业增加值	从业人员
总　计	153	31.50	8.82	1.64
按经济类型分列				
国有经济	19	1.01	0.30	0.19
集体经济	32	6.02	1.60	0.43
私营经济	51	10.32	2.63	0.48
其他内资	31	6.25	2.02	0.34
三资企业	20	7.90	2.27	0.20
按国有控股情况分列				
国有控股企业	24	2.33	0.81	0.27
非国有控股企业	129	29.17	8.02	1.37
按企业规模分列				
大中型企业	13	6.66	1.97	0.24
小　型	140	24.84	6.85	1.40
按主要地区分列				
江　苏	21	6.50	1.48	0.21
上　海	13	4.39	1.90	0.13
山　东	15	3.89	1.17	0.24
河　北	15	3.43	1.08	0.22

工业总产值经济类型构成

三资 25.1%
国有集体 19.1%
其他 19.8%
私营 32.8%

工业总产值国有控股构成

国有控股 7.4%
非国有控股 92.6%

工业总产值国有控股构成

大中型 21.1%
小型 78.9%

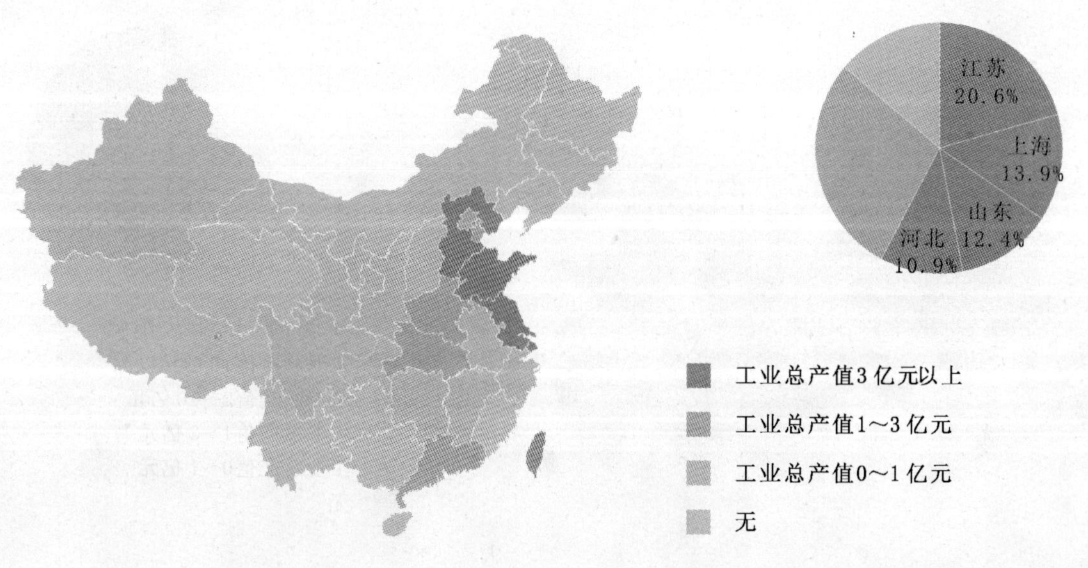

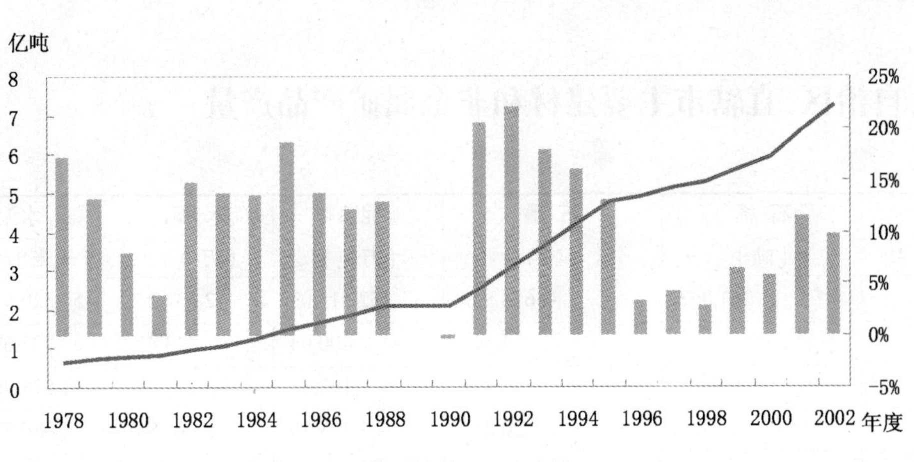

24. 水泥产量

2002 年全国水泥产量 7.25 亿吨，比上年增长 9.7%。山东、广东、江苏、浙江、河北等省年水泥产量在 5 000 万吨以上，五省水泥产量占全国水泥产量的 45.9%。

地 区	产 量	增长率(%)	比重(%)
山 东	8 247	13.17	11.37
广 东	7 442	23.67	10.26
江 苏	6 035	15.03	8.32
浙 江	5 793	20.90	7.99
河 北	5 782	18.53	7.97

25. 平板玻璃产量

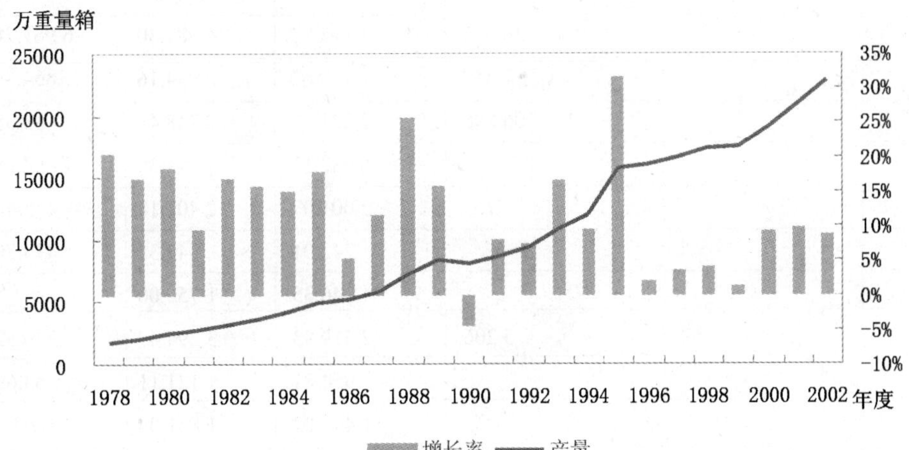

全国生产平板玻璃 22 801 万重量箱，比上年增长 8.8%。全国有七个省的平板玻璃产量超过 1 000 万重量箱，七省产量占全国产量的 63.9%。其中江苏、河南、河北三省的产量在 2 800 万重量箱以上，占全国产量的 38.2%。

地 区	产 量	增长率(%)	比重(%)
江 苏	2 990	34.44	13.1
河 南	2 920	4.50	12.8
河 北	2 801	20.30	12.3
山 东	1 924	6.36	8.4
辽 宁	1 471	-4.35	6.5
浙 江	1 354	34.81	5.9
湖 北	1 098	61.97	4.8

26. 各省、自治区、直辖市主要建材和非金属矿产品产量

地区名称	石棉（吨）	石墨（吨）	水泥熟料（万吨）	水泥（万吨）	水泥排水管（千米）	水泥排水管（吨）
全国总计	261 862	628 856	52 515.03	72 534.55	54 320.01	2 738 702
北　京			490.04	913.40	725.69	234 264
天　津			162.41	377.75	1 678.90	102 832
河　北	303	20 217	3 303.36	5 781.84	2 080.77	273 429
山　西		148	973.47	1 680.00	55.57	10 141
内蒙古		13 287	474.67	711.43	415.41	50 962
辽　宁	4 843	3 752	1 268.72	2 145.00	737.61	19 781
吉　林			599.21	889.20	502.16	61 733
黑龙江		45 354	652.46	957.71	50.59	10 611
上　海			205.00	351.59	4 172.81	230 806
江　苏			4 590.27	6 035.29	10 730.90	226 643
浙　江			4 279.16	5 792.59	7 520.13	355 885
安　徽			1 540.66	2 403.51	1 801.50	57 871
福　建		557	1 348.36	1 698.69	2 805.37	50 292
江　西	749		1 615.07	1 965.97	0.49	39
山　东	1 858	270 488	6 075.19	8 247.00	8 047.41	191 539
河　南		26 051	3 115.82	4 481.30	6 961.78	127 367
湖　北		7 440	1 739.62	2 934.16	854.39	126 973
湖　南		106 898	2 221.40	2 748.43	83.58	5 775
广　东			6 082.17	7 442.30	1 460.88	50 416
广　西			2 001.07	2 401.18	159.40	99 029
海　南			242.01	347.35	475.70	4 310
重　庆			1 246.35	1 750.00		
四　川	68	5 206	2 519.93	3 294.47	356.52	49 078
贵　州			954.81	1 121.11	63.69	4 820
云　南			1 493.22	1 841.04	185.93	44 996
西　藏			27.24	59.08		638
陕　西			937.87	1 367.71	909.13	168 738
甘　肃	128 292		1 016.11	1 125.00	545.19	49 319
青　海	76 815		237.11	263.50	152.19	25 598
宁　夏		129 458	326.31	377.24	546.13	72 681
新　疆	48 934		775.91	1 029.71	240.17	32 136

（续 1）

地区名称	水泥压力管（千米）	水泥压力管（吨）	水泥电杆（万根）	水泥电杆（万吨）	水泥预制构件（万立方米）	石棉水泥瓦（万平方米）	砖（折标准砖，亿块）	瓦（亿片）
全国总计	12 315.91	1 258 134	1 053.87	464.95	1 812.90	17 935.90	1 159.07	83.74
北京	15.67	14 208			125.11	167.37	15.10	
天津	29.37	8 591	3.31	1.43	32.15		11.59	
河北	16.38	2 036	98.27	49.24	166.76	567.15	101.53	1.65
山西			16.41	7.93	2.38	1.66	9.65	
内蒙古	221.60	59 360	19.44	11.07	1.77		14.43	
辽宁	3.23	2 276	36.51	23.11	22.34	122.37	71.39	0.81
吉林	23.52	2 790	3.17	1.80	26.92		8.15	7.22
黑龙江			7.07	3.60	3.06	381.23	17.15	
上海			7.91	2.93	103.35			
江苏	1 347.86	95 437	69.70	32.00	43.79	990.70	60.99	0.60
浙江	2 723.73	308 180	142.70	51.85	211.67	42.69	32.17	
安徽	34.59	9 312	34.10	13.06	19.90	14.40	14.26	
福建	5 706.36	220 217	15.67	5.71	86.14	94.84	1.48	
江西	37.73	5 211	19.30	8.11	53.22	61.82	171.73	16.21
山东	291.54	79 653	51.93	26.61	115.94	46.20	15.45	5.84
河南	152.83	12 542	73.75	27.24	182.06	13 194.91	115.80	
湖北	398.02	80 738	47.20	19.21	188.56	448.94	42.08	1.13
湖南	76.14	16 617	14.68	7.53	6.56	362.65	35.15	
广东	813.82	225 736	86.51	20.99	222.09	97.49	29.31	0.71
广西	121.71	20 812	36.35	16.50	150.64	144.29	219.01	25.27
海南			3.46	0.82			1.79	
重庆			29.75	17.37	2.66	69.73	11.64	
四川	6.00	1 604	129.12	61.67	2.94	492.55	19.72	
贵州	49.99	4 980	10.83	4.76	3.30	17.61	101.96	21.92
云南	112.30	33 285	20.15	9.21	2.00	441.15	2.07	
西藏					0.93			
陕西	43.70	13 376	29.25	11.46	2.29	154.36	2.48	
甘肃			24.24	14.51	28.04		27.99	
青海			3.27	2.24			2.58	
宁夏	72.09	38 515	8.67	5.13	4.43	21.68	0.60	
新疆	17.74	2 660	11.15	7.55	1.58		1.71	

（续2）

地区名称	石膏板（万平方米）	加气混凝土制品(万立方米)	大理石板材（万立方米）	花岗石板材（万平方米）	油毡油纸（万卷）	平板玻璃（万重量箱）	平板玻璃（万平方米）
全国总计	17 331.52	932.28	1 407.03	5 687.93	1 502.13	22 801	111 308
北　京	3 303.72	50.17	2.45		27.58	626	3 544
天　津		35.11				330	2 591
河　北		13.63	81.72	62.23	136.21	2 801	14 845
山　西	783.30	9.17	1.14	2.83	0.14	340	1 357
内蒙古			52.50	0.24		749	3 318
辽　宁		29.47	75.12	4.73	45.93	1 471	7 472
吉　林		2.72	3.30	85.14	0.74	343	1 994
黑龙江		2.87	7.95	2.77	3.92	468	2 788
上　海		218.68	13.08	10.64		718	3 070
江　苏	810.65	175.44	20.80	7.26	11.22	2 990	11 901
浙　江		10.59	1.94	83.59	38.33	1354	5 381
安　徽	1 187.10	9.08	1.38	2.03		184	976
福　建		6.88	61.66	2 857.47		508	2 097
江　西		2.21	8.45	361.81	0.57	472	1 877
山　东	10 120.25	40.76	66.34	962.97	909.80	1 924	9 688
河　南	502.10	38.26	183.32	58.35	159.79	2 920	15 091
湖　北	232.26	34.19	81.00	59.57	16.86	1 098	5 689
湖　南	19.50	1.32	8.04	9.46	0.57	584	2 833
广　东		110.89	61.22	279.65	31.60	684	3 047
广　西			618.30	747.45	36.47	173	759
海　南							
重　庆		17.45			15.21	141	738
四　川		9.22	22.60	1.70		944	4 935
贵　州			0.47	0.00		18	105
云　南		0.46	10.06	0.28	7.30	310	1 514
西　藏			0.20	0.34			
陕　西		57.47	24.00	3.98	13.43	268	1 594
甘　肃	3.78	19.31		0.50		276	1 442
青　海		1.57					
宁　夏	209.45	4.01				60	342
新　疆	158.96	31.35		82.92	46.44	47	320

（续3）

地 区 名 称	玻璃纤 维纱（吨）	卫生陶瓷 （万件）	 （吨）	釉面砖 (万平方米)	墙地砖 (万平方米)	石棉 制品（吨）	水泥 设备（吨）
全国总计	394 532	4 330.90	485 364	65 191	121 662	160 122	168 834
北 京	10 406	40.78	5 468				
天 津	1 799	71.29	4 337		20	45	
河 北	16 025	735.90	94 799	1 218	5 820	95 561	19 293
山 西	954	56.21	9 371	1 215	1377	1	
内蒙古	414			180	665		444
辽 宁	6 537			273	121	1 052	19 147
吉 林						5 821	
黑龙江				49		61	
上 海	4 399	109.16	15 439	317	1 109	371	15 835
江 苏	29 709	69.91	9 259	335	1 653	20 820	25 618
浙 江	108 559			2 200	1 970	11 008	6 405
安 徽	14 421			87	210		903
福 建				10 140	7 414		
江 西	34 537			58	1 724		
山 东	94 566	200.03	37 925	14 154	29 993	6 541	7 784
河 南	7 929	1 240.69	157 049	163	2 496	14 111	29 676
湖 北	1 836	204.56	15 915	943	1 001	69	1 618
湖 南	4 273	107.28	9 262		2 824	151	2 100
广 东	9 855	816.08	71 846	21 332	48 679	629	514
广 西	1 540	349.43	21 054	123	317	355	627
海 南					41		
重 庆	28 167	279.11	29 876	727	1 636	601	
四 川	12 449	7.71	765	11 173	11 733		20 818
贵 州				75	118	2 010	
云 南					291	17	52
西 藏							
陕 西	5 678			239	173	720	18 001
甘 肃				189	164	90	
青 海							
宁 夏	480	42.77	2 999		96		
新 疆					15	87	

27. 各省、自治区、直辖市水泥生产能力

能力单位:万吨

地　　区	能　　力	地　　区	能　　力
总　计	88 264	河　南	4 217
北　京	981	湖　北	3 000
天　津	470	湖　南	4 305
河　北	4 046	广　东	9 635
山　西	1 841	广　西	4 124
内蒙古	890	海　南	440
辽　宁	2 460	重　庆	2 648
吉　林	1 373	四　川	4 100
黑龙江	1 053	贵　州	2 281
上　海	440	云　南	2 716
江　苏	6 500	西　藏	70
浙　江	6 162	陕　西	2 172
安　徽	3 004	甘　肃	1 309
福　建	2 880	青　海	517
江　西	2 199	宁　夏	530
山　东	10 500	新　疆	1 400

28. 各省、自治区、直辖市平板玻璃生产能力

能力单位:万重量箱

地　　区	能　　力	地　　区	能　　力
总　计	25 143	河　南	3 024
北　京	348	湖　北	855
天　津	517	湖　南	860
河　北	3 287	广　东	1 200
山　西	444	广　西	200
内蒙古	790	海　南	
辽　宁	1 769	重　庆	130
吉　林	380	四　川	721
黑龙江	528	贵　州	70
上　海	810	云　南	333
江　苏	3 539	西　藏	
浙　江	1 225	陕　西	291
安　徽	200	甘　肃	480
福　建	532	青　海	
江　西	560	宁　夏	65
山　东	1 906	新　疆	80

（以上数据由中国建材工业协会信息部提供）

2002年全国建材主要产品进出口统计说明

一、资料来源:本篇摘编自中华人民共和国海关总署统计资料。海关统计资料来源于《中华人民共和国海关进口货物报关单》、《中华人民共和国海关出口货物报关单》或经海关核发的其他申报单证。

二、统计范围:海关统计范围包括实际进出中华人民共和国关境的货物。保税仓库、保税区或经济特区进出境的货物、加工贸易进出口的货物、租赁期一年及以上的租赁贸易货物、外商投资企业进出口货物、国际间无偿援助的物资以及捐赠品。不包括:暂时进出口货物、租赁期一年以下的租赁进出境货物、进出境旅客的自用物品(汽车)、进出境运输工具在境外添装的燃料、物料和食品以及经过中国领土的直接过境货物。

建材商品进出口统计范围依据原国家建筑材料工业局和原国家经委(1987)建材政法842号《关于施行〈建筑材料工业行业管理规定〉(暂行)的通知》所列示的建筑材料及非金属矿产品目录,从2002年版《中华人民共和国海关进出口税则》摘取确定。建材商品进出口统计种类和分类在海关统计商品种类和分类的基础上,依照GB 7635—87《全国工农业产品(商品、物资)分类与代码》分类和排列。

三、计量单位:为照顾国内使用习惯,参照GB 7635—87《全国工农业产品(商品、物资)分类与代码》中规定的计量单位对海关商品数量进行了换算。商品金额以美元计价。

四、统计价格:海关进口货物采用到岸价格(CIF),出口货物采用离岸价格(FOB)。到岸价格包括货价、加上货物运抵中国关境内输入地点起卸前的包装费、运费、保险费和其他劳务费等费用。离岸价格不包括离开中国关境后的运费、保险费和其他费用。

五、统计时间:海关进出口货物以海关放行的日期为准。

六、收、发货地:进口商品国内收货地称境内目的地,指进口货物在中华人民共和国关境内的消费、使用或最终运抵地;出口商品国内发货地称境内货源地,指出口货物在中华人民共和国关境内的产地或原始发货地。

进口货物统计原产国家或地区,出口货物统计最终国家或地区。原产国家或地区指进口货物的生产、开采或加工制造的国家或地区。对经过几个国家加工制造的进口货物,以最后一个对货物进行实质性加工的国家作为原产国。原产国不详时,按"国别不详"统计。最终目的国家或地区指出口货物已知的消费、使用或进一步加工制造国家或地区。最终目的国不能确定时,按货物出口时尽可能预知的最后运往国家统计。

2002年建材商品进出口统计

一、建材商品出口总额

2002年建材商品出口总额41.77亿美元，比上年增长26.5%。

二、出口额在1亿美元以上的建材商品

在建材出口商品中，花岗石板材、钻石等9种商品出口额在1亿美元以上，占建材出口商品总额的62%。

金额单位：万美元

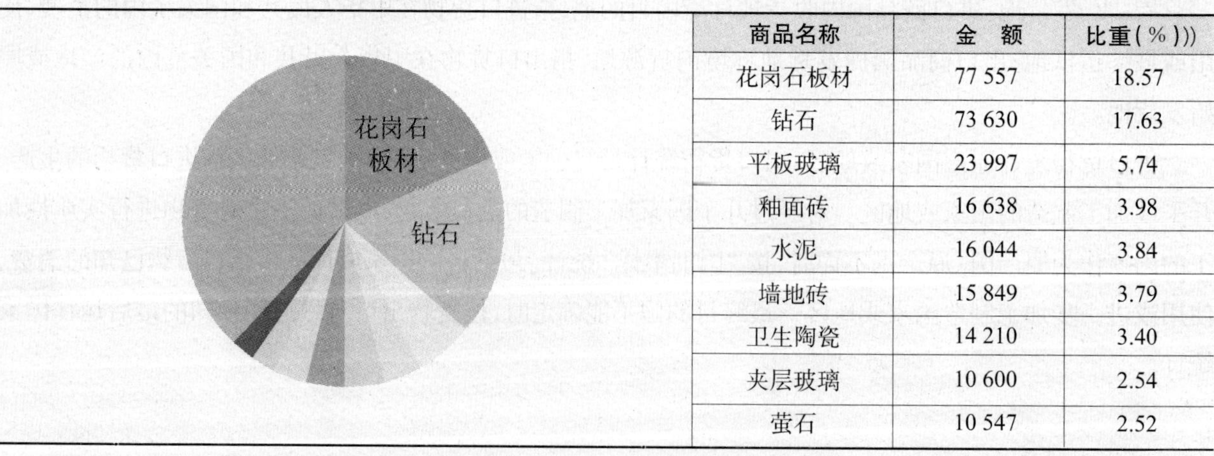

商品名称	金　额	比重(%))
花岗石板材	77 557	18.57
钻石	73 630	17.63
平板玻璃	23 997	5.74
釉面砖	16 638	3.98
水泥	16 044	3.84
墙地砖	15 849	3.79
卫生陶瓷	14 210	3.40
夹层玻璃	10 600	2.54
萤石	10 547	2.52

三、主要出口建材商品

商品名称	商品数量			商品金额		
	数量单位	数量	增长率(%)	金额(万美元)	增长率(%)	金额比重(%)
大理石荒料	吨	47 695	131.32	971	174.72	0.23
花岗石荒料	吨	3 103 381	75.20	4 035	12.04	0.97
萤石	吨	1 006 550	-9.30	10 547	-13.52	2.52
板岩	吨	76 363	25.79	1 696	36.69	0.41
料石	吨	237 914	-22.48	3 481	-5.05	0.83
卵石及砾石	吨	7 264 548	-17.42	2 553	-13.95	0.61
石渣石粉	吨	2 011 096	-20.05	955	-12.17	0.23
砂	吨	43 547 459	148.44	4 799	49.74	1.15
石英和石英岩	吨	37 781	15.08	185	-19.62	0.04
砂岩	吨	6 989	-11.01	103	29.71	0.02
钻石	克拉	9 654 020	-30.28	73 630	24.83	17.63
宝石	千克	10 136 241	-68.07	1 724	17.65	0.41
钻石和宝石粉末	克	43 063 876	-25.70	1 599	4.29	0.38
石棉	吨	5 029	-72.71	136	-74.73	0.03
云母	吨	54 018	5.09	708	5.58	0.17
石墨	吨	321 795	-13.58	4 614	-4.86	1.10
石膏	吨	138 968	21.76	427	11.71	0.10
滑石	吨	732 766	-5.25	6 755	-2.40	1.62
浮石	吨	15 552	7.08	243	3.67	0.06
天然磨料	吨	14 749	-5.53	368	48.93	0.09
高岭土	吨	708 072	-8.83	2 236	15.82	0.54
膨润土	吨	140 729	24.08	1 394	56.17	0.33
蛭石、珍珠岩及绿泥石	吨	663 999	-2.98	3 087	-3.59	0.74
脱色土及漂白土	吨	33 525	20.93	496	26.62	0.12
水泥	吨	5 087 359	-16.70	16 044	-16.19	3.84
水泥熟料	吨	89 389	-12.70	438	5.19	0.10
水泥建筑用砖及砌块	吨	420 288	-10.36	1 029	34.12	0.25
水泥瓦	吨	24 985	164.33	295	58.59	0.07
水泥构件	吨	1 352 042	20.76	6 112	1.47	1.46
水泥轨枕	吨	12 134	22.03	126	-42.69	0.03
石棉水泥片、板、砖	吨	95 663	45.33	625	53.78	0.15
建筑用砖	——	0	0.00	2 605	53.18	0.62
瓦	吨	5 390	21.86	145	13.91	0.03
石灰	吨	96 253	-5.29	326	-8.13	0.08
石膏制品	吨	76 028	-5.12	1 456	2.99	0.35

（续表）

商品名称	商品数量			商品金额		
	数量单位	数量	增长率（%）	金额（万美元）	增长率（%）	金额比重（%）
植物纤维板	吨	23 160	15.53	467	6.28	0.11
大理石砖瓦	吨	16 675	3.54	908	45.83	0.22
大理石板材	吨	116 905	20.07	3 764	16.72	0.90
石灰华及蜡石碑石或建筑用石	吨	3 068	16.03	217	41.01	0.05
花岗石板材	吨	3 450 997	36.85	77 557	20.29	18.57
大理石、石灰华及蜡石石刻	吨	21 945	25.46	1 347	25.50	0.32
花岗岩石刻	吨	55 216	10.73	1 427	19.25	0.34
油纸	吨	3 953	473.21	134	518.27	0.03
油毡	吨	33 590	5.06	573	17.37	0.14
矿棉岩棉	吨	37 563	32.10	1 754	15.94	0.42
膨胀矿物	吨	7 075	116.83	103	59.48	0.02
平板玻璃	平方米	107 816 704	83.80	23 997	65.90	5.74
压延玻璃	平方米	5 806 222	110.82	1 004	57.41	0.24
玻璃马赛克	吨	32 461	39.97	1 384	66.48	0.33
中空玻璃	吨	2 818	23.97	424	2.58	0.10
初加工玻璃	吨	63 857	41.59	3 857	30.23	0.92
窗玻璃	吨	15 112	18.20	3 304	2.26	0.79
玻璃砖	吨	29 700	31.32	2 109	58.85	0.50
废碎玻璃	吨	54 066	69.83	1 501	43.47	0.36
钢化玻璃	——	0	0.00	4 737	44.13	1.13
夹层玻璃	——	0	0.00	10 600	-4.76	2.54
导电玻璃	吨	11 126	46.34	6 876	44.62	1.65
玻璃纤维原料球	吨	10 710	100.33	320	46.89	0.08
玻璃纤维纱	吨	91 867	48.19	9 064	35.60	2.17
玻璃纤维织物	吨	31 127	41.48	7 569	16.93	1.81
玻璃纤维席	吨	1 360	97.98	161	63.59	0.04
玻璃纤维薄片(巴厘纱)	吨	1 929	188.45	372	90.32	0.09
短切玻璃纤维	吨	3 168	42.68	401	38.32	0.10
石英玻璃	吨	8 259	60.19	948	2.65	0.23
卫生陶瓷	件	11 597 738	88.84	14 210	78.17	3.40
釉面砖	平方米	81 514 458	133.61	16 638	113.44	3.98
墙地砖	平方米	43 346 913	137.78	15 849	105.20	3.79
石棉制品	吨	16 909	-9.03	5 928	18.47	1.42
云母制品	吨	2 561	-10.36	560	-5.40	0.13
耐火混合制品	吨	78 916	82.62	1 842	64.90	0.44

四、花岗石板材出口

花岗石板材出口345万吨，比上年增长36.9%，金额7.76亿美元，比上年增长20.3%。

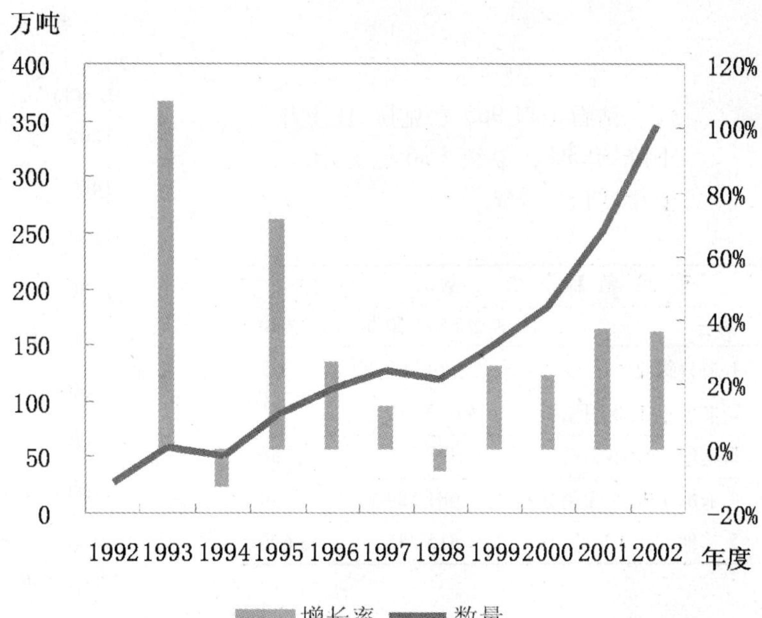

数量单位:万吨　金额:万美元

收、发货地	数 量	增长率(%)	金额	增长率(%)	比重(%)
花岗石板材	345.10	36.85	77 557	20.29	100.00
产地或发货地					
福建泉州	231.40	38.36	48 477	23.72	62.51
福建福州	32.85	19.74	9 939	-0.72	12.82
福建厦门	20.72	15.02	6 560	11.22	8.46
山东烟台	22.18	101.18	3 039	101.59	3.92
山东平度	9.04	71.72	1 324	55.76	1.71
福建漳州	6.48	15.16	1 322	23.73	1.70
山东青岛	5.95	24.92	1 176	-3.64	1.52
收货地					
日本	126.73	-0.67	43 167	-0.64	55.66
韩国	121.85	109.17	13 334	106.26	17.19
美国	7.67	22.73	3 476	19.61	4.48
德国	17.01	63.90	3 435	52.23	4.43
中国香港	5.79	61.71	1 542	88.37	1.99
比利时	7.27	26.04	1 450	33.17	1.87
新加坡	4.10	-15.51	1 131	-12.95	1.46
荷兰	5.39	36.90	961	34.53	1.24

五、钻石出口

数量单位:克拉　金额单位:万美元

钻石出口 965 万克拉,比上年下降 30.3%,金额 7.36 亿美元,比上年增长 24.8%。

商品名称	数量	金额
钻石	9 654 020	73 630
1.未分级钻石	4 865	57
2.未加工工业用钻石	4 653 710	61
3.其他工业用钻石	2 498 586	86
4.未加工非工业用钻石	681 524	9 730
5.其他非工业用钻石	1 815 335	63 696

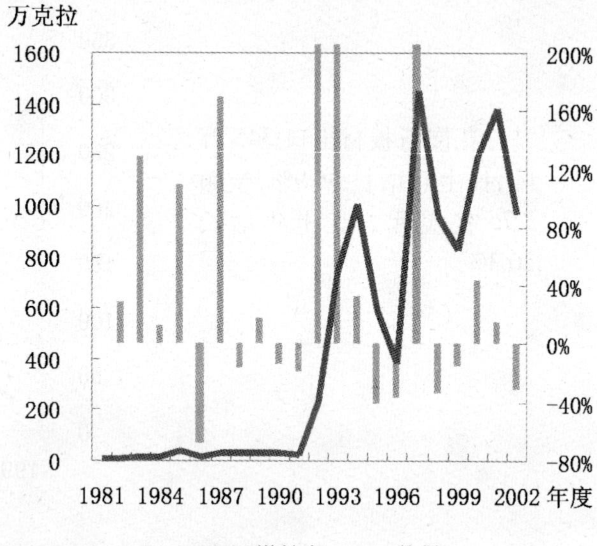

收、发货地	数 量	增长率(%)	金额	增长率(%)	比重(%)
钻石	9 654 020	-30.28	73 630	24.83	100.00
产地或发货地					
广东广州	916 571	6.11	32 289	12.54	43.85
广东番禺	287 239	30.47	11 320	36.30	15.37
上海浦东	452 923	-4.79	10 656	-2.47	14.47
山东青岛	332 462	8.81	7139	64.51	9.70
上海崇明	50 478	2253.29	2515	2710.12	3.42
山东临沂	79 281	86.00	1715	94.87	2.33
浙江衢州	78 715	29.58	1663	-2.08	2.26
云南昆明	39 091	80.43	1372	121.22	1.86
北京门头沟区	209 653	-35.72	1108	46.27	1.50
广东顺德	26 417	-12.89	1093	26.49	1.48
收货地					
比利时	1 241 467	7.58	36 818	19.67	50.00
中国香港	6 773 179	-12.48	33 905	29.59	46.05
以色列	33 777	79.14	1 272	127.39	1.73

六、平板玻璃出口

平板玻璃出口 10 782 万平方米，比上年增长 83.8%，金额 2.40 亿美元，比上年增长 65.9%。

数量单位:万平方米 金额单位:万美元

商品名称	数量	金额
平板玻璃	10 782	23 997
1.普通平板玻璃	2 415	2 855
①拉制吹制有色玻璃	158	348
②其他拉制吹制玻璃	2 257	2 507
2.浮法平板玻璃	8 366	21 142
①非夹丝浮法玻璃	1 824	6 095
②有色非夹丝浮法玻璃	1 194	2 640
③其他非夹丝浮法玻璃	5 341	12 357
④夹丝浮法玻璃	7	51

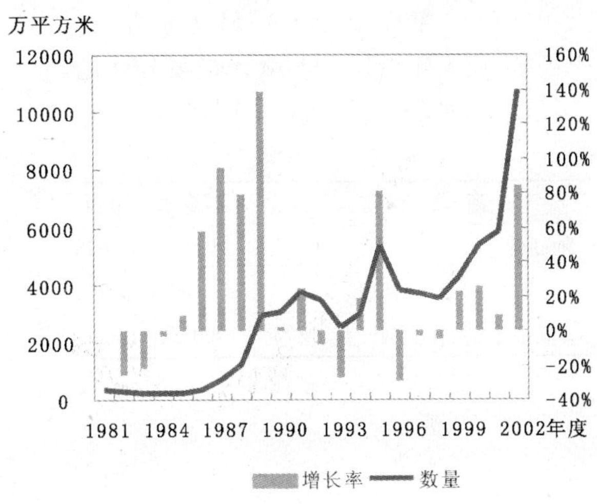

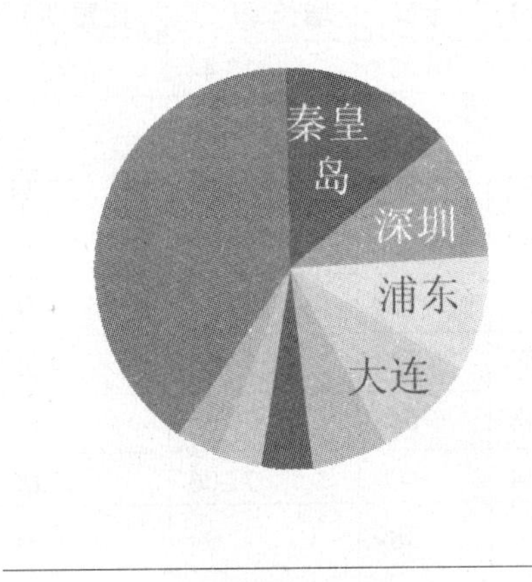

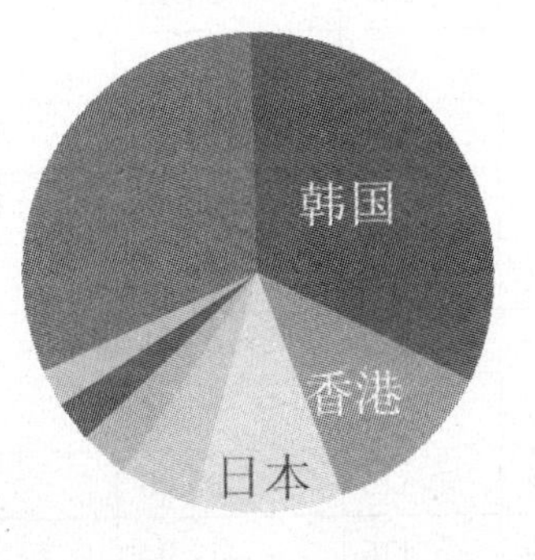

收、发货地	数 量	增长率(%)	金额	增长率(%)	比重(%)
平板玻璃	10 782	83.80	23 997	65.90	100.00
产地或发货地					
河北秦皇岛	1 573	246.16	3 413	211.63	14.22
广东深圳	713	3.57	2 487	-5.87	10.36
上海浦东	654	85.53	2 079	88.24	8.66
辽宁大连	1 054	10.29	2 075	13.07	8.65
山东威海	524	50.26	1 458	38.75	6.08
山东淄博	396	434.54	997	353.85	4.15
山东青岛	708	355.26	887	133.05	3.70
江苏昆山	292	116.79	887	88.58	3.70
收货地					
韩国	3 531	290.38	7 853	269.87	32.72
中国香港	840	-0.71	2 769	-6.68	11.54
日本	678	-4.24	2 312	3.52	9.63
越南	674	118.92	1 353	101.89	5.64
伊朗	279	151.78	749	97.69	3.12
美国	411	33.17	674	14.17	2.81
澳大利亚	243	-3.20	650	11.86	2.71

七、釉面砖出口

数量单位:万平方米 金额单位:万美元

釉面砖出口 8 151 万平方米，比上年增长 133.6%，金额 1.66 亿美元，比上年增长 113.4%。

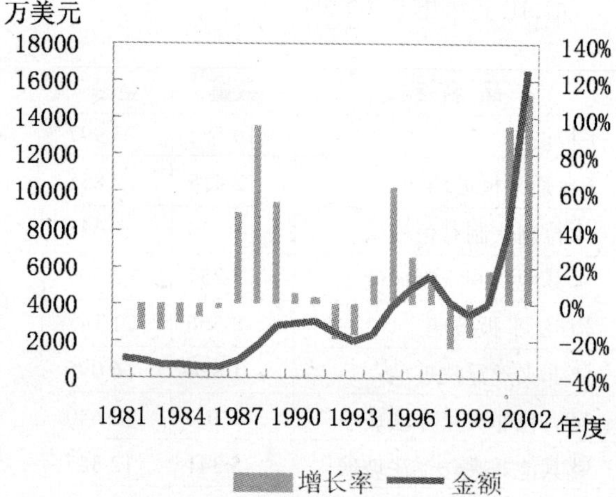

商品名称	数量	金额
釉面砖	8 151	16 638
1.上釉的陶瓷砖、瓦、块等	100	367
2.其他上釉的陶瓷砖、瓦、块等	8 052	16 271

收、发货地	数量	增长率(%)	金额	增长率(%)	比重(%)
釉面砖	8 151	133.61	16 638	113.44	100.00
产地或发货地					
广东南海	3 359	166.72	5 863	146.93	35.24
广东佛山	2 069	125.97	4 554	130.99	27.37
福建厦门	155	66.35	759	77.44	4.56
福建福州	600	326.36	723	316.16	4.35
江苏苏州	64	109.48	618	70.87	3.71
江苏宜兴	216	65.34	609	77.06	3.66
广东东莞	111	-8.46	389	-7.99	2.34
福建泉州	189	60.34	339	54.13	2.04
收货地					
中国香港	2 987	208.74	5 865	152.31	35.25
韩国	1 124	137.09	2 123	140.65	12.76
日本	135	54.52	1 144	75.64	6.88
沙特阿拉伯	615	151.39	1 052	102.53	6.32
美国	339	80.97	1 042	98.23	6.27
菲律宾	300	-31.24	520	-35.00	3.13
马来西亚	301	463.09	476	412.94	2.86

广东南海
广东佛山

中国香港
韩国

八、水泥出口

数量单位:万平方米 金额单位:万美元

水泥出口 509 万吨,比上年下降 16.7%,金额 1.60 亿美元,比上年下降 16.2%。

商 品 名 称	数量	金额
水泥	509	16 044
1.白水泥	14	733
2.硅酸盐水泥	492	14 552
3.矾土水泥	2	687
4.其他水凝水泥	1	70

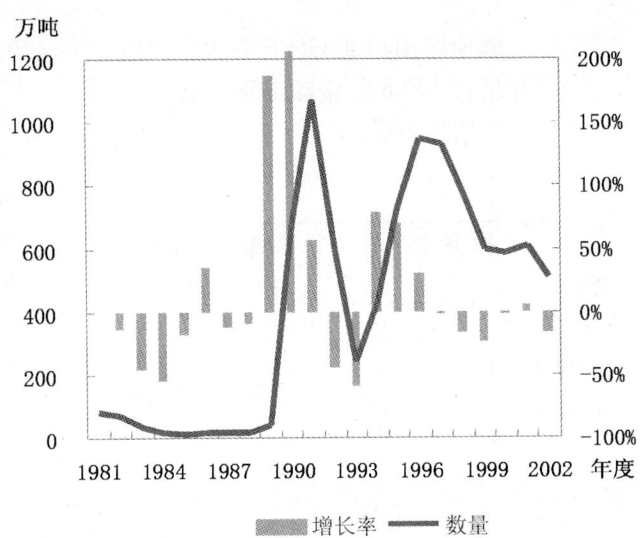

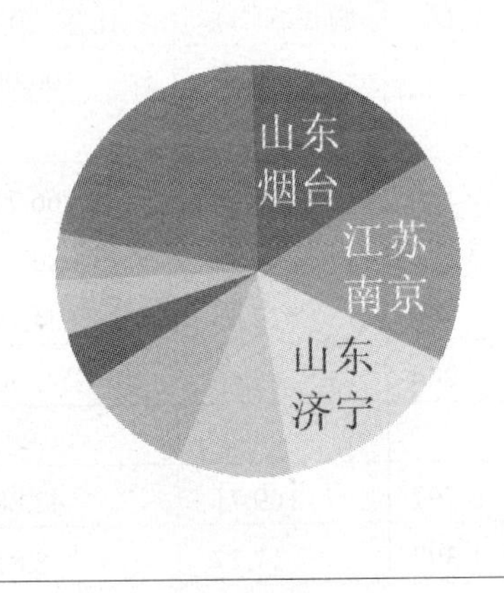

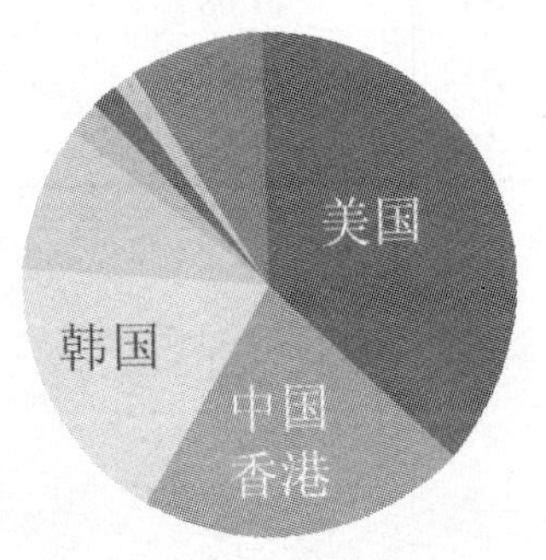

收、发货地	数 量	增长率(%)	金额	增长率(%)	比重(%)
水泥	508.74	-16.70	16 044	-16.19	100.00
产地或发货地					
山东烟台	88.76	-21.44	2 620	-22.42	16.33
江苏南京	87.63	-22.68	2 600	-23.24	16.21
山东济宁	86.46	-7.29	2 353	-6.34	14.67
上海浦东	56.72	19.78	1 478	12.20	9.21
辽宁大连	43.42	-26.48	1 414	-26.70	8.81
广东东莞	19.09	-41.85	724	-46.85	4.51
广东肇庆	18.60	-34.86	702	-35.11	4.37
广西柳州	22.98	-9.92	583	-20.19	3.63
收货地					
美国	199.47	-34.79	5 935	-35.23	36.99
中国香港	102.24	-33.16	3 396	-37.52	21.16
韩国	95.71	13.34	2 837	19.08	17.68
台澎金马关税区	58.11	3 104.70	1 548	2 812.33	9.65
日本	0.98	-83.20	349	63.05	2.17
刚果	9.70	177.23	277	226.61	1.72
缅甸	7.13	8.18	271	-0.23	1.69

九、墙地砖出口

数量单位:万平方米　金额单位:万美元

墙地砖出口 4 335 万平方米,比上年增长 137.8%,金额 1.58 亿美元,比上年增长 105.2%。

商品名称	数量	金额
墙地砖	4 335	15 849
1.未上釉的陶瓷砖、瓦、块等	110	179
2.其他未上釉的陶瓷砖、瓦、块等	4 225	15 670

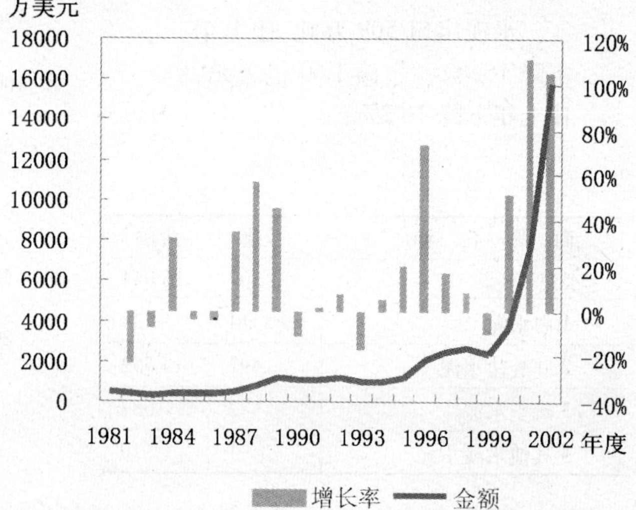

收、发货地	数量	增长率(%)	金额	增长率(%)	比重(%)
墙地砖	4 335	137.78	15 849	105.20	100.00
产地或发货地					
广东南海	2 931	151.38	10 573	114.66	66.71
广东佛山	779	113.99	3 272	107.11	20.65
广东顺德	208	345.68	760	422.55	4.79
广东广州	83	136.48	244	86.66	1.54
收货地					
中国香港	1 724	201.21	6 797	169.71	42.88
沙特阿拉伯	332	29.39	1 397	17.57	8.81
韩国	226	109.18	843	61.08	5.32
日本	102	21.61	612	6.48	3.86
马来西亚	227	178.60	538	151.74	3.39

十、卫生陶瓷出口

数量单位:万件　金额单位:万美元

卫生陶瓷出口 1 160 万件,比上年增长 88.8%, 金额 1.42 亿美元,比上年增长 78.2%。

商 品 名 称	数量	金额
卫生陶瓷	1 160	14 210
1.瓷制固定卫生设备	1 081	13 331
2.陶制固定卫生设备	78	880

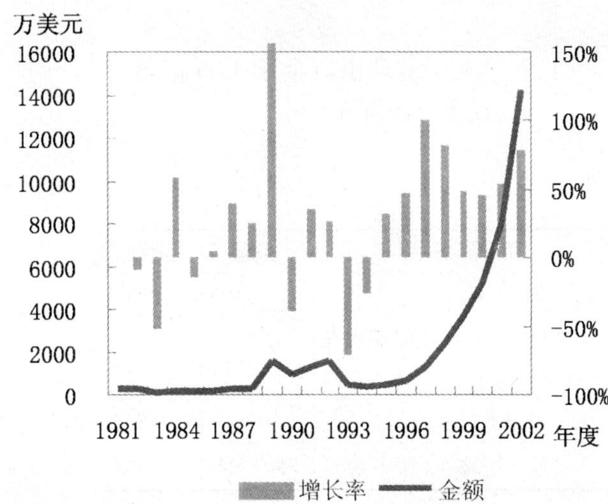

收、发货地	数 量	增长率(%)	金额	增长率(%)	比重(%)
卫生陶瓷	1 160	88.84	14 210	78.17	100.00
产地或发货地					
河北唐山	456	146.58	4 261	157.91	29.98
广东佛山	79	34.89	1 935	40.96	13.62
重庆江津市	88	196.61	1 036	313.78	7.29
北京海淀区	35	-10.46	1 024	-13.71	7.21
广东潮州	65	222.29	822	342.73	5.78
广东中山	48	52.91	679	64.95	4.78
天津塘沽区	21	155.35	614	74.68	4.32
广东南海	36	12.98	559	29.96	3.93
收货地					
美国	339	150.91	5 468	123.22	38.48
韩国	261	170.49	2 227	204.01	15.67
中国香港	76	83.82	970	79.39	6.83
日本	26	-30.86	652	-41.82	4.59

十一、夹层玻璃出口

夹层玻璃出口金额 1.06 亿美元，比上年下降 4.8%。

商品名称	数量	金额
夹层玻璃	——	10 600
1.航空、航天器及船舶用夹层玻璃（吨）	116	40
2.车辆用夹层玻璃（吨）	46 549	9 877
3.其他夹层玻璃（平方米）	507 886	683

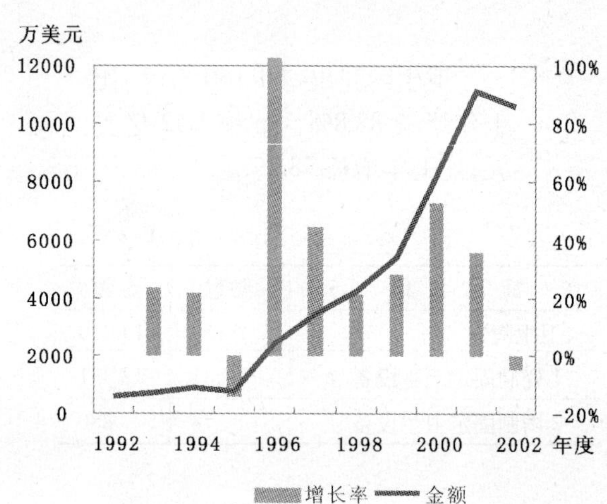

数量单位：吨　　金额单位：万美元

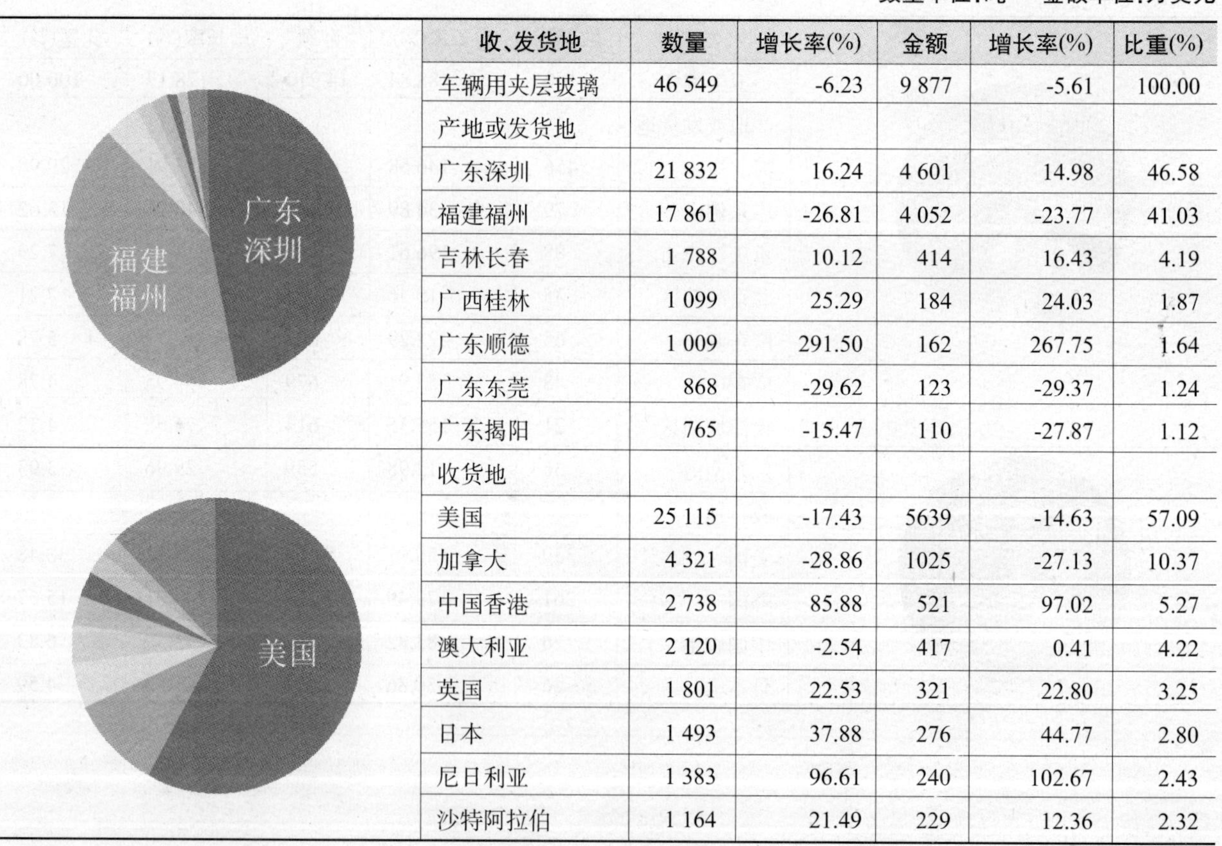

收、发货地	数量	增长率(%)	金额	增长率(%)	比重(%)
车辆用夹层玻璃	46 549	-6.23	9 877	-5.61	100.00
产地或发货地					
广东深圳	21 832	16.24	4 601	14.98	46.58
福建福州	17 861	-26.81	4 052	-23.77	41.03
吉林长春	1 788	10.12	414	16.43	4.19
广西桂林	1 099	25.29	184	24.03	1.87
广东顺德	1 009	291.50	162	267.75	1.64
广东东莞	868	-29.62	123	-29.37	1.24
广东揭阳	765	-15.47	110	-27.87	1.12
收货地					
美国	25 115	-17.43	5639	-14.63	57.09
加拿大	4 321	-28.86	1025	-27.13	10.37
中国香港	2 738	85.88	521	97.02	5.27
澳大利亚	2 120	-2.54	417	0.41	4.22
英国	1 801	22.53	321	22.80	3.25
日本	1 493	37.88	276	44.77	2.80
尼日利亚	1 383	96.61	240	102.67	2.43
沙特阿拉伯	1 164	21.49	229	12.36	2.32

十二、萤石出口

数量单位:万吨　金额单位:万美元

萤石出口 101 万吨，比上年下降 9.3%，金额 1.05 亿美元，比上年下降 13.5%。

商 品 名 称	数量	金额
萤石	101	10 547
1.氟化钙含量在 97%及以下的萤石	20	1 949
2.氟化钙含量在 97%以上的萤石	81	8 597

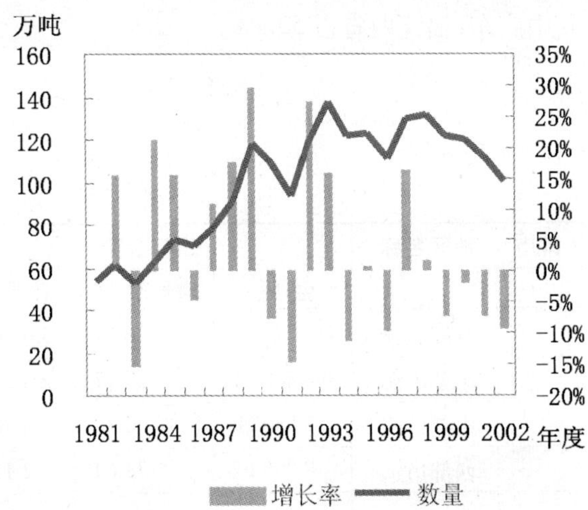

收、发货地	数 量	增长率(%)	金额	增长率(%)	比重(%)
萤石	100.66	-9.30	10 547	-13.52	100.00
产地或发货地					
浙江金华	22.43	11.24	2 352	7.48	22.30
福建三明	12.83	185.94	1 364	180.28	12.93
浙江杭州	9.25	-20.81	957	-25.88	9.07
江西南昌	8.55	-62.94	919	-64.00	8.71
北京海淀区	6.41	2.82	669	-1.74	6.35
上海黄浦区	6.03	-34.16	658	-33.16	6.24
北京东城区	6.04	-33.50	645	-37.41	6.12
浙江绍兴	4.89	39.65	476	18.14	4.52
收货地					
美国	35.85	1.15	3 764	-4.51	35.69
日本	29.72	-2.00	3 127	-4.57	29.65
荷兰	11.66	-39.35	1 199	-43.08	11.37
意大利	8.49	-18.50	915	-21.91	8.67
韩国	4.74	-7.88	458	-13.73	4.34

十三、各省、自治区、直辖市建材出口商品金额

建材商品出口主要集中在东部沿海地区。2002 年东部沿海地区出口占建材商品出口总额的 93.6%，其中广东、福建两省占 52.4%。

金额单位：万美元

排序	地区名称	出口金额			排序	地区名称	出口金额		
		金 额	增长率(%)	比重(%)			金 额	增长率(%)	比重(%)
	全国总计	417 748.06	26.51	100.000 0	14	江 西	2 758.15	-32.15	0.660 2
	东部沿海	390 868.31	27.17	93.565 6	3	山 东	42 861.36	34.76	10.260 1
	中部地区	17 880.08	0.39	4.280 1	12	河 南	3 828.52	34.15	0.916 5
	西部边远	8 999.67	78.64	2.154 3	20	湖 北	1 407.30	-8.28	0.336 9
					15	湖 南	2 492.12	0.45	0.596 6
9	北 京	9 239.64	5.40	2.211 8	1	广 东	127 877.47	33.55	30.611 1
10	天 津	6 731.13	23.68	1.611 3	11	广 西	6 390.77	20.59	1.529 8
8	河 北	15 345.17	59.36	3.673 3	26	海 南	473.40	61.42	0.113 3
23	山 西	1 114.58	32.07	0.266 8	13	重 庆	3 559.84	86.17	0.852 1
21	内蒙古	1 149.77	35.55	0.275 2	24	四 川	955.60	96.83	0.228 8
7	辽 宁	17 082.43	2.27	4.089 2	27	贵 州	105.13	-25.35	0.025 2
19	吉 林	1 461.79	-14.04	0.349 9	16	云 南	2 184.51	87.11	0.522 9
18	黑龙江	1 679.83	7.93	0.402 1	28	西 藏	52.29	316.99	0.012 5
4	上 海	34 283.70	24.09	8.206 8	25	陕 西	944.75	9.74	0.226 2
5	江 苏	20 899.46	43.24	5.002 9	29	甘 肃	30.03	23.93	0.007 2
6	浙 江	18 728.24	26.60	4.483 1	31	青 海	3.58	255.13	0.000 9
17	安 徽	1 988.02	3.17	0.475 9	30	宁 夏	15.54	17.76	0.003 7
2	福 建	90 955.53	18.65	21.772 8	22	新 疆	1 148.41	173.34	0.274 9

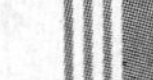

十四、主要省、自治区、直辖市主要建材出口商品

金额单位:万美元

地区和商品名称	出口数量			出口金额		
	单位	数量	增长率(%)	金额	增长率(%)	比重(%)
广东省	——	——	——	127 877	33.55	100.00
钻石	克拉	1 365 225	5.18	45 746	18.56	35.77
墙地砖	平方米	41 407 862	138.24	15 398	107.95	12.04
釉面砖	平方米	60 216 584	133.55	11 856	119.32	9.27
福建省	——	——	——	90 956	18.65	100.00
花岗石板材	吨	2 940 165	33.63	66 729	17.92	73.36
夹层玻璃	——	——	——	4 061	-23.62	4.46
山东省	——	——	——	42 861	34.76	100.00
钻石	克拉	414 982	19.19	8 858	69.70	20.67
花岗石板材	吨	397 335	72.66	6 204	55.13	14.47
水泥	吨	1 950 077	-13.45	5 769	-9.27	13.46
平板玻璃	平方米	16 472 113	182.90	3 400	104.54	7.93
上海市	——	——	——	34 284	24.09	100.00
钻石	克拉	503 527	-9.74	13 187	19.71	38.46
玻璃纤维织物	吨	20 555	48.10	5 869	18.09	17.12
平板玻璃	平方米	11 005 835	123.07	2 639	85.01	7.70
江苏省	——	——	——	20 899	43.24	100.00
平板玻璃	平方米	11 838 894	308.37	2 958	204.88	14.15
水泥	吨	906 789	-20.00	2 683	-20.88	12.84
导电玻璃	吨	2 617	62.27	2 094	125.76	10.02
浙江省	——	——	——	18 728	26.60	100.00
萤石	吨	405 120	3.10	4 188	-2.93	22.36
玻璃纤维纱	吨	35 240	20.72	3 429	9.91	18.31
石棉制品	吨	7 921	45.75	2 603	43.54	13.90
钻石	克拉	84 885	39.74	2 070	21.85	11.05
辽宁省	——	——	——	17 082	2.27	100.00
滑石	吨	395 909	-9.37	4 015	-5.46	23.51
平板玻璃	平方米	12 699 901	25.56	2 530	30.66	14.81
蛭石、珍珠岩及绿泥石	吨	448 385	-5.21	1 763	-5.58	10.32
水泥	吨	436 828	-26.31	1 425	-26.48	8.34
河北省	——	——	——	15 345	59.36	100.00
卫生陶瓷	件	4 714 290	135.35	4 347	154.22	28.33
平板玻璃	平方米	17 560 080	215.37	3 807	206.11	24.81

十五、主要出口国家或地区主要建材出口商品

金额单位:万美元

地区和商品名称	出口数量			出口金额		
	单位	数量	增长率(%)	金额	增长率(%)	比重(%)
中国香港	——	——	——	92 439	28.26	100.00
钻石	克拉	6 773 179	-12.48	33 905	29.59	36.68
墙地砖	平方米	17 243 664	201.21	6 797	169.71	7.35
釉面砖	平方米	29 867 557	208.74	5 865	152.31	6.34
导电玻璃	吨	9 963	37.95	5 640	28.41	6.10
日本	——	——	——	80 292	5.01	100.00
花岗石板材	吨	1 267 296	-0.67	43 167	-0.64	53.76
美国	——	——	——	50 715	14.31	100.00
水泥	吨	1 994 661	-34.79	5 935	-35.23	11.70
夹层玻璃	——	——	——	5 932	-13.54	11.70
卫生陶瓷	件	3 388 485	150.91	5 468	123.22	10.78
韩国	——	——	——	43 188	79.19	100.00
花岗石板材	吨	1 218 473	109.17	13 334	106.26	30.87
平板玻璃	平方米	35 310 508	290.38	7 853	269.87	18.18
水泥	吨	957 082	13.34	2 837	19.08	6.57
卫生陶瓷	件	2 614 901	170.49	2 227	204.01	5.16
釉面砖	平方米	11 243 297	137.09	2 123	140.65	4.92
比利时	——	——	——	39 782	20.83	100.00
钻石	克拉	1 241 467	7.58	36 818	19.67	92.55
台澎金马关税区	——	——	——	9 431	62.74	100.00
水泥	吨	581 060	3 104.70	1 548	2 812.33	16.42
砂	吨	8 431 749	165.60	1 315	142.84	13.94
德国	——	——	——	6 640	36.35	100.00
花岗石板材	吨	170 117	63.90	3 435	52.23	51.73
荷兰	——	——	——	5 638	-17.05	100.00
萤石	吨	116 563	-39.35	1 199	-43.08	21.27
花岗石板材	吨	53 873	36.90	961	34.53	17.05
花岗石荒料	吨	138 532	-22.10	671	-24.35	11.90
沙特阿拉伯	——	——	——	5 424	58.46	100.00
墙地砖	平方米	3 316 435	29.39	1 397	17.57	25.75
釉面砖	平方米	6 145 304	151.39	1 052	102.53	19.39
花岗石板材	吨	33 089	135.40	654	131.56	12.05
平板玻璃	平方米	1 742 380	77.25	561	60.85	10.35
澳大利亚	——	——	——	5 421	33.12	100.00
钢化玻璃	——	——	——	881	0.61	16.25
平板玻璃	平方米	2 433 624	-3.20	650	11.86	11.99
夹层玻璃	——	——	——	584	9.92	10.77
意大利	——	——	——	5 084	23.91	100.00
萤石	吨	84 940	-18.50	915	-21.91	17.99
花岗石板材	吨	25 915	40.18	529	41.97	10.41

十六、主要进口建材商品

商品名称	商品数量			商品金额		
	数量单位	数　量	增长率(%)	金额(万美元)	增长率(%)	金额比重(%)
进口总额	——	——	——	281 064	18.62	100.00
钻石	克拉	11 350 425	28.83	99 713	46.34	35.48
大理石荒料	吨	1 230 953	20.66	21 228	-1.84	7.55
花岗石荒料	吨	1 225 709	14.97	20 909	6.05	7.44
石英玻璃	吨	9 066	-7.13	17 893	-26.05	6.37
玻璃纤维织物	吨	51 576	71.93	13 769	17.58	4.90
平板玻璃	平方米	28 337 161	15.80	12 614	21.58	4.49
石棉制品	吨	7 200	7.93	11 674	6.58	4.15
导电玻璃	吨	11 795	39.68	8 869	66.22	3.16
玻璃纤维纱	吨	51 149	4.05	6 378	-12.47	2.27
高岭土	吨	232 556	21.78	5 091	14.92	1.81
宝石	千克	19 539 778	62.30	4 870	27.53	1.73
水泥熟料	吨	1 794 574	-33.54	3 687	-35.28	1.31
钢化玻璃	——	——	——	3 674	62.81	1.31
石棉	吨	117 351	6.21	2 030	6.15	0.72
水泥	吨	577 805	473.99	1 862	137.71	0.66
初加工玻璃	吨	6 744	-28.86	1 513	5.89	0.54
夹层玻璃	——	——	——	1 494	260.99	0.53
浮石	吨	180 398	231.30	1 372	221.83	0.49
绝缘子用玻璃伞盘	吨	14 288	30.54	1 356	34.65	0.48
耐火混合制品	吨	9 661	16.46	990	19.62	0.35
矿棉岩棉	吨	10 783	18.67	984	12.47	0.35
短切玻璃纤维	吨	5 854	28.00	950	22.71	0.34
中空玻璃	吨	4 814	123.81	881	191.64	0.31
釉面砖	平方米	1 452 410	-8.19	798	2.78	0.28
水泥瓦	吨	18 782	-5.37	791	-4.55	0.28
大理石板材	吨	27 214	-13.87	746	-50.53	0.27
卫生陶瓷	件	220 563	-44.53	684	-18.03	0.24
砂	吨	16 917	48.54	585	-10.92	0.21
滑石	吨	11 941	27.73	559	20.87	0.20
压延玻璃	平方米	568 806	-12.15	545	-26.84	0.19
黏土	吨	10 873	40.18	544	60.30	0.19

（以上数据由中国建材工业协会信息部提供）

2003年全国商品市场主要经济指标

2003年生产资料市场各类商品成交情况统计表

项 目	单位	合 计	城 市	农 村
一、成交额	万元	101 620 981.12	82 537 650.67	19 083 330.37
1.机动车	万元	27 975 043.25	26 226 961.41	1 748 081.83
其中:汽车	万元	23 936 893.87	23 091 745.37	845 148.43
2.钢材	万元	23 745 085.71	20 273 764.96	3 471 320.62
3.成品油	万元	4 865 285.78	4 351 901.87	513 383.94
4.水泥	万元	823 736.43	382 894.97	440 841.45
5.煤炭	万元	2 012 744.05	1 121 199.48	891 544.52
6.木材	万元	5 046 174.37	2 486 707.89	2 559 466.37
7.化肥	万元	890 087.31	258 248.35	631 838.94
8.农药	万元	561 925.15	293 044.83	268 880.32
9.饲料	万元	738 014.68	345 353.75	392 660.90
10.其他	万元	34 962 883.67	26 797 572.67	8 165 310.95
二、成交量	*	*	*	*
1.机动车	辆	5 467 580	4 798 455	669 125
其中:汽车	辆	2 948 674	2 797 324	151 350
2.钢材	吨	72 645 510.04	62 149 346.78	10 496 163.30
3.成品油	吨	14 512 484.58	13 097 407.08	1 415 077.37
4.水泥	吨	18 347 869.00	6 885 312.37	11 462 556.64
5.煤炭	吨	86 411 559.00	44 886 600.42	41 524 958.53
6.木材	m^3	141 810 922.09	29 536 731.16	112 274 190.90
7.化肥	吨	7 111 101.82	1 635 821.12	5 475 280.66
8.农药	吨	1 835 486.81	413 904.21	1 421 582.55
9.饲料	吨	4 213 827.45	933 696.31	3 280 131.12

2003年消费品市场主要商品成交额情况统计表

单位:万元

项目	合计	城市	农村
合计	264 975 325.34	154 475 331.61	110 499 993.17
1.粮食类	14 886 025.00	6 858 923.08	8 701 057.83
其中:大米	7 974 866.17	3 914 048.13	4 064 847.95
小麦	1 666 845.29	471 692.59	1 223 602.50
玉米	1 631 977.89	428 425.95	1 203 561.88
2.油脂油料类	8 362 980.12	4 034 325.39	4 266 656.58
3.棉烟麻类	1 724 197.57	611 009.30	1 134 236.10
4.肉食禽蛋类	48 022 650.69	24 593 799.14	23 214 007.50
其中:猪肉	22 833 108.06	11 236 552.83	11 733 489.07
牛肉	5 658 226.29	3 227 151.12	2 507 217.02
羊肉	3 107 381.18	1 626 131.49	1 526 713.60
鲜蛋	5 428 164.80	2 524 956.27	2 878 998.44
家禽	6 574 038.73	3 034 877.31	3 508 867.39
5.水产品类	22 460 357.35	13 784 302.02	8 673 238.21
6.蔬菜类	29 380 586.44	16 572 757.78	12 803 127.49
7.干鲜果类	17 088 463.03	10 197 228.48	6 841 788 111.35
8.大牲畜类	1 938 900.87	320 970.43	1 617 930.26
9.家畜幼禽类	5 395 757.84	2 287 403.96	3 108 353.79
其中:克郎猪	730 426.78	82 950.69	647 475.98
仔猪	1 913 418.25	265 961.42	1 647 456.90
10.工业品类	99 266 412.86	66 817 629.76	32 448 782.96
其中:服装	30 267 966.25	20 717 830.61	9 550 135.52
布匹	13 675 769.70	5 808 127.42	7 867 642.23
小百货	18 392 104.66	13 711 184.04	4 680 920.57
11.其他	21 042 708.12	12 422 393.76	8 620 314.28
补充资料:	农民对农民零售额	18 200 016.30	

2003年生产要素市场基本情况统计表

项　目		成交量计量单位	市场数(个)	成 交 量	成交额(万元)
合计		*	1 105	*	28 084 354.66
一、房地产市场		平方米	282	149 878 636.93	17 486 076.05
交易方式	1.买卖	平方米	*	94 199 571.87	11 170 633.02
	2.租赁	平方米	*	12 214 544.76	534 786.39
	3.抵押	平方米	*	43 464 520.21	5 780 656.51
二、金融市场		*	80	*	6 663 020.00
交易方式	1.资金拆借	*	*	*	5 060.00
	2.证券交易	*	*	*	6 657 960.00
	(1)股票	*	*	*	5 871 900.00
	(2)债券	*	*	*	786 060.00
三、劳动力市场		人次	288	3 491 367	*
四、技术市场		合同份数	67	7 633	364 307.40
五、信息市场		合同份数	65	259 989	96 510.00
六、产权市场		*	34	*	236 811.00
七、其他要素市场		*	289	*	3 237 630.12

2003年生产资料市场基本情况统计表

项　　目	单位	合　计	城　市	农　村
一、生产资料市场总数	个	6 711	4 105	2 606
(一)生产资料综合市场	个	1 130	716	414
(二)工业生产资料市场	个	4 055	2 510	1 545
其中:机动车交易市场	个	778	589	189
钢材交易市场	个	631	438	193
煤炭交易市场	个	365	177	188
木材交易市场	个	961	360	601
(三)农业生产资料市场	个	611	179	432
1.农业生产资料综合市场	个	403	83	320
2.农业生产资料专业市场	个	208	96	112
(四)其他	个	915	700	215
二、生产资料市场成交总额	万元	101 620 981.12	82 537 650.67	19 083 330.37
(一)生产资料综合市场	万元	10 751 165.41	8 591 121.52	2 160 043.83
(二)工业生产资料市场	万元	76 061 074.29	62 551 014.88	13 510 059.33
其中:机动车交易市场	万元	27 326 688.37	26 033 592.53	1 293 095.81
钢材交易市场	万元	21 812 106.57	18 379 737.87	3 432 368.72
煤炭交易市场	万元	1 736 184.03	982 200.83	753 983.22
木材交易市场	万元	4 487 344.38	2 041 744.65	2 445 599.66
(三)农业生产资料市场	万元	1 871 141.02	982 126.67	889 014.43
1.农业生产资料综合市场	万元	1 139 663.57	638 605.10	501 058.40
2.农业生产资料专业市场	万元	731 477.54	343 521.53	387 955.97
(四)其他	万元	12 937 600.05	10 413 387.50	2 524 212.54

2003年消费品市场基本情况统计表

项　目	单位	合　计	城　市	农　村
一、消费品市场总数	个	81 017	27 006	54 011
（一）消费品综合市场	个	42 824	8 403	34 421
（二）农副产品市场	个	26 291	10 911	15 380
1.农副产品综合市场	个	20 155	8 527	11 628
2.农副产品专业市场	个	6 136	2 384	3 752
（三）工业消费品市场	个	9 682	6 646	3 036
1.工业消费品综合市场	个	5 416	3 487	1 929
2.工业消费品专业市场	个	4 266	3 159	1 107
（四）其他	个	2 220	1 046	1 174
二、消费品市场成交总额	万元	264 975 325.06	154 475 331.43	110 499 993.53
（一）消费品综合市场	万元	76 122 863.45	31 232 556.51	44 890 306.84
（二）农副产品市场	万元	86 563 307.84	51 938 030.20	34 625 277.47
1.农副产品综合市场	万元	55 822 364.17	34 035 007.61	21 787 356.50
2.农副产品专业市场	万元	30 740 943.48	17 903 022.51	12 837 920.92
（三）工业消费品市场	万元	92 980 492.79	65 812 805.71	27 167 686.94
1.工业消费品综合市场	万元	39 513 411.72	29 097 106.71	10 416 304.98
2.工业消费品专业市场	万元	53 467 080.97	36 715 699.02	16 751 381.90
（四）其他	万元	9 308 661.02	5 491 939.04	3 816 722.00
补充资料：工业消费品旧货市场	86 107 个，成交额 303 154.51 万元			

2003年消费品批发市场情况统计表

项 目	市场数(个)			成交额(万元)			成交量(吨)		
	合计	城市	农村	合计	城市	农村	合计	城市	农村
合计	7 454	4 374	3 080	110 045 792.51	80 303 636.76	29 742 155.92	*	*	*
一、综合批发市场	826	529	297	13 358 408.31	10 851 053.06	2 507 355.20	*	*	*
二、工业消费品批发市场	2 338	1 831	507	60 244 058.59	44 870 825.03	15 373 233.48	*	*	*
三、农副产品批发市场	4 290	2 014	2 276	36 443 325.74	24 581 758.62	11 861 567.00	*	*	*
1.蔬菜市场	1 493	636	857	11 750 697.84	7 678 532.20	4 072 165.66	80 183 624.01	29 934 060.75	50 249 563.17
2.干鲜果市场	784	440	344	5 889 297.01	4 072 348.39	1 816 948.52	20 319 727.19	12 624 416.66	7 695 310.50
3.水产品市场	343	183	160	5 226 089.69	3 544 242.62	1 681 847.07	4 414 023.95	2 583 771.93	1 830 252.03
4.肉食禽蛋市场	288	189	99	2 627 509.68	2 069 815.06	557 694.65	2 424 364.25	1 336 719.62	1 087 644.37
5.粮食市场	618	248	370	3 480 528.06	2 153 989.79	1 326 538.15	12 965 567.30	6 497 979.75	6 467 587.58
6.食用植物油市场	13	4	9	54 928.94	22 023.08	32 905.90	108 649.58	18 338.66	90 310.88
7.仔猪市场	166	31	135	575 409.83	372 290.09	203 119.75	359 303.46	137 089.72	222 213.75
8.其他市场	585	283	302	6 838 864.25	4 668 517.15	2 170 347.12	*	*	*

2003年消费品市场农副产品成交量情况统计表

项 目	单位	合 计	城市		农村	
			小 计	其中:零售	小 计	其中:零售
1.粮食类	吨	68 053 680.20	25 358 991.89	11 806 301.25	42 694 688.24	23 548 173.76
其中:大米	吨	33 302 525.96	14 048 254.27	6 433 481.00	19 254 271.62	10 583 223.31
小麦	吨	10 062 848.98	2 277 183.37	898 860.79	7 785 665.49	3 869 620.74
玉米	吨	10 902 288.44	2 177 687.49	879 929.41	8 724 600.91	4 550 980.92
2.油脂油料类	吨	11 820 850.26	4 875 740.20	2 982 145.93	6 945 109.92	4 160 568.43
3.棉烟麻类	吨	1 804 451.36	311 397.08	205 883.85	1 493 054.20	740 286.18
4.肉食禽蛋类	吨	46 769 037.31	21 590 232.10	14 074 043.90	25 178 805.14	17 283 580.60
其中:猪肉	吨	19 923 094.50	8 873 052.22	5 760 214.69	11 050 042.08	7 856 628.96
牛肉	吨	3 822 169.25	1 793 570.82	1 252 074.21	2 028 598.31	1 459 063.91
羊肉	吨	2 324 176.97	1 088 624.11	731 339.48	1 235 552.68	858 949.86
鲜蛋	吨	9 763 447.22	4 395 915.82	3 000 944.64	5 367 531.29	3 354 804.06
家禽	吨	6 307 766.34	2 743 096.74	1 808 525.19	3 564 669.58	2 377 865.37
5.水产品类	吨	23 060 767.57	12 763 422.97	7 285 698.00	10 297 344.48	6 591 275.13
6.蔬菜类	吨	150 804 491.37	75 356 293.59	37 009 415.38	75 448 197.70	44 820 159.78
7.干鲜果类	吨	56 151 060.78	30 854 140.58	13 509 784.00	25 296 920.14	16 190 114.34
8.大牲畜类	头	9 038 193	1 327 417	785 416	7 710 776	5 742 438
9.家畜幼禽类	吨	7 540 457.46	1 187 053.42	819 865.33	6 353 403.87	4 398 090.69
其中:克郎猪	吨	1 595 074.71	161 510.17	120 954.57	1 433 564.59	1 038 468.06
仔猪	吨	3 268 700.49	303 500.57	195 465.57	2 965 199.81	1 946 895.01

（以上数据由国家工商管理总局信息中心提供）

1990~2003 年全国建筑卫生陶瓷主要经济指标

1. 全国建筑卫生陶瓷产量

项目 年	建筑陶瓷 （万平方米）	增长率 （%）	卫生陶瓷 （万件）	增长率 （%）	统计厂数 （个）	备　注
1990	19 720.0	38.90	1 762.5	7.60		
1991	22 718.5	26.78	1 889.8	7.22		
1992	31 145.6	37.09	2 532.7	34.02		
1993	53 282.5	71.08	3 341.0	31.91		
1994	95 908.6	80.0	44 144.4	24.05		
1995	158 410.0	65.17	5 447.5	31.44		
1996	135 707.0	-14.34	5 492.4	0.63		
1997	184 185.5	35.72	5 408.8	-1.52		
1998	158 423.2	-13.44	5 144.96	-4.9		改为年销售收入在 500 万元以上的企业(统计口径发生变化)
1999	94 611.9	-40.70	4 618.05	-10.5	建陶 669 卫陶 76	
2000	190 806.1	101.60	3 046.20	-34.0	建陶 760 卫陶 77	
2001	181 043.7	-5.10	3 183.5	4.5	建陶 858 卫陶 75	
2002	184 783.6	2.10	3 466.9	8.9	建陶 873 卫陶 73	
2003						

2. 全国建筑陶瓷进出口情况

项目 年	出口量 （万平方米）	增长率 （%）	出口额 （万平方米）	增长率 （%）	进口额 （万美元）	增长率 （%）	备注
1997	2 219.00	/	7 925.94	13.2	4 859.00	30.3	
1998	1 986.98	-10.5	6 819.60	-14.0	2 770.90	-75.4	
1999	1 786.42	-10.1	5 815.84	-17.3	1 831.68	-51.2	
2000	2 426.22	35.8	7 650.68	31.5	1 634.72	-12.0	
2001	5 312.26	118.9	15 518.82	102.8	1 175.50	-39.1	
2002	12 486.14	135.0	32 486.84	109.3	1 233.26	4.9	
2003（预计）	20 000.00		50 000.00		1 000.00		

3. 全国卫生陶瓷进出口情况

项目 / 年	出口量（万件）	增长率（%）	出口额（万美元）	增长率（%）	进口额（万美元）	增长率（%）	备注
1997	172.25	54.3	1 328.30	100.7	1 633.6	-55.6	
1998	203.75	18.3	2 416.70	81.9	1 223.1	-33.6	
1999	275.38	35.2	3 593.64	48.7	919.36	-24.8	
2000	357.26	29.7	5 197.48	44.6	603.01	-34.4	
2001	614.17	71.9	7 975.97	53.5	834.14	38.3	
2002	1 159.77	88.8	14 210.39	78.2	683.74	-18.0	
2003（预计）	1 500		20 000		500		

（以上数据由中国建卫陶瓷协会提供）

福建省2002年建材工业主要经济指标统计

1. 福建省建材产业结构概况

单位：亿元

行业名称	2001年		2002年		比重增减情况	企业数（个）		增减情况	亏损企业数（个）		增减情况
	产值	比重（%）	产值	比重（%）		2001年	2002年		2001年	2002年	
总　计	132.21	100.00	162.52	100.00		635	778	143	189	180	-9
土砂石采选业	5.83	4.41	5.97	3.67	-0.74	38	36	-2	9	8	-1
其他非矿采选业	2.36	1.79	2.77	1.70	-0.08	15	17	2	5	3	-2
水泥制造业	34.82	26.34	38.13	23.46	-2.88	184	182	-2	114	101	-13
水泥制品及石棉水泥制品业	10.63	8.04	11.85	7.29	-0.75	45	46	1	13	15	2
砖瓦、石灰及轻质建筑材料制品业	36.62	27.70	49.16	30.25	2.55	217	284	67	23	30	7
玻璃及玻璃制造业	13.57	10.26	12.48	7.68	-2.58	4	9	5	3	2	-1
陶瓷制品业	25.05	18.95	38.23	23.52	4.58	109	179	70	13	15	2
矿物纤维及其制品业	0.67	0.51	0.53	0.33	-0.18	5	4	-1	2	1	-1
其他类未包括的非金属矿物制品业	2.66	2.01	3.40	2.09	0.08	18	21	3	7	5	-2

（资料来源：福建省统计局年报数据，已剔除不可比因素。）

2. 出口商品数量及金额

商品名称	出口商品数量			出口商品金额(万美元)	
	数量单位	本年累计	累计增长率(%)	本年累计	累计增长率(%)
福建省	——	——	——	90 955.5	18.7
花岗石板材	吨	2 940 165	33.6	66 728.8	17.9
夹层玻璃	——	——	——	4 060.6	-23.6
砂	吨	8 622 384	33.5	2 364.6	18.8
萤石	吨	177 749	154.8	1 880.4	146.6
釉面砖	平方米	9 461 741	157.6	1 824.1	116.4
钢化玻璃	——	——	——	1 379.6	77.0
花岗岩石刻	吨	35 371	7.3	706.1	14.1
花岗石荒料	吨	422 874	-54.5	682.9	-27.7
高岭土	吨	40 294	14.9	437.0	15.9
初加工玻璃	吨	4 901	9.1	402.6	9.2
料石	吨	17 267	-11.7	362.3	-22.4
大理石板材	吨	5 099	-4.7	240.2	37.5
钻石和宝石粉末	克	1 367 921	19.2	218.9	2.6
平板玻璃	平方米	160 190	-28.5	123.2	4.5
玻璃马赛克	吨	753	22.7	116.4	-0.4
墙地砖	平方米	349 888	89.8	106.2	42.6
卵石及砾石	吨	326 591	-53.1	95.3	-42.5
钻石	克拉	6 210 410	-14.2	93.6	48.8
卫生陶瓷	件	141 787	174.5	56.7	191.6
矿棉岩棉	吨	1 738	-1.0	53.7	-16.4
石棉制品	吨	138	12.0	52.5	85.5
大理石、石灰石及蜡石石刻	吨	669	72.1	46.8	101.3
脱色土及漂白土	吨	1 608	278.2	26.6	254.2
石膏制品	吨	504	-10.1	25.9	-23.0
水泥建筑用砖及砌块	吨	921	60.0	25.2	482.4
建筑用砖	——	——	——	24.0	-84.5
宝石	千克	48 379	-99.2	21.9	-20.7
大理石荒料	吨	1 434	29.7	20.9	10.8
板岩	吨	764	3.3	19.7	28.0
玻璃纤维纱	吨	238	-40.9	12.9	-50.6
玻璃纤维织物	吨	185	27.4	12.4	34.3
石渣石粉	吨	14 252	-17.6	12.1	-49.1
瓦	吨	277	43.6	11.1	236.9
大理石砖瓦	吨	305	-30.3	11.0	-1.2
压延玻璃	平方米	12 721	-9.6	9.7	-12.1

(续表)

商品名称	出口商品数量			出口商品金额(万美元)	
	数量单位	本年累计	累计增长率(%)	本年累计	累计增长率(%)
水泥	吨	2 466	69 476.8	9.3	2 925.1
石灰石及蜡石碑石或建筑用石	吨	218	606.9	8.3	5 760.5
砂岩	吨	230	328.8	7.0	664.7
石英玻璃	吨	82	-30.3	6.1	-91.5
云母制品	吨	4	-83.7	4.9	-71.1
窗玻璃	吨	19	-81.3	3.3	-85.1
石膏	吨	639	-4.6	2.9	39.8
废碎玻璃	吨	69	214.3	2.9	84.6
玻璃砖	吨	84	161.3	2.8	81.1
水泥瓦	吨	200	-40.0	2.3	-56.4
白垩	吨	3 780	-73.3	2.1	0.7
植物纤维板	吨	229	6.5	1.8	51.1
石墨	吨	193	-41.7	1.8	-37.8
短切玻璃纤维	吨	18	511.2	1.5	233.6
水泥构件	吨	216	112.3	1.4	-41.8
云母	吨	131	0.0	1.2	0.0
浮石	吨	6	0.0	1.1	0.0
石英和石英岩	吨	193	720.2	1.0	124.0
石灰	吨	508	-28.0	1.0	-27.1
石棉水泥片、板、砖	吨	48	7.6	1.0	206.6
玻璃纤维原料球	吨	10	-85.6	0.8	-75.8
膨润土	吨	61	26.6	0.5	-17.6
石棉水泥管子及管子附件	吨	10	-56.6	0.3	-73.1
蛭石、珍珠岩及绿泥石	吨	6	-88.0	0.3	-62.7
油纸	吨	0	-88.3	0.1	-27.0
油毡	吨	9	0.0	0.1	0.0
中空玻璃	吨	——	——	0.1	0.0
石棉水泥瓦楞板	吨	6	0.0	0.0	0.0
膨胀矿物	吨	2	-90.7	0.0	-79.6
水泥熟料	吨	0	-94.5	0.0	-15.9
翡翠	克拉	225 000	21 126.4	0.0	-100.0

湖北省2003年建材工业主要经济指标统计

序号	指标名称	计算单位	2003年实际	与上年比较±%	备注
1	企业单位数	个	847	0	年产500万元以上企业(含附类,下同)
2	亏损面	%	12.38	-25.6	
3	工业总产值(现价)	亿元	230.4	18.7	
4	工业总产值(不变价)	亿元	216.88	17.73.	
5	工业增加值	亿元	79.1	18.98	占全省工业5.83%
6	工业销售产值	亿元	224.38	19.63	
7	产品销售率	%	97.39	0.78	
8	出口交货值	亿元	1.93	42.05	
9	产品销售收入	亿元	203.23	18.92	
10	利润总额	亿元	9.32	51.68	占全省工业5.24%
11	税金总额	亿元	10.23	21.98	占全省工业4.1%
12	应收帐款净额	亿元	25.2	-1.95	
13	产成品	亿元	11.56	14.16	
14	成品存货可供销售天数	天	22	-8.33	不含附类
15	水泥	万吨	3 325.8	19.2	
16	平板玻璃	万重量箱	1 084.8	-0.8	
17	卫生陶瓷	吨	23 007	9.4	
18	釉面砖	万m^2	1 214.3	23.1	
19	墙地砖	万m^2	1 050.7	42.2	
20	砖	亿块	42.59	11	
21	瓦	万片	10 449	10.4	折标砖
22	石墨	吨	14 853	99.5	
23	加气混凝土	万立方米	60.38	37.7	
24	水泥预制构件	万立方米	205.8	29.8	
25	塑料棒管材	万吨	9.55	16.6	

山东省2002年建材工业情况统计

1. 山东省2002年建材工业主要经济指标完成情况

金额单位：万元

汇总户数	1 060	
工业总产值（现价）	累计	5 495 475.9
	±%	23.43
工业增加值	累计	1 568 531
	±%	19.22
销售收入	累计	4 894 251.9
	±%	28.31
利税合计	累计	523 459.6
	±%	27.42
利润总额	累计	271 195.6
	±%	31.05
亏损额	累计	18 176.7
	±%	10.17
亏损面	累计	8.11
	±%	-1.13
资产合计	累计	5 022 460.1
	±%	13.36
负债合计	累计	3 231 857.6
	±%	12.5
资产负债率	累计	64.35
	±%	-0.49
流动资产平均余额	累计	1 790 900.9
	±%	12.63
应收账款	累计	376 841
	±%	8.87
产成品存货	累计	296 247.7
	±%	4.03
产销率	累计	96.44
	±%	-0.27
流动资产周转率	累计	2.73
	±%	0.33
成本费用利润率	累计	5.89
	±%	0.16
总资产贡献率	累计	10.76
	±%	0.74

2. 2002 年山东省主要建材产品产量

山东省建材工业办公室

产　品　名　称	计　量　单　位	累　计　产　量
石棉	吨	1 858
石墨	吨	270 488
水泥	万吨	8 247
水泥排水管	吨	191 539
水泥压力管	吨	79 653
水泥电杆	吨	266 133
水泥预制构件	立方米	1 159 388
石棉水泥瓦	平方米	461 976
砖（折标准砖）	万块	154 514
瓦	万片	58 432
大理石板材	平方米	663 403
花岗石板材	平方米	99 629 729
加气混凝土	立方米	407 556
石膏板	平方米	101 202 524
油毡油纸	卷	9 097 989
平板玻璃	重量箱	19 243 770
粉面砖	万平方米	14 156
墙地砖	万平方米	29 994
卫生陶瓷	吨	37 925
石棉制品	吨	6 542
玻璃纤维纱	吨	94 567
水泥设备	吨	7 784

3. 2002 年山东省建材产品出口情况

商品名称	出口商品数量		出口商品金额(万美元)
	数量单位	本年累计	本年累计
山东省	——	——	42 861.4
钻石	克拉	414 982	8 857.7
花岗石板材	吨	397 335	6 203.9
水泥	吨	19 500 077	5 729.1
平板玻璃	平方米	16 472 113	3 399.7
花岗石荒料	吨	304 205	1 885.0
石墨	吨	59 659	1 737.2
玻璃纤维纱	吨	15 041	1 481.2
料石	吨	118 624	913.7
压延玻璃	平方米	3 883 547	681.4
建筑用砖	——	——	568.4
釉面砖	平方米	3 291 042	536.1
卫生陶瓷	件	561 159	480.5
蛭石、珍珠岩及绿泥石	吨	98 228	382.0
滑石	吨	72 907	372.7
花岗岩石刻	吨	14 270	345.5
玻璃砖	吨	8 329	331.2
初加工玻璃	吨	6 266	317.7
大理石板材	吨	12 450	305.1
玻璃马赛克	吨	2 252	288.9
玻璃马砾石	吨	36 575	270.0
石棉制品	吨	1 292	264.3
玻璃纤维织物	吨	1 310	231.2
夹层玻璃	——	——	205.5
废碎玻璃	吨	6 771	192.0
宝石	千克	1 096 014	172.9
大理石砖瓦	吨	3 197	162.8
砂	吨	154 109	150.4
石英玻璃	吨	2 608	125.0
油毡	吨	3 954	122.1
萤石	吨	8 623	93.5
大理石荒料	吨	8 878	89.2
板岩	吨	6 270	88.8
石膏	吨	16 182	88.0
石膏制品	吨	6 649	82.7

（续表）

商品名称	出口商品数量		出口商品金额（万美元）
	数量单位	本年累计	本年累计
水泥建筑用砖及砌块	吨	4 864	77.9
耐火混合制品	吨	5 581	62.7
大理石、石灰华及蜡石石刻	吨	3 836	61.2
玻璃纤维席	吨	583	57.8
脱色土及漂白土	吨	3 530	54.6
钢化玻璃	——	——	51.9
高岭土	吨	8 511	49.4
砂岩	吨	3 934	45.4
水泥熟料	吨	15 805	37.7
石棉水泥土片、板、砖	吨	127	36.4
水泥构件	吨	2 717	29.4
膨润土	吨	3 441	27.2
石灰石石刻	吨	233	24.2
膨胀矿物	吨	287	20.6
云母制品	吨	87	19.8
植物纤维板	吨	1 308	16.4
石渣石粉	吨	1 825	13.6
矿棉岩棉	吨	170	11.7
水泥瓦	吨	620	10.2
石英和石英岩	吨	475	8.6
墙地砖	平方米	52 551	7.5
玻璃纤维原料球	吨	94	6.6
玻璃纤维薄片（马厘纱）	吨	0	6.3
天然磨料	吨	916	6.2
短切玻璃纤维	吨	29	3.5
钻石和宝石粉末	克	40 500	3.5
油纸	吨	44	3.2
石灰石助熔剂	吨	2 004	2.9
窗玻璃	吨	6	2.1
翡翠	克拉	28 000	2.1
云母	吨	68	1.4
浮石	吨	105	1.3
石灰华及蜡石碑石或建筑用石	吨	73	1.1
寿山石	千克	31 477	0.7
瓦	吨	50	0.5
石灰	吨	178	0.5

4. 2002 年山东省科技进步奖无机非金属材料获奖项目

项 目 名 称	完 成 单 位	获奖等级	获奖时间
含钡硫铝酸盐水泥	济南大学	1	2002
框架结构建筑内隔墙体系的应用研究	济南大学	2	2002
无碱玻璃纤维连续原丝毡	泰山玻璃纤维股份有限公司	3	2002
高白精细瓷的研制及快速烧成系列闪光釉的研究	山东硅苑新材料科技股份有限公司 山东省硅酸盐研究设计院	3	2002
抗菌高档日用陶瓷及 G5 级氮化硅陶瓷轴承球的研制	山东春光股份有限公司山东临沂金钢球厂	3	2002
层状结晶二硅酸钠	山东胜通集团股份有限公司	3	2002
用直掺法进行粉煤灰水泥的研制	枣庄市建材科研所	3	2002

市场分析与预测

SHI CHANG FEN XI YU YU CE

编辑:崔长年

2003 年中国经济形势分析与 2004 年预测

中国工程院院士 中国社科院学术委员
北 京 工 业 大 学 经 管 学 院 院 长
李京文

2003 年是中国不平凡的一年。上半年北京和华北地区发生了比较严重的“非典”疫情，使经济社会发展受到严重影响，中国的 GDP 增长率由一季度的 9.9%下降为二季度的 6.7%。由于在战胜“非典”和其他自然灾害之后，中国政府和人民奋起直追，终于使中国经济取得了喜人的成绩。

——经济增长速度快。尽管曾经发生了“非典”和其他自然灾害，GDP 增长率仍高达 9.1%，是 MIF 和世界银行预测的全球及主要发达国家经济增长率的 2~ 3 倍；

——经济总规模超过 1.4 万多亿美元，位居世界第 6 位。人均 GDP 首次突破 1 000 美元大关，达到 1 090 美元；

——经济结构的战略性调整已初步取得明显效果。国有经济、集体经济、私营和个体经济、外资经济以及混合所有制经济都有了长足的发展，支柱产业和各类企业的活力大大提高，钢铁、有色金属、水泥、汽车、机械电子和能源等产业都以 20%左右的速度高速增长，科技含量和产品档次与附加值都有了大幅上升；高新技术产业产值增长 30.8%，占工业比重为 21.4%；程控交换机、手机、彩电等产量已居世界第一；

——金融形势良好。在目前全世界的金融市场中，只有中国的银行业在以 20%的速度增长，中国的金融储蓄率达 40%，并且有 320 个点的存贷利差存在，这使中国的金融市场尤其是银行市场，成为目前全世界最有利可图的市场；

——财税收入持续快速增长。1990~ 2002 年年均增长 16.3%，2003 年又创新高，全国税收收入首次突破 2 万亿元大关，比上年增长 3 000 亿元；增收部分即相当于 10 年前（1992 年）全国税收总额；

——对外经济贸易取得新进展。外贸总额达到 8 512 亿美元，同比增长 37.1%；其中出口 4 383.74 亿美元，同比增长 34.6%；进口 4 128.36 亿美元，同比增长 39.9%；在世界各国的国际贸易中由第 5 位上升为第 4 位；

——居民生活水平继续提高。城镇居民人均可支配收入达到 8 500 元，同上年相比增长 9.3%；农村居民人均纯收入达到 2 622 元，同比增长 4.3%；居民储蓄存款继续增加，城镇新增就业人数达到 850 万人。总的来看，中国经济已经进入新一轮快速发展的阶段，并呈现以下特点：

1. 主要由投资拉动。2003 年实现全社会固定资产投资 55 118 亿元，同比增长 26.7%，对经济增长的贡献约占 70%；

2. 主要依靠工业，特别是重化工业的增长。2003 年工业增长 17%，比 GDP 增速高 7.9 个百分点，是 1995 年以来增速最高的一年。其中重工业增速高达 18.6%，比轻工业增速（14.6%）高 4 个百分点。在产业结构中，第二产业的比重不断上升，2003 年占 GDP 的比重高达 52.9%，是 1990 年以来占比重最高的一年；

表1 三次产业占GDP的比重

年份	一产	二产	三产
1990	27.1	41.6	31.3
1991	24.5	42.1	33.4
1992	21.8	43.9	34.3
1993	19.9	47.4	32.7
1994	20.2	47.9	31.9
1995	20.5	49.5	30.7
1996	20.4	49.5	30.1
1997	19.1	50	30.9
1998	18.6	49.3	32.1
1999	17.6	49.4	33
2000	15.9	50.9	33.2
2001	15.2	51.1	33.6
2002	14.5	51.8	33.7
2003	14.8	52.9	32.3

表2 1991年到2003年我国工业增长情况

年份	工业增速	工业与GDP增速之差	轻工业增速	重工业增速	重轻工业增速之差	轻工业比重	重工业比重
1991	14.2	7.2	14.5	13.9	-0.6	48.9	51.1
1992	20.8	8	20.9	20.7	-0.2	49.9	50.1
1993	21.1	7.7	19.9	22.2	2.3	47.3	52.7
1994	18	7.2	19.6	16.5	-3.1	41.8	58.2
1995	14	3.8	16.7	12	-4.7	45.2	54.8
1996	12.7	3	13.1	12.4	-0.7	41.8	58.2
1997	11.9	2.4	11.7	10.5	-1.2	46.2	53.8
1998	8.9	1.1	9.1	8.5	-0.6	44.8	55.2
1999	8.5	1.4	8.3	9.3	1	42.8	57.2
2000	9.9	1.9	9.5	13	3.5	40.1	59.9
2001	8.9	1.4	8.6	11.1	2.5	39.5	60.5
2002	10.2	2.2	12.1	13.1	1	39.1	60.9
2003	17	7.9	14.6	18.6	4	35.7	64.3

此表引自《经济日报》2004.2.13,记者何振红文。

3. 消费结构也在开始转型。由过去吃、穿、用占居民消费主体逐渐转向住、行、医疗、教育、文化、休闲等消费占主要比重(特别是在城市居民中)。据报载,去年北京的消费品零售总额中,汽车、住宅和通讯器材三类商品的贡献率已达到42.5%;

4. 由主要受资金制约转向主要受市场、资源、环境、技术和人才制约;

5. 由主要受国内市场竞争的影响转变为受国际国内两种竞争的影响。2004年将是中国加入世贸组织以来开放幅度最大的一年,外资企业将加快进入中国市场,而国外针对中国产品设置的贸易障碍也将增多,国内企业将面临入世后的真正考验。

在中国经济快速发展的同时，也存在许多问题和困难，包括就业岗位紧缺、资源不足、能源紧张、环境污染、城乡差距和地区差距拉大、有的领域出现过热迹象、社会发展滞后等方面的问题。

为了保持中国经济发展的良好势头，中国共产党十六届三中全会提出了要实行新的发展观，即以人为本，统筹城乡发展、统筹区域发展、统筹经济社会发展、统筹人与自然和谐发展、统筹国内发展与对外开放协调等“五个统筹”，可持续发展的方针。在这个方针的指引下，今后中国将走“新型工业化”道路，经济发展将更加强调“以人为本”的发展，更加重视增长质量和结构调整，更加重视社会与经济的协调，更加重视农村、农业和农民（“三农”）问题的解决。

根据上述方针，中国经济将步入协调高速发展轨道。预测 2004 年中国经济增长率将为 8.5%，仍然保持较大的投资规模，全社会固定资产投资预测增长 16%；并努力扩大内需、扩大消费，社会消费品零售总额名义增幅预计为 9.8%；农业将得到进一步加强，制造业水平将得到提升，缓和能源瓶颈，加快发展第三产业，促进区域经济的协调发展。同时，按照我国加入 WTO 的承诺，将进一步对外资开放农业、保险业、零售业、电信业、旅游业等十多个产业，进口将增幅较大，出口增幅将有所下降，对外贸易顺差将有所减少。在继续扩大吸引外资和扩大进口的同时，将积极推进“走出去”方针，加强与国际的合作。

2003 年国民经济运行情况及 2004 年展望

国家统计局　邱晓华　王文波

一、2003 年国民经济快速健康发展

2003 年，我国成功抵御了“非典”、严重旱涝灾害、伊拉克战争等不利因素冲击，保持了国民经济持续向好的发展势头，许多指标增长为近几年同期最快的速度。

1. 国民经济快速增长

初步测算，前三季度国内生产总值完成 79 114 亿元，按可比价格计算，同比增长 8.5 %，比 2002 年同期加快 0.6 个百分点。其中，第一产业增加值 9 487 亿元，增长 2.8%，与 2002 年同期基本持平；第二产业 43 693 亿元，增长 11.8%，加快 1.8 个百分点；第三产业 25 934 亿元，增长 5.4%，减慢 1.2 个百分点。

2. 工业生产是支持经济加快增长的主导力量

工业生产增长持续高位运行。受投资、出口快速增长和汽车、通信等消费热点持续较旺的合力拉动，前三季度全部工业对经济增长的贡献率达 65%，拉动 GDP 增长 5.5 个百分点。其中，规模以上工业共完成增加值 28 975 亿元，同比增长 16.5%，增速比 2002 年同期加快 4.3 个百分点，是 1995 年以来同期的最高增速。各种经济类型工业增长全面加快，国有及国有控股企业 14 104 亿元，增长 14.3%，同比加快 3.5 个百分点；集体企业 2 010 亿元，增长 11.7%，加快 4.4 个百分点；外商及港澳台投资企业 7 837 亿元，增长 19.6%，加快 6.9 个百分点。

重工业增长明显快于轻工业。前三季度，重工业增加值 18 652 亿元，增长 18.4%，加快 6.1 个百分点；轻工业增加值 10 323 亿元，增长 13.9%，加快 1.9 个百分点。多数行业实现快速增长。前三季度，电子通信设备制造、电气机械及器材制造、交通运输设备制造、冶金工业和化学工业对整个工业增长的贡献率达 50.7%，拉动工业增长 8.4 个百分点。主要产品中，半导体集成电路同比增长 36.4%；汽车产量 326 万辆，增长 35.7%；原煤产量增长 16.8%，发电量增长 15.6%，钢、铁材分别增长 21.6%和 19.4%。工业产销率保

持较高水平，前三季度，工业产销率达到97.7%，同比提高0.11个百分点。

3. 农业在结构调整中实现平稳增长

农业种植结构进一步调整，粮食、糖料播种面积减少，棉花和蔬菜种植面积扩大。受种植面积调减和自然灾害影响，夏粮、早稻、秋粮均减产。预计全年粮食产量为8 600亿斤左右，比2002年减产5%以上。主要经济作物中，预计棉花产量490万吨左右，与2002年基本持平；油料2 830万吨左右，减产2.5%左右；糖料产量9 250万吨左右，减产10.0%左右。畜牧业、渔业生产持续稳定发展，肉类产量、水产品产量预计分别增长5%左右和4.5%左右。林业生产也保持较好势头。

4. 固定资产投资增长强劲

在多种因素的综合作用下，2003年以来，固定资产投资增长明显加快。前三季度全社会固定资产投资34 351亿元，同比增长30.5%，比2002年同期加快8.7个百分点。其中，国有及其他经济类型投资26 513亿元，增长31.4 %，加快7.1个百分点（如扣除房地产开发投资中的集体和个体投资则完成24 774亿元，增长30.6%，加快7.3个百分点）；集体经济投资4 934亿元，增长36.0%，加快20.3个百分点；个体经济投资4 643亿元，增长24.7%，加快4.5个百分点。在国有及其他投资中，基本建设投资13 781亿元，增长29.1%；更新改造投资5 149亿元，增长37.2%；房地产投资6 495亿元，增长32.8%。

前三季度投资的主要特点：一是工业投资增长迅猛。前三季度，国有及其他类型投资中的工业投资9 032亿元，同比增长49%，加快24个百分点。其中冶金工业投资增长1.2倍，纺织增长86.7%，化工增长70.6%，机械增长67.2%。二是企业技术改造意愿增强。前三季度技术改造投资同比增长37.2%，比2002年同期加快20.9个百分点。三是投资对国家财政资金依赖减弱，微观经济主体投资活力进一步增强。前三季度，预算内资金同比仅增长2.1%，回落46.7个百分点，在各项资金来源中的比重接近50%；外商直接投资增长36.3%，加快8.8个百分点；国内贷款增长50.3%，加快22.4个百分点。

5. 对外贸易呈现大进大出格局

受参与世界经济合作与竞争程度加深、国家出口退税政策力度加大、美元贬值和国内需求回升等因素的影响，2003年，中国进出口仍保持快速增长。前三季度，进出口总额6 063亿美元，同比增长36.2%，比2002年同期加快17.9个百分点。其中，出口3 077亿美元，增长32.3%，加快12.9个百分点；进口2 986亿美元，增长40.5%，加快23.3个百分点。进出口相抵，出口大于进口91亿美元，比2002年同期减少109亿美元。一般贸易出口增长略快于加工贸易，分别增长32.9%和31.3%。对各主要贸易伙伴出口全面加快，其中对东盟、美国、澳大利亚等出口增长超过30%，对欧盟、俄罗斯的出口增长超过40%。

6. 利用外资保持较快增长

前三季度，全国外商直接投资新签合同项目29 539个，比2002年同期增长18.6%，合同外资金额792亿美元，增长36%，实际使用金额402亿美元，增长11.9%。

7. 国内市场销售平稳增长

前三季度，社会消费品零售总额32 699亿元，比2002年同期增长8.6%，同比回落0.1个百分点。城市销售增长明显快于农村，前三季度城市消费品零售总额21 330亿元，增长9.8%；县及县以下消费品零售总额11 370亿元，增长6.4%。餐饮业零售额4 186亿元，增长9.4%，同比回落6.7个百分点。市场热点持续升温。前三季度，全国限额以上批发零售贸易业汽车类零售额同比增长77.5%，通讯器材类增长74%，建筑及装潢材料类增长46.6%，石油及制品类增长38.7%；商品房销售面积15 189万平方米，增长35.9%。

8. 经济运行质量进一步提高

一是财政收入快速增长。前三季度，全国财政收入16 132亿元，同比增长22.5%，比2002年同期加快11.6个百分点。其中，海关代征增值税和消费税增长52.7%，加快43.7个百分点；关税增长35.3%，比2002年同期下降19.7%；企业所得税增长25.6%，加快13.1个百分点。同期财政支出15 265亿元，增长13.1%，减慢4.5个百分点。收支相抵，收大于支867亿元，2002年同期为支大于收328亿元。

二是企业利润大幅增加。1~8 月份，工业企事业盈亏相抵后实现利润总额 5 015 亿元，比 2002 年同期增长 52.3%。其中，国有及国有控股企业盈亏相抵后实现利润 2 538 亿元，比 2002 年同期增长 66.6%。绝大多数行业利润增加，1~8 月份，39 个工业大类行业中，有 38 个行业利润比 2002 年同期增加。新增利润最多的行业是：石油和天然气开采业新增 356 亿元；交通运输设备制造业 247 亿元；黑色金属冶炼及压延加工业 203 亿元；化学原料及化学制品制造业 121 亿元；电力、热力的生产及供应业 94 亿元。以上五个行业共新增利润 1 022 亿元，占整个工业新增利润的 59.4%。亏损企业亏损额持续下降，1~8 月亏损企业亏损额 791 亿元，同比下降 5.3%。

三是城乡居民收入继续增长。由于“非典”期间各地出台的措施基本消化了“非典”对居民收入的负面影响，企业因经济效益好转增加职工工资、补发拖欠工资和增发资金，加之社会保障措施的逐步到位，前三季度城镇居民收入继续保持了较快增长，人均可支配收入 6 347 元，同比实际增长 9%。农村居民尽管受到“非典”的不利影响，但由于农业结构调整加快、农产品价格上升、农民负担减轻等多种因素的推动，农民收入仍保持了增长趋势。前三季度农民人均现金收入 1 802 元，实际增长 3.8%。

四是外汇储备大量增加。9 月末，国家外汇储备 3 839 亿美元，比年初增加 975 亿美元。

9. 货币供给充足，新增贷款较多

9 月末，广义货币（M2）余额为 213 567 亿元，比 2002 年同期增长 20.7%，同比加快 4.2 个百分点；狭义货币（M1）余额 79 164 亿元，增长 18.5%，加快 2.6 个百分点；流通中现金价格（M0）余额 18 306 亿元，增长 12.8%，加快 5 个百分点。前三季度，金融机构各项贷款比年初增加 24 715 亿元，比 2002 年全年新增贷款还多 1/3（33.8%），同比多增 11 175 亿元。其中，短期贷款增加 8 567 亿元，多增 2 476 亿元；中长期贷款增加 10 726 亿元，多增 5 177 亿元。各项存款增加 32 002 亿元，同比多增 9 464 亿元。其中，企业存款增加 10 147 亿元，多增 3 743 亿元；居民储蓄存款增加 13 903 亿元，多增 3 441 亿元，到 9 月末，居民人民币储蓄存款余额首次突破 10 万亿元，达到 100 889 亿元。前三季度累计货币净投放 1 028 亿元，同比多投放 484 亿元。

10. 市场物价保持基本稳定

2003 年以来，伴随市场需求的回升和一些服务项目及上游产品的涨价，加上自然灾害的影响，市场消费物价呈小幅上涨态势。前三季度，居民消费价格同比上涨 0.7%。从构成看，食品价格上涨 2.2%，带动整体价格水平上涨 0.7 个百分点，其中鲜菜价格上涨 21.2%，拉动整体价格水平上涨 0.6 个百分点；服务项目价格上涨 2.2%，拉动整体价格上涨 0.5 个百分点；其余商品价格大多表现为下降，其中，衣着下降 2.4%，家庭设备用品及服务下降 2.7%，交通和通信下降 2.1%。前三季度，商品零售价格同比下降 0.5%。

工业品出厂价格和生产资料价格总体上先扬后抑。前三季度，工业品出厂价比 2002 年同期上涨 2.4%，其中第一、二、三季度分别上涨 3.6%、2.3%和 1.4%。主要产品中原油价格上涨 24.9%，汽油、煤油和柴油出厂价格分别上涨 21.4%、20%和 20.8%。钢材价格持续上涨，中厚钢板上涨 20.3%、薄钢板上涨 13.1%、线材上涨 14.3%、普通中型钢材上涨 13.7%、普通小型钢材上涨 8.2%。有色金属价格稳步上扬，前三季度有色金属冶炼及压延加工业出厂价格同比上涨 4.1%，其中锑、镍、钼、铜价格分别上涨 53.3%、20.3%、10.7%和 6.1%。原材料、燃料、动力购进价格上涨 4.5%，其中第一、二、三季度分别上涨 4.6%、4.7%和 4%。

二、当前经济运行中存在的主要问题

总的看，前三季度中国经济保持了持续、快速、健康发展的良好态势，工业生产、固定资产投资、进出口快速增长，投资者、消费者的预期趋好，微观经济自主增长的动力增强。但同时也必须看到，长期困扰经济运行的农民增收困难、就业压力较大等一些问题依然突出。同时，经济运行中又出现了一些新的值得关注的问题，如银行信贷扩张偏快，低水平重复建设抬头，结构性矛盾进一步显现，粮、棉等主要农产品供求关系发生一些新的变化等。这些问题如果不能得到及时解决，可能会对下阶段经济的持续快速健康发展造成不利影响。

1. 警惕一些过热倾向的进一步发展

针对2003年以来中国经济生活中出现的一些过热现象，中央及时采取了相应的调控措施，取得了一定成效，但一些过热倾向仍未得到完全遏制。在银行信贷方面，第三季度信贷扩张速度虽有所放缓，但7~9月金融机构月均新增贷款额仍然达到2 302亿元。按照目前情况推测，全年贷款规模有可能突破3万亿元，大大超过年初的调控目标。在投资方面，低水平重复建设仍未得到有效遏制，一些生产能力明显过剩的传统行业仍在大上项目。从1~8月城镇500万元以上项目统计情况看，全国目前在建的钢铁项目2 598个，增长70.1%，完成投资增长1.4倍；在建水泥项目868个，增长46.1%，完成投资增长1.3倍；在建铝采选及冶炼项目241个，增长37.7%，完成投资增长1.5倍；在建汽车项目1 122个，增长75%，完成投资增长84.1%，在建纺织项目2 018个，增长1倍，完成投资增长1.4倍。这些行业投资的快速扩张虽有一定的恢复性质，但投资的盲目性和一些地方政府行政干预力度过强等问题也不容忽视，尤其是一些传统产业投资增长过快，势必再次引发日后这些行业供大于求的矛盾，处理不好则可能形成产业结构的新扭曲。

2. 产成品库存和应收账款上升有所抬头

工业产成品库存增幅2002年10月仅为2.2%，2003年8月份提高到11.4%；企业应收帐款增幅也由2002年7月的3.2%上升到2003年8月份的13%。据调查，2003年前三季度，有23.1%的企业反映拖欠货款增加，其中建筑业货款拖欠更为突出，44.3%的企业反映拖欠增加，45.3%的企业拖欠没有明显好转。

3. 经济增长中存在一些不平衡现象

一是工业与第三产业增长不协调。前三季度，全部工业增长11.8%，第三产业仅增长5.4%，第三产业发展慢的问题依然突出。二是中小企业增长偏慢。目前企业生产的增长主要靠大型企业的拉动，为数众多的小型企业则缺乏活力。前三季度，规模以下工业企业增加值同比增长不足8%，远低于规模以上工业增加值16.5%的增长水平。三是消费增长偏慢，投资率偏高的矛盾更加突出。前三季度社会消费品零售总额仅增长8.6%，而同期全社会固定资产投资增长却高达30.5%。四是房地产投资结构不尽合理。前三季度，房地产开发投资中，住宅投资增长28%，其中经济适用房增长11.3%，而办公楼和商业营业用房的投资分别增长39.8%和44.6%。五是城乡居民间消费继续扩大。前三季度县及县以下零售额仅增长6.4%，与城市居民消费之间差距由2002年同期的3个百分点扩大到3.4个百分点，占社会消费品零售总额的比重由2002年全年的36.7%下降到34.8%。六是与主要贸易伙伴双边贸易不平衡状况加剧。中国对东盟、日本、中国台湾等亚洲国家和地区的贸易逆差呈不断扩大趋势，前三季度中国对日本的贸易逆差由2002年同期的42亿美元扩大到117亿美元，对东盟贸易逆差由51亿美元扩大到118亿美元。与此同时，对美国、欧盟等的贸易顺差却持续扩大，其中对美国的顺差由2002年同期的304亿美元扩大到409亿美元，对欧盟的顺差由56亿美元扩大到111亿美元。七是工业生产的过快增长与煤炭、电力、石油、运输等的供应以及环境承受能力不协调，瓶颈制约现象又有所显现。各种不平衡现象的加剧将会加大结构调整的难度，进而影响经济、社会的持续、快速、健康增长和协调、稳定发展。

4. 粮食安全问题潜伏一定隐患

2003年粮食产量很可能只有8 600亿斤左右，是1990年以来产量最低的年份。自2000年以来，中国粮食生产受种植面积调减和干旱等因素的影响，已连续4年出现产不足需的局面，而且缺口逐年扩大，预计2003年产需缺口将达到1 100多亿斤。尽管目前由于国家库存比较充裕，粮食市场总体仍供大于求，但未来的粮食安全形势并不乐观。一方面随着人口的增加，粮食需求问题将呈刚性增长，另一方面由于耕地、水资源等的制约，短期内提高粮食供给能力的难度较大，如果不引起重视，全社会粮食供应偏紧的“拐点”很有可能在2004~2005年出现，由此，很可能带来经济、社会生活等一系列问题，需要引起高度重视。

三、2004年经济发展环境的初步分析与展望

总体上看，前三季度经济运行呈现快速健康增长的良好格局，如果第四季度不出现大的异常，年初确定的各项经济和社会发展预期目标可望圆满实现。

从2004年经济增长的环境看，尽管面临的困难不少，运行中还存在一些不确定因素，但总体上有利条件多于不利因素，国民经济仍可望继续保持较快增长的态势。

1. 有利因素不少

一是市场活力对经济的推动将会进一步增强。目前，中国经济增长已经由过去计划经济时代政府主导型的阶段，逐渐转入了政府主导与市场活力共同推动增长的新阶段，而且随着时间的推移，市场活力成分有加大的趋势。可以预期，随着投资环境的改善、投融资体制改革的稳步推进以及行政管理体制改革的加强，集体投资和个体投资的增长还会加快，中国社会政治稳定和经济增长将会吸引更多的外商直接投资。从消费看，通过改善消费环境、提高消费质量、大力推行消费信贷政策，市场的内在活力将得到更大程度上的激发，住房、汽车、通讯等消费热点将持续升温。

二是经济增长的微观基础趋于巩固。企业景气调查结果表明，企业景气指数和企业家信心指数在经历了第二季度大幅下挫后，第三季度呈恢复性快速增长，第四季度投资者和消费者的预期也趋好。第三季度，企业景气指数为133.0，分别比第二季度和2002年同期提高16.4点和4.3点；企业家信心指数为129.6，分别比第二季度和2002年同期提高14.3点和7.3点，接近2003年第一季度创下的近年最好水平。消费者信心指数也持续攀升，由6月份的88.6点回升到9月份的93.1点，消费者对未来经济走向预期良好。这既表明"非典"疫情影响的基本消除，也表明企业、企业家和消费者对宏观经济和本行业发展的信心增强，同时还表明2002年以来经济增长的加快具有较好的微观基础支撑。

三是经济增长的体制条件进一步改善。党的"十六大"和十六届三中全会在一些重大理论问题上的创新，摒弃了某些限制经济发展的观念，打破了落后体制对经济发展的束缚，同时也有利于改善非公有经济和中小企业的资金供给，刺激市场力量和非公有制经济积极投资，保证政治和经济的稳定。

四是加入世界贸易组织的积极作用可能进一步显现。总体来看，近两年来，加入世界贸易组织对中国经济的积极作用大于消极作用，有力地推动了出口的增长。从2004年情况看，运用世贸规则从原来的摸索期开始进入适应期，近两年所付出的努力也开始进入收获期，中国加入WTO的相关承诺仍处于过渡期，预期加入世界贸易组织的正向作用进一步强化的可能性增大，对推动2004年经济增长是有利的，但农业、服务业和相应的市场开放承诺对中国经济的挑战也将逐步显现，这种正向的推动作用将是一个渐进的过程。

五是国际经济环境趋好的可能性增大。世界经济由于政治原因存在一些不确定因素，但总体上看仍是逐步好转的趋势，国际货币基金组织等主要国际组织对2004年世界经济增长率和贸易增长率的预测均高于2003年，世界经济的这种走势有利于外需的增长。为中国出口的继续增长创造有利的外部条件。但从另一方面看，尽管美国、欧盟、日本等世界主要经济体为刺激经济的复苏，采取了一系列的政策，但大部分政策已经见底，美国当前的联邦基金利率为1%，为1958年以来的最低水平，欧洲央行的基准利率为2%，是欧元区成立以来的最低水平，日本近几年来一直实行零利率政策，这些政策预期的效果并不明显。因此，主要经济体的经济复苏仍是缓慢有限的，由此，2004年世界经济增长即便有所加快，也将是缓慢的。

2. 中国的发展正处在一个关键时期

在充分估计2004年经济社会发展有利因素的同时，还要清醒地看到面临的困难和问题。如城乡就业压力增大、农民增收难、信贷增长速度偏快、结构矛盾突出等，以及其他一些深层次的问题都需要认真对待。在经济运行中，既有通货的阴影，也存在通货膨胀的苗头。一方面似乎存在某些过热的苗头，如工业、投资、信贷、进口的快速增长；但另一方面，消费物价、就业、消费特别是农村消费等指标的低速变动又不支持过热的判断。当前中国的经济、社会发展确实处在一个关键时期。只要在一些重大问题上把握得好，中国经济社会就一定能保持快速、协调发展，并走上良性循环的轨道。如果引导不当，经济、社会发展的大好形势就可能出现一些曲折，这是应当努力避免的。

3. 对2004年经济增长的展望

从影响经济增长的具体因素分析，主要是由于基数和周期因素的作用，2004年经济增长速度将低于2003年，但仍然可能保持较快增长。

一是从生产角度看，预期工业对经济增长的贡献率将会下降。2003年以来，工业对经济增长的贡献更显突出，前三季度，工业增加值对国内生产总值的贡献率达到65%。但由于2003年基数高和需求有所减弱的作用，预期2004年工业仍将会保持较快增长，但增速有可能低于2003年，三次产业的增长将会趋于协调。

二是从需求角度看，预期投资对经济增长的拉动将趋于减弱。投资需求是拉动2003年经济增长的主要力量，统计数据表明，2003年前三季度，投资对经济增长的贡献率达到69%。从2004年的情况看，刺激2003年投资高增长的银行贷款和行政推动因素将会有不同程度的减弱，加上2003年投资高基数的作用，预期投资增幅将会低于2003年，拉动作用将有所减弱，但仍会保持较快增长；消费需求预期是平衡增长的趋势；出口需求的前景不容乐观，受降低综合出口退税率、美元贬值因素减弱和基数高以及国际贸易摩擦加剧等因素的影响，出口预期增长将会低于2003年，进口则由于加入世界贸易组织影响的深化和人民币升值压力，增长仍然保持在一个较高水平上。因此，2004年的贸易顺差可能将在2003年大幅减少的基础上进一步减少，甚至出现逆差。

为争取2004年经济更理想的结果，宏观调控总体上应当把握：贯彻"十六大"、十六届三中全会精神和"三个代表"重要思想，保持宏观政策的连续性、稳定性，看好信贷防过热、管紧土地保稳定、维持信心促发展、深化改革添动力，同时准确把握调控力度，顺应形势发展，适时适度微调，树立和落实科学发展观，发挥市场因素的作用，继续实现经济社会协调发展，保证全面、快速、稳定增长。

四、实现2004年经济目标的对策建议

1. 保持宏观经济政策的连续性和稳定性，努力防止出现经济的大起大落

从各方面情况看，目前中国经济已经基本上摆脱了亚洲金融危机以来的阴影，进入到一个基本正常的新的增长阶段。当前，必须保持既定的宏观调控政策取向，既不踩急刹车，也不加大油门；既不轻言过热，也不避讳问题；既要保护并扩大经济增长的合理因素，又要直面经济运行中出现的新问题，采取积极而坚决的措施，具体问题具体解决。要继续保持宏观经济政策的连续性和稳定性，坚持扩大内需的方针，实施积极的财政政策和稳健的货币政策。具体措施以微调为主。由于2003年有200多亿元建设国债可结转到2004年使用，2004年可适当降低国债发行规模。同时，国债资金在使用的方向和结构上可做一些小的调整，重要是国家确定的骨干项目，如南水北调、西气东输、青藏铁路等。支持西部开发的国债资金可逐步纳入正常预算，用转移支付方式实现。此外，财政政策还可以考虑适当的结构性减税，鼓励中小企业的发展。稳健货币政策应更多地体现稳健的原则，要继续发挥对经济增长的支持作用。人民银行宣布从2003年9月21日起调高存款准备金率等措施对抑制信贷规模过快增长的作用将逐步显现出来。2004年的货币政策，一方面，要避免调控力度过大而引起经济运行波动，贷款发放上要保持连续性，投向上要加强对中小企业贷款的支持，解决中小企业资金困难，提升企业的发展能力和市场竞争能力；另一方面，不要怕有的行业叫喊紧了就收回，致使又出现强烈反弹。要加强对货币供应和信贷投放的跟踪监测，合理调控货币供应量和信贷投放规模，对于局部地区或部分行业发展加快的现象，及时采取相应的措施加以解决，把可能产生的过热苗头消灭在萌牙状态。

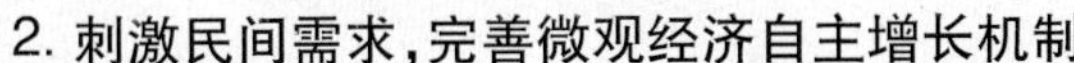

2. 刺激民间需求，完善微观经济自主增长机制

要加快行政管理改革，加快政府职能转变，规范政府行为，降低市场门槛，鼓励自主创业和技术创新，为民间资本的进入创造平等宽松的环境。同时，要努力促进消费需求增长，特别努力提高最终消费水平，使经济进入良性循环阶段。增加消费需求要把重点放在提高城乡居民收入特别是提高农民收入和城市贫困阶层的收入上。要大力推动消费结构升级，鼓励增加普通商品住房和经济适用房供应，搞活住房二级市场，支持汽车、通讯、旅游、文化、体育、家政服务等新兴消费产业快速成长。

3. 采取有效措施适应外贸形势的新变化，确保出口的适当增长

短期内，出口退税机制改革可能会给2004年出口的增长带来一些影响，必须采取多种措施稳定出口增长。要严格按照改革后的出口退税机制办事，在中央和地方各负担一部分后，不能再发生新的拖欠，同时要加快外贸出口代理制改革，以减少流通环节，降低出口成本，给出口企业以明确的信号。大力推进新型贸易方式，推进便利通关，严肃执行农产品及其制成品的卫生标准，加强出口商品的检验检疫，提高出口产品的竞争力。有关职能部门和行业协会要加强指导，促成出口企业的团结协作，积极应对日益增多的对中国产品出口的倾销起诉或调查。要加强对世贸规则、相关进口国产品质量标准的宣传和理解，密切监测世界和中国产品价格、成本以及技术的趋势变化，对相关国家或地区对中国产品的起诉提前做好准备。保持人民币汇率的基本稳定，不仅对出口和利用外资有至关重要的作用，还有利于保持总体经济的稳定。对日益上涨的人民币升值压力，一方面要采取减压措施，如适当降低人民币短期存款利率、增加进口、适当降低出口退税率等，但在舒缓人民币升值压力时，措施要得当、慎重。特别对一年期以内的国际短期资本（热钱）要严格管理，决不能开短期资本项下人民币完全可自由兑换的口子，千万不能出现人民币汇率是稳定了，而中国金融的最后一道防线却悄然崩溃了的危险局面；另一方面要加强宣传解释工作，人民币升值不仅仅对中国经济不利，还将破坏亚洲、美国乃至世界经济的稳定，影响日本、欧盟、美国等主要经济体经济复苏的努力。

4. 既要支持有前途、有效益的投资，又要防止低水平的重复建设

2003年以来，钢铁、建材、有色金属、汽车、纺织、电力、煤炭等行业生产和效益的快速增长，有其合理性和必然性，但从另一方面看，这些行业的快速增长和良好的市场前景又引发了新一轮建设热，其中由行政冲动和地方政府主导的投资不可避免地带有重复建设的项目和内容，特别是一些地方违反规定，盲目建设各类开发区，低价或无偿出让土地，更助长了盲目建设、重复建设现象的蔓延，必须采取切实措施，关键是管好土地，加强信贷调控和产业政策引导。

5. 加快改革步伐，促进经济和社会的协调发展

清除各种不符合市场经济要求的体制障碍是保持经济发展好形势的根本保障。新的一年要抓紧做好十六届三中全会决定的落实工作，积极稳妥地推进各项改革。

6. 努力保持社会稳定

2004年，企业改革和结构调整的力度将会继续加大，相应地，下岗失业人员也可能增加，要把增加就业作为重中之重。切实做好关心群众生产生活的工作，妥善处理因征地、拆迁、民事诉讼等引发的群体性事件，确保社会稳定。

对2004年国际国内可能发生的政治、军事事件，以及各种自然灾害要有足够估计和充分准备。特别要警惕美国当权人物倡导的“新帝国论”制造事端。还要密切关注台独势力的活动。在安排2004年经济工作时要充分地考虑这些因素，确保经济持续稳定快速发展。

2003年工业行业经济运行形势和2004年预期

国家发展改革委经济运行局副局长　牛建国

2003年中国面对复杂多变的国际形势，面对突如其来的“非典”冲击，面对频繁发生的自然灾害，在新一届党中央、国务院的正确领导下，坚持扩大内需的方针，继续实施积极的财政政策和稳健的货币政策，不断深化改革、扩大开放，充分发挥市场机制作用，适时、适度进行调控，积极推进结构调整，国民经济保持了良好发展势头，经济运行取得了远超预期的好成绩。

——经济增长速度加快，经济效益明显提高。国内生产总值一季度增长9.9%，二季度增长6.7%，陡然下滑3.2个百分点，三季度迅速回升到9.1%，预计全年国内生产总值突破11.5万亿元，增长速度超过8.5%。1~11月财政收入19 774亿元，增长19.9%，预计全年增收超过2 600亿元。1~11月规模以上工业企业累计实现利润7 252亿元，同比增加2 237亿元，增长44.6%，预计全年将突破8 000亿元。

——总量扩大的同时，经济结构继续改善。机械、汽车、钢铁等一批高增长产业群相继出现，纺织、轻工、电子等外向型行业国际竞争优势进一步显现，IT产业经调整后开始复苏，旅游、物流等新兴服务业快速增长。

——自主增长能力不断成长，企业活力明显增强。前三季度，全社会固定资产投资34 351亿元，同比增长30.5%，比上年同期加快8.7个百分点。其中，集体、个体投资同比加快9.6个百分点，对投资增长的贡献明显提高。预计全年全社会固定资产投资超过52 000亿元，增长23%。

——对外贸易进一步扩大，开放水平不断提高。加入WTO以来，我国制造业的竞争优势进一步显现，世界制造业加快了向我国转移的步伐，对外贸易开创了改革开放以来外贸连续两年高速增长的新局面。1~11月，进出口总额7 609亿美元，同比增长35.8%，比上年同期提高16个百分点。其中，出口3 903亿美元，进口3 706亿美元，均已超过上年全年水平。预计全年进出口总额超过8 300亿美元，增长33%。中日、中美、中欧双边贸易总额均突破千亿美元大关，增长幅度超过30%；中韩、中国与东盟双边贸易增长幅度超过40%。1~11月，全国合同外资金额1 005亿美元，同比增长37.1%；实际利用外资472亿美元，增长0.2%；累计批准设立外商投资企业36 616家，增长19%。

——消费市场稳定增长，社会总供求关系有所改善。1~11月，社会消费品零售总额41 106亿元，同比增长8.9%。居民消费价格总水平同比上涨1%，工业品出厂价格同比上涨2.3%，生产资料价格上涨3.6%，原材料、燃料、动力购进价格上涨4.6%。居民消费价格总水平和生产资料价格总水平的连续上涨表明近年来一直困扰经济发展的通货紧缩压力有所缓解。

2003年宏观经济运行的良好发展势头及环境，为工业经济的发展奠定了基础，工业经济继续保持快速增长态势，表现出生产快速增长、结构继续改善、产销衔接正常、经济效益回升、运行质量提高的特点。全年预计：规模以上工业增加值增长17%；工业企业实现利润增长40%左右；全部工业对国内生产总值的贡献率为65%左右，各项经济指标均可超过年初预期目标。

一、工业经济总体运行情况

1~11月规模以上工业企业累计完成增加值36 694亿元，同比增长16.8%，增速加快4.4个百分点。

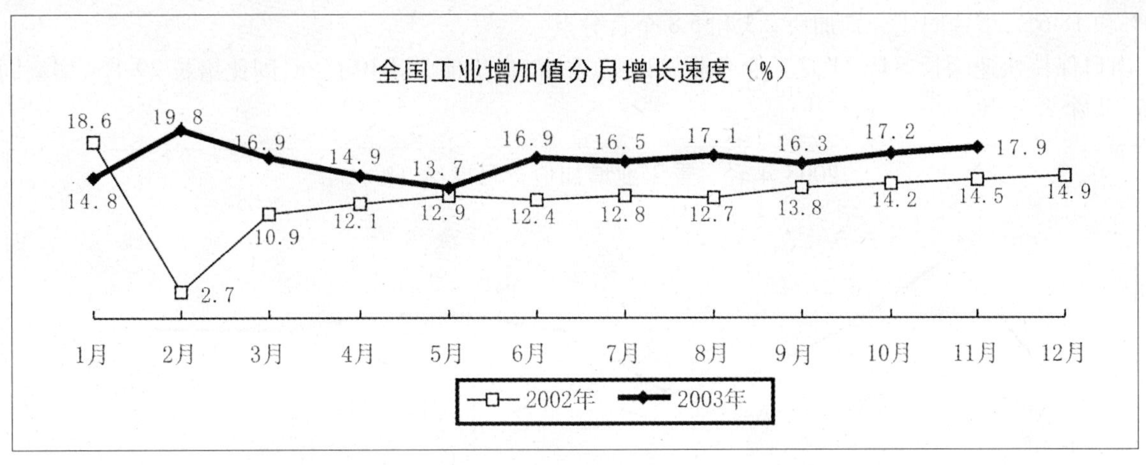

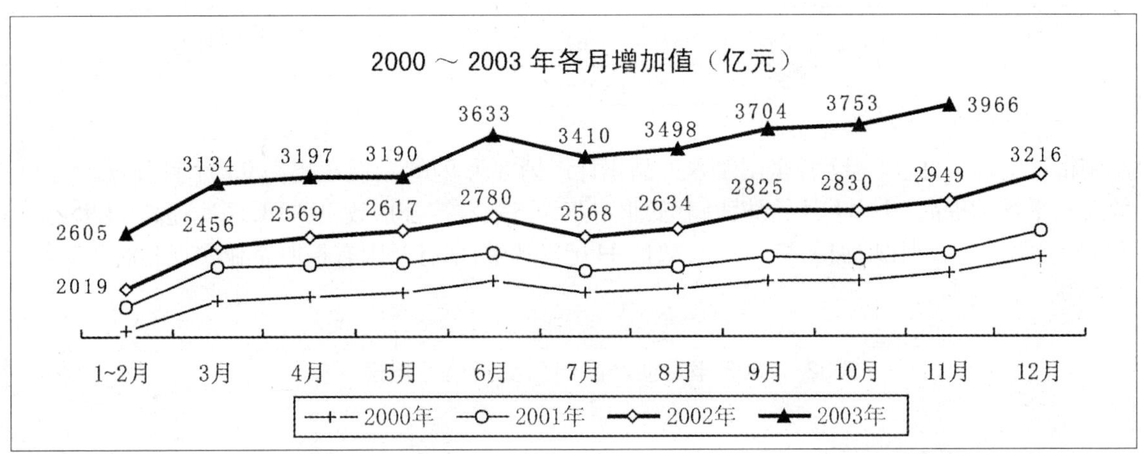

各经济类型企业生产加快增长。1～11月累计，国有及国有控股企业增加值同比增长14.3%，股份制企业增长18.4%，外商及港澳台商投资企业增长19.8%，集体企业增长10.2%。

轻、重工业保持快速增长。1～11月累计，轻、重工业分别完成增加值13 091亿元和23 603亿元，增长

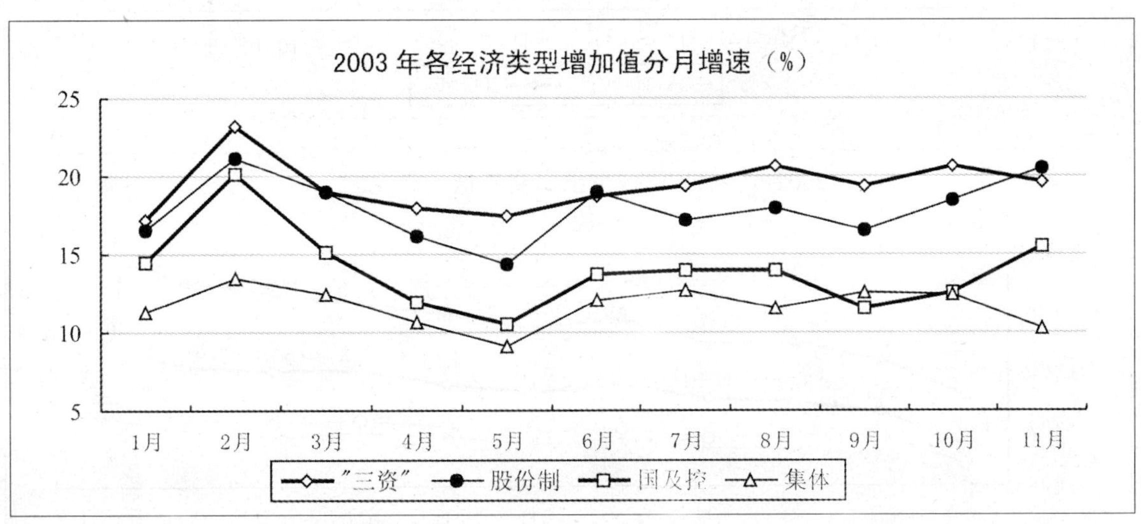

14.4%和 18.6%，增速同比分别加快 2.3 和 5.8 个百分点。

出口保持快速增长。1~11 月工业企业累计实现出口交货值 23 930 亿元，同比增长 29.4%，增幅同比提高 7.1 个百分点。

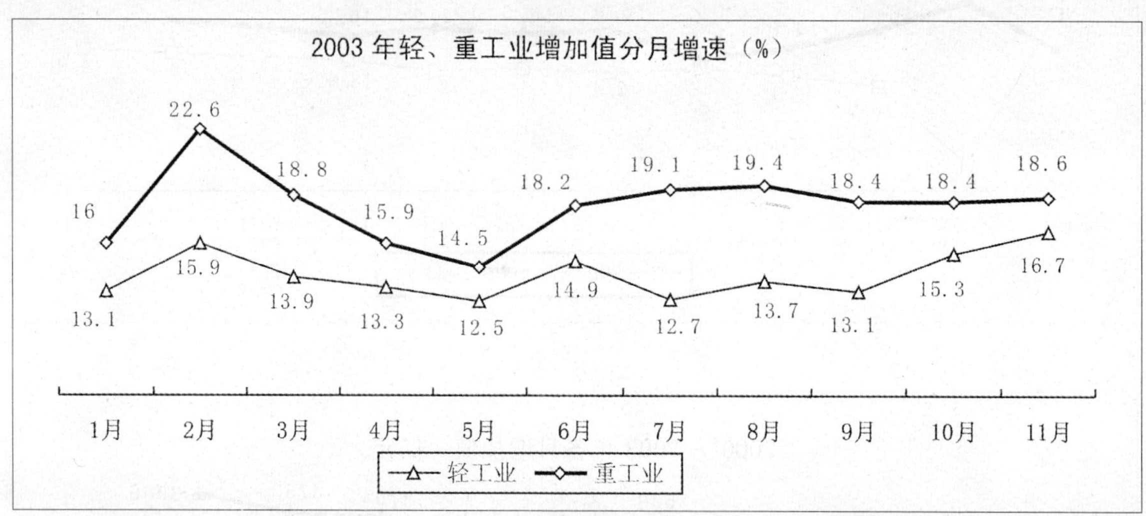

产销衔接情况良好。1~11 月全国工业产品累计产销率为 97.8%，同比提高 0.2 个百分点。

效益水平继续提高。1~11 月，规模以上工业企业经济效益综合指数 143.18，同比提高 13.95 点；累计实现利润 7 252 亿元，同比增加 2 237 亿元，增长 44.6%；其中，国有及国有控股企业实现利润 3 474 亿元，增长 49.7%。

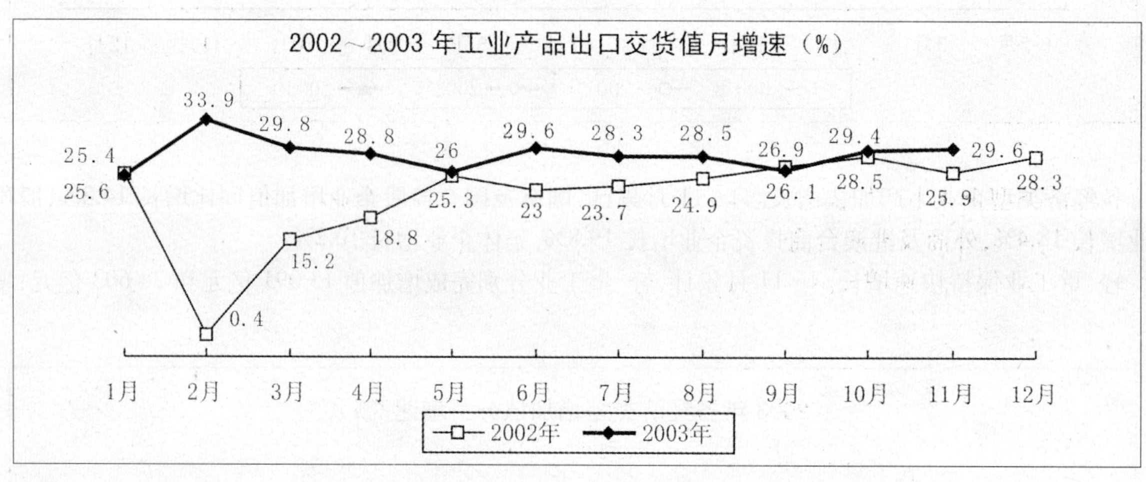

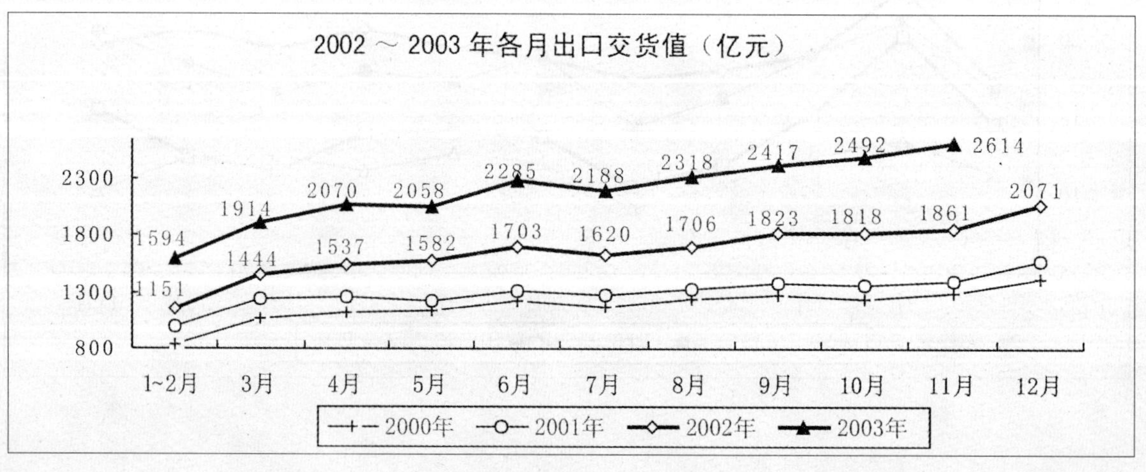

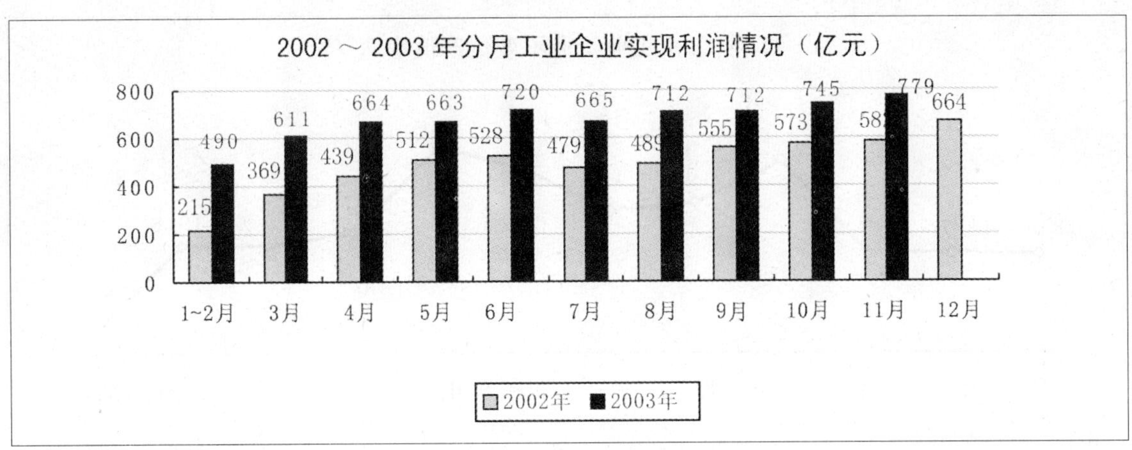

价格保持回升态势。1~ 11 月，工业品出厂价格平均比去年同期上涨 2.3%，其中生产资料价格上涨 3.6%，生活资料价格下降 1.2%。

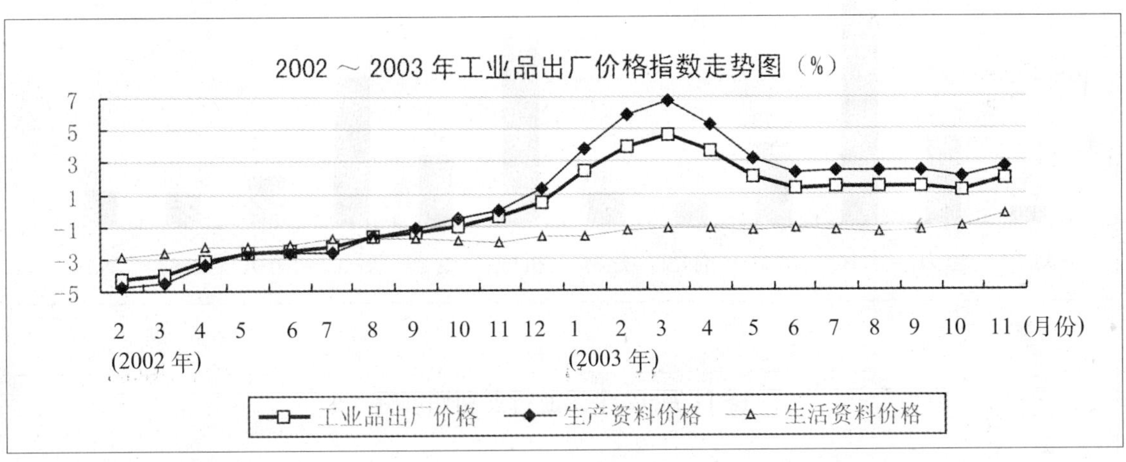

二、各行业经济运行基本情况

1~ 11 月，各行业生产增速比去年同期都有不同程度加快，其中冶金、机械、电子行业不变价产值增速超过 30%。12 个主要工业行业利润增幅均超过 20%，其中冶金行业增长一倍多，煤炭、有色金属、建材、机械超过 50%。

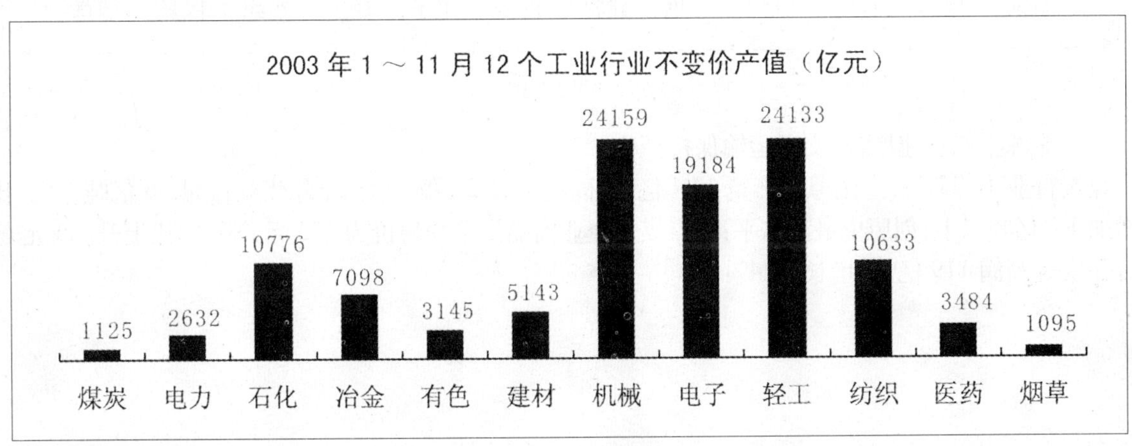

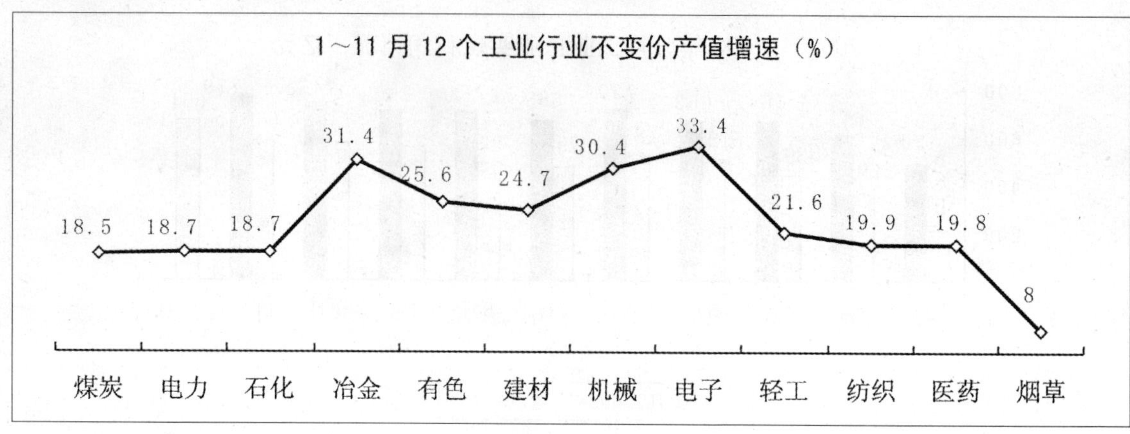

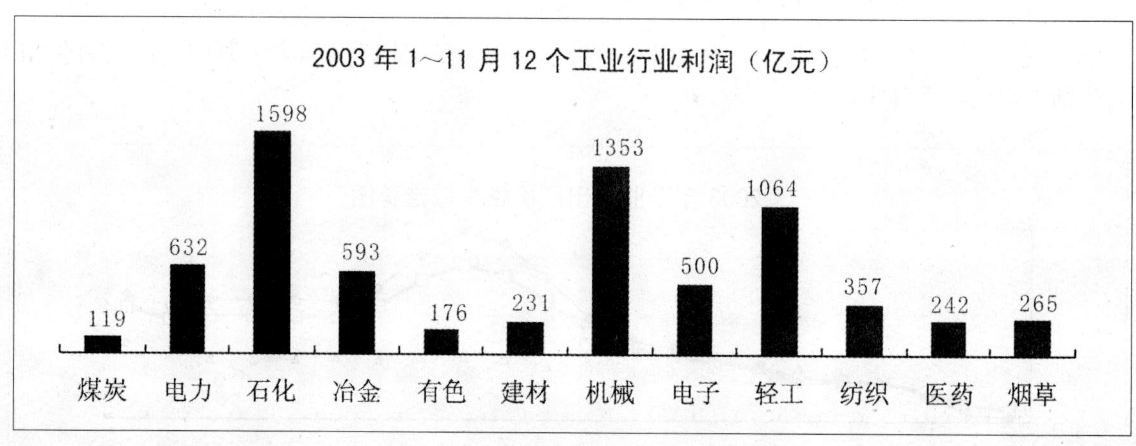

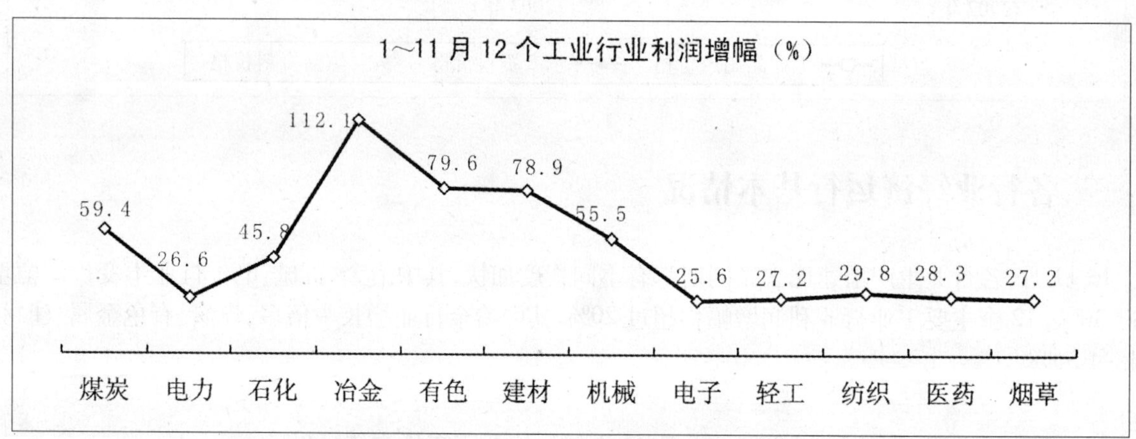

——能源生产快速增长，交通运输保持平稳。

煤炭行业 1~11 月，全国原煤产量 14.4 亿吨，同比增长 21.7%；预计全年煤炭产量 16 亿吨左右，比去年增加 1.5 亿吨以上，创历史最高水平；重点煤炭企业商品煤平均售价为 172 元 / 吨，同比上升 5.6 元 / 吨。全行业实现利润 119 亿元，增长 59.4%。

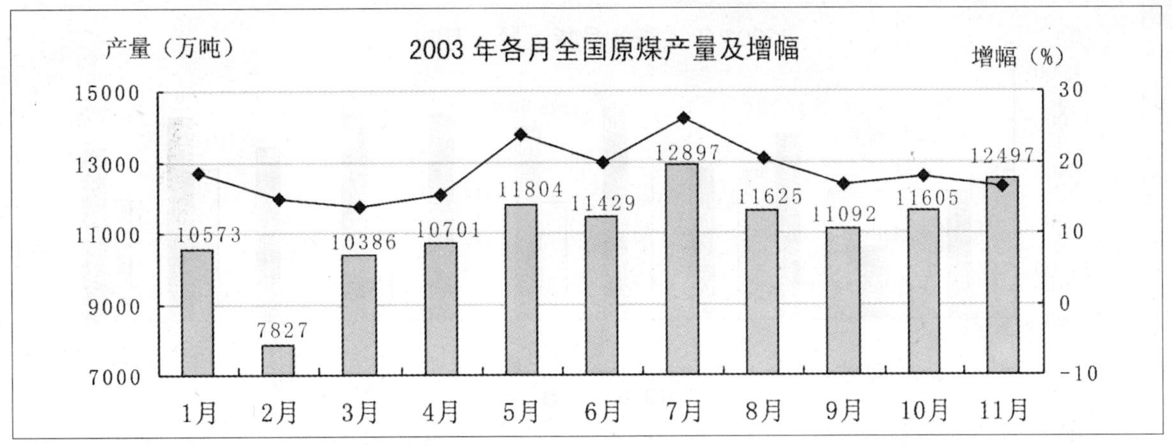

电力行业 1~1 月，全国发电量 16 759 亿度，同比增长 15.5%。其中，火电 13 956 亿度，增长 16.7%，水电 2 392 亿度，增长 3.3%；核电 399 亿度，增长 78.8%。全行业实现利润 632 亿元，同比增长 26.6%。

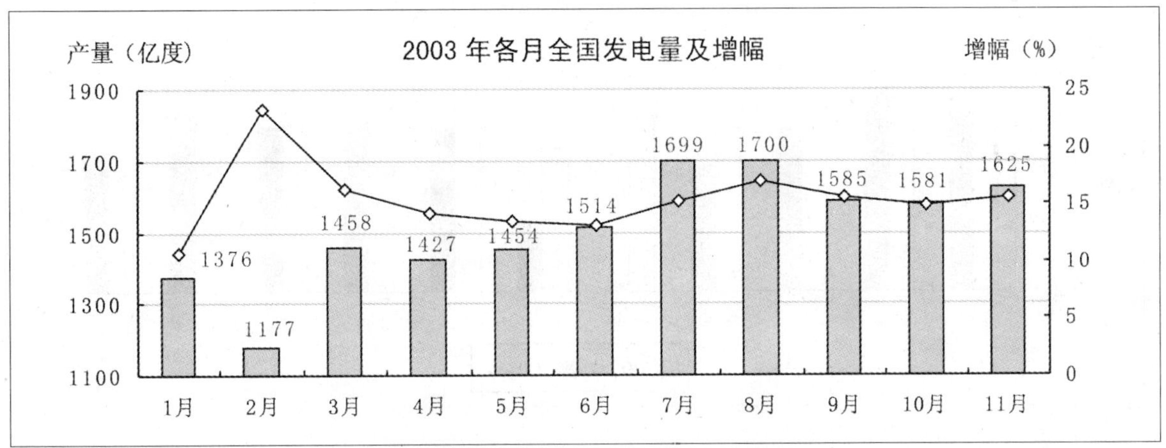

石化行业 1~11 月，全行业不变价产值同比增长 18.7%，增速同比加快 4.4 个百分点，其中化学工业增长 19.8%，加快 3.3 个百分点；实现利润 1 598 亿元，增长 45.8%，其中化学工业实现利润 372 亿元，增长 66.2%。全国原油产量 15 580 万吨，同比增长 1.6%；原油加工量 20 681 万吨，增长 10.3%；进口原油 8 159 万吨，增长 29%。

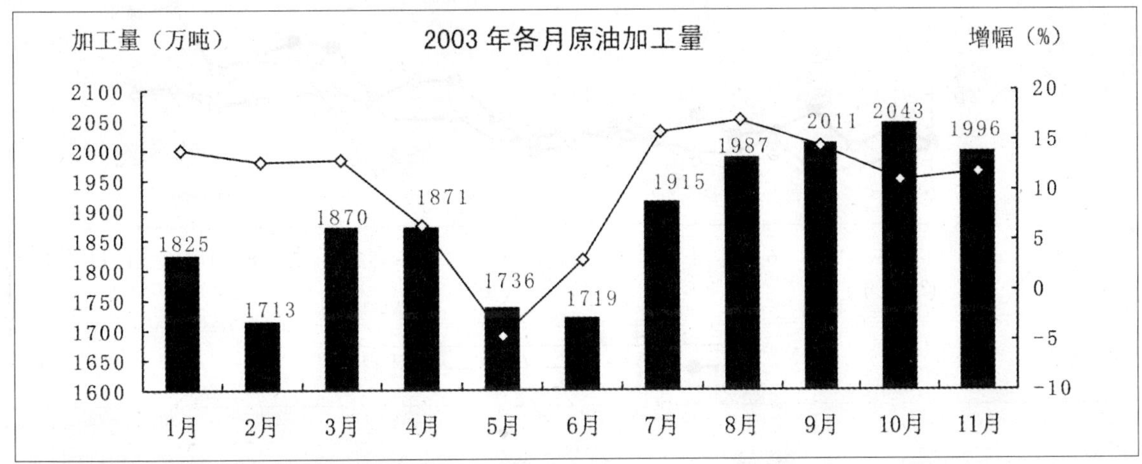

交通运输 1~11 月，铁路完成货运量 18.2 亿吨，增长 6%，其中煤炭运量 7.9 亿吨，增长 6.1%；客运量 8.6 亿人次，下降 8.9%，其中直通客运量 2.7 亿人次，下降 5.4%。

1~11 月，江海主要港口货物吞吐量 18.4 亿吨，增长 18.5%，其中外贸货物增长 23.3%；三大航运企业货运量 5 亿吨，增长 13.7%。

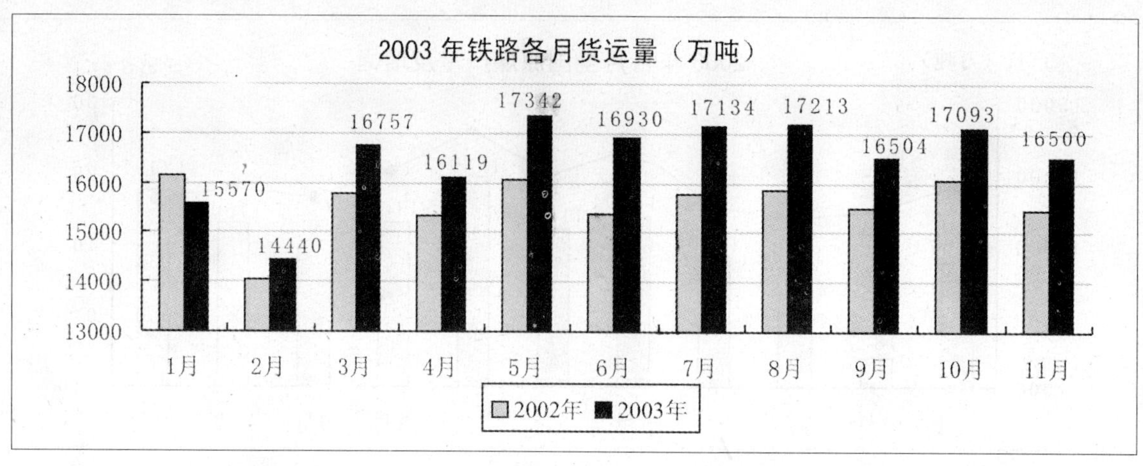

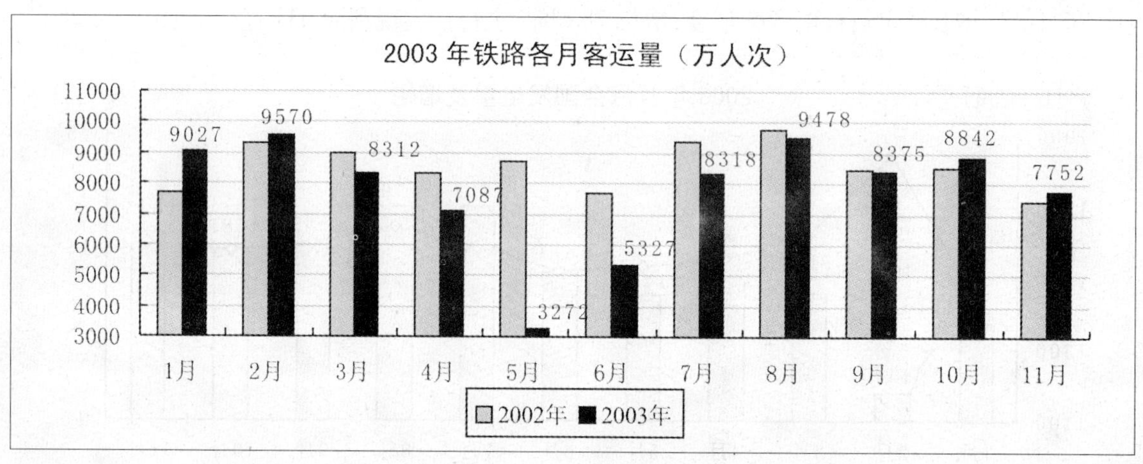

原材料行业保持快速增长，效益水平大幅上升。

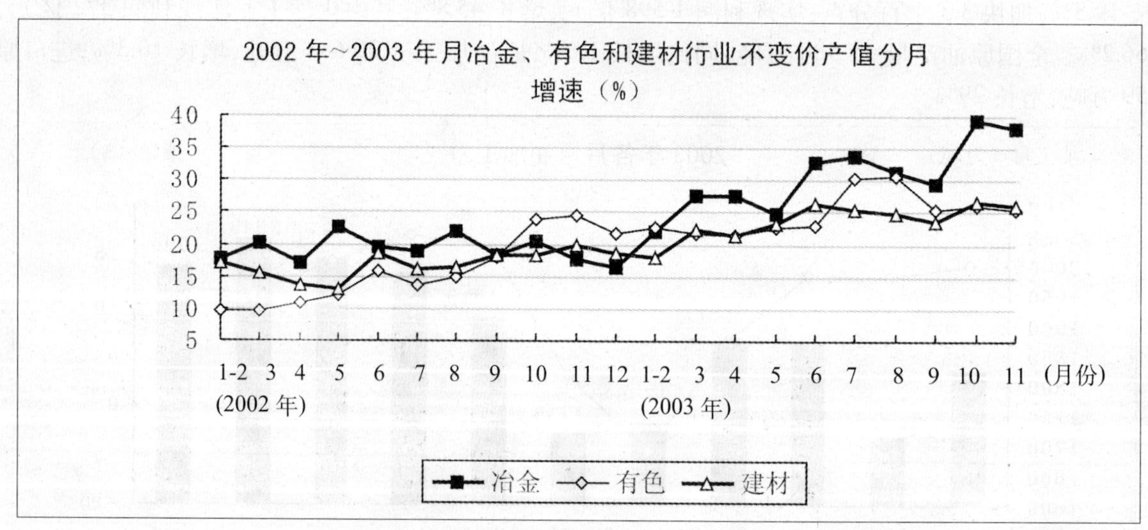

冶金行业 1~11 月，冶金行业不变价产值同比增长 31.4%，增速加快 12.6 个百分点；钢产量达到 2 亿吨，成品钢材产量 2.14 亿吨，均增长 21.5%。钢材价格走势强劲，6.5mm 普通线材、16mm 螺纹钢市场平均价格经历 8、9 两个月回调后，10 月份突破 3 000 元 / 吨，11 月份分别回升到 3 358 元 / 吨、3 381 元 / 吨。1~11 月，冶金行业实现利润 593 亿元，增长 1.19 倍。

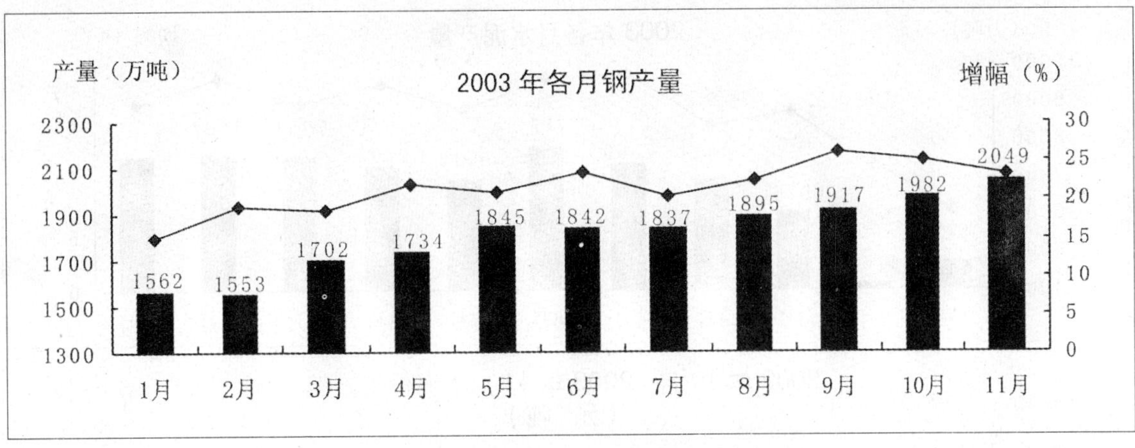

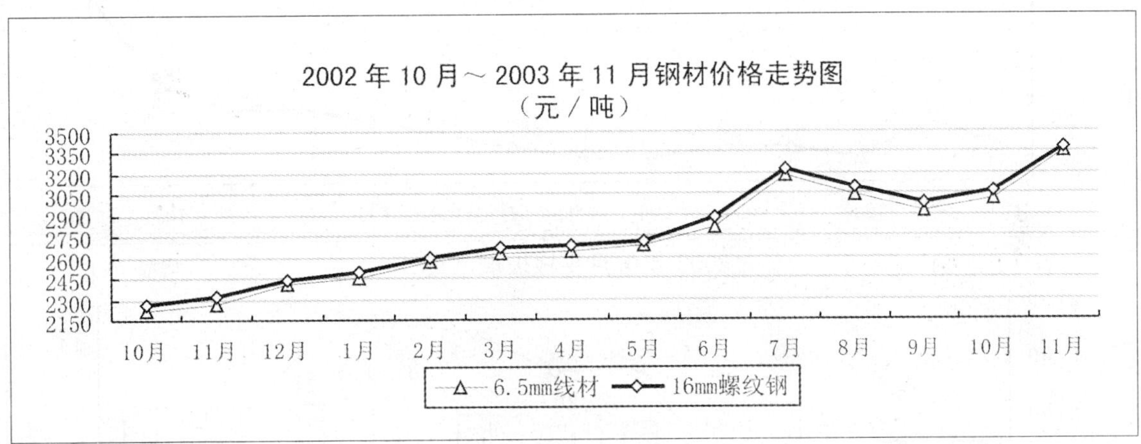

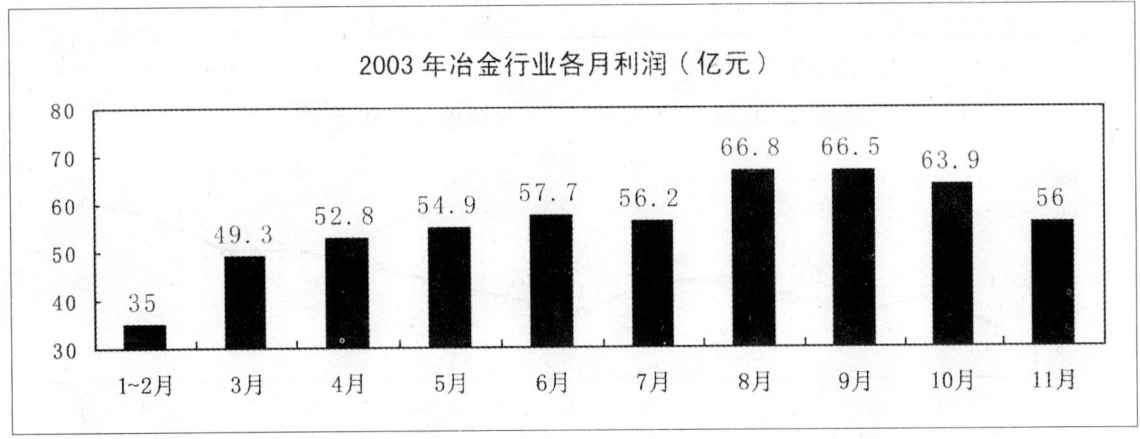

建材行业　1～11 月，建材行业不变价产值同比增长 24.7%，增速同比加快 9.3 个百分点；水泥产量达到 7.4 亿吨，增长 16.5%，平板玻璃产量 2.3 亿重量箱，增长 10.1%；水泥、平板玻璃价格继续上升。11 月份，重点建材企业水泥出厂混合平均价格上升到 295 元 / 吨，平板玻璃混合平均价格 67 元 / 重箱。11 月末重点企业水泥、玻璃库存同比分别下降 13.4%和 32.6%。全行业实现利润 231 亿元，增长 78.9%；其中，水泥行业实现利润 84.3 亿元，增长 1.4 倍；玻璃行业实现利润 9.7 亿元，同比减亏增利 10.8 亿元。

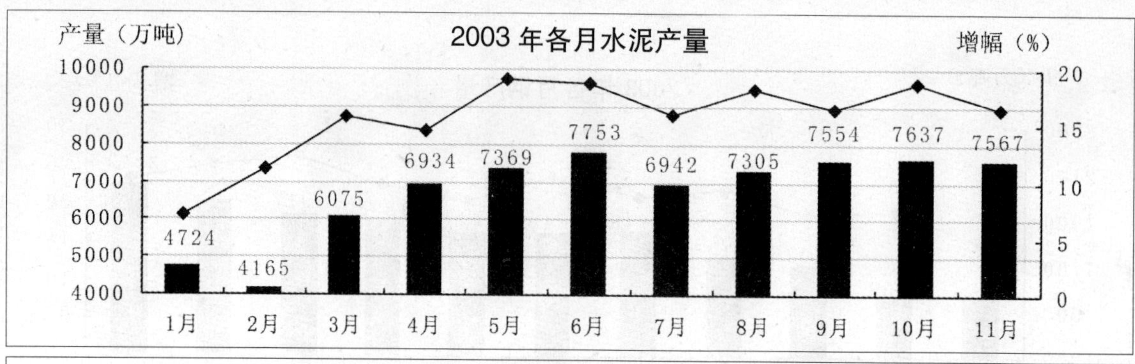
产量（万吨）
2003年各月水泥产量
增幅（%）
10000
9000
8000
7000
6000
5000
4000
20
15
10
5
0
4724
4165
6075
6934
7369
7753
6942
7305
7554
7637
7567
1月
2月
3月
4月
5月
6月
7月
8月
9月
10月
11月

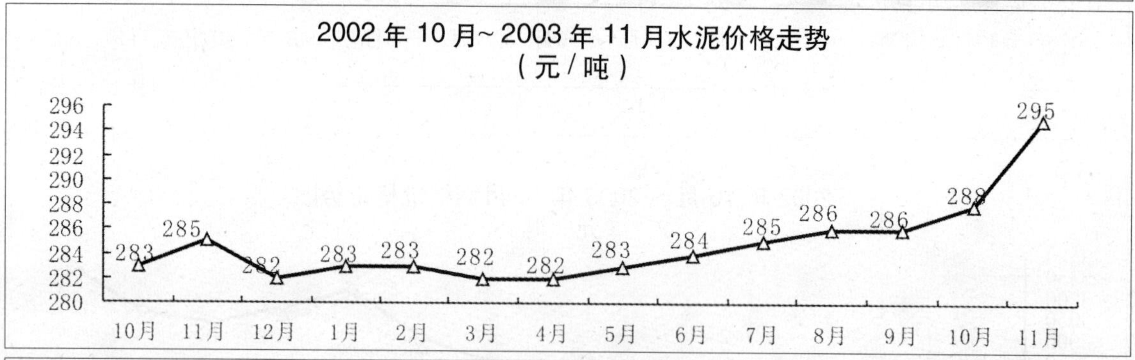
2002年10月~2003年11月水泥价格走势
（元/吨）
296
294
292
290
288
286
284
282
280
283
285
282
283
283
282
282
283
284
285
286
286
288
295
10月
11月
12月
1月
2月
3月
4月
5月
6月
7月
8月
9月
10月
11月

产量（万重箱）
2003年各月平板玻璃产量
增幅（%）
2700
2400
2100
1800
1500
16
14
12
10
8
6
4
1944
1948
1916
1932
2062
2044
2103
2192
2171
2145
2264
1月
2月
3月
4月
5月
6月
7月
8月
9月
10月
11月

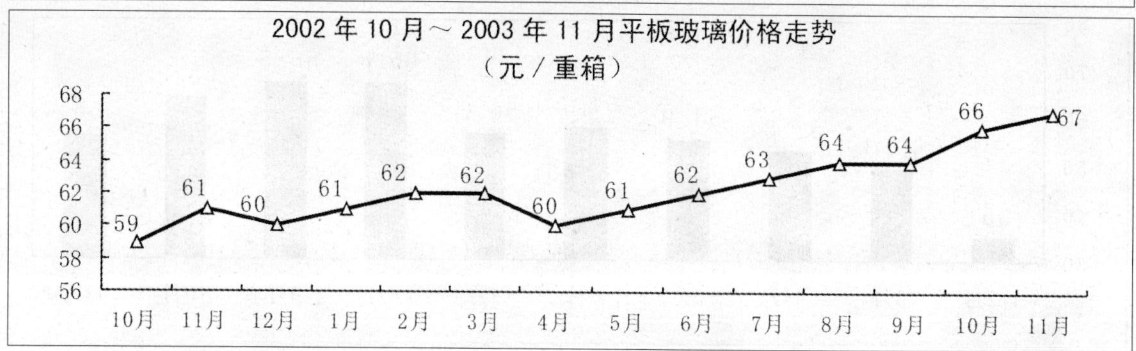
2002年10月～2003年11月平板玻璃价格走势
（元/重箱）
68
66
64
62
60
58
56
59
61
60
61
62
62
60
61
62
63
64
64
66
67
10月
11月
12月
1月
2月
3月
4月
5月
6月
7月
8月
9月
10月
11月

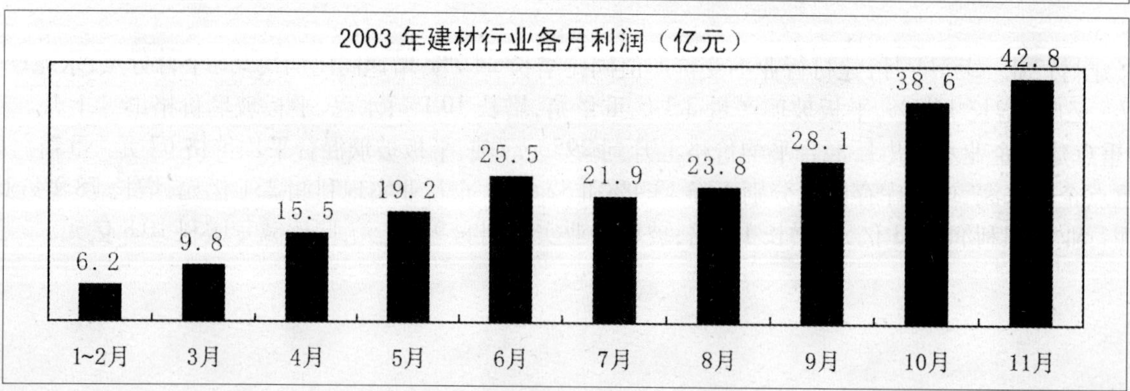
2003年建材行业各月利润（亿元）
6.2
9.8
15.5
19.2
25.5
21.9
23.8
28.1
38.6
42.8
1~2月
3月
4月
5月
6月
7月
8月
9月
10月
11月

有色行业 1~11月,有色行业不变价产值同比增长25.6%,同比加快10.9个百分点;十种有色金属产量1 071万吨,增长20%;实现利润176亿元,增长79.6%。

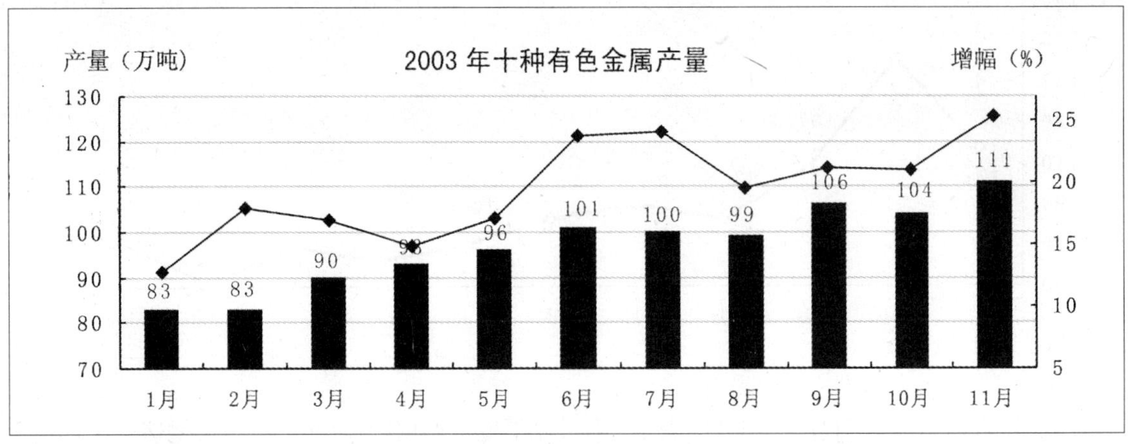

——机械、电子高位运行,轻工、纺织增势平稳。

机械行业 1~11月，机械行业不变价产值同比增长30.4%，增速同比加快6个百分点；实现利润1 353亿元,增长55.5%。

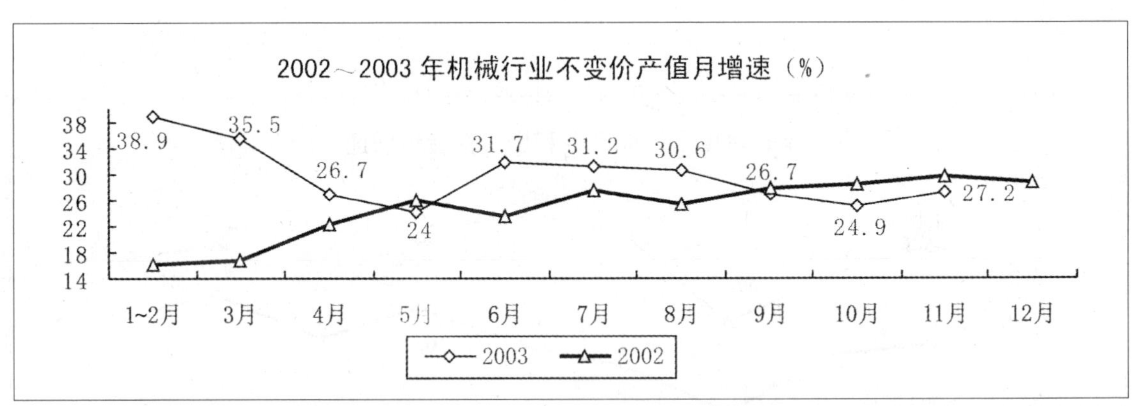

1~11月,汽车产量达到405万辆,增长33%,其中,轿车产量181万辆,增长81.4%,预计全年轿车产量将突破200万辆；汽车工业实现利润686亿元，增长63%。在机械行业实现利润中，汽车工业占到50.7%。

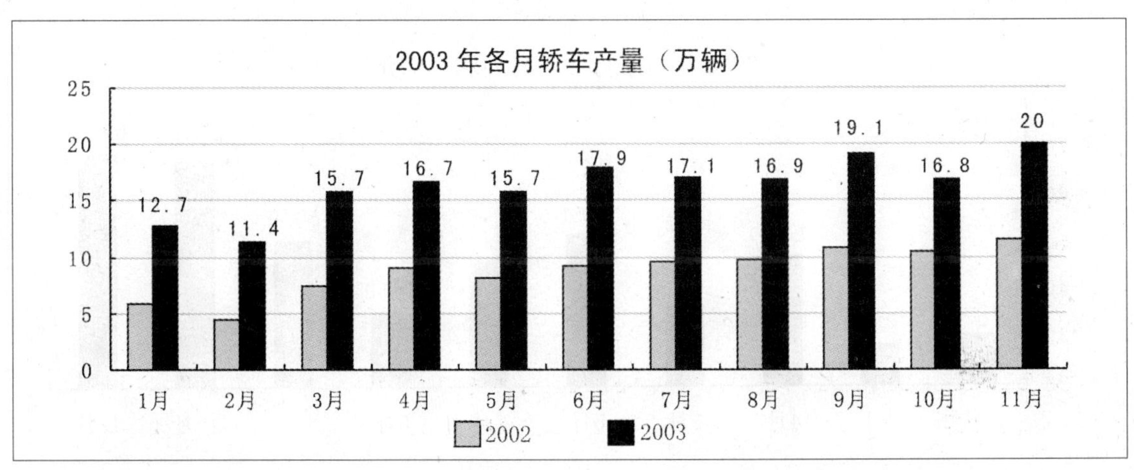

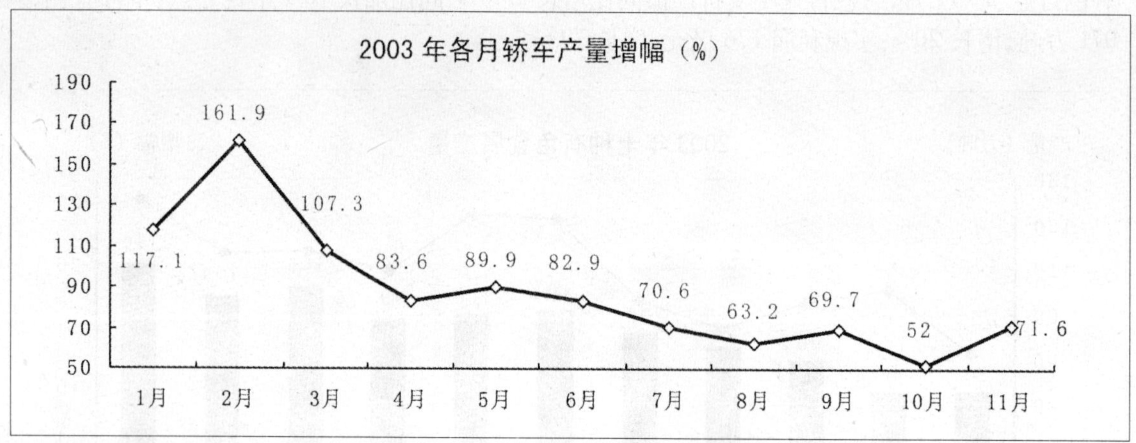

电子行业(含通讯设备制造业) 1~11 月，电子行业不变价产值同比增长 33.4%，增速同比加快 11 个百分点，其中通信设备、电子计算机、电子元器件、家用视听设备制造业分别增长 21.6%、51%、26.8%和 30.5%；出口交货值同比增长 43.9%，出口占行业产值的比重达到 56%；实现利润 500 亿元，增长 25.6%。

轻工行业 1~11 月，轻工行业不变价产值同比增长 21.6%，增速同比加快 4.6 个百分点；出口交货值同比增长 22.7%，同比加快 4.6 个百分点，出口占行业产值的比重为 25%；实现利润 1 064 亿元，增长 27.2%。

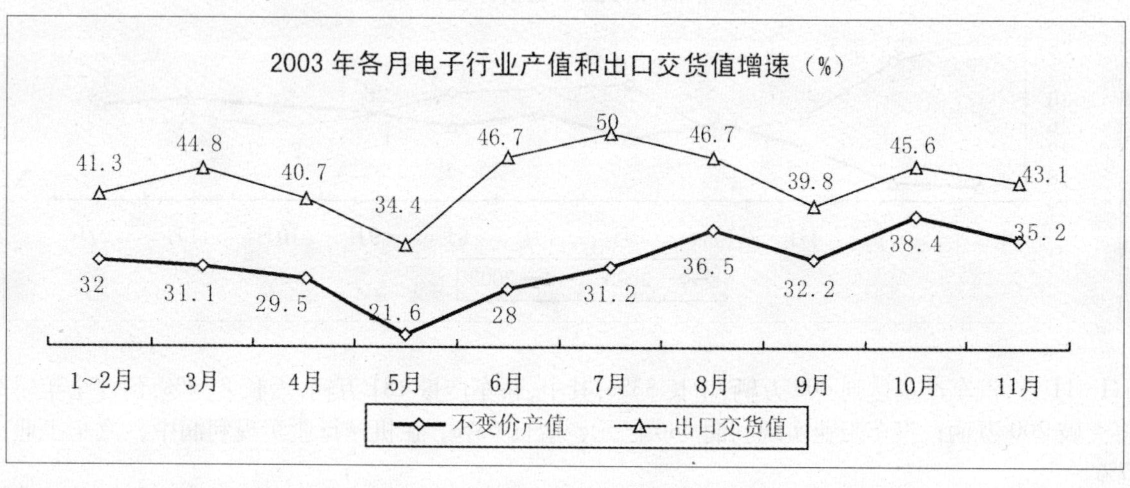

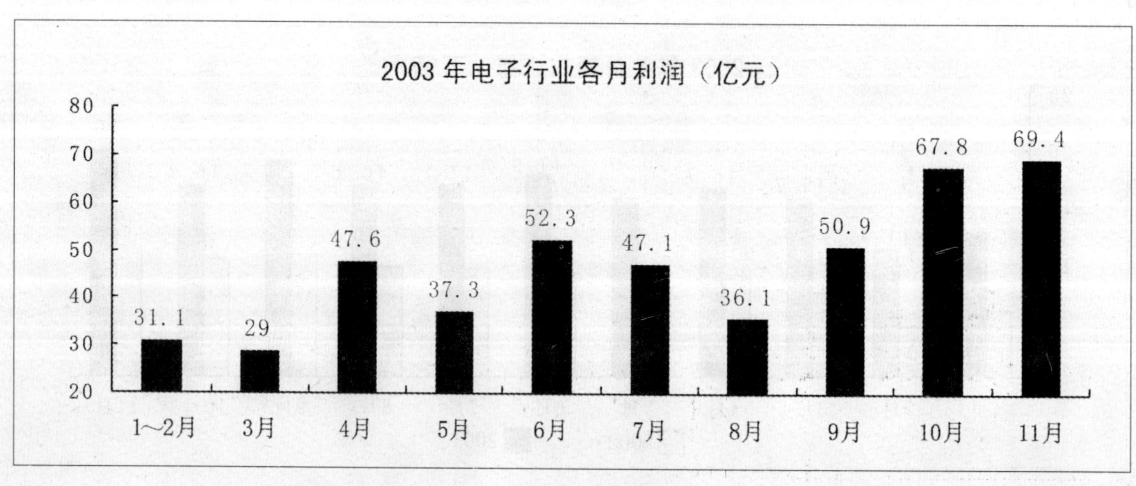

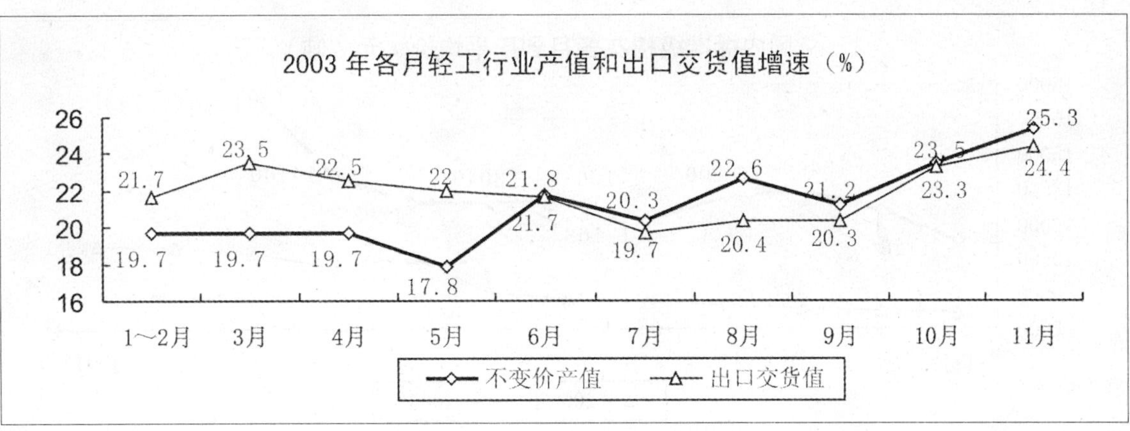

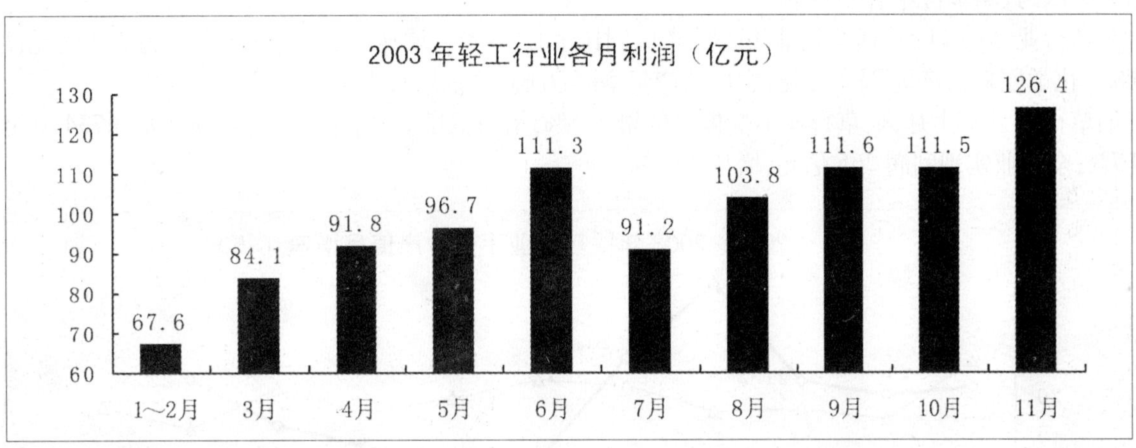

纺织行业　1～11 月，纺织行业不变价产值增长 19.9%，同比加快 5 个百分点；出口交货值增长 20.7%,同比加快 8.1 个百分点,出口占行业产值的比重为 34%;实现利润 357 亿元,增长 29.8%。主要产品中,纱产量 843 万吨,布产量 223 亿米,分别增长 16.1%和 9.0%;服装产量 88 亿件,增长 12.3%;化纤产量 1 050 万吨,增长 17.6%。

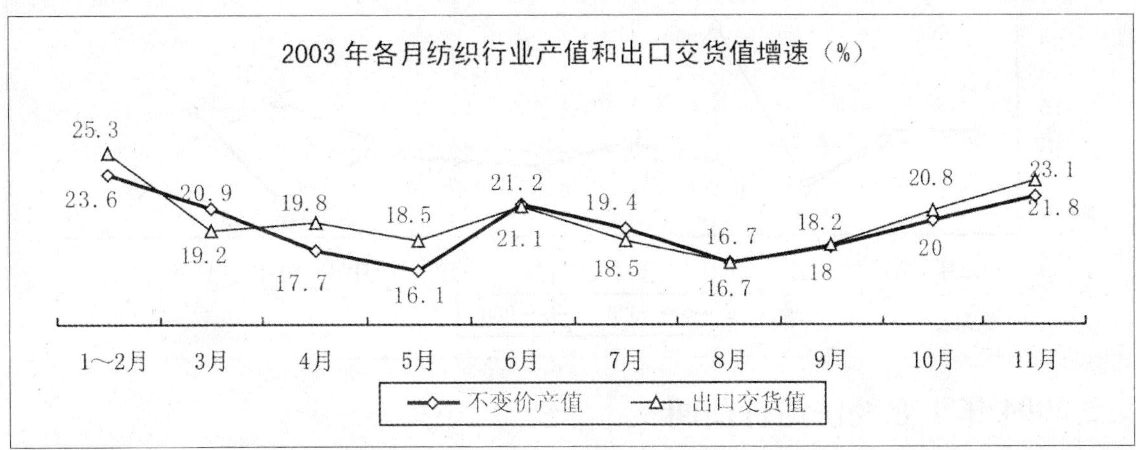

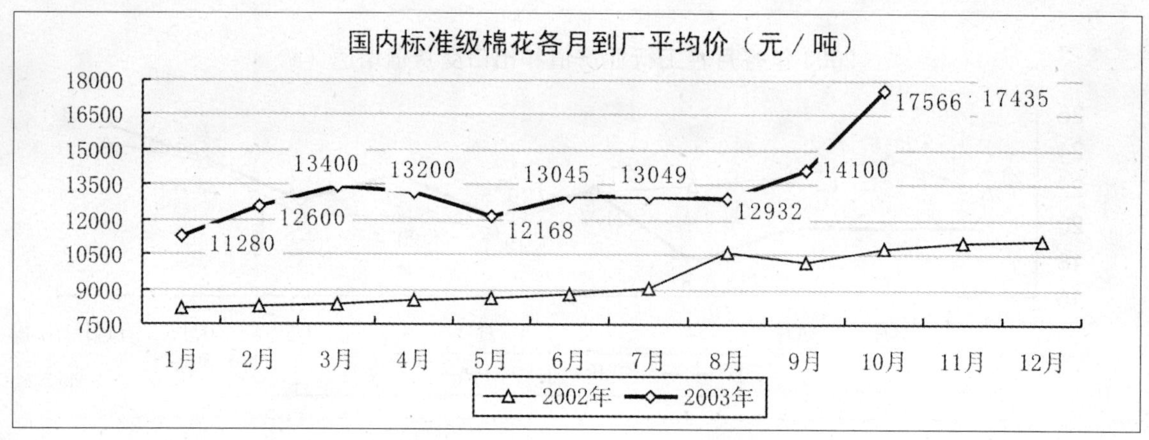

——医药、烟草行业增势平稳。

医药行业　1～11月，医药行业不变价产值同比增长19.8%，增速同比持平；实现利润242亿元，增长28.3%。化学原料药产量73.2万吨，中成药产量54.5万吨，分别增长15.7%和19.9%。

烟草行业　1～11月，烟草行业不变价产值增长8%，增速减缓2.7个百分点；卷烟产量3 734万箱，下降0.7%；全行业实现利润265亿元，增长27.2%。

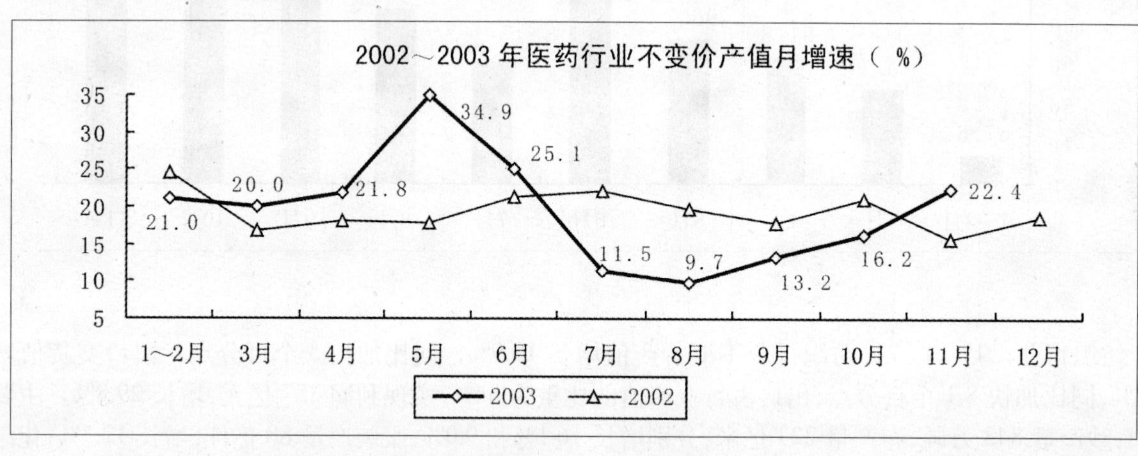

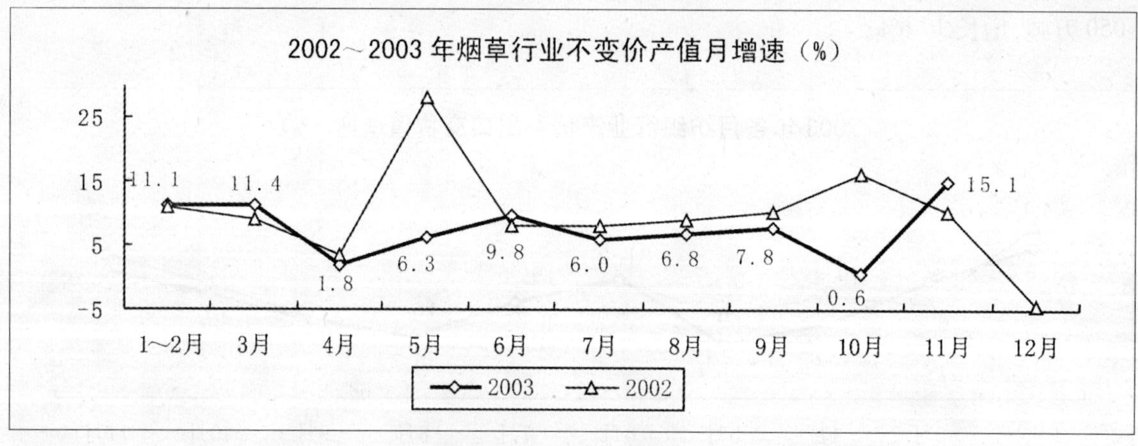

三、2004年工业经济运行预期

2004年是全面贯彻党的十六大和十六届三中全会精神的重要一年。中央经济工作会议和刚刚结束的全国发展和改革工作会议对明年的经济形势作了深刻分析，明确提出了明年经济工作的指导原则、主要任务和政策措施。

总体上看，2004 年宏观经济运行的整体环境比较有利，国内外经济发展趋好的因素明显增加。十六届三中全会在一些重大理论问题上的创新，将使我国经济增长的体制环境进一步改善。良好的经济发展预期，增强了各地区、各行业以及企业加快发展的信心。随着投资环境改善、投资体制改革以及行政管理体制改革的稳步推进，市场活力对经济的推动作用继续增强，经济增长的基础不断巩固。国际经济总体呈现逐步回升态势。国民经济仍然具备加快发展的条件。与此同时，也应该清醒地看到经济社会和工业运行中面临的矛盾和问题：一是农民收入增长缓慢，城乡差距继续拉大。特别是粮食主产区和纯农户增收困难，粮食产量出现连续下降。“三农”问题不解决，将影响最终需求不足，使投资高增长缺乏持续增长的基础。二是结构性矛盾依然存在，部分行业和地区投资增长过快，出现盲目投资、低水平扩张、粗放经营倾向。三是资源约束的矛盾日益突出，工业生产快速增长与水、油、电、煤以及重要原材料和交通运输、环境承受能力不相协调的问题进一步显现。四是受国际贸易摩擦加剧以及综合出口退税率降低等因素影响，继续保持较高出口增幅的难度加大。

按照中央经济工作会议的要求，2004 年经济工作的基本思路是：稳定政策、适度调整，深化改革、扩大开放，把握全局、解决矛盾，统筹兼顾、协调发展。工业行业要以 32 字方针为指导，全面贯彻中央经济工作会议要求和全国发展和改革工作会议部署，牢固树立并认真落实科学发展观，以推进新型工业化为主线，坚持以转变经济增长方式、不断提高经济增长质量和效益为中心，加强监测分析，完善信息引导，搞好综合协调，加快结构调整，建立应急机制，继续发挥工业经济在国民经济发展中的主导作用。

2004 年工业行业经济运行工作预期目标为：全国规模以上工业增加值增长 11%，出口交货值增长 10%左右，工业企业实现利润力争超过 2003 年水平；每万元工业增加值能耗、用水量继续降低；工业结构进一步优化，工业经济运行的质量和效益继续提高。

主要行业经济运行预期目标

——煤炭、电力、石油和运输行业

在国民经济持续快速增长的拉动下，煤、电、油及运输的市场需求将继续保持较快增长。预期：煤炭产量 17 亿吨；发电量 2.08~ 2.10 亿千瓦时；原油加工量 2.3~ 2.4 亿吨；天然气产量 350 亿立方米；铁路货运量 20.8 亿吨，公路货运量 114 亿吨，水运货运量 15.9 亿吨。

针对目前煤电油运供应偏紧的形势，除加快能源新建、改扩建项目的建设，增加供应缓解瓶颈制约外，经济运行工作的重点是：加强产运需协调，促进供需平衡，确保经济平稳运行。煤炭行业要加强煤炭运行趋势分析，科学引导生产和消费，做好日常煤炭产运需衔接，特别是电煤和炼焦煤的应急协调，维护供需基本平衡的格局；电力行业要协调解决电网运行、电力生产供应中出现的重大问题，针对可能出现的电力紧张，制定并监督实施电力供应应急预案。

——冶金、有色和建材行业

预期：钢产量 2.4 亿吨，钢材产量 2.5 亿吨；十种有色金属产量 1 200 万吨；水泥产量 8.4 亿吨，其中新型干法窑外分解水泥熟料产量达到 2.6 亿吨以上；平板玻璃产量 2.6 亿重箱，其中浮法玻璃比重达到 90%。

针对钢铁、水泥等行业投资过热和电解铝行业重复建设问题，要抓紧落实国务院出台的相关政策，引导行业健康发展。冶金行业要积极推动企业技术进步，加快产业优化升级和产品结构调整；要密切监视市场变化，加强外部条件的综合协调；根据行业发展状况，针对矿石、焦炭、废钢、氧化铝、铜精矿等国内资源不足，对进口依赖程度越来越高的特点，开展调查研究，提出措施建议，促进行业的可持续发展。建材行业要认真落实国务院转发的《关于制止水泥行业盲目投资加快结构调整的若干意见》，具体研究和跟踪落实相关政策措施的执行情况；要按照国家发展改革委等部门联合下发的《建筑安全玻璃管理办法》和《水泥强度检验用标准砂管理办法》要求，规范建筑安全玻璃、水泥强度检验用标准砂的管理；要积极推进加快建立与现代企业制度相适应的建材流通体制。

——机械、轻工、纺织和医药行业

预期：机械行业产值（不变价，下同）增长15%，利润增长10%，出口增长15%；轻工行业产值增长12%，利润增长10%，出口增长15%；纺织行业产值增长10%，出口增长8%；医药行业产值增长20%，利润增长22%，出口增长15%。

2004年工业行业经济运行机遇与挑战同在，有利条件多于不利因素。要振奋精神，坚定信心，与时俱进，扎实工作，继续保持工业经济发展的良好态势，努力开创经济运行工作新局面。

我国住宅产业发展现状与前景

建设部住宅产业化促进中心　沈建忠　田灵江

近年来，在国家宏观政策引导下，我国城乡住宅建设保持了持续快速健康的发展，取得了举世瞩目的成就。城乡居民的住房观念发生了重大变化，居民的住房消费得到了有效启动，房地产市场体系不断完善，商品房、经济适用住房、廉租住房等住房供应体系基本确立，城乡面貌和广大居民的住房环境和条件发生了根本性变化，以住宅为主的房地产业已经成为国民经济发展的支柱产业，对扩大内需和拉动经济增长起到了重要的作用。

一、中国住宅产业发展现状

1998年以来，随着中国社会主义市场经济体制的逐步完善和城镇住房制度改革深入推进，住房消费持续扩大，住宅建设投资快速增长，居民的住房条件逐步提高。过去5年，全国个人购买商品住房占商品住房销售额的比重由54.5%提高到95.3%。2002年，个人购买新旧住房和建房支出总额约8 000亿元，其中，购买新建商品住宅交易额4 500亿元。城镇住宅建设累计竣工面积34亿平方米，年均住宅竣工面积达到6.8亿平方米，是改革开放以来年均住宅竣工面积的2倍以上。2002年，城镇人均住宅建筑面积达到22.8平方米，比1997年提高5.2平方米。同时，住宅质量不断提高，配套设施和居住环境得到改善。以住宅为主的房地产开发投资年均增长19.5%。房地产开发投资占固定资产投资的比重由12.7%提高到17.9%，直接和间接拉动GDP增长每年保持在2个百分点左右。中国的住宅产业已进入新的发展阶段，产业的发展具有明显的特征。

（一）当前住宅供求的特征

就当前的住房需求大致分为三种需求类型。一是基本生存型，二是改善功能型，三是投资置业型。从这三种需求类型的分布来看，改善功能型的需求是主流。因此，房地产市场需求的总体特征为需求总量持续增长、产品质量的更新换代和管理服务水平的提高，其中最关键的特征是产品质量需求转型的特征。就目前的房地产开发企业的特点看，开发企业也可划分为三种类型。一是概念创新、市场炒作型，二是理念创新、品牌战略型，三是随行就市、跟风模仿型。

（二）住宅产业面临着广阔发展前景

尽管近几年住宅建设一直保持较快的增长速度，城镇人均住房面积有了较大提高，但与发达国家人均住房面积相比，与人民日益增长的住房需求相比还有较大的差距，住宅产业还将保持持续增长的态势。一是中国经济持续稳定增长，为住宅产业发展提供了广阔的市场空间。近年来，中国经济一直以7%以上的速度持续稳定增长，综合国力不断增强，人均收入不断提高，对改善住房条件的要求日益强烈。随着中国加入 WTO，对外开放的步伐进一步加快，国际经济交往日益频繁。根据联合国发布的《世界投资报告》，中国已连续 9 年位居发展中国家和地区吸收外资首位，全球 500 家最大的跨国公司中已有 400 多家在华设立机构。大量外资和外企进入，不仅增加了住房需求，而且也将增加住宅投资，为住宅产业发展提供了良好的机遇。二是中国城乡经济结构的转型和城镇化进程的加快，将增加巨大的住房需求，带动住宅产业的发展。中国城乡二元经济结构还没改变，城乡差距还很大，尤其是拥有 60%多的农村住房条件还有待改善。预计中国的城镇化水平每年以 0.8%~ 1%的速度增长，随着农村经济的繁荣，城镇化进程的加快，农村住房条件的改善和城镇人口的增加将带来巨大的住房需求。国民经济发展“十五”规划提出，到 2005 年，城市人均住宅建筑面积达到 22 平方米，户均一套功能齐全、综合质量较高的住宅，户均面积将达到 70 平方米。2010 年，人均达到 25 平方米，户均一套、人均一间、功能齐全、设备配套、居住环境良好的住宅，户均面积将达到 80 平方米。国内生产总值比 2000 年要翻一番，人均国内生产总值将超过 1 500 美元。参照国际经验，按照这一目标发展，中国的住宅产业必将进入稳定高速发展时期。三是住房的潜在需求必将带动住宅产业的发展。尽管中国的住房条件有了很大改善，但与发达国家相比，特别是与全面建设小康社会新阶段的要求相比，城镇居民住房水平还很低，住宅功能还不够完善。一方面，居民改善居住条件的需求不断增加。从一些机构对多个城市的调查结果显示，居民对现住房的满意率尚不到 20%，约有 48%的居民提出在两、三年内愿意换购住房；已购公房中有 67%的希望通过换购住房改善居住条件和环境。另一方面，住房苦乐不均的问题还很突出。调查显示，我国城市家庭中，有 12%的家庭人均建筑面积在 8 平方米以下，27%的家庭人均住房面积在 8~ 16 平方米，近 50%的家庭住房面积在全国平均水平以下，户均住房间数为 2.27 间。还有近 15%的家庭无独立厨房或与其他户合用，近 30%的家庭无卫生间或与其他户合用，近 13%的家庭没有饮用自来水。同时，城镇危旧改造任务也还很艰巨。因此，住房的潜在需求量还很大，住宅消费还有较大的空间。预计中国住宅产业在未来 20 年仍将保持快速增长的势头。

（三）住宅需求的发展趋势

随着中国经济的快速发展，人民群众物质生活水平的提高和生活方式更加文明，住房观念和住宅市场需求发生了重大变化，适用、舒适、经济成为住宅发展的新特征，体现人文关怀、绿色环保、科技创新是当前住宅产业发展的新主题。

一是住宅需求从物理空间需求向生活质量需求转变。住宅的需求不仅仅体现在数量的增加，更重要的体现在对功能的提高。功能提高的关键是在较小的空间内创造较大的舒适度。住宅的设施配备要齐全、高效，保证居住的安全、耐久、经济和方便。住宅的环境要自然、和谐、环保。住区环境的营造要注重利用自然的、地理的、社会的大环境资源，使小区与城市环境相协调，创造出阳光普照、空气清新、绿地静美的生态环境和富有人文内涵的居住交往、休闲健身的生活环境。

二是住宅需求从生存需求向生理需求和心理健康需求转变。随着经济的发展、自然环境的变化，提高住宅的居住舒适度是当前住宅市场需求的显著特征。世界卫生组织对建筑包括住宅的舒适度提出了 15 项标准，其核心内容是对建筑物室内温度、湿度、通风、日照及空气质量提出了明确的标准，其目的是使居住者在身体上、精神上、社会上完全处于良好的状态，保证人们的生活质量。近年来，我国在住宅的舒适度和室内环境质量方面进行大量的研究，颁布了《居住建筑节能设计标准》、《室内空气质量标准》、《民用建筑室内环境污染控制规范》、《住宅性能评价指标体系》等法规和导则，对提高住宅的功能质量和舒适度起到了规范和指导作用。高舒适度住宅在我国房地产市场中不断涌现，成为发展的主流。如：康居示范工程北京锋尚名居在探索高舒适度住宅方面作了积极的探索，取得了一定的成效。

三是住宅的价值取向从区位地段向性能价格比转变。住宅的性能价格比是衡量经济性能和住宅综合品质的重要指标，房是否物有所值、日常运行费用是否合理已成为选购住房的主要因素。另一方面，提高住宅的经济性能还要重视提高住宅的规划设计、环境设计质量，合理利用土地、充分利用自然环境、设施配套适宜，避免住宅小区环境设计“城市化”，有效控制环境景观和设施投入，营造自然、舒适、和谐、实用、便捷的居住环境。

（四）住宅产业发展中的矛盾

中国住宅产业经过二十多年的培育和发展，市场主体不断成熟，市场环境逐步规范，住房消费趋于理性，住宅产业正处在快速发展时期。但住宅产业发展中暴露出的各种矛盾日益显现，供求之间的矛盾仍是当前的主要矛盾。

1. 住房供求结构性的矛盾。住房供求结构性矛盾主要表现是旺盛的市场需求与有效供给不足的矛盾。

2. 高品质质量需求与落后生产方式的矛盾。

3. 技术开发与技术推广应用的矛盾。

二、推进住宅产业持续健康发展的政策措施

2003 年是我国住宅与房地产业发展不平凡的一年，在严格执行《建设部、国家计委、财政部、中国人民银行、国家税务总局关于加强房地产市场宏观调控促进房地产市场健康发展的若干意见》（建住房[2002]217 号）文件，进一步强化土地供应管理的同时，为进一步落实房地产信贷，防范金融风险，促进房地产金融健康发展，出台了《关于进一步加强房地产信贷业务管理的通知》（银发[2003]121 号）。该文件对加强房地产金融管理，引导规范贷款投向，强化个人商业用房贷款管理，支持和保护中低收入家庭购买住房需求将起到重要的作用。为促进住宅与房地产市场的持续健康发展，国务院于 2003 年 8 月 12 日印发了《国务院关于促进房地产市场持续健康发展的通知》，该文件首次确立了以住宅为主的房地产业成为国民经济的支柱产业的地位，进一步明确了房地产市场发展的指导思想，提出了有关的政策措施。概括起来说，要努力做到以下“六个坚持”：

（一）坚持住房市场化的基本方向，不断完善房地产市场体系。

（二）坚持以需求为导向，调整供应结构。

（三）坚持面向百姓，加快建立和完善适合我国国情的住房保障制度。

（四）坚持以企业为主体，推进住宅产业现代化。

（五）坚持加强宏观调控，改善对房地产市场的监督管理。

（六）坚持在统一政策指导下因地制宜，分别决策。

121 号文件和 18 号文件的主要目标是保证第一类住房需求、保护和刺激第二类住房需求，激发和鼓励第二类型的开发企业，促进住宅与房地产业的持续健康发展。

三、提高住宅质量是促进住宅产业健康发展的根本保证

住宅产业发展的终极目标是提高住宅的质量，住宅质量是保护需求、刺激需求、引导需求的核心，因此，推进住宅产业现代化，促进中国住宅产品的更新换代，是当前住宅产业发展的重要任务。

（一）提高规划建筑设计水平

1. 居住模式。我国人口众多、地域辽阔、地方特色鲜明，集合式住宅仍是当前发展的主流。一是住区规划设计理念的需要创新。住宅的规划设计应从住宅小区为主发展到居住社区为主的转变，形成街坊邻里和组团区段的布局模式，体现社区开放交流的生活方式，有利于充分利用社会资源（如：社区服务、生活设施等），有利于城市交通疏散。我国封闭式住宅小区（组团）是几千年来“围城”思想的延续，每个小区必须配套相应的商业服务设施、中心广场、教育设施等，是资源的极大浪费，而且造成小区内外交通组织复杂，生活不便等。如果封闭式围墙是起到安全防范的作用，那么现代化监控技术、门禁系统完全可以取而代之，使住宅小区由封闭走向开放，资源（如绿地、设施）由小区独享变为社会共享。二是住宅的建筑设计体量要适度。如：大城市住宅的层数越来越高，建筑的密度越来越大，中小城市也出现这种趋势。高层塔

楼是否是城镇住宅的发展方向,学术界一直争论不休。通过 SARS 疫情和香港淘大花园事件的发生,引起了我们对居住模式的重新思考。过去为了出容积率,高层建筑总是过高过密,有的塔楼 1 梯 8 户,甚至有的达到 1 梯 16 户,这种居住模式有潜在的安全、健康隐患。美国早在上世纪 50 年代,除在纽约等大城市外,已不允许建造高层住宅,其主要原因是高层住宅的建设成本高,管理难度大。我国城镇住宅不应再提倡建设高层塔楼,土地资源短缺的大城市应提倡 8~ 12 层的小高层住宅,小城镇以多层住宅和小高层住宅为主。三是提高住宅的设施配置。如:高层住宅才能设置电梯。过去我国的住房实行福利分配,住宅的投资主体是国家,人们的生活水平较低,对住宅的设施配置等有明确的限制,住宅设计主要考虑的是投资问题。随着形势的变化,住宅设计应以人的生活行为方式为主要考虑因素。欧洲一些发达的国家一般 4 层以上住宅便设置电梯。如英国 1958 年提出 4 层或以上的通向任何房间的建筑应设电梯,高于 6 层应设两部电梯,这不单是对住宅的规定也包括其他类型的建筑。随着我国人口结构的变化,有人称中国跑步进入老年社会。我国 60 岁以上老年人已达到 1.32 亿,65 岁以上老年人达到 9 062 万,分别占总人口的 10.2% 和 7.1%,预计到 2050 年,我国老年人口将达到 4.1 亿,将成为世界上老年人最多的国家。住宅是耐用商品,应考虑其长远的适应性,电梯的设置不应只局限于高层住宅,在经济发达地区也应提倡多层住宅设置电梯。四是住宅设计要体现地方的文化特点。我国南北、东西差异较大,历史文化底蕴丰富。从这么多年来的实践来看,全国各地住宅缺乏特色、千面一律。住宅建设的模式是“学习”——北方学南方,小城市学大城市,国内学国外,而这种“学习”多半是不加扬弃、全盘照收的模式或者抄袭,甚至导致了许多误区。有些小区不惜一切代价在环境方面大做文章,甚至把公共公园或城市广场的“大手笔”做法搬到住宅小区中,不是建“家园”而是建“公园”,成为目前效仿的模式。把现代居住理念和地方文化特色有效地结合,突出体现地方文化内涵,是住宅建筑创作的发展方向。

2. 户型与面积标准。目前“户型大型化”已成为一种误区。从当前世界发达国家的居住状况统计资料看,户均建筑面积在 80~ 100 平方米左右,是比较稳定、普遍接受和相对看好的户型。日本曾做过一项调查,当流行套型面积增加到 130 平方米时,就不再增长,然后回落到 80~ 100 平方米。欧洲的情况也是如此,90 年代以来,100 平方米左右的户型住宅已经占到市场新增量的 75%,成为市场销售的主体。所以,百姓对户型的需求不会无限制的增长。最近,北京做了一项购房意向调查,有效调查人数为 2 380 人,调查结果显示,选择 120 平方米以上的仅占 20%。从目前的市场情况看,80~ 120 平方米的户型是普遍受欢迎的,超大面积的户型已不再是时尚,居民购房选择小户型已经成为趋势。

3. 设计质量。住宅设计应强调均好性、多样性、协调性和完整性。均好性——要求从户型、居住环境、景观、公用设施、设备配置、材料部品的选择和物业管理等诸方面使每个住户都能受到同等的关注,都能获得公平的价值回报。多样性——应注重小区(社区)服务对象的多层次、多方面需求,力争在建筑风格、户型布局、空间组合、色彩构成等诸方面具有特色。反映地方特点和文化传统,避免风格单一和雷同。协调性——应注重住宅与历史文化相协调;与时代精神相一致;与未来发展相适应;与周边环境相融合。完整性——要树立住宅是完整的产品概念,做到住宅规划、建筑、装修设计一步到位。

4. 设计标准。住宅的建设标准,应适应所在地区社会经济发展水平,满足多层次、多类型和不同标准的市场需求。必须严格按照保证住宅全寿命周期质量的原则进行设计,应把安全性能、耐久性能作为住宅设计质量保障的基础,要执行相关的建筑、结构、抗震、防火、热工、节能、隔声、采光、照明、给排水、暖通空调、电气等各专业现行的标准和规范及地方相关法规。为了引导住宅设计水平的提高,出台了《商品住宅性能评价方法和指标体系》。

(1)住宅按套型设计。应充分利用自然采光、通风条件,尽可能做的明卧、明厅、明厨、明卫。每套住宅应设卧室、起居室(厅)、厨房、卫生间、储藏间、入户过度空间、阳台等功能空间。各功能空间利用要合理,标准层使用面积系数,高层住宅不小于 72%,多层住宅不小于 78%。合理组织套内功能空间,动静分区,洁污分区,合理处理公共空间与私密空间、就餐空间与居寝空间、居寝空间与工作空间、便浴空间与盥洗洗涤空间的关系。各功能空间应具有适宜的尺度,避免房间形态上的比例失调。室内交通组织应短捷,不穿行主要功能空间,要符合人的生活行为规律。套内过道面积不超过使用面积的 1/20。

表1 住宅功能空间使用面积标准（单位:平方米）

功能空间	面积指标	备注
主卧室	12~16	
其它卧室	8~10	
起居室（厅）	14~22	开间≥3.6m,且可用于布置家具的连续直线墙面长度≥3m
餐厅	8~12	
厨房	5~8	操作台延长线不小于2.4米,净宽不小于1.8米
卫生间	4~5	双卫生间总面积不小于6
储藏间	1.5~3	
工作室	6	
工人房	6	直接采光、通风
阳台		主阳台进深≥1.5,服务阳台进深≥1.2

注:1.功能空间形状合理,矩形房间长短边比≤2。
2.面积标准区间指小户型-大户型。

（2）住宅的设备设计应符合下列标准。

表2 住宅设备设计标准

<table>
<tr><td rowspan="12">电气设备</td><td colspan="2">用电量 20~200kWh/月</td></tr>
<tr><td colspan="2">负荷 1 560~4 000W（大套6 000W）</td></tr>
<tr><td rowspan="4">电源插座</td><td>卧室3组</td></tr>
<tr><td>起居室 4组</td></tr>
<tr><td>厨房 3组</td></tr>
<tr><td>卫生间 3组</td></tr>
<tr><td colspan="2">电视插口 起居、卧室各1个</td></tr>
<tr><td colspan="2">电话 1~3台</td></tr>
<tr><td colspan="2">空调插座、电源插座、照明分路设计,电源插座设有漏电保护,分支回路不少于5回</td></tr>
<tr><td colspan="2">电气线路采用符合防火要求的暗敷设配线，导线采用绝缘铜线，每户表前线不小于10平方毫米,厨房、空调分支线不小于4平方毫米,其他不小于2.5平方毫米</td></tr>
<tr><td colspan="2">每栋住宅的总电源进线断路器应有漏电保护功能,进楼总开关和每户总开关应用可同时断开相线和中性线的开关电器</td></tr>
<tr><td colspan="2">住宅供电系统应采用总等电位联结</td></tr>
<tr><td>给水设备</td><td colspan="2">用水量200~300升/人/日</td></tr>
<tr><td>采暖通风</td><td colspan="2">散热器、空调器预留位置</td></tr>
</table>

（二）推广先进适用成套技术

目前,我国住宅质量已进入换代时期,传统的建筑技术和建造工艺已不能满足现代住宅发展的要求。实现住宅质量飞跃和产品的更新换代必须依靠科技进步,推广先进适用成套技术。

（三）住宅产业技术发展的重点

随着科学技术飞速发展和人类对资源、环境的可持续发展要求，住宅建设的技术革命已经在全球开始，对我国住宅技术革命提出了新的要求。住宅建设只有不断提高科技含量、降低资源消耗，加快推进住宅产业现代化，才能不断提高住宅性能质量，保持资源和环境的可持续发展。

1. 新型建筑体系技术。我国传统的住宅建筑体系有砖混结构、混凝土框架、混凝土剪力墙结构等体系，墙体材料主要以传统的实心黏土砖为主。黏土砖是一种消耗能源和土地资源较大的墙体材料，已限制和禁止使用。发展以混凝土砌块和新型墙板为主的新型建筑体系是城镇住宅建筑体系的方向。同时，钢结构、轻钢体系是当前急需研究和突破的新型建筑体系，尤其轻钢住宅体系在小城镇住宅建设中有比较广阔的发展前景。

2. 建筑节能技术。我国建筑的能源浪费问题很突出，建筑耗能占全国总能耗的25%。《民用建筑节能管理规定》（建设部令76号）对建筑节能提出了明确规定。针对长江中下游地区建筑节能缺乏技术法规，2001年建设部出台了《夏热冬冷地区居住建筑节能设计标准》，对建筑节能提出了具体的要求。建筑节能技术是提高住宅舒适度的关键，是当前住宅技术发展的重点。建筑节能技术包括维护墙体的保温隔热技术，节能门窗技术、高效制冷制热技术、能源控制计量技术、自然能源利用技术等。2003年7月13日，建设部联合八部局颁布了《关于城镇供热体制改革试点工作的指导意见》，进一步明确了停止福利供热，实行用热商品化、货币化，逐步实行按用热量计量收费制度，积极推进城镇现有住宅节能改造和供热采暖设施改造的改革原则。分户热计量、室温控制系统技术是实现城镇供热体制改革的技术核心。

3. 居住区环境保障技术。

（1）水质保障技术。目前，城镇居民住宅引用水主要是自来水，而自来水水质不断恶化，原有自来水处理技术和设施已不能满足人们健康饮用水的要求，自来水的水质已成为住宅安全性能的重要组成部分。住宅直引水技术将成为住区健康饮水的主流。

（2）节水技术。我国是水资源短缺国家，人均水资源占有量仅为世界人均水资源的1/4，同时，在时间和地域上分布不均，使我国一些地区水资源严重不足。住宅建设中节水仍有许多工作要做。一是节水型卫生器具。有的地区已实行定额用水制度，可提高居民节水意识，但主要的还是节水技术推广，从根本上解决节水问题。二是在新建居住区推广生活污水回用技术。随着生活条件和环境的改善，居住区的绿化用水、景观用水、冲洗汽车、道路等用水的消耗量也相当大。三是推广雨水收集利用技术。把生活污水、雨水进行处理利用，不仅能节水，而且减少了排污量，取得双赢的效益。

（3）垃圾的收集与处理技术。城市人口不断增加，城市基础设施建设滞后于城市的发展，日益增加的生活垃圾已成为城市化进程中的重要问题。《住宅设计规范》规定“住宅不宜设置垃圾道。多层住宅应根据垃圾收集方式设置相应的设施。中高层及高层住宅应设置封闭的垃圾收集空间”。在居住小区推广应用气力管道垃圾收集系统及生化垃圾处理技术是垃圾无害化处理的有效措施。

（4）环境绿化技术。居住区环境绿化技术、优质草皮技术、节水型植物、立体绿化技术等。

4. 厨卫技术。整体卫浴、装配式厨房设施、厨卫同层排水技术是厨卫技术发展的趋势。

5. 工业化装修技术。住宅作为一种特殊的商品，提供给市场的应该是一种完整的产品。目前，提供毛坯房的做法已经满足不了市场的需求，也不适应社会化大生产的发展趋势。住宅的二次装修不仅造成质量隐患、资源浪费、环境污染，而且也不利于住宅产业现代化的发展。因此，提供成品住宅，实现住宅装修一次到位，已经成为新趋势。

（注：文中引用有关数据为2002年统计数据。）

我国生产资料市场的快速增长及其基本走向

中国物流与采购联合会副秘书长　孟国强

2003 年,我国生产资料市场克服"非典"等不利影响,交易更加活跃,交易规模和增长速度均创历史新高。

一、2003 年我国生产资料市场的总体特征

对于我国物资市场的总体形势来说,2003 年是历史性的一年。在这一年中各种生产资料价格均有明显上升,市场供需同时加速增长,在保持基本平衡的情况下呈现出物资市场供需两旺的新局面,全国大部分物资流通企业经营规模不断扩大,经济效益明显改善。

(一)市场保持基本平衡,需求增长高于资源增长

按照 2003 年 1~10 月份的数据统计,32 种主要生产资料的资源增长为 18.5%,全社会生产资料销售总额 7.1 万亿元,按可比价格计算增长 19.5%,供需差率为 1%,说明市场在供需加速增长的同时,保持了基本平衡,需求增长略高于资源增长。生产资料需求不断加大,增幅比去年同期约提高 6.2 个百分点,预计全年生产资料销售总额将达到 8.5 万亿元以上,是近十年以来的历史最高水平。需求的快速增长,使资源相对短缺,各种物资进口大幅增长。1~10 月份,32 种生产资料进口同比增长 24.9%,不少原材料进口已经超过国内产量的一半以上。

(二)需求带动生产资料价格明显攀升

在供需同步增长的情况下,需求快速增长导致市场价格上升。1~10 月份,物资市场累计价格水平比上年同期上升 7.5%,比年初上升 5%。从环比价格水平看,前三个月物资市场价格分别上升 0.9%,1.7%,1.5%, 而 4、5、6 三个月环比价格水平有所回落,7 月份以后价格继续攀升,7 月份上升 1.4%,8 月份上升 1.1%,9 月份略有回落,环比下降 0.1%,10 月份又上升 0.7%。从目前的走势看,市场价格将会高位趋稳,全年总体水平有望比上年上升 6%左右。

(三)市场增长速度稳中求快

突如其来的"非典"疫情使全国的经济普遍受到了不同程度的影响,尤其是在今年第二季度所受冲击最为严重,整个物资市场价格指数在 4、5、6 三个月有所下降,形成价格曲线的波谷。但从整体趋势来看,2003 年全国物资市场需求明显趋旺,价格持续稳定上涨,增长速度基本保持在 18%~20%的水平,市场增长稳中求快,显现出较为明显的稳定性。即使是在受"非典"影响最为严重的第二季度,市场销售额仍保持在 18%的增长水平。

(四)物资流通企业经营规模日益扩大

按照截至 10 月底的统计数据来看,虽然全国 47 家重点物资流通企业平均销售利润率不高,仅达到 2.5%,比同期下降了 0.3 个百分点,但是累计实现销售收入净额 1 386 亿元,同比增长 35.4%,大大高于全社会销售额 19.5%的同期增长水平。尤其是销售总额分别位居第一和第二的浙江物产集团和天津物资集团,其销售总额均已超过百亿,分别为 269 亿元和 177.25 亿元。从现在的经营形势看,分别有望突破 320

亿元和200亿元。这说明经过改革，我国部分国有物资流通企业经营机制有了明显变化，对市场的适应能力大为提高，经营规模日益扩大，经济效益明显好转。

二、2003年生产资料市场快速增长的因素分析

在过去的几年里，生产资料市场一直处于比较低迷的势态，拉动市场需求增长的因素主要依赖于以国债投资为主导的基本建设投资，市场需求也主要集中在建材类生产资料。2003年，市场发生较为明显的变化，拉动市场增长的因素呈现多元化，形成以工业生产为主，投资和出口等因素同时拉动市场需求增长的趋势。

（一）工业生产的快速发展

2003年市场全面回升、需求旺盛、价格上涨，首先得益于工业生产。1~10月份全国工业总产值（90价格）为10.2万亿元，比上年同期增长25%，工业增加值（现价）为3.3万亿元，同比增长16.7%，增幅比上年同期提高了4.4个百分点。其中，重工业生产发展最为显著，重工业增加值增长18.5%，比上年同期提高了5.9个百分点。因此，促进了如能源、金属等基础原材料消费需求的大幅度上升。

（二）国内投资热潮高涨

2003年国内投资增长迅猛，如钢铁、水泥、石油、汽车、房地产等行业的投资力度非常大，尤其是固定资产投资最为猛烈，其中全国房地产投资增长31.3%，同比提高了1.5个百分点。经济快速增长以及各行业加大投资，使国内需求达到了近10年来的高峰，从而刺激了市场对钢铁、水泥、橡胶等原材料的需求，导致相关原材料价格持续上涨。

（三）外商投资仍保持高速增长

继2002年中国实际利用外资居全球第一位，达到527亿美元之后，2003年继续保持良好的增长势头，引进和利用外资继续增加，外商投资增长仍然较快。截至10月末，实际利用外资435.6亿美元，增长5.8%。按照这个发展势头，全年实际使用外资总额基本能够达到去年水平。

（四）多种生产资料出口需求增势明显

尽管多数生产资料商品的进口总量仍然要高于出口总量，但据统计，一些生产资料出口需求的增长明显高于上年同期，成为拉动物资市场需求必不可少的因素之一。比如，截至10月底，我国汽车和摩托车出口增长分别是上年同期的1.99倍和1.83倍，柴油增长1.53倍，氧化铝增长2.5倍，镍增长1.44倍。还有部分重要生产资料出口需求增长也比较明显，比如，原煤和焦炭分别增长14.1%和22%，原油和汽油分别增长15%和28.6%，钢材增长28.7%，其中钢铁棒材增长72.8%，铝增长41.3%。

三、2004年我国生产资料市场趋势预测

按照经济发展的周期规律，我国前几年处于经济发展的回升期，从2003年开始，今后一两年将进入高涨期。尽管2003年上半年因为"非典"疫情的影响，我国各行各业都遭受了不同程度的经济损失，但是从1~10月份的数据统计来看，整个物资市场总体形势要好于预期。因此，许多专家预测2004年我国物资市场发展比较乐观，具备进一步利好的宏观环境和条件。

在宏观经济方面，有关专家认为2004年宏观经济总体形势将会好于2003年，国内生产总值（GDP）的增长速度不会低于2003年的总体水平，预计GDP的增幅在8%~8.5%，继续保持较高的增长态势。这种势头的主要原因在于：首先，在投资领域，虽然2003年存在某些投资过热的压力，但经济快速稳定增长仍需要投资保持适度的增长力度。随着我国加入WTO后各项承诺的逐步实现，投资体制已经开始发生了变化，投资限制也逐渐解除，海外投资和国内民间投资增长速度与力度将会日益加大；其次，在消费领

域，居民升级的消费需求对市场需求的拉动作用越来越明显。比如在汽车方面，当前我国已经进入大众消费期，成为新一轮经济增长的“龙头产业”，产销量屡创新高，估计2004年汽车市场会继续保持购销两旺的格局；再次，在硬件环境方面，前几年国家通过发行国债投资的基础建设项目已大部分完工，为各地、各企业进一步发展提供了良好的硬件基础。而2003年新开工的建设项目也非常多，比上年同期增长18.1%，因此，硬件环境将会继续改善；另外，在国际环境方面，整个世界经济将出现较为明显的回升，据一些国际组织分析2004年世界经济增长率将会超过4%，尤其是东南亚地区经济形势为最好，估计明年经济增长有可能达到6%左右，国际环境比较乐观。

虽然2003年整个生产资料市场的总体趋势发展正常，但仍然存在某些生产资料商品需求过热的压力，而消费品市场发展又相对缓慢，2003年1~10月份生产资料价格同比增长7.5%，而消费品价格仅上升0.7%，有些使用生产资料产品的下游消费品价格还不断下滑。这种一快一慢、一热一冷的市场发展趋势很有可能影响生产资料市场发展的稳定性。按照十六届三中全会精神，在经济保持快速增长的同时，还要解决好市场协调发展的问题，以保持整个经济的协调发展。因此，2004年既要继续坚持扩大内需的宏观方针政策，还要注意市场结构的协调发展。

据此预测，2004年生产资料市场的基本趋势：一是市场需求与成本推动将继续成为市场价格不断攀升的重要因素，生产资料市场价格将稳中有升，全年价格总体水平有可能出现1~2个百分点的小幅上涨；二是市场供需大体可保持基本平衡，资源供给较为丰富。预计32种主要生产资料资源增长在10%以上，其中进口量有可能达到15%的增长水平，而国内资源较为充裕，市场不会出现供不应求的失衡情况；三是预计2004年生产资料销售总额增长幅度可达到13%，增幅继续高于当年的国内生产总值（GDP）的增长水平。一般认为，在GDP增长8%的情况下，生产资料市场增长13%，消费品市场增长10%，有利于国民经济稳定协调发展。

2003年建材行业经济运行回顾

国家发展和改革委员会经济运行局建材处处长　吕桂新

2003年受固定资产投资特别是第二产业、建筑业及房地产业投资高速增长的拉动，我国建材工业出现了多年来没有过的好形势，市场需求旺盛，产能快速扩张，效益显著提高。与此同时，随着一大批技术先进的建材新项目建成投产，大型建材企业集团的发展壮大，建材工业结构调整步伐明显加快。

一、建材生产大幅度增长

其中，水泥总产量8.13亿吨，较上年增长16.8%；平板玻璃总产量2.52亿重箱，同比增长11.1%。建筑卫生陶瓷、玻璃纤维纱、花岗石板材、石膏板、水泥设备增长幅度均在20%以上。建材行业统计规模以上企业实现工业总产值（不变价）5 753亿元，同比增长25.6%，增幅较上年同期高出10个百分点多。

二、产品销售稳步上升

累计实现销售产值（现价）6 258亿元，同比增长27.1%，增幅较上年同期高出13个百分点多。产需衔接状况良好，平均产销率97.2%，同比提高0.6个百分点。累计实现销售收入5 106亿元，同比增长28.6%,增幅较上年同期高出12个百分点。

三、出口形势继续向好

完成出口交货值496亿元,同比增长25.2%,同比高出5个百分点。累计出口创汇53亿美元,同比增长26.8%,增幅较上年高出0.3个百分点。近年出口持续高增长的建筑卫生陶瓷、玻璃纤维纱和织物增幅均在50%以上。虽然建材进口35.5亿美元,同比有大幅度增长26.2%,略低于出口增幅,但进出口贸易继续保持较大顺差。

四、经济效益显著提高

全行业盈亏相抵后实现利润287亿元,同比增长84.4%。其中,水泥行业实现利润110.4亿元,同比增长148.2%。平板玻璃行业实现利润13亿元,同比扭亏增盈14.4亿元。建筑卫生陶瓷、玻璃纤维及制品、轻质建材、防水材料、砖瓦、石材及非金属矿采选等建材业经济效益均有大幅度提高。建材行业虽然还有不少亏损企业和一些亏损地区,但全行业已连续第二年实现行业内部32个分行业无一亏损、全线飘红。

五、结构调整步伐加快

水泥工业表现为立窑增长得到有效遏止,新型干法水泥步入快速发展期,新型干法水泥产量超过1.3亿吨(不含立窑企业用窑外分解熟料粉磨的水泥产量),同比增长18.6%,占全国水泥产量的17.9%(如果含用窑外分解熟料粉磨的水泥产量,比例应接近或超过20%);浮法玻璃产量1.8亿重量箱,同比增长9.5%,占全国玻璃总量的78.4%;池窑玻璃纤维全年预计新增能力10万吨,总产量26万吨,占全部玻璃纤维比重的56%。墙体材料革新也取得较好成绩,全国170个大中城市"禁实"工作进展顺利。大型建材企业集团发展壮大,生产集中度明显提高。安徽海螺集团水泥及水泥熟料产销量超过3 600万吨,逼近世界水泥前五强。前10位大型企业水泥产量占全行业比重近15%,较上年提高近7个百分点。

综合分析,2003年建材工业经济运行呈现几个特点:

(一)虽然年初出现"非典"疫情和7~8月份局部地区严重旱涝和持续高温灾情,但都未能影响建材生产持续高速稳定增长,经济运行质量明显好于上年同期。特别是受固定资产投资高速增长拉动,三季度以来全国大部分地区水泥产销两旺,成为整个建材行业经济增长一大亮点。

(二)规模效益凸现,大型企业经济效益要显著高于小型企业。2003年建材行业一批具有规模经济优势的大型企业通过扩大规模、资本重组实力进一步增强,如362户大型建材企业盈亏相抵后实现利润同比增长132%,销售收入利润率7.7%;国家重点监测的28户企业中有6户企业利润总额超亿元,其中,安徽海螺集团利润总额达到16多亿元,同比增长102.35%,营业收入利润率13%;而同期12 495户小型建材企业实现利润同比仅增长64.3%,销售收入利润率只有4.6%。

(三)地区差异明显,东部及沿海地区建材行业经济增长速度和效益总体要好于中西部地区。如,浙江、山东建材产值增长分别为39.8%、34.3%,大大高于全国建材行业平均增长幅度。华东六省一市建材工业总产值占全部建材行业46%,实现利润总额占全行业65%。在东部及沿海省市建材行业利润大幅度增长同时,西部地区仍有一些省区建材行业整体处于亏损状态。

(四)建材价格一改多年低迷不振局面,涨势明显。其中,水泥价格虽然不同地区差异较大,但总体稳中有升。华东地区由于经济增长较快,水泥价格平均上涨40~50元/吨,特别是10月份以来江浙一带水泥价格已经突破400元/吨,最高曾上涨到540元/吨,创近十年来水泥价格新高。而北京及周边地区市场竞争激烈，价格曾下降约20~30元/吨，直至11月下旬才出现转机，价格有所回升；东北地区略好于上年，西南、西北地区稳中有降，全国水泥平均价格比上年上涨10元/吨左右。平板玻璃价格由于市场秩序好转也出现明显回升，9月份以后平均价格稳定在64元/重箱以上，同比提高12%多。中南地区最为明显，涨幅超过20%。玻璃平均价为每重箱63元，较上年同期提高13%。

当前建材行业面临的主要矛盾和问题：

一是局部地区建材行业出现投资过热苗头尚未得到有效克服。随着水泥市场形势好转，各方面投资水泥积极性持续高涨，2004年预计有150多条新型干法水泥生产线建成投产，总能力超过1.6亿吨，届时旋窑水泥熟料生产能力将超过4亿吨，旋窑水泥生产总能力将超过5亿吨，占全部水泥生产能力比重将超过50%。然而，由于一些地区新上项目过于集中，又没有等量淘汰落后立窑水泥甚至违规新建立窑，将使水泥供应增长大大超过市场需求增长，形成局部地区供大于求。一旦得不到有效控制，极有可能波及全行业，断送当前水泥行业来之不易的好形势。值得注意的是，最近一些地方"小水泥"死灰复燃现象有抬头之势，浙江就出现"一省拆窑、全国竞购"的怪现象，竞购者既有经济落后地区，也有经济发达地区。玻璃行业项目建设经历一年多的相对平静后，2003年下半年投资热潮又开始涌动。目前全国在建和拟建的浮法玻璃生产线有60多条，计划总投资逾200多亿，平均建设规模为570吨/日，生产能力约1.8亿重箱。虽然这些项目多数尚未付诸实施，但如果不及时加以正确引导，一哄而上，近年来制止玻璃重复建设所取得的成果就有可能付之东流。

二是电力紧张尚未得到缓解，煤炭、运输仍然紧张。2003年全国大部分地区出现电力紧张，水泥生产因此也受到严重影响。虽然春节期间部分地区供电紧张有所缓解，但随着节后生产和建筑工程恢复正常，拉闸限电又将困扰企业。目前华东、中南一些大水泥企业因为每天限电6~7小时，设备开机不足，直接影响产能发挥。一些地区电力供应状况已经难已支撑水泥工业的快速发展，将会出现部分新建成的新型干法生产线难以投产。11月份以来出现的煤炭、运输紧张问题也仍然在不同地区不同程度地存在。

三是燃原材料涨价推动水泥成本提高，企业消化涨价因素压力加大。受前期和近期一段时间煤电运等外部生产条件纷纷涨价影响，部分水泥厂水泥单位成本提高30元左右。据测算，2004年仅水泥行业生产将需要消化燃原材料、电、运等各种涨价因素约100亿元。这些将对建材行业继续提高经济效益造成巨大压力。

尽管存在上述矛盾和问题，业内多数同志对2004年建材行业经济运行仍持谨慎乐观态度，认为2004年总体上仍然能够继续保持较好的发展态势，生产高速增长，市场需求旺盛。根据中央经济工作会议和全国发展改革会议精神，2004年将保持现行宏观经济政策的稳定性，努力避免经济运行出现大的波动。从经济的发展趋势看，2004年是新一轮经济增长周期的上升阶段，经济增长速度有望继续保持8%以上的快速增长，上年遗留的大批项目还在建设过程中，固定资产投资需求仍然旺盛，房地产业仍将快速发展，特别是农村建房和城镇化建设速度加快，这些都将支持对建材需求的增长。因此，2004年宏观形势继续看好，有理由相信建材行业又将迎来一个好年头。预期2004年建材工业产值、增加值、销售收入增长幅度与上年相比将有所减缓，全年增幅在18%左右；水泥产量会超过8.6亿吨，其中新型干法窑外分解水泥熟料产量达到2.6亿吨以上；平板玻璃产量2.6亿重箱，其中浮法玻璃比重达到90%；出口将超过60亿美元，全行业实现利润可能会在上一年基础上继续有一定幅度的提高。

不过，由于建材行业自99年以来连续五年高增长，随着基数逐渐抬高，那种主要靠数量增长方式促进经济效益增长面临的困难将会越来越大。因此，2004年建材生产增长和效益提高极有可能呈"前高后低"态势。

浅谈我国建材工业发展趋势

中国建材工业经济研究会会长　刘赋捷

改革开放二十几年来，我国建材工业获得了迅速发展。特别是近十年来，建材工业的经营、发展条件发生了重大变化，促进行业发展出现了许多新特点，步入了新阶段。

经营、发展条件的主要变化是：

第一，市场环境由“卖方市场”转为“买方市场”。进入“九五”时期以后，建材供应彻底告别了“短缺经济”，并随着消费水平的提高，提出了新的需求，市场主动权基本掌握在顾主手里。

第二，国家进行经济结构调整，转变经济增长方式，建材工业必须做出积极的适应性调整。

第三，以信息技术为代表的高新技术及其产业化发展速度很快，为各行各业实现技术进步创造了良好条件。

第四，保护资源、保护环境已成为全球性任务，循环经济的提出将影响建材工业的发展模式。

第五，我国加入世贸组织促进我国建材工业融入世界市场，参预国际竞争，与国际接轨。

为了适应市场和上述诸项环境变化，全行业员工做了不懈的努力，我国建材工业正健康地发展，进入了一个以市场为导向，以改革和技术进步为动力，以产业结构调整为主线，以经济效益为最大追求目标的新的发展阶段。

当前我国建材行业的主要发展趋势有：

一、产业结构调整加速

由于建材工业产业结构水平低，近些年一直把调整产业结构作为行业发展的一项中心任务。在制定“八五”计划时，就把产业结构调整列为“八五”的三大任务之一，并提出水泥沿江沿海发展的“T”形战略；制定“九五”计划时，原国家建材局党组更明确地提出：临近和进入21世纪，我国建材工业的发展要以产量增长为主转移到大力提高集约化生产程度、提高工业技术装备水平、提高质量和配套能力的轨道上来，即以提高经济运行质量和经济效益为中心，把跨世纪的建材工业逐步建成具有国际竞争能力的现代化原材料工业。在这一指导思想下制定了“中国建材工业跨世纪发展战略”，并提出“由大变强，靠新出强”的战略。可以讲，十年来，调整产业结构一直是建材人的一大追求。今天，终于迎来了结构调整的新形势。当前结构调整有以下几个特点：

（一）准备充分，条件较为成熟

建材工业产业结构调整最大难点在于水泥和墙体材料两大行业。玻璃、陶瓷等行业通过自主开发和引进技术，已经进行了较大改造，产业结构获得较好的优化。但是，水泥、墙体材料行业由于企业数量多，产品数量大，尤其是落后企业多，要推广的技术不成熟或经济上不可行，所以推动起来很难。

针对这种情况，原国家建材局组织全行业力量集中解决这些问题。例如为了在水泥工业中推进新型干法先进技术，一方面组织业内设计、研究、装备制造部门消化引进技术，开发、完善自主技术；一方面组织“低投资、国产化”设计，通过攻关，把建设项目吨投资从1 000~1 200元降到了200~300元；水泥生产成本降到90~120元/吨；大型设备基本做到了国产化，日产水泥熟料2 000吨~4 000吨生产线国内可以配套供应，致使新型干法技术完全具备了推广条件。墙体材料虽然部分新产品和黏土砖在制造成本上还不能完全抗衡，但近些年通过引进、消化，粉煤灰空心砖、煤矸石空心砖、加气混凝土及其他空心烧结材料的生产技术、装备都较为成熟，新型墙体材料不断涌现并大量推广应用。随着国家环保政策措施的出台和“禁实”工作的深入发展，一个墙改的“热潮”也指日可待了。

（二）进展速度快，单线生产规模大

以水泥为例，“八五”末全国新型干法生产能力仅有3 300万吨，占当年全国水泥总生产能力的7%；到“九五”未发展到7 000~7 500万吨，占当年全国水泥总生产能力的10%；而2001年一年就新增新型干法生产能力2 075万吨，2002年新增3 345万吨，预计今年超过7 000万吨。进入“十五”后仅三年新增新型干法能力就是“八五”以前十几年形成能力的3.84倍。据有关方面统计，截至今年六月底，今年投产和在建的新型干法窑共184条，总投资规模523亿元，建成后形成生产能力15 445万吨。

过去，新型干法不但发展速度慢，而且单线生产规模也偏小。截至2002年共有新型干法生产线222条，其中4 000t/d及以上的生产线仅有19条，2 000t/d及以上生产线95条，只占新型干法总能力的69%，平均规模为1 660t/d，相当台湾1986年水平。今年上半年统计的今年投产和在建的184条生产线中，10 000t/d生产线3条，8 000t/d1条，5 000t/d31条，4 000t/d3条；≥2 000t/d的共130条，占形成总能力的87.67%。这些项目建成后，我国新型干法单线平均规模可以提高到2 700t/d。

在平板玻璃工业中，浮法玻璃产量已超过总产量的80%。据统计，现在在建的浮法生产线还有30余条，能力0.8~0.9亿重量箱，如果包括有规划和建设意向的可达60条以上，能力约1.8亿重量箱，平均规模日熔化能力约570吨。建筑卫生陶瓷工业也是进步较快的行业。近些年新建的建筑瓷厂、卫生瓷厂基本立足引进技术或购买的国外先进设备，起点高、规模大。

（三）市场配置资源特征显著

新的结构调整中，以市场配置资源的特征很明显。以水泥为例：第一，在新型干法快速发展中，投资热点相对集中于经济发展较快、消费强度较大、投资能力较强的地区，如华东、华南地区。尤其是华东地区投资力度最大，一批在建项目建成后，新型干法生产能力将占本地区水泥生产总能力的70%以上。第二，新上项目打破了地域界限。业主在选择建设项目地址时，主要依据是市场，有的项目建在本地，有的项目在全国范围内选址。所以出现了沿海到内地发展，内地去沿海发展的活跃局面，如新疆天山集团要到广东建水泥厂的新现象。平板玻璃工业也有类似情况。例如今年开始建设和拟建的63条浮法线中，分布在广东13条、江浙一带11条、山东、河北各8条、辽宁6条、福建5条，也主要集中于东部和南部沿海地区。

（四）影响深远

现在进行的结构调整影响是深刻的。它不但使结构不合理的问题可以获得解决，而且可以提高整个行业素质，提高经济运行质量和经济、社会效益；它不但带动一批规模大、技术先进、污染少、效益好的企业，而且将淘汰一批规模小、技术落后的劣势企业；它不但促进我国建材工业走向现代化，而且将可能形成一些在国际上能够排上位置的大集团，参预国际竞争，甚至到海外发展事业。

二、技术水平整体提升

进入“九五”以后，我国建材工业的技术进步已不仅仅停留在一般先进技术的普及或生产中的局部技术革新，而是用某些先进技术，甚至是当代高新技术对产业的整体改造。其主要特点是：

（一）用当代先进工艺技术改造产业

在我国建材工业中广泛推广国际公认的水泥窑外分解、玻璃浮法生产先进技术等已是业内熟知的事情。最近新上和拟上的一批项目正向国际先进水平靠拢。例如日产水泥熟料10 000吨项目、日熔化玻璃

液1 000吨以上项目、年产30 000吨以上的玻璃纤维池窑拉丝项目等都是世界级的大项目；已经引进或准备引进的LOW-E玻璃、Sun-E玻璃、TFT显示器玻璃和超薄、超厚玻璃等也是世界上正在推行、发展的新技术、新产品。这些年许多新型建筑材料、建筑卫生陶瓷、部分建材深加工制品都引进了国际先进技术、装备，建设起一批起点高、规模大的企业。

（二）用信息技术带动建材生产、技术、管理水平的提高

应用计算机对生产的局部控制，在建材工业中早已开始。近些年，计算机在生产控制中的应用更加广泛，水平也有进一步提高。许多企业不但实现了生产全过程的信息采集和过程控制的计算机网络管理，而且实现了企业管理机构的办公自动化；物流、资金流、人力资源流信息采集和计算机网络化管理；在重视硬件建设的同时，并注意软件开发。

（三）把高新技术引入建材生产

除将上述电子信息技术应用于行业的生产、管理外，近年来，建材行业又把最新的技术成果——纳米技术引入建材生产。纳米技术的应用已对某些建筑材料如建筑涂料、加工玻璃、建筑卫生陶瓷等产品性能的改善、功能的变化起到十分重要作用。把纳米技术和光电技术、复合技术、膜技术等结合起来，将会使建材生产技术的提高、新产品的开发出现新的局面。

三、保护资源与环境成为发展的重要准则，功能性材料发展较快

（一）保护资源与环境、节约能源成为建材发展的重要准则

保护环境、保护资源，实现生态平衡已经成为当今世界性任务。作为世界上生产规模最大，耗能和污染负荷严重的我国建材工业已经把这一任务作为发展建设、组织生产的基本准则。尤其进入“九五”以后，我们从认识上和实践上都充分重视这一问题并在业内自觉地实现这一目标。我们一是抓了节约资源和能源。近些年我们所进行的结构调整，特别是资源、能源占有量最大的水泥、墙体材料两大行业的结构调整，正是为了大幅度地降低资源和能源消耗。并取得了一定的成效。二是抓了环境保护。现在大型企业几乎全部环保达标。许多过去污染严重的小水泥厂也做到了环保基本达标。三是抓了利废。我们行业是利用煤矸石、粉煤灰、工业废渣的大户，现在我们正在利用城市垃圾、工业垃圾方面做工作，为社会做出了重要贡献。资源、能源、环保是制约建材工业发展的重要因素，我们还要做出不懈的努力。

（二）功能性材料发展很快

随着社会消费水平和消费者对建材认知水平的提高，消费者对建材产品的要求越来越“挑剔”。在市场需求水平提升的背景下，近些年建筑材料及制品无论是产品质量，还是产品品种和档次都有很大提高。功能性建筑材料发展较快是近年来建材发展的重要特征之一。这是由于随着建筑业和建筑物功能水平的提高，建材不仅要满足施工的要求、美的要求，而且要满足越来越多的特殊的功能需要（如安全、防火、屏蔽、智能化等等）；随着人民生活水平的改善，人们对居住环境的装饰装修要求也愈发提高，除美观、舒适要求外，还要求安全、享受，逐步向个性化发展。这些新的需求推动了功能性材料的发展。

推动功能材料发展的一个十分重要的因素是环保和节能的要求。一是人们对居住环境的安全性要求越发强烈，二是社会对节约能源、水源等要求越发严格，因此无污染材料、易洁材料、灭菌材料、节能材料等应运而生。近几年里，建材行业应用高新技术开发了许多新的材料。

四、所有制结构改革有新的突破，投资结构发生重大变化，行业活力不断增强

（一）国企改革不断深化，正在走出困境

改革开放以来，国家在搞活国有企业、减轻国企负担、深化国企改革等方面做了许多工作。近年来国家又抓了“转制”、“股份制”、“混合经济”等涉及所有制改革和建立现代企业制度等工作。这些措施一

定程度提高了国企的活力，解决了一部分企业的问题。建材从中也受到益处。一部分大的国企进一步壮大。不久结束的党的十六大三中全会明确指出，“股份制是公有制的主要实现形式”，必将进一步推动国企改革。

（二）民营企业迅速成长并充满活力

在建材工业新的增长中，出现一支新的力量，就是民营企业。由于他们就是市场经济的产物，没有“水土不服”的问题，又加上他们在体制、机制上的优势，所以他们成长很快、发展很快。他们中的一些优势企业已经完成了原始积累，正在迅速扩张，做大做强。这是建材工业在新的发展中不可低估、不能忽视的一支力量。

（三）投资体制改革有力地支撑了建材工业发展

近些年按照市场经济规律进行了投资体制改革，实行多元化投资，逐步实现以自有资金、自筹资金为主，业主承担投资风险。这样不但调动了各方面投资积极性，而且提高了投资效益。从近几年建材投资分析，一半以上是企业或业主自筹资金或利用外资、社会资金。在这一过程中企业、民营企业家等起到了重要作用。投资体制改革为建材发展提供了资金保证。

以上四个方面我认为是建材发展的主要趋势。当然要罗列其他趋势还有许多，诸如经济运行方式的转变、市场体系的建立与完善、出口的增长、人力资源的整合、科研设计等服务支撑体系的变革等等。但是从上述四个方面可以反映出建材工业告别“短缺经济”后，进入了以提高产品质量、产业素质、经济运行质量和经济效益的新的运转模式中，迈入了市场配置资源、结构调整加速、技术进步加快、改革促进发展、效益逐步提高的新阶段。

这些发展趋势是一个过程，是一个发展阶段，因此，它们还会沿着这样轨迹前进。它们可能会受到国际、国内各种因素的影响，一个时期会显示出一些新的特点，但是由于我国经济正处在一个高速增长期，消费结构上升期，建材工业仍处于发展期。只要我们能把握住国家大的方针、政策，抓住国际发展机遇，以科学发展观指导行业发展，那么建材工业必将进一步发展、壮大。

2003 年建材工业经济运行特点及 2004 年预测

中国建材工业协会信息部　中国建材数量经济监理学会　于小兰

据最新统计月度数据显示，2003 年建材工业经济增长创近几年最高，生产、效益、固定资产投资和进出口基本保持协调发展。全年完成工业增加值 1 435 亿元，比上年增长 26.5%；实现利润总额 258.3 亿元，比上年增长 93.3%；完成固定资产投资 635.5 亿元，比上年增长 75.2%；建材商品累计进出口额 88.5 亿美元，比上年增长 26.6%，其中出口金额 53 亿美元，比上年同期增长 26.8%。

2003 年建材工业经济运行有七个主要特点：一是全年生产增长平稳向上，经济增长进入新一轮上升期；二是销售总额稳步上升，产销衔接良好，水泥、平板玻璃平均出厂价格出现整体回升态势；三是基础行业增势强劲，优化结构带来新的经济增长点；四是国有经济走出亏损困境，私营经济快速增长；五是华东、中南地区经济增长加快，为建材工业经济快速上升奠定了基础；六是固定资产投资与工业生产保持同步增长；七是出口贸易连续两年保持 20%以上的增长速度。

一、建材工业经济运行主要特点

(一)全年生产增长平稳向上,经济增长进入新一轮上升期

1.建材经济运行正处于新一轮周期的上升期。2003年建材工业累计完成增加值1 435亿元，比上年增长26.5%。全年生产增长平稳向上,各月累计增长速度呈现出均衡向上、逐月递增的平稳态势(见图1)。从1999年以后各年工业增加值完成情况动态分析:1999年增长速度为9.6%,2000年为14.4%,2001年为11.7%,2002年为14.4%,2003年为26.5%，这表明建材工业增长率已经稳定在两位数以上,经济运行正处于新一轮周期的上升期。

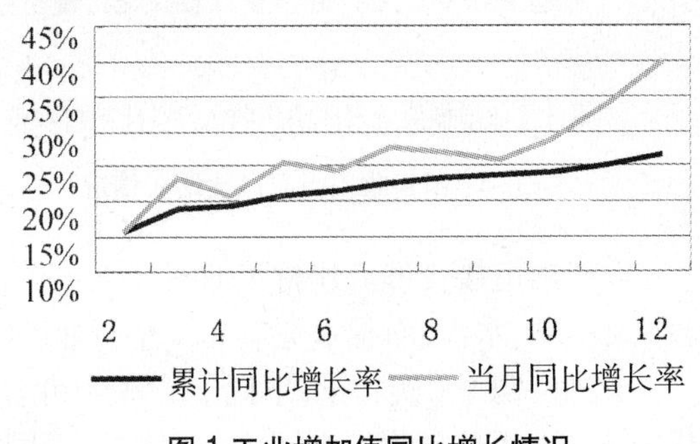

图1 工业增加值同比增长情况

2.建材主要产品步入整体增长阶段。建材工业重点监测的22种主要产品除水泥电杆产量比上年同期下降外，其他21种产品均比上年同期增长（见图2),主要建材产品整体步入增长阶段。增长速度在20%以上的产品有10种,其中石墨、水泥设备、石膏板、玻璃纤维纱、墙地砖5种产品的增长速度高达30%以上。

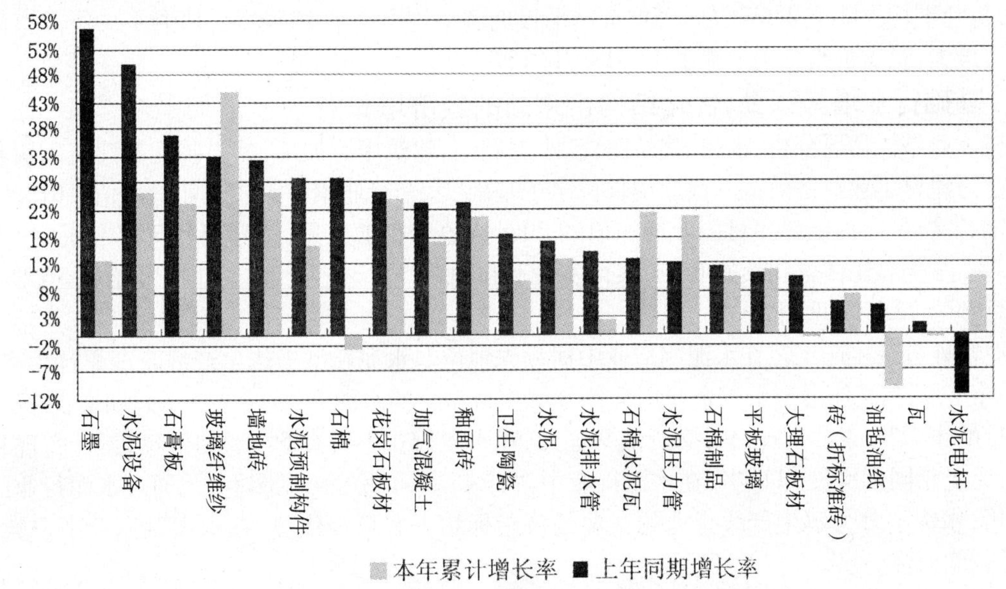

图2 2003年主要产品产量同比增长情况

全国累计生产水泥8.13亿吨,主要产地在山东、江苏、浙江、广东和河北五省,五省累计生产水泥3.76亿吨,占全国水泥产量的46.2%,其中浙江、山东增长速度最快,分别为24%和22.8%。全国累计生产平板玻璃2.52亿重量箱,主要产地在江苏、河北、河南、山东和浙江五省,五省累计生产平板玻璃1.38亿重量箱,占全国平板玻璃产量的54.5%,其中浙江、江苏增长速度最快,分别为23.8%和23.5%。全国累计生产玻璃纤维纱43.1万吨,主要产地在山东、浙江和重庆三省市,三省市累计生产玻璃纤维纱33.2万吨,占全国玻璃纤维纱产量的70.1%,其中山东、重庆增长速度高达81.6%和66.1%。

(二)销售总额稳步上升,产销衔接良好,水泥、平板玻璃平均出厂价格出现整体回升态势

1.销售收入累计增长率逐月稳步上升。全年实现销售收入4 504.7亿元,比上年增长27.3%,销售收入与生产增长呈现出同步平稳上升态势(见图3)。

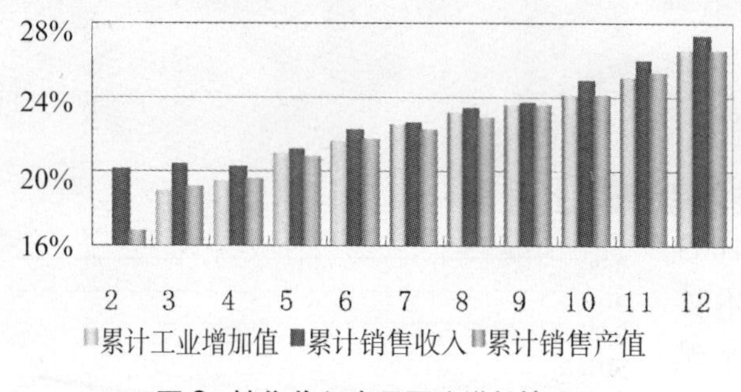

图 3 销售收入当月同比增长情况

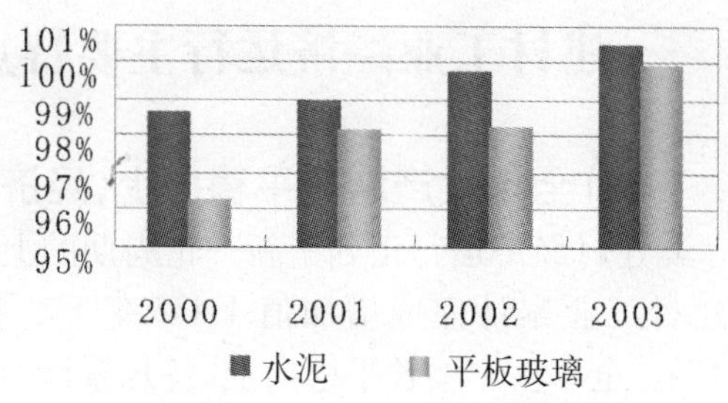

图 4 水泥、平板玻璃累计实物产销率

2.产销衔接良好。建材工业累计工业销售率（价值量，下同）97.2%，其中制造行业中平板玻璃、玻璃纤维及制品、水泥、石棉水泥制品 4 个行业的工业销售率在 98%以上。

水泥产销率（实物量，下同）在 2000 年达到 98.7%的基础上逐年向上，2003 年全国水泥累计产销率 100.5%。平板玻璃累计产销率（实物量，下同）由 2000 年的 96.3%上升到 2003 年的 100%（见图 4）。

3.水泥、平板玻璃平均出厂价格出现整体回升态势

从价格指数动态分析，水泥、平板玻璃价格呈现逐月回升良好势头。12 月份，平均每吨水泥比 1 月份上涨了 20.82 元，其中回转窑水泥平均每吨上涨了 20.41 元，回转窑普通硅酸盐水泥 42.5 强度等级涨幅最大，每吨平均上涨了 27.73 元；立窑水泥每吨平均上涨了 22.90 元，涨幅最大的是强度等级 32.5 普通硅酸盐水泥，每吨平均上涨了 23.37 元。每重量箱平板玻璃平均上涨了 10.98 元，其中 4 毫米、5 毫米白色平板玻璃涨幅最大，每重量箱分别上涨了 13.31 元和 13.74 元。

（三）基础行业增势强劲，优化结构带来新的经济增长点

从建材工业整体情况分析，水泥、建筑陶瓷、水泥制品、建筑用石加工、黏土砖瓦及建筑砌块和平板玻璃六个行业为建材工业经济效益的快速增长奠定了基础。六个行业累计完成工业增加值 1 013.4 亿元，比上年同期增长 25.6%，占全部建材工业增加值的 70.6%；盈亏相抵后累计净盈利 175.7 亿元，比上年同期增长 109.2%，占全部建材盈利额的 68%；累计实现利税总额 370.3 亿元，比上年同期增长 56.2%，占全部建材利税总额的 72.3%（见图 5）。

1.水泥窑外分解生产工艺在水泥制造业中居领先地位。水泥新型干法生产线企业累计生产水泥 1.4 亿吨（不含粉磨站和其他窑型水泥企业用窑外分解熟料粉磨的水泥产量），比上年同期增长 17.8%，占全国水泥产量的 17.7%；累计实现出口交货值 9 亿元，在水泥行业中占有 59.2%的份额；累计实现利润总额 49.5 亿元，比上年同期增长 111.1%，在水泥行业中占有 45.5%的份额（见图 6）。通过水泥行业的统计指标对比分析，水泥窑外分解生产线企业的主要经济指标均占有较强优势，在水泥制造业中户数少，品质高，市场潜在能力强。

2.浮法玻璃生产工艺在平板玻璃制造业中占有绝对比重。浮法玻璃生产线企业累计生产平板玻璃 1.98 亿重量箱，比上年同期增长 10.4%，占全国平板玻璃产量的 78.4%，累计实现出口交货值 21.5 亿元，在平板玻璃行业中占有 87.1%的份额，累计实现利润总额 8.3 亿元，比上年同期扭亏增盈 9.2 亿元，在平板玻璃行业中占有 61.4%的份额（见图 7）。通过平板玻璃行业的统计指标对比分析，浮法玻璃生产线企业的主要经济指标均占有绝对优势。

3.池窑生产工艺在玻璃纤维及制品制造业中居领先地位。巨石集团有限公司、泰山玻璃纤维股份有限公司和重庆国际复合材料有限公司三大池窑生产基地累计生产玻璃纤维纱 20.2 万吨，比上年同期增长 23.1%，在全国玻璃纤维纱产量中占 42.9%，累计完成出口交货值 8.4 亿元，在玻璃纤维及制品行业中占 41.3%，实现利润总额 2.3 亿元，比上年同期增长 93.9%，在玻璃纤维及制品行业中占 43.4%（见图 8）。通过玻璃纤维及制品行业的统计指标对比分析，三大池窑生产基地在行业中居领先地位。

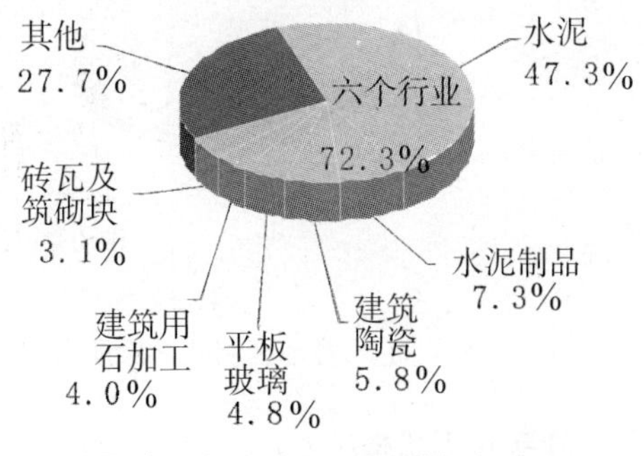

图 5 主要行业实现利税所占比重

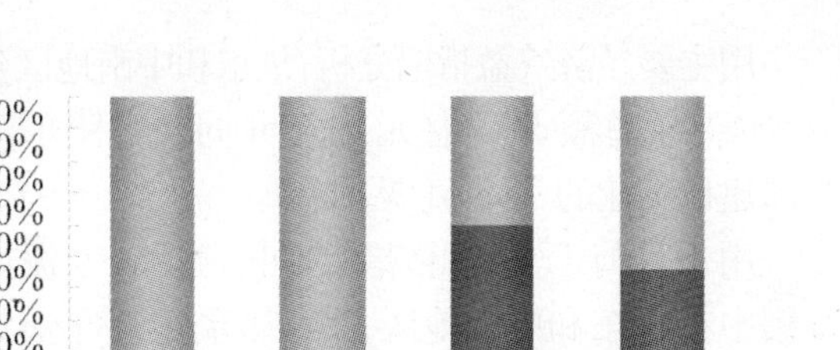

图 6 窑外分解线企业在水泥业中所占比重

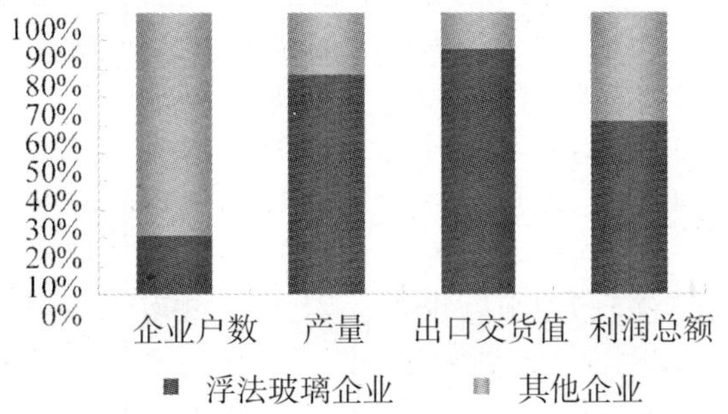

图 7 浮法玻璃企业在平板玻璃行业中所占比重

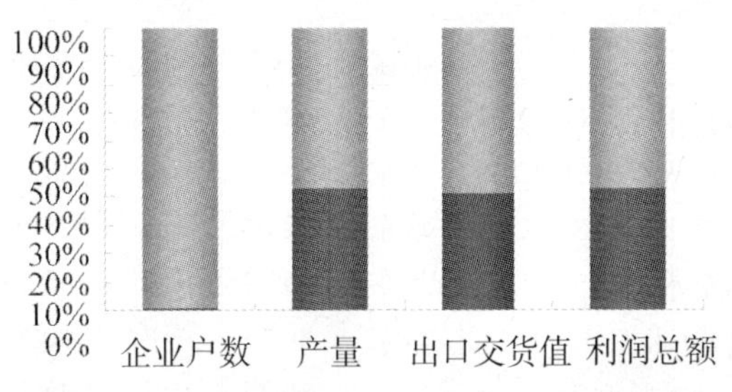

图 8 三大池窑生产基地在玻纤行业中所占比重

(四)国有经济走出亏损困境，私营经济快速增长

建材工业国有经济工业企业 2003 年终于摆脱了连续 6 年整体亏损的局面，进入盈利轨道。国有经济工业企业累计完成工业增加值 112.4 亿元，比上年同期增长 12.5%，累计实现利润总额 8.5 亿元，比上年同期扭亏增盈 12.9 亿元。

私营经济在连续三年快速增长的前提下，继续保持快速增长势头。私营经济累计完成工业增加值比上年同期增长 40.7%，销售收入增长 43.3%，利润总额增长 105.4%，各项指标增长速度均位于各经济类型之首(见表 1)。

表 1 建材工业不同经济类型主要效益指标对比表

	工业增加值增长率(%)			销售收入增长率(%)			利润总额增长率(%)		
	2001 年	2002 年	2003 年	2001 年	2002 年	2003 年	2001 年	2002 年	2003 年
国有经济	2.6	-0.3	12.5	2.3	5.4	13.3	亏损	亏损	扭亏增盈 12.9 亿元
集体经济	8.8	13.2	18.5	8.1	12.5	19.7	26.4	21.5	47.2
私营经济	24.3	28.5	41.9	24.5	30.8	43.3	53.3	39.3	105.4
其它内资	12.1	16.3	26.8	10.8	16.3	27.1	21.0	21.6	88.0
三资企业	14.5	10.1	22.1	14.7	15.0	23.7	8.1	11.4	77.2

(五)华东、中南地区经济增长加快，为建材工业经济快速上升奠定了基础

按地区分布分析，华东和中南地区建材工业集中度比较高，经济增长加快，各项统计指标名列前茅。

用主要产量指标分析：水泥和平板玻璃产量主要集中在华东和中南地区。华东和中南地区的水泥产量 5.3 亿吨，占全国水泥产量的 64.9%；平板玻璃产量 1.6 亿重量箱，占全国平板玻璃产量的 63.2%。

用主要经济效益指标分析:华东和中南地区建材工业实现利税总额387.7亿元,比上年同期增长62.2%,占全部建材工业的75.8%(见图9)。

用1月与12月价格指数对比分析:水泥最高涨幅集中在华东和中南地区,平板玻璃最高涨幅集中在中南地区(见表2)。

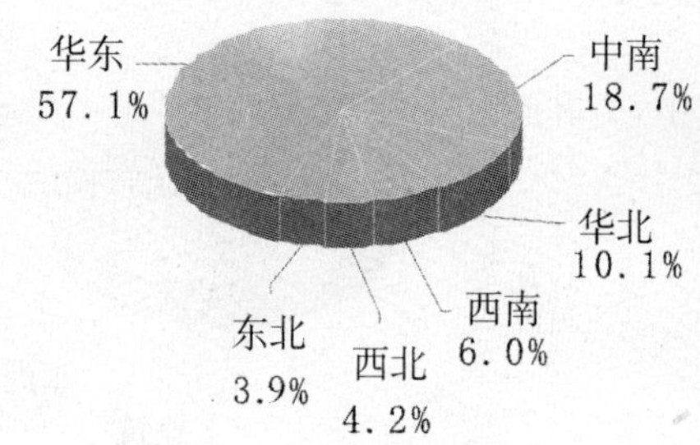

图9 各地区利税总额所占比重

表2 2003年水泥、平板玻璃最高涨幅所在地区(1月与12月价格对比)

	水泥最高涨幅(元/吨)					玻璃最高涨幅(元/重量箱)			
	地区	涨幅	地区	涨幅		地区	涨幅	地区	涨幅
回转窑水泥P.O 32.5	华东	62.30	中南	36.32	平板玻璃2毫米白色	中南	36.00	华北	5.32
回转窑水泥P.O 42.5	华东	86.03	中南	39.80	平板玻璃3毫米白色	中南	27.35	华东	23.69
回转窑水泥P.S 32.5	华东	72.69	中南	25.95	平板玻璃4毫米白色	中南	28.17	西南	24.44
回转窑水泥P.S 42.5	华东	55.63	中南	35.13	平板玻璃5毫米白色	华东	22.74	中南	17.84
PⅠ(Ⅱ)水泥42.5	华东	86.48	中南	50.31	平板玻璃彩色5~7毫米	华东	23.00	中南	18.13
复合硅酸盐水泥	华东	80.35	中南	43.83					
立窑水泥P.O 32.5	华东	68.13	中南	41.32					
立窑水泥P.O 42.5	华东	61.17	中南	55.25					
立窑水泥P.S 32.5	华东	65.86	中南	46.30					
立窑水泥P.S 42.5	华东	99.68	西南	24.64					

(六)固定资产投资增长速度高于工业生产增长速度

2003年建材工业完成固定资产投资635.5亿元,比上年增长75.2%,其中水泥行业完成303.2亿元,占建材工业全部固定资产投资完成额的47.7%。水泥行业在固定资产投资完成额中,从项目地域分布情况分析:主要集中在山东、安徽和河北,3个省累计完成固定资产投资额112.1亿元,占水泥行业的37%(见图10);从项目经济类型情况分析:主要投资在其他有限责任公司、股份有限公司和国有经济项目,3种经济类型累计完成固定资产投资额237.6亿元,占建材工业的78.4%(见图11)。

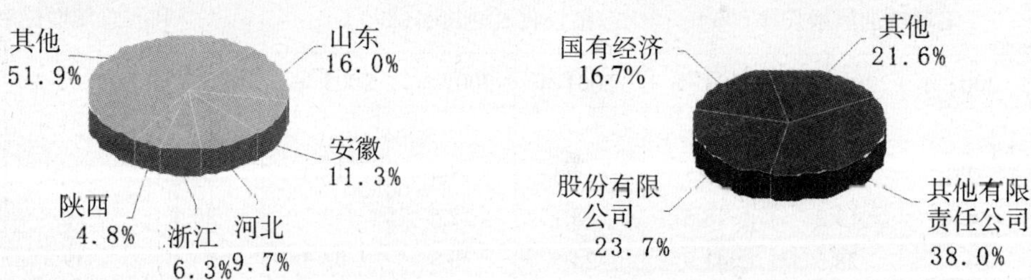

图10 主要省市占水泥行业比重

图11 主要经济类型占水泥行业比重

(七)出口贸易连续两年保持20%以上的增长速度

建材非金属矿商品累计进出口额88.5亿美元,比上年同期增长26.6%,进出口累计贸易顺差17.5亿美元,比上年同期增长28.1%;其中累计出口商品金额53亿美元,比上年同期增长26.8%,连续两年保持20%以上的增长速度。

1.进口增长上升,出口增长持平。在进出口金额中,进口金额比上年同期增长26.2%,比上年同期提高7.6个百分点,出口金额比上年同期增长26.8%,比上年同期增长0.3个百分点,进口增长速度和出口

(二)木材及人造板进口

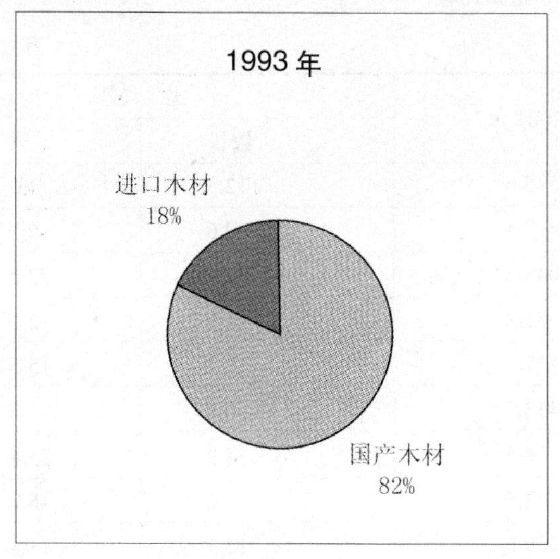

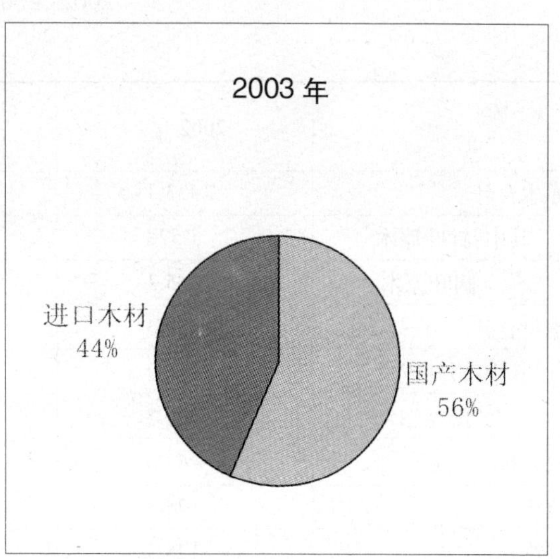

1994~2003 年进口木材表

万立方米

	1994 年	1995 年	1996 年	1997 年	1998 年	1999 年	2000 年	2001 年	2002 年	2003 年
原木合计	333.5	258.3	318.6	446.2	482	1 013.6	1 361.2	1 686.3	2 433.3	2 545.6
其中:针叶原木	130.5	61.7	65.3	95.5	147.9	454.8	639.7	914.2	1 578	1 497.4
阔叶原木	203	196.6	253.3	350.7	334.1	558.8	721.5	772.1	855.3	1 048.2
锯材	89.6	85.1	93.3	132.5	168	217.8	363.6	404	539.6	551.2
胶合板	210.9	208.3	177.7	148.9	169	104.2	100.3	65.1	63.6	78.5
单板	23.3	34.16	38.02	45.4	53.86	64.13	64.95	33.57	28.67	22.33
刨花板	5.57	5.52	5.61	14.79	15.63	24.81	34.38	44.76	58.97	73.8
纤维板	23.69	27.34	34.01	46.28	57.24	79.49	101.45	107.02	125.16	139.55
折成原木材积合计	965.1	903.9	930.9	1 098	1 255	1 788	2 382	2 649	3 657	3 856

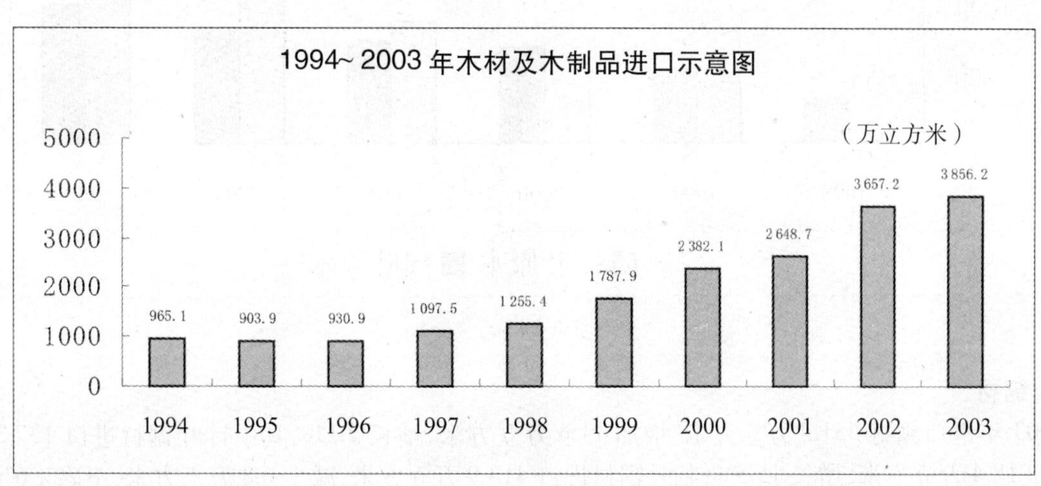

2002~ 2003 年木材进口比较

万立方米

	2002 年	2003 年	比较	
			数量	%
原木合计	2 433.3	2 545.6	112.3	4.6
其中:针叶原木	1 578	1 497.4	-80.6	-5.1
阔叶原木	855.3	1 048.2	192.9	22.6
锯材合计	539.6	551.2	11.6	2.1
其中:针叶锯材	118.9	137.3	18.4	15.5
阔叶锯材	420.7	413.9	-6.8	-1.6
胶合板	63.6	78.5	14.9	23.4
单板	24.3	22.3	-2	-8.2
纤维板	125.3	139.6	14.3	11.4
刨花板	59	73.7	14.7	24.9

1. 原木

2003 年进口原木 2 545.6 万立方米,增加 112.3 万立方米,增长 4.6%,与 2002 年增幅 44.3%相比,增幅下降了近 40 个百分点,是近十年来增幅最低的。主要原因近年针叶原木进口速度过高,有一定库存积压,需要有个消化期。其中针叶原木进口 1 497.4 万立方米,减少 80.6 万立方米,下降 5.1%,阔叶原木进口 1 048.2 万立方米,增加 192.9 万立方米,增长 22.6%。主要是胶合板材和地板坯料需求增长较大。

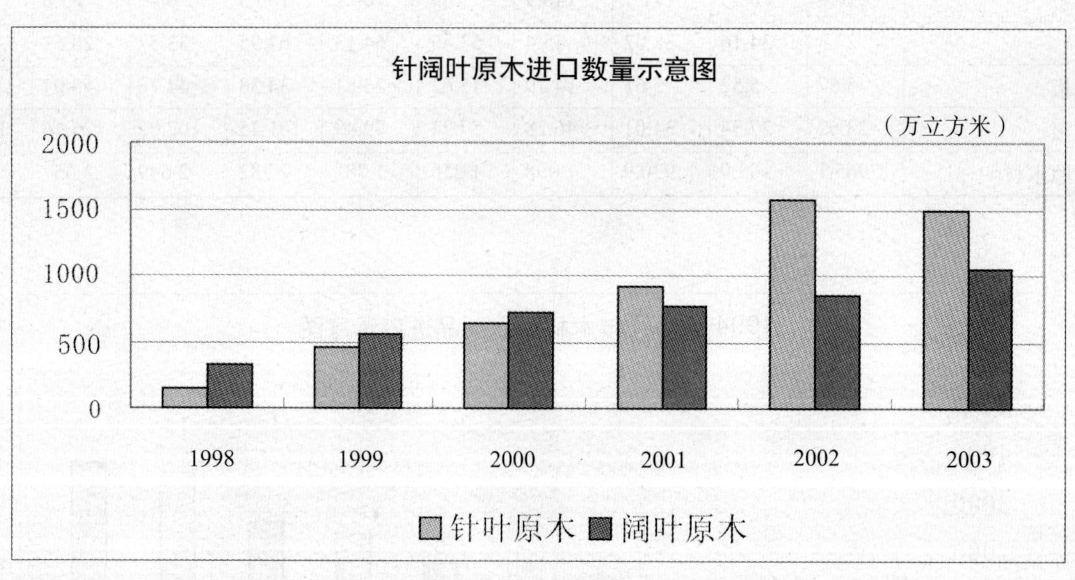

2. 锯材

2003 年进口锯材 551.2 万立方米,增加 11.6 万立方米,增长 2.1%,其中针叶锯材进口 137.3 万立方米,增加 18.4 万立方米,增长 15.5%;阔叶锯材进口 413.9 万立方米,减少 6.8 万立方米,下降 1.6%。

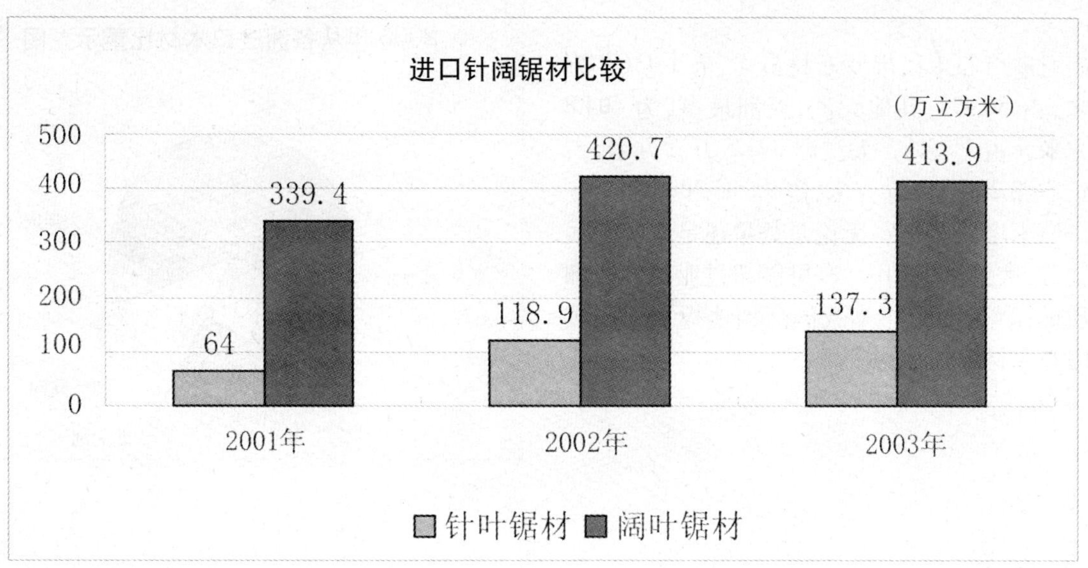

3. 人造板

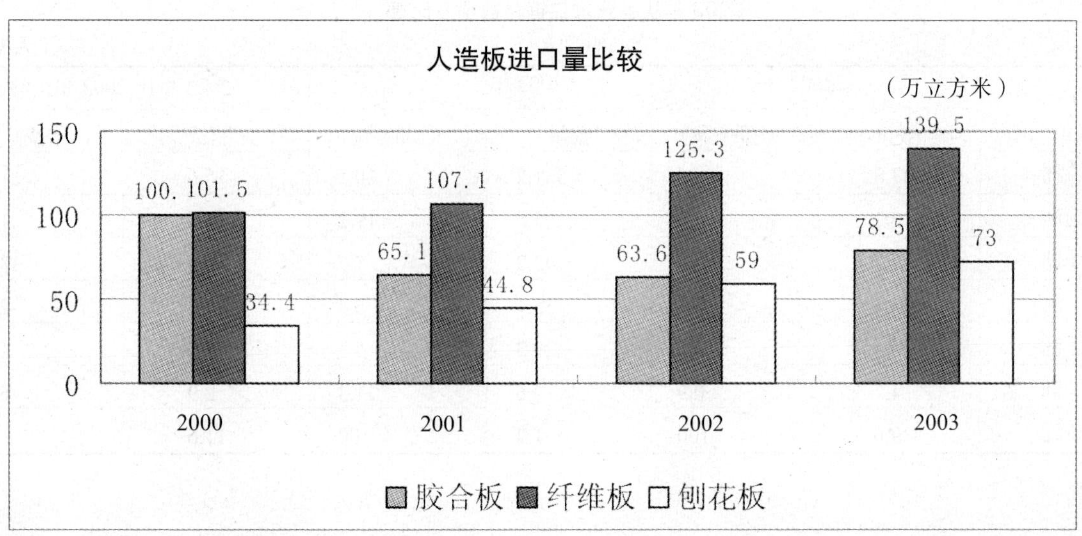

（三）从各洲进口情况

1. 原木

2003 年从各洲进口原木数量及比重

万立方米

	2002 年		2003 年		03 年比 02 年增减	
	数量	比重（%）	数量	比重（%）	数量	增减（%）
亚洲	309.6	12.7	404.8	15.9	95.2	30.7
大洋洲	306.3	12.6	393.5	15.5	87.2	28.5
非洲	264.4	10.9	250.3	9.8	-14.1	-5.3
欧洲	52.6	2.2	39.7	1.6	-12.9	-24.5
北美洲	15	0.6	18.9	0.7	3.9	26.0
南美洲	3.1	0.1	1.4	0.01	-1.7	-54.8
俄罗斯	1 480.6	60.9	1 436.8	56.4	-43.8	-3.0
合计	2 433.3	100	2 545.5	100	112.2	4.6

我国进口原木以俄罗斯材最多，为 1 436.8 万立方米，占 56.4%，其他大洲，亚洲最多，为 404.8 万立方米，占 15.9%，大洋洲 393.5 万立方米，占 15.5%，非洲 250.3 万立方米，占 9.8%。2003 年从亚洲进口原木增长 30%，无论是数量还是增幅都居各洲之首，大洋洲潜力大，有可能超过亚洲。非洲有优质的阔叶材，近年来我国高档地板、家具、装修使用非洲材的越来越多。

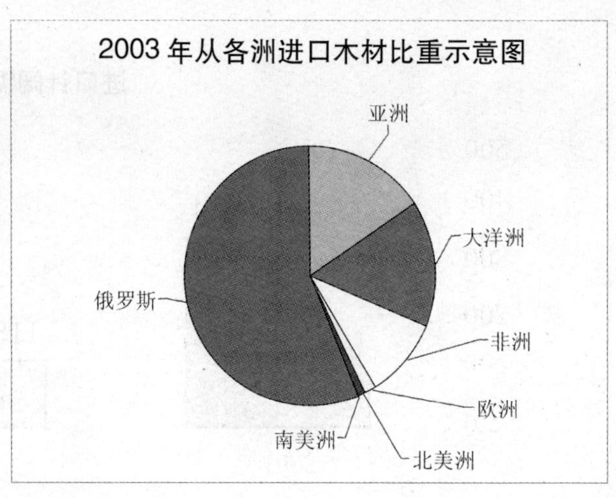

2. 锯材

2003 年从各洲进口锯材数量及比重

万立方米

	2002 年		2003 年		2003 年比 2002 年增减	
	数量	比重(%)	数量	比重(%)	数量	增减(%)
亚　洲	347.8	65	331.2	60.1	-16.6	-4.8
北美洲	91	17.2	105.8	19.2	14.8	16.3
南美洲	18.2	3.4	42.2	7.7	24	131.9
欧　洲	45.4	8.6	35.1	6.4	-10.3	-22.7
大洋洲	25.4	4.9	29.3	5.3	3.9	15.4
非　洲	4.7	0.9	7.6	1.3	2.9	61.7
合　计	539.6	100	551.2	100	11.6	2.1

2003 年锯材进口 551.2 万立方米，增加 11.6 万立方米，仅增长 2.1%。主要是从亚洲地区进口减少。突出的是南美洲增加了 24 万立方米，增幅达 131.9%。

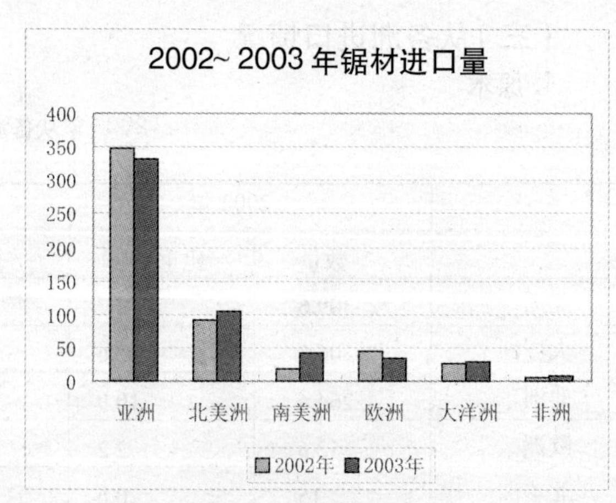

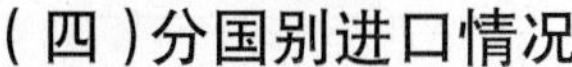

(四)分国别进口情况

1. 原木

2002 序号	2003 序号	国　别	2002 年	2003 年	比　较	
					增减数量	增减(%)
		总计	2 433.3	2 545.6	112.3	4.62
1	1	俄罗斯	1 480.6	1 436.77	-43.83	-2.96
2	2	马来西亚	212.19	293.14	80.95	38.15
3	3	新西兰	164.31	192.07	27.76	16.89
5	4	巴布亚新几内亚	112.8	137.78	24.98	22.15
7	5	加蓬	108.8	94.16	-14.64	-13.46
4	6	缅甸	60.53	86.3	25.77	42.57
9	7	赤道几内亚	34.46	51.08	16.62	48.23
6	8	利比里亚	63.14	39.51	-23.63	-37.42
12	9	刚果	25.08	37.87	12.79	51.00
13	10	澳大利亚	13.14	35.39	22.25	169.33
8	11	德国	39.18	33.86	-5.32	-13.58
15	12	所罗门群岛	16.27	28.26	11.99	73.69
11	13	喀麦隆	21.18	13.93	-7.25	-34.23
10	14	印度尼西亚	25.09	11.61	-13.48	-53.73
14	15	美国	12.16	10.13	-2.03	-16.69

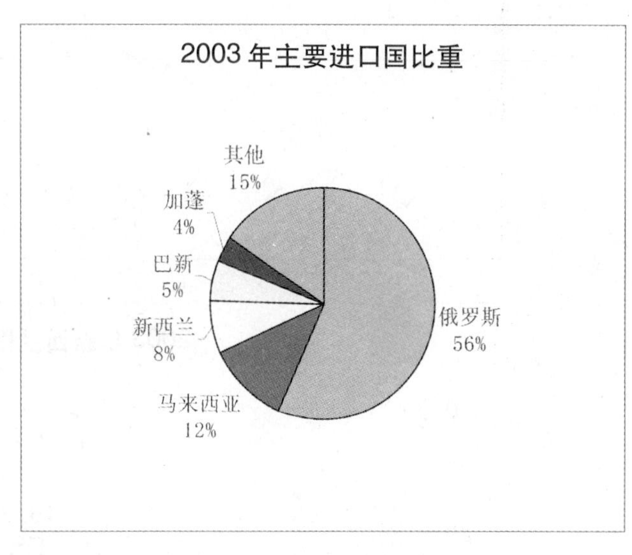

进口俄罗斯木材略有减少，有几个原因，一是前几年进口过猛，七年增长了 28 倍，特别是近二年增加 870 万立方米，超过了市场正常需求，有一定的库存积压；二是随着我国天保工程调减到位，国内木材产量将由逐年下降变为趋于稳定；三是今年以来俄方运输车皮紧张。四是近年俄材大量涌入中国市场，鱼龙混杂，部分木材质量下降，数量短缺，严重影响了俄材信誉和销售。

加蓬有森林面积 2 200 亿平方米，蓄积量 40 亿立方米，居非洲第三位，中国使用较多的奥古曼蓄积量 1.3 亿立方米，产量居世界第一。加蓬今年出口有所下降，一是由于刚果、赤道几内亚等西非国家出口增加，挤占了一定市场，二是由于加蓬发展就地加工战略，导致原木出口减少。

新西兰去年向我出口木材的增幅远低于前几年，去年 7 月份当月进口达 25.4 万立方米，但去年 12 月份进口量降到 8.7 万立方米，主要是由于去年下半年开始，运费涨价近 20 美元 / 立方米和新元升值近 30%，导致辐射松 A 级材到岸价超过 100 美元，远高于俄材价格。目前国内旋切用杨木资源短缺，许多用户拟用新西兰松代替，这是一个有几百万立方米需求的大市场，是新西兰松大量进入中国市场的大好时机，但由于新西兰松价格已失去竞争性，如新方不采取有效措施，新西兰松有可能被挤出中国市场。

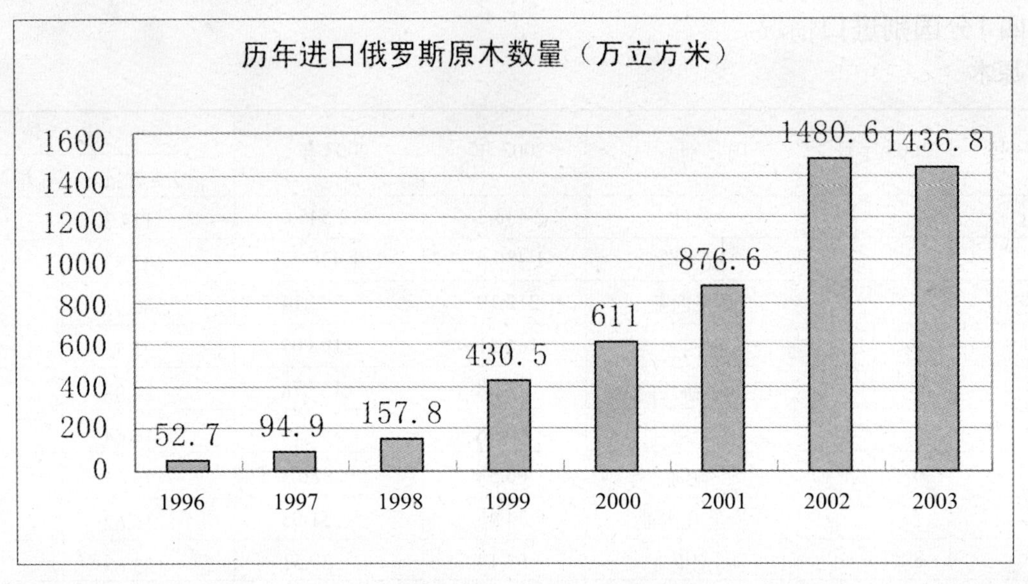
历年进口俄罗斯原木数量（万立方米）
1600
1400
1200
1000
800
600
400
200
0
52.7
94.9
157.8
430.5
611
876.6
1480.6
1436.8
1996
1997
1998
1999
2000
2001
2002
2003

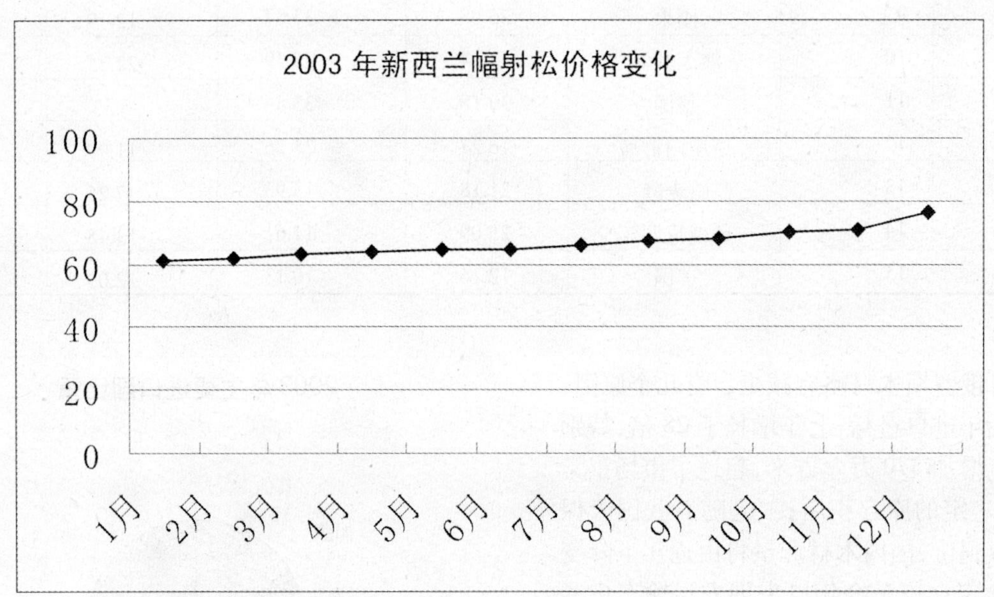
2003 年新西兰幅射松价格变化
100
80
60
40
20
0
1月
2月
3月
4月
5月
6月
7月
8月
9月
10月
11月
12月

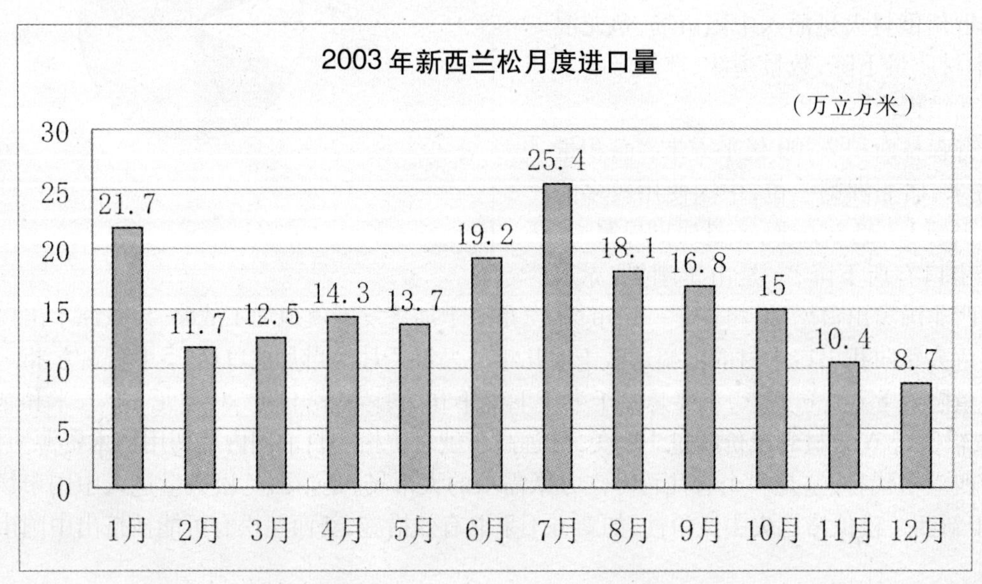
2003 年新西兰松月度进口量
（万立方米）
30
25
20
15
10
5
0
21.7
11.7
12.5
14.3
13.7
19.2
25.4
18.1
16.8
15
10.4
8.7
1月
2月
3月
4月
5月
6月
7月
8月
9月
10月
11月
12月

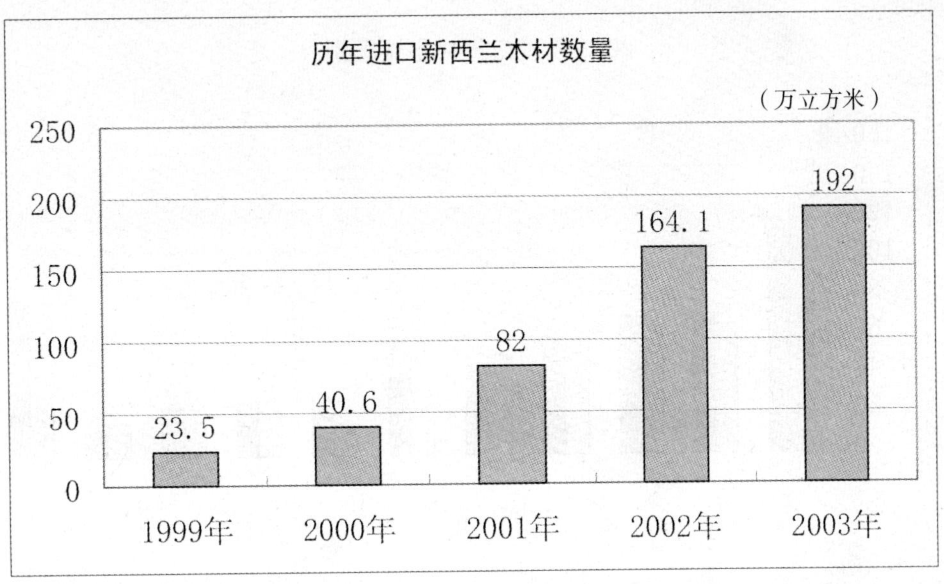

2. 锯材

2003 年进口锯材主要国别

万立方米

2002 序号	2003 序号	国　别	2002 年数量	2003 年数量	2003 年比 2002 年	
					增减	%
		合计	539.6	551.19	11.59	2.1
1	1	印度尼西亚	141.97	108.77	-33.2	-23.4
2	2	美国	62.68	67.69	5.01	8.0
3	3	泰国	59.21	67.13	7.92	13.4
4	4	俄罗斯	55.17	56.12	0.95	1.7
5	5	马来西亚	48.94	43.69	-5.25	-10.7
6	6	加拿大	28.13	38.09	9.96	35.4
10	7	巴西	15.72	28.98	13.26	84.4
8	8	新西兰	22.27	26.18	3.91	17.6
7	9	缅甸	22.87	24.37	1.5	6.6
9	10	德国	16.07	12.15	-3.92	-24.4
		其他	66.57	78.02	11.45	17.2

2003 年印尼仍为我国第一大锯材进口国，但数量比 2002 年减少了 33 万立方米，下降了 23.4%，占全部锯材比重也由 2002 年的 26.3%降到 19.7%，第二到第四位的是美国、泰国和俄罗斯。2003 年增幅最高的是巴西，增长了 84.4%，随着实木地板需求的增加，巴西锯材发展前景很好。

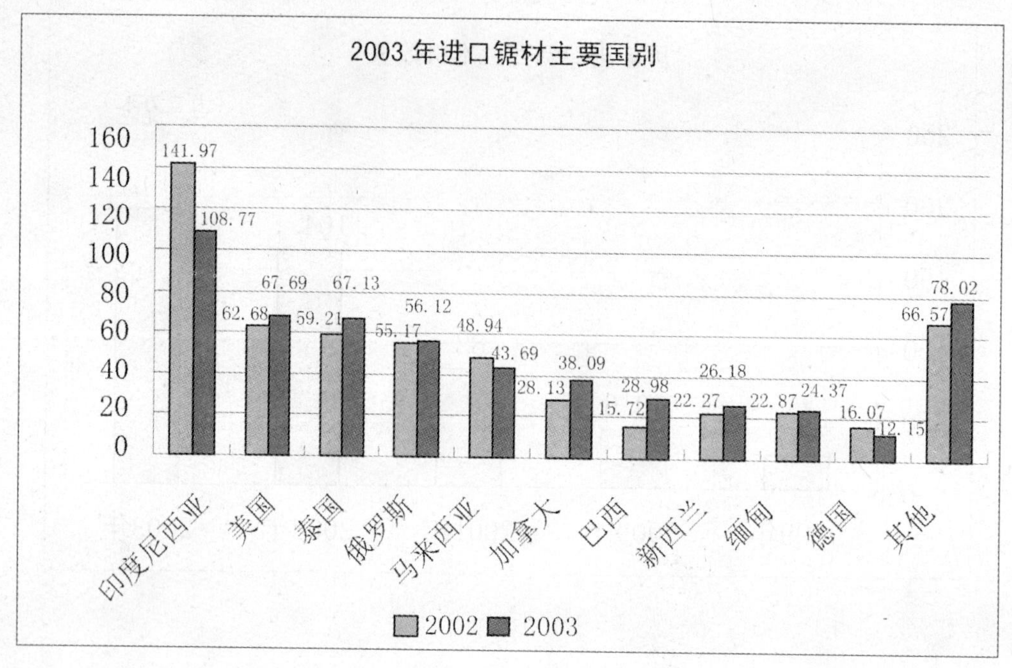

（五）进口针、阔叶材种情况

1. 原木

进口针、阔叶原木数量及比重

万立方米

	1996 年		2002 年		2003 年	
	数量	比重（%）	数量	比重（%）	数量	比重（%）
合计	318.6	100	2 433.3	100	2 545.6	100
针叶	65.3	20.5	1 578	64.9	1 497.4	58.8
阔叶	253.3	79.5	855.3	35.1	1 048.2	41.2

针叶原木近年来进口增加速度十分迅猛，1996 年针叶原木进口量只有 65.3 万立方米，占当年进口原木总量的 20.5%，2003 年迅速增加到 1 497.4 万立米，占进口原木总量的 58.8%，针叶原木以俄罗斯材为主，占 84%，新西兰材占 12.8%，阔叶原木中热带原木占 80.7%，温带材占 19.3%。

2.锯材

进口锯材过去一直是阔叶材为主，近年也有变化，针叶锯材增加，由 2000 年占 12.9%，增长到 2003 年的 25%，增加了 12 个百分点，随着俄罗斯针叶锯材的增加，预计针叶锯材比重还要逐年增长。

2003 年进口锯材针、阔叶比重

万立方米

	2000 年		2002 年		2003 年	
	数量	比重（%）	数量	比重（%）	数量	比重（%）
针叶	46.8	12.9	118.9	22	137.3	24.9
阔叶	316.8	87.1	420.7	78	413.9	75.1
合计	363.6	100	539.6	100	551.2	100

3. 进口俄罗斯原木树种

2003 年进口俄罗斯针叶原木树种比例

万立方米

树 种	数量	比重（%）	海关单价（美元/立方米）
合计	1 258.4	100	
红松 樟子松	673.4	53.5	67.23
白松（云、冷杉）	269.5	21.4	58.47
落叶松	312.4	25.1	53.11

俄罗斯锯材进口近年增长较快，2000 年仅 14.2 万立方米，2001 年 30.84 万立方米，2002 年 55.17 万立方米，2003 年 56.12 万立方米，平均年递增 97.1%，第一是因为俄罗斯为了提高木材附加值，鼓励木材深加工出口，吸引外资到远东开发森林、加工木材。第二是我国国内需求发生变化，一些家具、地板、门窗生产企业，从综合效率考虑，不再建锯材车间而直接进口锯材。预计今后俄锯材进口量将会有较大增长。

（六）云南边贸木材量迅速增长；黑龙江边贸木材大力发展进口加工新模式

2003 年云南边贸

万立方米

		2002 年	2003 年	03 年比 02 年	
				增减数量	增减（%）
全国	原木	2 433.3	2 545.6	112.3	4.6
	锯材	539.6	551.2	11.6	2.1
云南 边贸	原木	58.13	83.35	25.22	43.4
	锯材	20.74	23.72	2.98	14.4

2003 年全国进口原木增长 4.6%，而云南边贸原木交易量增长 43.4%。云南现有国家级口岸 10 个，省级口岸 10 个，边民互市通道 80 多条。木材边贸主要有缅甸、越南和老挝三个对象。缅甸有林地 3 412 亿平方米，森林覆盖率 50%，主要木材有西南桦、花梨、酸枝、柚木和楠木等珍贵木材。但是接壤的缅甸、老挝均为山区及落后地区，无铁路相连，交通不便，运输成本高，且周边国家政治、经济政策多变，连续性差，给边贸带来一定困难。但发展前景很好，我国正实施西部大开发，国际大通道和泛亚铁路正在论证运筹之中，抓住澜沧江——湄公河区域合作及中国——东盟自由贸易区建设等重要历史机遇，云南木材边贸将会有较大发展。

北边边贸另有特点，满洲里和绥芬河两个口岸都在大力发展木材加工区，形成了进口——加工——出口的新模式。

（七）进口木材口岸价格

2003年口岸单价

美元/立方米

国别	树种	2002年	2003年	增减数量	增减(%)
俄罗斯	针叶原木	62.78	61.85	-0.93	-1.5
	栎木原木	164.97	176.94	11.97	7.3
新西兰	辐射松	61.09	66.01	4.92	8.1
马来西亚	红柳桉原木	126.56	132.53	5.97	4.7
	未列名热带原木	166.69	166.21	-0.48	-0.3
印度尼西亚	红柳桉原木	123.08	126.05	2.97	2.4
缅甸	柚木原木	491.53	487.41	-4.12	-0.8
	楠木原木	128.84	108.23	-20.61	-16.0
	红木原木	538.22	578.49	40.27	7.5
德国	山毛榉原木	178.96	170.88	-8.08	-4.5
美国	栎木原木	507.74	462.26	-45.48	-9.0

2003年进口原木树种价格变化表

美元/立方米

	1月	12月	增减数量	增减(%)	进口量(万立方米)
原木合计	96.64	96.16	-0.48	-0.50	
红松和樟子松	64.86	68.79	3.93	6.06	674.5
白松	60.98	63.81	2.83	4.64	280.7
辐射松	59.77	74.46	14.69	24.58	193.2
落叶松	51.18	55.19	4.01	7.84	315.8
红柳桉	133.48	130.49	-2.99	-2.24	31.4
柚木	456.88	434.13	-22.75	-4.98	4.1
奥克曼	185.51	205.99	20.48	11.04	137.4
克隆木	141.1	147.05	5.95	4.22	17.9
山樟木	156.27	140.38	-15.89	-10.17	5.1
波罗格	199.43	209	9.57	4.80	63.9
门格里斯或康派斯	137.85	142.5	4.65	3.37	7.9
异翅香木	137.58	153.33	15.75	11.45	1.8
橡木	207.76	168.36	-39.4	-18.96	31.9
山毛榉	182.24	177.09	-5.15	-2.83	34.5
楠木	133.22	54.38	-78.84	-59.18	1.9
红木	431.97	413.89	-18.08	-4.19	5.6
水曲柳	172.33	167.6	-4.73	-2.74	28.6
北美硬阔叶木	741.67	541.99	-199.68	-26.92	4.3

2003年进口锯材树种价格变化表

美元/立方米

	年初	年末	数量增减	增减(%)	进口量(万立方米)
锯材合计	211.12	223.69	12.57	5.95	551.2
1、针叶锯材	142.71	162.77	20.06	14.06	137.3
红松、樟子松	125.62	128.66	3.04	2.42	42.1
白松	171.58	181.29	9.71	5.66	18.9
辐射松	197.39	201.87	4.48	2.27	23
花旗松	99.57	79.78	-19.79	-19.88	1.5
其他	128.02	165.74	37.72	29.46	51.8
2、热带木锯材	284.26	265.11	-19.15	-6.74	118.8
肉豆蔻木	283.86	292.29	8.43	2.97	0.5
红柳桉	207.68	229.92	22.24	10.71	8.7
白黄柳桉	194.03	185.25	-8.78	-4.53	11.8
柚木	526.03	543.68	17.65	3.36	4.5
桃花心	422.91	421.44	-1.47	-0.35	2.2
波罗格	330.28	317.04	-13.24	-4.01	1.1
其他	288.06	234.84	-53.22	-18.48	89.9
3、温带等其他非针叶锯材	212	232.24	20.24	9.55	295.1
栎木	328.97	300.33	-28.64	-8.71	14
山毛榉	258.37	267.98	9.61	3.72	22.7
红木、楠木、樟木	307.24	251.89	-55.35	-18.02	2.7
泡桐	433.54	419.06	-14.48	-3.34	0.5
北美硬阔	404.4	460.39	55.99	13.85	2.5
温带非针叶	210.14	157.4	-52.74	-25.10	5.6
其他	201.54	222.23	20.69	10.27	247.1

从年末和年初口岸价格比较看,无论是原木还是锯材,绝大部分品种是上升趋势,特别是进口量大的红、白、落、辐射松等原木和锯材,价格均在上涨。

四、2004年经济形势及木材走势

2003年国民经济取得了举世瞩目的成绩,国民生产总值GDP达到11.7万亿元,增长9.1%,是1997年以来最高增长水平,人均GDP达到1 090美元;工业增加值完成4.1万亿元,增长17%,同比增加4.4个百分点;固定资产投资完成5.5万亿元,同比增长26.7%,是1996年以来最高增长水平;外贸进出口完成8 512亿美元,增长37.1%;消费品零售总额增长8.9%,综合国力已居世界第6位。目前我国经济已处于一个新的上升阶段,经济增长的内在动力正在增强。这些带动了对木材的旺盛需求。

2004年国民经济仍将是平稳快速发展,继续执行积极的财政政策和稳健的货币政策,努力扩大内需,转变经济增长方式,以人为本,推行可持续的发展战略。但由于拉动需求的三驾马车中的两驾——固定资产投资和外贸出口今年增幅将减少,另一驾马车国内需求一时也很难快速增长。据中国经济景气检测中心预测,我国今年宏观经济走势将先抑后扬,GDP增长速度略慢于去年,预计在8.6%左右。国家今年将对钢铁、电解铝、建材及房地产等行业适度调控。

影响木材需求走向的几个主要因素：

（一）固定资产投资仍会有较快增长

2004年固定资产投资增幅控制在23%左右，比去年低3个百分点。部分地区房地产有泡沫现象，也要适度微调。

2004年货币供应量和贷款规模将低于2003年水平。刺激2003年投资高增长的银行贷款和行政推动因素将会有不同程度减弱，加上去年高基数的作用，所以增速要有所减缓。

房地产投资虽有部分地区过热，但国家政策仍是鼓励增加普通商品房和经济适用房供应，搞活住房二级市场，这些对扩大木材需求都是有利的。有消息报道，2002年装饰装修行业产值已达7 200亿元，占GDP的7%，其中公共建筑3 000亿元，住宅4 200亿元。这是很大的木材需求市场，今后仍会有较快发展。

（二）农村需求将会有所上升

2003年国家为农民减负137亿元，农民收入增长预计可达4%，中央经济工作会议要求把"三农"作为2004年经济工作的重中之重，中央财政增拨300亿元给农业，增幅达20%，随着农村的富裕，这是木材的一个大的消费方向。

（三）城市化进程加快

世界发达国家城市化率在80%~90%，世界平均城市化率为46.1%，我国城市化率仅为39%，明显低于经济发展阶段大致相同甚至落后于我国的国家，这不仅阻碍我国工业化速度，而且是农民收入低、内需不足等制约经济增长的一系列问题的重要症结所在。一般国家城市化率均高于工业化率，而我国城市化率低于工业化率19个百分点，这也是我们的优势，城市化可以在工业化的推动下得到快速发展。城市化的增加无疑会给木材产品提供广阔的需求市场。

（四）努力扩大最终消费需求

我国的最终消费需求始终不足，消费率只有60%，国外一般在70%~80%，这与我国社会保障体系不健全有很大关系，这次中央经济工作会议提出，要努力扩大最终消费，提高城乡人民生活水平，增加中低收入人群和农民的收入，开拓消费品进入农村的渠道，这些是扩大内需的根本。

（五）外贸进出口增幅将低于2003年

2003年我国外贸进出口额8 400亿美元，增长35%，2004年增幅预计在15%左右，大大低于2003年。2004年世界经济增长率将由2003年的3.2%提高到4.2%以上，世界贸易量增长速度也将由2003年的2.9%提高到2004年的5.5%左右，总体讲，2004年世界经济将会好于2003年。但对中国而言，不利因素不少，第一，2004年是我国加入WTO后关键的一年，大部分过渡性保护措施这一年到期，明年将全部放开外贸经营权；第二，随着美国经济复苏，美元走势回升，必然使我国出口产品价格优势减弱；第三，由于世界经济复苏，外资分流，跨国公司向中国转移生产能力步伐将放慢，使我国引进外资减少；第四，世界贸易保护主义对我国外贸的约束趋强，如美国对我家具提出反倾销等；第五，出口退税政策调整，平均下调3%，每下调1个百分点，出口增速将下降4.9个百分点。这些将直接影响我国家具、板材、地板及木制小商品等的出口。

（六）我国三大经济区将更快发展

珠江三角洲经济发展较为成熟，并向包括港澳大珠江三角洲发展；长江三角洲在引进外商直接投资方面增长极快，长三角向外扩展、向内辐射能力很强，近几年长三角经济增长速度开始超过珠三角，成为拉动全国经济增长的新亮点，特别是随着2010年世博会的接近，市场需求更大，发展后劲很强；环渤海经济区起步较晚，在97香港回归、北京申奥成功等重大历史事件促进下，环渤海经济区经济形势开始好转，增长速度快于全国平均增长水平，作为我国最大的经济区，充分利用地域、信息、人才和政策优势，将全力加快发展，成为全国经济增长的重要一极。我们要充分注意这三个经济区的木材商机。

（七）西部大开发和中央决定加快振兴东北老工业基地

振兴东北作为一项新国策，必将使东北成为继珠江三角洲、长江三角洲和京津塘环渤海地区之后的

中国内地经济“第四增长极”。东北三省已具备了大发展的条件，原国企老大难包袱已基本处理完毕，东北有丰富的自然资源，有大量的科研、工程技术人员和熟练劳动力，有优良的工业基础和便利的交通网，东北的振兴指日可待，有远见的商家不要放过这个大好机遇。

西部大开发，不能平均发展，西部基础不如东北，但国家投入是比较大的，最近专家提出三大经济区和八条经济带，重点培育西安、成都和重庆三大都市经济区和七个城市群，以此带动整个西部发展，我们也要关注这些地区的商机。

（八）直接大量使用木材的产品如家具、地板、人造板和纸制品的快速发展，将对木材有更大需求

家具：有迹象表明，新一轮外资家具投资看好华东，重点由“珠三角”转向“长三角”，入世以来上海外资家具投资额达到8亿美元，预计未来2~3年，美国、德国、日本等家具企业会向中国转移，主要地点会选择在江苏、浙江、上海这一带，2002年中国家具出口已超过德国名列世界第二，仅次于意大利。中国家协负责人介绍，世界家具制造业中心正向我国转移，预计2004年家具业仍将会有20%以上的增幅。我国家具产值仅占世界的10%，人均消费量更低，说明我国家具业发展空间还非常大。中国家具增长将伴随人民生活水平提高、住房建设增长而迅速增长。

2000年世界（50个国家）家具人均消费量

美元/(人·年)

国别	世界平均	中国	西欧	俄罗斯	墨西哥	日本	美国	南美
人均消费	45	7	174	15	28	165	230	27

中国广大农村家具消费量还很少，随着农民生活水平提高，对家具将有更大需求。预计2010年我国家具产值将达到3 000亿元，届时，将超过意大利，居世界第一。

地板：2003年产量预计29 500万平方米，比2002年增长1/3，其中强化地板15 500万平方米，增长29%，实木地板1 2000万平方米，增长33%，复合实木地板2 000万平方米，增长120%。

人造板：2003年产量尚无统计数字，预计在3 300万立方米以上，仅从杨木供应短缺，价格上扬，进口阔叶原木大幅增长，就可看出人造板发展之迅速。

造纸业：据业内人士预测，到2005年我国纸张消费量将达到5 000万吨，而国内产量只能达到3 920万吨，面对中国纸业市场的空位，国外不少纸业公司对中国的经营战略由贸易出口转为在中国投资建厂就地生产，2003年1~11月仅上海口岸进口造纸机械就达1.1亿美元，比上年同期增长35.9%，预计造纸用材将会趋紧。

五、几点看法

（一）抓住机遇，扩大海外市场

要充分利用加入WTO对我国的有利条件，把产品打到国外去。我国是少林国家，木材短缺，改革开放以后，大量进口木材，对木制品出口注重不够，近几年，有了充足的进口木材资源，以家具企业为先导，逐步打开了国际市场，胶合板紧随其后，2002年出口179.3万立米，比2000年增长2.6倍，但只占世界贸易量的1/10左右。家具出口50%到美国，胶合板出口，到韩国18.1%，到日本15.1%，到美国14%，到香港13.7%，出口面还是比较小。印度有10.3亿人口，经济一直保持平稳发展，市场广阔，具有发展潜力，逐步扩大的中产阶级，也更给消费增添了活力。印度现在人均GDP为425美元，相当中国1993年水平。2003年GDP增长8.1%，印度也是一个缺材国家，木材和木制品需要进口。2000年印度开始设立经济特区，有连续10年的免税期；进口无需许可证等等许多优惠政策。我们过去对印度了解较少，贸易量也少，实际上

这是一个很大的市场，离我们又不太远，无论贸易、投资建厂都很有利。最近印度又宣布降低106种中国产品关税。我认为这是一个很好的市场。

（二）拓新产品，创造高附加值

1.利用发展木结构房屋和出口为契机，发展以落叶松为原料的工程木制材料（EWP）和胶合板。工程木制材料在我国基本还没有起步，国外经济发展国家已有较快发展。EWP就是通过一系列加工，提高产品强度，主要品种有：单板层积材（LVL）、单板条层积材（PSL）、定向条层积材（OSL）、集成材、定向刨花板（OSB）等，优点是：强度高、规模大、尺寸稳定、重量轻、耐火性能好等。以LVL为例，1987年世界产量为35万立方米，1997年达105万立方米，2002年仅美国和加拿大产量就达到213万立方米。EWP主要是用于木结构房屋及其他木制建筑的结构用材，发展这种产品有两个市场。一是用于出口，日本应用EWP逐年增加，产量由1992年的12.7万立方米，增加到2001年的78.2万立方米，10年增长了6倍，进口量由1992年的2.1万立方米，增长到2001年的49.8万立方米，增长了近24倍。这是我们很好的市场，再一个市场就是用于国内木结构房屋。有资料表明1998年以前我国每年木结构房屋竣工面积为2万平米，1999年为4万平方米，2000年为8万平方米，2001年达到12万平方米，预计2002年将超过24万平方米。木结构房屋在我国还没有大量发展，一是观念问题，决策者和广大消费者都有一个认识过程；二是标准规范还未完备，2002年7月建设部出台了验收规范和试验方法标准，设计规范已制定完；三是价格偏高，因为现在是全部构件由国外生产，整套运到我国安装，成本必然高，要想在中国大量发展，构件必然要本土化生产，我国有廉价的劳动力、丰富的落叶松来源、生产工艺技术可以引进，国内现已有较系统的研究成果，实现落叶松工程木制材料产业化已具备初步条件。

2.托盘。是物流集装单元化的基础工具。现代物流业在世界范围迅速发展，是重要的第三利润源。我国物流业发展尚处于起步阶段，物流规模在2 400亿元，去年增速为26%，开始进入快速增长期。物流离不开托盘，我国现有托盘7 000万片以上，其中90%为木制托盘，每年以2 000万片速度增长。据有关资料，美国有托盘2.5亿片，日本8 000万片，韩国5 000万片。有托盘制造企业、托盘联营系统和托盘协会。国外的托盘都实行标准化，木材经过干燥防腐处理，用专用螺钉联接，质量好、寿命长。我国托盘起步晚，不规范，所用材质和钉子质量都不高，因此使用寿命短，浪费木材。每个托盘要木材0.1立方米木材（原木材积），按年产2 000万片计算，一年要用木材180~200万立方米。托盘的制造工艺简单，随着物流业的迅速发展，托盘的需求量将越来越大，是个可以提高木材附加值的有前途的产业。

（三）要适量控制热带原木的进口量和消耗量

最近国际上一些生态保护组织对我国大量进口热带原木颇有微词。世界热带雨林在迅速减少，1990~2000年间，世界森林面积减少9 380亿平方米，其中发展中国家减少10 700亿平方米，发达国家增加1 320亿平方米。发展中国家天然林破坏较为严重。特别是亚洲、非洲和南美洲热带雨林破坏严重，印尼已禁止原木出口，柬埔寨、缅甸及非洲一些国家也都提出要限制原木出口。世界野生动植物基金会认为我国进口的木材中有13%是非法采伐、非法贸易的，所以我们一定要注意，不要进口非法采伐的木材，不要做非法的贸易。在使用方面，要提高热带珍贵木材利用率，如多发展复合实木地板和薄木贴面板等，既可达到同样效果，又能节省珍贵木材，还可以提高企业经济效益。

（四）有关部门和企业要做好应对反倾销准备

美国最近对我国木制家具提出反倾销指控。美国一直是我最大的家具出口国，去年我国出口美国的木制家具占出口总额的52%。出口国的产品一旦被进口国裁决征收反倾销税，出口国的出口将在很大程度上受到限制，目前我国家具协会已设立了反倾销基金，作了应对准备。另有消息，欧洲胶合板联合会称，从中国进口奥克兰胶合板与日俱增，正扰乱传统的欧洲市场，有可能掀起一场针对中国胶合板的反倾销运动。欧洲明年还可能实行CE认证，实际是对我人造板出口的技术壁垒。这些都应引起我们的注意。

（五）提倡可持续消费的观念，积极发展木材工业，扩大使用木材产品

现在提倡发展“循环经济”，以实现工业的可持续发展，循环经济又称资源经济，即生产所需的资源

大部分是可循环的,产品经使用后,可通过回收、再生等方法再次获得使用价值。因此循环经济是一种可持续的经济发展模式。木材工业是非常符合循环经济要求的,木材资源取之不尽,用之不竭,还能改善生态环境,木材产品也便于回收复用,没有污染。钢材、水泥、塑料等矿产资源,不可再生,矿产资源有限,可保证供应仅为:铁矿是161年;石油45年;天然气52年;煤炭209年;铝222年;铜33年等,生产过程又大量耗费能源和污染环境,每吨生产能耗比,如果木材是1,铝为300,塑料为34,钢材为27,水泥为5。我们应该提倡用速生人工林产品代替其他材料,加强木材保护,延长木材使用寿命和发展木材深加工,改善木材物理化学性能及花色纹理,提高木材综合利用,以满足人们对木材的多种需求。木材工业是典型的绿色产业,林业经济是典型的循环经济,木材产品将会受到越来越多人的喜爱。木材行业是常青的!

中国地板行业现状与发展趋势

北京林业大学教授 中国木材流通协会副理事长 高志华

一、前言

中国木地板虽然自古就有,但形成一个行业是从八十年代中期开始的。在中国改革开放政策的指导下,加之木地板又有与其他地面装饰材料不能代替的特点,即木地板具有返朴归真、典雅庄重、冬暖夏凉、脚感舒适等特点,使小小木地板在短短几年中,特别是近五年来发展迅猛。已在国民经济中成为一个具有一定规模的行业。

木地板主要分四大类:实木地板、强化木地板、实木复合地板、竹地板。从近五年来的增长趋势比例来看,多层实木地板增长最快。其中尤以多层实木复合地板最突出。其具体增长比例如下:

名 称	强化木地板(万平方米)	实木地板(万平方米)	多层实木地板(万平方米)	竹地板(万平方米)
1999年	3 500	3 000	200	80
2000年	6 000	4 000	300	120
2001年	8 800	6 000	450	200
2002年	12 000	9 000	880	300
2003年	15 500	12 000	2 000	400

我国地板工业尤其是实木地板、强化地板两类是市场主导地板,有强劲规模生产能力,国内市场发展已达成熟期,流通利润已相当低。入世后,关税进行调整后,也不会产生冲击。原因:

(1)国内生产地板市场占有率极高,份额很大。实木、竹地板占100%,强化地板占85%,多层实木地板占98%,国外舶来品地板只占领特殊用途的优势。

(2)现有进口地板关税不是很高,一般是8%,远远低于汽车、电子、通讯、家电等行业产品。即使“零”关税,地板性价比,国外地板不会占领较大份额。

(3)从地板生产成本、劳动力、流通运距、时间和运费、交货期等,外国地板决不是国产地板的竞争对手。反之,中国地板走向世界已即在眼前。

二、目前出口地板的主要品牌和地区

（一）三层实木地板（面材锯切）

这是欧洲风行的地板，有世界著名的品牌：瑞典的康树。我国主要是出口欧洲，以比利时、荷兰、德国为主已全面的进入欧倍德（OBI）、百安居（B&Q）等欧美著名超市，主要规格是：2 200×205×14 毫米，面层厚 3~4 毫米，材种以橡木（柞木）、榆木、槭木（枫木）、桦木、楠竹为主。目前，已增至甘拔豆、柚木、古夷苏木、木荚豆、非洲筒状楝、水青冈等。自二十世纪初，以美国为主的北美国家，也进口我国的三层实木地板。但是三层实木复合地板设备投资大，工艺复杂、技术要求高、产品质量较难控制。我国出口价格偏低，以目前我国生产能力来看，尚有很大的潜力可挖。三层实木地板出口的同时，二层实木木地板也在出口，主要销往美国与欧洲，但仅在开拓起步阶段。主要规格是，600×75×(8~12)毫米。

（二）多层实木地板（面材刨切）

这是日本、南韩盛行的地板。世界著名品牌有：松下、东洋等。我国产品主要出口日本、韩国、东南亚、欧洲、美国。主要规格是，1 818×303×(12~15)毫米，也有专用地面采暖的地板，主要规格是，900×75×(6~9)毫米，其面层材均为刨切材，厚度 0.35~2 毫米。面层材料除与三层面层材一样外，还有香脂木豆、鸡翅、花梨、维腊木（玉檀香）等名贵材种。目前多层实木地板正处于内销、出口两旺时期，新材料、新规格不断翻新。现主要规格大致为 1 200×120×12 毫米。国内大量工程、房地产商，均需多层实木地板，可以说，我国多层实木地板产业已步入发展成熟期。

（三）竹地板、竹木复合地板

我国有着丰富的竹资源，竹文化历史渊源流长，有“宁可食无肉，不可居无竹”的美誉。竹材又是速生材，是符合生态平衡及可持续发展的产品。自二十世纪以来，世界各地对我国的竹地板倍受青睐。据不完全统计，每年均有 350 万平方米的竹地板出口。其中以欧洲、北美为主，而且增长量日益明显。现日本、大洋州也来求购，主要规格是，900×90×18毫米。按颜色分有漂白、本色、炭化三种。按竹材排列又分为竖拼、横拼等。在竹地板出口的同时，大量的竹材装饰板、竹材踏脚板、竹材装饰线条、扣条及各类竹制工艺品也同时出口，前景看好。

（四）实木地板

实木地板，有世界著名品牌：丹麦的君客。国际求购的实木地板有三严一松的特点：含水率要求严、加工几何尺寸严、饰面涂料严，而对木材的自然缺陷规定较松，如节疤、色差、纹理、髓心，乃至虫眼、开裂。由于各国采购商不同，很难有一个统一的标准尺寸。仅目前来看，材种以国产林为主，有柞木、桦木、榆木、水曲柳、落叶松等。但从发展来看，南洋材、南美材、非洲材也日益成为主角。

实木地板传统出口主要是指接企口地板、集成企口地板、不等长的实木地板。近年来，露天地板、桑拿地板、仿古地板也步入快速增长期。并已远销世界各地，其中以美国、日本、欧洲为主。

（五）强化木地板

我国强化木地板虽是 90 年代中期进入中国市场的欧洲舶来品，而销售量却是我国各类地板的龙头老大，2002 年已超 1.2 亿平方米。目前，我国强化木地板已源源不断的进入美国、大洋州、阿拉伯、东南亚，甚至欧洲、韩国也有我国产品。强化木地板正以其优美的花色、锁扣、浮雕以及价格的优势参与国际竞争，后来居上，前景越来越好。

三、我国出口地板的主要地区和品牌

目前我国出口地板的主要口岸是：上海、深圳、汕头、福州、大连。

（一）三层实木地板生产地区

吉林、黑龙江、河北、广东、云南、江苏、山东。

其中出口厂商主要品牌：宜华、四合、北亚、金桥、金隆、达木。

（二）多层实木复合地板生产地区

天津、北京、苏州、嘉善、广州。

其中出口厂商主要品牌：维德、福满地、不二家、福海、绿峰、康达、大来。

（三）竹地板生产地区

浙江的安吉、临安，安徽的广德，贵州的赤水，福建的顺昌 、建欧，江西的宜丰、崇义。

其中出口厂商主要品牌：四合、大庄、明信、青峰、江欧、绿竹、竹王、竹皇。

（四）实木地板生产地区

南浔、上海、中山、顺德、深圳、广州、沈阳。

其中出口厂商主要品牌：美丽岛、富得利、四合、富林、大自然、宜华、安东、舒嘉美、地球村、德林。

（五）强化木地板生产地区

上海、深圳、北京、杭州、成都。

其中出口厂商主要品牌：圣象、汇丽、菲林格尔、克诺森华、升佳、柏高、三威、升达。

四、我国出口地板的发展趋势

我国地板行业发展趋势大致有以下几方面：

（一）外商供应地板及地板坯料的同时，加大对中国地板行业的投资和采购。

在中国新的市场经济发展形式驱动下，拥有部分品牌的外商由原先供应企业地板及地板料坯的单一经济模式，改变为先后在中国地板行业加大投资力度，建立生产基地，再打入中国市场。如麦道、斯林格、环球、吉象、克诺森华等品牌的企业，近期将在上海、南浔、苏州、深圳、东莞陆续筹建地板加工企业。为此，中国必将成为全球最大的实木地板供应基地。

（二）拓宽出口渠道，加快出口速度

中国进入WTO后，加快了开启进出口的大门，地板行业也不例外。原先地板出口，都由进出口公司以及相关的进出口中介公司等渠道提供信息与出口操作，现在都逐渐发展为由本企业自行通过各种形式和手段，打开国际市场。例如宜华、圣象、福满地、维德、吉象、汇丽、四合、大庄、富得利等企业，自行设立专门的国际贸易组织和子公司，由专人从事出口地板的信息搜索、宣传、洽谈并通过参加国际展览、国际技术交流，直接与大型采购商进行营销合作或合资经营，结成紧密的经济贸易联盟等方式，来扩大出口任务。

（三）出口地板品种和花色向多元化方向发展

为适应国际市场的需求，出口地板的品种、花色继续在向多元化发展。为此，新的品种不断涌现，如目前出口的地板，除传统的实木复合地板、竹地板、实木指接集成地板以外，还有新型的庭院地板、仿古地板、地面采暖地板、强化木地板、拼花工艺艺术地板，以及技术含量高的各类高附加值创新地板等，也会在近几年内有长足发展，而且是呈上升趋势。

（四）加速培养行业的国际贸易人才

木地板行业的出口量处于逐年递增的趋势。但是在进入国际市场时，遇到的问题也不少，使企业蒙受了不必要的损失。因为出口地板进入国际市场，不仅是管理、质量、花色、科技、信誉和资金实力的竞争，更主要是国际贸易人才的竞争。从国际贸易惯例的经验看，出口产品时，必须对WTO的法律法规，及当地国家的经济、政治、风土人情等有详细的了解。从我国目前的地板行业的企业看，企业的差距还很大，应引进或培养具有国际贸易方面素质的人才，缩小差距，迎头赶上，尽快与国际接轨。这样我国地板进入国际

市场，企业才能获得可观的经济效益。

（五）依托行业协会，创造条件发挥联合舰队作用

木地板行业应尽快发挥行业协会联合舰队的作用，组织知名品牌电子商务，地板配送，直达供应等现代流通模式；组织国际贸易培训学习班，提高贸易人员素质；组织出国商务考察，联合出国商务洽谈，质量标准的认定，联合统一协调出口，才能使我国地板行业国际贸易有序、健康地发展。

（六）急待改善和营造地板流通环境

为了更好地适应加入 WTO 后经济发展的环境，保护现有森林资源，加速地板流通，减轻企业负担，提高地板国际竞争力，政府有关部门必须对现有法规、规定进行重新审核。尽快与国际市场接轨，以利于我国地板行业发展。例如现行的《出省木材运输证》、《木材检疫检验证》（简称双证），应重视广大地板企业的呼吁，尽早明确取消对地板成品（实木地板、强化地板、多层实木地板、竹漆地板、软木地板）办理“双证”这样不成文的做法，改善和营造地板流通环境。

新型建筑装饰材料发展动态

教授级高工　李怀之

我国建筑装饰行业发展迅速，2002 年全行业产值达 7 200 亿元，在国民经济中已居重要地位。建筑装饰材料是建筑装饰业的物质基础，直接关系到建筑装饰业的发展水平及发展速度。进入 21 世纪，面临新形势，建筑装饰材料如何发展，深值探讨。

一、发展动态

进入新世纪，步入知识经济时代，企业的经济活动进一步信息化、智能化；入世后市场全球化，装饰材料面临国内外市场的激烈竞争，加之建筑装饰业的蓬勃发展及高新技术的发展，推动建筑装饰材料迅速变革及发展。其特点：

（一）绿色装饰材料已成为发展的热点

随着人们生活水平和文化素质的提高，环保意识不断增强，崇尚自然、追求健康、绿色消费，已成为一种新的时尚，成为共同追求的目标。十分重视选用绿色装饰材料，改善室内环境，确保健康。特别是“非典”以后，人们对健康环保的居住环境更为关注，对装饰材料提出了更高的要求，不仅要有精美的装饰性，良好的使用性，且对人体无害，对环境无污染，并有利于人体健康。因此，绿色装饰材料已成为发展的热点，绿色环保产品成为 21 世纪主导消费品。

1. 绿色涂料

溶剂型建筑涂料虽性能优良，但对环境污染严重，对人体健康不利。因此，世界各国都在严格控制涂料中有机挥发物(VOC)的含量，发展低污染、无污染的涂料。建筑涂料的水性化是 21 世纪建筑涂料的发展方向，美国水性涂料在涂料中的比重在 80%左右。我国也在大力发展水性内墙涂料，去年国家发布并实施的 10 项强制标准中，对内墙涂料有害物质含量作了明确规定，如北京建材科研院开发生产了负离子健康涂料，它不仅具有优良的装饰性及使用性能，还能消除有害气体污染，净化室内空气，有利于人体健康，

该产品投放市场后，受到用户的好评。

2. 绿色壁纸

塑料壁纸虽有一系列优点，但使用过程中，仍挥发出少量有机挥发物，遇火燃烧时，会产生氯化氢有毒气体，加之它不透气、易老化、废旧壁纸不能降解回收等弱点，不能适应市场需要。因此，研究开发对人体无毒、无害、透气好、装饰功能好的壁纸是时代的要求。纸基壁纸是由两层纸复合后，涂刷丙烯酸涂层，经套色印刷而成；布基壁纸是以无纺布为基材，加上水性胶粘剂和水性油墨制成。上述两种壁纸采用的原料均无毒，制成的成品属绿色产品，它们具有美观、装饰效果好、透气性好、易施工、粘接力强、不开裂等特点。遇火燃烧时，产生的是二氧化碳和水蒸气对人体无害，该产品经高档饭店使用，受到用户好评。

3. 抗菌制品

抗菌制品是通过制品表面的抗菌成分，实现杀菌或抑制微生物生长和繁殖进而达到长期卫生、安全的目的。用抗菌材料制成的产品，具有卫生自洁功能，其抗菌性可与制品寿命同步。目前，抗菌材料及制品已在发达国家大量使用，而我国刚刚起步，抗菌制品正在我国形成一个新的消费热潮。

· 抗菌玻璃，采用溶胶 - 凝胶法在平板玻璃表面涂刷纳米 TiO_2 涂层，利用纳米 TiO_2 的光催化特性，使玻璃表面具有杀菌、自洁等功能。

· 抗菌卫生陶瓷，及最近开发的智洁卫生陶瓷，投放市场后深受用户欢迎。

· 抗菌釉面砖，中国建材研究院利用稀土激活技术、光催化技术成功研制出抗菌材料和抗菌釉面砖，用于医院、幼儿园室内装饰，可避免细菌交叉感染，达到自洁效果。

（二）多功能、复合装饰材料成为发展的亮点

随着建筑业、房地产业的迅速发展，特别是建筑水平的迅速提高，对装饰材料的功能要求越来越高，越来越迫切。不仅要求它具有精美的装饰性，良好的使用性，而且要求它具有环保、安全、施工方便、易维护等功能，市场上许多产品功能单一，远不能满足消费者的综合要求。因此，采用复合技术发展多功能复合装饰材料已是定势。

复合装饰材料就是由两种或两种以上在物理和化学上不同的装饰材料复合起来，而得到的一种多相装饰材料。其性能要优于组成它的单体材料，而是把两种单体材料的突出优点统一在这种复合材料上，使它同时发挥多功能的作用。因此，复合材料是材料革命的方向，许多科学家预言，二十一世经将是复合材料时代。现介绍几种产品：

1. 天然大理石陶瓷复合板

“大理石陶瓷复合板”是将厚度 3~5 毫米的天然大理石薄板，通过高强抗渗黏结剂与厚 5~8 毫米高强陶瓷基材板复合而成。其抗折强度大大高于大理石，具有强度高，重量轻，易安装等特点，且保持天然大理石典雅、高贵的装饰效果，能有效利用天然石材，减少石材开采，保护资源，保护环境等。

2. 石材蜂窝复合板

“石材蜂窝复合板”是由 3~5 毫米石材为面层，铝蜂窝或塑料蜂窝为基材，中间夹一层高强度纤维过渡层复合而成。其特点：重量轻，为同厚度石材重量的 1/5；强度高，抗冲击强度比厚度为 3 厘米花岗石强度大 10 倍；弯曲强度达 8.5MPa，拉伸剪切强度达 0.48MPa；它还具有隔音、隔热、安装方便等特点，且保持天然大理石自然、古朴的装饰效果，产品规格可达 1 200×2 400 毫米，适用于室内墙面装饰及天花板吊顶等。

3. 复合型丽晶石

复合丽晶石产品是由高强度透明玻璃作面层，高分子材料作底层，经复合而成。目前有钻石、珍珠、金龙、银龙、富贵竹、水波纹、甲骨文、树皮、浮雕面等 10 个系列、100 多个花色品种。丽晶石具有立体感强、装饰效果独特、不吸水、抗污、抑菌、易于清洁等特点。适用于室内墙面、地面装饰，也可用于建筑门窗及屏风。丽晶石产品已在国内外市场销售，有较好的发展前景。

4. 复合型蜂窝铝板

蜂窝铝板是一种夹层结构的新型复合材料，由上、下二层铝薄板通过胶粘剂与蜂窝芯材复合而成。该

产品的面板通常喷涂氟碳涂料或聚酯涂料，氟碳涂料层因具有很好的耐候性与自洁性而广泛用于室外，聚酯涂层则多用于室内。该产品具有质轻、强度高、刚性好、吸音等特点，适用于幕墙、建筑隔板、吸音板等。

（三）高质量、高档次的装饰材料成为发展的重点

采用高新技术发展一批具有国际领先水平的高质量、高档次的建筑装饰材料，创品牌、上规模，提高产品在国内外市场上的竞争力，替代部分进口产品，适应高档次建筑、重点工程对装饰材料的要求。

1. 氟碳涂料

该涂料在行业内享有“涂料王”的美称，它是以含氟共聚树脂与其它单体共聚物为主成膜物质，经加工改性、研磨制成的涂料。其主要特性是树脂中含有大量的C-F键是已知最强的分子键，以及氟原子的化学特性，使得氟涂料与一般涂料相比，有其无可比拟的耐候性、耐久性、耐酸碱性、耐化学腐蚀性能、耐热性、耐寒性、自熄性、不粘性、自润滑性、抗辐射性等优良性能，它的使用寿命是普通涂料的3~5倍。广泛应用于建筑、工业、航空、电子、机械及木家具等领域。目前世界上只有美国、日本生产氟涂料，我国是第三个能生产氟涂料的国家，实现了氟树脂涂料向绿色环保发展的大跨跃，为市场提供了一种高性能、绿色环保涂料。

2. 装饰用材——科技木

科技木是以普通木材、尤其是速生材为原料，利用仿生学原理，采用电脑模拟设计和高科技手段，对其进行各种改性物化处理生产的一种性能更加优越的木质新型装饰材料。科技木可仿真天然珍贵树种的纹理，保留了木材隔热、绝缘、调湿的自然属性，和天然木相比较，科技木具有以下特点：

·色彩丰富，纹理多样。该产品经电脑设计，可产生天然木材所不具备的颜色和纹理，色彩更加鲜艳，纹理立体感更强，图案更具有动感和活力，充分符合了人们消费多样化和个性化的要求。

·产品性能更优越。科技木的密度和静曲强度等物理性均优于其原料天然木材，且防腐、防蛀、耐潮又易加工，同时还可以根据要求加工成不同幅面尺寸，克服了天然木材的局限。

·成品利用率高，经济实用。科技木没有虫孔、节疤、色变等天然木材固有的缺陷，同时它的纹理和色泽具有规律性，装饰过程中易于拼接。

·科技木是健康型材料。它采用的原料是环保的，故成品也是环保的。

·科技木是高新技术的结晶。它有很高的科技含量，此项目获26项国家专利，该产品已受到国内外消费者的厚爱和好评。

3. 装饰玻璃

近年来，利用各种玻璃搞装饰愈来愈多，并成为时尚。现介绍几种装饰玻璃。

· 镭射玻璃，它是将玻璃表面经特殊处理形成光栅，在复色可见光源照射下，呈现出美丽的多彩的七色光束或各种图形，且随着光源的入射角或视角不同，产生五光十色的变幻。该产品可用于豪华宾馆、舞厅、饭店、商厦等建筑的内外墙面、室内地面、艺术壁画及高级喷水池等装饰，使建筑物富丽堂皇，有彩虹、钻石般的美感，其抗冲击性、耐磨性优于大理石、花岗石，成本比它们低。

· 冰花玻璃，对平板玻璃进行化学处理，使玻璃表面形成冰花一样的美丽花纹，它透光性好、但并不透明，具有光散射性能，或镶在柱子、墙壁上，也可用于隔断墙、浴室，使室内高雅、华贵。

·釉面玻璃，是根据不同的热处理和表面施釉方法，使玻璃表面带有一层有色釉的玻璃。其色调丰富、色彩鲜艳且牢固耐用，可广泛用于宾馆、商场、住宅等建筑的内墙装饰，或用于幕墙结构的外饰面。

·空心玻璃砖，是由两个半块玻璃坯组合成具有中间空腔的玻璃制品。其周边密封，空腔内有干燥空气并有微负压，具有较高的隔热、隔音、防结露等特点，是一种较高档的建筑装饰材料。可用于宾馆、写字楼、办公楼、别墅的门厅、隔断、幕墙等不承受负荷的墙体装饰。

·超白玻璃，是通过浮法工艺生产的高质量无色玻璃，透光率接近100%，用于高档建筑物的内外墙装修、玻璃门窗、玻璃隔断、玻璃幕墙等。随着人们生活水平的提高，该产品市场需求将会显著提高。

·微晶玻璃，是我国近年来开发的一种新型高档装饰材料，是受国内关注的高技术、高附加值产品。它

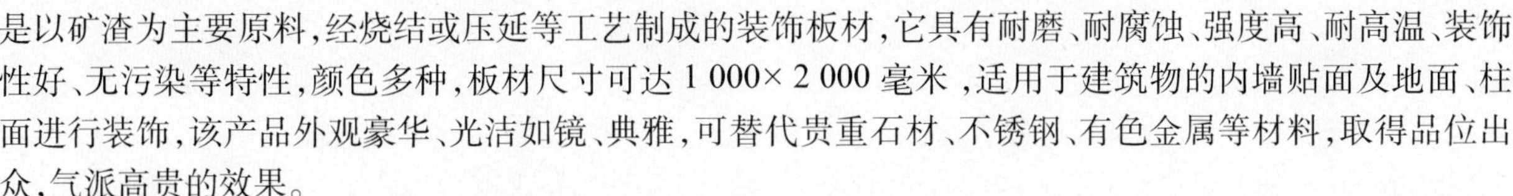

是以矿渣为主要原料，经烧结或压延等工艺制成的装饰板材，它具有耐磨、耐腐蚀、强度高、耐高温、装饰性好、无污染等特性，颜色多种，板材尺寸可达 1 000× 2 000 毫米，适用于建筑物的内墙贴面及地面、柱面进行装饰，该产品外观豪华、光洁如镜、典雅，可替代贵重石材、不锈钢、有色金属等材料，取得品位出众，气派高贵的效果。

·可丽耐。“可丽耐”是一种美观、经久耐用的人造固体装饰材料。该产品由纯丙烯酸树脂、天然矿物和颜料经混合、成型制成。其产品可制成板材或其它形状，如面盆、水槽等。其特点:色彩丰富、美观耐用、不渗水、易保养、历久常新、可以修补。“可丽耐”适用于各种台面、洗手盆、隔断及装饰配件等，适用范围广泛。此外，还开发了抗菌“可丽耐”产品，用于手术室、病房、浴室及办公室等。

此外，超微孔金属吊顶板、金属帘子、不锈钢金属网格等高档装饰材料也逐步在装饰工程上应用，有较好的发展前景。

二、问题及差距

（一）产品结构不合理，低水平大路货产品总量过剩，高质量、高档次名优产品短缺，不能适应宾馆、饭店、写字楼等高档建筑的要求，部分产品尚依赖国外进口。

（二）产品配套性差，包括辅助材料配套、施工技术及施工机具配套等。

（三）总体技术水平不高，我国装饰材料的创新能力不强，技术含量不高，其产品质量、性能、档次及配套水平与发达先进国家相比，仍有较大差距。

（四）市场尚不规范，仍有质次价低产品、甚至伪劣产品充斥市场，影响装饰材料的健康发展。

三、措施及建议

（一）提高行业科技创新能力，促进装饰材料优化升级

一方面要积极加强对外经济技术合作，大力吸收发达先进国家知名企业的资金及先进技术、装备，发展高新装饰材料，促进产品更新换代；另一方面鼓励有条件的企业组建科研机构和开发中心，加大科技投入，建立以企业为主体的技术创新体系，使企业、科研院所、设计单位、高等院校的科技力量形成有机整体，集中力量研究和解决生产和应用中的技术关键，研究国内外高新技术和前沿技术，提高我国装饰行业整体技术开发能力和创新能力，促进装饰材料优化升级。

（二）注重配套材料及配套应用技术的发展

装饰材料除自身具有良好的功能之外，还必须发展与其配套的辅助材料，并提供相应的施工应用技术及施工机具，从而才能取得良好的装饰效果，确保材料的使用寿命。

1. 加强涂料配套产品——内外墙腻子的开发

近几年来，内外墙腻子在品种、质量上已有较大发展，但仍不能适应涂装工程需要。因此，加速开发内外墙腻子，特别是外墙腻子，提高涂装工程质量已势在必行。

2. 加强配套产品——胶粘剂的开发

许多装饰材料如瓷砖、壁纸、地板、石材及装饰板等均需用胶粘剂与基层粘贴。因此，胶粘剂的性能直接关系到粘接工程的质量与寿命。为此，开发环保、高性能的胶粘剂已成为关键。

（三）严格规范市场，促进装饰材料健康发展

建议政府行业管理部门、工商管理部门及技术监督部门，通过行政立法，加大监督执法力度，进一步健全市场经营规则和运行机制，引导企业生产符合技术标准、环保标准及市场规范要求的优质产品，坚决取缔劣质不合格产品，从而促进优质装饰材料获得健康发展。

奥运工程装饰装修材料之要求(草案)

国家建筑材料测试中心主任　高级工程师　马振珠

一、前言

本要求系指上报奥组委《奥运工程环保指南——绿色建材》科研项目中的一部分。该指南已成为奥运工程招标系列文件之一,但还很不完善,需研讨、完善、提高。作为绿色建材应包括材料生命周期评价全过程,《奥运工程环保指南——绿色建材》中已涵盖。本文仅从装饰装修材料的产品性能和环保指标予以表述。同时因文字所限只列标准号和有关限量指标。

二、装饰装修材料之要求

(一)人造板及其制品

产品质量标准:符合相关产品国家标准:刨花板(GB 4899—1985)、中密度纤维板(GB 11718.8)、胶合板(GB 9846.1~12)、热固性树脂装饰层压板(GB 7911.1~13)、实木地板(GB/T 15036.1~5)、浸渍胶膜纸饰面人造板 (GB/T 15102)、装饰单板贴面人造板 (GB/T 15104)、浸渍纸层压木质地板(GB/T 18102)等。

环保要求:

表1　人造板及制品中甲醛限量

产品名称	试验方法	GB 18580—2001	奥运要求
密度板、刨花板类	穿孔	E1≤9 mg/100g	≤9 mg/100g
	萃取法	E2≤30 mg/100g	
胶合板、细木工板等	干燥器法	E1≤1.5 mg/L	≤0.5 mg/L
		E2≤5.0 mg/L	
饰面人造板类	气候箱法	E1≤0.12 mg/m³	≤0.12 mg/m³
	干燥器法	E1≤1.5 mg/L	≤0.5 mg/L

(二)建筑涂料

产品质量标准:内墙涂料(GB/T 9756),外墙涂料(GB/T 9755)、溶剂型外墙涂料(GB/T 9757)、复层建筑涂料(GB/T 9779)、合成树脂乳液砂壁状建筑涂料(GB/T 9153、JG/T 24)等。

环保要求:溶剂型建筑涂料有害物质限量执行 GB 18581,水性建筑涂料执行内墙涂料有害物质的奥运要求。

表 2　内墙涂料中有害物质限量

检验项目		GB 18582—2001	奥运要求
挥发性有机化合物（VOC），g/L		≤200	≤50
游离甲醛，g/kg		≤0.1	≤0.1
重金属 mg/kg	可溶性铅	≤90	≤90
	可溶性镉	≤75	≤75
	可溶性铬	≤60	≤60
	可溶性汞	≤60	≤60

（三）溶剂型木器涂料

产品质量标准：符合相关产品的国家或行业质量标准。如聚氨酯木器涂料（HG/T 3608）、S01-4 聚氨酯清漆（HG/T 2240）、醇酸清漆（HG 2453）、各色醇酸调合漆（HG/T 2455）、各色醇酸磁漆（HG 2576）、硝基清漆（HG/T 2592）、聚氨酯清漆（分装）（HG 2454）、丙烯酸清漆（HG/T 2593）等。

环保要求：

2003 年进口锯材树种价格变化表

检验项目	GB 18581—2001			奥运要求		
	硝基漆类	聚氨酯漆类	醇酸漆类	硝基漆类	聚氨酯漆类	醇酸漆类
挥发性有机化合物（VOC）a/(g/L)	≤750	光泽（60°）≥80 600 光泽（60°）<80 700	≤550	≤600	≤500	≤400
苯%	≤0.5			≤0.2		
甲苯和二甲苯总和%	≤45	≤40	≤10	≤35	≤30	≤5
TDI　%	—	≤0.7	—	—	≤0.3	—
重金属（限色漆）mg/kg　铅		≤90		≤90		
重金属（限色漆）mg/kg　镉		≤75		≤75		
重金属（限色漆）mg/kg　铬		≤60		≤60		
重金属（限色漆）mg/kg　汞		≤60		≤60		

（四）胶粘剂

产品质量标准：符合相关产品的国家或行业质量标准。如水溶性聚乙烯醇缩甲醛胶粘剂（JC/T 438—1991（1996））、陶瓷墙地砖胶粘剂（JC/T 547）、壁纸胶粘剂（JC/T 548）、天花板胶粘剂（JC/T 549）、半硬质聚氯乙烯块状塑料地板胶粘剂（JC/T 550）、木地板胶粘剂（JC/T 636）、高分子防水卷材胶粘剂（JC 863）、干挂法石材幕墙用环氧胶粘剂、聚乙酸乙烯酯乳液木材胶粘剂（HG/T 2727）等。

环保要求：

表 4-1　溶剂型胶粘剂(GB 18583—2001)

胶粘剂类型	检验项目				
	游离甲醛(g/kg)	苯(1)(g/kg)	甲苯＋二甲苯(g/kg)	甲苯二异氰酸酯(g/kg)	总挥发性有机物(g/L)
橡胶胶粘剂	≤0.5	≤5	≤200	/	≤750
聚氨酯类胶粘剂	/	≤5	≤200	≤10	≤750
其他胶粘剂	/	≤5	≤200	/	≤750
奥运要求	≤0.2	≤2	≤100	≤5	≤500

表 4-2　水基型胶粘剂(GB 18583—2001)

类型	游离甲醛(g/kg)	苯(g/kg)	甲苯＋二甲苯(g/kg)	总挥发性有机物(g/L)
缩甲醛类胶粘剂	≤1	≤0.2	≤10	≤50
聚乙酸乙烯酯胶粘剂	≤1			
橡胶类胶粘剂	≤1			
聚氨酯类胶粘剂	/			
其他胶粘剂	≤1			
奥运要求	≤0.5	≤0.1	≤5	≤30

(五)木制家具

产品质量标准:符合相关产品的国家或行业产品质量标准

环保要求:

表 5　木家具中有害物质限量指标

检验项目		GB 18584—2001	奥运要求
甲醛释放量 mg/L		≤1.5	≤0.5
重金属含量(限色漆)mg/kg	可溶性铅	≤90	≤90
	可溶性镉	≤75	≤25
	可溶性铬	≤60	≤60
	可溶性汞	≤60	≤20

(六)壁纸

产品质量标准:符合相关产品的国家或行业标准

环保要求:

表 6　壁纸中有害物质限量

指标	GB 18581(mg/kg)	EN 233(mg/kg)	奥运要求(mg/kg)
钡	≤100	≤1000	≤1000
镉	≤25	≤25	≤25
铬	≤60	≤60	≤60
铅	≤90	≤90	≤90

(七)聚氯乙烯卷材地板:

产品质量标准:聚氯乙烯卷材地板(GB/T 11982.1~2)。

环保要求:

表 5　木家具中有害物质限量指标

<table>
<tr><td colspan="2">类型</td><td colspan="4">GB 18586—2001</td><td colspan="4">奥运要求</td></tr>
<tr><td colspan="2">氯乙烯单体</td><td colspan="4">≤5 mg/kg</td><td colspan="4">≤1 mg/kg</td></tr>
<tr><td rowspan="2">重金属</td><td>铅</td><td colspan="4">≤20 mg/m^2</td><td colspan="4">≤20 mg/m^2</td></tr>
<tr><td>镉</td><td colspan="4">≤20mg/m^2</td><td colspan="4">≤20 mg/m^2</td></tr>
<tr><td colspan="2" rowspan="3">挥发物(g/m^2)</td><td colspan="2">发泡类</td><td colspan="2">非发泡类</td><td colspan="2">发泡类</td><td colspan="2">非发泡类</td></tr>
<tr><td>玻纤基材</td><td>其他基材</td><td>玻纤基材</td><td>其他基材</td><td>玻纤基材</td><td>其他基材</td><td>玻纤基材</td><td>其他基材</td></tr>
<tr><td>≤75</td><td>≤35</td><td>≤40</td><td>≤10</td><td>≤60</td><td>≤25</td><td>≤20</td><td>≤5</td></tr>
</table>

(八)地毯、地毯衬垫及地毯粘合剂

产品质量标准:符合相关产品的国家或行业质量标准

环保标准:地毯使用 GB 18587 A 级(环保型)

表 8-1:地毯有害物质限量对比

有害物质检验项目	GB 18587—2001(mg/m²h)		美国(CRI)	欧洲(GUT)
	A 级(环保型)	B 级(限量合格)	(mg/ m²h)(mg/ m³)	mg/ m³
总挥发性有机化合物(TVOC)	≤0.500	≤0.600	≤0.500 0.2)	≤0.300
4- 苯基环已烯	≤0.050	≤0.050	≤0.050 0.02)	≤0.02
苯乙烯	≤0.400	≤0.500	≤0.400 0.16)	≤0.005
甲醛	≤0.050	≤0.050	≤0.050 0.02)	—
甲苯	—	—	—	≤0.05

表 8-2:地毯衬垫有害物质限量指标

序号	有害物质检验项目	GB 18587—2001(mg/m²h)		奥运要求
		A 级(环保型)	B 级(限量合格)	
1	总挥发性有机化合物(TVOC)	≤1.000	≤1.200	≤1.000
2	丁基羟基甲苯	≤0.030	≤0.030	≤0.030
3	4- 苯基环已烯	≤0.050	≤0.050	≤0.050
4	甲醛	≤0.050	≤0.050	≤0.050

表 8-3:地毯粘合剂有害物质限量指标

序号	有害物质检验项目	GB 18587—2001(mg/m²h)		奥运要求
		A 级(环保型)	B 级(限量合格)	
1	总挥发性有机化合物(TVOC)	≤10.000	≤12.000	≤10.000
2	2- 乙基已醇	≤3.000	≤3.500	≤3.000
3	甲醛	≤0.050	≤0.050	≤0.050

（九）建材放射性：

国家强制标准 GB 6566—2001 对无机建筑主体材料和无机建筑装饰装修材料中的放射性水平作了详细分类，并限定了使用范围。

表 9 建筑材料放射性核素限量（GB 6566—2001）

材料	建筑主体材料		装修材料		
照射指数	空心率 <25%	空心率 >25%	A 类	B 类	C 类
IRa	≤1.0	≤1.0	≤1.0	≤1.3	—
Iv	≤1.0	≤1.3	≤1.3	≤1.9	≤2.8

因此，奥运工程建设所需装饰装修材料必须全部使用放射性水平为 A 类的要求。

三、当前亟待解决的问题和保证奥运工程使用绿色建材的措施

（一）尽快建立健全建材的环保评价标准

由于目前国家仅对部分室内装饰装修材料（如人造板、木家具、溶剂型木器涂料、内墙涂料、胶粘剂、壁纸、聚氯乙烯地板革、地毯、混凝土外加剂）提出了有害物质限量要求，而对于奥运工程建设中涉及到的其他建材如防水材料、防火材料、保温材料、建筑外墙涂料、工业涂料、管材管件等，尚未制定相应的环保标准。因此应尽快开展上述建材的环保和安全健康性能的标准制定工作，以期最大程度地降低给现场施工人员带来的健康损害风险。

（二）尽快建立准确、科学的评价体系

绿色建材不仅仅是从字面上人们所理解的对人和环境无害的材料或产品，对绿色建材的全面理解应该是生态环境材料的概念，即绿色建材应该是对材料和制品的生产过程，包括原材料的开采、生产加工以及废弃物的回收利用全过程中的能源消耗、环境污染和资源利用进行全面考察评价后达到所要求的评价指标和材料性能的建筑材料。因此，准确、科学的评价体系的建立对于奥运绿色建材的选择至关重要。

我们过去评价检验材料或产品时，往往是从材料或产品的物理性能、功能和环保性等方面分别检测评价，可能导致片面的检验结果和认识。因此正确评价分析材料或产品特性，应从产品的物理性能和环保性能两方面结合起来，综合检测评价，二者缺一不可。而且准确、全面、科学的评价体系是获得正确结果的关键。

（三）成立专门的管理机构监督材料性能的评价和使用

为了严格公正评价建材产品的绿色环保性能指标，2000 年悉尼奥运工程建设，澳洲政府成立了专门的技术评价机构，出版公布每种材料的技术性能要求和评价指标，审查测试评价报告并通过法律形式来保证实现对绿色的要求。2004 年雅典奥运工程建设，所使用建筑材料执行德国或欧共体先进产品标准和环境标志产品。

因此，2008 年北京奥运工程建设，应该尽快成立绿色建筑工程材料评价委员会和像三峡工程建设一样确定产品质量监督检测机构（该检测机构应该是国家级的、具有权威性的、非生产关联性的公正的第三方），制定公开透明的操作程序和性能评价标准，严格考核监管程序，把绿色建材在奥运工程中的应用看作是促进用高新技术改造传统建材产业、调整产品结构的契机，大力推进高性能的建筑节能、环保和绿色功能材料的发展，使中国新型建筑材料工业通过奥运工程建设实现可持续发展。

2003 年我国建材产品进出口分析及 2004 年展望

建筑材料工业技术情报研究所　孙星寿　袁新民

一、前言

根据国际货币基金组织(IMF)的统计数字,2001年全球经济增长率仅为2.4%,2002年约为3%。进入2003 年,世界经济在上半年基本仍处于疲软趋势。美英联军发动的对伊战争以及三十几个国家和地区突然遭受“非典”疫情的袭击,给世界经济复苏增添了不确定因素。但从第三季度开始,世界不少国家,尤其是主要发达国家的经济表现明显好于上一季度,而且第四季度也不会发生逆转。

国际货币基金组织2003年9月18日发布的《世界经济展望》报告曾预计,2003 年世界经济增长率为3.2%。随着世界经济的缓慢复苏, 世界货物贸易量也在增长,2003年世界货物贸易量和贸易额都增长4.1%,其中发达国家出口量增长3.2%,发展中国家出口量增长3.9%;发达国家进口量增长4.6%,发展中国家进口量增长了4.8%。

2003年,中国的对外贸易经受了一轮又一轮严峻的考验之后,取得了令人欣喜的佳绩。据统计,2003年1~11月,我国外贸进出口总值已达7 609.3亿美元,比上年同期增长35.8%,其中出口额增长32.9%,进口额增长39.1%,出口、进口规模均已超过2002年全年的水平。中国海关预测,2003年中国外贸进出口总值将超过8 000亿美元,提前实现“十五”规划目标,在全球的贸易排位将上升到第四位。

二、2003 年我国建材产品进出口情况

建材工业作为重要的基础原材料产业,其发展与宏观经济形势,特别是与房地产等相关产业的发展状况有极为密切的关系。近年来,在改革开放特别是投资需求拉动下,我国建材工业一直以较快的速度发展,同时受产业结构调整、 产业政策及市场因素影响,建材产品的生产规模和产品结构都有了很大程度的改善,这使得我国建材产品在国际上具有较强的市场竞争力。2003 年,在上半年国际经济在重重阻力下缓慢复苏,下半年全球经济发展步伐加快,世界经济进入新一轮的不平衡发展的形势下,我国克服了“非典”等不利因素的影响, 我国的经济实力及外贸、外资都有了较大程度的提高,这也使得我国建材产品进出口取得了较好的成绩。中国建材产品进出口情况见图 1。

在国家经济持续发展的推动下,我国建材产品进出口有较高速度的增长。1999~ 2003 年建材产品贸易额年均增长率为 23.90%,其中进口额年均增长 23.86%;出口额年均增长 23.94%;贸易顺差年均增长 25.89%。2002~ 2003 年,建材产品进出口总额连续两年保持 20%以上的增长速度,一举超过 85 亿美元,占我国货物进出口总额的 1.01%。其中进口产品金额增长速度进一步加快,比 2002 年增长了 22.49%,出口产品金额也已突破 50 亿美元大关,增长速度为 21.92%,进出口贸易顺差增长速度有所放缓,这表明我国建材产品进出口贸易结构趋于合理,市场正步入良性、高速地发展阶段。

图 1　1995 ～ 2003 年中国建材产品进出口情况

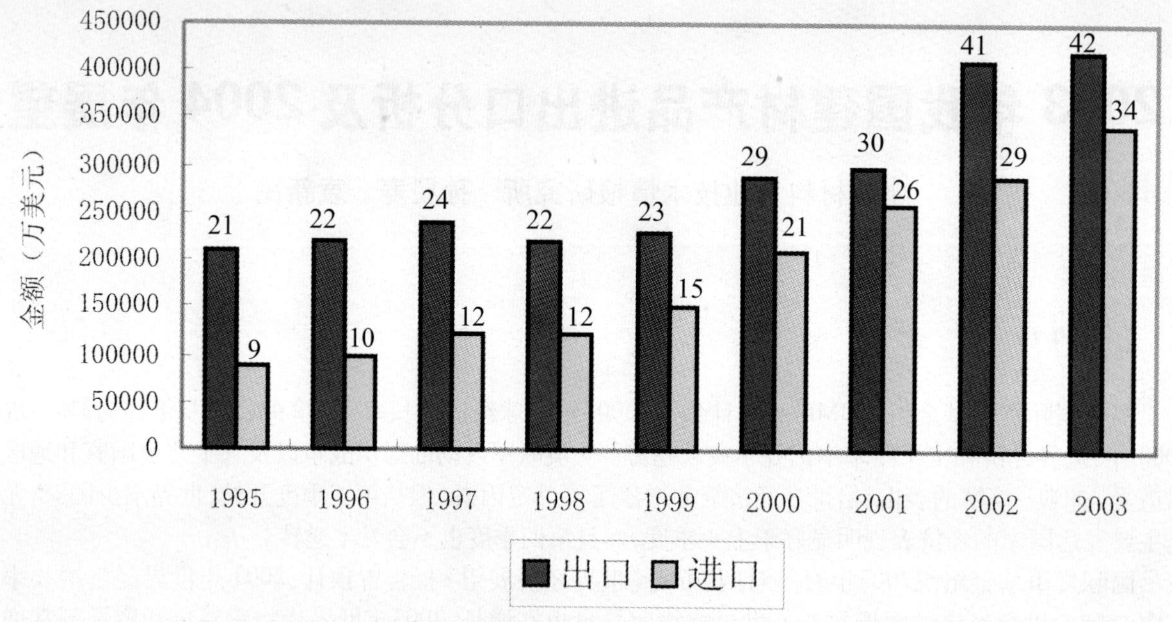

表 1　2000~ 2003 年世界货物贸易额

统计金额:亿美元

年份	世界货物贸易金额	增长率(%)	世界货物出口金额	世界货物进口金额	中国货物贸易金额	增长率(%)	中国出口额	中国进口额	顺差金额
2000	128 049.6	2.2	62 744.3	65 305.3	4 743.0	31.5	2 492.0	2 250.9	241.1
2001	127 412.5	-0.5	61 883.7	65 528.8	5 096.5	7.5	2 661.0	2 435.5	225.5
2002	132 078.7	3.7	63 837.3	68 241.4	6 207.9	21.8	3 255.7	2 952.0	303.7
2003*	137 494.0	4.1	66 454.6	71 039.4	8 455.1	36.2	4 307.3	4 147.8	159.5

资源来源:《中国对外贸易形势报告》(国际五矿化工贸易 2003 年第 11 期); * 为估算

表 2　1999~ 2003 年中国建材产品进出口额

金额:万美元、增长率:%

年度	进出口总金额	增长率	出口		进口		进出口顺差	
			金额	增长率	金额	增长率	金额	增长率
1999	388 844.82	14.21	231 830.68	6.02	157 014.14	28.90	74 816.54	-22.75
2000	505 873.32	30.10	286 885.32	23.75	218 988.00	39.47	67 897.00	-9.25
2001	567 150.00	12.11	330 205.00	15.10	236 945.00	8.20	93 260.00	37.36
2002	698 812.00	23.21	417 748.00	26.51	281 064.00	18.62	136 684.00	46.56
2003*	853 600.05	22.15	509 327.12	21.92	344 272.93	22.49	171 650.00	25.58

资料来源:《中国海关统计年鉴 2000~ 2002 年》; 中国海关 2003 年 1~ 11 月统计资料;* 为估算

我国建材产品进出口形势明显好于预期,主要原因是:

(一)2003年以来,虽然受"非典"等因素影响,但我国国民经济仍保持了较快增长的态势,上半年GDP同比增长8.2%,比上年同期提高0.4个百分点。主要是我国在新型工业化带动下,结构调整大力度推进,建材及相关行业进入快速增长期,同时在民间投资全面启动、城市化进程明显加快等因素的促进下,经济增长正由政府主导型向城市和企业共同拉动型转变,我国经济开始从调整型增长向新一轮加速增长周期转折。在这种经济形势下,建材产业作为基础原材料产业,取得了良好的发展态势,进而对建材产品的进出口产生了积极效果。

(二)2003年,在减税、降息、允许美元贬值,以及伊拉克战后重建等因素影响下,作为全球经济增长的主要引擎的美国经济进一步复苏,同时日本、欧元区经济也有所好转,特别是发展中国家经济快速增长的势头,使国际贸易形势逐步好转,对我国建材产品对外贸易影响比较有利。

(三)我国加入世贸组织带来的积极效应大大超出人们的预料,外贸出口持续大幅增长,而且在我国经济快速稳定健康增长的带动下,基础设施建设规模仍比较大,特别是高品质、高性能的建材产品需求增长较快,再加上房地产等相关领域投资需求旺盛,使建材产业仍保持大规模持续扩张的势头,在这些因素影响下,极大地促进了我国建材产品进出口市场的快速增长。

(四)近年来新型工业化发展、循环经济、现代企业管理等先进理念以及先进生产技术在产业中得到了初步的贯彻和执行,使我国建材产业在品种、质量等方面有了进一步的提高和发展,使我国建材产品抵抗市场风险的能力有了较大的提高,促进了我国建材产品出口市场的蓬勃发展。

三、2003年我国建材产品进出口结构

中国建材产品进出口结构长期以来主要以水泥、玻璃、滑石、萤石等非金属矿产品和石材等产品为主,技术含量高的新产品及深加工产品所占比例偏低,进出口产品结构不尽合理。为了扩大出口,中国建材工业通过产品结构调整、大力提高技术科研水平、提高产品质量等措施,使中国建材产品进出口结构取

图2 2003年我国建材出口产品结构

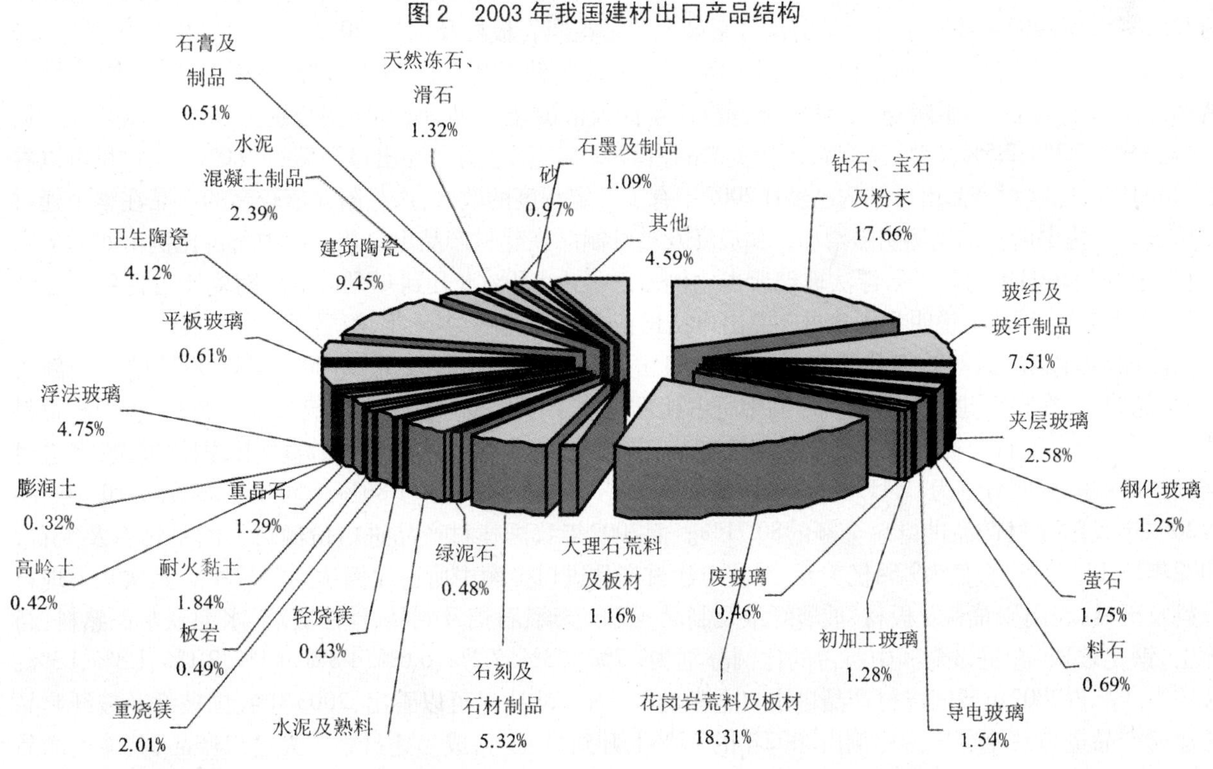

得了一定程度的改善,玻璃纤维及玻璃纤维制品、中空及钢化玻璃、建筑卫生陶瓷等有一定技术含量的产品所占份额有所提高,产品结构将以越来越快的速度向深加工、高技术含量的方向转变。2003年中国建材产品进出口结构见图2、图3。

图3 2003年我国建材进口产品结构

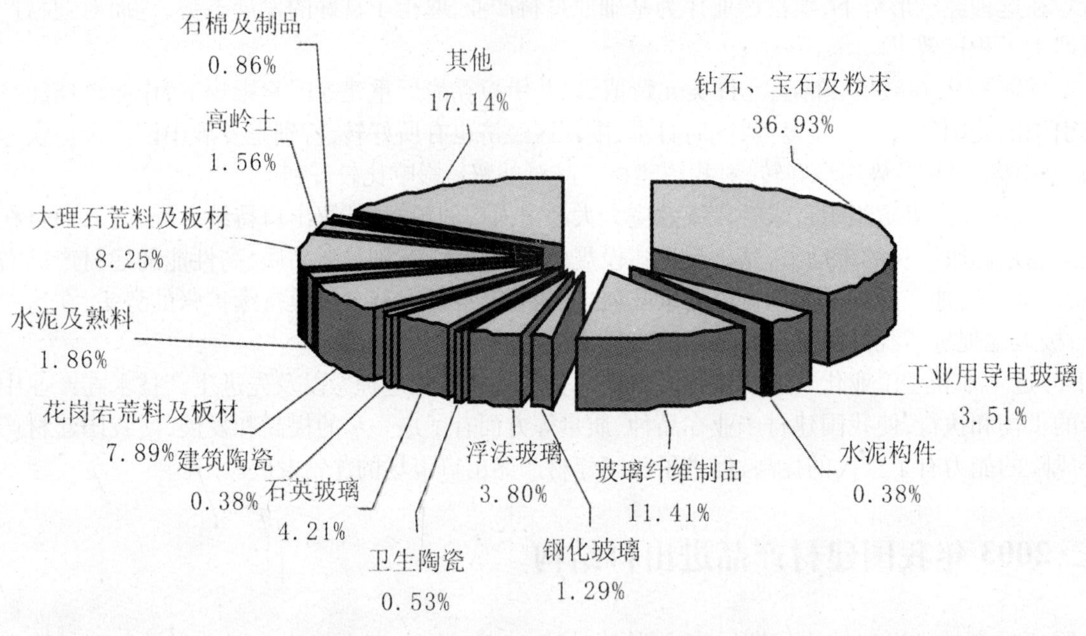

由图2可以看出,2003年我国建材产品出口份额最大的是花岗岩荒料及板材,2002年l~10月出口金额为7.77亿美元,在整个出口金额中所占比例达到了18.31%。其次是钻石及宝石、建筑陶瓷、玻纤及玻纤制品、浮法玻璃、卫生陶瓷、水泥及熟料、夹层玻璃、水泥及混凝土制品、重烧镁,所占比例分别为17.66%、9.45%、7.51%、4.75%、4.12%、3.4l%、2.58%、2.39%、2.01%,这10类产品占2003年我国建材产品出口总金额的72.19%。而2002年我国建材产品出口份额最大的是花岗岩板材及荒料,2002年1~11月出口金额为7.26亿美元,在整个出口金额中所占比例达到了18.8%。其次是钻石及宝石、建筑陶瓷、平板玻璃、水泥及熟料、玻璃纤维纱及制品、卫生陶瓷、中空玻璃、萤石、水泥及混凝土制品,所占比例分别为18.5%、7.8%、5.7%、4.0%、3.9%、3.3%、2.5%、2.4%、2.1%,这10类产品占2002年我国建材产品出口金额的69.0%。从这里可以看出,2003年我国建材产品出口结构已经比2002年有了一定程度的改观,产品附加值较高的产品在整个建材产品出口结构中所占的比例明显增加,如玻纤及玻纤制品在建材产品出口总金额中所占比例由2002年的3.90%上升到2003年的7.51%,浮法玻璃所占比例也已经由4.50%上升到4.75%,卫生陶瓷所占比例也已经由3.30%上升到4.12%,说明我国建材产品出口结构正在向合理化、多元化、深层次方向发展。

由图3可以看出,2003年我国建材产品进口份额最大的是钻石及宝石,2003年1~l0月进口金额为10.59亿美元,在整个建材产品进口金额中所占比例达到了36.93%。其次是玻璃纤维及制品、大理石荒料及板材、花岗岩荒料及板材、石英玻璃、浮法玻璃、导电玻璃、水泥及水泥熟料、高岭土、钢化玻璃,在进口金额中所占的比例分别为11.41%、8.25%、7.89%、4.21%、3.80%、3.51%、1.86%、1.56%、1.29%,这10类产品占2003年我国建材产品进口总金额的80.71%。而2002年我国建材产品进口份额最大的是钻石及宝石,2002年1~11月进口金额为9.54亿美元,在整个建材产品进口金额中所占比例达到了37.4%。其次是大理石荒料及板材、花岗岩荒料及板材、玻璃纤维及制品、石英玻璃、石棉及制品、浮法玻璃、水泥及水泥熟料、高岭土、钢化玻璃,在进口金额中所占的比例分别为7.7%、7.3%、7.2%、6.6%、4.8%、4.1%、2.1%、1.8%、l.3%,这10类产品占2002年我国建材产品进出口金额的80.3%。从这里可以看出,2003年我国玻纤及玻纤制品在建材产品进口总金额所占比例由2002年的7.2%上升到11.41%,成为建材第二大进口产品,其他类产品

（一）热固性玻璃钢（FRSP）

热固性玻璃钢因其具有轻质高强、耐腐蚀等性能而被广泛地应用于建筑、石油化工、给排水、交通运输、航空航天、运动器械等领域。我国2003年热固性玻璃钢市场分布如图：

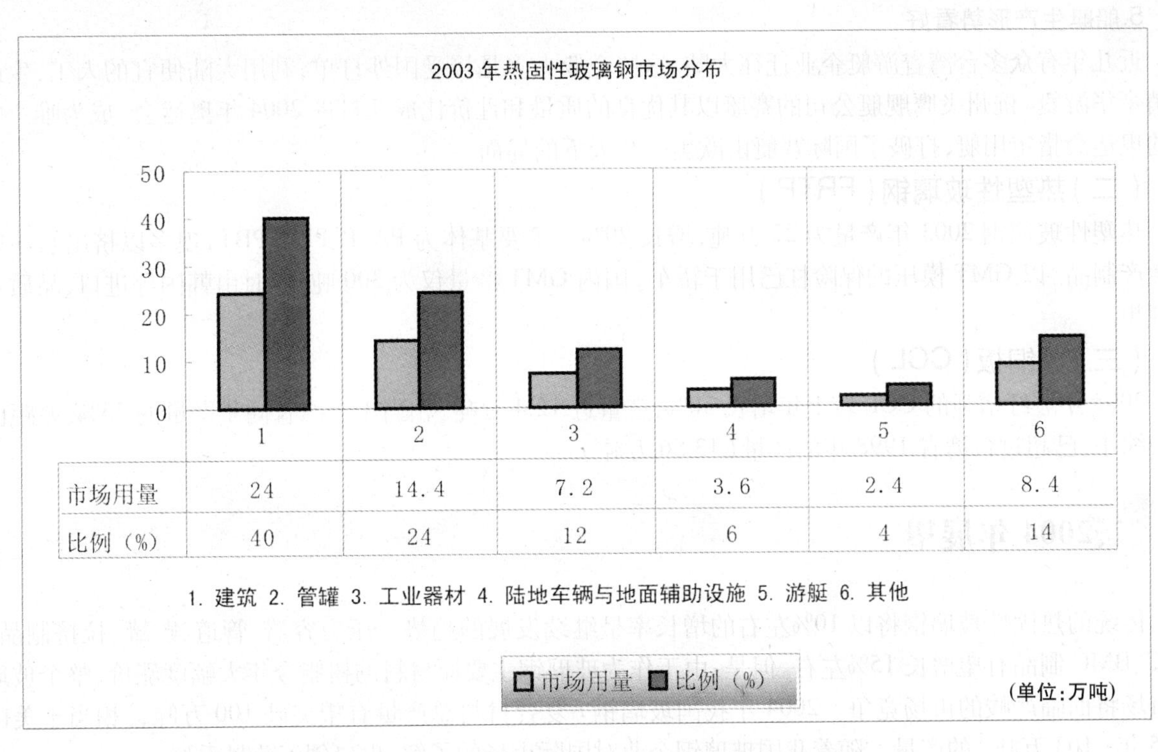

	1	2	3	4	5	6
市场用量	24	14.4	7.2	3.6	2.4	8.4
比例（%）	40	24	12	6	4	14

1.2003年玻璃钢在建筑市场的应用继续呈上升趋势

作为最早在建筑市场大量应用的玻璃钢制品，玻璃钢冷却塔在工业和民用空调市场仍占主导地位。经过市场经济的整合，一些小型企业退出了市场，海鸥、联丰、良机等一批大型玻璃钢冷却塔专业生产企业占据了相当的市场份额。玻璃钢SMC组合式水箱板销量超过20万块。目前我国已拥有玻璃钢连续板材生产线11条，高品质板材和利用玻璃钢废料粉碎回收利用生产的板材市场看好。玻璃钢浴缸市场份额已超过传统材质的浴缸。整体卫生间国内销路上升，并出口日本等国。玻璃钢门窗市场销售量近45万平方米，比上年增长13%。现国内已有三家企业分别自加拿大两家公司引进玻璃钢门窗型材生产线8条。国产拉挤玻璃钢门窗生产线已近百条，其整体水平受到国外专家好评。国内已有用RTM和SMC生产的玻璃钢门，规模化生产以SMC为宜，主要在天津、无锡两地生产。人造大理石已规模化生产，质量水平有所提高，已进入千家万户。

2.玻璃钢管、罐增长迅猛

玻璃钢贮罐已广泛应用于化工、酿造等领域，单罐最大容积达2 000立方米。玻璃钢管道越来越受到水利、市政工程、自来水、石化等部门的青睐，2003年管、罐产量达14万吨。新疆引额济乌输水工程所用的3.1米口径玻璃钢管道受到国家计委的表扬。广州市施工的2.4米口径玻璃钢顶管受到市政部门一致好评。全国FW玻璃钢高压管产量达3 000吨。玻璃钢电缆保护管发展迅猛，产销达6 000公里之多。玻璃钢抽油杆产量达10万米。

3.工业器材品种繁多

各类玻璃钢冷却塔、风机、井盖、空调器、电器部件、医疗器械、箱体等已相当普及，雷达天线罩等通讯器材也得到广泛应用。酚醛玻璃钢型材、环氧棒材及玻璃钢钢筋均有生产。

4.陆地车辆与地面辅助设施用玻璃钢制品稳步增长

随着我国汽车工业的快速发展,各种玻璃钢汽车部件用量明显上升。玻璃钢保险杠、面罩、发动机壳体、顶盖、车用卫生间等部件广泛地应用于各种车型。轻轨保护罩、火车卫生间地板、高速公路防眩板、标牌都有很好的市场。

5.船艇生产形势看好

近几年有众多台湾省游艇企业迁往大陆,这些企业大多是接受国外订单,利用大陆便宜的人工,生产外销豪华游艇。杭州飞鹰舰艇公司的赛艇以其优良的质量和性价比成功打进2004年奥运会。成为唯一中标的奥运会指定用艇,打破了国际赛艇由欧美一统天下的局面。

(二)热塑性玻璃钢(FRTP)

热塑性玻璃钢2003年产量为22万吨,增长29%。主要基体为PA、P、PET、PBT,现多以挤出与注射法生产制品。以GMT模压的保险杠已用于轿车。国内GMT产量仅为300吨,同时由韩国等进口,品质不甚理想。

(三)覆铜板(CCL)

2003年玻纤增强的CCL较上年增长30%,产量近12.4万吨。相当于台湾省同年产量的55%,差距已大为缩小,已超过台湾省1998年的产量(13.86万吨)。

二、2004年展望

传统的热固性玻璃钢将以10%左右的增长率呈继续发展的趋势。压力容器、管道、贮罐、拉挤制品、SMC、BMC制品有望增长15%左右。但是,由于作为玻璃钢主要原材料的树脂今年大幅度涨价,整个玻璃钢市场将面临严峻的市场竞争。2004年我国玻璃钢/复合材料总产量有望突破100万吨,相当于美国1985年(103万吨)的产量。随着我国玻璃钢企业对国际市场的了解,出口创汇前景看好。

鉴于热塑性塑料的诸多优点已逐渐为社会所认识和接受,特别是热塑性玻璃钢便于回收利用的优越性,2004年热塑性玻璃钢应有较快增长。但能否达到2003年的增长率(29%)尚有待进一步调查分析。

2004年高科技规模化生产复合材料压力容器项目将开始实施。由欧洲引进的连续管生产线和由德国引进的两条SMC生产线将投入运行。大连欧利华公司规模化引进拉挤生产线的投产,将会把玻璃钢门窗推向一个新的台阶。从英国引进CF生产线(年产聚丙烯腈碳纤维200吨,原丝500吨)将建成。TPAC与相当于TWINTEX的材料可望投入市场。

行业科技水平与管理水平将呈上升趋势。若国家建设项目资金能及时到位,企业运转情况将会好转。随着国家经济法规的完善,市场将会健康发展。

水泥制品的 2003~2004 年

中国水泥制品工业协会秘书长　魏从九

2003 年是我国水泥制品业总体运行特点是:1. 产销两旺;2. 利润增长速度放缓;3. 亏损企业继续增加;4. 私营及其他内资企业起到拉动作用;5. 国有经济仍处困境;6. 管桩产品发展迅猛。

一、2003 年水泥制品业经济运行的基本情况

(一)2003 年 1~10 月水泥制品业实现的主要经济指标与上年同期比较,见表 1

表 1

单位:亿元

指　标	2003 年 1~10 月	2002 年 1~10 月	同比增长(%)
企业数(家)	1 300	1 216	6.9
工业增加值	92.13	73.21	25.84
产品销售收入	292.44	225.7	29.57
利润总额	9.6	8.54	12.41
税金总额	14.42	11.72	23.04
亏损企业数(家)	331	307	7.82

表中显示,2003 年 1~10 月水泥制品业主要经济指标工业增加值、产品销售收入、利润总额及税金总额均有不同程度的增长,但利润总额较去年同期增长较慢,亏损企业数继续增加,超过了企业的增长速度,亏损面占企业总数的四分之一以上。

(二)1~10 月水泥制品主要经济指标在整个建材工业中所占比例,见表 2

2003 年与 2002 年对比

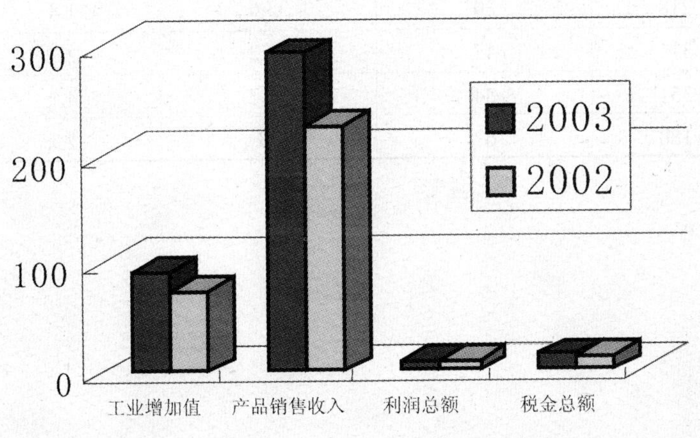

表2

单位:亿元

主要指标	水泥制品	建材工业	比例(%)	排名
工业增加值	92.13	1 142.57	8.06	3
产品销售收入	292.44	3 527.38	8.29	3
利润总额	9.6	169.31	5.67	5
税金总额	14.42	192.91	7.47	2
企业数(家)	1 300	14 037	9.26	3
亏损企业数(家)	331	3 350	9.88	2

由此可见,1~10月水泥制品业在建材工业中主要经济指标的比例基本保持在上年地位,个别指标发生了变化。工业增加值、产品销售收入仍维持第三位,税金总额和亏损企业数上升至第二位,而利润总额却跌落到第五位。

(三)1~10月主要水泥制品产量,见表3

表3

产品品种	2003年1~10月	2002年同期	同比增长(%)
排水管(万吨)	252.05	219.3	14.91
压力管(万吨)	125.65	109.2	15.16
电杆(万吨)	345.81	365.5	-5.39
预制构件(万立方米)	1 627.15	1 273.2	27.8
石棉水泥瓦(万平方米)	14 656	14 382	1.92

很明显,1~10月主要水泥制品产量除水泥电杆产品明显下降外,均较去年同期有不同程度的提高。其中预制构件产量增幅较大。

(四)各经济所有制在行业中地位与作用

单位:个、亿元

经济类型	企业数	亏损企业数	销售收入	利润总额	税金总额
国有经济	240	103	31.4	-1.7	1.8
集体经济	218	30	33.6	1.8	1.5
私营经济	311	47	63.2	2.7	2.9
其他内资	351	84	91.7	4.1	4.4
三资企业	180	67	68	2.7	3.8

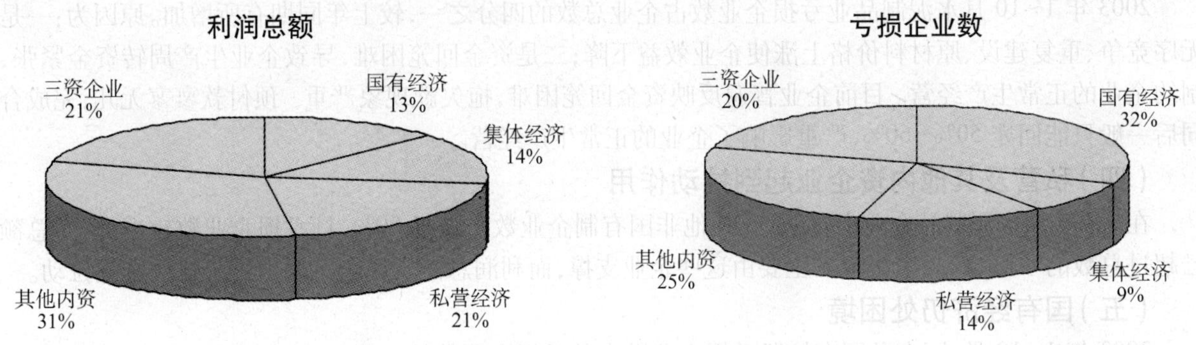

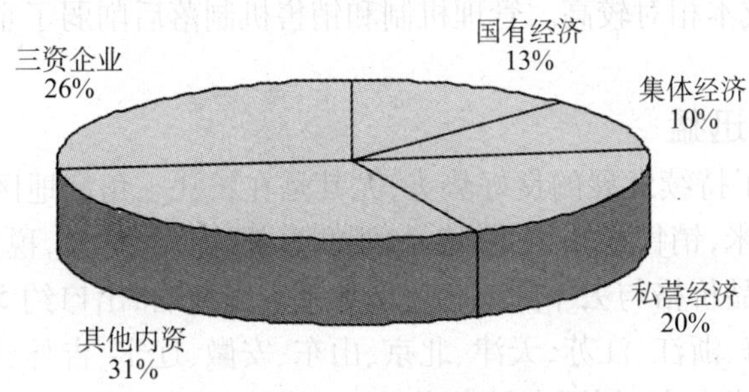

可以看出，国有及国有控股企业亏损严重，国有经济企业占现有企业总数的18%，但亏损企业数却占总亏损企业数的三分之一，且有近半数的国有企业亏损；产品销售收入主要由私营、其他内资和三资企业支撑，而利润总额及税金总额也是由上述三种经济所有制企业拉动。

二、经济运行特点分析

（一）生产与销售继续保持增长

由于高速公路建设日趋兴旺，涵管和倒虹吸管市场需求增加，因此混凝土排水管和低压混凝土输水管的产销量呈上升趋势；另外中小城市污水处理工程都列入市政工程计划，柔性接口排水管受到青睐；一些技术含量高的产品如 PCCP 管、预应力高强混凝土管桩等已被市场认可并为工程所应用。因此，2003年 1~10 月份水泥制品产销两旺。实现销售收入 292.44 亿元，较去年同期增加了 25.84%，在整个建材工业中稳居第三位。虽遭遇“非典”，产品销售受到一些影响，但经过全行业的努力，产品销售率仍在 96%以上，较去年略有增长。

（二）利润增长速度放缓

2003 年 1~10 月水泥制品制造业虽实现销售收入 292.44 亿元，同比增长 29%，但利润总额只有 9.6亿元，同比增长 12%，较上年同期增速有所下降。在建材工业中从第三位直落到第五位。目前，水泥制品行业中存在着低水平重复建设的问题，尤其是排水管、电杆和石棉水泥瓦企业产品结构不合理，品种单一，而且传统产品已供大于求，因此市场竞争更趋激烈，竞相压价使效益下降，加上伪劣产品充斥市场，企业经营更加困难。另外原材料价格上涨，导致生产成本增加，产品价格又上不去，利润相对下滑。不同地区价格下降约 5~20%。另一些高技术含量的产品如 PCCP 管，由于生产企业的不断增加，逐渐激烈的竞争使产品价格逐年下降，较上年同期下降约 10%，因此利润相应减少。

（三）亏损企业继续增加

2003 年 1~10 月水泥制品业亏损企业数占企业总数的四分之一，较上年同期有所增加。原因为：一是无序竞争、重复建设、原材料价格上涨使企业效益下降；二是资金回笼困难，导致企业生产周转资金紧张，制约企业的正常生产经营。目前企业普遍反映资金回笼困难，拖欠款现象严重。预付款寥寥无几，完成合同后一般只能回笼 50%~ 60%，严重影响了企业的正常生产经营。

（四）私营及其他内资企业起到拉动作用

在 1 300 家水泥制品企业中，私营及其他非国有制企业数已超过 50%，且亏损企业数较少，利润总额已超过总数的 70%，产品销售收入主要由这些企业支撑，而利润总额及税金总额也是由这些企业拉动。

（五）国有经济仍处困境

2003 年 1~10 月，国有及国有控股亏损企业数占总亏损企业数的三分之一。在整个国有企业中有近半数的企业亏损。其原因：国有经济企业改革不够深入，企业发展受到制约。在市场经济条件下，有的企业改制不够深入、彻底。富裕人员多、政策税收等方面均无任何优势。严格按国家标准生产优质产品却不能“优质优价”，生产及管理成本相对较高。管理机制和销售机制落后削弱了企业的市场竞争力，严重制约了企业的发展。

（六）管桩产品发展迅猛

2003 年管桩行业保持了持续发展的良好势头，尤其是在长江三角洲地区，市场呈供不应求状况。1~10 月份，产量约为 8 000 万米，销售收入约 70 亿元，利润总额约为 8 亿元，税金总额约为 10 亿元。因原材料涨价及市场供不应求，产品价格与去年同期相比增加了 10%左右，出口约 50 万米。目前，已有近 200 家生产企业，分布在广东、上海、浙江、江苏、天津、北京、山东、安徽、辽宁、吉林、黑龙江、云南、广西、四川、湖北等省，今年产量可达 1 亿米左右，创历史最高水平（因统计口径不同，该产品的统计数据与整个水泥制品业有差异），是极具发展潜力的产品。

三、应对措施及建议

避免重复建设、及时调整产品结构；依靠技术进步和技术创新，提高和完善生产工艺技术水平，提高企业的市场竞争力，形成新的经济增长点。

按照《水泥制品行业自律公约》要求，严于律已、公平竞争，建立良好的市场秩序。企业应从企业发展的长远角度解决好眼前利益与长期发展间的矛盾，把握好市场机遇，应着眼于欠开发地区，有前瞻性地选择市场。

将国企改革引向深入，同时发展多种经济形式，如私营经济、集体经济等。

对于有开发能力、产品有市场前景、有经营管理能力的企业应做大、做强，树立知名品牌和知名企业，力争在行业中创出一流，进一步提高企业的市场知名度和市场竞争力。

企业间应有多种方式的联合或合作，如中小企业合作、东西部地区企业合作，充分发挥优势企业的带动作用，形成大中小企业共同发展的格局。

积极开拓国际市场，特别是沿海地区企业，要利用地域优势将目光转向国外。利用我国与发达国家的差距以及我国与欠发达国家的差距寻找合作机会，扩大合作领域，包括技术引进与技术输出、产品与设备的引进与输出、人才交流、研讨与培训、合资经营等。

总之，企业必须走科技含量高、经济效益好、资源消耗低、环境污染少、人力资源优势得到充分发挥的新型工业化道路才能在激烈的市场竞争中立于不败之地，经济效益才能不断提高。

非金属矿工业 2003 年经济运行分析及 2004 年展望

中国非金属矿工业协会

一、2003 年生产运行情况分析

（一）生产运行情况

2003 年主要非金属矿企业生产运行情况总的形势好于上年。截止 2003 年 11 月底 11 种主要非金属矿产品产量除萤石、硅藻土助滤剂外，都比上年同期有不同程度的增长。其中，增长幅度较大的产品有：石墨产量为 71.28 万吨，增长 54.6%；石膏板产量为 19 035.42 万平方米，增长 33.63%；石棉产量为 32.15 万吨，增长 25.11%(见表 1)。

表 1　2003 年 1~10 月主要非金属矿产品产量

产品产量	1~10 月产量(万吨)	同比增长(%)	本年累计企业数(个)	全年完成情况(万吨)	
				2003 年预计	2002 年实际
石棉	32.15	25.11	31	33	27
石墨	71.28	54.6	56	鳞片 36 土状 114	鳞片 35 土状 105
石膏	2500	3.14		2 750	2 550
石膏板（万立方米）	16 983.72	34.2	35	30 000	18 000
高岭土	260	4.0		310	310
硅灰石	32	3.56		36	36
膨润土	140			170	170
滑石	210	1.45		260	250
硅藻土助滤剂	3.09	19.1		3.88	4.63
石棉制品	15.80	7.97	49	17.00	17.60
萤石	200			240	265

（二）主要经济指标

根据有关统计资料显示，截至 2003 年 10 月底，9 个非金属矿采选业及加工制品业产品销售收入和利润总额均比上年同期有所增长，其中产品销售收入增长幅度较大的有：石灰和石膏制品业，比上年同期增长 30.68%；石墨、滑石采选业增长 26.85%；其他非金属矿采选业增长 31.34%；黏土及其他土砂石开采业增长 23.19%，其他非金属矿物制品业增长 130.2%(见表 2)。

表 2　2003 年 1~10 月主要非金属矿产品主要经济指标完成情况

单位:亿元

行 业	产品销售收入			利润总额		
	本期累计	上年同期	同比增长(%)	本期累计	上年同期	同比增长(%)
石棉、云母采选业	4.9	4.3	13.95	0.30	0.07	328.57
石墨、滑石采选业	18.9	14.9	26.85	1.29	0.89	44.94
石灰石、石膏采选业	45.0	39.1	15.09	2.22	1.43	55.24
其他非金属采选业	37.3	28.4	31.34	1.99	1.24	60.48
黏土及其他土砂石开采	59.5	48.3	23.19	2.91	2.23	30.49
石棉制品业	15.4	11.8	30.51	0.71	0.43	65.12
云母制品业	5.4	4.8	12.50	0.43	0.32	34.38
石灰和石膏制品业	23.0	17.6	30.68	0.94	0.77	22.08
其他非金属矿物制品业	165.4	130.2	27.04	6.88	3.32	107.23

截至 10 月底，石棉、云母矿采选业亏损企业比上年同期减少 33.23%，云母制品业亏损企业减少 25%,石棉制品业亏损企业减少 5%,其他非金属矿物制品业亏损企业减少 9.05%(见表 3)。

表 3　2003 年 1~10 月主要非金属矿企业工业增加值及亏损情况

主要行业	企业单位数(个)		亏损企业(个)			工业增加值(亿元)		
	10 月底累计	上年同期	10 月底累计	上年同期	比上年同期(%)	10 月底累计	上年同期	比上年同期(%)
石灰石、石膏开采业	277	270	38	38	0	16.32	13.42	21.61
黏土及其他土砂石开采业	393	371	39	35	11.43	22.03	17.93	22.87
石棉、云母开采业	37	37	4	6	-33.23	2.12	1.84	15.22
石墨、滑石开采业	69	66	12	12	0	7.02	5.15	36.31
宝石、玉石开采业	6	6	2	2	0	0.44	0.39	12.82
其他非金属矿开采业	235	220	48	44	9.09	11.54	9.11	26.67
石灰和石膏制品业	136	132	16	12	33.33	6.77	5.54	22.20
石棉制品业	94	92	19	20	-5	4.81	3.64	30.35
云母制品业	37	36	3	4	-25	1.73	1.52	13.82
其他非金属矿物制品业	749	723	171	188	-9.05	48.89	37.93	28.90

(三)出口继续增长,出口加工制品比重进一步扩大

全年预计出口贸易总额可达 33.93 亿美元,同比增长 17%;进口总额达 15.88 亿美元,同比下降 2%(见表 4~6)。

表 4　2003 年上半年主要非金属矿产品进出口情况

单位:万美元

	总金额	出口额	同比(%)	进口额	同比(%)
合　计	214 235.96	130 879.05	16.98	83 356.91	-2.46
非矿采选产品	96 767.94	43 186.36	5.39	53 581.58	4.01
非矿加工产品	117 468.02	87 692.69	23.62	29 775.33	-43.28

2.多数设计单位重视地下空间的开发利用,建设单位加大了对质量好、性能高、耐久长防水产品的使用力度。

3.随着装饰装修业对厕浴间和厨房防水的重视,也带动了中高档防水涂料的应用。

(五)标准化工作取得重大进展

2003年新颁布防水材料标准有:《聚氯乙烯防水卷材》、《氧化聚乙烯防水卷材》两个强制性标准和《沥青防水卷材用胎基》国家标准、《聚氨酯防水涂料》。已起草和修订的标准有:《屋面工程技术规范》、《彩色沥青油毡瓦》、《道桥用防水卷材》、《道桥用防水涂料》、《建筑防水卷材试验方法》等。这些标准的制定与颁布,将对我国防水材料生产与应用起到非常积极重要的作用。

二、2004年展望

根据国家经济工作会议精神,2004年,国家仍将采取积极财政政策拉动内需,基础设施建设、奥运工程、世博项目、城市改造、小城镇建设、住宅建设等工程的投入将会进一步拉动防水材料工业的快速发展。同时由于产业政策的深入贯彻,打假工作的深入,性能好的新型防水材料的应用量将大幅度上升。

SBS、APP改性沥青防水卷材预计达到9 000万平方米,比2003年增长20%。

高分子防水卷材预计达到6 000万平方米,比2003年增长9%。

防水涂料预计达到25万吨(8 000万平方米),比2003年增长11.1%。

沥青油毡瓦预计增至1 200万平方米(施工400万平方米),比2003年增长1倍。

其他防水材料(包括自粘卷材)预计达到1 500万平方米,比2003年增长25%。

新型防水材料总量预计达到24 900万平方米,比2003年增长16.9%,占总量的比例将提高到47.7%。

低档产品预计下降到27 300万平方米,占总量的比例下降到 52.3%。

预计2004年由于产业政策调控和防水市场治理力度加大,将出现下述情况:

1.生产企业盲目增长,低水平重复建设的局面将会扭转。

2.随着防水卷材生产许可证的换发,一批企业将加快技术改造速度,为设备制造企业提供商机。也有一些作坊式企业将退出防水行业。

3.防水材料向规模化转变是大趋势。建议准备进行装备更新的企业,向国家导向的装备水平发展。如SBS(APP)改性沥青防水卷材生产线年能力要达到500万平方米以上;高分子卷材生产线年能力要达到100万平方米以上;聚氯乙烯防水卷材生产线年能力要达到200万平方米以上;防水涂料生产线(组)年生产能力要达到1 000吨以上等。

砖瓦行业2003年经济运行分析及2004年展望

中国砖瓦工业协会　许彦明

2003年全国砖瓦工业稳步发展,实心黏土砖总量得到控制,新型墙材发展迅速,产品质量有所提高,产销平衡,亏损企业较去年同期减少,整体经济效益稳步增加,各项经济技术指标完成较好。主要表现在以下几个方面:

一、经济运行态势良好

(一)产品结构调整初显成效

在国家墙改政策的推动下,全国170个城市"禁实"工作取得较为满意成绩。各级政府"禁实"政策陆续出台并得到进一步落实,企业采取积极有效措施,加大技术投入,淘汰落后的生产工艺和设备,生产节土、节能、利废、环保型的各类新型墙体材料,产品结构发生了变化。一是黏土实心砖总量呈下降趋势,同比减少约1.5个百分点,总量维持在5 300亿块标砖;二是实心砖改产空心砖步伐加快,带动烧结多孔砖、空心砖产量快速增长。全年预计各类烧结空心制品总量可达800~1 000亿块(折标砖),同比增长37.5%左右;掺废渣(30%以上)利废产品总量达1 300亿块,同比增长在14%以上。部分砖瓦机械生产厂家销售砖瓦、新型墙材设备平均在150~300台套,用于生产线改造的占70%~80%以上;三是加大工业废渣(煤矸石、粉煤灰、各种废渣)综合利用。北京市门头沟区、房山区形成煤矸石、页岩烧结制品基地,14条生产线已全部建成投产。

1～10月份砖瓦工业经济同比完成情况(亿元)

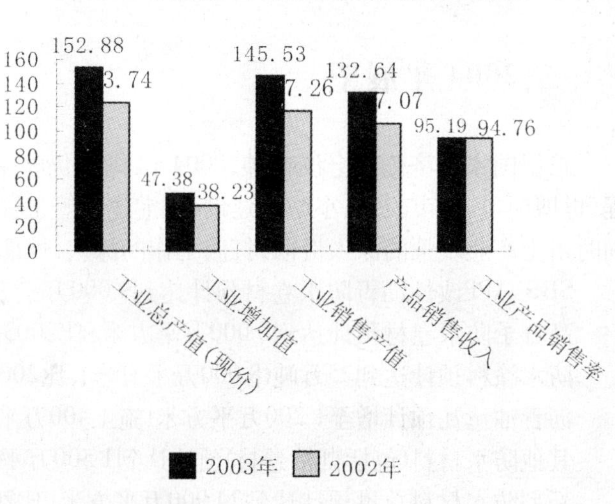

(二)砖瓦生产与上年同期持平

2003年"非典"过后,建筑市场对墙材产品的旺盛需求,带动砖瓦生产持续增长,企业生产保持上升势头,产品质量保持稳定,产品销售价格较上年略有提高。据统计,1~11月份砖产品产量累计增长了5个百分点,其中吉林、福建、山东、青海增长21.8%~114.4%;北京、湖北、四川、海南等省增长14.2%~18.7%;西藏增长167.3%。瓦产品同比增长3.9个百分点。彩色水泥瓦总量可达10~15亿片,同比增长20%左右。1~10月份新产品产值同比增长26.43%;完成工业增加值47.38亿元,同比增长38.23%;实现利润6.33亿元,同比增长64.84%。

(三)产品销售完成较好

1~10月份,砖瓦产品销售收入完成132.64亿元,同比增长23.88%;工业销售产值完成145.53亿元,同比增长24.11%。整个行业工业产品销售率比上年同期上升了0.45个百分点。产品销售形势看好,产成品库存同比减少2.78个百分点。质量好的产品呈现出供不应求的喜人局面。

(四)各经济类型企业扭亏好于上年

随着企业机制的转换,国有及国有控股企业数量有所减少,其他类型企业数量进一步增多,其中私营经济企业增长较快,增幅在10.61%。国有经济亏损企业同比减少9.86%。从企业的生产规模、主要经济效益指标对比分析,集体、私营、其他内资企业经济效益优于国有型企业,在砖瓦行业中占有一

1～10月份各经济类型企业同比减少情况

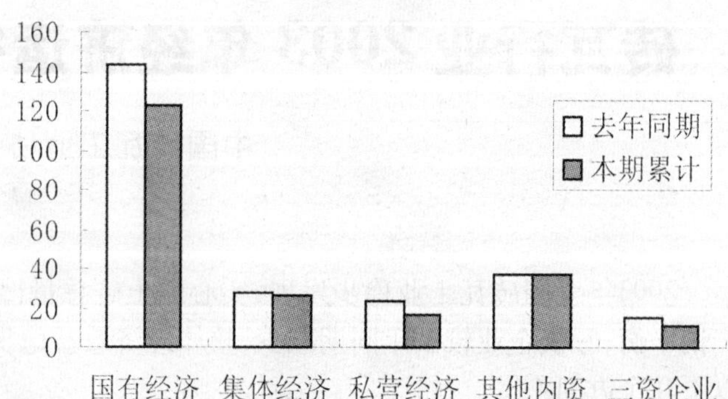

表6 主要家具出口国及其市场份额

国家	生产（1995年）	生产（2000年）	出口（1995年）	出口（2000年）
发达国家				
美国	19.8	26.7	5.1	5.6
日本	13.8	9.3	1.0	0.8
德国	12.7	8.3	10.2	8.4
意大利	9.0	9.2	21.0	16.5
法国	4.5	3.6	4.5	4.1
英国	3.2	3.5	2.6	2.3
加拿大	2.1	3.9	4.7	8.8
其他发达国家	17.5	15.4	28.6	23.7
合计	82.7	79.9	77.8	70.1
发展中国家				
中国	3.6	6.5	2.9	7.0
波兰	0.8	1.3	3.4	4.2
马来西亚	0.6	0.9	2.4	3.1
印度尼西亚	0.7	1.0	2.3	3.0
墨西哥	1.4	1.8	1.4	2.5
其他发展中国家	10.1	8.7	9.9	10.1
合计	17.3	20.1	22.2	29.9
世界	100.0	100.0	100.0	100.0
（50个国家）				

从上表看我们的主要竞争对手主要是：意大利、德国、波兰、马来西亚、泰国、印尼、越南、墨西哥、加拿大等。

三、北京家具工业的差距

通过以上比较，北京家具工业与深圳，特别是意大利的家具工业比较差距较大，因此北京应向深圳、意大利等地家具工业学习。

（一）深圳市的家具工业

深圳作为中国家具业的领头羊，2002年已有家具企业1 000多家，年家具工业总产值150亿元人民币，2002年家具出口12.8亿美元，占全国出口总额的25.6%，连续五年居全国大城市之首。目前深圳家具业的发展，在市政府的支持下，由市家具协会承办成立了深圳家具设计研究院，建成了总建筑面积为180万平方米的科技家具园区，还将用4年的时间投资40亿，建成就业人员达6万人的现代家具工业园。市政府还拿出2 000万元解决家具企业的实际困难。深圳市的出口产品还将获得政府的补贴。深圳会展已成功举办了12届，吸引了众多的国内外厂商，全国著名家具名牌都出之于深圳。深圳的改革开放政策，加上政府的支持，大量地吸引了外资的投入，香港、台湾的家具生产企业均内迁于深圳，深圳的家具工业生产规模、技术水平、创新能力、产品质量、外销渠道等都优于其他城市，深圳家具的发展确实带动和促进了全国家具业的发展。

（二）意大利的家具工业

家具产业是意大利国民经济支柱之一。全国有33万个家具工业企业，22万个家具经销店。2002年家具销售额为228亿欧元。出口109亿欧元，出口量占生产量的50%，是世界各国出口的首位。意大利的家具业在很多方面都居世界之首，如意大利的家具设计水平、质量都是一流的，意大利的生产设备、生产组织的专业化程度都是一流的。意大利特别注重在家具科研、设计、开发的投入。在意大利的特雷维索威内托地区，从事于设计、质量、科研方面及市场策划等人员就有10万人。意大利家具工业是以中小型企业为主，就业人数不足100人的占99%。但他们通过工业园区的建设，实行高度的专业化分工。工业园区内，由终端企业、中间企业、配套企业、服务企业、中介组织，形成科研、设计、生产、销售、服务等综合的合理配套的有机协调的高效运转体系，这是世界其他国家所不及的。

（三）北京家具工业差距所在

北京家具工业近几年均以20%以上的增长速度发展。个别企业如天坛、曲美、标致、伊力诺依、强力、世纪京洲、世纪百强等企业生产的技术水平、产品质量也已赶上了深圳，达到了国际一流水平。近几年来北京家具行业协会组织这些企业参加由深圳、广州、东莞举办的展销会均受到了好评，认为北京的家具赶上来了。但就北京家具工业整体而言，我们的差距确实很大，主要有以下几个方面：

1.家具的科学研究、产品设计能力很差。北京没有家具科研机构，大企业的科研设计人员也很少，因此产品设计水平一直跟不上潮流。与深圳、意大利比较我们差的多。能拿出来的高档产品，首创设计也不多。

2.家具的知名品牌极少。北京只有一家，就是天坛家具有限责任公司生产的天坛牌家具。主要是北京对品牌建设的意义认识不足，在品牌建设培育上下的工夫不够。

3.生产组织形式，是走大而全、小而全、各自为战，资源独揽不能共享的小农经济的生产形式，谈不上专业化分工。分散设厂形成不了气候。

4.会展经济落后，北京家具行业协会每年组织一次全市甚至于全国的家具展，但由于北京展览中心面积小形成不了规模，因此会展虽有促进发展的一面，但与深圳、意大利没法比较，展会名气小，国外企业参加的很少，国内客商也不多。

5.生产技术水平也有待进一步提高。

以上是我们的主要差距，也是我们发展的潜力。

四、北京家具工业发展的大环境

北京以“新北京、新奥运”为主题，以改革开放和科学进步为动力，以提高人民生活水平为根本出发点，努力率先在全国基本实现现代化，把北京建设成一流的国际大都市。我国经济的高速发展，北京建设的日新月异，人民生活水平的显著提高，为北京家具的发展提供了广阔的空间和无限的商机。

（一）家具工业地位的提升，是家具发展的推动力

市政府把家具工业作为都市工业的一部分，家具工业的发展已列入了市工业发展的一部分予以重视和支持。在人类社会发展的今天，生活方式作为人类物质文明建设的一部分，它的变革充分的反映了社会的进步。对家具的需求已牢牢地拴在生活方式的变革之中。“以人为本”、“以自然为本”是家具发展的主体，是人民生活提高所需要的，所以家具地位的提高是家具发展的推动力。

（二）申奥成功是企业发展的大好机遇

刘琪市委书记在北京市委九届二次会议上有一段讲话，他说：“要认清形势、紧抓机遇。举办奥运会对北京来说是一个非常难得的、非常现实、并且大有作为的机遇。完全可以使首都实现跨跃式发展，尽快地向国际一流城市水平迈进。必须牢牢树立强烈的机遇意识，敏锐地发现机遇，果断地抓住机遇，创造性地用好、用足机遇，充分发挥主观努力，去争取最大的效果。要明确目标，加快发展。”刘琪书记这番讲话非常深刻，明确讲述了奥运为北京人、北京的企业提供了一个实实在在的发展机遇。

（三）北京市场之大为家具业发展提供了广阔的商机

北京朝着国际大都市发展，北京实施奥运行动计划，北京人民生活水平在不断提高，构筑了北京高速发展的家具市场。如将建成 10 个边缘集团，新建改建体育场馆 32 个、奥运村等四大设施、五大文化中心、CBD 建设、中关村、金融街、博物馆、大戏院、星级宾馆要翻一番，还有城市居民住宅的建设，乡村城市化的建设等等，北京建设和小康社会的需求为北京家具发展提供无限广阔的商机。

（四）加入 WTO 为家具市场全面开发、持续发展提供了保障

加入 WTO，意味着国际市场全面向我们开放。家具工业的发展可以面向国内、国外二个市场。由于家具属于劳动密集型、资源密集型企业，我国有着劳动力、地皮等资源价格的优势，我国家具产品近几年大量的销售国外，且增幅较大。外国的家具采购团纷纷地入驻广东、上海等地。使我国成为世界家具的采购中心，成为世界家具的生产大国，所以加入 WTO 为家具的持续发展提供了保障。

（五）竞争也是不可避免的

北京的发展，北京市场之大，促进和带动了北京家具行业的发展。同时也吸引着国内外同行的关注和进入。竞争是不可避免的，是客观存在的，特别是 2005 年 1 月 1 日家具进口关税降为零，实行零关税，与国际市场接轨。世界各国家具将长驱直入中国市场，特别是北京市场。我国的家具工业也将失去一切地方保护，我们将和外国企业站在同一个起跑线上进行竞争。北京的家具工业将面对国内企业和国外企业进入的压力，压力就是动力，竞争促进发展，北京家具业必须认清形势，把握机遇、坚定信心、确保发展。

五、北京家具业发展举措

（一）加大对人才培养的力度和投入

企业的竞争主要是人才的竞争。目前北京的家具企业多是近十年发展起来的民营企业。极缺乏有文化，掌握科学，适应信息时代，可以驾驭全局的高层领导人，缺乏具有现代管理水平的管理人才，缺乏掌握新技术，具有不断创新能力的科学技术人员和生产技术工人。这已成为阻碍企业的进一步发展和把企业做大、做强，走向国际市场的重要因素。只有加大对人才培养的力度，加大对人才培养的投入，才能在激烈的竞争中保持优势的地位，否则将会在竞争中被淘汰。

（二）运用信息化技术，促进家具企业的变革和创新

科学技术是第一生产力，信息技术是当代最活跃的生产力，全球信息化技术的发展，带动和促进了各个领域的变革和创新。我们家具行业的科学技术与其他电子、机械等行业相比是落后的，特别是与现代化工业、信息时代相差就更远，所以我们家具行业必须紧跟形势，运用信息化技术带动家具行业体制、观念和行为方式的变革，带动管理、技术等方面的创新。只有这样，我们的经营管理水平、市场竞争能力和经济效益才会有所提高，只有这样我们才能尽早地捕捉市场信息，才能最快的设计出新产品，才能打开销售渠道，占有市场，取得竞争的有力地位，才能保持可持续发展的势头。

（三）要让北京的家具品牌响遍全国响遍世界

对品牌战略，国家领导人都有过很多批示，邓小平同志很早就说过“我们应该有自己的拳头产品，创造出我们中国自己的名牌，否则就要受人欺负”。温家宝总理讲“自己的名牌产品和知识产权是企业增强市场竞争力的关键”。北京的家具知名品牌只有一家，即天坛家具有限责任公司生产的天坛牌家具，这个企业在北京也是做的最大的，竞争力也是很强的。在全国可称为一流，而不是第一。在改革开放的今天，特别是入世之后，全球市场一体化，北京这个大市场是最有诱惑力的，国内的其他省市的先进企业，世界的知名品牌企业的大量涌入，竞争是很激烈的。我们拿什么与人家竞争，现在我们尚有国家政策支持，人工、资源价格等尚有竞争力，外省市企业及国外的企业进入也尚有一个过程，我们必须抓住这个时间创自己的品牌，使我们的企业做强做大，品牌战略有力、有效。我们必须像江泽民同志讲的“立民族志气、创世界名牌”，让北京家具名牌响遍全国，响遍世界。

六、对北京家具工业发展的建议

家具是经济建设和人民生活的必需品，是经济发展人民生活水平提高的重要标志之一。家具工业的生产总值到2006年将达到列入都市工业的十一个行业的10%以上。因此市政府把家具工业列入都市工业的一部分，是对家具工业的关怀和支持，对家具工业的发展必将起到更大的促进作用。

由于我市家具工业发展与发达的沿海地区有较大的差距，与国外先进水平比较就更落后了。也可以说北京家具的目前水平远远满足不了北京建设和人民生活水平提高的需要。尽快地把北京家具工业搞上去是北京建设新北京，筹建奥运会，全面建设小康社会的需要。如何尽快地把北京家具工业搞上去，并长期持续发展需要作如下几项工作。

（一）应尽快的制定出北京市家具发展的五年、十年规划

北京市已构筑了家具工业高速发展的大环境。这几年北京家具工业确实呈现了高速发展的形势，但是也要看到，在发展中出现了造成大量浪费的盲目投资现象，下面仅就三个投资点说明之。

1.建厂。要买地盖房子，买多少地，盖多少房子先不说，就是买地的地点确成了主要问题。因为北京发展速度很快，买的地点妨碍规划了，或遇到大的开发商了，就要搬家，近几年搬家的企业有上百家，其浪费可想而知。

2.买设备。买进口的先进的设备是老板头脑中赶超先进水平的“唯一”举措，肯下本钱，由于看的不准，对设备能力了解不够，又没有长远的发展规划，老板们又有攀比思想，你买我也买。现在有上百万一台，自动化程度很高，生产能力很大的设备开工不足，或闲置，造成了浪费。

3.盖大厦。北京家具（或含家具）的大厦（家具建材城）总面积已超过100万平方米，居全国首位。其乐于投资建大厦的主要原因，是利润可观。（现在家具城的经营方式，就是出租地皮，收取租金的简单的经营方式，租金又高，有的每月每平方米300元以上），都投资于搞商厦，其结果是：火爆的大厦占少数；有一定利润，但已感到很困难的占大多数；已经改行不做家具的占少数（对经营家具而言就是倒闭了），还将会有所增加。

以上情况的出现是和北京市没有一个从宏观上指导家具发展的家具行业发展规划，更没有一个权威的可协调、指导、监督行业发展的部门或中介机构有关。

（二）家具现代科技工业园区的建设势在必行

意大利家具工业发展的一个重要因素就是家具工业园区的建设，广东地区经济发展一个重要特征就是区域经济的发展。一个小小的广东省东莞市厚街镇通过发展区域经济，通过家具展，就能吸引来自全世界著名的家具企业参展，吸引着世界各国的家具采购商，有的采购商竟在厚街设采购中心，原因就是那里有集中生产家具的上千家企业和高水平的会展中心，北京也在设开发区和建专业经济特色的工业园区。我国除广东省深圳、东莞、顺德、乐从、佛山等地有家具工业园区外，上海、淄博、大连，也建成了家具城。北京家具市场这么大完全有条件，也应该建设一个现代化的家具城。

北京家具现代科技工业园区应是全国乃至世界最好的（一流的），集教学、科研、设计、生产、销售为一体的，信息化技术统领全过程的综合性的协调的可持续发展的现代家具城。

（三）要充分发挥家具行业协会的作用

北京家具行业协会成立于1986年，现有会员560余家，2002年对262家统计（这262家有一定的生产规模，统计数也比较全），工业产值51.8亿元，占整个行业总值的72%。十多年来，北京家具行业协会在市政府有关部门的关怀支持下，在全体会员的参予和支持下在为政府服务，为企业服务方面作了一些工作，受到了好评。2001年被北京市经济委员会评为“北京市工业领域优秀社会团体”，北京家具行业协会的工作属全国同行业协会中一流的。但是感到政府机构改革后，企业很多事情需要协会办，政府部门决策需要很多信息要由协会提供，特别是家具行业的迅速发展，很多事情需要协调，现在作的不够，有的事作

"九五"之后,在我国消费需求结构面临升级的条件下,已在一定程度上缩小了这些产品的市场实现空间。低水平的产品结构势必要接受市场需求变化的严峻挑战。

3. 近年来城乡居民收入的变化,也影响了批发市场固有的目标消费需求群体

批发市场内交易的商品结构的特点,是与城乡部分收入水平相对较低居民的消费需求相契合的,这些居民成为批发市场的稳定消费群体。但是,近年来,正是这部分人的收入水平增幅下降较多,面对减少了的收入,他们最直接的反应是减少消费。客观分析,我国批发市场仍存在较大的市场潜在购买力空间,但是,由于目标群体现实有支付能力需求的变化,必然带来批发市场中的日用消费品销售量出现下降趋势。

4. 企业营销方式的变化趋势直接影响了批发市场交易数量的变化

如前所述,众多的乡镇企业和中小集体企业的产品是批发市场交易的主要内容。这曾是这些企业产品销售的"主渠道"。但是,随着一些乡镇企业和中小集体企业的发展壮大,部分有一定规模的生产企业开始建立自己的营销体系和流通网络,从而取代批发市场,成为产品销售的主要渠道。以温州为例,当地乡镇企业销售总额在当地专业批发市场销售的比重已由原来的70%,下降到40%左右,通过自身的营销网络和无形市场销售的产品比重大大增加。

5. 中小企业组织方式的变化影响了批发市场的发展

我国批发市场的初期发展过程,实际上是与众多分散、小型、组织化程度较低的中小企业组织形式相联系的。这些企业由于自身的组织形式的局限和企业产品结构的特点,使其无能力,也无必要建立自身的分销体系。由于多种原因,这些企业的产品也未能纳入与现代企业组织形式和流通方式相联系的大企业生产与流通一体化的体系之中。但是随着我国产业组织形式的变革和大企业集团的发展,许多中小企业在本身规模扩张的同时,也按照专业化分工和协作的内在要求,开始被纳入大企业的分工协作体系之中,从而建立了稳定的产销关系和销售渠道,自然会逐渐降低了与批发市场的交易联系。特别是在一些沿海发达地区,企业组织形式的变革势必要影响到批发市场的发展。

6. 批发市场自身的管理水平较低、市场功能不完善,缺乏吸引力也是市场萎缩的重要原因

一些批发市场在发育中始终存在管理水平低、功能不完善、制度不健全等问题。这些问题在市场发育初期表现的不明显,但随着市场交易规模的扩大和市场参与主体的逐步成熟,对批发市场的管理水平、制度建设和功能作用提出了更高的要求。但一些摊位制批发市场仍局限在出租摊位、收取费用方面,市场管理制度和管理规则没有完善。市场信息指导、综合服务等功能没有得到有效发挥,使市场缺乏吸引力。

以上分析了一些影响批发市场发生变化的因素。从国际经验来看,一些工业品并没有类似我国这样的有形批发市场,而一般是通过相应的分销渠道和销售网络,通过相对稳定的产销关系和无形市场实现商品的流通和销售。但我国有具体的国情,我国商品批发市场的产生是有一定的历史原因和现实条件的,当这些条件存在时,批发市场产生并得以发展,当这些条件发生变化时,批发市场也必然出现合乎规律的变化趋势。当然,批发市场出现的上述变化,并不说明我国批发市场目前已走到尽头。事实上,由于我国二元经济结构和农村工业化发展的滞缓,大量小型企业的存在,以及城乡市场上仍有相当一部分需求与之适应,商品批发市场在一定的时期内仍将有较大的市场空间。因此,无视批发市场作用,力图在短期内全面取消批发市场的观点是不现实的。但是,以上分析也表明,当初促进批发市场发育和发展的一些条件正在发生变化,批发市场也必须认识到这种变化趋势,及时加以调整和创新,使批发市场在其生命周期内,更好地发挥其功能和作用。现实中,也确有一批批发市场已经开始了这样的调整和创新。

(二)商品批发交易市场的发展出现新的趋势和特征

考察我国商品批发市场的发展进程可以看出,所谓批发市场的发展,绝不只是单纯的市场数量增加和规模的扩大,而是在于市场功能、辐射范围、对经济发展的促进和对产需关系的调节等作用大大增强。特别是进入"九五"以来,在一些商品批发交易市场出现萎缩和功能弱化的同时,商品批发市场发展中也出现了一些值得关注的新特征:

一是一批专业批发市场进一步向大规模、跨区域、远辐射方向发展。如山东寿光蔬菜批发市场的辐射范围已达20多个省、市、自治区，成为全国最大的蔬菜批发集散中心、价格形成中心和信息汇集、传递中心。为数不少的批发市场年交易额已达100亿元以上，流通规模不断扩大。

二是交易手段和结算方式逐步规范化。我国大多数批发市场在发育初期，基本上采取较为原始的现金交易方式，一手钱、一手货。这种交易方式既不方便，又不安全，制约着批发交易规模的提高和辐射范围的扩大。目前，许多批发市场引入了票据结算等现代交易方式，提高了交易的规范性，促进了市场的广辐射作用。一些农产品批发市场还逐步引入了拍卖交易方式，进一步完善了商品的交易方式和流通功能。

三是批发市场带动产业发展，产销一体化特征日趋明显。我国有相当一部分产地型批发市场，是通过产业的发展推动了市场的发育，市场的繁荣又对产业发展起到了更大的促进作用。这种产业与市场的互动作用带动了产销一体化的发展，也带动了地方经济结构的调整。

四是批发市场组织形式不断创新。进入九十年代以后，批发市场投资主体日趋多元化。一批股份制市场应运而生，批发市场的组织形式出现企业化、股份化的趋势。一些原有大型专业批发市场经过股份制改造，成为股份制企业实体，并成为上市公司。如浙江"义乌小商品批发市场"、浙江绍兴的"中国轻纺城"等已经上市，成为效益较好的股份制企业。深圳农产品股份有限公司更是在"企业办市场、企业管市场、市场企业化"方面进行了有益的探索。它通过企业办市场实现组织创新，通过企业管市场实现管理创新，通过市场企业化实现制度创新。它在批发市场的建设上，实现市场载体建设、交易主体培育和市场管理规章制度建设并行，促进了深圳布吉农产品中心批发市场和福田农产品批发市场的迅速发育。指导并促进了当地的农业生产和结构的升级。

五是一些批发市场功能进一步延伸，市场不断开拓。如深圳农产品股份有限公司在强化农产品批发市场功能的同时，进一步确定了以批发交易市场为核心，向生产和零售两个领域延伸的发展战略。即一方面通过购并等形式控股具有发展前途的农牧业生产企业和食品加工公司，建立生产基地，实现向生产领域的延伸；另一方面，通过开办连锁肉菜超市，实现向零售领域延伸。从而使农产品公司发展成为一个集农产品的生产、加工、包装、储藏、运输以及现货批发、拍卖、直销、配送、进出口贸易等多功能纵向一体化的营运体系，有效地将农业生产活动本身与生产要素的生产和供应、农产品的加工与销售活动，纳入到一个统一的经营体系之中。使生产和流通相互作用，良性互动，促进了农产品的生产和市场流通的发展。

六是一批实行会员制、保证金制、采用电脑撮合式交易、票据结算方式等应用现代化交易手段的现货批发市场产生出来。如上海华通有色金属现货批发市场、郑州粮食批发市场等。这类批发市场不仅发挥着重要的交易功能，而且其价格发现、规避风险、信息开发和传递功能也不断发挥出来，促进了商品资源的优化配置。

三、商品批发交易市场发展中存在的突出问题

在商品批发市场发展的过程中，也存在着一些不容忽视的问题。

1. 缺乏合理规划和布局

我国批发市场的发展是伴随着改革开放过程出现的，带有明显的"中国特色"，形式多样，在发展初期还谈不上规范化。但是在经过了近二十年的发展后，商品批发交易市场的发展的规范化问题应该提上议事日程。但我国缺乏在宏观上调控和规范批发市场的法规和规范，对全国批发市场建设缺乏统一的规划。在90年代初期，当时有关主管部门曾出台了《批发市场管理办法》，但随着市场的发展和市场条件和环境的变化，实践对批发市场的规范提出更高、更迫切的要求。而这些管理办法未能及时修改和完善，新的规范化办法也未出台。

2. 在批发市场建设上，重市场载体建设，轻市场主体培育

20世纪90年代初期，伴随着兴办开发区热、房地产开发热等，也出现了"建市场热"。一些地方不顾客观实际的需要，盲目发展批发市场，结果出现了不少"有场无市"的"空壳"市场，造成了社会资源的浪

费；在“九五”以后，一些地方仍存在热衷于办有形市场的现象，仍重视市场载体建设，但忽视流通服务、市场主体的培养及市场规则等软件建设。

3.市场结构不合理，功能不健全

一些批发市场热衷于招商和出租摊位，把办市场简单地等同于物业经营，忽视市场功能的发挥和拓展；一些批发市场规模狭小、交易原始，市场功能和作用难以发挥。这些相互分割的初级化市场在发现价格、分散风险、为市场参与者提供稳定的市场预期等方面，存在很大的局限性。

4.市场普遍缺乏规范化管理

导致无序竞争、市场混乱，假冒伪劣商品盛行，市场信号失真等，从而制约了市场机制的正常作用，这表明很多批发市场的经营主体行为仍欠规范，经营户的组织形式亟等创新。目前，许多批发市场内的一些经营者其经营规模已相当大，但仍是以个体或家族式经营为主，没有在建立规范的企业组织形式和企业制度上努力创新。经营户的经营机制和经营观念与日趋扩大的交易规模不相适应，不能因势形成规范化的经营组织，使一些批发市场始终摆脱不了低水平、低档次经营的现状。

四、促进商品批发市场规范化发展的政策建议

在21世纪初，我国商品批发市场的发展将面临如下经济背景：一是我国经济已初步走出了短缺，形成了买方市场格局，今后的市场发展将要长期面对多数商品供大于求这样的买方市场的现实；二是市场商品消费需要相对不足将是长期趋势。我国正处在消费结构的转换时期，城市消费已从日用消费品的大规模集中消费阶段，向以“住”和“行”为主要内容的消费结构转变，居民的消费支出将更多地转向住房、教育、服务、保险等方面，对实物商品的消费支出相对会有所减少；三是面临经济全球化的趋势，我国经济也将受到这一趋势的影响，开放的步伐也将进一步加快，外国商业资本进入我国，必将影响我国的既定市场格局。新型流通方式和多样化经营业态以及快速发展的电子商务方式，必将对商品批发市场的交易关系、流通方式和结算方式提出严峻的挑战。在这样的经济背景下，我国商品批发市场在发展过程中，必须有相应的应对策略，主动进行战略性调整和制度创新，以迎接新的发展机遇与挑战。为促进商品批发市场的健康发展，提出如下建议。

第一，商品批发市场迫切需要进行结构调整和全面整合，从追求量的扩张向质的提高转变。在合理的规划和布局条件下，一方面，控制无规模的市场盲目发展，市场建设应以改建、扩建为主，避免无效益的重复建设；另一方面，通过市场竞争的力量，对已有市场进行整合，鼓励一些规模大、辐射面广、实力雄厚的大型批发市场以控股、参股或建分市场的形式，跨地区兼并市场，或以联合的方式增强辐射功能，扩大交易规模。例如，深圳市农产品股份有限公司近年来就跨出了地域的限制，先后投资控股了南昌市农产品中心批发市场和参股了位于湛江市的广东农副产品批发市场，并拟在华中、华北、华东、西南等各大地区建设一个大型农产品批发市场，实现产地批发市场和销地批发市场的强强联合。对有场无市的“空壳市场”进行清理、关闭。同时，对市场结构进行必要的调整，重点发展农产品批发市场，规范消费资料和生产资料市场。对一些交易萎缩的消费品或生产资料批发市场应因势利导，促其向其他的分销方式和经营形式发展。

第二，进行交易手段和营销方式的创新。从摊位式的小规模批发向大型批发交易方式转变，鼓励经营大户与生产企业建立稳定的工商关系，与消费用户建立稳定的销售渠道；提倡并鼓励由一般的商品经销向总代理、总经销等现代营销方式转变，发展现代商业代理制；鼓励批发市场与现代商业流通业态形式相结合，如一些农产品批发市场和消费品专业批发市场，可与连锁超市、仓储式商场和便利店等联合、为其配送商品，从而扩大商品流通规模，减少流通环节，降低流通成本。对于产地型市场，应重点发展产供销一体化的经营方式，将生产、流通、消费更有机地联结起来。

第三，促进批发市场的经营机制创新。在有规模的市场上，规范经营者的行为，促使一些经营大户由

个体经营和家族式经营向合伙制、股份合作制、有限责任公司制等经营机制转化，培育适应现代市场流通方式的经营主体。

第四，促进批发市场组织形式的创新和规范。政府主办的批发市场是不以盈利为目的的交易场所，而目前多数市场是本着"谁投资、谁受益"的原则建立起来的，有些市场组织形式并不规范，市场组织形式创新任务较重。应引导其以现代企业制度改组其组织形式，实行规范的企业化经营与管理将是商品批发市场的重要组织形式。

第五、进一步强化批发市场功能。商品批发市场的最重要功能应是批发交易、价格发现和信息服务。特别是对于农产品批发市场而言，价格发现和信息功能对引导农产品生产和消费，处理好小生产和大市场的矛盾起到关键作用。由于农民一家一户的生产方式，生产规模小，信息渠道相对狭窄。而农产品价格的变动信息和产品供求信息，对于指导农业生产和引导农村种植业结构调整至关重要。因此，商品批发市场应下大功夫强化价格发现和信息的收集、处理加工和发布功能。

第六，为促进商品批发市场的健康发展，一方面，各级政府应加大对批发市场建设的调节力度，改善调节方式和手段。国家有关部门应制定商品批发市场的管理办法，并监督执行；另一方面，加强对市场的管理，整顿市场秩序。严厉打击经营假冒伪劣商品的行为，打击执法部门不秉公执法。对批发市场的税收管理也应逐步规范，对定额税制应逐步加以完善，并应根据市场交易额的变化进行适当调整。特别是对于在城市中，商品零售已占市场交易总量的绝大部分份额的专业市场而言，对税收制度的调整就更为必要，目的是为商品市场的竞争创造公平的环境。

规范才有市场 规模才有效益
——论我国摊位制建材市场的提升与改造

中国人民大学教授 博导 黄国雄

随着经济的持续发展和对外开放步骤的加快，我国目前摊位制的建材市场，面临着巨大的冲击和挑战，一个梯度式推进的升级与改造将在全国兴起，中国建材市场将进入一个新的发展阶段。这是摆脱困境的需要，是迎接新的挑战的需要，也是中国建材市场和建材产业发展的客观需要。

一、摊位经营是小生产条件的流通方式

我国目前建材市场基本采取摊位经营形式，小业主或经营者在几平方米、十几平方米或几十平方米的面积内，经营自己的"一亩三分地"，有限的资金，有限的面积，经营有限的品种。这是我国建材市场发展的必然过程，也是普遍的现象，但是，它毕竟只是小商品生产条件下的一种流通方式，只适应住房、小修理、小改造和小装饰对小建材、小五金、小装饰品的需要。加上自身存在的缺点和弱势，无法适应社会化生产、现代化管理、规模化经营的发展需要。一方面，作为摊位经营形式，投资少、门槛低，市场进入与退出方便，可以吸纳众多的经营者，提供一定的就业机会；另一方面，由于租金便宜、自采自销、经营灵活、价格低廉，可以吸引众多的低收入消费者光顾，使其有生存的客观条件。但是，我们也必须看到，这些优点又同时衍生出许多缺点和问题，如分散经营、不便管理、信誉低、纠纷多、假冒伪劣现象严重；本小力单、抗风险能力差、发展前途堪优，特别是在规模化、规范化和专业化外资家居超市的冲击下，难以生存和发展，面临着严重的挑战。

度,同时为各品牌经营户提供证照代办、金融、广告宣传、人员培训营销信息咨询、导购等服务。定期举办消费者购物知识讲授班,传播商品信息及商品知识,各入驻品牌都享有政府提供的优惠税费政策,逐步形成了一套优质高效的市场服务管理体系。万家丽经营管理上的创新,主要体现在万家丽在建材流通市场行业中率先在市场形象推广、宣传、促销方面突破了传统市场由各经营户自主组织进行的方式,由市场统一组织、策划实施。其宣传效应、规模对消费者的影响力是任何单店宣传无法企及的。

一年多来我们在形象推广、促销、公关活动方面累计投入了约 2 000 多万元的费用,其中春季房交会、"湖南省国家建材环保强制性标准" 新闻发布会、国庆百家品牌联合大促销、周年庆典购物抽巨奖、"你装修我送材料" 等大型活动更是掀起一轮又一轮营销风暴和绿色风暴。如今的万家丽已是省内及全国知名度最高的品牌市场。

万家丽一期工程的良好经营业绩,为万家丽的发展打下了良好的基础,万家丽于 2003 年 4 月 25 日启动了二期工程建设,规划中的二期工程面积达 35 000 平方米,主体工程现完工封顶,并于 10 月中旬投入运营。一、二期工程完工后万家丽总面积达 57 000 平方米,配套 80 000 平方米仓储,将成为中南地区首屈一指的超大型建材家居购物中心和物流中心,从陶瓷、洁具、木地板到灯具、灯饰、电工、五金、涂料、厨卫电器、门业、橱柜、家具、布艺应有尽有,一应俱全。万家丽员工愿与业界同仁共同交流市场经营管理经验,相互取长补短共同进取,以不负万家丽"回馈社会、卓越未来" 之宗旨。

诚为千舸鼓风帆

——闽南建材第一市场商会会长　万奕池

市场建立和运营之初,市场管理部门与业户之间联系渠道少,上下沟通缺乏,经营管理中存在的问题不能及时发现,市场的一些重大决策往往得不到很好的贯彻。为增强市场整体意识,理顺关系,完善市场管理功能,提高市场的竞争力,促进市场经营户协作统一、共同繁荣,我们组建了行业协会——"闽南建材第一市场商会",并依驻场经营户的结构分设了广西、河南、四川、南安、陶瓷、综合等六个分会。并相应地制定了《商会章程》及《商会工作规范》,建立了组织机构,开展了组织活动,实行了总会和分会月工作例会制度,及时收集反馈经营信息和经营动态。组织动员商户参加市场里的各项经营活动及管理,起到了较好的作用,收到了明显的效果。具体表现在以下几个方面:

一、商会是沟通联系的纽带,是引领商户致富的掌门人

建材市场内从四面八方汇聚而来的商户尽管开始并不相识,语言、生活习惯、经营品种都不尽相同,但自他们来到闽南建材第一市场那天起就成为市场有机整体的细胞,与市场紧密地结合在一起。2000 年,市场商会成立,会员逾千人,市场公司总经理亲任会长,每个经营户都入相应的分会成为会员,他们彼此之间在分会里相识熟悉,成了伙伴和朋友。各个分会推选一名市场管理人员担任分会的秘书长,负责沟通分会与商会和市场的联系。这样,商户与商户之间,商户和市场之间、市场与商户之间就构成了一个大家庭,市场经营的决策、意图、规定,来自于商户,来自于经营的实际,更具有准确性和可操作性,通过商会这个大家庭,大家摒弃了"同行是冤家" 的思想观念,从而实现了互相借鉴,互相沟通,互相援助,互相关爱。商会成立五年多来,活动频繁。如组织商户参加市场举办的每年一度的"5·18" 建材贸洽会,组织商户

到深圳参加代理制营销经验交流会，赴上海、厦门、北京参加国际石材贸洽会，参加市场举办的每年一度的国庆、中秋两节文体活动等。这些活动的开展，对树立闽南建材第一市场的品牌形象，对于维护商户们的团结协作，更新经营理念，发挥了重要的作用。

二、商会是传递信息的桥梁，是指导商户营销的宣讲师

我们所处的时代是一个信息的时代，闽南建材第一市场是信息时代链上一个石材专业的信息库，商户就是信息源，传递者是商会。由于经营户来自全国各地，商品又天天来去于全国乃至世界各地，市场里每一位商户手中都掌握着全国乃至世界建材市场的大量信息，信息资源汇集到市场信息库又通过商会传递扩散到商户中去变成共享资源，转化成经营成果，带来了市场的繁荣。

闽南建材第一市场的石材经销的专业性及其在全国建材行业中的占有的分量和所处的举足轻重地位，使人们都不得不承认它在建材行业中对商品价格有着均衡和调控功能，是全国同类石材商品市场价格的晴雨表。因此商会十分注意组织开展价格信息的采集、筛选、传递和界定，作为传递信息的媒体《闽南建材》期刊，是市场创办的独具特色的专业刊物，因其高质量高水平的内容编辑和制作，在众多刊物中一枝独秀，蜚声行业内外，深受读者欢迎，全国各地厂商争先订阅，月达万份。读者从《闽南建材》期刊中获得了当前国内石材市场的行情变化、国家政策的调整、行业竞争的情况和 WTO 知识，以及中国加入 WTO 后对中国建材行业的影响、应对措施。同时还刊登了探讨管理工作的改进等信息。

商会通过期刊向市场提供了大量信息，给商户营销以参考指导。如有代表性的、技术含量高的品种经营业绩情况；部分省市因环保因素限制荒料开采的政策措施；传统主打产品如本 603、新疆的天山红供大于求价格下滑信息；印度及台湾大花绿大量涌入给市场带来冲击等，根据这些信息，市场管理部门采取了在招商中注意把关、选择、吸收、引进经销稀有石材品种的商户；注意招进有技术含量的深加工成品材和终端产品经销商；注意招进配套产品经销商和注意招进有实力的大户石材厂商的策略。市场商会还注意指导商户调整经营结构，稳定和繁荣市场。从这一角度而言，商会是市场当之无愧的参谋，是商户真诚的智囊。

三、商会是市场秩序的卫士，也是维护商户利益的代言人

市场商会把协调和服务作为自己最重要的任务之一。这个协调，具体说来就是协调市场与商户之间，商户与商户之间，商户与消费者之间的关系。市场每天都在动作之中，各种矛盾和问题随时都可能出现，协调处理好每一桩问题和矛盾，无疑是市场运转的润滑剂，推动着商户和市场共同前进。为此，市场商会和市场公司联合组建了调委会、公平交易监管会，负责解决市场经营管理中日常发生的各种矛盾、纠纷。2003 年上半年，上级税务部门对市场经营户的纳税额进行了普查调整，结果调整面比较大，幅度也比较高，这使得部分商户利益受损，包袱很重，情绪较大。依法纳税是企业和商户的应尽职责，商会一方面给商户宣传税法进行教育引导，给商户说明过去在政策照顾下税收任务偏低的情况，另一方面积极配合市场，帮助落实解决商户困难的一些办法，如取得市场股东对商户进行减租补贴的措施，既保证了国家税收普查调整工作的平稳落实，又在抗“非典”时期减轻了商户的负担，维护了商户的利益。商品经济不可避免地会有竞争，早在商会成立之初市场商会就提出：彻底抵制无序竞争，坚决杜绝恶意倾销，是维护市场秩序的重大课题，是商会工作的着重点。商会坚持向全体会员及商户进行宣传教育，坚决反对不顾整体利益和长远利益的盲目竞争和恶意倾销，努力营造市场的良好经营秩序。一旦遇到这种情况，商会通过市场公平交易监管会出面处理。市场商会把“有无低价倾销、相互杀价的恶意竞争行为”作为每年举行一次的“文明经营户”评比条件之一，而且是一个“一票否决”的重要条件。

“货期”“款期”的问题，是商户和消费者之间经常出现的矛盾。作为市场经营管理职能的补充和商会办事机构之一的市场调解委员会，以其独创特色性及高效能工作在市场和商会工作中发挥了不可替代

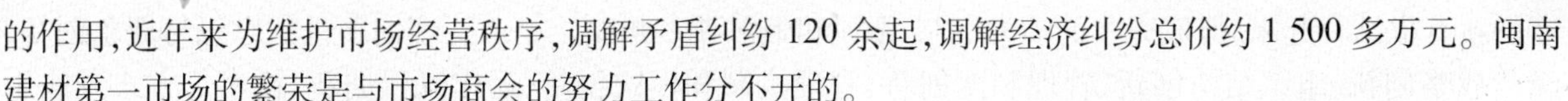

的作用,近年来为维护市场经营秩序,调解矛盾纠纷 120 余起,调解经济纠纷总价约 1 500 多万元。闽南建材第一市场的繁荣是与市场商会的努力工作分不开的。

四、商会是企业文化的旗帜,更是商户精神文化的擎旗人

企业文化是企业的外在形象,又是企业的内在潜能,它同是企业的精神理念。闽南建材第一市场企业文化的载体很多,琳琅满目的广告牌,无不渗透了各家厂商的经营理念和经营特色。整个市场的创意,它的位置,它的花园式的构筑和装饰,烘托起一个现代化市场的形象,到过闽南建材第一市场的人,都会对她有一种整齐美观,秩序井然,繁荣向上的良好印象。

市场每年一届的“5·18”贸洽会和招商会,都吸引着各国客商,各级要员,各路同行,各种媒体。它的隆重热烈,它丰富的文化内涵,向世人昭示闽南经济文化的特色。市场商会每年举办一次的中秋文体活动,各分会遵从重在参与的原则,让大家在球类、棋类项目上展开你争我夺的友谊赛,歌舞晚会和环市场 5 000 米长跑的重头戏更是让商户心醉。在这激烈竞争和欢歌笑语中,商户们忘掉商场奔波的疲劳,感受乐趣和温馨。在这个时候,大家对市场这个“家”的依存感和归属感油然而生。商户是帆船,商会是港湾。在闽南建材第一市场的大港湾里驻泊着千艘待发鼓起风帆的航船, 他们在市场经济强劲东风吹动下,将在商海中乘风破浪,勇往直前。

建材超市怎样实现管理创新

家润多建材超市董事长　李　岚

在当今国内建材超市整体管理水平相对落后的情况下,建材超市面对瞬息万变的市场和激烈的市场竞争,怎样实现管理创新,改变国内建材超市整体管理水平落后的局面,是目前国内建材超市普偏面临的一个问题,也是专家、学者们正在认真研究的课题。已成为各位建材超市经营者、管理者及各级政府需要迫切解决的问题。

我国建材超市管理创新方面存在诸多不足,观念陈旧,方式老化,组织结构庸肿,缺乏全球化经营观念,制度跟不上管理升级,缺乏团队合作意识等。这些原因的产生主要有创新主体错位,造成创新动力不足和创新能力较弱,创新客体不明,缺乏有目的和针对性强的合理设计,或找不到创新的具体对象,设定不了创新的准确目标,市场经济体制不完善,法制法规不健全,政策的配套性不强,政府干预过多,创新风险与收益不对称等。

针对以上各种情况,给我们建材超市各位管理者提出了一个重大而又迫切的课题,那就是建材超市要怎样才能实现管理创新。大家都知道,实现管理创新最直接有效的途径就是培养一大批有创新意识和能力的高层管理专业人才,职业化专业人才,这里也包括有创新精神、市场经济头脑、远见卓识和战略眼光的企业家,但这是一个长远工程。我们目前迫切要做的、要解决的是建材超市在实现管理创新过程中人的思维观念、基本认识、具体操作中存在的一系列问题。

管理创新从定义上讲,大家都比较了解,就是在建立和完善扎实的管理基础工作,加强人、财、物和无形资产管理的同时,不断采用适应市场需求的新的管理方式和管理方法,并充分结合企业实际,以人为本,重点加强知识资产管理、机遇管理和企业战略管理,有效运用企业资源,把管理创新与技术创新和制

度创新有机结合起来，形成完善的动力机制、激励机制和制约机制。企业管理创新包括思想与理念创新、经营战略创新、组织结构创新、管理制度创新、管理机制和模式创新、运作流程创新、技术与方式方法创新、市场与产品创新等内容。管理创新是决策层创新，执行层创新和操作层创新的全方位有机结合。但在现实工作当中，真正操作执行起来可能有一定难度。

结合本超市两年来的实际管理工作经验，我想从以下几个方面谈一谈家润多建材超市在实际工作中如何运用管理创新，提高经济效益和社会效益，提高企业核心竞争能力的问题。

一、建材超市在进行管理创新时，要切实抓好人员的观念转变

建材超市领导是创新的决策者和组织者，成功的超市领导要有高度的洞察力和创新意识，先必须有强烈的创新意识，才能积极有效地组织企业的创新活动，并推动技术创新活动的健康发展。要从战略上、全局上，即从企业乃至国家的长远利益、整体利益出发，对企业技术创新进行决策和规划。现在有一些建材超市的老板或经营者认为，抓管理升级、体制优化和决策科学化不是企业的当务之急，似乎是专家教授们研究的内容，认为企业没必要在管理创新上下功夫。这种典型的实用主义、经验主义以及由此而引起的观念陈旧，管理创新观念淡薄，往往是企业在管理创新方面无突破性进展的深层次根源。

建材超市领导在管理创新实践过程中，首先要做的工作就是与超市的拥有者、高层领导集体以及各级工作人员做好思想引导工作，尤其要使高层（决策层）领导集体对管理创新的必要性和重要性有深刻的认识，这样才能确保管理创新在企业实施过程中得到必要的支持和顺利进行。

家润多建材超市的决策层在这方面有较深刻的认识。我们在开业几个月的时候，决策层就意识到商品同质化程度越来越高、供大于求，市场竞争将愈演愈烈。仅靠投机和冒险主义取得高额利润的机会越来越少，只有靠管理创新来实现更多的投资回报才是企业的唯一出路。创新不仅是效益提高的手段，而且是效益提高的源泉，决策层有了这样的意识后，即开始了公司内外的创新、改革、重组工作的投入，为我们管理创新在家润多建材超市实施提供了良好的环境。

二、建材超市在进行管理创新时，一定要围绕培养企业核心能力来实施管理创新

建材超市要在激烈的市场竞争中持续不断的发展，必须要具有不断发展壮大的能力，即核心能力。这种能力从根本上讲，就是企业能不断地产生综合优势或多方面的绝对优势，为企业源源不断地带来效益的能力。培养核心能力必须从技术创新、人才开发、体制完善、资本运作和市场开拓等方面入手，全方位地实现管理方式的创新。

在培养家润多建材超市核心能力上，我们主要做了以下几方面工作：

（一）实行扁平化组织结构，实行组织创新

公司以“精简”为手段，在组织机构方面实行精简化，去掉一切多余的环节和人员，实现从纵向减少层次，横向打破部门壁垒，将细分工层次管理模式转化为分布式平行网络的管理结构，提高公司发现问题与解决处理问题的响应速度，提高公司各方面的工作绩效。目前，家润多建材超市从总经理到基层员工之间只有三个层级，这样大大提高了公司各项管理工作的贯彻、落实和反馈的速度，提高了工作效率。

（二）完善管理体制，实行精细化管理

公司以企业内部作为精细化管理的重点，实施5S管理改善工作和推广持续（PDCA循环）。通过抓好整理、整顿、清扫、清洁、修养等五个方面的日常工作，改善工作环境，改善员工的不良习惯，培养成一种良好的修养。通过5S管理改善工作的不断深入地开展，逐渐地改善公司管理制度和工作流程，以达到提高工作绩效的目的。同时健全各项管理制度，加强部门考核，调整部门职能，重组业务流程，在优化资源配置，降低生产成本，营造核心竞争力，持续改进，规范化管理，目标考核等方面花大力气，并逐步落实。公司同时成立决策咨询顾问中心，成立5S推进小组，对于一些比较重要的课题，公司成立项目组，以项目管理

(高)密度纤维板生产线。

项目内容及规模:改造新建一条进口设备生产线,年产15万立方米,投资总额:38 338万元。

新增效益:产值4.5亿元、利润9 105万元、税收4 050万元　　合作方式:合资

联系地址:广东省梅州市沿江东路威华集团大厦

联系电话:0753-2191669　　传真:0753-2191669

项目名称:新型建材"加气混凝土砌块"

项目建设内容和技术标准:加气混凝土是以硅质材料和钙质材料为主要原料,掺加发气剂,经加水搅拌,由化学反应形成空隙,再经浇洗成型,预养切割,熏气养护等工艺过程制成的多孔硅酸盐制品。

项目产品现状及预期市场:加气混凝土砌块厂是由深圳天极光电技术实业股份有限公司北海天极新型建筑材料总公司投资兴建的,以生产经营多种新型墙体、装饰等建筑材料为主,是广西目前唯一生产此类新型材料的企业,填补了广西"加气混凝土砌块"的空白。工厂位于北海市银海区工业园,占地35亩,首期投资2000万元人民币,达到年产10万立方米加气混凝土砌块的生产能力,以满足整个广西建筑市场的需要。

项目投资总额:2 000万人民币

建设项目选址:广西北海市银海区工业园

合作方式:合作方式灵活,可具体协商　　联系电话:13977903178　　联系地址:北海市天极公司

项目名称:广西日产4 000吨旋窑水泥厂

建设规模:建设一条日产4 000吨水泥熟料的新型干法回转窑熟料生产线,年生产熟料124万吨、525号硅酸盐II型137.4万吨。

建设条件:广西具有丰富的石灰石矿资源,质量好、品位高、开采方便,广西水电资源丰富,电力供应非常充足,交通便利,原料的输入、产品的输出都有不可多得的便利条件。根据国家建材区域经济发展和产业结构调整布局的要求,将把广西建成全国第三大水泥生产基地。建设大水泥厂符合国家"上大改小"的产业政策,是国家鼓励和支持的项目。

总投资:项目总投资17 800万美元　　合作方式:独资或合资

预期经济效益:本项目建成投产后,预计年收入可达5 753万美元,投资财务内部收益率为14.92%(所得税后),投资回收期为8年。

中方承办单位:广西壮族自治区发展计划委员会

电话:0771-2820315　　传真:0771-2806320　　地址:广西南宁市民乐路1号

项目名称:日产2 000吨熟料新型干法旋窑水泥生产线

企业名称:六枝工矿(集团)有限责任公司

项目概述:设计能力为年产水泥65万吨,一期30万吨/年,已于97年投产。二期工程增加一条旋窑生产线即可达设计能力。主要产品有525#特种水泥、425#普通硅酸盐水泥和矿渣水泥。该厂现有技术水平较高,有中高级技术人才52人。产品有较好的市场。

合作方式:合资　　合作年限:5年

项目总投资:2 600万美元　　预计投资回收期:6.56年

拟建选址:贵州省六枝特区　　电话:0858-5713294　　传真:0858-5322457

项目名称:725号特种高标号水泥生产线

企业名称:贵州黔民水泥有限公司

、 项目概述：725 号特种高标号水泥属高强度快干型，在国内外有广阔的市场。具有独特的工艺和独厚的矿产资源，交通便捷，成本费用低，利润回报率 47.37%，出厂成本价每吨 268 元，国内销价每吨 480 元，出口价每吨 95 美元。规模年产 30 万吨两条生产线，投资总额 1.23 亿元人民币，已投入 0.3 亿元，尚需资金 0.9 亿元。全部投资两年内收回。

合作方式：合资、合作、补偿贸易、其他 合作年限：20 年

项目总投资：1 483.71 万美元 预计投资回收期：2 年

拟建选址：贵州省龙里县龙山镇绕钟山

电话：0851-5508078 传真：0851-5508078

项目名称：15 万平方米 / 年微晶玻璃装饰板

企业名称：贵州开磷（集团）有限责任公司

项目概述：微晶玻璃是一种高档、新颖的绿色装饰材料，利用黄磷磷渣为主要原料，经适当处理后，与添加剂相结合，送入玻璃窑先制成特种玻璃，然后将玻璃晶化，最后精整出厂。该产品耐酸、耐碱、耐温、强度高、韧性好、色泽丰富、技术含量高。我国房地产近几年发展迅速，装饰材料市场前景广阔。利用磷渣的原料生产微晶玻璃装饰板，可降低成本，在质量和价格上有很强的竞争力。

合作方式：合资、合作、补偿、贸易 合作年限：15 年

项目总投资：350 万美元 预计投资回收期：2 年

电话：0851-7588751 传真：0851-7588216

项目名称：年产 20 万平方米微晶玻璃装饰板生产线

项目内容：年产 20 万平方米微晶玻璃装饰板，项目总投资 760 万美元，其中固定资产投资 640 万美元，流动资金 120 万美元。

总投资：760 万美元 投资估算与合作方式：合资、合作、独资均可。

市场与经济效益分析：投产后，年销售收入 964 万美元，年获利税 373 万美元，其中：企业年平均获利 274 万美元，实现税金 98.4 万美元。

通讯地址：河北省怀安县对外开放办公室 电话：0313-7831569 传真：0313-7832797

项目名称：粉煤灰页岩烧结新墙材料项目

项目内容：该项目是理想的黏土砖替代产品，符合国家产业政策。拟年产 1.2 亿块标砖的粉煤灰页岩烧结多孔砖，7.2 万立方米烧结陶粒并加工成 10 万立方米陶粒空心砌块生产线。

总投资：815.13 万美元 企业名称：鹿泉市发展计划局

通讯地址：河北省鹿泉市镇宁路 6 号 电话：0311-2010030 传真：0311-2010030

项目名称：1 200 万平方米 / 年高档浮法玻璃生产线项目

项目内容：该项目拟建在石家庄市西南 20 公里处，本地有高硅低铁优质大型硅砂岩矿藏，资源量近 14 559 千吨，且交通便利，靠近消费市场和燃料供应地，水、电可实现双路供应。建成后年产高档浮法玻璃 1 200 万平方米（按 5mm 计算），年均利润 8 000 万元以上。预计三年（包括建设期）可收回全部投资。

投资：2 056 万美元

投资估算：项目总投资 1.7 亿元，其中：工程建设费 2 000 万元，设备及安装费 1.2 亿元，其他费用 3 000 万元；

合作方式：合资、合作。

市场与经济效益分析：经测算生产期各产品的平均单位生产成本为 9.89 元 / 平方米，各种规格产品

合作年限:15 年　　　　　　　　项目总投资:1 000 万美元

预计投资回收期:4 年

地址:湘潭高新开发区双马工业园内　电话:0732-8567134　　传真:0732-8567134

项目名称:"一窑三线"超薄玻璃生产线

主要建设内容及规模:设计熔化能力为 200 吨 / 日，年产量为 115 万重量箱，产品规格厚度为 1~10mm,净板宽度为 3.6m

项目简介:本项目采用比利时拉威伯尔的深池平拉工艺技术,由蚌埠玻璃设计院设计,整座熔窑全部采用国产优质耐火材料进行配置,成型设备采用国外技术并经国内消化吸收、改造提高后的先进设备,关键部位从德国进口，本项目从设计到选型远达到了国内领先水平。随着人民生活水平的提高及汽车、电子、信息等工业快速发展,超薄玻璃的需求与日剧增,而国内行业总生产能力约 400 万重量箱,2002 年超薄玻璃的市场需求量达 800 万重量箱,每年以 10%的速度增长。项目选址在郴州市工业大道 46 号,占地面积 113 亩,南距郴州盐业铁路专用线 50 米,西邻 107 国道,北距郴州火车货运站 800 米,交通极为便利,设计熔化能力为 200 吨 / 日,年产量为 115 万重量箱,产品规格厚度为 1~ 10mm,净板宽度为 3.6m。项目固定资产投资 7 120 万元,土地购置费 1 230 万元,流动资金 600 万元,建设期一年。产品平均含税出厂价 68 元 / 重量箱,单位制造成本 40.53 元 / 重量箱,年均可实现销售收入 7 820 万元,年均净利润 1 102 万元,投资利润率为 12.3%,项目投资回收期 5.45 年。

合作方式:合资、合作　　　　　项目总投资:1 070 万美元

预计投资回收期:5 年

招商单位:湖南省郴州星辰玻璃有限公司

地址:郴州市工业大道 46 号　　电话:0735-2226394　　　传真:0735-2226394

项目名称:湘楚石材陶瓷城

主要建设内容及规模:花岗石总储量达 37 亿立方米,建设一个集开采、加工、销售、展示于一体的石材陶瓷城

项目简介：该项目选址于全国十大石材基地之一的望城县丁字镇。该镇花岗石总储量达 37 亿立方米,岩石质地坚硬,放射性极低,是建筑装饰、工艺加工的理想材料。镇区内有省道长(沙)湘(阴)公路、京广铁路,湘江水运码头近在咫尺,交通便利。与之相邻的铜官镇是全国闻名的陶瓷城。项目规划用地 255 亩,已完成征地拆迁及"三通一平"等前期工作。拟建一个集开采、加工、销售、展示于一体的石材陶瓷城。总投资 2 500 万美元,以建筑物租、售,花岗石开采、加工、整体开发为收益,投资回收期 6 年。可采取独资、合资、合作等方式,诚招国内外客商,共谋发展。

合作方式:合资、合作、设备引进、资金引进

合作年限:40 年　　　　　项目总投资:2 500 万美元　　　　　预计投资回收期:6 年

招商单位:湖南省望城县丁字镇人民政府　电话:0731-8408582　　传真:0731-8408582

项目名称:新型墙体材料厂

主要建设内容及规模:利用废渣生产空心砖及承重砖,年生产能力为 700 万块。

项目简介:该项目拟引进新型墙体材料整套设备或投资,利用废渣生产空心砖及承重砖,年生产能力为 700 万块。根据国家政策要求,2003 年禁止生产黏土砖,因而此项目有广阔的发展前景。由于我公司有宽阔的场地,且邻近热电厂有充足的粉煤灰材料,因而建立新型墙体材料厂既可满足市场需要,也可充分利用工业废渣,可取得较好的社会效益和经济效益,享受国家减免税收的优惠政策,年创利润 500 万元。

合作方式:合资、合作、设备引进、资金引进　　　合作年限:10 年

总投资:3 400 万元　　　　合作方式:合资、合作、独资

可提供条件:场地、水、电公用设施

年产值:3 800 万元　　　　年利润:880 万元　　　　投资回收期:4 年

项目单位:太平镇机砖厂

单位概况:资产额 100 万元,注册资本 80 万元,现有职工 12 人

单位地址:长春市双阳区太平镇　　　邮 编:130600

联系电话:86-0431-4311317　　　传 真:4223111

项目名称:吉林省森兴木业有限公司细木工板项目

项目内容:吉林省森兴木业有限公司成立于 1999 年 5 月(由长春胶合板厂改制),是在长胜一车间(胶合板生产车间)的基础上进行改造,由吉林森工集团投入资金 3 000 万元,扩建了 1 套年产 3 万立方米的细木工板生产线

总投资:3 000 万元

合作方式:外方独资、合资或其他方式

可提供条件:主厂房面积为 12 200 平方米;约 4 500 平方米水泥地面可作原材料堆放场地。

年产值:5 200 万元　　　　年利润:360 万元

项目单位:吉林省森兴木业有限公司

单位概况:公司拥有固定资产净值约 2 300 万元,占地 76 590 平方米,建筑面积 1 800 平方米,现有职工 410 人,主要生产细木工板和胶合板

单位地址:长春市二道区远达大街 4 号　　邮 编:130032

联系电话:86-0431-4741777

项目名称:中密度纤维板厂建设

项目内容:吉林森工集团红石林业局总经营面积 29.9 亿平方米,活立木总蓄积 4 233 万立方米,固定资产原值 6.5 亿元,拟建年生产 10 万立方米中密度纤维板加工厂。原料 16 万立方米木材由省内提供。产品销往国内外。

总投资:2 890 万美元　　　　合作方式:合资

可提供条件:土地、厂房、原材料、技术人员及劳动力

年产值:3 050 万美元;年利润:905 万美元;投资回收期:7 年

项目单位:吉林省红石林业局　　　　单位地址:吉林省桦甸市红石镇　　　　邮 编:132405

联系电话:0086-432-6886659　　　　传 真:6886593

项目名称:新型高效散热器生产线

项目内容:建年产铝合金散热器 10 万组生产线一条,年产介质型节能散热器 10 万片生产线一条

总投资:2 116 万元

合作方式:合资、合作、买断

可提供条件:厂房、场地、技术、水、电等配套设施

项目进展情况:已完成可研,省计委立项,已投入小批量生产

年产值:3 500 万元　　　　年利润:631 万元　　　　投资回收期:3.5 年

项目单位:白城市兴源环保节能技术有限公司

单位概况:现有资产 80 万元,经营铝合金散热器、煤锅炉、机械产品制造

合作方式:独资、合作、合资、参股

总投资:2 048 万美元

外方投资:1 630 万美元

经济效益预测:预计年销售收入 1 480 万美元,利润 540 万美元,项目投资回收期 5 年。预测 2005 年我国铝板、带箔材消费量达 110 万吨,每年需大量进口,市场前景广阔。

项目建设条件:西宁甘河工业区基础设施完备,建设条件好,区内有年产 12 万吨的电解铝厂,原料就地取材,是青海省鼓励项目。

优惠政策:可享受青海甘河工业区优惠政策

实施单位:湟中县发展计划局 法定代表

联系人:王冬梅

电话 0971- 2232266

传真:2232201

地址:青海省湟中县发展计划局

邮编:811600

项目名称:年产 1 万吨铝型材项目

项目概述:引进资金建设大规格工业铝型材(包括模具加工技术和设备),采用大吨位挤压机,生产地铁、轻轨、高速车辆、集装箱、电梯结构、散热器、建筑用铝型材。

合作方式:独资、合作、合资、参股

总投资:1 566 万美元

外方投资:1 480 万美元

经济效益预测:预计年销售收入 3 615 万美元、税收 325 万美元、利润 723 万美元,投资回收期 2.5 年。

项目建设条件:西宁甘河工业区基础设施完备,建设条件好,区内有年产 12 万吨的电解铝厂,原料就地取材,是青海省鼓励项目。

优惠政策:可享受青海甘河工业区优惠政策

实施单位:湟中县发展计划局

联系人:王冬梅　　电话:0971- 2232266　　传真:2232201

地址:青海省湟中县发展计划局　　　　邮编:811600

项目名称:利用石墨尾矿砂生产承重空心砖

项目简介:利用石墨矿排放的石墨尾矿砂为主要原料,辅以金矿、铁矿的工业废渣和电厂产生的粉煤灰及炉渣生产新型承重空心砖。该项目技术已由国家地砖地质大学、山东建材学院及青岛石墨股份有限公司联合研制成功。中方拟以技术、土地、厂房的形式出资,引进资金及设备开发该项目。

项目实施地区:山东省青岛市

项目年回报率:10%~ 20%

合作方式:合作、参股、控股　　投资总额:2 000 万美元　　需求资金:2 000 万美元

项目名称:唐河县年产 23 万立方米秸秆中(高)密度纤维板项目

项目简介:唐河县是全国商品粮基地县之一,秸秆原料丰富。利用加拿大麦秸人造板技术和设备,生产和销售年产 23 万立方米刨花板,中(高)密度纤维板,产品销售国内外。项目总投资 57 394.9 万元,项目建成后,年销售收入 42 019.4 万元人民币,利润 12 491.25 万元,投资回收期 5.4 年。

合作方式:合资、合作、其他

联系单位:唐河县高新技术试验园区

联系人:王浙襄　　　　联系电话:0377-8929397

项目年回报率:30%~40%

合作方式:合作、参股、控股、借款、风险

投资总额:6 000 万美元　需求资金:6 000 万美元

项目名称:巨野煤田煤化工、新型建材综合开发项目

单位名称:山东省菏泽市招商局项目部

项目简介:一、项目建设条件。巨野煤田矿区位于山东省西南部,地跨郓城、巨野、成武和牡丹区三县一区。矿区含巨野煤田和梁宝寺煤田煤面积共 1 210 平方公里。该矿区可开采储量共 15.7 亿吨。巨野矿区煤田煤类齐全,煤质优良。主要煤种为气煤、1/3 焦煤、肥煤、天然焦和无烟煤。其中肥煤的工业储量 8.6 亿吨,肥煤是山东省比较紧缺的煤类。这些煤的特点为低 - 中灰、低硫、特低磷、高挥发分、高 - 中高发热量、粘结性强、结焦性能好。二、项目内容。煤化工方面:1. 建设年产 300 万吨水煤浆项目 ,生产高浓度水煤浆用来代替重油燃烧发电。这样可以降低发电成本,节约石油资源。该水煤浆厂总投资估算为 3.6 亿元人民币。一期工程(年产 150 万吨水煤浆)总投资估算为 22 200 万元。水煤浆吨浆投资为 120 元,建成后可实现年利税 1 亿元。2. 投资 39 亿元建设一座年产 400 万吨的焦化厂,发展煤化工产业,形成煤化工产业链。用于生产烯烃产品、苯、甲苯等化工原料。焦化厂年销售收入 322 016 万元,年可实现利税 94 085 万元,其中,年均利润 74 256 万元,税收 19 829 万元。本项目财务内部收益率 15.98%,投资回收期 8.06 年。3. 煤气化项目 利用天然焦可代替焦碳作气化原料生成合成气。4. 煤液化项目。150 万吨年煤液化项目,项目总投资 40 亿元,项目投产后年可实现销售收入 50 亿元,利税 12.5 亿元。建材加工方面新型建材加工厂的总规模为每年 4 亿块标准砖。三、项目优势。该系列项目的煤化工方面与新型建材方面符合巨野煤田总体开发规划。同时菏泽市政府可以影响巨野煤田的煤价,使得煤化工方面的原料用煤的价格可以适当低于市场价。

项目年回报率:20%~30%　　合作方式:控股

投资总额:150 000 万美元　　需求资金:150 000 万美元

联系人:山东菏泽市招商局项目科科长 赵敬涛

电话:0086-530-5968871 6166181

手机:13954000269　　传真:0086-530-5332998

项目名称:年产 80 万立方米中密度纤维板与 80 万立方米特种高密度纤维板

单位名称:山东省菏泽市招商局项目部

项目内容:中密度纤维板属国家重点推广的新型高档板材,主要用于家具、装修、建筑、车船制造等领域。随着经济发展、社会进步以及人们生活水平的逐步提高,社会对中密度纤维板及其饰面板的需求将会愈来愈大。预计到 2010 年,中密度纤维板产销缺口将达 420 万立方米。高密度纤维板项目产品市场前景广阔,符合国家产业政策,在本地又具有资源和低成本劳动力优势,经济效益显著,投资回报率较高。

投资概算:年产 80 万立方米中密度纤维板项目总投资 52 000 万元,其中:固定资产投资 34 000 万元(设备 27 700 万元,土建工程 3 500 万元,其他附助设备及不可预见费 2 800 万元),流动资金 18 000 万元。年产 80 万立方米高密度纤维板项目总投资 60 000 万元,设备投资 30 000 万元,厂房及基础设施 10 000 万元。

预期经济效益:年产 80 万立方米中密度纤维板项目投产后,年可实现销售收入 96 000 万元,实现利税 35 530 万元,其中:税金 16 320 万元,净利润 12 000 万元;投资利税率 68.3%。年产 80 万立方米高密度

项目名称:淋浴房及卫生设备生产

项目背景及建设条件:企业为抓住目前中国国内住房建设大发展,卫生设备供不应求的时机,计划投资2 000万元,利用现有厂房、土地、资金及销售渠道,以商业带动生产,扩大企业规模,提高竞争能力。产品销售可利用现有的销售渠道,预计可新增产值6 000万元,实现利润1 500万元。

建设规模和建设内容:总投资2 000万元,注册资本1 400万元,年销售收入6 000万元,年利润1 000万元

投资回收期1.5年。

合作方式:合作

招商单位:杭州市萧山区靖江镇杭州金达卫生洁具有限公司

中方单位情况:公司创办于1994年,主要从事卫生洁具的销售,现有总资产5 000万元,为扩大经营规模,发挥现有销售渠道的作用,计划开发淋浴房,卫生洁具产品。

通讯地址:杭州市萧山区靖江镇杭州金达卫生洁具有限公司

联系人:徐明昌

联系电话:0571-82193888　　传真:0571-82993777

项目名称:热镀锌薄钢板生产项目

项目背景及建设条件:该项目系彩色涂层钢板的上游产品,具有很大的市场潜力。拟投资建成年产10万吨的生产线,包括冷扎、退火、热镀锌、包装等环节。其中5~6万吨供本公司现有彩涂生产线之用,其余对外销售。据市场形势分析,在近5年的时间内,市场需求旺盛,价格平稳有升,经济效益显著。

建设规模和建设内容:总投资10 000万元,注册资本5 000万元,年销售收入45 000万元,年利润4 500万元

投资回收期1.5年。

合作方式:合资

招商单位:浙江华东轻钢建材有限公司

单位情况:公司创建于1986年,是专业生产以钢结构配套板材为主的新型建筑材料企业,按ISO 9002(2000)标准组织生产。年产160万平方米彩钢板材、6万立方米EPS泡沫板、8万吨彩色涂层钢板的能力。公司多年被评为萧山百强企业,信用AAA级企业。2001年:产值:6 000万元,销售收入:4 800万元, 利税:432万元产品主要销往浙江、江苏、上海市场。

联系人姓名:单兆水

通讯地址:杭州市萧山区云石工业区浙江华东轻钢建材有限公司

联系电话:86-571-82727788(总机转)

传真:86571-82739820

电子信箱:hdgg@xsptt.zjpta.net.cn

网址:www.hd-steelstructure.com.cn

项目名称:扩大高层钢结构生产

项目背景及建设条件:建设年产建筑钢结构产品6万吨,建筑钢制品99万平方米的生产车间。四年内达年销售收入15 000万元,利润1 500万元。项目引进:混合结构的设计及多层钢结构切、贴、焊设备。建设规模和建设内容:总投资3 000万,注册资本1 500万,年销售收入10 000万元,年利润1 000万元,投资回收期2.5年

合作方式:合资

招商单位:杭州杭萧钢结构有限公司

单位情况:杭州杭萧钢结构有限公司是国家建设部指定的建筑钢结构定点生产者单位,全国薄壁型钢结构委员会委员单位,省重点骨干乡镇企业,农行"AAA"级资信企业。公司占地面积56 000平方米,拥有固定资产7 400万元。公司位于萧山区新街镇,交通便捷。公司职工总人数360人,其中技术人员102人,生产建筑钢结构4万吨,建筑钢品70万吨,锅炉钢架1万吨。

通讯地址:杭州市萧山区新街镇杭州杭萧钢结构有限公司

联系人姓名:周金法

联系电话:0571-87246788

传真:0571-87240484

网址:www.hxss.com.cn

项目名称:彩色涂层钢板

项目背景及建设条件:彩色涂层钢板在我国起步很晚,到目前为止全国只有九条生产线,年生产量仅在80万吨左右,而目前国内的需求量约在200万吨左右,缺口部分主要从日本、韩国等国家和地区进口。产品销往省内市场。本项目总投资5 000万元,计划年产彩色涂层钢板5万吨,利税4 000万元,投产后两年内即可收回投资。

建设规模和建设内容:总投资5 000万元,注册资本3 000万元,年销售收入30 000万元,年利润2 000万元,投资回收期1.5年

合作方式:独资

招商单位:萧山对外贸易经济合作局

通讯地址:浙江省杭州市萧山区行政中心萧山对外贸易经济合作局招商科

联系电话:0571-82898591

传真:0571-82898593

电子信箱:info@xsinvests.com

网址:www.xsinvests.com

项目名称:EPS彩钢夹芯板

项目背景及建设条件:随着移动房的兴起,建筑跨度的延长和厂房建设的不断增加,彩钢夹芯板的应用越来越广泛。它的主要特点:隔热、隔音、美观、安装方便、移动性强。本公司已上马与该项目相同的生产线一条,产品销势很好。现又征地25亩,计划增加两条生产线,投资1 500万元人民币,该项目完成后,可生产夹芯板(年)150万平方米,年产值1亿人民币左右,年可实现利税1 000万元左右,计划用两年收回投资

建设规模和建设内容:总投资1 500万元,注册资本1 100万元,年销售收入10 000万元,年利润600万元,投资回收期2年

合作方式:合资

单位情况:公司拥有总资产2 200万元,占地面积20 000平方米,职工65人,2000年度实现利税225万元。主要生产不锈钢燃器具,不锈钢厨房用具系列,厨用冰箱,EPS彩钢夹芯板。年生产能力为不锈钢燃气灶10 000台,不锈钢厨房用具30 000件,厨用冰箱2 000台,EPS彩钢夹芯板35万平方米。2000年完成产值2 500万元,利税225万元。

招商单位:萧山九龙厨具型钢建材制造有限公司

通讯地址:杭州市萧山区城南萧山九龙厨具型钢建材制造有限公司

联系人姓名:沈晓法

联系电话:0571-82256868　　　　传真:0571-82363228

项目名称:U-PVC 加筋管和双壁胶纹管

项目背景及建设条件:未来相当长的一段时期,U-PVC 加筋管和双壁管的需求量将以每年 20%~ 30% 的幅度增长,市场前景十分广阔。本项目拟引进国际先进的生产工艺和部分设备,合作、合资开发年产 12 000 吨 U-PVC 加筋管和双壁管生产线。项目总投资 600 万美元,注册资金 230 万美元。年销售收入 2 200 万美元,年创汇 400 万美元,年利润可达 400 万美元。

项目准备及进展情况:项目已经浙江省经贸委立项。

建设规模及建设内容:年产 12 000 吨 V-PVC 加筋管和双壁胶纹管。总投资 600 万美元。投资回收期 1.5 年

合作方式与内容:合资、合作

招商单位:浙江天松集团

联系电话:0571-63722284　　　　传真:0571-63722284

地址:浙江省临安广场路　　　　邮编:311300

项目名称:年产 120 万平方米瓷质抛光砖

项目背景及建设条件:松阳县非金属矿资源丰富,具有较高的开采使用加工性质,高岭土总储量约 600 万吨,白度高、杂质少。紫砂岩总储量约 500 万吨。开采、运输方便。现以原矿销售为主,为了充分发挥资源优势,进行深度加工,特提出本项目。松阳县距浙赣线龙游站 88 公里,金温铁路丽水站 66 公里,交通方便,邮政、电信、信息网齐全。小水电资源丰富,谢村源水电站装机容量就有 12 800kW,本项目所用水、电有足够的保证。

建设规模及建设内容:年产 120 万平方米瓷质抛光砖。选址由业主确定,计划用地 30 000 平方米,厂房、仓库、办公用房建筑面积 11 000 平方米。计划固定资产总投资 4 216 万元人民币,其中:土建投资 705 万元,主要设备投资 2 836 万元,水电、环保、消防投资 206 万元。配套流动资金贷款解决

合作方式与内容:寻求外商独资生产经营。如合资生产经营,本县投资 20%~ 30%,配套流动资金贷款解决。

项目方可提供的合作条件:享受松阳县人民政府制订的有关优惠政策,具体要求可进一步洽谈。

项目联系方式:浙江省松阳县经贸局　　邮编:323400

联系电话:0578-8062409　　　　传真:0578-8063037

建材网址

JIAN CAI WANG ZHI

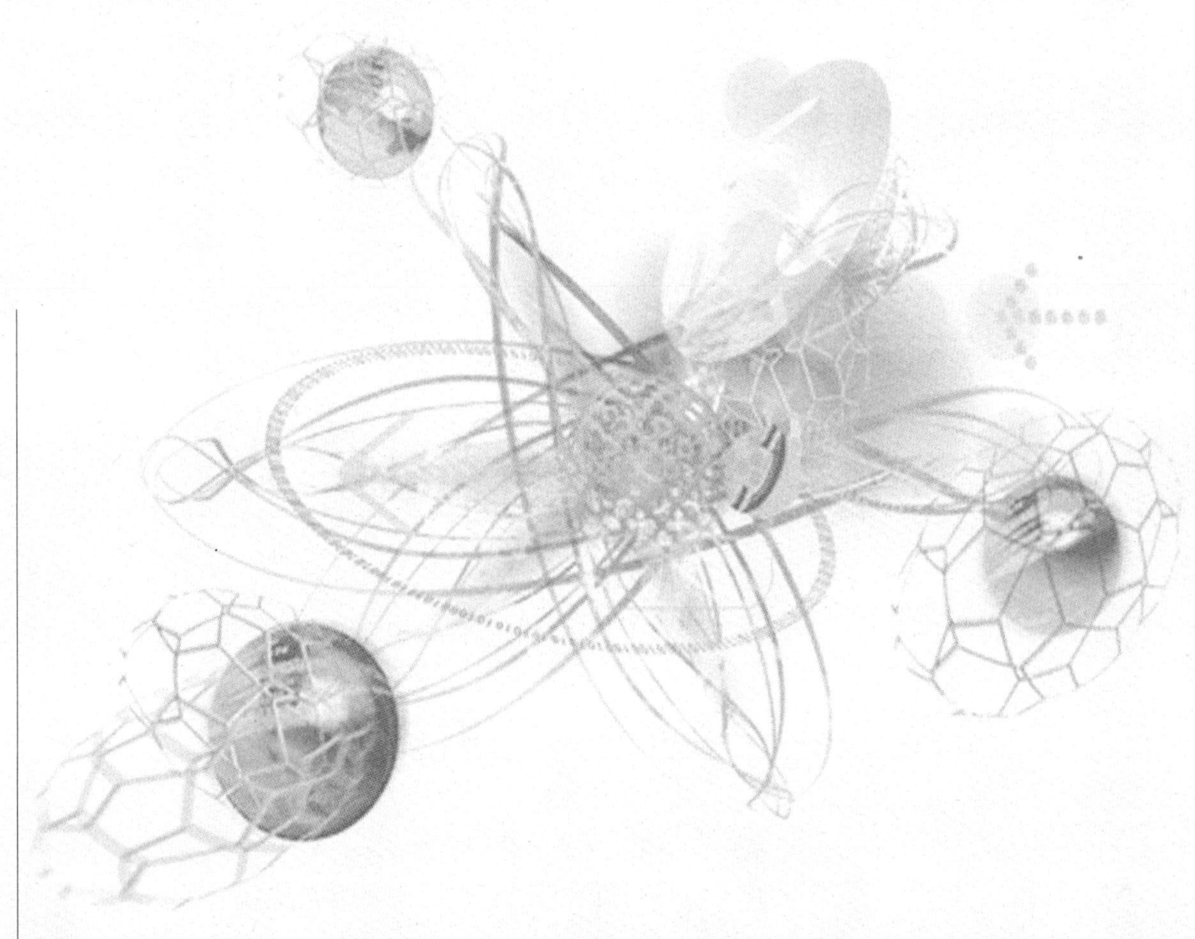

编辑:崔长年

无锡市万达钢丝厂 http://www.jswanda.com/
无锡市徐家木业有限公司 http://www.xuheng.com/
吴江市 new light 花园家具有限公司 http://www.castinchina.com/
吴县市永固金属制品有限公司 http://www.ganjiang-sz.com/
武进吉恩家具厂 http://www.access-jni-furniture.com/
武进市嘉豪木业有限公司 http://www.jiahao-cn.com/
武进市欧亚办公屏风厂 http://www.china0519.com/
徐州福尔木业有限公司 http://www.flywood.net/
徐州佳田水床制造有限公司 http://www.xz-jiatian.com/
徐州秀华木业有限公司 http://www.xiuhuawood.com/
徐州永军木业有限公司 http://www.yongjunwood.com/
徐州中原木业有限公司 http://www.zhongyuanwood.com/
扬州金牛家具有限公司 http://rjkj.ximan.net/yzjn2/
宜兴市佳美实验装备有限公司 http://www.jiamei-lab.com/
宜兴市美达实验室设备有限公司 http://www.meida-lab.com/
宜兴市南方现代实验室装备厂 http://www.nf-lab.com/
宜兴市新春园实验室装备有限公司 http://www.xcy-lab.com/
张家港市恒新家具厂 http://www.zjghx.com/
镇江长江办公设备有限公司 http://www.zjchangjiang.com/
镇江市江峰金属设备有限公司 http://www.jsjiangfeng.com/
常熟市三恒建材有限责任公司 http://www.sanheng.com.cn/
常州百川新型护栏有限公司 http://www.bchulan.com/
常州市润华保温安全材料有限公司 http://www.cz-rh.com/
常州市宇江化工有限公司 http://www.cn-jcchem.com/
江苏通州大通钢业有限公司 http://www.jsdatong.com/
江阴翔益新型材料有限公司 http://www.jyxiangyi.com/
金坛市绿盛土工材料厂 http://www.lu-sheng.com/
南京长征集团 http://www.njczjt.com/
南京派尼尔工程材料有限公司 http://www.nj-pioneer.com/
南京天力信科技实业有限公司 http://www.telesun-cn.com/
苏州市高桥母线桥架有限公司 http://www.szgq.com/
苏州鑫龙彩色水泥厂 http://www.szxinlong.com/
无锡鹏鹞橡塑保温制品有限公司 http://penyao.yx2000.com.cn/
吴江市华龙彩板有限公司 http://www.hl-colorboard.com/
装和技研建材科技（苏州）有限公司 http://www.secsowa.com/
常州佳盟仪器仪表有限公司 http://www.camon-cn.com/
江都市特种工艺装璜厂 http://www.cn-jscs.com/
江苏海霸洁具有限公司 http://www.haiba.com.cn/
江苏省京江陶瓷厂 http://www.jtao.com/
南京宏旭升科工贸有限公司 http://www.nj-hxs.com/
南京名高洁具有限公司 http://www.nj-mg.com/
无锡诺凡尔洁具建材有限公司 http://www.nofer.com.cn/
扬州巨鑫机电设备有限公司 http://www.yzjuxin.com/
扬子江国际企业(南京)有限公司 http://www.yangtze-river.com.cn/
张家港市鑫港洁具制造有限公司 http://www.xgjj.com/
常熟市常铝铝业有限责任公司 http://www.alcha.com/
常熟市练塘镇高科陶瓷厂 http://www.gaoketc.com/
常州市常松机械有限公司 http://www.changsong.cn/
常州市华艺铝业有限公司 http://www.czhyly.com/
常州市锦伟铝板厂 http://www.czjw.com/
常州市伟迪彩钢制品有限公司 http://www.czweidi.com/
常州天合铝板幕墙制造公司 http://www.trina.com.cn/
常州新区金汇金属材料有限公司 http://www.jinhuimet.com/
海安县振达铝业有限责任公司 http://www.zdly.com/
海门市铝箔复合材料厂 http://www.china-hgl.com/
江都市东升铝制品有限公司 http://www.zhouds.com/
江苏金英特金属制品总厂 http://www.jsjyt.com/
江苏三房巷实业集团总公司 http://www.sfxjt.com/
江苏省吴江市金长净化设备有限公司 http://www.szwjjc.com/
江苏省武进横林铝合金型材厂 http://www.lhjxc.com/
江苏无锡市钱桥顺达保护膜厂 http://www.sdpack.com/
江苏锡厦铝业有限公司 http://www.ixisha.com/
江阴宝林保护膜有限公司 http://www.china-baolin.com/
江阴市东达反光材料有限公司 http://www.dongdachina.com/
江阴市华金公司 http://www.china-huajin.com/
江阴市威腾铝箔合成材料有限公司 http://www.chinaweibang.com/
江阴市协和新型建材有限公司 http://www.xieji.com/
江阴市永新塑料制品厂 http://www.yongxinsl.com/
江阴市周庄龙山铝型材厂 http://www.dragonhill.com.cn/
江阴市祝塘有色金属材料厂 http://www.jy-yongchang.com/
江阴协和新型建材有限公司 http://www.xieji.com/
江阴鑫裕装潢材料有限公司 http://www.cn-xinyu.com/
江阴信元铝业有限公司 http://www.xinyuantw.com/
江阴裕华铝业有限公司 http://www.yuhua.jy.js.cn/
南京金程彩钢制品有限公司 http://www.08080808.com/
南京宁桂钢筋连接技术有限公司 http://www.cnnjng.com/
南京三迈实业有限公司 http://www.21njsm.com/
南京帅华工贸实业有限公司 http://www.shuaixin.com/
南京钊阳铝业有限公司 http://www.njzhaoyang.com/
苏州飞华铝制工业有限公司 http://www.sz-pica.com/
苏州金近幕墙有限公司 http://www.jinjin-cn.com/
苏州罗普斯金铝业有限公司 http://www.lpsk.com.cn/
苏州市大地彩钢制造有限公司 http://www.china-dadi.com/
苏州市汇城彩板钢架制造有限公司 http://www.cnhccb.com/
苏州市吴净空调净化有限公司 http://www.cnwujing.com/
苏州市众源铝业有限公司 http://www.zhongyuan-al.com/
苏州星中美铝塑品制造厂 http://www.suzhongmei.com/
苏州永欣建设发展有限公司 http://www.sz-yongxin.com/
苏州友创铝合金制品厂 http://www.sz-al.com/
无锡华达铝业有限公司 http://www.wxhdly.com/
无锡华玉铝业有限公司 http://wuxihuayu.cn.alibaba.com/
无锡金秋铝材有限公司 http://www.jqlc.com/
无锡美罗钢格板有限公司 http://www.webforge.com.cn/
无锡市恒通动力配件有限公司 http://www.htstrut.com/
无锡市鸿达铝业有限公司 http://www.hdlungu.com/
无锡市厚桥铝管有限公司 http://wxhqlg.yp.sina.net/
无锡市金光冷弯型钢有限公司 http://www.wxjg.com/
无锡市梁鸿特种工业铝型材厂 http://www.lh-wx.com/
无锡市钱桥铝塑五金件厂 http://www.chinatrumpcard.com/
无锡市嵩山铝材有限公司 http://www.wxsslc.com/
无锡顺诚装饰材料有限公司 http://www.21sc.com.cn/
无锡银邦铝业有限公司 http://www.ybly.com/

吴江市三棱净化设备（福利）厂 http://www.jssanleng.com/
吴江市守信铝业有限公司 http://www.wjlc.com.cn/
锡山市南方不锈钢有限公司 http://www.nf-metaladorn.com/
盐城银龙铝业有限责任公司 http://ycyl.ebigchina.com/
扬中市江岛铝业有限公司 http://www.jiangdao.net/
仪征飞虹特种钢桥有限公司 http://www.yz200.com.cn/
仪征海天铝业有限公司 http://www.cn-htly.com/
张家港华达涂层有限公司 http://www.panhuatrade.com/
张家港华亚航空铝材有限公司 http://www.zjghuaya.com/
张家港市华东铝材制造有限公司 http://www.hd-al.com/
张家港市金邦铝业有限公司 http://www.jinbang.com.cn/
常州市金和人建材有限公司 http://www.jhrjc.com/
江苏省沭阳县天地木业有限公司 http://www.td-wood.com/
南京天脉木业有限公司 http://www.njtimber.com/
苏州市金屋地板木材市场 http://www.jwfloor.com/
吴县市望亭有机玻璃加工厂 http://www.cnyoujiboli.com/
芜湖万宝木业有限公司 http://www.whwbmy.com/
芜湖新达木业有限公司 http://www.xdwood.com/
武进市嘉豪木业有限公司 http://www.jiahao-cn.com/
徐州福华木业有限公司 http://www.biy.cn/fuhua/
徐州江山木业有限公司 http://www.jiangshanwood.com/
徐州市富祥木业有限公司 http://www.fuxiangwood.com/
徐州徐腾木业有限公司 http://www.xuteng.com/
徐州永军木业有限公司 http://www.yongjunwood.com/
宜兴东马竹木业有限公司 http://www.chinadongma.com/
宜兴市华强竹木业有限公司 http://www.hqbamboo.com/
宜兴市华桥竹木业有限公司 http://www.cnbamboo-wood.com/
宜兴市鑫诚竹木业制品有限公司 http://www.xczmy.com/
常州市苏耐冶金耐火材料有限公司 http://www.cn-sunai.com/
东台市港泰耐火材料有限公司 http://www.chinagangtai.net/
东台市苏东耐火材料有限公司 http://www.sudong.net/
江苏宜兴兴贝耐火材料制品有限公司 http://www.xingbei.com/
无锡市厚桥镇纪英耐火材料厂 http://www.houqiao.com/
武进第一耐火材料厂 http://www.chinarefract.com/
武进市合成材料厂 http://www.wjhccl.com/
宜兴海湾耐火窑业有限公司 http://www.taodusic.com/
宜兴耐火材料实验厂 http://www.qinghuarf.com/
宜兴市晨光耐火材料有限公司 http://www.cgnh.com/
宜兴市丁山耐火二厂 http://www.yxdingnai.com/
宜兴市华嘉耐火电瓷材料有限公司 http://www.yx-chuannai2.com/
宜兴市凯仕达耐火材料有限公司 http://www.ksdzd.com/
宜兴市中镁耐火材料厂 http://www.yxzm.com/
常州长青艾德利复合材料有限公司 http://www.cecpanel.com/
常州市恒通新型轻质墙板有限公司 http://www.cn-hengtong.com/
常州市美丽佳装饰材料有限公司 http://www.meilijia.com/
常州市塑料研制厂 http://www.czplastics.com/
江苏爱富希新型建材有限公司 http://www.aifuxi.com/
江苏常盛集团有限公司 http://www.jscsjt.com/
江苏大洋墙板有限公司 http://www.jstaiyo.com/
江苏南京旭建新型建筑材料有限公司 http://www.najalc.com/
江苏琼花集团 http://www.qionghua.com.cn/
江阴嘉康塑胶有限公司 http://www.chinajiakang.com/
靖江市亚新塑料厂 http://www.js-suliao.com/
昆山市子龙塑业有限公司 http://www.zilongsy.com/
溧阳市南阳彩钢结构件有限公司 http://www.nanyangcaigang.com/
溧阳天威天然纤维复合材料有限公司 http://www.tianweily.com/
南京法宁格挤塑保温隔热板有限公司 http://www.nj-feininger.com/
南京宏远幕墙装饰材料有限公司 http://www.lianf.com/
南京华东陶瓷有限公司 http://www.huadongcom.com/
南京闽磊建材实业有限公司 http://www.lg-dc.cn/
南京鑫翔新型建筑材料有限责任公司 http://www.nj-xinxiang.com/
南京旭建新型建筑材料有限公司 http://www.najalc.com/
南通市业平金属瓦有限公司 http://www.ypgg.com/
南通苏源天龙新型建材有限公司 http://jiaqik.nease.net/
苏州得达复合材料有限公司 http://www.sz-deda.com.cn/
苏州龙腾新型墙体材料有限公司 http://www.sh-longteng.com/
苏州市江南园林古建砖瓦厂 http://www.sztile.com/
苏州台荣有限公司 http://www.westminster-sz.com/
无锡市兴中兴塑料有限公司 http://www.xzx-china.com/
吴江市友谊净化设备有限公司 http://www.yy-clean.com/
吴江星光夹芯彩钢板有限公司 http://www.xingguangcn.com/
吴江星光净化设备有限公司 http://www.xingguangcn.com/
锡山市荣华建材有限公司 http://www.chinalhjc.com/
徐州长城实业公司 http://ddxz.net/qiye/ffbw/changcheng/
扬中市扬城电塑有限公司 http://www.yc-yz.com/
仪征市轻质墙体材料有限公司 http://haili.china-wwwinfo.com/
宜兴建陶集团 http://www.yxjt.com.cn/
宜兴市丁山墙地砖厂 http://www.dsqdz.com/
张家港恒安轻质墙体材料厂 http://www.jshengan.com/
张家港市金橙环保轻质建材有限公司 http://www.hbgq.com/
张家港市轻质包装材料厂 http://www.bzcl.com/
张家港市玉龙装饰材料制造有限公司 http://www.yulongjc.com/
镇江特密斯混凝土外加剂总厂 http://www.zjtms.com.cn/
中外合资常州华科塑料有限公司 http://www.huake-boshuang.com/
常州大成雕塑厂 http://www.dc-ds.com/
南京新绿地景观水洗石有限公司 http://www.njxld.com/
南京邑城环境艺术有限公司 http://www.yicityds.com/
苏州枫桥工艺石雕厂 http://www.sz-arts.com/
苏州家乐居装饰大厦 http://www.jialeju.com/
苏州市金屋地板木材市场 http://www.jwfloor.com/
江苏盘固集团 http://www.pangucement.com/
江苏五环管桩有限责任公司 http://www.jswh.cn/
溧阳市力强建材化工有限公司 http://www.liqianggroup.com/
苏州金猫水泥有限公司 http://www.goldencatcement.com/
苏州市苏华彩色水泥厂 http://www.suhua.com.cn/
无锡市广益水泥制品厂 http://www.gysnzp.com/
常熟大象建陶有限公司 http://www.jsdaxiang.com/
常熟市墙地砖厂 http://www.gu.com.cn/
苏州万里金属制造中心 http://www.wl-fa.com/
无锡长河金属制品装饰装潢工程有限公司
http://www.evergrand.com.cn/
无锡市蓉联装饰材料有限公司 http://www.china-zhushi.com/

张家港市宏伟五金工具有限公司 http://www.hwtools.com/
江西省化工建材有限公司 http://www.jxhj.com/
江西哈迪建材国际有限公司 http://www.jxhardy.com/
江西华春企业集团 http://www.jxhuachun.com/
江西科源防水技术有限公司 http://www.ke-yuan.com/
南昌市华洪保温材料厂 http://www.china-hhong.com/
江西崇义贵竹有限公司 http://www.preciousbamboo.com/
江西康达竹业集团 http://www.kondac.com/
江西铜鼓欧风地板有限责任公司 http://www.jxfashion.com/
江西婺源高峰竹木业有限公司 http://www.gaofengbamboo.com.cn/
南昌市金海马家具制造公司 http://www.ncjhm.com/
景德镇瓷都陶瓷有限公司 http://www.ceramicity.com/
江西泓泰企业集团有限公司 http://www.china-ht.com/
江西崇义华森竹胶合板厂 http://www.huasenwang.com/
江西婺源高峰竹木业有限公司 http://www.gaofengbamboo.com.cn/
江西科光窑炉材料有限公司 http://www.keguang.net/
江西宇安竹材人造板有限公司 http://www.yuancn.com/
江西省星子县新兴石材厂 http://xinxingstone.nease.net/
江西日江水泥制造有限公司 http://www.rj.com.cn/
大连华鹰玻璃制品有限公司 http://www.huayingglass.com/
大连金州艺发彩绘玻璃制品有限公司 http://www.ifaglass.com/
大连龙腾高新科技开发有限公司 http://www.longtengglass.com/
大连旭日石英玻璃厂 http://www.dlquartz.com/
大连旭硝子浮法玻璃有限公司 http://www.dfgcn.com/
大连云龙安全玻璃有限公司 http://www.dlyunlong.com/
锦州石化天元集团公司 http://shty.cbinfonet.com/
锦州市太和庄南山石英玻璃制品厂 http://www.hl-quartz.com/
辽南实业有限公司玻璃微珠厂 http://www.bd7star.com/
沈阳东电建材技术开发有限公司 http://www.shydd.com/
沈阳太美实业总公司 http://www.cntamglass.com/
沈阳通用玻璃有限公司 http://www.tybl.com/
大连华商玻璃钢制品有限公司 http://www.dlhuashang.com/
大连四方玻璃钢厂 http://www.frp-china.com/
锦州四海高新技术实业有限公司 http://www.sihai-china.com/
沈阳川益集团公司 http://www.sychuanyi.com/
鞍山金谷电器有限公司 http://www.jingudq.com/
大连辰鑫照明电器公司 http://www.dlcx.com/
大连特种工艺美术厂 http://www.specialtechnics.com/
大连通用路灯有限公司 http://www.dllamp.com/
大连瓦房店市玻璃工艺品厂 http://china-galle.com/
沈阳金阳光灯饰有限公司 http://www.goldensunray.com/
沈阳龙山门业有限公司 http://www.lsdoor.com/
沈阳市灯具一厂 http://www.cn-luminaire.com/
沈阳市飞亚照明电器制造厂 http://www.cnfeiya.com/
沈阳市亮化灯具厂 http://www.lhdj.com/
大连君安电梯工程有限公司 http://www.dljunan.com/
大连通用电梯有限公司 http://www.dltongyong.cn/
辽宁富士电梯有限公司 http://www.lnfuji.com/
沈阳博林特电梯有限公司 http://www.blt-yd.com/
沈阳三洋电梯有限公司 http://www.sanyo-elevator.cn/
沈阳市蓝光自动化技术有限公司 http://www.sylg.com.cn/
沈阳远大企业集团 http://www.yuandacn.com/
安舒装饰材料有限公司 http://www.anssom.com.cn/
鞍山威特隆化工有限公司 http://www.weitelong.com/
大连保税区晟祥国际贸易有限公司 http://www.chinaswiggle.com/
大连建筑防水材料厂 http://www.dlhyfs.com/
大连实德集团 http://www.shide.com/
大连伟维防腐保温有限公司 http://www.wwco.com.cn/
大连兴业装饰建材市场百合商行 http://www.e-baihe.com/
大连一多经贸有限公司 http://www.dljiancai.com/
大连益多热力管道有限公司 http://www.ydgd.com/
大连中德珍珠岩厂 http://www.dlzd.com.cn/
丹东双鸭三元丁防水公司 http://www.sanyuanding.com/
葫芦岛辽西保温材料总厂 http://www.lxbwcl.com/
锦州大业珍珠岩陶粒厂 http://www.jzdytl.com/
辽宁吕氏化工（集团）有限公司 http://www.china-lushi.com/
沈阳宝斯力胶粘剂有限公司 http://www.baosili.com/
沈阳东塔橡塑制品有限公司 http://www.sydongta.com/
沈阳鸿源装饰材料商场 http://www.sy-hongyuan.com/
沈阳华诚塑胶有限公司 http://www.chinahuacheng.com/
沈阳吉工制剂实验厂 http://www.sy-jgnwp.com/
沈阳金飞马制漆有限公司 http://www.jinfeima.com.cn/
沈阳久利化学建材股份有限公司 http://www.jiuli.com.cn/
沈阳市春江防火材料有限公司 http://sycj.yp.sina.net/
沈阳市兴华利聚氨酯密封件厂 http://www.syxhl.com/
沈阳元吉装饰材料有限公司 http://www.syuanji.com/
沈阳北方玻璃机械有限公司 http://www.bfglass.com/
沈阳恒兴机械有限公司 http://www.heng-xing.net/
沈阳市北方建筑机械厂 http://www.bfjzjx.com/
沈阳水泥机械有限公司 http://www.ssjc.com/
鞍山市长城钢木家俱制造有限公司 http://www.asccjj.com/
大连保税区美龙国际工贸有限公司 http://www.mlgm.ebigchina.com/
大连飞马文仪家具有限公司 http://www.chinaflyinghorse.com/
大连华特家具有限公司 http://www.ht-furniture.com/
大连华夏家具有限公司 http://www.dlhxjj.com/
大连汇欣橱柜制造有限公司 http://www.dl-hx.com/
大连金凌床具公司 http://www.china-mattress.com/
大连凯达木业有限公司 http://www.caddiewood.com/
大连瑞雪木业有限公司 http://www.snowwoods.com/
大连舒康家具有限公司 http://www.haokang.com/
大连泰松合板有限公司 http://www.dltaisong.com/
大连野田木业有限公司 http://www.nodafurniture.com/
辽宁彩禄家私有限公司 http://www.cailu.net/
辽宁达亨木业有限公司 http://www.lndaheng.com/
辽宁雅美居家私有限公司 http://www.yameiju.com/
沈阳宝通家具制造有限公司 http://www.sybaotong.com/
沈阳富华家园家居装饰有限公司 http://www.fhhome.com/
沈阳富雅厨房设备制造有限公司 http://www.syfuya.com/
沈阳九州阳光木业有限公司 http://www.ygmy.com/
沈阳辽海金属家具厂 http://www.liaohai.cn/
沈阳龙喜科技有限公司 http://www.longxi.com.cn/
沈阳龙源木业 http://www.longyuanmuye.com/

沈阳市大明办公设备有限公司　http://www.sydaming.com/
沈阳市利奉机械厂　http://www.lfmachine.cn/
沈阳天光家具制造有限公司　http://www.tian-guang.com/
沈阳祥发家具制造有限公司　http://www.xiangfawy.com/
沈阳艺新家俱公司　http://www.yi-xin.com/
抚顺通用彩板有限公司　http://www.fstycb.com/
锦州市天易构件有限责任公司　http://www.jztygj.com/
盘锦辽河油田赛布特墙体保温材料有限公司
http://www.syjc.net.cn/
盘锦禹王防水建材集团　http://www.yuwang.com.cn/
沈阳东融新型建筑材料有限公司　http://www.soul-of-bell.com/
沈阳九月预制保温管有限公司　http://www.sygooweol.com/
朝阳建筑陶瓷厂　http://www.jiahao-porcelain.com/
大连市金州金水清洁设备厂　http://www.dljinshui.com/
鞍钢附企新钢公司　http://www.chinanewsteel.net/
鞍钢实业微细铝粉有限公司　http://www.apmc.com.cn/
大连黄海铝加工厂　http://www.hhly.cn/
大连路明纳米材料有限公司　http://www.lumingnano.com/
大连毅腾房地产开发有限公司　http://www.dlyiteng.com/
抚顺飞利铝材有限公司　http://www.lnfllc.com/
海城市桦峪铝业工程有限公司　http://www.huangzun.com/
辽宁泰丰铝业装饰工程有限公司　http://www.ln-tf.com/
辽宁营口辽河铝材有限公司　http://www.yklhlc.com/
辽宁忠旺集团　http://www.lnzhongwang.com/
沈阳金威热敏材料有限公司　http://www.syjw.com.cn/
沈阳龙腾压型钢板有限公司　http://www.longtn.com.cn/
沈阳民福灯具制造厂　http://www.syminfu.com/
沈阳市渤海保温门窗工程有限公司　http://www.sybohai.com/
沈阳市昌鑫彩色瓦楞板有限公司　http://www.cxqy.com/
沈阳双利轻钢建材有限公司　http://www.slcg.net/
沈阳翔飞框架铝型材有限公司　http://www.cn-skc.com/
营口港信集团　http://www.ykgx.com/
营口恒大实业有限公司　http://www.ykhengda.com/
大连荣邦木业有限公司　http://www.rongbang.com.cn/
大连泰松合板有限公司　http://www.dltaisong.com/
辽宁达亨木业有限公司　http://www.lndaheng.com/
沈阳强盾防火门有限公司　http://www.qiangdun.com/
鞍山市和丰耐火材料有限公司　http://www.ashfrm.com/
鞍山市量子炉材有限公司　http://www.aslzlc.com/
大连福嘉防火建筑材料有限公司　http://www.fj-paints.com/
大连摩根耐火材料有限公司　http://www.dalianmorgan.com/
阜新矿务局耐火材料厂　http://www.fknhc.com/
海城市峰驰耐火材料总公司　http://www.fengchi.com.cn/
辽宁海城鑫荣耐火材料集团有限公司
http://www.chinarefractories.com/
辽宁金鼎镁矿集团　http://www.lnmk.com.cn/
辽宁省海城中兴矿业集团有限公司 http://www.zhongxinggroup.com/
辽宁腾飞耐火材料有限责任公司 http://www.cn-tengfeigroup.com/
沈阳坩埚有限公司　http://www.syjiaohuangrucible.com/
营口青花集团　http://www.qinghuaref.com/
鞍山巨龙玉石板材加工厂　http://www.jlys.com/
大连渤泰建材有限公司　http://www.gsebotai.com/
大连海达尔钢结构有限公司　http://www.haidaer.com/
大连华纳建筑装饰材料有限公司　http://www.chinanami.com/
大连靖家塑化工业有限公司　http://www.china-jingjia.com/
大连中太建筑材料有限公司　http://www.ztjc.com/
辽河油田新型建材企业总公司　http://www.syjc.net.cn/
沈阳黎新玻璃幕墙有限公司　http://www.sylx.com/
辽宁国际贸易公司丹东公司　http://www.pebblecn.com/
大连华能－小野田水泥有限公司 http://www.huaneng-onoda.com/
大连经济技术开发区新型建材制品厂　http://www.dkxxjc.com/
丹东赛马水泥厂　http://www.dandongsn.cn/
东港红星集团　http://www.dghxjt.com/
辽宁渤海水泥（集团）公司　http://www.bohaicement.com/
营口金地球集团　http://www.goldenearth.com.cn/
丹东市节水器具厂　http://www.ddjsh.com/
包头天利玻璃钢有限公司　http://www.bttlbl.com/
赤峰轻体材料厂　http://www.qtcl.com/
赤峰立达家具有限公司　http://www.lidajiaju.com/
内蒙古伊金霍洛旗天骄人造板有限责任公司 http://www.tjrzb.net/
包头铝厂综合企业公司　http://www.blzhqy.com/
包头铝野集团综合企业有限责任公司　http://www.blzhqy.com/
包头铝业（集团）有限责任公司　http://www.baotou-al.com.cn/
包头盛嘉彩钢联合制品有限公司　http://www.bt-sjcg.com/
内蒙古包钢新型耐火材料股份有限公司　http://www.xngf.com.cn/
内蒙古鄂尔多斯市宏业人造板有限责任公司
http://www.shaou.com.cn/
包头大华建筑陶瓷有限公司　http://www.btdhtc.com/
宁夏敏华照明电器有限公司　http://www.minhua-china.com/ 银川良泰工贸有限公司　http://www.liangtai.com.cn/
宁夏国际家具汇展中心　http://www.gjjiaju.com/
宁夏青龙管道（集团）有限公司　http://www.qlgd.com.cn/
宁夏秦毅实业集团　http://www.qinyi-group.com.cn/
宁夏中卫石林建材（集团）有限公司　http://www.nx-sl.com/
东营市华大玻璃纤维制品有限责任公司
http://www.huadaboxian.com.cn/
济南龙翔有机玻璃厂　http://www.longxiang-jn.com/
济南泰宇环保建材有限公司　http://www.jntaiyu.com/
临沂市耀明钢化玻璃有限公司　http://www.yaomingsteel.com/
龙口市丰宇家具厂　http://www.fengyujj.com/
青岛亨达实业有限公司　http://www.hd-glass.com/
青岛金晶股份有限公司　http://www.glass-china.com/
青岛永鑫幕墙有限公司　http://www.cn-yongxin.com/
青岛圆中源有机玻璃公司　http://www.youjiboli.com/
山东玻璃集团　http://www.shandongglass.com/
山东德通实业有限公司　http://www.cn-frpvac.com/
山东德州晶华集团　http://www.jhgroup.com.cn/
山东德州玉晶特种玻璃有限公司　http://www.yujinglass.com/
山东东方玻璃有限公司　http://www.eastglasses.com/
山东东营华德利玻璃棉制品有限公司 http://www.huadelichina.com/
山东富阁绿色材料有限公司　http://www.sdfuge.com.cn/
山东高密星辰安全钢化玻璃有限公司

http://www.xingchenglass.com/
山东济宁圣地电业集团房屋建设系统有限公司
http://www.lnsdbuilding.com/
山东蓝星玻璃(集团)股份有限公司 http://www.lanxing.com/
山东龙口金达有限公司 http://www.shandongjinda.com/
山东省鼎新玻璃有限公司 http://www.sddingxin.com/
山东省高密市琳洁工艺玻璃制品厂 http://www.linjie.com/
山东省沂南三汇玻璃有限公司 http://www.ynsanhui.com/
山东省郓城华宇玻璃厂 http://www.huayuboli.com/
山东义和诚实业有限公司 http://www.yihecheng.net/
山东郓城工艺玻璃厂 http://www.gongyiboli.com/
山东淄博岳氏玻璃制品有限公司 http://www.yueshiglass.com/
泰山玻璃纤维股份有限公司 http://www.ctgf.com.cn/
泰州市亚太玻璃有限公司 http://www.yataiglass.com/
威海环球玻璃钢有限公司 http://www.huanqiubath.com/
威海新思维建材有限公司 http://www.china-xsw.com/
威海永利坚装饰有限公司 http://www.whyonglijian.com/
威海有机玻璃制品厂 http://www.zyweihai.com/
潍坊恒联玻璃纸有限公司 http://www.cellophanewf.com/
烟台民兴玻璃有限公司 http://www.minxingjingye.com/
烟台市蓝天彩绘玻璃厂 http://www.lantianglass.com/
烟台市永德安全玻璃有限公司 http://www.yongdeglass.com/
枣庄联兴玻璃有限公司 http://www.lxglass.com/
中美合资东营胜明玻璃有限公司 http://www.shmglass.com/
淄博张店鹤鸣色釉料厂 http://www.frit.com.cn/
安丘市奥龙玻璃钢有限公司 http://www.aolongfrp.com/
安丘市北方冷却塔有限公司 http://www.beifang-ct.com/
安丘市玻璃钢有限公司 http://www.anqiufrp.com/
安丘市东升玻璃钢冷却塔有限公司 http://www.sddongsheng.com/
安丘市万达玻璃钢厂 http://www.wandaboligang.com/
安丘市兴海玻璃钢有限公司 http://www.sd-xinghai.com/
安丘市永生玻璃钢厂 http://www.ysfrp.com/
德州富达玻璃钢制品有限公司 http://www.sd-dzfd.com/
临朐宏发玻璃钢制品厂 http://www.lqhongfa.com/
青岛城阳双环玻璃钢有限公司 http://www.qdfrp.com/
山东安丘恒泰玻璃钢厂 http://www.hengtai-sd.com/
山东安丘市东方玻璃钢厂 http://www.dongfang-frp.com/
山东安丘市华光玻璃钢厂 http://www.huaguangboligang.com/
山东安丘市曙光玻璃钢厂 http://www.shuguangfrp.com/
山东安丘市同丰玻璃钢厂 http://www.tongfengfrp.com/
山东安丘市翔宇玻璃钢厂 http://www.xiangyufrp.com/
山东安丘市鑫兴玻璃钢厂 http://www.xinxingfrp.com/
山东金光玻璃钢集团公司 http://www.cn-frp.com/
山东双一集团有限公司 http://www.dzfrp.com.cn/
山东水协玻璃钢管有限公司 http://www.ssfrpp.com/
潍坊大华玻璃钢有限公司 http://www.dhfrp.com/
潍坊大洋玻璃钢有限公司 http://www.dayangfrp.com/
潍坊华日玻璃钢制品厂 http://www.huarifrp.com/
中国威海环球玻璃钢有限公司 http://www.huanqiubath.com/
淄博周村鑫德玻璃钢厂 http://www.xindeglasssteel.com/
东营市七彩霓虹灯具厂 http://www.dyqc.net/
济南东方龙霓虹灯有限公司 http://www.cndfl.com/
济南名人霓虹灯厂 http://www.mrnh.com/
济南明湖霓虹灯厂 http://www.minghu-jn.com/
济南三星灯饰有限公司 http://www.sanxingdengshi.com/
济南市园林机械厂喷泉射灯工程公司
http://www.yuanlinpenquan.com/
济宁艺都灯饰玻璃制品有限公司 http://www.dcdengshi.com/
青岛联宏照明电器有限公司 http://www.lianhong-qd.com/
山东恒源电力灯具厂 http://www.wydj.com/
山东淄博星辉路灯有限公司 http://www.xinghuiludeng.com/
泰州凤凰太阳能有限公司 http://www.phoenixsolar.net/
威海市欧泰灯饰有限公司 http://www.otai.cn/
淄博国业霓虹灯装饰有限公司 http://www.zbguoye.com/
淄博宏达照明器材有限公司 http://www.hdzm.com/
东营市宏安电梯公司 http://www.sd-hongan.com/
龙口市减速机有限公司 http://www.china-longqi.com/
宁津县鹏飞电扶梯配件厂 http://www.2000-pengfei.com/
青岛汇达创业科技有限公司 http://www.huidakeji.com/
青岛建秋电梯有限公司 http://www.jqet.com/
青岛迅电工业电梯有限公司 http://www.xddt.com/
山东高斯达电梯有限公司 http://www.gold-star.cn/
山东济阳合力液压机械有限公司 http://www.yeyaheli.com/
山东省宁津县电梯配套件制造有限公司 http://www.dtpjc.com/
山东速达升降设备有限公司 http://www.sdsuda.com/
潍坊朗格尔电梯有限公司 http://wf-rangger.com/
昌乐县万鑫建材有限公司 http://www.cn-wanxin.com/
德州新奥环保机械有限公司 http://www.dzxahb.com/
济南鲁泉奥凯防水材料有限公司 http://www.lqaokai.com/
济南正恒聚氨酯材料有限公司 http://www.zhh-pu.com/
莱阳市宏伟实业有限责任公司 http://www.hongwei-sd.com/
莱阳市明玉涂料有限公司 http://www.mingyutuliao.com/
莱州明发隔热材料有限公司 http://www.lzmfgr.com/
临朐永安胶业有限公司 http://www.yonganjiaoye.com/
龙口市云龙密封材料有限公司 http://www.chinayunlong.com/
青岛海威建材有限公司 http://www.haiweibuildingmaterial.com/
青岛海洋化工集团特种硅胶厂 http://www.specialsilicagel.com/
青岛亨达海特防腐产品经销有限公司
http://www.hdht-corrosion.com/
青岛科思泰克热缩材料有限公司 http://www.chinakostech.com/
青岛诺基化学建材有限公司 http://www.fortune-look.com/
青岛派超环保漆业有限公司 http://www.cn-petrel.com/
青岛新时代粘合胶有限公司 http://www.xsd-cn.com/
青岛鑫万通塑业发展有限公司 http://www.qdwantong.com/
青岛裕宝精细化工有限公司 http://www.yubaochem.com/
青州市天源化工有限公司 http://www.tianyuanchem.com.cn/
日照博大管业有限公司 http://www.boyuan.com.cn/
日照龙特实业有限公司 http://www.longte.com.cn/
山东北方现代化学工业有限公司 http://www.bjdfsq.com/
山东长龙管材有限公司 http://www.sd-cl.com/
山东汇源防水材料有限公司 http://www.chinahuiyuan.com/
山东金潮股份有限公司 http://www.goldentide.com.cn/

山东金禹王防水材料有限公司 http://www.jinyuwangfangshui.com/
山东久隆高分子材料有限公司 http://www.sdjiulong.com/
山东巨力管业有限公司 http://www.julipipe.com/
山东三塑集团有限公司 http://www.sansugroup.com/
山东省潍坊市宝源防水材料有限公司
http://www.baoyuanfangshui.com/
山东泰峰塑料土工材料有限公司 http://www.taifengchina.com/
山东鑫达鲁鑫防水材料有限公司 http://www.sdxd.com/
山东沂水正和保温防腐工程公司 http://www.sdzh.com/
山东招远威达硅胶有限公司 http://www.zysilicagel.com/
山东淄博仿瓷涂料厂 http://www.cnkunyu.com/
寿光市美德塑料建材 http://www.meideplastic.com/
泰州市绿色管材有限公司 http://www.gylsgc.com/
威海金泓化工集团有限公司 http://www.jinhong.com.cn/
威海新韩制漆有限公司 http://www.sh-p.com/
潍坊德派管材制造有限公司 http://www.depai.com/
潍坊金源防水材料有限公司 http://www.jinyuanfangshui.com/
潍坊市朝阳橡胶有限公司 http://www.hengliluntai.com/
潍坊市富达建材有限公司 http://www.fudajiancai.com/
潍坊市宏源防水材料有限公司 http://www.hongyuanchina.com/
潍坊市顺源新型防水材料有限公司 http://www.shunyuanfangshui.com/
潍坊市兴源防水材料有限公司 http://www.shunyuanfangshui.com/
潍坊市泽源防水材料有限公司 http://www.zeyuanwaterproof.com/
潍坊宇虹新型防水材料有限公司 http://www.yhwaterproof.com/
潍坊禹神新型建筑防水材料有限公司
http://www.yushenfangshui.com/
烟台德邦化工有限公司 http://www.darbond.com/
烟台开发区泰杰防水新材料有限公司 http://www.taijietgs.cn/
烟台开发区泰盛精化新材料有限公司 http://www.tightsen.com/
烟台开发区中昕高科技防水材料工程有限公司 http://gh-hz.com/
烟台市大成建安材料科技有限公司 http://www.dachengpaint.com/
烟台同化防水保温工程有限公司 http://www.yt-tonghua.com/
章丘市天通硅酸铝耐火保温材料厂 http://www.cntiantong.com/
招远市金涛合成材料有限公司 http://www.china-yangzi.com/
招远市元勃防水建材实业有限公司 http://www.yuanbo-cn.com/
诸城市鑫达有限责任公司 http://www.xindafangshui.com/
山东省寿光市利飞混凝土外加剂有限公司 http://www.cnlifei.com/
STS 精密机械有限公司 http://www.topsun-cn.com/
安丘市汶阳水泥机械厂 http://www.wenyang.com/
济南德佳玻璃机器有限公司 http://www.decaglass.com/
济南二机床集团有限公司 http://www.j2mg.com/
济南格瑞特机械设备有限公司 http://www.greater-mac.com/
济南光明机器有限公司 http://www.gmjq.com/
济南华亚机械有限公司 http://www.jnhuaya.com/
济南黄河鼎立实业有限责任公司 http://www.sddlsy.com/
济南赛信建材机械有限公司 http://www.saixinglass.com/
济南市砖瓦机械厂 http://www.jnzwjx.com/
济南鑫磊精密机械有限公司 http://www.jnxinlei.com/
莱州山发石材机械有限公司 http://www.china-shanfa.com/
莱州通达机械有限公司 http://www.lztd2000.com/
临沂市罗庄区环田免烧砖机厂 http://www.cn-msz.com/
鲁南金利机械有限公司 http://www.jinlongmachine.com/
青岛恒源机械有限公司 http://www.hengyuan-group.com/
青岛即墨豪大木业机械制造有限公司 http://www.haoda-machine.com/
青岛即墨市长安木工机械厂 http://www.qd-changan.com/
青岛天成机械制造有限公司 http://www.mszjx.com/
青州市华中建材机械厂 http://www.sd-hz.com/
青州市益升机械有限公司 http://www.sdyisheng.com/
曲阜市三元高新技术开发有限公司 http://www.sykj.com.cn/
山东梁山县诚信锯条厂 http://www.goldenshark.com/
山东临沂捷力建材机械有限公司 http://www.jielichina.com/
山东路通建设机械集团 http://www.ltjt.com/
山东三金玻璃机械集团有限公司 http://www.sanjinglass.com/
山东省安丘市水泥设备总厂 http://www.8070.com.cn/
山东省临沂市工业搪瓷厂 http://www.sdlygytc.com/
山东省泰安市宏康（集团）有限公司 http://www.hongkang.com/
山东郯城胜亚水泥制品机械厂 http://www.syshengya.com/
寿光市益城砖机厂 http://www.sd-yc.com/
潍坊光洋机械有限公司 http://www.guangyangmachine.com/
潍坊市金岭防水材料有限公司 http://www.cnfljx.com/
烟台牟平轻工机械厂 http://www.lidawm.com/
东营市胜辉木业有限公司 http://www.shenghuichina.com/
高密市三和木业有限公司 http://www.sanhemuye.com/
高密市益林木业有限公司 http://www.yilinmuye.com/
高密市勇利机械有限公司 http://www.ylccn.com/
济南富雅家居广场 http://www.fuya-china.com/
济南双林木制品有限公司 http://www.slwooden.com/
济南展鸿图机械设备有限公司 http://www.zhanhongtu.com/
莱阳市兴芳软体家俱厂 http://www.laiyang.net/xingfang/
聊城市富豪家具有限公司 http://lcfhjj.com/
临沂师范学院机械厂 http://www.tianlijixie.com/
临沂市林海木业有限公司 http://www.linhaiwood.com/
龙口市磊鑫钢木家俱厂 http://www.leixinjiaju.com/
龙口市利源装饰有限公司 http://www.china-longyue.com/
龙口市日宝家美木业有限公司 http://www.ribaojiamei.com/
青岛达木木业有限公司 http://www.damu.com.cn/
青岛得高装饰材料有限公司 http://www.degao.net.cn/
青岛飞龙木业有限公司 http://www.qd-feilong.com/
青岛海汇木业有限公司 http://www.haihuiwood.com/
青岛亨润金属制品有限公司 http://www.hengrun-qd.cn/
青岛恒玉装饰材料厂 http://www.hengyu-qd.com/
青岛鸿巢木业设备有限公司 http://www.wildgoose.cn/
青岛即墨市东方家具有限公司 http://www.easternfurniture-qd.com/
青岛健隆机械有限公司 http://www.qd-jianlong.com/
青岛凯利木业有限公司 http://www.xingkai.com/
青岛千川机械制造有限公司 http://www.qd-qianchuanjixie.com/
青岛千川木业设备有限公司 http://www.qianchuanshebei.cn/
青岛市即墨盛泰沙发厂 http://www.shengtaisofafurniture.com/
青岛泰旭木业集团有限公司 http://www.taixu.com/
青岛图博板材有限公司 http://www.qdtubus.com/
青岛兴盛家居装饰有限公司 http://www.xingshengjiaju.com/
青岛一木集团公司 http://www.yimu.com.cn/

青岛银河钢木家具厂 http://www.yhfnt.com/
青岛永强木工机械有限公司 http://www.qd-yongqiang.com/
青岛裕王床业有限公司 http://www.qdyuwang.com/
山东德泰装饰木业公司 http://www.sddetai.com/
山东东营人造板厂 http://www.dongkangsd.com/
山东高密鲁星木业有限公司 http://www.luxingfurniture.com/
山东金巢实业公司 http://www.cnjinchao.com/
山东鲁工木业有限公司 http://www.lugong.com.cn/
山东省曹县木林森木业有限公司 http://www.mlswood.com/
山东省高密市舒特尔沙发厂 http://www.shuteer.com/
山东省海阳市禄达机械设备有限责任公司 http://www.ludagroup.com/
山东省菏泽市诚信集团有限公司 http://www.chengxingroup.com/
山东省胶州市顺祥木制品有限公司 http://www.jzshunxiang.com/
山东省莱州市银河榻榻米厂 http://www.tatami-cn.com/
山东省临沂市金华家俱公司 http://www.jinhuajiaju.com/
山东省青州市新迎轻体板总厂 http://www.sdxinying.com/
山东省兖州市富居家具城 http://www.fuju.com.cn/
山东寿光今日家园有限公司 http://www.todayhomeland.com/
山东潍坊风华木器厂 http://www.wffenghua.com/
威海齐全木工机械有限公司 http://www.chinaqiquan.com/
潍坊市长胜席梦思床垫厂 http://www.changshengmattress.com/
潍坊市坊子区惠宾工贸中心 http://www.monderolan.com/
潍坊市千百红床垫厂 http://www.qianbaihong.com/
潍坊市天翔教学设备厂 http://www.wf-tianxiang.com/
潍坊星冠家具制品有限公司 http://www.xingguanjiaju.com/
潍坊幸福沙发厂 http://www.blestfurniture.com/
文登宇宏木制品有限公司 http://www.china-yuhong.com/
烟台奥宇技术玻璃有限责任公司 http://www.auyu.cn/
烟台华洲企业有限公司 http://www.huazhouchina.com/
烟台牟平轻工机械厂 http://www.lidawm.com/
烟台尼普顿家具有限公司 http://www.nipudun.com/
烟台森林木材工业有限公司 http://www.forest-wood.com/
烟台市鑫鼎家私有限公司 http://www.xinding.com/
烟台勇士机械制造有限公司 http://www.warriorchina.com/
淄博康德木业有限公司 http://www.kangde-furniture.com/
德州晶华集团有限公司 http://www.ejhgroup.com/
济南开发区七星实业有限公司 http://www.sdjnqixing.com/
青岛大树新型建材有限公司 http://www.discen.com/
青岛海永盛(集团)发展公司 http://www.qdhys.com/
青岛胶州长城建材集团公司 http://www.ccjc.net/
日照市公路管理局材料处 http://www.rzlq.com/
山东临沂双龙集团总公司 http://www.lysljt.com/
山东万喜达物资有限公司 http://www.wanxida.com/
泰安华塑建材有限公司 http://www.ta-chinaplastic.com/
潍坊华夏彭润土厂 http://www.wfhuaxia.com/
济南弘景有限责任公司 http://www.cnhongjing.com/
青岛浩普科技有限公司 http://www.haopu.com.cn/
山东康尼工贸有限公司 http://www.konee.com.cn/
山东美林集团 http://www.milimgroup.com/
山东美林卫浴有限公司 http://www.milimgroup.com/
烟台利德洁具有限公司 http://www.leadertapware.com/
渤海铝业有限公司 http://www.bail.com.cn/
济南绿宝塑胶有限公司 http://www.jnlb.com/
临朐新颜铝业有限公司 http://www.sd-xinyan.com/
青岛华泰铝业有限公司 http://www.qdht.com/
青岛信新铝制品有限公司 http://www.qingdaoxinxin.com/
青州市铝合金型材厂 http://www.qz-radiator.com/
曲阜市远东装饰有限公司 http://www.qufufareast.com/
山东茌平鑫鑫铝业有限责任公司 http://www.xinxinly.com/
山东丛林集团有限公司 http://www.conglin.net/
山东海天七彩铝塑板有限公司 http://www.sdhaitian.com/
山东华建铝业有限公司 http://www.sdhjly.com/
山东华证集团总公司 http://www.sdhuazheng.com/
山东乐化铝塑公司 http://www.lehualusu.com/
山东临朐广华铝业有限公司 http://www.guanghualvye.com/
山东铝业公司烟台银龙铝制品厂 http://www.shanlvyinlong.com/
山东铝业股份有限公司 http://www.sd-al.com/
山东平阴铝厂 http://www.pylc.com/
山东省寿光市二和铝业有限公司 http://www.chinaerhe.com/
山东省招远振华建材有限公司 http://www.zhenhua-sd.com/
山东寿光宏源钢结构建筑有限公司 http://www.hongyuangangou.com/
山东淄博三菱股份有限公司 http://www.zbsl.cn/
泰州市第一铝材厂有限公司 http://www.china-alu.com.cn/
泰州市宇马铝业有限公司 http://www.cnyuma.com.cn/
维恩克材料技术(临沂)有限公司 http://www.gw-yinguang.com/
潍坊华光散热器有限公司 http://www.hg756.com/
潍坊箕子山机械厂 http://www.yuanjing-china.com/
潍坊金长城门窗有限责任公司 http://www.gwdw.com/
烟台市福山鑫丰铝材有限公司 http://www.xinfeng-lvcai.com/
烟台银龙铝制品厂 http://www.shanlvyinlong.com/
中国铝业山东分公司 http://www.sdly.com/
淄博鸿嘉铝业发展有限公司 http://www.zb-hongjia.com/
淄博镁铝耐火材料厂 http://www.zibomeilv.com/
淄博松竹铝材有限公司 http://www.zbsongzhu.com/
高密市益林木业有限公司 http://www.yilinmuye.com/
临沂圣福源木业有限公司 http://www.sanfortune.com/
临沂市林海木业有限公司 http://www.linhaiwood.com/
临沂市前园木业有限公司 http://qianyuanmuye.cn.alibaba.com/
临沂市双月园科技木业有限公司 http://www.dmpwood.com/
临沂中天木业有限公司 http://www.zhongtianwood.com/
龙口市龙兴装饰材料厂 http://www.ytlongxing.com/
龙口市日宝家美木业有限公司 http://www.ribaojiamei.com/
山东立晨集团有限公司 http://www.lichengroup.com/
山东省曹县木林森木业有限公司 http://www.mlswood.com/
山东省曹县兴隆木业有限公司 http://xinglongwoods.com/
山东省郓城四达木业有限公司 http://www.sdwood.com/
山东信达装饰工程有限公司 http://www.xindadec.com/
郓城森鹏木业有限公司 http://senpeng.b4.cn4e.com/
济钢集团新事业开发总公司冶金辅料厂 http://www.jgxsyjfl.com/
济南钢铁集团总公司耐火材料厂 http://www.jgnc.com/
吕梁高科耐火材料有限公司 http://www.llnh.com/

青岛天利达耐火材料有限公司 http://www.qdtianlida.com/
山东华岩冶金建材厂 http://www.chinaziye.com/
山东金鸿集团有限公司 http://www.sd-jinhong.com/
淄博八陡耐火材料有限公司 http://www.zbbanai.com/
淄博百斯特耐火材料有限公司 http://www.zbbest.com/
淄博大丰碳化硅有限公司 http://www.zbdf.com/
淄博东坪耐火材料有限责任公司 http://www.zbdn.com.cn/
淄博市周村磊宝耐火材料有限公司 http://www.zbleibao.com/
淄博永隆耐火材料有限公司 http://www.zbyonglong.com/
淄博中冶耐火材料有限公司 http://www.zbzhongye.com/
莱州亭子草制品加工厂 http://www.huanwenshiye.com/
东营世嘉建材有限责任公司 http://www.dysjjc.com/
济南方信集团有限公司 http://www.fangxin.com/
济南海富塑胶有限公司 http://www.haifusujiao.com/
莱州丽雅装饰材料有限公司 http://www.lyscgs.com/
莱州市方兴建筑材料有限责任公司 http://www.fangxing.com/
龙口市九里彩钢瓦厂 http://www.caigangwa.com/
龙口市龙兴装饰材料厂 http://www.ytlongxing.com/
青岛诚立信工贸有限公司 http://www.qdclx.com/
青岛海丽装饰板材有限公司 http://www.qdhaili.com/
青岛华欧四海新型建筑材料有限公司 http://shandongjiancai.com/
青岛立基新墙体材料有限公司 http://www.qdliji.com/
青岛欧克斯新型建材有限公司 http://www.oukesi.com/
青岛泰乐尔环保建材有限公司 http://www.tolar.com.cn/
荣成安泰橡胶制品有限公司 http://www.atxj.net/
山东富饶集团 http://www.furaogroup.com/
山东宏发烟草集团济宁新型建材有限公司 http://www.hongfajc.com/
山东晶鑫建材有限公司 http://www.sdjxys.com/
山东兰田集团有限责任公司 http://www.lantian-grp.com/
山东龙新建材股份有限公司 http://www.longxin.biz/
山东省华祥塑料建材有限公司 http://gb.hxgs1234.ebigchina.com/
山东省金乡方正彩瓦有限公司 http://www.fzcw.com/
山东省章丘市桑园塑料模具有限公司 http://www.suliaobancai.cn/
泰安同伴工程塑料有限公司 http://www.tatb.com.cn/
潍坊科力化工有限公司 http://www.keli-chem.com/
潍坊市大元实业有限公司 http://www.wfdysy.com.cn/
烟台宏远新型建材有限公司 http://www.hongyuanjiancai.com/
烟台三龙轻质建材有限公司 http://www.sanlongpanel.com/
烟台石川密封垫板有限公司 http://www.asbestos-gasket.com/
淄博宏源新型建材有限公司 http://www.hyjc.com/
淄博科力达塑胶有限公司 http://www.zbkld.com/
淄博统俞墙体材料有限公司 http://www.zibotongyu.com/
淄博永固彩钢瓦有限公司 http://www.yoogu.com/
济南鸿康木鱼石厂 http://www.hongkangmuyushi.com/
济南天马石材有限公司 http://www.tianmastone.com/
济南亿雅工艺石器厂 http://www.jnyiya.com/
嘉祥超越雕塑艺术有限公司 http://www.cyds.com.cn/
莱西市光明石材工艺品有限公司 http://www.guangming-stone.com/
莱阳东兴石材有限公司 http://www.dongxing-stone.com/
莱阳市光磊石材有限公司 http://www.guanglei-stone.com/
莱阳市华宇石材有限公司 http://www.huayu-stones.com/
莱阳市龙珠石材有限责任公司 http://www.longzhu-stone.com/
莱阳市吕格庄镇永强石材厂 http://www.yongqiang-stone.com/
莱阳市亚泰石材有限公司 http://www.yataistone.com/
莱阳鑫磊石材有限公司 http://www.xin-lei.com/
莱州市丰盛石材有限公司 http://www.fengshengstone.com/
莱州市吉泉石材厂 http://www.jiquanstone.com/
莱州市莱东昌盛石材有限公司 http://www.cs-stone.cn/
莱州市凌峰石材工艺厂 http://www.lingfeng-stone.com/
莱州市鑫潭石材厂 http://www.xintanstone.com/
莱州市银达石材有限公司 http://www.ydstone.com/
莱州市中磊石材厂 http://www.zhonglei-stone.com/
蓬莱市丛源大理石有限公司 http://www.congyuan.com/
平度市新发石材厂 http://www.xfstone.com/
青岛辰劢创业石材有限公司 http://www.cmsstone.com/
青岛平度市钢真石材有限公司 http://www.gzstone.com/
青岛樱花玉磊石材有限公司 http://www.ylstone.com/
青岛中磊石材有限公司 http://zhongleistones.com/
日照市莒县运全石材厂 http://www.cnyunquan.com/
荣成市靖海通达石材 http://www.td-stones.com/
乳山创意石材有限公司 http://www.chuangyi-stone.com/
乳山英豪石材有限公司 http://www.yinghaostone.com/
山东来州市宇通贸易有限公司 http://www.unitong.com/
山东莱阳市兴隆石材厂 http://www.xinglong-stone.com/
山东莱州隆华石材有限公司 http://www.gystone.com/
山东莱州市夏邱镇经东石材厂 http://www.jdstone.com/
山东省莱阳市百信石材有限公司 http://www.baixin-stone.com/
山东省莱州市冈岩石材有限公司 http://www.gystone.com/
山东省莱州市祥磊石材有限公司 http://www.xlstone.com/
山东省莱州鑫磊石材集团有限公司 http://www.xinleistone.com/
山东省莱州玉泽石材集团有限公司 http://www.yuze-stone.com/
山东省蓬莱市登州华宇理石厂 http://www.huayu-stone.com/
山东省荣成市人和镇花岗石材厂 http://www.xihekou.com.cn/
山东省乳山市宏建石材有限公司 http://www.hongjian-stone.com/
山东振华建材有限公司 http://www.zhenhua-sd.com/
潍坊意达石材制品有限公司 http://www.yidastone.com/
文登东意石材有限公司 http://www.dongyi-stone.com/
烟台市丽晶石材有限公司 http://www.sdlj-stone.com/
招远市华龙石材有限公司 http://www.sd-hl.com/
淄博方正石材有限公司 http://www.fangzheng-stone.com/
济南国际装饰材料会展中心 http://www.jiecdm.com/
青岛市城阳建材批发市场 http://www.jcpf.com/
山东金源玻璃钢有限公司 http://www.sd-jy.com/
泰山市场 http://www.taishanmarket.com.cn/
烟台桃源家居超市 http://www.taoyuanjiaju.com/
淄博政联装饰材料加工批发市场 http://www.zlestate.com/
渤海集团股份有限公司 http://www.bohai.com/
即墨市双春水泥有限公司 http://www.qdshuangchun.com/
青岛青城水泥有限公司 http://www.qingcheng-cement.com/
山东安厦水泥集团有限公司 http://www.anshagroup.com/
山东德州双环建材有限公司 http://www.shsbm.com/
山东鲁南水泥有限公司 http://www.cugather.com/

浙江小白杨工贸有限公司 http://www.xiaobaiyang.com/
浙江意达水暖器材公司 http://www.yida.biz/
浙江永德信铜业有限公司 http://www.yongdexin.com/
浙江永嘉裕爵装饰有限公司 http://www.yujue.com/
浙江永康市雄鹰不锈钢制品厂 http://www.xiongying-cn.com/
浙江余姚市海燕水暖厂 http://www.chinahaiyan.com/
浙江余姚市科迪特种水暖电器有限公司 http://www.cnmada.com/
中国温州埃尼斯阀门有限公司 http://www.ainisi.com/
重庆合川市强胜玻璃制品厂 http://www.cq-qs.com/
重庆合川市云钟玻璃器皿厂 http://www.cqyunzhong.com/
重庆庆丰玻璃公司 http://www.cq-qingfeng.com/
重庆时代安全玻璃有限公司 http://www.sdganghua.com/
重庆市北碚宏源玻璃器皿厂 http://www.cqhongyuan.com/
重庆市垫江卧龙化工有限责任公司 http://www.cqwolong.com/
重庆市润发玻璃器皿有限公司 http://www.runfaboli.com/
重庆市三星精艺玻璃厂 http://www.cqsxbl.com/
重庆信德电子有限公司 http://www.xd-dz.com/
重庆迪康电梯有限公司 http://www.diconlift.com/
重庆市永佳电梯有限公司 http://www.yojia.com/
重庆伊士顿电梯有限责任公司 http://www.elevators.cc/
重庆市东升保温材料有限公司 http://www.chinadsbw.com/
重庆市新型防水材料有限公司 http://www.hwzd.com/
重庆丰京建材有限公司 http://www.fengjin.com/
重庆市巨丰家具制造有限公司 http://www.cq-jufeng.com/
重庆钢利机电有限公司 http://www.cqgangli.com/
重庆乐德新材料有限公司 http://www.ccrdm.com/
重庆亿嘉科技发展有限公司 http://www.ejiar.com/
重庆中澳洁具有限公司 http://www.cczo.com/
重庆华丰铝业有限公司 http://www.huafeng-al.com/
重庆环宇铝材有限公司 http://www.hy-al.com/
重庆市西铝工业公司 http://www.swaiccq.com/
重庆西南铝挤压实业公司 http://www.southwestal.com/
重庆四维建筑材料有限责任公司 http://www.swjc.net/
重庆北部装饰建材仓储批发市场 http://www.cqbbcc.com/

中国建材工业经济研究会物资流通暨市场专业委员会

中国建材工业经济研究会物资流通暨市场专业委员会是从事全国建材流通、市场建设、现代物流和管理现代化的自律性社团组织。是中国建材工业经济研究会的分支机构。现有核心会员200多家，联系会员1000多家。

专业委员会坚持在中国建材工业经济研究会的正确领导下，按照经济研究会章程，团结建材流通和生产企业及流通行业的专家、学者、企业的实际工作者，为促进建材流通行业发展，培育完善建材市场，推动流通方式的改革和技术进步，提高管理水平，实现建材流通行业现代化开展工作。

专业委员会的工作任务主要包括：研究和推动建材市场的发育、建设和健康发展；研究和推动建材流通方式的改革和发展；研究和推动建材流通技术设施和管理的现代化；研究建材市场行情和宏观走势，开展市场信息咨询服务；研究和推动生产与市场的衔接，开展牵线搭桥、中介服务；研究国内外先进经验，开展国际交流活动；组织力量，对市场和企业的经营管理进行咨询、诊断，寻求提高经营管理水平、提高经济效益的途径；举办讲座、研讨会和经验交流，培训经营管理人才；承办政府有关部门委托的其它工作任务。

几年来，专业委员会多次举办主题多样、层次较高的研讨会、高峰论坛，围绕“建材市场模式”、“建材批发市场发展趋势”、“建材市场网络建设”、“WTO与建材”、“规范化管理”、“建材流通现代化”、“老市场改造、提升”、“经营管理创新”等重大课题提出了许多建设性、指导性意见，有力地推动了建材市场的健康发展；并多次举办建材仓储式超市研讨会，推动建材超市形成几大系统，向大中型城市发展。

为了规范建材市场流通秩序，促进市场的健康发展，专业委员会研究起草了《建材批发市场规范化管理纲要》和《创建规范化建材装饰材料市场的活动办法》，以规范市场行为，树立良好形象，提高市场运行质量；通过确定规范化市场试点、不断总结规范化管理经验，使规范化建材市场活动在全国范围内深入发展。同时配合国家十项装饰材料环保标准的贯彻实施，在各地开展了创建绿色建材市场活动，深受市场经营者和广大消费者的欢迎。同时注意不断地宣传优秀建材流通企业，并先后组织拍摄5部反映优秀建材市场的专题片，在中央电视台二套播映，取得较好的社会效果。

专业委员会还多次组团出国进行商务、市场考察，参加各种国际建材展会，为建材企业走向世界、开展对外经济技术合作、招商引资创造条件。举办形式多样的建材交易会、展会、信息发布会，为生产企业界与用户牵线搭桥，为多家建材市场和企业进行专题研究和上门开展咨询、策划工作、诊断活动，为促进企业发展献计献策。

专业委员会积极开展流通企业信息化建设。同时，多次召开专题研讨会、交流会，建立了专委会的网站“中国建材大市场”。几年来，编辑印发了几百万字的专题资料，在为企业提供资讯方面做出了有益的贡献。

首届中国建材市场高峰论坛与会代表合影

联系人：于景泉（秘书长） 刘艳玲

电话(Tel)：010-88385706 68319949 传真(Fax)：010-68394267

E-mail：xinlina6262@vip.sina.com http ：//www.chinambm.com

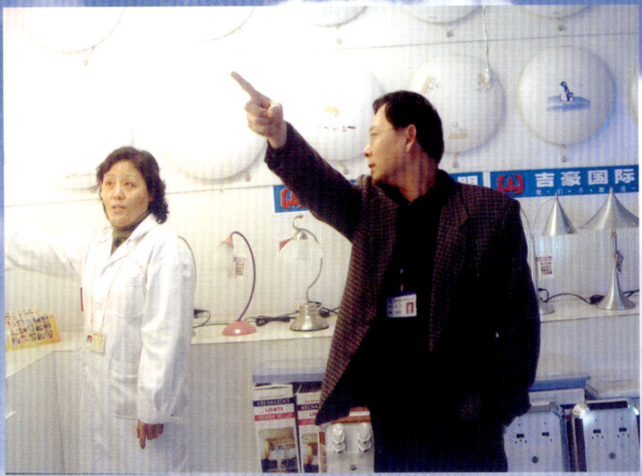

天津市登发实业有限公司

董事长 庞建平

经营范围：家具、家用电器、装饰材料、通讯器材、花卉及工艺饰品、家装市场、体育用品批发兼零售，利用登发装饰基地控制地带设计制作发布国内广告。

天津市登发实业有限公司是以建材装饰家具为主体，多种经营形式并存的大型民营企业，是天津建材装饰家具行业最大企业之一。其直属企业有天津登发软床家具有限公司、天津登发装饰城、红桥登发装饰大世界、登发装饰家具基地等。

公司董事长庞建平先生系天津市政协委员、河西区人大代表、市工商联理事及区工商联副会长。

公司于2002年被评为第四届天津市"物价计量信得过"优秀单位，天津市2001、2002年度商贸流通百强，天津市2001、2002年度百强私营企业，2001、2002年度区级先进会员企业，2001、2002年度区二十强私营企业。

企业历程：1994年，投资500万元建立登发软床家具有限公司，它是天津最大的软床生产企业，"用断一根簧，赔您十张床"的承诺，早已家喻户晓。荣获"天津市优秀私营企业称号"。

天津市登发装饰城，建于1996年，坐落于天津市河东区东兴立交桥西侧，占地4万多平方米，集全国各地800多厂家直销，形成了装饰建材集散地。荣获"文明市场"、"物价计量信得过单位"称号。

天津市登发装饰大世界建于1998年，坐落在红桥区红卫桥，占地6万平方米，经营面积2.2万平方米，经营各种建材。多年来生意兴隆，是商家与消费者首选的市场。

2000年，在河西区最繁华的金三角地带，又建起了一座8万平方米三层卖场的现代化超大规模家具装饰材料零售批发基地——登发装饰家具基地，地下及地上周边近二万平方米的停车场，配有18部滚动扶梯、6部高吨位货梯、中央空调、消防自动控制灭火系统等一流设备，容纳近2 000家商户，营造了舒适怡人的购物环境。

仅用了短短十二年，登发已经发展成拥有三个装饰城和一个软床家具公司的集团化实体，并在2001年被评为天津市著名商标。

在售后服务中，我们郑重承诺在登发基地购买商品出现任何问题均由登发负责，并在同行业中率先提出"一站式购物"先进的服务经营理念。

登发装饰家具基地
地址：河西区大沽南路与解放南路交口
电话：022-28259951

登发装饰城
地址：河东区中环线东兴立交桥西侧
电话：022-24312255

登发装饰大世界
地址：红桥区中环线红旗地道旁
电话：022-27324670

登发软床家具公司
地址：津围公路8号
电话：022-26992131

宁德"中国红"家居装饰材料批发市场

宁德市2002年度重点项目建设先进单位。
福建省质量协会授予"讲诚信、重质量"信誉单位。

中国红家居装饰材料批发市场的一期工程於2002年9月28日竣工并投入试营业，现已入驻经营的项目有：化工油漆、林业板材、五金水暖、玻璃、防盗门、灯饰、陶瓷洁具、有色金属、石材、家电、厨房设备、灯饰、家具、布艺、工艺品。

2003年3月5日省委副书记王三运（左二）在东侨开发区党工委书记吴尚宇陪同下莅临"中国红"大市场，视察指导工作。

"中国红"家居装饰材料综合批发市场由宁德华港房地产开发有限公司开发建设，位于闽东华侨经济开发区商贸街东西两侧，是宁德市政府确定的兴市工程重点项目及申报省重点项目之一。占地面积162亩，总建筑面积13.6万平方米，总投资2.1亿元人民币。其中商品交易楼面积6万平方米，仓储、物流配送中心、商品检测、信息网络中心等配套面积4万平方米，商品加工、酒店等服务配套设施3.6万平方米。目前已建成3.5万平方米，投入使用交易场地面积2.4万平方米，整个大市场的规划分为十二大类产品功能经营区域。

市场的规划、设计具有很强的前瞻性和功能性，并完全按照"科学安排、合理布局、高标准建设、现代化管理"的定位，按省示范市场的要求进行建设。商场内设置了自动防火喷淋系统、自动报警系统、背景音乐（疏散广播装置）、电子防盗系统（和公安局联网）、电脑监控室、保安电子防盗系统。对进场商户采取统一发布新闻、统一广告策划管理、统一营业时间、统一保安保洁管理、敞开式经营，确保商户财产安全，并由配送中心实行送货上门，方便消费者。

大市场可容纳500个生产企业进入设置窗口，提供1.5万人左右就业机会，集科研、金融、生产、销售、服务于一体的超大型品牌家居装饰集散地，连接闽、浙、赣、港、澳、台的物流中心。

地址：福建省宁德市东桥区商贸街13号 **邮编：**352100 **电话：**0593-2931318 2931116 **传真：**0593-2931038 2931036

INTRODUCTION

湖南益阳市银城大市场

益阳市银城大市场实业有限公司总经理 黄松柏

各类市场投资开发建设，物业管理；市场内广告策划、发布；工矿产品、农副产品、建筑材料、家具、五金交电、纺织品经营和信息咨询服务等。

益阳市银城大市场是由市政府直接投资兴建的形象工程和龙头市场，总规划面积1 037亩，已开发208亩，建筑面积14万m2，商位有效使用率达95%以上，年商品成交额逾8亿元，是一个集建材、家具、灯饰、布艺、汽贸、竹艺和商住楼开发、娱乐休闲于一体的综合性专业批发市场。市场由市政府成立的市场管委会实行规范化管理、超市化经营，在全省独树一帜，名列“全国农产品批发市场五十强”第39位。

市场主要后续工程项目益阳地方产品展销中心、仓储配送中心、汽配汽贸城、小商品批发城、高科技产品贸易城、家用商品批发城、地方特色饮食文化街等正在积极的筹建之中。热忱欢迎国内外有实力的商家把握商机，抓住机遇，抢占市场。

地址：益阳市朝阳东路口
电话：0737-6502786
传真：0737-6500620

董事长 周南

金城建材市场概况

深圳市金城建材装饰材料批发市场是深圳市东部规模最大、品种最全，配套最完善且集零售与批发于一体的建材装饰材料市场。总面积38000平方米，走品牌、规模经营之路，旨在为全国建材装饰材料生产厂家、连锁商家、品牌产品创造一个交易平台；荟萃了国内外300多个品牌；坚持商家第一、顾客第一、服务第一、信誉第一的宗旨，融入现代管理理念。优质的管理服务，高素质的保安队伍，为广大商务和消费者提供了安全、舒适的经营购物环境。目前市场购销两旺，是深圳市三家荣获“全国绿色建材市场试点单位”之一。

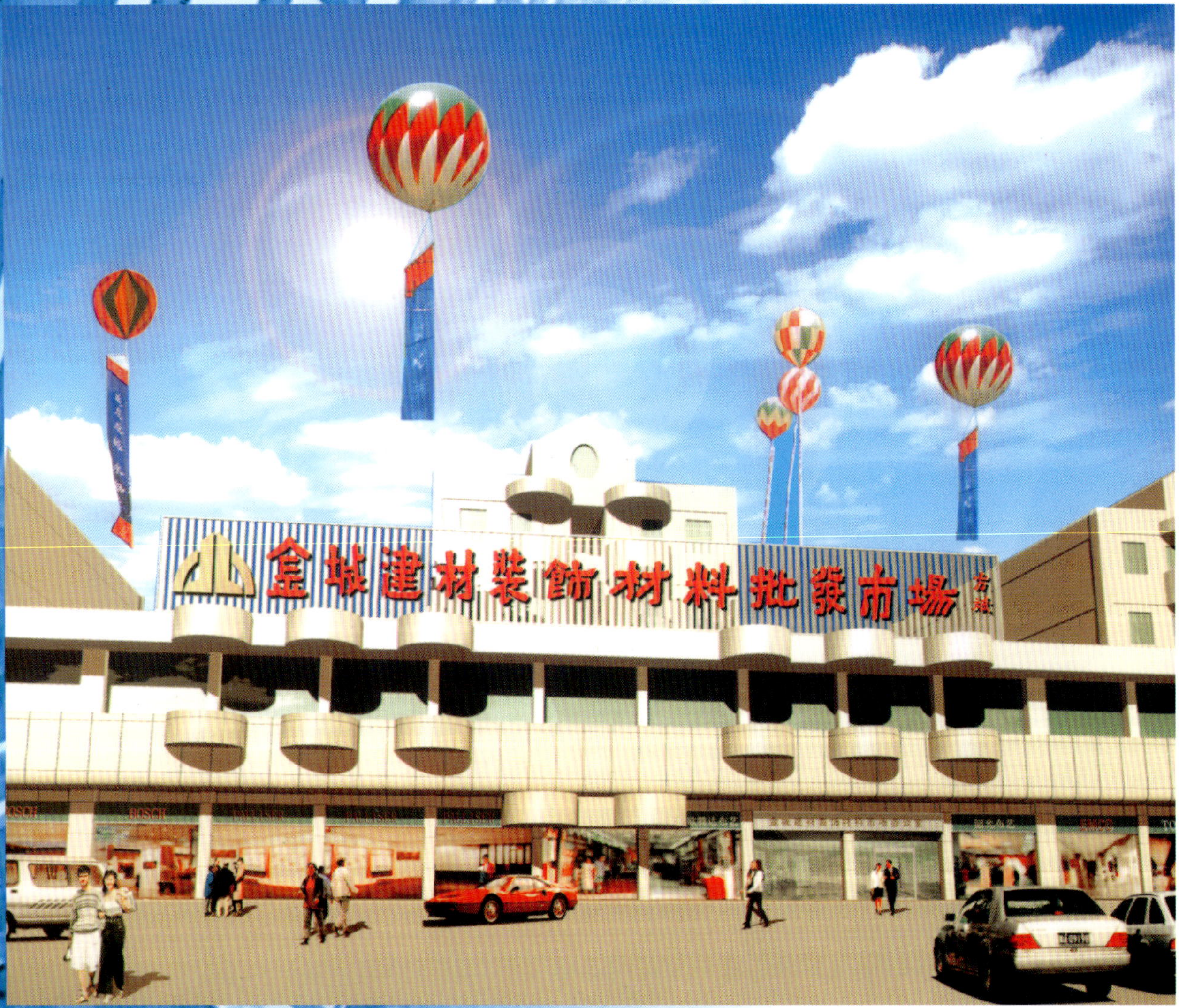

深圳市金城建材装饰材料批发市场 地址：深圳市横岗镇大康路口
电话：0755-8863222 传真：0755-8613388 邮编：518115

江西九江华东装饰材料市场

华东企业 

九江华东装饰材料市场董事长 许斌

许斌：澳门大学EMBA，浙江温州人。1993年创办南通佛山陶瓷有限公司，任总经理；1995年创办常州华盛发展有限公司，同年创建常州东南陶瓷商城，任董事长兼总经理；1997年创办南京华东实业有限公司，同年创建南京兴隆陶瓷城，任董事长兼总经理；2000年5月在江西九江创办九江华东实业有限公司，同时创建九江华东装饰材料市场，任董事长兼总经理。

江西省较大的建筑装饰材料集散地——九江华东装饰材料市场，隶属南京华东企业，是该企业继常州、南京成功创建大型专业市场之后又一大型投资项目。市场位于九江市十里大道与长虹大道交汇处，占地面积383亩，计划投资1.2亿元人民币；是九江市投资大户之一；九江市政府和庐山区政府重点保护单位；九江市百家重点民营企业；九江市领导挂点企业。

华东市场自创建以来，牢固树立以服务消费者为核心的经营理念，坚持“办市场、管市场、育市场、兴市场”的原则。企业制定了三十多个企业管理文件，把企业纳入科学化、规范化的管理轨道。在体制上大胆创新，完成了家族式的企业管理体制向开放型现代化民营企业管理体制转化。实现了个人决策向民主化、科学化、规范化企业管理决策的飞跃；在经营理念上由过去的短期利益行为向长远战略跨跃。从世界经济形势、国家政策、地方法规、投资环境、市场规律等因素制定发展的方向和目标。在管理上不断创新，根据机构的功能和工作内容，科学设置机构和岗位。用人制度也走出了过去的家族式，实行面向社会、公开招聘、广纳人才，并从南京航空航天大学聘请资深教授为管理顾问，对员工进行职业素质和业务技能培训，同时组织中、高层管理干部参加国家、省有关部门组织的研讨和论谈活动，以提高管理水平。现在市场40多名管理人员中，教授1名、工程师1名、律师1名、助理工程师5名、本科以上学历18名，其他全是大专学历。

为了强化管理、深化服务，工商、税务、公安、金融、消协、质检等部门在市场设立办事机构，市场设有保安、物业服务、市场管理、运输装卸等服务机构，为市场的商贸活动健康、稳定的运转提供了可靠的保障。市场良好的经营环境、规范完善的管理体系和优质服务，赢得了各级政府及广大业主和顾客的好评，先后被评为“江西省维护消费者合法权益先进单位”和“江西省文明市场”。

地址：江西省九江市十里大道827号 网址：www.huadongcom.com 电话：0792-8277838 传真：0792-8277805 邮编：332005

INTRODUCTION

常州长江自由贸易中心

董事长 茹伯兴

2001—2002 年度

江苏省样板市场

（生产资料、生产要素）

江苏省工商行政管理局

常州长江自由贸易中心是华东地区四大装饰建材市场之一。主商品胶合板、地板等木制品覆盖江苏、遍及华东，辐射全国，装饰五金，陶瓷卫浴和各种新型装饰材料也相继成市。市场管理科学，设施完善，政策优惠，服务周到，连年被评为江苏省样板市场、常州市购物放心市场等光荣称号，受到常州市人民政府表彰。

按照常州市“十五”发展规划的要求，长江自由贸易中心于二〇〇二年六月乔迁新址。新市场地处黄山路以东，恐龙园以西，沪宁高速公路以南，黄河路以北地段，占地近三百亩，建筑面积十八万平方米，总投资一亿六仟万元。新市场规划更趋合理，商品门类更加齐全，市场发展前景更加灿烂。

董事长茹伯兴率全体同仁衷心感谢社会各界的关心、支持和厚爱，愿为人民群众营造温馨家园，构筑美好生活而竭尽努力。

地址：常州新区黄山路 555 号
邮编：213031
电话：0519-5109977
传真：0519-5105978
Emai:cjtrade@public.czjs.cn

金南亚建材装饰城

Jinnanya Building & Decoration Materials City

昆明金南亚建材装饰有限责任公司成立于1996年，是昆明金南亚建材装饰商城的项目管理公司，其业务主要是对建材装饰商城铺面租赁提供管理和服务。几年来公司在刘志军总经理的领导下，更新理念、大胆改革、锐意创新，取得了较好的经济效益和社会效益，使所管理的金南亚商城的出租率、稳定率一直保持在90%以上，名列全省同类市场前茅。商城年交易额保持人民币15亿元左右，年上交国家税收8 000余万元，提供社会失业、下岗人员的就业岗位3 000人。

金南亚公司从96年至今，共计交纳税收2 500余万元，带动了周边运输、餐饮、劳务等各业的发展；为地方经济建设和社会稳定作出了积极的贡献。由于成绩突出，2002年被评为全国百强建材市场。

昆明金南亚建材装饰有限责任公司总经理 刘志军

地址：昆明市官渡、二环南路关上段（昆交会东北边） 邮编：650200 电话：0871-3556013

二期市场开业庆典

木地板区

陶瓷洁具区

油漆涂料区

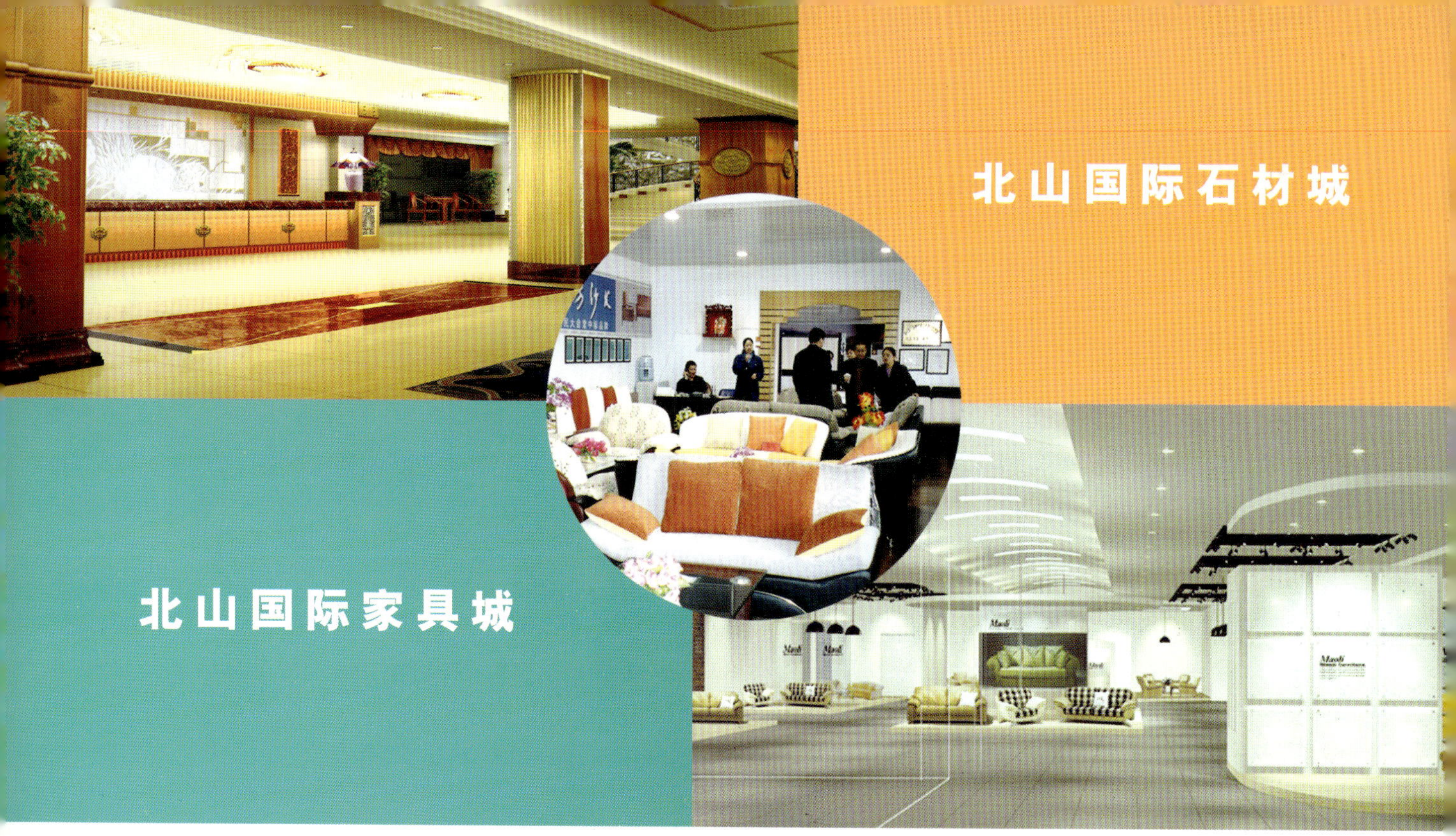

北山国际石材城

北山国际家具城

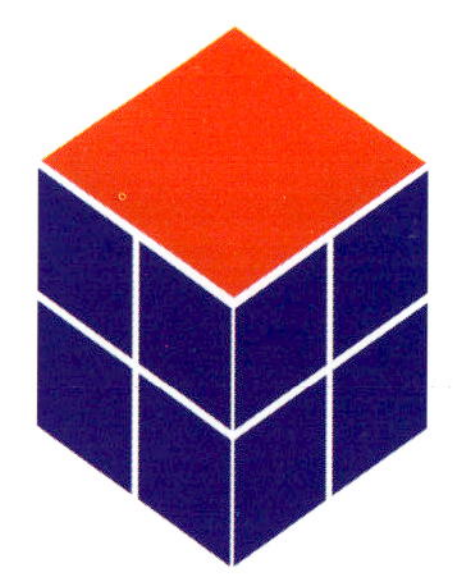

三田集团
SANTIANJITUAN

青海省北山家具、石材、灯具、陶瓷装饰材料批发市场位于风景秀丽的北山脚下，依山而建。

市场开业于1998年8月，现已建成西北地区大型封闭式、专业化装饰材料批发市场，占地面积99 990平方米，有经营用房2 017间，投资5 000余万元，分为4个区域，形成有800余户经营户，从业人员5 800人，辟有家具、石材、灯具、陶瓷、洁具、灯光音响、布艺、铝型材、木龙骨、PVC扣板等各大功能区。年交易额1亿元，年上缴税金560万元，安置下岗职工2 600人。

市场先后被评为“城北区政府重点保护企业”、“四星级规范化达标商品交易市场”、“十大样板市场”、“上缴税利优秀企业”、“六好会员企业”、“优秀民营企业”、“优秀党支部”、“先进民营企业”等荣誉称号。

市场有大型停车场，内设广播、电信、储蓄、公安、保安、工商、运输等部门。有6条公交线从市场经过：北山专线（即80路）、21路、10路、11路、19路、29路，使商家和消费者倍感便捷。

地址：西宁市祁连路48号
邮编：810003
电话：0971-8457888 8455038
传真：0971-6109018
http://www.st-creation.com.cn

INTRODUCTION

青岛海城建筑装潢材料批发市场

青岛海城建筑装潢材料批发市场董事长 戴义成

青岛海城建筑装潢材料批发市场座落在市北区敦化路95号，东靠南京路，西临山东路，南涉延吉路，北及鞍山路，场区三面由连云港路、敦化路、徐州路相交环抱。市场占地36 000多平方米，建筑面积17 000平方米，营业摊位600多个，仓库12个，从业人员1 600多人。主要经营建筑装潢材料、五金化工、灯具等批发零售商品，达20多个门类20 000多个品种，是目前青岛市最大的综合性室内批发市场。来自全国20多个地区的成千商客，汇集于此，市场交易红火，生意兴隆，市场日趋繁荣，年交易额5亿多元。

青岛海城建筑装潢材料批发市场，建筑布局合理，配套设施齐全，通讯设备先进，有严格的管理制度，提供优质周到的服务，有60多人的保安队伍，24小时巡查，20多人的卫生保洁队，对治安和卫生工作分工包片，责任落实到人，被评为青岛市规范化管理达标市场，市场建设先进单位和安全单位，市场发展潜力巨大，是经商的最佳选择。

青岛海城建筑装潢材料批发市场是青岛地区建筑行业强大的供应基地，是宾馆、家居装潢的最佳去处，为岛城繁荣，为把青岛市建成国际化大都市做出更大的贡献。

市场将以更加完善的服务，创造更加辉煌的业绩。

地址：青岛市市北区敦化路269号
邮编：266034
电话:0532-5823917
传真:0532-5821138

名家云集
精品荟萃
58000M²超级
装饰材料购物中心
HTL
DECORATIVE MATERIALS EXHIBITION CENTER
海泰爾
装饰材料超级购物中心
HTL
海泰尔装饰材料超级购物中心
地　　址:江苏省泰州市泰高路98号
联系电话:0523-6818188 6818988

太原现代集团

TAIYUAN MODERN GROUP

地址：山西省太原市滨河西路北端369号
邮编：030027
电话：0351-6289410
传真：0351-6262905

- 山西省政协委员
- 山西省建筑装饰协会副会长
- 山西省光彩事业促进会理事

太原现代集团董事长、总裁 王茂春

山西现代装饰大世界创建于1995年，是由山西省大型民营企业太原现代集团投资兴建的山西大型装饰材料批发零售市场，占地近300亩，建筑面积20余万平米，入驻商户800余家。

山西现代装饰大世界自1995年建成以来，累计投资达到了1.8亿元之多，市场营业额逐年上升，由原来的几百万元达到现在的年销售额2亿元左右，年向国家纳税情况由最初的几万元达到现在的650余万元，上交国家工商管理费150万元。

企业的发展离不开省、市领导和各级政府，特别是原北郊区人民政府和现尖草坪区人民政府的支持与关怀。同时，市场也为太原市的地方经济发展做了巨大的贡献。市场积极做好招商引资工作，吸引了数百家厂商的投资，引进资金数千万元，并引进了新型品牌及品牌各类商品几万余种，满足了山西省各地、市装饰材料的供应，并带动了地方经济的发展，同时也带动了邮政、通讯、电力、运输、建筑、搬运、餐饮、金融等行业的发展。

山西现代装饰大世界所取得的成绩离不开各级政府以及部门的支持和关怀，各级部门对现代的发展给予了充分的肯定，并给予了极高的荣誉：

2001年被中国建材工业经济研究会推荐为“全国绿色建材市场试点单位”；

2001年4月，被中国建筑装饰协会评为“全国家居装饰1999~2000优秀市场”；

1997~2002年，连续六年荣获太原市人民政府民营经济“纳税大户”；

1999~2002年，荣获太原市人民政府“模范集体”称号；

1998年起，获太原市人民政府“全市文明市场”荣誉；

2001年2月，被中共尖草坪区委员会、区人民政府评为“红旗单位”、“先进集体”；

被太原市消费者协会评为“诚信市场”；

1999年，被太原市财贸竞赛委员会评为“两放心迎春杯竞赛先进企业”；

董事长王茂春先生连续三年被太原市人民政府评为“优秀企业家”。

中国建设报

《中国建设报》由中华人民共和国建设部主管，1987年元月创刊，是面向全国建设领域和相关行业惟一的综合性大报。

《中国建设报》内容涵盖城乡规划、工程建设、城市建设、村镇建设、建筑业、住宅与房地产业、勘察设计咨询业、市政公用事业等建设领域各个方面。

《中国建设报》是国家有关部门根据国务院授权确定的发布招标公告的指定媒体。

《中国建设报》竭诚为建设领域企事业单位、行政管理部门及广大读者服务，立足行业，面向社会，力求贴近实际、贴近生活、贴近市场、贴近读者。

《中国建设报》注重实用、服务、可读，融权威性、指导性、知识性为一体，以典型报道见长，是获取中央有关建设方面方针政策的权威渠道，是建设领域两个文明建设的宣传园地，是传播信息交流经验的重要窗口，是反映群众呼声，实行舆论监督的重要阵地。

《中国建设报》为周六刊，每周50版，设有《中国建筑》、《中国城镇》、《中国楼市》、《建材与装饰》、《的士周刊》、《文化周刊》、《中国水业》七个周刊。

《中国建设报》国内外公开发行，全国各地邮电局<所>均可破季、破月订阅。邮发代号1－77。国外代号：D4413。

地址：北京市海淀区百万庄建设部院内　邮编：100037

电传：(010)68311589　办公室电话：(010)68394407

社　长：肖家保

副总编：王秋和

副社长、副总编：张怀京

副总编：刘印生

2003

中国建材市场年鉴

副刊

中国建材工业经济研究会物流暨市场专业委员会 编

本副刊随年鉴同时出版

免费赠阅

协办单位

北京金隅集团有限责任公司

天津环渤海家居购物中心

上海好饰家建材园艺超市有限公司

东方家园

西安现代大明宫家居城

居然之家家居广场

中国红星家具集团

安居乐园家居建材广场

万家丽家居建材广场

振亮投资集团

富森·美家居现代装饰材料物流中心

上海好美家装潢建材有限公司

安徽红旗建材批发市场

郑州市市场发展局